Gesetz, betreffend das

Nachlaßwesen

vom 9. August 1902

nebst den §§ 86—99 des Reichsgesetzes über die Angelegenheiten der freiwilligen Gerichtsbarkeit vom 17. Mai 1898

erläutert von

Dr. Karl Schad

Kgl. Notar in Memmingen.

München
J. Schweitzer Verlag (Arthur Sellier)
1904.

Vorwort.

Vorliegende Arbeit hat sich zur Aufgabe gestellt, das Vermittelungsverfahren in Nachlaß- und Teilungssachen an Hand der einschlägigen Gesetzesbestimmungen, der hiezu ergangenen Ausführungs-Vorschriften und sonstiger das Vermittelungsverfahren betreffenden Bestimmungen unter Berücksichtigung der Literatur und der Rechtsprechung eingehend zu erläutern, um sowohl den Gerichten als auch den Notariaten in Bayern einen Behelf bei Anwendung des Nachlaßgesetzes zu bieten. Als Hilfsmittel der Auslegung sind die Gesetzes-Materialien herangezogen und neben einzelnen im Nachlaßgesetz nicht enthaltenen einschlägigen Gesetzes-Bestimmungen, soweit angängig, im Wortlaut beigefügt, um so zeitraubendes Nachschlagen und Aufsuchen an den betreffenden Stellen zu ersparen. Der Vollständigkeit halber wurden die zum Nachlaßgesetz erlassenen Ausführungsbestimmungen, das Gebührengesetz im Auszug in der durch das Nachlaßgesetz erhaltenen Fassung, das Erbschaftssteuergesetz mit Vollzugsbekanntmachung, letztere gleichfalls in der neuen Fassung, ferner die Kgl. Allerhöchste Verordnung über die Revision der Notariatsgebührenordnung und die Bekanntmachung über die Änderung der Geschäftsordnung für die Notariate mitabgedruckt. Die Literaturangaben sind sorgfältig verzeichnet, um so ein rasches Auffinden der betreffenden Stellen zu ermöglichen. Auf die Teilungsvorschriften des rheinischen und elsaß-lothringischen Rechts, welche für das reichsrechtliche Verfahren in Nachlaß- und Teilungssachen vorbildlich gewesen sind, ist an den einzelnen Stellen der Interpretation wegen hingewiesen. Bestehende Kontroversen sind nicht lediglich referierend behandelt, sondern es wurde deren Lösung versucht. Geboten erschien es, einzelne das Erbrecht betreffende, durch das Vermittelungsverfahren berührte Fragen des materiellen Rechts des Zusammenhangs wegen in die Erläuterungen mit einzubeziehen. Den Anmerkungen wurden Überschriften vorangestellt, um so einen Überblick über die einzelnen bei jedem Gesetzesartikel auftauchenden Fragen zu geben. Ein genaues Inhaltsverzeichnis sowie ein ausführliches alphabetisches Sachregister sollen die raschere Orientierung in der Arbeit erleichtern.

München, Juli 1904.

Der Verfasser.

Inhalts-Verzeichnis.

I. Literatur und Zeitschriften.

Birkenbihl = Die freiwillige Gerichtsbarkeit. Kommentar zum Reichsgesetz vom 17. Mai 1898. Unter Berücksichtigung des Preußischen Gesetzes vom 21. September 1899. Von F. Birkenbihl. Berlin 1900.

Borcherdt = Das Erbrecht und die Nachlaßbehandlung nach den vom 1. Januar 1900 an geltenden Reichs- und Landesgesetzen mit besonderer Berücksichtigung des Geltungsgebiets des Allgemeinen Landrechts. Von H. Borcherdt. Breslau 1901.

Dorner = Das Reichsgesetz über die Angelegenheiten der freiwilligen Gerichtsbarkeit vom 17. Mai 1898, erläutert von Emil Dorner. Karlsruhe 1899.

Dronke = Das Reichsgesetz über die Angelegenheiten der freiwilligen Gerichtsbarkeit vom 17. Mai 1898. Mit Anmerkungen und Register bearbeitet von Ernst Dronke. Düsseldorf 1898.

Endemann = Einführung in das Studium des Bürgerlichen Gesetzbuchs. Lehrbuch des bürgerlichen Rechts. Von Dr. F. Endemann. 3—5. Auflage. Berlin 1899.

Enneccerus und Lehmann = Das Bürgerliche Recht. Von L. Enneccerus und H. O. Lehmann. 2. umgearbeitete Auflage. Marburg 1901.

Falkmann = Die Zwangsvollstreckung mit Ausschluß der Zwangsvollstreckung in das unbewegliche Vermögen von Falkmann. 2. Auflage.

Fidler = Leitfaden durch das Bürgerliche Gesetzbuch und das Handelsgesetzbuch sowie durch die Gesetze über das gerichtliche Verfahren mit besonderer Berücksichtigung der preußischen Ausführungsbestimmungen. Von Dr. F. Fidler. 2. vollständig umgearbeitete Auflage. Berlin 1900.

Fischer und Henle = Handausgabe des bürgerlichen Gesetzbuchs nebst Einführungsgesetz mit Einleitung, erläuternden Anmerkungen und Sachregister herausgegeben von Dr. Otto Fischer und Wilhelm Henle, 4. unter Berücksichtigung der landesrechtlichen Ausführungsbestimmung bearbeitete Auflage. München 1900.

Fischer und Schäfer = Die Gesetzgebung, betreffend die Zwangsvollstreckung in das unbewegliche Vermögen im Reiche und in Preußen von Dr. O. Fischer und Dr. L. Schäfer. Berlin 1902.

Frommhold = Das Erbrecht des Bürgerlichen Gesetzbuchs. Erläutert von Georg Frommhold. Berlin 1900.

Fuchs = Das Reichsgesetz über die Angelegenheiten der freiwilligen Gerichtsbarkeit vom 17. Mai 1898 unter Berücksichtignng des preußischen Gesetzes über die freiwillige Gerichtsbarkeit vom 21. September 1899. Erläutert von A. Fuchs. Leipzig 1900.

Haberstumpf = Gesetz vom 9. August 1902, das Nachlaßwesen betreffend nebst der Nachlaßordnung vom 20. März 1903, sowie einem Auszug aus dem

Gebührengesetze in der nunmehrigen Fassung, ferner einen Abdruck der sonstigen Ausführungsvorschriften und des Erbschaftssteuergesetzes samt Vollzugsbekanntmachung in der jetzt geltenden Fassung, mit Erläuterungen und Sachregister herausgegeben von Dr. Albert Haberstumpf. München 1903.

Haidlen = Bürgerliches Gesetzbuch nebst Einführungsgesetz mit den Motiven und sonstigen gesetzgeberischen Vorarbeiten herausgegeben von Dr. Haidlen. Stuttgart 1897.

Hahn = Die gesamten Materialien zu den Reichsjustizgesetzen. Auf Veranlassung des Kaiserlichen Reichsjustizamts herausgegeben von C. Hahn, fortgesetzt von B. Mugdan. Band 7: Materialien zum Gesetz über die Angelegenheiten der freiwilligen Gerichtsbarkeit. Berlin 1898.

Henle und Schneider = Die bayerischen Ausführungsgesetze zum Bürgerlichen Gesetzbuche. Handausgabe mit Einleitung, erläuternden Anmerkungen und Sachregister herausgegeben von Wilhelm Henle und Heinrich Schneider. München 1900.

Jaeckel = Das Reichsgesetz über die Zwangsversteigerung und die Zwangsverwaltung vom 24. März 1897 (Fassung vom 20. Mai 1898) nebst dem Einführungsgesetz und dem für Preußen ergangenen Ausführungsgesetz vom 23. September 1899 und Kostenbestimmungen. Mit einem ausführlichen Kommentar in Anmerkungen von Dr. Paul Jaeckel. Berlin 1901.

Jaeger = Erbenhaftung und Nachlaßkonkurs im neuen Reichsrecht. Dargestellt von Dr. Ernst Jaeger. Berlin 1898.

Jastrow = Die Gesetze des Reiches und Preußens über die freiwillige Gerichtsbarkeit. Text-Ausgabe mit Einleitung, Anmerkungen und Sachregister von Hermann Jastrow. 3. vermehrte Auflage. Berlin 1902.

Kaisenberg = Kommentar zum Bayerischen Notariatsgesetze vom 9. Juni 1899 von Heinrich Kaisenberg. München 1901.

Keidel = Gesetz über die Angelegenheiten der freiwilligen Gerichtsbarkeit vom 17. Mai 1898. Handausgabe mit Erläuterungen und ausführlichem Sachregister von Fritz Keidel. München 1898.

Kurtz = Das Reichsgesetz über die Angelegenheiten der freiwilligen Gerichtsbarkeit, Berlin 1898.

Matthiaß = Lehrbuch des Bürgerlichen Rechts von Dr. Bernhard Matthiaß. 3. erweiterte und verbesserte Auflage. Berlin 1900.

Neumann = Handausgabe des Bürgerlichen Gesetzbuchs für das Deutsche Reich unter Berücksichtigung der sonstigen Reichsgesetze, sowie der Ausführungsgesetzgebung von Preußen, Bayern, Sachsen, Württemberg und Baden für Studium und Praxis bearbeitet von Dr. Hugo Neumann. 2. vermehrte und verbesserte Auflage. Berlin 1900.

Petersen und Anger = Die Civilprozeßordnung für das Deutsche Reich in der Fassung des Gesetzes vom 17. Mai 1898 nebst den Einführungsgesetzen. Für den praktischen Gebrauch erläutert von Dr. Julius Petersen unter Mitwirkung von Dr. Ernst Anger. 4. vollständig umgearbeitete Auflage. Lahr 1901.

Philler = Das Vormundschaftsrecht des deutschen Bürgerlichen Gesetzbuchs nebst den verwandten Rechtsstoffen. Herausgegeben von O. Philler. 3 Auflage. Berlin 1900.

Planck = Bürgerliches Gesetzbuch nebst Einführungsgesetz erläutert von Dr. G. Planck in Verbindung mit Achilles, André, Greiff, Ritgen, Strecker und Unzner. 1. u. 2. Auflage. Berlin 1902.

Rausnitz = Das Reichsgesetz über die Angelegenheiten der freiwilligen Gerichtsbarkeit vom 17. Mai 1898 und das preußische Gesetz über die freiwillige Gerichtsbarkeit vom 21. September 1899 erläutert von Julius Rausnitz. Berlin 1900.

Schneider = Gesetz über die Angelegenheiten der freiwilligen Gerichtsbarkeit vom 17. Mai 1898. Textausgabe mit Einleitung, Anmerkungen und Sachregister von Heinrich Schneider. 2. umgearbeitete Auflage. München 1901.

Schröder = Das deutsche Vormundschaftsrecht unter Berücksichtigung aller einschlägigen Reichsgesetze und der landesrechtlichen Bestimmungen in Preußen und Elsaß-Lothringen, systematisch dargestellt von Erich Schröder und hinsichtlich des Preußischen Landesrechts von Ernst Mugdan. Berlin 1900.

Schultze-Görlitz = Die Angelegenheiten der freiwilligen Gerichtsbarkeit, Reichsgesetz vom 17/20. Mai 1898. Erläutert von R. Schultze-Görlitz. Berlin 1900.

Staudinger = Kommentar zum Bürgerlichen Gesetzbuche für das Deutsche Reich nebst Einführungsgesetz. In Gemeinschaft mit Dr. Theodor Loewenfeld, Dr. Erwin Riezler, Philipp Mayring, Karl Kober, Dr. Theodor Engelmann, Dr. Felix Herzfelder und Josef Wagner herausgegeben von Dr. Julius von Staudinger. München 1902.

Strohal = Das deutsche Erbrecht auf Grundlage des Bürgerlichen Gesetzbuchs. Von Dr. Emil Strohal. 2. umgearbeitete und vermehrte Auflage. Berlin 1901.

Vocke = Handbuch der Rechtspflege in den Vereinigten Staaten von Nordamerika. Von W. Vocke. Köln 1891.

Weißler Nachl.V. = Das deutsche Nachlaßverfahren. Dargestellt von Adolf Weißler. Berlin 1900.

Weißler = Kommentar zum Reichsgesetz über die Angelegenheiten der freiwilligen Gerichtsbarkeit vom 17. Mai 1898. Von Adolf Weißler. Berlin 1900.

Wellstein = Das Reichsgesetz über die Angelegenheiten der freiwilligen Gerichtsbarkeit. Vom 17. Mai 1898. Mit Erläuterungen von Georg Wellstein. Berlin 1899.

Wolff = Konkursordnung mit Einführungsgesetz, Nebengesetzen und Ergänzungen in der Fassung des Gesetzes vom 17. Mai 1898. Kommentar von Dr. Th. Wolff. Berlin 1900.

Zeitschr. f. d. Civ.Pr. = Zeitschrift für deutschen Civilprozeß und das Verfahren in Angelegenheiten der freiwilligen Gerichtsbarkeit. Herausgegeben von M. Schultzenstein und F. Vierhaus. Berlin.

Zeitschr. f. d. Not. in Bayern. = Zeitschrift für das Notariat und für die freiwillige Rechtspflege der Gerichte in Bayern. Herausgegeben von H. Kaisenberg, Wilhelm v. Henle, Gottfried Schmitt und Ofenstätter.

II. Abkürzungen.

AG. = Ausführungsgesetz.
BGB. = Bürgerliches Gesetzbuch.
Bek. = Bekanntmachung.
Bl.f.RA. = Blätter für Rechtsanwendung.
CPO. = Civilprozeßordnung.
Denkschr. z. FGG. = Denkschrift zum Reichsgesetz über die Angelegenheiten der freiwilligen Gerichtsbarkeit.
Entsch. d. OLG. n. F. = Sammlung der Entscheidungen des Obersten Landesgerichts neue Folge.
Entsch. des RG. in Civils. = Entscheidung des Reichsgerichts in Civilsachen.
EG. = Einführungsgesetz.
elsaß-lothring. Teilungsgesetz = elsaß-lothringisches Gesetz, betreffend das Teilungsverfahren und den gerichtlichen Verkauf von Liegenschaften vom 14. Juni 1888. Gesetzblatt für Elsaß-Lothringen 1888 S. 51 ff.
FGG. = Reichsgesetz über die Angelegenheiten der freiwilligen Gerichtsbarkeit.
FMBek. = Bekanntmachung des Staatsministeriums der Finanzen.
FMBl. = Finanz-Ministerialblatt.
Gesch.O. f. d. Not. = Geschäftsordnung für die Notariate.
GBO. = Grundbuchordnung.
GVG. = Gerichtsverfassungsgesetz.
G.- u. VBl. = Gesetz- und Verordnungsblatt.
JMBl. = Justizministerialblatt.
Komm.Ber. = Kommissionsbericht.
KO. = Konkursordnung.
Motive = Motive zum Nachlaßgesetz im BeilagenBand VIII (Beilage 577) der Verhandlungen der Kammer der Abgeordneten des bayerischen Landtages im Jahre 1901/1902.
Motive z. FGG. = Motive zum Gesetz über die Angelegenheiten der freiwilligen Gerichtsbarkeit.
Not.Ges. = Bayerisches Notariatsgesetz vom 9. Juni 1899.
Nachl.O. = Nachlaßordnung vom 20. März 1903 (JMBl. 1903 S. 111 ff.).
Prot. = Protokolle.
rheinpreußisches Teilungsgesetz = Gesetz, betreffend das Teilungsverfahren und den gerichtlichen Verkauf von Immobilien im Geltungsbereich des Rheinischen Rechts. Vom 22. Mai 1887. Gesetzsammlung für die Königlichen Preußischen Staaten 1887 S. 136 ff.
RTK. = Reichstagskommission.
Sten.Ber. = Stenographische Berichte über die Verhandlungen der Abgeordnetenkammer.
StGB. = Strafgesetzbuch.
UeG. = Uebergangsgesetz, Gesetz vom 9. Juni 1899, Uebergangsvorschriften zum Bürgerlichen Gesetzbuch betr.
Vorm.O. = Bekanntmachung des Staatsministeriums der Justiz vom 19. Januar 1900, das Vormundschaftswesen betr. (JMBl. 1900 S. 181).
Zust.O. = Bekanntmachung des Staatsministeriums der Justiz vom 16. Dezember 1899, die Ausführungen der Zustellungen von Amts wegen betr. (JMBl. 1899 S. 475).
ZVG. = Gesetz über die Zwangsversteigerung und Zwangsverwaltung in der Fassung der Bekanntmachung vom 20. Mai 1898 (RGBl. 1898 S. 713 ff.)

Druckfehler.

Auf Seite 12 in Zeile 20 von oben muß es statt „und ob“ heißen: „ob und“.
Auf Seite 67 in Zeile 13 von unten muß es statt „geschlossen“ heißen: „abgegeben“.

Gesetz, das Nachlaßwesen betreffend,

vom 9. August 1902.

(Gesetz- und Verordnungsblatt 1902 S. 463 Nr. 39.)

Im Namen Seiner Majestät des Königs.

Luitpold,

von Gottes Gnaden Königlicher Prinz von Bayern, Regent.

Wir haben nach Vernehmung des Staatsrats mit Beirat und Zustimmung der Kammer der Reichsräte und der Kammer der Abgeordneten beschlossen und verordnen, was folgt:

1. Erstattung der Todesanzeigen.

Art. 1. Der Standesbeamte hat dem Amtsgericht, in dessen Bezirk er seinen Amtssitz hat, jeden Todesfall anzuzeigen, der ihm gemäß § 56 des Gesetzes über die Beurkundung des Personenstandes und die Eheschließung vom 6. Februar 1875 angezeigt wird. Die Staatsministerien der Justiz und des Innern können über die Erstattung der Anzeigen allgemeine Anordnungen treffen.

Von einer Todeserklärung hat das Amtsgericht dem Nachlaßgerichte Mitteilung zu machen.

2. Eröffnung der Verfügungen von Todes wegen.

Art. 2. Für die Eröffnung einer Verfügung von Todes wegen sind die Amtsgerichte zuständig.

Befindet sich jedoch die Verfügung von Todes wegen verschlossen in der amtlichen Verwahrung eines bayerischen Notars und hat dieser seinen Amtssitz an einem anderen Orte als das Nachlaßgericht, so liegt dem Notar an Stelle des Nachlaßgerichts die Eröffnung der Verfügung von Todes wegen ob. Die Verfügung ist nebst einer beglaubigten Abschrift des über die Eröffnung aufgenommenen Protokolls dem Nachlaßgerichte zu übersenden; eine beglaubigte Abschrift der Verfügung ist zurückzubehalten.

3. Amtliche Vermittelung der Auseinandersetzung in Ansehung eines Nachlasses.

Art. 3. Das Nachlaßgericht hat den Erben von Amts wegen zu ermitteln.

Art. 4. Ergeben die Ermittelungen, daß mehrere Erben vorhanden sind, so hat das Nachlaßgericht, sofern die Auseinandersetzung in Ansehung des Nachlasses zwischen ihnen nicht innerhalb der Frist von zwei Monaten seit dem Eintritte des Erbfalls, im Falle der Erbfolge auf Grund einer Verfügung von Todes wegen seit der Eröffnung der Verfügung bewirkt ist, die Auseinandersetzung zwischen den Beteiligten von Amts wegen zu vermitteln. Die Frist kann von dem Nachlaßgerichte verlängert werden, wenn ihre Einhaltung nach den Umständen des Falles nicht möglich oder nicht tunlich ist. Solange die Auseinandersetzung nach den §§ 2043 bis 2045 des Bürgerlichen Gesetzbuchs ausgeschlossen oder aufgeschoben ist, läuft die Frist nicht. Im Falle der Todeserklärung beginnt die Frist nicht vor der Erlassung des die Todeserklärung aussprechenden Urteils.

Die Vermittelung unterbleibt, sofern ein zur Bewirkung der Auseinandersetzung berechtigter Testamentsvollstrecker vorhanden ist oder vor der Einleitung der amtlichen Vermittelung der Antrag auf Vermittelung gestellt wird oder sämtliche Erben erklären, daß sie sich nicht auseinandersetzen wollen.

Art. 5. Zum Zwecke der Vermittelung der Auseinandersetzung hat das Nachlaßgericht die Teilungsmasse von Amts wegen festzustellen. Das Nachlaßgericht kann, wenn die Beteiligten die zur Feststellung der Teilungsmasse erforderlichen Angaben nicht binnen angemessener Frist machen, die Aufnahme eines Nachlaßverzeichnisses anordnen.

Art. 6. Nach der Feststellung der Teilungsmasse soll das Nachlaßgericht, wenn ein Grundstück zu dem Nachlasse gehört, die Vermittelung der Auseinandersetzung, sofern die Beteiligten die Wahl eines Notars vereinbaren, diesem, andernfalls einem Notar, der im Bezirk oder am Sitze des Nachlaßgerichts aufgestellt ist, überweisen. Auf Antrag sämtlicher Beteiligter ist die Vermittelung einem Notar auch dann zu übertragen, wenn ein Grundstück nicht zum Nachlasse gehört.

Durch die Überweisung gehen auf den Notar die Verrichtungen über, die nach den Vorschriften der §§ 89 bis 95 des Gesetzes über die Angelegenheiten der freiwilligen Gerichtsbarkeit dem Amtsgerichte zustehen. Bei den nach den Vorschriften der Zivilprozeßordnung erfolgenden Zustellungen liegen dem Notar auch die Verrichtungen des Gerichtsschreibers ob. Der Notar ist auch für die Festsetzung der einem Beteiligten zu erstattenden Kosten zuständig.

Art. 7. Im übrigen finden auf die Auseinandersetzung die Vorschriften der §§ 88 bis 98 des Gesetzes über die Angelegenheiten der freiwilligen Gerichtsbarkeit mit der Maßgabe Anwendung, daß das Nachlaßgericht und, wenn die Vermittelung einem Notar überwiesen ist, dieser bei der im § 89 bestimmten Ladung der Beteiligten zu dem Verhandlungstermine die Beteiligten und die Teilungsmasse zu bezeichnen haben.

4. Vermittelung der Auseinandersetzung in Ansehung eines Nachlasses oder eines Gesamtguts auf Antrag eines Beteiligten.

Art. 8. Für die Vermittelung der Auseinandersetzung in Ansehung eines Nachlasses oder in Ansehung des Gesamtguts einer aufgehobenen ehelichen oder fortgesetzten Gütergemeinschaft auf Antrag eines Beteiligten sind neben den Amtsgerichten die Notare zuständig.

Der Antrag kann, sofern nicht die Beteiligten die Wahl eines anderen Notars vereinbaren, nur bei einem Notar gestellt werden, der im Bezirk oder am Sitze des für die Vermittelung zuständigen Gerichts aufgestellt ist.

Wird der Antrag bei dem Amtsgerichte gestellt, so soll dieses, wenn ein Grundstück zum Nachlaß oder zum Gesamtgute gehört, die Vermittelung nach der Ermittelung der Erben und der Feststellung der Teilungsmasse, sofern die Beteiligten die Wahl eines Notars vereinbaren, diesem, andernfalls einem Notar, der im Bezirk oder am Sitze des Amtsgerichts aufgestellt ist, überweisen.

Soweit dem Notar die Vermittelung obliegt, ist er für die Verrichtungen zuständig, die nach den §§ 87, 89 bis 95 des Gesetzes über die Angelegenheiten der freiwilligen Gerichtsbarkeit dem Amtsgerichte zustehen. Bei den nach den Vorschriften der Zivilprozeßordnung erfolgenden Zustellungen liegen ihm auch die Verrichtungen des Gerichtsschreibers ob. Der Notar ist auch für die Festsetzung der einem Beteiligten zu erstattenden Kosten zuständig.

5. Erteilung der in den §§ 37, 38 der Grundbuchordnung bezeichneten Zeugnisse und ähnlicher Bescheinigungen.

Art. 9. Hat das Nachlaßgericht einen Erbschein über das Erbrecht sämtlicher Erben oder ein Zeugnis über die Fortsetzung der Gütergemeinschaft erteilt, so ist der Notar, welcher die Auseinandersetzung vermittelt hat, auch für die Erteilung der in den §§ 37, 38 der Grundbuchordnung bezeichneten Zeugnisse zuständig. Andernfalls ist für die Erteilung der Zeugnisse nur das Nachlaßgericht zuständig.

Für die Ausstellung der nach den Gesetzen über das Reichsschuldbuch oder das Staatsschuldbuch eines Bundesstaats beizubringenden Bescheinigung, daß der Rechtsnachfolger über die eingetragene Forderung zu verfügen berechtigt ist, ist auch der Notar, vor welchem die Auseinandersetzung erfolgt ist, zuständig.

6. Gebühren in Nachlaß- und Teilungssachen.

Art. 10. Das Gesetz über das Gebührenwesen in der Fassung der Bekanntmachung vom 11. November 1899 wird dahin geändert:

I. Dem Artikel 94 werden folgende Vorschriften als Abs. 3, 4 beigefügt:

Wird der Antrag auf Vermittelung zurückgenommen oder endigt das Verfahren, weil ein Beteiligter im Termine der Vermittelung widerspricht, so wird ein Drittel, wenn aber das Gericht bereits den Verteilungsplan aufgestellt hatte, die Hälfte der im Abs. 1 bestimmten Gebühr erhoben. Das gleiche gilt, wenn das Verfahren für beruhend erklärt wird, weil im Termine kein Beteiligter erschienen und das Verfahren seitdem mehr als sechs Monate lang nicht betrieben worden ist.

Endigt das gerichtliche Verfahren mit der Verweisung der Auseinandersetzung an einen Notar, so wird eine Gebühr für das gerichtliche Vermittelungsverfahren nicht erhoben, wenn die Auseinandersetzung innerhalb eines Jahres seit der Verweisung vor dem Notar erfolgt. Andernfalls wird für das gerichtliche Vermittelungsverfahren $^1/_{10}$ der Sätze des § 8 des Reichs-Gerichtskostengesetzes aus dem Werte des reinen Nachlasses erhoben; diese Gebühr wird jedoch, wenn später die Auseinandersetzung vor dem Notar erfolgt, auf die Gebühr aus Art. 165 angerechnet. Das Gericht kann die im Satz 1 bezeichnete Frist auf Antrag oder von Amts wegen verlängern.

II. Der Artikel 96 erhält folgende Fassung:

Für die Erteilung eines Erbscheins einschließlich des vorangehenden Verfahrens werden $^2/_{10}$ und, wenn der Ehegatte oder ein Abkömmling des Erblassers Erbe ist, $^1/_{10}$ der Sätze des § 8 des Reichs-Gerichtskostengesetzes erhoben.

Die Berechnung der Gebühr erfolgt aus dem Werte des Nachlasses nach Abzug der Schulden. Die Gebühr für den einem Vorerben erteilten Erbschein wird aus dem Betrage berechnet, aus welchem ein Vorerbe nach den Vorschriften des Erbschaftssteuergesetzes die Erbschaftssteuer zu entrichten hat.

Ist der Erbe nur zu einem Teile der Erbschaft berufen und der Erbschein nur über die Größe dieses Erbteils zu erteilen oder ist die Erteilung des Erbscheins nur für bestimmte Gegenstände beantragt, so erfolgt die Erhebung der Gebühr nur aus dem Werte dieses Teiles oder dieser Gegenstände. Wird über mehrere Erbfälle ein Erbschein erteilt, so werden die Beträge der Nachlässe zusammengerechnet.

Die auf den Ehegatten oder einen Abkömmling des Erblassers treffende Gebühr für den Erbschein wird, wenn nach seiner Erteilung die Auseinandersetzung in Ansehung des Nachlasses erfolgt, auf die nach Art. 146 Ziff. 1 b oder Art. 147 geschuldete Gebühr zur Hälfte angerechnet.

III. Dem Artikel 98 wird folgender Satz 3 beigefügt:

Bei der Berechnung der Gebühr für das Zeugnis über die Fortsetzung der Gütergemeinschaft tritt an die Stelle des Nachlasses der halbe Wert des Gesamtguts der fortgesetzten Gütergemeinschaft nach Abzug der Schulden; sofern dem überlebenden Ehegatten von der gütergemeinschaftlichen Masse ein anderer Bruchteil als die Hälfte zufällt, wird das Gesamtgut zu diesem Bruchteil in Ansatz gebracht.

IV. Der Artikel 99 erhält folgende Fassung:

Für die nach den Gesetzen über das Reichsschuldbuch oder das Staatsschuldbuch eines Bundesstaats beizubringende Bescheinigung, daß der Rechtsnachfolger über die eingetragene Forderung zu verfügen berechtigt ist, sowie für das im Art. 51 des Ausführungsgesetzes zum Bürgerlichen Gesetzbuche bezeichnete Zeugnis wird eine Gebühr von $^1/_{10}$ der Sätze des § 8 des Reichs-Gerichtskostengesetzes bis zum Meistbetrage von 10 Mark erhoben. Die Gebühr wird nach dem Betrage der Forderung berechnet.

Die Gebühr wird, wenn ein Verfahren zum Zwecke der Vermittelung der Auseinandersetzung stattfindet, auf die für dieses zu entrichtende Gebühr angerechnet.

Die in den §§ 37, 38 der Grundbuchordnung bezeichneten Bescheinigungen sind gebührenfrei.

V. Im Artikel 101 erhalten der Satz 2 des Abs. 1 und der Abs. 2 folgende Fassung:

Die Berechnung der Gebühr erfolgt aus dem Werte des Nachlasses nach Abzug der Schulden. Wenn nur einzelne Teile des Nachlasses Gegenstand der Sicherung sind, wird der Berechnung der Gebühr der Wert dieser Teile zugrunde gelegt, sofern er geringer ist als der Wert des ganzen Nachlasses nach Abzug der Schulden.

Die Gebühr des Abs. 1 wird auf die Gebühr des Art. 94 angerechnet.

VI. Der Artikel 103 erhält folgende Fassung:

Wird eine Nachlaßverwaltung oder eine Gesamtgutsverwaltung angeordnet, so finden die Vorschriften des Art. 102 mit der Maßgabe Anwendung, daß $^6/_{10}$ der Sätze des § 8 des Reichs-Gerichtskostengesetzes erhoben werden.

VII. Im Artikel 104 erhält

1. Der Eingang folgende Fassung:

Für die Entgegennahme von Erklärungen, Anmeldungen und Anzeigen, welche nach gesetzlicher Vorschrift dem Nachlaßgerichte gegenüber abgegeben werden müssen, seitens des Nachlaßgerichts . . . .

2. An die Stelle des Abs. 1 Satz 2 tritt folgende Vorschrift:

Findet die Entgegennahme in einem in diesem Unterabschnitte bezeichneten Verfahren statt, so wird eine Gebühr nicht erhoben.

VIII. Im Artikel 105 wird zwischen Satz 1 und Satz 2 folgender Satz eingeschaltet:

Finden diese Handlungen in Verbindung mit einem in diesem Unterabschnitte bezeichneten Verfahren statt, so wird eine Gebühr nicht erhoben.

IX. Im Artikel 106 werden nach dem Worte „Nachlaßinventars“ die Worte:

„oder eines Nachlaßverzeichnisses“

eingeschaltet.

X. Der Eingang des Artikel 111 hat zu lauten:

Testamente und Erbverträge unterliegen ohne Rücksicht auf den Ort ihrer Errichtung bei ihrer Eröffnung einer besonderen Gebühr . . . .

XI. Dem Artikel 165 wird folgender neuer Absatz angefügt:

Für die von dem Notar erfolgte Erteilung der im Art. 99 bezeichneten Zeugnisse und Bescheinigungen wird eine Gebühr nicht erhoben.

7. Schlußbestimmungen.

Art. 11. Der Artikel 104 des Ausführungsgesetzes zum Bürgerlichen Gesetzbuch und der Satz 2 des Artikel 1 Abs. 2 des Notariatsgesetzes werden aufgehoben.

Im Artikel 132 des Ausführungsgesetzes zum Bürgerlichen Gesetzbuche wird der Eingang dahin geändert:

Die Kosten der Auseinandersetzung in Ansehung eines Nachlasses oder des Gesamtguts einer aufgehobenen ehelichen oder fortgesetzten Gütergemeinschaft fallen . . . . . .

Art. 12. Dieses Gesetz tritt am 1. Oktober 1902 in Kraft. Für die vor diesem Zeitpunkt eingetretenen Erbfälle bleiben die bisherigen Gesetze maßgebend.

Gegeben zu Vorderriß, den 9. August 1902.

Luitpold,
Prinz von Bayern,
des Königreichs Bayern Verweser.

Dr. **Graf v. Crailsheim.** Dr. **Frhr. v. Riedel.** Dr. **Frhr. v. Feilitzsch.** **Frhr. v. Asch.** Staatsrat **v. Heller.** Staatsrat **v. Schraut.**

Auf Allerhöchsten Befehl:
Der Ministerialrat
im K. Staatsministerium des Innern:
Dr. Proebst.

Gesetz, das Nachlaßwesen betr., vom 9. August 1902.

1. Erstattung der Todesanzeigen.

Artikel 1.

Der Standesbeamte hat dem Amtsgericht, in dessen Bezirk er seinen Amtssitz hat, jeden Todesfall anzuzeigen, der ihm gemäß § 56 des Gesetzes über die Beurkundung des Personenstandes und die Eheschließung vom 6. Februar 1875 angezeigt wird. Die Staatsministerien der Justiz und des Innern können über die Erstattung der Anzeigen allgemeine Anordnungen treffen.

Von einer Todeserklärung hat das Amtsgericht dem Nachlaßgerichte Mitteilung zu machen.

1. Inhalt des Art. 1.

Jeder Todesfall, jede von einem Amtsgericht ausgesprochene Todeserklärung muß zur Kenntnis des Nachlaßgerichts gelangen. Für letzteres bildet diese Kenntnis die Grundlage der amtlichen Erbenermittelung (Art. 3 dieses Gesetzes).

2. Ausschließliche Anzeigepflicht des Standesbeamten.

Vor Inkrafttreten des Bürgerlichen Gesetzbuchs hatten in den Landesteilen rechts des Rheins die Ortspolizeibehörden (in München die Kgl. Polizeidirektion) von jedem im Ortspolizeibezirk vorkommenden Todesfall in möglichster Bälde unmittelbar dem Amtsgericht, in dessen Bezirk die verstorbene Person ihren ständigen Wohnsitz hatte, und, wenn ein solcher nicht bekannt war, dem nächstgelegenen Amtsgerichte Anzeige zu erstatten (Bekanntmachung vom 13. April 1896, JMBl. 1896 S. 160).

Mit Inkrafttreten des Bürgerlichen Gesetzbuchs ist gemäß § 48 des Gesetzes über die Angelegenheiten der freiwilligen Gerichtsbarkeit den Standesbeamten die Pflicht auferlegt worden, vom Tode einer Person, die ein minderjähriges Kind hinterlassen hat, dem Vormundschaftsgerichte Anzeige zu machen. „Da diese reichsgesetzliche Vorschrift landesrechtlich nicht geändert werden kann, würde, wenn die Anzeigepflicht gegenüber dem Nachlaßgerichte den Gemeindebehörden auferlegt würde, der Tod einer Person, die ein minderjähriges Kind hinterlassen hat, dem Amtsgerichte zweimal angezeigt werden. Dies würde doppelte Arbeit und Verwirrung verursachen" (Motive S. 6). Aus diesen Gründen wurde durch die Bekanntmachung vom 18. Dezember 1899 (JMBl. 1899 S. 578) unter Aufhebung der Bekanntmachung vom 13. April 1896 die gemäß § 48 FGG. für den konkreten

Fall bestehende Anzeigepflicht der Standesbeamten auf alle im rechts- und linksrheinischen Bayern vorkommenden Todesfälle ausgedehnt.

Es bestand somit bereits seit dem 1. Januar 1900 bezüglich aller Todesfälle in Bayern die ausschließliche und ausnahmslose Anzeigepflicht der Standesbeamten gegenüber demjenigen Amtsgericht, in dessen Bezirk sie ihren Amtssitz hatten.

Dieser Rechtszustand wird mit Art. 1 (§ 1 Abs. 1 Nachl.O.) dieses Gesetzes ausdrücklich aufrecht erhalten. Es haben somit die Standesbeamten auch fernerhin jeden bei ihnen zur Anzeige gelangenden Todesfall dem Amtsgerichte ihres Bezirkes anzuzeigen.

Die Bekanntmachung vom 18. Dezember 1899 (geändert durch die Bekanntmachung vom 10. Dezember 1902, JMBl. 1903 S. 213) ist durch den Art. 1 dieses Gesetzes nicht aufgehoben worden, bleibt also, da in den zum Nachlaßgesetz am 20. März 1903 (JMBl. 1903 S. 111 ff.) erlassenen Vollzugsvorschriften ein anderes nicht bestimmt ist, in Kraft; es sind daher die für den Fall des Todes eines Ausländers neben der Erstattung der Todesanzeige dortselbst getroffenen weiteren Bestimmungen auch fernerhin zu beobachten, wie auch die entsprechenden Vorschriften bezüglich der Formulare, welche der Standesbeamte für die Anzeigen zu verwenden hat, in Geltung geblieben sind.

3. Verfahren bei der Anzeige.

Gemäß § 56 des Gesetzes über die Beurkundung des Personenstandes und die Eheschließung vom 6. Februar 1875 ist jeder Sterbefall spätestens am nächstfolgenden Wochentage dem Standesbeamten des Bezirks, in welchem der Tod erfolgt ist, anzuzeigen. Jeden in dieser Weise erstatteten Todesfall hat sodann der Standesbeamte dem Amtsgerichte seines Amtssitzes anzuzeigen. Eine Frist, innerhalb welcher der Standesbeamte die Anzeigen an das Amtsgericht zu erstatten hat, ist in Art. 1 nicht vorgesehen. Es können jedoch nach Art. 1 Abs. 1 Satz 2 durch die Staatsministerien der Justiz und des Innern allgemeine Anordnungen über die Erstattung der Anzeigen noch getroffen werden. Bis zum Erlaß solcher Bestimmungen ist der Standesbeamte gehalten, die Anzeigen unverzüglich, ohne schuldhaftes Zögern (s. § 121 BGB.) zu erstatten, widrigenfalls Disziplinarbestrafung eintreten kann. Außerdem kann der Standesbeamte, der die Anzeige unterläßt oder schuldhafter Weise verzögert, nach den Grundsätzen über die Verpflichtung zum Schadensersatz aus unerlaubten Handlungen (§§ 823 ff. BGB.) zur Haftung herangezogen werden. Siehe auch Birkenbihl S. 177, Dorner S. 243 f.; Schneider S. 79 f.

Erhält das Amtsgericht von dem Tode einer Person, die in dem Bezirke des Amtsgerichts gestorben ist, Kenntnis, ohne daß eine Todesanzeige vorliegt, so ist die Todesanzeige sofort zu erholen (§ 1 Abs. 2 Nachl.O.).

4. Zuständigkeit des Nachlaßgerichts.

Nachlaßgerichte sind die Amtsgerichte gemäß §§ 72 f. FGG. und des Art. 15 AG. z. GVG. in der im Art. 167 Abs. 1 AG. z. BGB. enthaltenen Fassung.

Die an das Amtsgericht erstattete Todesanzeige wird zunächst dem Richter zugeteilt, welcher mit der Bearbeitung der Nachlaßsachen betraut ist (§ 2 Abs. 1 Nachl.O. § 54 Vormundsch.O. JMBl. 1900 S. 181). Der Nachlaßrichter hat vorerst seine Zuständigkeit zu prüfen; denn das Amtsgericht, in dessen Bezirk der Standesbeamte seinen Amtssitz hat, ist nicht immer identisch mit dem Nachlaßgericht. Ob das Amtsgericht des Todesfalls zugleich auch das Nachlaßgericht bildet, richtet sich nach den örtlichen Zuständigkeitsbestimmungen des § 73 FGG. Dieser Paragraph lautet:

„Die örtliche Zuständigkeit bestimmt sich nach dem Wohnsitze, den der Erblasser zur Zeit des Erbfalls hatte; in Ermangelung eines inländischen Wohnsitzes ist das Gericht zuständig, in dessen Bezirke der Erblasser zur Zeit des Erbfalls seinen Aufenthalt hatte.

Ist der Erblasser ein Deutscher und hatte er zur Zeit des Erbfalls im Inlande weder Wohnsitz noch Aufenthalt, so ist das Gericht zuständig, in dessen Bezirke der Erblasser seinen letzten inländischen Wohnsitz hatte. In Ermangelung eines solchen Wohnsitzes wird das zuständige Amtsgericht, falls der Erblasser zur Zeit des Erbfalls einem Bundesstaat angehörte, von der Landesjustizverwaltung, anderenfalls von dem Reichskanzler bestimmt.

Ist der Erblasser ein Ausländer und hatte er zur Zeit des Erbfalls im Inlande weder Wohnsitz noch Aufenthalt, so ist jedes Gericht, in dessen Bezirke sich Nachlaßgegenstände befinden, in Ansehung aller im Inlande befindlichen Nachlaßgegenstände zuständig. Die Vorschriften des § 2369 Abs. 2 des Bürgerlichen Gesetzbuchs finden Anwendung."

Ergibt sich neben der Zuständigkeit des Amtsgerichtes des Todesfalls die Zuständigkeit noch anderer Amtsgerichte, so verbleibt die Nachlaßbehandlung bei dem in der Sache zuerst tätig gewordenen Gerichte (§ 4 FGG.), also in der Regel bei dem Gerichte des Todesfalls.

Ist das Gericht des Todesfalls nicht zuständig — der Erblasser hatte zur Zeit seines Todes seinen Wohnsitz in den Bezirk eines andern Amtsgerichtes (z. B. Augsburg) als desjenigen, an welches die Todesanzeige erstattet worden ist (z. B. München) —, so ist dem anderen Amtsgerichte als dem zuständigen Nachlaßgerichte (hier also Augsburg) mit der Mitteilung von den etwa angeordneten Maßregeln für die Sicherung des Nachlasses (§ 74 Satz 2 FGG.) die Todesanzeige vom Nachlaßrichter des Gerichts des Todesfalls zu übersenden (§ 2 Abs. 4 Nachl.O.).

Gemäß § 152 Nachl.O. kann das Amtsgericht, an welches die Todesanzeige erstattet worden ist, und welches nach § 74 des FGG. nur für die Sicherung des Nachlasses zuständig ist, außer der Todesanzeige die erwachsenen Akten an das (zuständige) Nachlaßgericht abgeben.

Besteht Ungewißheit oder Streit darüber, welches von mehreren Gerichten örtlich zuständig ist, so wird das zuständige Gericht durch das gemeinschaftliche obere Gericht durch unanfechtbare Entscheidung bestimmt. Bei Verhinderung des zuständigen Gerichts an der Ausübung des Richteramts erfolgt durch das demselben im Instanzenzuge vorgeordnete Gericht die unanfechtbare Bestimmung eines Gerichts (§ 5 FGG.).

5. Wirksamkeit der von einem unzuständigen Gericht vorgenommenen Nachlaßbehandlung.

Die von einem Amtsgericht, ohne Nachlaßgericht zu sein, vorgenommenen den Nachlaß betreffenden gerichtlichen Handlungen (so auch die Vermittelung der Nachlaßauseinandersetzung) sind nicht aus dem Grunde der örtlichen Unzuständigkeit oder deswegen, weil der betr. Richter von der Ausübung des Richteramts kraft Gesetzes ausgeschlossen ist, unwirksam (§ 7 FGG., siehe auch § 74 FGG., ferner Birkenbihl S. 27 f., Rausnitz S. 17, Dorner S. 51 f., Keidel S. 11).

Die gegenüber einem örtlich unzuständigen Nachlaßgericht abgegebene Erbschafts-Ausschlagungserklärung ist unwirksam (Planck Bd. V S. 42 zu § 1945 BGB.).

6. Verfahren des Nachlaßrichters bei Erbbeteiligung minderjähriger, bevormundeter oder unter Pflegschaft stehender Personen.

Ist aus der Todesanzeige ersichtlich, daß minderjährige oder bevormundete oder unter Pflegschaft stehende Personen als Erben beteiligt sind, oder bekleidete der Erblasser nach der Todesanzeige das Amt eines Vormundes, Gegenvormundes, Beistandes oder Pflegers — erforderlichenfalls sind hier Vorkehrungsmaßregeln zur Sicherung des Nachlasses (§§ 3—26 Nachl.O.) oder nach Eröffnung einer Verfügung von Todes wegen (§§ 27—41 Nachl.O.) zu treffen — oder betrifft die standesamtliche Anzeige den Tod eines minderjährigen unehelichen Kindes oder eines ehelichen minderjährigen Kindes, dessen Eltern nach der Todesanzeige schon gestorben sind (§§ 54 f. Vormundsch.O. JMBl. 1900 S. 181), so ist die Todesanzeige dem Richter, der mit der Bearbeitung der Vormundschaftssachen betraut ist, zur Fertigung einer Abschrift oder eines Auszugs der Todesanzeige auf einem besonderen Blatte für seine Akten gegen Rückgabe zu übergeben (§ 2 Abs. 2 Nachl.O.).

Kommt als zuständiges Vormundschaftsgericht ein anderes als das Gericht, an das die Todesanzeige erstattet worden ist, in Betracht, so übersendet der Vormundschaftsrichter des letzteren Gerichts eine Abschrift oder einen Auszug aus der Todesanzeige dem zuständigen Vormundschaftsgerichte (§ 2 Abs. 3 Nachl.O., siehe auch §§ 54 Abs. 4, 55 zweiter Satz Vormundsch.O.).

Die Todesanzeige ist auch dann dem Vormundschaftsrichter vorzulegen, wenn sie den Verstorbenen als verheiratet bezeichnet, jedoch in Bezug auf die Kinder keine Angabe oder die Angabe enthält, daß es unbekannt ist, ob minderjährige Kinder hinterlassen sind. Hiedurch ist der Vormundschaftsrichter veranlaßt, durch Einvernahme der Hinterbliebenen oder der Polizeibehörde zu ermitteln, ob minderjährige oder unter Vormundschaft oder Pflegschaft stehende Personen beteiligt sind (§ 54 Abs. 2 Vormundsch. O.).

7. Nachlaßgerichtliche Funktionen des Ministers des Kgl. Hauses und des Äußeren, sowie der Domanialkanzleien.

a) Die Verlassenschaftsverhandlungen auf Ableben des Königs oder eines Mitgliedes des Kgl. Hauses erfolgen unter der Leitung des Ministers des Kgl. Hauses und des Äußern gemäß Familienstatut vom 5. August 1819 Tit. III. § 1 (aufrecht erhalten durch Art. 57 EG. z. BGB.).

b) Den Standesherren bleibt die Befugnis, Verlassenschaftsverhandlungen, welche Mitglieder der Familie betreffen, solange kein Rechtsstreit darüber entsteht, durch ihre Domanialkanzlei vornehmen und erledigen zu lassen (IV. Verf.Beil. § 7; Art. 76 Abs. 3 des b. GVG. vom 10. November 1861, aufrecht erhalten durch Art. 81 Abs. 1 des b. AG. z. GVG. vom 23. Februar 1879 und Art. 58 EG. z. BGB., sowie durch §§ 189—195 FGG.). Hienach ist für die Verlassenschaftsverhandlungen standesherrlicher Familien das gewöhnliche Nachlaßgericht — also das betreffende Amtsgericht — nur dann zuständig, wenn von der vorbezeichneten Befugnis der Überweisung der Verlassenschaftsverhandlung an die Domanialkanzlei kein Gebrauch gemacht wird oder eine Domanialkanzlei nicht vorhanden ist. Ist die Verlassenschaftsverhandlung vom Haupte der Familie der Domanialkanzlei zugewiesen, so ist diese als Verlassenschaftsbehörde ausschließlich zuständig. Auch zur Eröffnung der Verfügungen von Todes wegen ist die Domanialkanzlei — weder der Notar noch das Gericht — zuständig. Die Erbenermittelung erfolgt gleichfalls durch die Domanialkanzlei von Amts wegen. Die Domanialkanzlei hat als Nachlaßbehörde sich nach vorliegendem Gesetze zu richten.

Es ist noch auf Art. 16 AG. z. GBO. hinzuweisen, wonach die Domanialkanzlei auch zuständig ist zur Ausstellung eines Zeugnisses über die Nachfolge in das Familiengut einer standesherrlichen Familie.

Materiellrechtlich gilt hinsichtlich des Erbrechts und des Verfahrens in Nachlaßsachen der standesherrlichen Familie das gewöhnliche Recht, soweit nicht die Hausgesetze ein anderes bestimmen (Art. 14 der Bundesakte und Art. 58 EG. z. BGB., § 9 der IV. Verf.Beil.). Das Nachlaßgesetz erleidet nur Anwendung hinsichtlich des Allodialvermögens, nicht auch bezüglich des Familiengutes, da letzteres nicht zum Nachlaß gehört. (Siehe hiezu das Protokoll des I. Ausschusses der Kammer der Reichsräte über den Entwurf eines Gesetzes, das Nachlaßwesen betreffend, vom 30. Mai 1902 S. 5 f.)

c) Die Privatgerichtsbarkeit des Hauptes der fürstlichen Familie Thurn und Taxis in Verlassenschaftssachen erster und zweiter Instanz über seine Dienerschaft zu Regensburg und deren Hausgenossen ist, wie überhaupt jede Privatgerichtsbarkeit, durch § 15 Abs. 2 GVG. aufgehoben.

8. Verfahren bei Todeserklärung.

Die §§ 13 ff. BGB. enthalten die Fälle der Todeserklärung. Das Aufgebotsverfahren zum Zwecke der Todeserklärung regeln die §§ 946 Abs. 2, 960 ff. CPO. Die *sachliche* Zuständigkeit der Amtsgerichte für das Aufgebotsverfahren ist durch § 23 Nr. 2 am Schlusse GVG., die *örtliche* Zuständigkeit durch § 961 CPO. geschaffen. Die örtliche Zuständigkeit richtet sich hienach nach dem letzten inländischen Wohnsitz des Verschollenen. In Ermangelung eines solchen wird das zuständige Gericht für Angehörige eines Bundesstaates durch allgemeine Anordnung der Landesjustizverwaltung und für andere Verschollene durch allgemeine Anordnung des Reichskanzlers getroffen.

Jede von dem mit dem Aufgebotsverfahren betrauten Gerichte ausgesprochene Todeserklärung ist unverzüglich (s. Anm. 3) von diesem dem

Nachlaßgerichte (d. i dem gemäß § 73 FGG. zuständigen Amtsgerichte) mitzuteilen (Abs. 2 dieses Art., § 1 Abs. 3 Nachl.O.). Ist das Amtsgericht, welches die Todeserklärung ausgesprochen hat, identisch mit dem Nachlaßgerichte — was die Regel sein wird — und ist der Amtsrichter, welcher das Urteil erlassen hat, zugleich der mit der Bearbeitung der Nachlaßsachen betraute Richter, also der Nachlaßrichter, so erübrigt sich die im Gesetze angeordnete Mitteilung an das Nachlaßgericht; der Nachlaßrichter genügt der im Art. 1 Abs. 2 enthaltenen Vorschrift, wenn er in diesem Falle eine entsprechende Konstatierung zu den Nachlaßakten macht.

§ 18 Abs. 2 BGB. enthält die bei den einzelnen Fällen der Verschollenheit eintretenden Präsumtionen für den Zeitpunkt des Todes des Verschollenen. Nach Maßgabe dieser Bestimmungen ist im Urteil, welches die Todeserklärung ausspricht, auch der Zeitpunkt des Todes festzustellen (§ 970 Abs. 2 CPO.). Hiernach ergibt sich sodann die örtliche Zuständigkeit des Nachlaßgerichtes, da diese nach § 73 FGG. nach der Zeit des Erbfalls, d. i. nach dem Zeitpunkt des Todes des Verschollenen sich bemißt.

---

2. Eröffnung der Verfügungen von Todes wegen.

Artikel 2.

Für die Eröffnung einer Verfügung von Todes wegen sind die Amtsgerichte zuständig.

Befindet sich jedoch die Verfügung von Todes wegen verschlossen in der amtlichen Verwahrung eines bayerischen Notars und hat dieser seinen Amtssitz an einem anderen Orte als das Nachlaßgericht, so liegt dem Notar an Stelle des Nachlaßgerichts die Eröffnung der Verfügung von Todes wegen ob. Die Verfügung ist nebst einer beglaubigten Abschrift des über die Eröffnung aufgenommenen Protokolls dem Nachlaßgerichte zu übersenden; eine beglaubigte Abschrift der Verfügung ist zurückzubehalten.

1. Inhalt des Art. 2.

Zuständigkeitsbestimmungen für die Eröffnung der Verfügungen von Todes wegen.

Grundsätzlich ist die Eröffnung der Verfügungen von Todes wegen, es mögen dieselben vor oder nach dem Inkrafttreten des Bürgerlichen Gesetzbuches errichtet worden sein, den Amtsgerichten überwiesen. Damit ist die durch das bayerische Notariatsgesetz vom 9. Juni 1899 in Art. 1 Abs. 2 Satz 2 (aufgehoben durch Art. 11 Abs. 1 des Nachlaßgesetzes) den Notaren überwiesene Eröffnung der von ihnen verwahrten Testamente und Erbverträge genommen worden; nur in dem einzigen Falle, daß

1. die Verfügung von Todes wegen verschlossen in der amtlichen Verwahrung eines (bayerischen) Notars sich befindet und

2. dieser mit dem (bayerischen) Nachlaßgerichte nicht den gleichen Amtssitz hat,

ist der Notar an Stelle des Nachlaßgerichts zur Eröffnung der letztwilligen Verfügung berufen.

In diesem Falle ist das über die Eröffnung vom Notar aufgenommene Protokoll in Urschrift und die Verfügung in beglaubigter Abschrift vom Notar für sein Archiv zurückzubehalten, während die Verfügung in Urschrift und das Protokoll in beglaubigter Abschrift an das Nachlaßgericht einzusenden sind.

2. Eröffnung der Verfügungen von Todes wegen.

Der Begriff „Eröffnung" umfaßt nicht nur die Öffnung verschlossener Verfügungen von Todes wegen, sondern auch deren Verkündung sowie auch deren Bekanntgabe an die Beteiligten, welche bei der Eröffnung der letztwilligen Verfügung nicht zugegen gewesen sind.

Bei offen errichteten Verfügungen von Todes wegen besteht die Eröffnung lediglich in der Verkündung oder Bekanntgabe; eine Öffnung kann in diesem Falle nicht erfolgen.

Jede Verfügung von Todes wegen ist zu eröffnen; was sich nicht als solche darstellt, ist nicht zu eröffnen. Da das Nachlaßgericht nicht zur alleinigen Entscheidung darüber berufen ist, und ob in welchem Umfang einem Schriftstück, das nach seiner äußeren Erscheinung ein Testament ist, rechtliche Bedeutung zukommt, so darf insbesondere die Verkündung von Anordnungen, die ihrer Form nach wenigstens in gewissem Umfang als letztwillige Verfügungen wirksam sein können, nicht deswegen unterlassen werden, weil ihre Wirksamkeit bestritten wird, oder weil sie mit einem formellen oder materiellen Mangel behaftet sind. So muß auch ein vor dem Gemeindevorsteher errichtetes Testament auch dann eröffnet werden, wenn der Erblasser die in § 2252 Abs. 1 BGB. bestimmte dreimonatige Frist überlebt hat (§ 35 Nachl.O.). Der Erbe kann nicht verlangen, daß die Verständigung der Beteiligten von dem Inhalt eines Schriftstückes, das als Testament erscheint, deswegen unterbleibt, weil die Anordnungen des Testaments rechtsunwirksam seien.

Der Erblasser kann nicht verbieten, daß seine letztwillige Verfügung nicht alsbald nach seinem Tode eröffnet wird (§§ 2263, 2300 BGB.). Da er die Eröffnung nicht verbieten kann, kann er auch nicht die Mitteilung des Inhalts der letztwilligen Verfügung an die im Eröffnungstermin nicht erschienenen Beteiligten verbieten. Es kann insbesondere auch bei gemeinschaftlichen Testamenten und zweiseitigen Erbverträgen nicht etwa der überlebende Ehe- beziehungsweise Vertragsteil die Eröffnung verbieten.

Hat derselbe Erblasser mehrere letztwillige Verfügungen nebeneinander errichtet, so sind diese sämtlich zu eröffnen; für die Eröffnung der einzelnen letztwilligen Verfügungen können verschiedene Zuständigkeiten nebeneinander sich ergeben, sodaß die Eröffnung der einzelnen Verfügungen durch verschiedene Behörden erfolgen kann.

Gemäß § 2258 BGB. kann ein früheres Testament durch die Errichtung eines neuen Testamentes insoweit aufgehoben werden, als das spätere Testament mit dem früheren in Widerspruch steht. Es bedarf hier also keines direkten Widerrufs; auch in diesem Falle muß das stillschweigend ganz oder teilweise widerrufene Testament eröffnet werden (ebenso §§ 36 Abs. 4, 38 Abs. 2 Satz 1 NachlO.). Die Eröffnung der beiden Testamente muß schon deshalb erfolgen, weil nach den Motiven zum BGB. Bd. V S. 303 „die neue positive Anordnung, in welcher die Aufhebung der früheren Verfügung enthalten ist, mit der Aufhebnng ein einheitliches und untrennbares Ganzes" bildet.

Aber auch dann, wenn der Erblasser die letztwillige Verfügung direkt widerrufen hat, ohne sie zu vernichten, kann auch diese direkt widerrufene letztwillige Verfügung von der (Ablieferung) Eröffnung nicht ausgeschlossen werden, und zwar aus dem gleichen oben angegebenen Grundsatz, daß das Nachlaßgericht nicht allein zur Entscheidung über die Frage der Gültigkeit einer letztwilligen Verfügung berufen ist.

Auch mit Rücksicht auf § 2080 BGB. (Anfechtungsrecht desjenigen, „welchem die Aufhebung der letztwilligen Verfügung unmittelbar zu statten kommen würde"), und § 2360 Abs. 2 BGB. („Ist die Verfügung, auf der das Erbrecht beruht, nicht in einer dem Nachlaßgerichte vorliegenden öffentlichen Urkunde enthalten, so soll vor der Erteilung des Erbscheins derjenige über die Gültigkeit der Verfügung gehört werden, welcher im Falle der Unwirksamkeit der Verfügung Erbe sein würde") ist die (Ablieferung) Eröffnung widerrufener letztwilliger Verfügungen erforderlich; denn abgesehen davon, daß das Nachlaßgericht von der Eröffnung solcher ihrem vollen Inhalt nach widerrufenen letztwilligen Verfügungen schon deshalb nicht Umgang nehmen darf, weil es zur endgültigen Entscheidung der Frage der Gültigkeit des Widerrufs nicht berufen ist, kann auch nur durch Eröffnung solcher Verfügungen das Interesse, z. B. des in dem vollinhaltlich widerrufenen Testament eingesetzt gewesenen Erben gewahrt werden; denn erfährt er von seiner früheren Einsetzung nichts, wie sollte er dann, wenn er sonst als Erbe nicht in Betracht kommt, zur Anfechtung des späteren Testaments kommen, welche er vielleicht erfolgreich durchführen könnte? Es darf also m. E. eine Eröffnung solcher Verfügungen nicht unterlassen werden; nur hiedurch können die in den §§ 2080, 2360 Abs. 2 BGB. reichsrechtlich festgelegten Grundsätze zur Geltung kommen. So auch Planck Bd. V S. 486 Anm. 4; a. A. Staudinger Bd. V S. 521, Brunner in Zeitschr. f. d. Not. in Bayern n. F. Bd. II S. 137 ff. Auch die autographierte Justizministerialentschließung vom 5. Dezmber 1900 Nr. 44 321 stellt sich auf den letzteren Standpunkt. Die Nachlaßordnung § 36 Abs. 1 ist etwas von dem bisher eingenommenen Standpunkt abgewichen, indem sie bestimmt, daß Testamente, deren ganzer Inhalt gültig widerrufen ist, nur auf Antrag eines Beteiligten zu eröffnen sind.

Daß ein Testament, welches nur hinsichtlich einer einzelnen Verfügung widerrufen ist (§ 2253 BGB.), dem vollen Inhalte nach, also auch hinsichtlich der widerrufenen Verfügung, zu eröffnen ist, war auch von der Bekanntmachung vom 5. Dezember 1900 Nr. 44321 Ziff. I 1, Abs. 2 bereits anerkannt und ist auch in § 36 Abs. 1 Satz 2 Nachl.O. bestimmt. Bezüglich des Erbvertrags (§§ 2290 ff. BGB.) gilt das gleiche wie für das Testament (§ 38 Abs. 2 Satz 1 Nachl.O.).

Solange die letztwillige Verfügung nicht eröffnet ist, kann ein Erbschein (z. B. auf Grund der Vorlage einer Ausfertigung eines unverschlossenen Erbvertrags § 38 Abs. 2 Satz 2 Nachl.O.) nicht erteilt werden. Die formelle Gültigkeit und Wirksamkeit der letztwilligen Verfügung bleibt zwar bestehen, wenn sie nicht eröffnet wird, in materielle Wirksamkeit jedoch tritt sie solange nicht, als sie uneröffnet bleibt. Vgl. Staudinger Bd. V S. 521 und Planck Bd. V S. 486.

Die Gültigkeit der letztwilligen Verfügung wird nicht beeinflußt durch Nichtbeachtung der für die Eröffnung maßgebenden Vorschriften, obwohl andere Folgen daraus entstehen können (z. B. hinsichtlich des Beginns der Ausschlagungsfrist bezüglich der Erbschaft). Eine böswillig oder versehentlich, bei Lebzeiten des Erblassers oder nach seinem Tode, vor dem Eröffnungstermin eröffnete letztwillige Verfügung bleibt, abgesehen eventueller disziplinärer Ahndung, gültig. Die Wirksamkeit der Verfügung muß schon um deswillen aufrecht erhalten werden, weil andernfalls der Wille des Erblassers jederzeit durchkreuzt und unwirksam gemacht werden könnte. Es ist davon auszugehen, daß immer eine persönliche Handlung des Erblassers — Stellvertretung ist ausgeschlossen — zum Widerruf einer letztwilligen Verfügung gefordert werden muß. Nur der Erblasser, nur dieser allein, kann seine letztwillige Verfügung widerrufen. Daraus folgt, daß eine nach seinem Tode an der Verfügung vorgenommene Veränderung die Gültigkeit derselben nicht mehr beeinflussen kann. Daß die letztwillige Verfügung bereits durch den Erblasser die nach seinem Tode vorgefundene Veränderung erfahren hat, haben diejenigen, welche die Verfügung anfechten, im Prozeßwege zu beweisen, andernfalls die Wirksamkeit derselben bestehen bleibt. Ist ein Testament verloren gegangen oder verändert worden, so besteht keine gesetzliche Vermutung dafür, daß der Erblasser, der die Urkunde in Verwahr hatte, das Testament vernichtet oder den Zustand hervorgerufen hat. Hier entscheidet nach den Umständen des einzelnen Falles das freie richterliche Ermessen (s. Motive z. BGB. Bd. V S. 301 f., Staudinger Bd. V S. 516).

Ist ein Testament verloren gegangen oder vernichtet worden, ohne daß eine Handlung des Erblassers dies veranlaßt hat (§ 2255 BGB.), so ist für den Inhalt des betreffenden Testaments jedes Beweismittel zulässig (s. Motive z. BGB. Bd. V S. 309, Staudinger Bd. V S. 516).

Die Aufhebungsabsicht müßte an sich von demjenigen bewiesen werden, der auf den Widerruf des Testaments sich beruft, jedoch stellt das Gesetz in § 2255 Abs. 2 BGB. die diese Beweislast umkehrende Vermutung auf, daß, wenn nachgewiesenermaßen der Erblasser selbst die Testamentsurkunde vernichtet oder in der bezeichneten Weise verändert hat, vermutet wird, daß er die Absicht gehabt habe, das Testament aufzuheben. Staudinger Bd. V S. 515 Ziff. III lit. B, Frommhold, Das Erbrecht des Bürgerlichen Gesetzbuchs § 2255 Anm. 2.

Zu eröffnen sind insbesondere auch unter Berücksichtigung der Vorschriften der §§ 2259 Abs. 2, 2260—2262 BGB. nach Art. 108 AG. z. BGB. diejenigen letztwilligen Verfügungen, welche sich seit mehr als 54 Jahren in amtlicher Verwahrung — damit ist jede Art amtlicher Verwahrung gemeint — befinden, sofern nicht bekannt ist, daß der Erbe noch lebt. Hiezu § 252 Gesch.O. f. d. Not. in der neuen Fassung. Ein Aufgebot oder eine Bekanntmachung vor der Eröffnung hat nicht zu erfolgen.

3. Verfahren.

A) Ablieferung der Verfügung von Todes wegen zur Eröffnung an das Nachlaßgericht (§ 2259 BGB.).

Die letztwillige Verfügung von Mitgliedern der standesherrlichen Familien ist ohne Rücksicht darauf, ob sie verschlossen ist oder nicht, und ob sie von einem bayer. Notar verwahrt wird, der seinen Amtssitz nicht am Sitze der Domanialkanzlei hat, an die betreffende Domanialkanzlei abzuliefern, welcher vom Haupte der Familie die Vereinigung der Verlassenschaft übertragen ist. Ist letzteres nicht der Fall oder besteht eine Domanialkanzlei überhaupt nicht, so erfährt die letztwillige Verfügung von Mitgliedern der standesherrlichen Familien die gleiche Sachbehandlung wie sonstige letztwillige Verfügungen.

Da auch direkt widerrufene, nicht vernichtete letztwillige Verfügungen zur Eröffnung zu kommen haben (s. Anm. 2), so muß sich auch die Ablieferung auf solche direkt widerrufene Verfügungen erstrecken.

Wie in Anm. 2 bemerkt ist, steht die Nachlaßordnung nicht auf dem Standpunkt, daß solche widerrufene Verfügungen von Amts wegen zu eröffnen sind, vielmehr soll nur auf Antrag eines Beteiligten die Eröffnung erfolgen.

Es bestimmt nun auch die Nachlaßordnung bezüglich der Ablieferung solcher widerrufener Testamente in § 36 Abs. 2 und 3, daß das Nachlaßgericht befugt und auf Antrag eines Beteiligten verpflichtet ist, die Übermittelung solcher Testamente, die wegen des Widerrufs nicht abgeliefert und auch nicht eröffnet worden sind, nebst der Urkunde, aus der der Widerruf sich ergibt (§ 240 Gesch.O. f. d. Not.), zu verlangen, wobei es dann die Urkunden bei den Nachlaßakten zurückzubehalten hat. Die Ablieferung hat das Nachlaßgericht dann grundsätzlich zu verlangen, wenn es davon Kenntnis erhält, daß das widerrufene Testament nicht in einer öffentlichen Urkunde enthalten ist.

Macht das Nachlaßgericht von seiner Befugnis, die Ablieferung zu verlangen (abgesehen also von dem Fall, daß es auf Antrag eines Beteiligten die Ablieferung verlangen muß), keinen Gebrauch, weil es aus einem Testament oder Erbvertrag den vollständigen Widerruf eines bei einem Notar oder Gerichte verwahrten Testaments ersieht, so hat es dem Notar oder Gerichte hievon Kenntnis zu geben.

I. Die einzelnen Fälle der Ablieferung.

a) Hat ein Notar eine zu eröffnende letztwillige Verfügung in Verwahr, so ist er vom Nachlaßgericht, — welches durch die Todesanzeige des

Standesbeamten oder auf andere Weise von dem Vorhandensein einer letztwilligen Verfügung Kenntnis erhalten hat, — unter Mitteilung des Todesfalles zu ersuchen, die letztwillige Verfügung in Urschrift an dasselbe abzuliefern, sofern er für die Eröffnung nicht selbst zuständig ist. Im letzteren Fall hat das Nachlaßgericht den Notar unter Bezeichnung der dem Nachlaßgericht bekannten gesetzlichen Erben und sonstigen Beteiligten um Eröffnung der Verfügung (§ 2259 Abs. 2 BGB.) zu ersuchen (§§ 28 Abs. 1, 3; 38 Abs. 2 Satz 1 Nachl.O.). Der Notar ist aber in letzterem Fall auch befugt, schon vor der an ihn ergangenen gerichtlichen Mitteilung die Eröffnung vorzunehmen, wenn er in zuverlässiger Weise von dem Tode des Erblassers, vielleicht durch Vorlage einer Sterbeurkunde oder des die Todeserklärung aussprechenden Urteils Kenntnis erhält. (Siehe hiezu § 242 Gesch.O. f. d. Not. in der neuen Fassung.) Vgl. Anm. 5 lit. b und Anm. 6.

1. Die Ablieferungspflicht erstreckt sich auch auf solche Verfügungen, welche mit einem anderen Vertrage, z. B. einem Ehevertrag, Uebergabsvertrage 2c. 2c. verbunden sind (§ 38 Abs. 4 Nachl.O.).
2. Über die Art der Ablieferung durch den Notar bestimmt § 39 Nachl.O., § 244 Abs. 3 Gesch.O. f. d. Not. in der neuen Fassung, daß der Notar persönlich oder unter seiner Verantwortlichkeit durch einen Notariatspraktikanten oder einen zur Einsicht des Grundbuchs (Hypothekenbuchs) befugten Gehilfen, also ohne Benutzung der (Stadt-)Post die Ablieferung an den Richter oder dessen Stellvertreter oder den vom Vorstande des Amtsgerichts bestimmten Gerichtsschreiber gegen Empfangsschein — dieser ist im Entwurf zur Unterzeichnung bereits mitzubringen und nach Unterzeichnung an der nach der Geschäftsregisternummer der Urschrift gebührenden Stelle der allgemeinen Urkundensammlung zu verwahren, während die Ablieferung im Testamentsregister und im Geschäftsregister bei dem Eintrag über die Errichtung oder die Übergabe der Verfügung von Todes wegen zu vermerken ist (§ 245 Gesch.O. f. d. Not. in der neuen Fassung) — zu betätigen hat, wenn er seinen Amtssitz am Sitze des Nachlaßgerichts hat. Hiebei ist die offene Verfügung von Todes wegen vom Notar vor der Ablieferung in einen Umschlag zu verschließen. Das Dienstsiegel auf dem Verschluß anzubringen und den Umschlag mit einer den Inhalt bezeichnenden Aufschrift zu versehen, ist zur Sicherung vor Verwechselungen wohl empfehlenswert, aber nicht vorgeschrieben. Eine beglaubigte Abschrift der offenen letztwilligen Verfügung hat sich der Notar nicht zurückzubehalten (Beschl. des RG. vom 1. April 1901, s. Entsch. d. RG. in Zivils. Bd. 48 S. 96), da durch die persönliche Übergabe bei Gericht die verlässige Ablieferung gesichert, ein Verlust oder eine Beschädigung der Verfügung ausgeschlossen ist.

   Eine verschlossene letztwillige Verfügung ist vor der Ablieferung in einen besonderen Umschlag nicht zu bringen.
3. Hat der Notar und das Nachlaßgericht nicht den gleichen Amtssitz, so ist von ersterem die zu eröffnende offene letztwillige Verfügung — die verschlossene hat er in diesem Fall selbst zu eröffnen — durch Ein-

schreibsendung an das Nachlaßgericht gegen Empfangsbestätigung zu übersenden (Abs. 2 dieses Artikels, § 39 Abs. 2 Nachl.O.). Gemäß § 244 Abs. 2 Gesch.O. für d. Not. in der neuen Fassung ist der Postaufgabeschein bis zum Einlangen der Empfangsbestätigung zu verwahren, das Einlangen der Empfangsbestätigung ist durch Vormerkung eines Betriebstermins im Terminskalender (§ 55 der Gesch.O.) zu überwachen. Vor der Versendung der offenen Verfügung hat der Notar eine beglaubigte Abschrift derselben zu fertigen, wenn der Erblasser noch keine Ausfertigung erhalten hat, und an Stelle der Urschrift zu verwahren.

4. Ist das Nachlaßgericht ein außerbayerisches deutsches Gericht, so hat der Notar gemäß § 2259 Abs. 2 BGB., § 243 Abs. 3 Gesch.O. f. d. Not. in der neuen Fassung in keinem Falle die letztwillige Verfügung zu eröffnen, sondern an das Nachlaßgericht (unter Zurückbehaltung einer beglaubigten Abschrift bei einer offenen Verfügung, sofern dem Erblasser noch keine Ausfertigung erteilt war) abzuliefern. Im übrigen siehe § 244 Abs. 2 Gesch.O. f. d. Not. in der neuen Fassung. Bei der Ablieferung der Verfügungen von Todes wegen obliegt dem Notar die Einhaltung der nötigen Vorsichtsmaßregeln, insbesondere hat er Zweifel über die Zuständigkeit des Nachlaßgerichts vorher durch Anfrage zu heben (§ 243 Abs. 6 Gesch.O. f. d. Not. in der neuen Fassung). Die Übersendung erfolgt an das Nachlaßgericht, nicht etwa an eine andere Behörde, welche nach dem Rechte des betreffenden Bundesstaates zur Eröffnung von letztwilligen Verfügungen berufen ist.

5. Es gibt zwar kein Mittel, welches ermöglicht, daß der Notar auch den Todesfall eines Testators, welcher aus seinem Bezirk verzogen ist, erfährt, so daß er dann die letztwillige Verfügung abliefern könnte. Es können sich zwar in vielen Fällen bei Sicherung des Nachlasses Hinterlegungsscheine, Ausfertigungen von Erbverträgen oder irgend eine entsprechende Angabe in den hinterlassenen Papieren finden; solche Nachweise können aber auch nicht vorhanden sein oder nicht zur Ablieferung gelangen. Um nun wenigstens das Erreichbare möglich zu machen, bestimmt § 41 Nachl.O., daß das Nachlaßgericht wöchentlich ein Verzeichnis der bei dem Gerichte im Laufe der Woche eingegangenen Todesanzeigen jedem Notar des Amtsgerichtsbezirkes mitzuteilen hat, wobei der Tod von noch nicht 16 Jahre alten Personen — von diesen können letztwillige Verfügungen nicht vorhanden sein, da sie noch nicht testierfähig sind — in das Verzeichnis nicht aufzunehmen ist. Nur dann, wenn mehrere Notare im Bezirk oder am Sitze des Amtsgerichts ihren Amtssitz haben, ist ein Todesfall, der nach § 28 Abs. 1 Nachl.O. bereits mitgeteilt ist, in das Verzeichnis aufzunehmen. Der Notar hat auf dem Verzeichnisse zu bestätigen, daß er geprüft hat, ob er für eine der im Verzeichnis angegebenen Personen ein Testament oder einen Erbvertrag verwahrt; die Bestätigung kann in Form eines Vermerks geschehen und ist von dem Notar mit Angabe des Datums zu unterzeichnen. Die Verzeichnisse hat der Notar in Sammelakten drei Jahre lang aufzubewahren. Mit Rücksicht darauf, daß in einigen Bundesstaaten vorgeschrieben ist, daß

das Amtsgericht die vor ihm erfolgte Errichtung oder Aufhebung eines Testaments oder Erbvertrags, wenn der Erblasser seinen Wohnsitz im Bezirk eines andern Amtsgerichts hat, diesem anzuzeigen hat (vgl. z. B. Art. 81 d. preuß. AG. z. BGB.), hat die Nachl.O. § 41 Abs. 2 bestimmt, daß derartige Anzeigen von den bayerischen Amtsgerichten einem Notar, der am Sitze des Amtsgerichts seinen Amtssitz hat, zu übersenden sind; betreffen sie eine bei einem Notar verwahrte Verfügung von Todes wegen, so sind sie an diesen Notar abzugeben. Siehe auch §§ 242, 246 Gesch.O. f. d. Not. in der neuen Fassung.

b) Hat ein Gemeindevorsteher das vor ihm errichtete Testament noch in seiner Verwahrung, so ist er zur Ablieferung des Testamentes an das Nachlaßgericht zu veranlassen (§ 2259 Abs. 2 BGB., §§ 28 Abs. 4, 38 Abs. 2 Satz 1 Nachl.O., § 16 Abs. 3 der Anweisung zur Errichtung von Testamenten vor dem Gemeindevorsteher, JMBl. 1901 S. 25).

c) Hat eine andere Person als ein Notar, ein Gericht, ein Gemeindevorsteher nach Kenntnis des Nachlaßgerichts ein zu eröffnendes Testament in Verwahrung, so ist sie vom Nachlaßgericht aufzufordern, das Testament unverzüglich an dasselbe abzuliefern (§ 2259 Abs. 1 BGB., §§ 29 Abs. 1, 38 Abs. 2 Satz 1 Nachl.O.).

d) Auch die Militärtestamente sind abzuliefern (in Preußen preuß. Ges. vom 8. Juni 1860, § 11; Reichsmilitärges. vom 2. Mai 1874, § 44 Ziff. 4; EG. z. BGB. Art. 44, Motive z. BGB. Bd. V S. 305; Dorner S. 366, Birkenbihl S. 280.

(Über den Fall, daß ein nichtbayerisches Gericht oder ein bayerisches Gericht, ohne Nachlaßgericht zu sein, die zu eröffnende Verfügung in Verwahr hat, wobei diesem die Eröffnung obliegt, siehe Anm. 5a.).

II. Weigerung der Ablieferung.

a) Ein Beteiligter kann die Ablieferung einer letztwilligen Verfügung vom Besitzer gemäß §§ 809, 810 BGB. durch Civilklage, welche auch wegen verzögerter Ablieferung (§ 121 BGB.) auf Schadenersatz gerichtet sein kann, durch § 422 CPO. erzwingen. (Siehe auch Endemann Bd. III S. 216.)

b) Außerdem hat das Nachlaßgericht gemäß § 83 Abs. 1 FGG. die Befugnis, die Ablieferung der letztwilligen Verfügung von dem Besitzer derselben durch Ordnungsstrafen zu erzwingen. Da die Ordnungsstrafe nur ein Zwangsmittel, keine eigentliche Strafe darstellen soll, so muß der Festsetzung der Strafe eine vorherige Androhung derselben vorausgehen. § 33 FGG., Birkenbihl S. 124 ff., Dorner S. 183 ff.

Die Androhnng hat in der Weise zu erfolgen, daß in der Aufforderung zur Ablieferung der letztwilligen Verfügung auf die Möglichkeit der Bestrafung hinzuweisen ist; hiebei ist zur Ausführung der Anordnung eine entsprechende Frist zu lassen. Hiezu siehe § 16 Abs. 2 Satz 2 FGG., §§ 29 Abs. 2 Satz 2; 38 Abs. 2 Satz 1 Nachl.O.

Die Ordnungsstrafe darf für jeden einzelnen Fall den Höchstbetrag von 300 Mk. nicht übersteigen. Eine Umwandlung der Ordnungsstrafe in Freiheitsstrafe im Falle der Uneinbringlichkeit findet nicht statt, wie überhaupt nur eine Geldstrafe, keine Freiheitsstrafe zulässig ist. Eine Ordnungsstrafe, welche den Betrag von 300 Mk. übersteigt, ist nicht nichtig, sondern wird in Vollzug gesetzt, ist aber im Falle der Beschwerde mindestens auf den Höchstbetrag herabzusetzen. Schneider S. 55.

Um die Ablieferung zu erzwingen, lassen §§ 29 Abs. 2 Satz 3, 38 Abs. 2 Satz 1 Nachl.O. auch die Anwendung unmittelbaren Zwanges durch das Nachlaßgericht gegen den Besitzer zu. Anders das preußische Gesetz über die freiwillige Gerichtsbarkeit vom 21. September 1899 Kommissionsbericht S. 11 ff., welches die Anwendung unmittelbarer Gewalt hier ausschließt.

Die Androhung einer Ordnungsstrafe findet jedoch nur dann statt, wenn das Gericht davon bestimmt Kenntnis hat, daß jemand eine letztwillige Verfügung in Händen hat. Wird solches nur vermutet, so muß erst mittelst Offenbarungseidsverfahrens festgestellt werden, ob er sich auch wirklich im Besitze einer solchen Verfügung befindet. Birkenbihl S. 280, Keidel S. 85.

Der Offenbarungseid kann nach Maßgabe des § 83 Abs. 2 FGG., §§ 29 Abs. 3, 38 Abs. 2 Satz 1 Nachl.O. vom Nachlaßgericht, welches hiebei von Amts wegen tätig wird, verlangt werden, wenn für das Gericht die Annahme — sei es durch Mitteilung eines dritten oder in anderer Weise — begründet erscheint, daß jemand im Besitze eines Testaments ist, welches er nach § 2259 Abs. 1 BGB. abliefern müßte. Die Eidesnorm, welche in das über die Verhandlung im Offenbarungseidstermin aufzunehmende Protokoll hineinzusetzen ist, wird in Gemäßheit des § 883 Abs. 2 CPO. dahin lauten, „daß er die letztwillige Verfügung nicht besitze, auch nicht wisse, wo sich dieselbe befinde". Eine Abänderung, der Lage der Sache entsprechend, kann vom Gerichte beschlossen werden. § 883 Abs. 3 CPO.; siehe auch Birkenbihl S. 281 ff., Dorner S. 367 ff., Keidel S. 85.

Da die gemäß § 2259 Abs. 1 BGB. für Private angeordnete Ablieferungspflicht auf Behörden (Notariate) und Beamte, auch nicht auf Gemeindevorsteher, welche das vor ihnen errichtete Testament noch nicht in besondere amtliche Verwahrung gebracht haben, keine Anwendung findet (für diese ist §§ 2259 Abs. 2, 2261 BGB. maßgebend), kommt auch § 83 FGG. auf diese nicht zur Anwendung. Siehe auch Art. 64 Abs. I des Notariatsgesetzes und die Motive hiezu (Justizgesetzgebungsausschuß der Kammer der Abgeordneten, Beilagenband 20, Abt. I S. 441, sagen hierüber: „Die Vorschrift des Art. 143 Rechtsrhein. Notariatsgesetz kann in das neue Gesetz nicht übernommen werden, weil es in eine Organisation, nach der die Notare Behörden sind, nicht paßt, den Vertreter einer Behörde zu einer Amtshandlnug zu zwingen; und zu diesem Zwecke Strafe zu verhängen, kann nur der vorgesetzten Dienstaufsichtsbehörde zustehen. Das Zwangsstrafrecht ist daher den Dienstaufsichtsbehörden ausschließlich übertragen. Hat eine andere Behörde Interesse an dem Zwange, so hat sie die Dienstaufsichtsbehörde um dessen Ausführung zu ersuchen.")

c) Die Verheimlichung einer letztwilligen Verfügung kann auch strafrechtliche Folgen nach sich ziehen. § 274 Nr. 1 StGB. Siehe auch Frommhold zu § 2259 Anm. 2.

B. Aufbewahrung der zur Ablieferung gelangten letztwilligen Verfügung.

Nach Ablieferung der letztwilligen Verfügung hat das Nachlaßgericht gemäß § 30 Nachl.O. für die zweckmäßige Aufbewahrung der Verfügung zu sorgen. Es soll hiezu den bei dem Amtsgerichte befindlichen Kassenschrank benützen. Hievon ist in die Nachlaßakten ein entsprechender Vermerk zu machen, ein Eintrag in die Bücher der Hinterlegungsstelle hat jedoch nicht zu erfolgen.

C. Terminsbestimmung für die Eröffnung. (§§ 2260, 2300 BGB., §§ 31 Abs. 1, 38 Abs. 2 Satz 1 Nachl.O. §§ 247, 253 d. Gesch.O. f. d. Not. in der neuen Fassung.)

Der Termin zur Eröffnung der letztwilligen Verfügung ist von demjenigen Gerichte, von demjenigen Notar zu bestimmen, von welchem die Eröffnung zu erfolgen hat; letzterenfalls hat der Notar dem Nachlaßgerichte von der Terminsbestimmung sofort Mitteilung zu machen, soferne nicht dieses um Eröffnung ersucht hat (§ 248 Abs. 1 Gesch.O. f. d. Not. in der neuen Fassung).

Die Terminsbestimmung muß erfolgen. Es bedarf hiezu keines Antrags eines Beteiligten; dieselbe ist vielmehr obligatorisch, ist also von Amts wegen zu betätigen. Finden sich die gesetzlichen Erben des Erblassers und die sonstigen Beteiligten freiwillig bei dem zuständigen Gerichte (Notar) mit dem Ersuchen um Eröffnung der letztwilligen Verfügung ein, so kann das Gericht (der Notar) Termin zu sofortiger Eröffnung bestimmen. Ob dem Ersuchen stattzugeben ist, liegt im Ermessen des Gerichts (des Notars). Auch dann, wenn nur einer oder einige von den Vorangeführten sich mit dem Antrag auf Eröffnung einfinden, kann ohne Zweifel die Eröffnung stattfinden, da die Vorschrift, daß die gesetzlichen Erben des Erblassers und die sonstigen Beteiligten zu laden sind, keine Mußvorschrift, sondern lediglich instruktioneller Natur ist.

Die Terminsbestimmung erfolgt, sobald das Gericht (der Notar) von dem Tode oder der Todeserklärung des Erblassers Kenntnis erhält; eine Vorschrift, daß der Termin innerhalb einer bestimmten Frist anzusetzen ist, besteht nicht. Der Ablauf des Dreißigsten (§ 1969 BGB.) braucht nicht abgewartet zu werden. (Siehe Endemann Bd. III S. 216 Anm. 1 zu § 51, Frommhold § 2260 Anm. 3.) Nachlässe sollen jedoch aus Rücksicht auf die vermögensrechtlichen Interessen der Beteiligten sobald als möglich geregelt werden. Die Erbenfeststellung hängt von der Eröffnung ab, da die Ausschlagungsfrist des Erben frühestens mit Verkündung der letztwilligen Verfügung zu laufen beginnt. Schon aus diesen Gründen wird die Terminsbestimmung möglichst bald, jedoch unter schicklicher Berücksichtigung der Trauer der Hinterbliebenen, zu erfolgen haben. Die Frist bis zum Termin ist kurz zu bemessen.

D. Ladung.

a) Zu dem Termin sind die gesetzlichen Erben des Erblassers und die sonstigen Beteiligten, soweit tunlich, zu laden (§§ 2260 Abs. 1 Satz 2, 2300 BGB., §§ 31 Abs. 1, 38 Abs. 2 Satz 1 Nachl.O., §§ 247 Gesch.O.

f. d. Not. in der neuen Fassung). Erfolgt die Eröffnung der letztwilligen Verfügung durch den Notar, so sind diesem vom Nachlaßgericht die gesetzlichen Erben und sonstigen Beteiligten nach dem Inhalt der Todesanzeige bekannt zu geben.

Als **Beteiligte** gelten nach §§ 34 Abs. 2, 38 Abs. 2 Satz 1 Nachlaß.O. nicht nur die als Erben Eingesetzten, sondern auch Nacherben und Vermächtnisnehmer. Empfänger von Auflagen, die Behörde, welche die Vollziehung einer Auflage verlangen kann (Art. 107 des AG. z. BGB., § 24 der Zuständigkeitsverordnung zum BGB. vom 24. Dezember 1899, G.- u. V.-Bl. S. 1229) und der Testamentsvollstrecker; außerdem wird auch der in einem schon eröffneten anderen Testamente Bedachte als Beteiligter zu gelten haben. Die Ladung der in der letztwilligen Verfügnng bedachten Personen als Beteiligte setzt voraus, daß dem Gerichte eine offen errichtete Verfügung vorliegt.

An Stelle von minderjährigen oder entmündigten gesetzlichen Erben und sonstigen Beteiligten sind deren gesetzliche Vertreter, Vormünder oder Pfleger zu laden.

Ein Vertreter für abwesende oder unbekannte Erbbeteiligte wird nicht bestellt.

An Stelle des Geladenen kann im Eröffnungstermin dessen Bevollmächtigter erscheinen. Derselbe hat auf Anordnung des Gerichts, des Notars, oder auf Verlangen eines Beteiligten die Bevollmächtigung durch eine öffentlich beglaubigte Vollmacht nachzuweisen (§ 13 FGG.). Will der Bevollmächtigte die Erbschaft für seinen Vollmachtgeber ausschlagen (welche Erklärung in öffentlich beglaubigter Form abzugeben ist), so kann er dies nur mit einer öffentlich beglaubigten Vollmacht (§ 1945 BGB.). Einer Mitteilung gemäß § 2262 BGB. an den im Termin Vertretenen bedarf es nicht.

Ist ein zu Ladender voraussichtlich am Erscheinen im Termin wegen zu großer räumlicher Entfernung vom Amtssitz des Gerichts (Notars) verhindert, oder müßte derselbe durch öffentliche Zustellung geladen werden, so unterbleibt die Ladung als untunlich. Auch soll das Gericht (der Notar) besondere Nachforschungen nach dem Vorhandensein von **Beteiligten** nicht anstellen; enthält jedoch die Todesanzeige des Standesbeamten die Namen der gesetzlichen Erben nicht, so soll, wenn es ohne besondere Schwierigkeit möglich ist, versucht werden, durch Anfrage bei der Ortspolizeibehörde die gesetzlichen Erben zu ermitteln.

b) Die Ladung soll einen **Hinweis** darauf enthalten, daß die **nichterschienenen Beteiligten** von dem sie betreffenden Inhalt der letztwilligen Verfügung in **Kenntnis gesetzt** werden (§ 31 Abs. 2 Nachl.O.).

Die unter lit. a und b enthaltenen Vorschriften sind instruktioneller Natur. Die Außerachtlassung derselben kann disziplinäre Ahndung nach sich ziehen, einen Mangel des Verfahrens bildet dies nicht (siehe Ladungsformular im Anhang z. Nachl.O.).

c) Die **Art der Bewirkung der Ladung** richtet sich nach § 49 der Bekanntmachung vom 16. Dezember 1899, Zustellungen von Amts wegen betr., JMBl. S. 475 (§ 31 Abs. 3 Nachl.O., § 247 Gesch.O. f. d. Not. in der neuen Fassung).

§ 49 Abs. 1 Satz 1, Abs. 2 und 3 lautet: „Die Bekanntmachung wird in der Regel durch Übersendung mittels einfachen Briefes oder durch Behändigung ohne Beurkundung zur Ausführung gebracht."

„Wenn es für denjenigen, dem zugestellt werden soll, offenbar gleichgültig ist, ob von dem Inhalte des auszuhändigenden Schriftstückes Dritte Kenntnis erhalten, kann die Übersendung mittelst einer Postkarte geschehen.

Dem Gerichtsdiener können die auszuhändigenden Schriftstücke von dem Gerichtsschreiber offen übergeben werden. Wird derjenige, dem zugestellt wird, nicht angetroffen, so kann der Gerichtsdiener das Schriftstück einer der im § 18 (obiger Bek.) bezeichneten Personen aushändigen. Schriftstücke, die ihm vom Gerichtsschreiber offen übergeben worden sind, hat er solchenfalls zu verschließen und den Umschlag mit der Adresse des Empfängers zu versehen."

Ferner ist hiefür maßgebend die Bekanntmachung des Kgl. Staatsministeriums der Justiz vom 8. Januar 1902, die Zustellungen von Amts wegen betr. (JMBl. 1902 S. 305 ff.) Ziff. 3. Diese lautet:

„Die Zustellungen in der freiwilligen Gerichtsbarkeit müssen nach § 46 der Bekanntmachung vom 16. Dezember 1899 (JMBl. S. 475) nur dann in den Formen der Civilprozeßordnung erfolgen, wenn mit der Bekanntmachung einer gerichtlichen Verfügung der Lauf einer Frist beginnt. In den übrigen Fällen können zwar die Zustellungen nach § 50 daselbst auf Anordnung des Gerichts oder Notariats gleichfalls in den Formen der Civilprozeßordnung erfolgen, der § 49 daselbst sieht aber eine viel einfachere Art der Zustellung — die Bekanntmachung durch Übersendung mittelst einfachen oder eingeschriebenen Briefes oder Postkarte oder durch Behändigung mit oder ohne Beurkundung der Behändigung — vor. Erfolgt die Zustellung in den Formen des § 49, so muß zwar der in § 51 daselbst vorgeschriebene Vermerk über Art und Zeit der Bekanntmachung in die Akten aufgenommen werden, ein Eintrag in das Zustellungsregister unterbleibt aber; der Eintrag ist nur bei den in den Formen der Civilprozeßordnung erfolgenden Zustellungen geboten. Nach den gemachten Wahrnehmungen wählen die Gerichte und Notariate nicht selten die Zustellung in den Formen der Civilprozeßordnung in Fällen, in denen der einfache Weg der Zustellung nach § 49 völlig genügend wäre. Dies gilt insbesondere von der Ladung zu dem Termine der Eröffnung einer Verfügung von Todes wegen; in den meisten Fällen wird hier die Bekanntmachung durch einfachen Brief oder Postkarte ohne jedes Bedenken sein. Den Gerichten und Notariaten wird dringend empfohlen, in der freiwilligen Gerichtsbarkeit die Bekanntmachung einer Verfügung durch Zustellung in den Formen der Civilprozeßordnung, wenn diese Zustellungsart nicht gesetzlich vorgeschrieben ist, im Interesse der Vereinfachung des Dienstes der Justizbehörden und der Post nur im Falle eines wirklichen Bedürfnisses zu wählen.

Bekanntmachungen, die in der freiwilligen Gerichtsbarkeit durch die Post nicht in den Formen der Civilprozeßordnung, sondern durch gewöhnlichen oder eingeschriebenen Brief oder Postkarte geschehen, sind portopflichtig, außer wenn es sich um eine Armensache handelt (Ziff. 5 der Bekanntmachung vom 16. März 1900, JMBl. S. 593)."

E. Eröffnung und Verkündung (§§ 2260 Abs. 2 u. 3, 2273, 2300, 2262 BGB., §§ 32, 38 Abs. 2 Satz 1 Nachl.O., §§ 247 ff. Gesch.O. f. d. Not. in der neuen Fassung).

a) 1. Die letztwillige Verfügung ist vor der Eröffnung den Erschienenen vorzuzeigen, bei einer verschlossenen Verfügung insbesondere die Unverletztheit des Verschlusses und der Siegel festzustellen, die Verfügung sodann zu öffnen und den Beteiligten zu verkünden und ihnen auf Verlangen zur Einsichtnahme und zum Selbstlesen vorzulegen; in letzterem Fall kann von einer Verkündung Umgang genommen werden. Erfolgt die Eröffnung durch den Notar, so soll dieser den Erschienenen auch bekannt geben, daß er die Akten alsbald nach der Eröffnung an das Nachlaßgericht abgeben wird, und welches dieses Gericht ist (§ 248 Abs. 2 Gesch.O. f. d. Not. in der neuen Fassung). Die Eröffnung braucht nicht in der Art vorgenommen zu werden, daß die Siegel unversehrt bleiben, wenn es sich auch empfiehlt, die Unversehrtheit der Siegel zu erhalten.

2. War die letztwillige Verfügung unverschlossen, so erfolgt lediglich die Verkündung, soweit nicht der Inhalt eines gemeinschaftlichen Testaments oder zweiseitigen Erbvertrags nach den §§ 2273, 2300 BGB. geheim zu bleiben hat.

b) Die Verkündung der letztwilligen Verfügung erfolgt entweder durch Vorlesen oder genaue Inhaltsangabe derselben. Die Verkündung erstreckt sich — die Fälle der §§ 2273, 2300 BGB. ausgenommen — auf den vollständigen Inhalt der Verfügung, ferner auf das etwaige Protokoll sowie von Anlagen desselben, wie überhaupt der beigehefteten oder eingesiegelten Schriften.

c) Die Eröffnung einer letztwilligen Verfügung erfolgt ohne Rücksicht darauf, ob die Geladenen erschienen sind oder nicht. Ist niemand erschienen, so unterbleibt die Verkündung als solche (jedoch: Motive z. BGB. Bd. V S. 306 „für die Zuziehung eines Gerichtsschreibers läßt sich geltend machen, daß der Richter nicht selten in die Lage kommen wird, ein Testament zu „verkünden", ohne daß ein Beteiligter anwesend ist").

Eine verschlossene letztwillige Verfügung wird in diesem Fall unter Beobachtung der gleichen Formen wie bei einer unverschlossenen Verfügung von Todes wegen geöffnet (§§ 33, 38 Abs. 2 Satz 1 Nachl.O.). In das über die Eröffnung zu errichtende Protokoll wird neben dem sonstigen Protokollinhalt (§ 32 Abs. 3 Nr. 2, 3 Nachl.O.) die den Zustand der Verfügung betreffende Konstatierung aufgenommen und ferner festgestellt, daß niemand erschienen ist, jedoch die Eröffnung erfolgt ist und der Nachlaßrichter (Notar) vom Inhalt der letztwilligen Verfügung Kenntnis genommen hat und daß nunmehr die Mitteilung an die Beteiligten erfolgen wird.

d) Den im Termine nicht erschienenen Beteiligten ist gemäß §§ 2262, 2300 BGB., §§ 34 Abs. 1, 38 Abs. 2 Satz 1 Nachl.O. der sie betreffende Inhalt der Verfügung sofort nach der Eröffnung — eine Fristbestimmung besteht nicht — stets mitzuteilen, und zwar in allen Fällen vom Nachlaßgericht (§§ 34, Abs. 1, 40 Abs. 1 Satz 4 Nachl.O., § 251 Abs. 4 Gesch.O.

f. d. Not. in der neuen Fassung). Die Mitteilungspflicht besteht gegenüber den Beteiligten; die Frage, ob diese auch gegenüber den nicht bedachten gesetzlichen Erben besteht, hat zu manchem Zweifel Anlaß gegeben. § 34 Abs. 2 Satz 3, § 38 Abs. 2 Satz 1 Nachl.O. zählt nunmehr die einzelnen Fälle auf, in denen die Mitteilung zu machen ist. Es sind dies die Fälle, in denen ein gesetzlicher Erbe ausgeschlossen (§ 1938) oder ihm der Pflichtteil entzogen (§ 2333 ff.), oder das gesetzliche Erbrecht durch Einsetzung anderer Personen auf einen Teil des Nachlasses geschmälert oder durch Anordnung von Vermächtnissen oder Auflagen belastet ist; bei völliger Übergehung muß es den gesetzlichen Erben überlassen werden, sich gemäß § 2264 BGB. von dem Inhalte der Verfügung Kenntnis zu verschaffen. Siehe auch Bek. vom 10. Mai 1901 (JMBl. 1901 S. 381).

e) Die Mitteilung ist zu bewirken direkt an den Beteiligten selbst, nicht etwa durch Vermittelung eines anderen, z. B. eines Erben, Miterben, Testamentsvollstreckers (s. Motive z. BGB. Bd. V S. 308, Frommhold § 2262 Anm. 2).

f) Auf Mitteilung kann gegenüber dem Nachlaßgerichte verzichtet werden.

g) Eine bestimmte Form der Mitteilung ist nicht vorgeschrieben. Die Benachrichtigung wird in der Regel schriftlich erfolgen. Ist jedoch aus Anlaß der Erbenermittelung die Einvernahme der Beteiligten ohnehin erforderlich, so wird in der Regel die Benachrichtigung der Beteiligten bis dahin unterlassen werden, nnd es erfolgt dann die Benachrichtigung an den betreffenden Beteiligten im Erbenermittelungstermin mündlich zu Protokoll und, sofern ein Beteiligter sich nicht im Bezirke des Nachlaßgerichts aufhält, im Wege des Ersuchens des Amtsgerichts des Aufenthaltsortes (§§ 34 Abs. 3, 38 Abs. 2 Satz 1 Nachl.O.); es wird jedoch Fälle geben, in denen mit der Benachrichtigung nicht bis zum Erbenermittelungstermin zugewartet werden kann, in welchen also eine schriftliche Mitteilung zu erfolgen hat.

h) Die Art der Übersendung der Mitteilung richtet sich nach § 49 der Bek. vom 16. Dezember 1899, JMBl. 1899 S. 475, §§ 34 Abs. 4, 38 Abs. 2 Satz 1 Nachl.O., Ziff. 3 der Bek. vom 8. Januar 1902 (s. hier D lit. c); § 16 Abs. 2 Satz 1 FGG. kommt nicht zur Anwendung, da nur eine Mitteilung in Frage steht. Gemäß § 49 der bezeichneten Bekanntmachung genügt also die Übersendung der Benachrichtigung mittels einfachen Briefes oder die Behändigung derselben ohne Beurkundung. Einschreibsendung oder Behändigung gegen Empfangsschein empfiehlt sich, wenn die Mitteilung an den als Erben Berufenen zu erfolgen hat, wenn nicht das Gericht die Zustellung in den Formen der CPO. anordnet (§ 50 der Bek. vom 16. Dezember 1899).

Diese Mitteilung ist nicht für den Beginn der Ausschlagungsfrist hinsichtlich der Erbschaft maßgebend (§ 1944 Abs. 2 BGB.; Planck Bd. V S. 487); an die Mitteilung ist an und für sich ein Fristenbeginn nicht geknüpft, wiewohl häufig die Ausschlagungsfrist mit der Mitteilung zu laufen beginnen wird. Eine auf den Fristenbeginn bezügliche Bestimmung enthält

§ 1944 Abs. 2 BGB., wonach vor der Verkündung von Todes wegen der Fristenbeginn ausgeschlossen ist.

i) Bei Unbekanntsein des Aufenthaltes eines Beteiligten kann eine Bekanntmachung in den Zeitungen erlassen werden, wenn eine solche nach Lage des Falles erforderlich (insbesondere auch im Interesse der Beteiligten liegt) und nicht wegen der Höhe der Kosten unangemessen erscheint, der Rücklaßwert also entsprechend ist (§§ 34, Abs. 5; 38 Abs. 2 Satz 1 Nachl.O.). Es ist dies reine Ermessenssache.

k) Der Inhalt der Mitteilung ist in § 2262 BGB. vorgeschrieben. Hienach sind die im Termine nicht zugegen gewesenen Beteiligten von dem sie betreffenden Inhalte der letztwilligen Verfügung in Kenntnis zu setzen. Die Mitteilung kann erfolgen durch Übersendung einer einfachen oder auszugsweisen Abschrift der letztwilligen Verfügung oder durch freie Angabe des Inhalts.

l) Die Mitteilungspflicht des Nachlaßgerichts stellt sich nur als eine Ordnungsvorschrift dar (s. Motive z. BGB. Bd. V S. 307).

m) Auch bei einer offensichtlich ungültigen letztwilligen Verfügung kann die Mitteilung nicht unterbleiben, jedoch hat letztere in diesem Falle mit genauer Angabe der betreffenden Mängel zu erfolgen. Das betreffende Schriftstück muß sich aber äußerlich und seinem Inhalt nach immer als letztwillige Verfügung darstellen (Entsch. des bayer. obersten Landesgerichts in Civilsachen n. F. Bd. II S. 413 ff.).

F. Protokoll (§§ 2260 Abs. 3, 2300 BGB., §§ 32 Abs. 2 und 3, 37 Abs. 1, 38 Abs. 2 Satz 1 Nachl.O., § 247 Gesch.O. f. d. Not. in der neuen Fassung).

Über jede Eröffnung einer letztwilligen Verfügung ist ein Protokoll aufzunehmen. Außer den gewöhnlichen Erfordernissen hat das Protokoll zu enthalten:

a) eine Beschreibung des Hergangs der Eröffnung;

b) wenn das Testament verschlossen war, die Angabe, ob der Verschluß unversehrt war oder welche Verletzungen des Verschlusses wahrgenommen worden sind;

c) soferne das Testament besondere Auffälligkeiten, z. B. Ausstreichungen, Ausschabungen, Überschreibungen, Randbemerkungen enthält, eine kurze Angabe derselben;

d) etwaige Erklärungen über die Echtheit oder über die Anerkennung des Testaments,

e) im Falle der Eröffnung eines gemeinschaftlichen Testaments, zweiseitigen Erbvertrags, die Feststellung, ob ein Teil und welcher Teil der letztwilligen Verfügung geheim gehalten worden ist, ferner ob die letztwillige Verfügung wieder verschlossen und an welchen Notar und an welches Gericht sie zur Verwahrung abgegeben worden ist bzw. abgegeben werden wird (§§ 37 Abs. 4 Satz 1, 38 Abs. 2 Satz 1 Nachl.O., § 250 Gesch.O. f. d. Not. in der neuen Fassung).

f) Auch die erfolgte Terminsbestimmung nebst Ladung ist in das Protokoll mitaufzunehmen.

G. Behandlung der letztwilligen Verfügung nach erfolgter Eröffnung. Siehe Anm. 8.

4. Eröffnung eines gemeinschaftlichen Testaments oder eines zweiseitigen Erbvertrags.

Zur Eröffnung eines gemeinschaftlichen Testaments (s. § 37 Nachl.O.) oder eines zweiseitigen Erbvertrags (s. § 38 Abs. 3, 4 Nachl.O., § 249 Gesch.O. f. d. Not. in der neuen Fassung) ist zu bemerken:

Vor der Verkündung hat das Gericht (der Notar) sich über den Inhalt der letztwilligen Verfügung Gewißheit zu verschaffen, um den nachfolgenden Vorschriften gerecht zu werden.

A. Nicht zu verkünden, noch sonst zur Kenntnis der Beteiligten zu bringen sind die Verfügungen des überlebenden Eheteils bzw. Mitkontrahenten, soweit eine Sonderung derselben möglich ist. Sämtliche Verfügungen des Erblassers, auch die nur für den Fall des Überlebens getroffenen, sowie die gemeinschaftlichen der Eheleute bzw. der Erbvertragskontrahenten, sind zu verkünden.

a) Bei Vorlage eines gemeinschaftlichen Testaments, zweiseitigen Erbvertrags zum Selbstlesen (§ 2264 BGB.) und zur Einsichtnahme sind die nicht zur Verkündung gelangten Verfügungen des überlebenden Ehegatten bzw. Erbvertragskontrahenten zu überdecken. Dem überlebenden Ehegatten, bzw. Erbvertragskontrahenten ist dagegen auf Verlangen Einsicht bezüglich der eigenen Verfügungen zu geben, sowohl ihnen selbst, als auch ihren Bevollmächtigten (Planck Band V S. 511).

Diese Vorschriften gelten auch für gemeinschaftliche Testamente oder zweiseitige Erbverträge, welche vor dem 1. Januar 1900 errichtet worden sind.

b) Von den verkündeten Verfügungen des verstorbenen Eheteils ist nach § 2273 Satz 2 BGB., § 37 Abs. 3 Nachl.O., § 249 Abs. 2 Gesch.O. f. d. Not. in der neuen Fassung eine beglaubigte Abschrift zu den Nachlaßakten zu fertigen. Der Notar hat diese beglaubigte Abschrift seinem Eröffnungsprotokoll beizufügen, soferne diese Verfügungen nicht schon wörtlich im Eröffnungsprotokoll aufgeführt sind (§ 249 Abs. 2 Gesch.O. f. d. Not. in der neuen Fassung).

c) Das gemeinschaftliche Testament ist sodann wieder zu verschließen — wenn es verschlossen war — und zwar von dem die Eröffnung vornehmenden Gerichte (Notar) und in die besondere amtliche Verwahrung — wenn es in solcher war — zurückzubringen (§ 2273 Satz 3 BGB.). War das gemeinschaftliche Testament nicht in besonderer amtlicher Verwahrung, so hat das Nachlaßgericht das gemeinschaftliche Testament einem Notar gleichen Amtssitzes, wenn aber der überlebende Ehegatte einen andern Notar bezeichnet, diesem zum Zwecke der Verwahrung zu übergeben; bei letzterenfalls nötiger Übersendung hat diese als eingeschrieben zu erfolgen. Die Empfangsbestätigung der Behörde, an welche das gemeinschaftliche Testament abgeliefert wurde, ist zu den Nachlaßakten zu bringen (§ 37 Abs. 3 Nachl.O.).

d) Die Fertigung der beglaubigten Abschrift ist sofort zu bewirken, um im Eröffnungstermin die Verschließung und Zurückbringung in die besondere amtliche Verwahrung noch zu ermöglichen. Ist dies nicht durchführbar, so kann, ohne daß ein besonderer Termin hiefür anberaumt werden müßte, dies später erfolgen. Der überlebende Eheteil braucht nicht zugezogen werden. Die Errichtung eines Protokolls ist nicht nötig; die Nachl.O. § 37 Abs. 4 Satz 2 schreibt nur eine kurze Feststellung zu den Akten vor. Der Notar hat in diesem Fall in einem allein von ihm von Amts wegen zu errichtenden Nachtrag zu seinem Eröffnungsprotokoll eine kurze Feststellung zu machen (§ 250 Abs. 2 Gesch.O. f. d. Not. in der neuen Fassung). Die Wiederverschließung erfolgt in der Weise, daß die sämtlichen Urkunden, die vor der Eröffnung mitverschlossen waren, und der bisherige Umschlag in einen neuen Umschlag zur Wiederverschließung verbracht werden. Im übrigen sind die §§ 2246, 2248 BGB. maßgebend.

e) Aus der Aufschrift soll die Eröffnung und Wiederverschließung ersichtlich sein.

f) Eine neue Testamentsregisternummer erhält das wiederverschlossene Testament, welches an den bisher die Verwahrung betätigenden Notar zurückgeht, nicht. Dasselbe behält seine bisherige Nummer und es wird die erfolgte Eröffnung und Wiederverschließung im Testamentsregister des betreffenden Notars vermerkt. Der zu den Gerichtsakten genommene bisherige Hinterlegungsschein wird mit entsprechendem Vermerk dem überlebenden Ehegatten wieder herauszugeben sein.

g) Was hinsichtlich des gemeinschaftlichen Testaments gilt, findet auch Anwendung auf den zweiseitigen Erbvertrag, wenn er sich in besonderer amtlicher Verwahrung befunden hat; andernfalls erfährt derselbe die gleiche Behandlung wie jeder andere Erbvertrag, d. h. es sind zwar die Verfügungen des überlebenden Vertragskontrahenten, soweit sie sich sondern lassen, weder zu verkünden noch sonst zur Kenntnis der Beteiligten zu bringen, der Erbvertrag kann aber, da er nicht verschlossen war, auch nicht „wieder"verschlossen werden, bleibt also bei den Nachlaßakten im offenen Zustand, da er nicht in die besondere Verwahrung zurückzubringen ist, weil er sich in solcher nicht befunden hat; deshalb ist es auch nicht erforderlich, wenn auch zulässig, eine beglaubigte Abschrift von den Verfügungen des verstorbenen Vertragsteiles zu fertigen (s. Staudinger Bd. V S. 579 und die dort angegebene Literatur, Motive z. BGB. Bd. V S. 319, Frommhold §§ 2300 Anm. 2, 2277 Anm. 1. Die Nachl.O. § 38 Abs. 3 ordnet die Fertigung einer beglaubigten Abschrift allgemein an.

B. Waren die Verfügungen des verstorbenen Eheteils, bzw. Vertragskontrahenten, von denen des überlebenden nicht zu sondern, oder wurde aus einem andern Grunde (z. B. der Inhalt besteht nur in gegenseitiger Erbeseinsetzung, in Bestimmungen über Fortsetzung der allgemeinen Gütergemeinschaft. Dies sind nur Bestimmungen für den Tod des Erstversterbenden; der Zweck der letztwilligen Verfügung ist mit der Verkündung vollständig erfüllt. Entsch. d. OLG. n. F. Bd. I S. 379), der volle Inhalt der letztwilligen Verfügung verkündet, so hat eine Wiederverschließung und sohin auch beim Tode des Letztversterbenden eine Eröffnung nicht mehr zu erfolgen. Einem entgegenstehenden Antrag des überlebenden Ehe-, Vertragsteiles darf nicht stattgegeben werden.

Die nur für den Tod des überlebenden Ehe-, Vertragsteiles getroffenen gemeinschaftlichen Verfügungen sind erst bei dessen Tod zu verkünden bzw. zu eröffnen. (Entsch. d. OLG. n. F. Bd. I S. 73: „Es kann nicht in der Absicht des Gesetzes sein, sich über die schwerwiegenden Interessen, welche die Geheimhaltung des letzten Willens des überlebenden Ehegatten gebieten, hinwegzusetzen, um die gegenstandslose Verfügung des verstorbenen Ehegatten verkünden zu lassen, deren Verkündung sich als eine entbehrliche Förmlichkeit darstellen würde, vielmehr muß angenommen werden, daß der Vorschrift des § 2260 BGB. durch die Eröffnung und Verkündung der für den eingetretenen Erbfall allein getroffenen Verfügungen Genüge geschieht.

Es macht auch keinen Unterschied, ob der überlebende Ehegatte seine letztwillige Verfügung allein oder im Sinne des § 2269 BGB. gemeinschaftlich mit dem verstorbenen Ehegatten getroffen hat; auch im Falle eines solchen Zusammenwirkens der Ehegatten sind, wie sich aus den §§ 2270, 2271 BGB. ergibt, die Verfügungen, die über den Nachlaß des zuletzt versterbenden Ehegatten getroffen werden, dessen Verfügungen; die Mitwirkung des anderen Ehegatten hat, wenn sie nicht eine bloße Form ist, nur die Bedeutung, daß die beiderseitigen Verfügungen in dem im § 2270 bezeichneten Verhältnis zu einander stehen. Daß aber ein solcher Zusammenhang der Verfügungen des überlebenden Ehegatten mit denen des verstorbenen keinen Grund bildet, die Verfügungen des überlebenden zu verkünden, unterliegt nach § 2273 keinem Zweifel“). Es muß aber erkennbar und glaubhaft gemacht sein, daß das gemeinschaftliche Testament (der zweiseitige Erbvertrag) oder eine einzelne darin befindliche, besonders verschlossene Schrift nur solche für den Tod des überlebenden Ehe-, Vertragsteils getroffenen gemeinschaftlichen Verfügungen enthält. Unter dieser Voraussetzung ist ein Gebot des Erblassers, die diesbezüglichen letztwilligen Verfügungen erst nach dem Tode des Überlebenden zu eröffnen, zulässig (Planck Bd. V S. 512).

5. Zuständigkeit der Amtsgerichte zur Eröffnung der Verfügungen von Todes wegen.

Seit Inkrafttreten des Bürgerlichen Gesetzbuchs waren die Notare an Stelle der Nachlaßgerichte zur Eröffnung und Bekanntgabe der von ihnen verwahrten Testamente und Erbverträge durch Art. 1 Abs. 2 Satz 2 des Notariatsgesetzes berufen. Die Eröffnung der nicht bei ihnen verwahrten letztwilligen Verfügungen — d. i. der in der amtlichen Verwahrung eines nichtbayerischen Nachlaßgerichtes befindlichen Testamente und Erbverträge, insbesondere also der nach dem vor Inkrafttreten des Bürgerlichen Gesetzbuchs geltenden Rechte (Art. 214 EG. z. BGB.) nicht vor einem Notar errichteten oder einem Notar übergebenen Testamente, ferner der nach § 2231 Nr. 2 BGB. errichteten eigenhändigen und der nach § 2250 BGB. an einem abgeschlossenen Orte errichteten Testamente, sofern sie nicht in amtliche Verwahrung (§ 2248 BGB.) genommen worden sind — oblag gemäß §§ 24, 34 alte Nachl.O. (§§ 2260—2262, 2273, 2300 BGB.) den Gerichten.

Durch Art. 2 Abs. 1 dieses Gesetzes, §§ 27 Abs. 1 Satz 1, 37 Abs. 1, 38 Abs. 1 Satz 1 Nachl.O. ist die Eröffnungsbefugnis der Amtsgerichte auch auf die von den Notaren verwahrten letztwilligen Verfügungen mit einer einzigen Ausnahme (Abs. 2 dieses Artikels), ausgedehnt worden unter gleichzeitiger Aufhebung des Art. 1 Abs. 2 Satz 2 des Notariatsgesetzes (Art. 11 Abs. 1 dieses Gesetzes). Da das Nachlaßgericht ohnehin mit fast allen Nachlässen befaßt wird, wollte man die Eröffnung der letztwilligen Verfügungen von der allgemeinen Nachlaßbehandlung nicht trennen.

Das zur Eröffnung berufene Gericht ist das Nachlaßgericht.

Ausnahmen:

a) Hat ein Amtsgericht, ohne Nachlaßgericht zu sein, die Verfügung von Todes wegen in amtlicher Verwahrung — dies kann nur der Fall sein bezüglich der vor dem Inkraftreten des Notariatsgesetzes vom 10. November 1861 in amtliche Verwahrung der bayer. Gerichte genommenen letztwilligen Verfügungen und bezüglich der in der amtlichen Verwahrung eines nichtbayerischen deutschen Gerichts befindlichen letztwilligen Verfügungen —, so obliegt diesem gemäß § 2261 BGB., §§ 27 Abs. 1 Satz 3, Abs. 2, 37 Abs. 1, 38 Abs. 1 Satz 3 u. 4 Nachl.O. die Eröffnung. Dieses Gericht ist vom Nachlaßgericht unter Bezeichnung der diesem bekannten gesetzlichen Erben und sonstigen Beteiligten um die Eröffnung zu ersuchen (§ 28 Abs. 2 u. 3 Nachl.O.).

b) Die Eröffnung der letztwilligen Verfügung erfolgt durch den (bayer.) Notar, (Abs. 2 dieses Artikels, §§ 27 Abs. 1 Satz 2, 37 Abs. 1, 38 Abs. 1 Satz 2 Nachl.O.), wenn
   1. die Verfügung, gleichgültig ob vor oder nach dem Inkrafttreten des Bürgerlichen Gesetzbuchs errichtet, verschlossen in seiner amtlicher Verwahrnng sich befindet,
   2. der Notar seinen Amtssitz nicht am gleichen Ort hat wie das Nachlaßgericht, und
   3. das Nachlaßgericht ein bayer. Gericht ist. Siehe Anm. 3 lit. A Ziff. Ia und Anm. 6. Siehe auch § 243 Gesch.O. f. d. Not. in der neuen Fassung.

c) Die Eröffnung der letztwilligen Verfügungen von Mitgliedern der standesherrlichen Familien erfolgt an Stelle des Nachlaßgerichts von der Domanialkanzlei, soferne eine solche besteht und vom Haupte der Familie dieser die Erledigung der Verlassenschaft übertragen ist.

Liegt keiner der vorstehenden Ausnahmsfälle vor, so erfolgt die Eröffnung vom Nachlaßgericht, sei es, daß dieses selbst die amtliche Verwahrung der letztwilligen Verfügung ausübt, sei es, daß eine solche bei einer gemäß § 14 der Nachlaßordnung zur Sicherung des Nachlasses vorgenommenen Maßregel vorgefunden worden ist (der Obsignationsbeamte hat das vorgefundene Testament, den vorgefundenen Erbvertrag, Ehe- und Erbvertrag, Hinterlegungsschein über eine Verfügung von Todes wegen an sich zu nehmen und unverzüglich an das Nachlaßgericht abzuliefern), sei es, daß das Nachlaßgericht von einem Dritten eine in dessen Verwahr befindliche letztwillige Verfügung (z. B. ein sog. holographisches Testament gemäß § 2231 Ziff. 2 BGB.) abgeliefert erhält (§ 2259 Abs. 1 BGB., § 83 FGG.), sei es, daß durch einen bayer. Notar, durch eine andere Behörde als ein Gericht, oder durch einen nichtbayerischen deutschen Notar (§§ 27 Abs. 2 Satz 2, 37 Abs. 1 Nachl.O.) die von ihnen amtlich verwahrte letztwillige Verfügung an das Nachlaßgericht abgeliefert wird (§ 2259 Abs. 2 BGB.).

6. Zuständigkeit der Notare zur Eröffnung von Verfügungen von Todes wegen. (Siehe hiezu auch § 243 Gesch.O. f. d. Not. in d. neuen Fassung.)

Um die mit der Versendung einer verschlossenen Verfügung von Todes wegen verbundenen Gefahren zu vermeiden — eine beglaubigte Abschrift zu fertigen und zurückzubehalten wie bei der Übersendung einer amtlich verwahrten offenen Verfügung (§ 244 Abs. 2 Satz 3 Gesch.O. f. d. Not. in der neuen Fassung) ist hier nicht möglich —, wurde von der in Abs. 1 dieses Artikels aufgestellten Regel die Ausnahme unter Abs. 2 geschaffen. Siehe Anm. 3 lit. A Ziff. I a und Anm. 5 b.

Befindet sich eine verschlossene letztwillige Verfügung eines Mitgliedes einer standesherrlichen Familie in der amtlichen Verwahrung des Notars und befindet sich die Domanialkanzlei, sofern eine solche besteht und ihr die Nachlaßbehandlung vom Haupte der Familie übertragen ist, nicht am Amtssitz des Notars, so ist der Notar keineswegs zur Eröffnung der Verfügung berufen, vielmehr obliegt auch in diesem Falle die Eröffnung der Domanialkanzlei, welcher die verschlossene Verfügung zur Eröffnung mittels Einschreibsendung zu übersenden ist. Zuvörderst wird sich jedoch der Notar durch Anfrage bei der Domanialkanzlei vergewissern, ob ihr die Nachlaßbehandlung übertragen ist. Ist ihr die Nachlaßbehandlung nicht übertragen oder ist eine Domanialkanzlei gar nicht vorhanden, so ist im Falle des Abs. 2 dieses Artikels der Notar, in allen anderen Fällen das Gericht zur Eröffnung berufen.

Satz 2 des Abs. 2 dieses Artikels schließt sich eng dem Satz 2 des § 2261 BGB. an.

Die Kompetenz zur Erlassung des Abs. 2 dieses Artikels gründet sich auf Art. 147 Abs. 1 mit Art. 3 EG. z. BGB., wonach für die dem Nachlaßgericht obliegenden Verrichtungen andere als gerichtliche Behörden durch landesgesetzliche Vorschriften für zuständig erklärt werden können.

7. Amtliche Verwahrung von letztwilligen Verfügungen.

Die amtliche Verwahrung von Testamenten und Erbverträgen erfolgt in Bayern nur durch die Notare (Art. 1 Abs. 1 Satz 1 des Notariatsgesetzes); diese Bestimmung bezieht sich auch auf die nicht beim Notar errichteten letztwilligen Verfügungen, welche in die amtliche Verwahrung zu bringen sind, beziehungsweise von den Beteiligten freiwillig in dieselbe gebracht werden.

8. Behandlung der letztwilligen Verfügung nach erfolgter Eröffnung.

a) Wenn die Eröffnung durch das Nachlaßgericht erfolgt, so ist das Testament, der Erbvertrag, das seinem vollen Inhalt nach eröffnete gemeinschaftliche Testament (der zweiseitige Erbvertrag) an die Beteiligten nicht hinauszugeben, sondern verbleibt offen bei den Nachlaßakten (s. auch §§ 32 Abs. 4, 37 Abs. 1, 38 Abs. 2 Satz 3 Nachl.O.). In Ausnahmsfällen kann die Verfügung jedoch außerhalb der Nachlaßakten aufbewahrt werden (§§ 32 Abs. 4, 37 Abs. 1, 38 Abs. 2 Satz 1 Nachl.O.). Ausnahmsweise bleibt nur eine vom Nachlaßgericht zu fertigende beglaubigte Abschrift der rein erbrechtlichen Bestimmungen eines Vertrags bei den Nachlaßakten, wenn mit diesem in derselben Urkunde ein anderer Vertrag von einem bayerischen Notar aufgenommen worden ist, in welchem Fall die Urschrift an den Notar zurückgeht (§ 38 Abs. 4 Satz 2 Nachl.O.). Ist ein gemeinschaftliches Testament oder ein zweiseitiger Erbvertrag seinem vollen Inhalt nach nicht eröffnet worden, so erfolgt die Wiederverschließung — wenn vorher verschlossen — durch das eröffnende Organ und die Zurückbringung in die besondere amtliche Verwahrung. Hat in diesem Fall das Nachlaßgericht die wiederverschlossene Verfügung an den Notar zurückzugeben, so erfolgt dies gegen Empfangsschein gemäß § 39 Abs. 3 Nachl.O. und zwar in dem Falle, daß der Notar seinen Amtssitz am Sitze des Gerichts hat, an den Notar bei seiner gelegentlichen Anwesenheit im Gerichtsgebäude, oder er ist um die Abholung der Verfügung von Todes wegen durch einen Notariatspraktikanten oder einen zur Grundbuchs-(Hypothekenbuchs-)Einsicht befugten Gehilfen zu ersuchen. Das offene Testament ist in einem Umschlage zu verschließen.

Hat der Notar nicht seinen Sitz am Amtsgerichte, so erfolgt die Zurückgabe per Post mit Einschreibsendung.

An Private wird die Verfügung nicht zurückgegeben (s. § 37 Abs. 3 Satz 2 und 3 Nachl.O.).

War das gemeinschaftliche Testament nicht in besonderer amtlicher Verwahrung, so hat die Mitteilung an die Beteiligten gemäß §§ 2262, eventuell 2264 BGB. vor der Wiederverschließung zu erfolgen.

b) Die Eröffnung erfolgte durch den Notar, durch das Verwahrungsgericht, welches nicht Nachlaßgericht ist.

In diesem Fall hat der Notar, das Gericht gemäß §§ 2261 Satz 2, 2300 BGB. Abs. 2 Satz 2 dieses Art., § 40 Nachl.O. und § 251 Abs. 1 Gesch.O. f. d. Not. in der neuen Fassung die Urschrift der Verfügung nebst einer beglaubigten Abschrift des über die Eröffnung aufgenommenen Protokolls unter Zurückbehaltung einer beglaubigten Abschrift der Verfügung dem Nachlaßgericht zu übersenden.

Die Urschrift des Eröffnungsprotokolls hat der Notar, wenn durch diesen die Eröffnung erfolgte, samt der beglaubigten Abschrift der Verfügung von Todes wegen und der ihm vom Nachlaßgerichte zukommenden Empfangsbestätigung in der allgemeinen Urkundensammlung zu verwahren. Im Testamentsregister ist bei dem Eintrag über die Errichtnng oder Übergabe des Testaments ohne Beisetzung einer eigenen Nummer von der Eröffnung ein Vermerk zu machen (§§ 251 Abs. 2, 45 Abs. 3 Gesch.O. f. d. Not. in der neuen Fassung).

Die Verfügung bleibt offen bei den Nachlaßakten.

Das vom Notar nicht seinem vollen Inhalte nach eröffnete gemeinschaftliche Testament, der nicht seinem vollen Inhalte nach eröffnete zweiseitige Erbvertrag ist an das Nachlaßgericht nicht abzugeben, vielmehr hat der Notar (das Gericht) die Verfügung von Todes wegen in die amtliche Verwahrung zurückzubringen und dem Nachlaßgerichte außer der beglaubigten Abschrift des Eröffnungsprotokolls eine beglaubigte Abschrift der Verfügungen des verstorbenen Teiles zu übersenden (§ 40 Abs. 1 Satz 2 Nachl.O.; s. hiezu § 251 Abs. 3 Gesch.O. f. d. Not. in der neuen Fassung).

Das Nachlaßgericht hat dem Notar den Empfang kurz zu bestätigen.

War die Eröffnung eines nicht seinem vollen Inhalte nach zu eröffnenden gemeinschaftlichen Testaments, zweiseitigen Erbvertrags durch ein Gericht erfolgt und sollte dieses nach der Eröffnung nicht eine beglaubigte Abschrift der Verfügungen des verstorbenen Teiles, sondern die Verfügung von Todes wegen in Urschrift übersenden, so hat das Nachlaßgericht von dem verkündeten Teile der Verfügung eine beglaubigte Abschrift für die Nachlaßakten anzufertigen, und die Verfügung, wenn der überlebende Teil einen Notar bezeichnet, diesem, sonst einem Notar, der am Sitze des Nachlaßgerichts seinen Amtssitz hat, zum Zwecke der Verwahrung zu übergeben (§ 40 Abs. 2 Nachl.O.) Teilweise zustimmend Planck Bd. V S. 512.

9. Vorkehrungen nach Eröffnung der letztwilligen Verfügung.

Dem Nachlaßgericht — nicht dem Notar, dem Gericht, welches die Eröffnung vorgenommen hat — obliegt

a) die Mitteilungspflicht gemäß §§ 2262, 2300 BGB. an die im Eröffnungstermine nicht zugegen gewesenen Beteiligten (§§ 40 Abs. 1 Satz 4, 34 Nachl.O., § 251 Abs. 4 Gesch.O. f. d. Not. in der neuen Fassung);

b) die Pflicht, dem zuständigen Rentamt mit Rücksicht darauf, ob ein Erbschaftssteuerfall vorliegt oder nicht, Nachricht zu geben (Art. 31 Erbschaftssteuergesetz in der Fassung der Bek. vom 11. November 1899 und § 8 der Vollzugsvorschriften hiezu vom 27. Dezember 1899 in der Fassung der Bek. vom 19. Dezember 1902 JMBl. 1903 S. 226).

Vorbemerkung zu Art. 3—7.

Die amtliche Vermittelung der Auseinandersetzung in Ansehung eines Nachlasses erfährt ihre Regelung in den Bestimmungen der Art. 3—7 dieses Gesetzes.

Art. 3 handelt von der obligatorischen amtlichen Erbenermittelung, Art. 4 von den Voraussetzungen, unter welchen die Auseinandersetzung zwischen den Beteiligten von Amtswegen zu vermitteln ist, und von den Fällen, in denen die Auseinandersetzung zu unterbleiben hat. Art. 5 von der Feststellung der Teilungsmasse durch das Nachlaßgericht von Amts wegen. Art. 6 regelt die Zuständigkeitsgrenzen zwischen Nachlaßgericht und Notar, bestimmt auch die Kompetenzen des letzteren. Art. 7 verweist bezüglich des übrigen Verfahrens bei der amtlichen Vermittelung der Auseinandersetzung auf die Vorschriften der §§ 88—98 des Gesetzes über die Angelegenheiten der freiwilligen Gerichtsbarkeit unter entsprechender Anpassung des § 89 auf die amtliche Vermittelung der Auseinandersetzung (Bezeichnung der Beteiligten und der Teilungsmasse in der Ladung der Beteiligten zu dem Verhandlungstermin).

Die Überschrift von Art. 3, die sich nur auf die amtliche Vermittelung der Auseinandersetzung in Ansehung eines Nachlasses bezieht, also spezieller Natur ist, wurde aus nachfolgenden Gründen nicht vor Art. 4 gesetzt, der speziell von der amtlichen Vermittelung der Auseinandersetzung handelt: Art. 3 schreibt ganz allgemein die Erbenermittelung vor, ohne Rücksicht darauf, ob es auch zu einer wirklichen Auseinandersetzung kommt. Durch die Stellung der Überschrift vor Art. 3 wollte einerseits die im Entwurf des Gesetzes im Art. 10 Ziff. 1 vorgesehene, jedoch nicht zur Annahme gelangte Gebührenerhebung für die amtliche Erbenermittelung begründet werden. (Wäre Art. 3 selbständig gestellt worden, ohne durch die Überschrift darauf hinzuweisen, daß die Ermittelung im Interesse der Auseinandersetzung, also im Interesse der Beteiligten erfolge, so wäre hiemit ein allgemein staatliches Interesse an der Erbenermittelung zum Ausdruck gebracht worden, wofür dann, da eine im Staatsinteresse angeordnete Tätigkeit des Nachlaßgerichts bestanden hätte, von den Beteiligten Gebühren nicht hätten erhoben werden können.) Andererseits geschah dies aber auch aus Gründen, welche aus dem Verfahren selbst herzuleiten sind. Denn eine amtliche Vermittelung der Auseinandersetzung setzt immer die Erbenermittelung voraus; ohne letztere kann die erstere nicht erfolgen. In dieser Beziehung ist also die Erbenermittelung ein Teil des Auseinandersetzungsverfahrens, im Falle letzteres wirklich erfolgt.

Die Stellung der genannten Überschrift vor Art. 3 hat aber auch Bedeutung hinsichtlich der Frage der Befugnis der Landesgesetzgebung zur Anordnung der amtlichen Erbenermittelung. (S. Art. 3 Anm. 2 am Schlusse.)

3. Amtliche Vermittelung der Auseinandersetzung in Ansehung eines Nachlasses.

Artikel 3.

Das Nachlaßgericht hat den Erben von Amts wegen zu ermitteln.

1. Inhalt des Art. 3.

Die Erbenermittelung erfolgt von Amts wegen durch das Nachlaßgericht. Art. 3 erhält eine **Muß**vorschrift, die Erbenermittelung ist obligatorisch. Aus der Erbenermittelung und zwar aus der Feststellung, ob ein oder mehrere Erben vorhanden sind, wird ersichtlich, ob ein Fall der Auseinandersetzung vorliegt. Zugleich wird für eine nachfolgende amtliche Auseinandersetzung durch die Erbenermittelung bereits der Grund gelegt.

2. Zulässigkeit der Anordnung der amtlichen Erbenermittelung durch die Landesgesetzgebung.

Eine amtliche Erbenermittelung war bisher schon in vielen Fällen unerläßlich, so bei Sicherung des Nachlasses, Feststellung des Erbrechts des Fiskus, Erteilung eines Erbscheines, Nachlaßverwaltung, bei einer vom Nachlaßgläubiger beantragten Bestimmung einer Inventarfrist für den Erben, bei Vermittelung der Auseinandersetzung auf Antrag eines Beteiligten, bei Anfechtung der Ehe nach dem Tode des zur Anfechtnng nicht berechtigten Ehegatten (§ 1342 BGB.), bei Anfechtung der Ehelichkeit eines Kindes nach dessen Tode (§ 1597 BGB.), bei Erbschaftsausschlagung (§ 1953 Abs. 3 BGB.), bei Anfechtung der Annahme und der Ausschlagung der Erbschaft (§ 1957 Abs. 2 BGB.), bei Anfechtung einer letztwilligen Verfügung, durch die ein Erbe eingesetzt, ein gesetzlicher Erbe von der Erbschaft ausgeschlossen, ein Testamentsvollstrecker ernannt, eine Verfügung solcher Art aufgehoben, ein Recht für einen andern nicht begründet wird, und bei Anfechtung einer Auflage (§ 2081 BGB., s. auch § 42 Abs. 1 NachlO.).

Das Reichsrecht enthält keine allgemeine Regel über die amtliche Erbenermittelung. Es enthält aber umgekehrt auch kein diesbezügliches Verbot, insbesondere kein solches, wonach die Ermittelung von Amts wegen in anderen als den im BGB. und im FGG. bestimmten Fällen zu unterbleiben habe; es enthält auch keine Vorschrift, daß die Ermittelung nur auf Antrag erfolgen dürfe. Im Reichsrecht ist aber auch kein Vorbehalt zu Gunsten der Landesgesetzgebung für Einführung der amtlichen Erbenermittelung durch das Nachlaßgericht vorgesehen, es enthält auch kein Verbot, wonach die Landesgesetzgebung den Nachlaßgerichten diese Tätigkeit nicht auferlegen dürfte.

Daraus, daß das Reichsrecht es unterlassen hat, die amtliche Erbenermittelung zu regeln, ergibt sich die Befugnis der Landesgesetzgebung, die amtliche Erbenermittelung einzuführen und den Nachlaßgerichten zu überweisen; es bildet insbesondere auch § 200 FGG. hiezu eine Handhabe, da auf Grund dieses Paragraphen durch Landesgesetz Vorschriften zur Ergänzung und Ausführung des FGG. auch insoweit erlassen werden können, als dieses Gesetz Vorbehalte für die Landesgesetzgebung nicht enthält. Außerdem ist auch aus § 192 FGG. die Befugnis der Landesgesetzgebung zum Erlaß des Art. 3 herzuleiten. Denn darnach bleiben die landesgesetzlichen Vorschriften unberührt (s. Art. 3 EG. z. BGB.), nach welchen das Nachlaßgericht die Auseinandersetzung von Amts wegen zu vermitteln hat, wenn sie nicht binnen einer bestimmten Frist von den Beteiligten bewirkt ist. Da eine amtliche Nachlaßauseinandersetzung ohne Erbenermittelung aber nicht stattfinden kann, so ist auch aus § 192 FGG. die Befugnis der Landesgesetzgebung zur Anordnung der amtlichen Erbenermittelung durch das Nachlaßgericht abzuleiten Mit Rücksicht hierauf gewinnt also die Überschrift über Art. 3 ihre Bedeutung.

3. Zuständigkeit des Nachlaßgerichts.

Nur das Nachlaßgericht ist mit der amtlichen Erbenermittelung betraut. Siehe Anm. 4 zu Art. 1.

4. Offizialtätigkeit des Gerichts.

Die Erbenermittelung hat von Amts wegen zu erfolgen. Sie ist also nicht in das Belieben der Erben gesetzt, hängt nicht von deren Antrag ab, ist dem Parteiwillen vollständig entzogen. Hätte man die antragsgemäße Erbenermittlung eingeführt, so wäre die Ermittelung eine sehr lückenhafte geworden. Denn die Bevölkerung würde in vielen Fällen die amtliche Ermittelung gar nicht beantragen, sich dazu auch erst entschließen, wenn ein äußeres Ereignis, z. B. die Übernahme eines zum Nachlaß gehörigen Gutes durch einen Erben, Hypothekaufnahme auf ein solches, Hypotheklöschung, Hypothekabtretung einer Nachlaß-Hypothek rc. sie dazu nötigen würde, weil ohne Erbenermittelung eine Bereinigung der öffentlichen Bücher nicht möglich wäre. Das Gesetz hätte also ohne die amtliche Erbenermittelung eine durchgreifende Änderung der bestehenden Mißstände nicht erreicht.

Durch die amtliche Erbenermittelung wird für die Beteiligten materielles Recht nicht geschaffen, dieselbe äußert also auch keine objektive Rechtswirkung für die Beteiligten.

Die Ermittelung hat sich nicht zu richten nach der Höhe oder nach der Art des Rücklasses (ist also nicht gebunden an das Vorhandensein von Immobilien rc.), nicht nach der Zahl der Erben (erfolgt also auch, wenn nur ein Erbe vorhanden ist); sie richtet sich nicht darnach, ob die Erben anwesend oder abwesend sind, nicht nach der Art der Erbenqualität (gesetzliche Erben oder Erben auf Grund letztwilliger Verfügungen), nicht nach der Eigenschaft der Erben (volljährig, minderjährig, bevormundet), nicht nach dem Stande derselben (es erfolgt die Erbenermittelung also auch bei den Religiosen, welche seit Inkrafttreten des Bürgerlichen Gesetzbuchs ebenso wie die Nichtreligiosen erwerbsfähig sind, bei welchen also auch ein Rücklaß in Frage kommen kann, s. Art. 87 EG. z. BGB. und Art. 1 und 7 AG. z. BGB., s. auch Neumann Bd. III S. 1417, Henle-Schneider AG. z. BGB S. 11, 27), nicht nach dem Auseinandersetzungswillen der Erben, kurz: die amtliche Erbenermittelung hat unbeeinflußt von außen stets zu erfolgen. (S. § 42 Abs. 3 Satz 1 Nachl.O.).

5. Ausnahmen von der obligatorischen Erbenermittelung.

Die Erbenermittelung ist obligatorisch. Dieselbe unterbleibt, wenn nach den Umständen des Falles anzunehmen ist, daß ein die Beerdigungskosten übersteigender Nachlaß offenbar nicht vorhanden ist, so insbesondere in den Fällen der notorischen Vermögenslosigkeit des Erblassers, z. B. beim Tode eines im Krankenhause gestorbenen Bettlers, eines Armenhäuslers, eines minderjährigen ehelichen Kindes, wenn dessen Eltern laut Todesanzeige noch leben und Anhaltspunkte dafür vorhanden sind, daß das Kind Vermögen nicht besaß, beim Tode eines minderjährigen unehelichen Kindes, welches nach Ausweis der Vormundschaftsakten Vermögen nicht besaß. In diesen Fällen wird von einer Erbenermittelung vorläufig Umgang genommen, bis ein Beteiligter die Erbenermittelung beantragt (§ 42 Abs. 3 Satz 2 und 3 Nachl.O.), oder bis sich die Notwendigkeit derselben herausstellt, etwa wegen Bereinigung der öffentlichen Bücher, in welchen für die Bezeichneten Einträge — meistens gegenstandslose — noch bestehen. Der Nachlaßrichter hat nach seinem Ermessen zu entscheiden, ob ein solcher Ausnahmsfall vorliegt oder nicht.

6. Ein Zwang der Beteiligten zur Teilnahme am Erbenermittelungstermin besteht nicht.

Gemäß § 13 FGG. kann zwar das Gericht das persönliche Erscheinen von Beteiligten anordnen, darf aber diese Anordnung mittels Zwangsmaßregeln nicht unterstützen. Es kann also das Erscheinen der Beteiligten im Termin nicht erzwungen werden.

Art. 130 AG. z. BGB. läßt die Anordnung unmittelbaren Zwanges zum Vollzug einer Verfügung zu, durch welche die Herausgabe einer Sache oder der Person eines Kindes, Mündels oder Pflegebefohlenen oder eine Maßregel angeordnet wird, deren Ausführung die Anwendung unmittelbaren Zwanges erfordert.

Aus letzterer Bestimmung kann man jedoch nicht das Recht ableiten, die Beteiligten zum Erscheinen im Termin zu zwingen. Diese Bestimmung ist lediglich für die einzelnen im Gesetze aufgeführten oder für gleichartig gelagerte Fälle geschaffen (wie z. B. Zwangsmittel bei Regelung des persönlichen Verkehrs des geschiedenen Ehegatten mit seinem Kinde), kann aber nicht über den Rahmen der Gesetzesabsicht hinaus verallgemeinert werden. Da somit irgendwelche Mittel, das Erscheinen der Beteiligten zu erzwingen, nicht bestehen, so ist der Nachlaßrichter lediglich auf die ihm durch die §§ 12 und 15 FGG. gegebenen Handhaben angewiesen.

7. Beginn der Erbenermittelung.

Eine Frist für den Beginn der Erbenermittelung ist im Bürgerlichen Gesetzbuch für diejenigen Fälle, in denen eine solche zu erfolgen hat (s. Anm. 2), nicht vorgesehen. Auch das Nachlaßgesetz enthält über den Beginn der Erbenermittelung keine Bestimmungen. In der Gesetzesbegründung S. 5 ist auf eine regelmäßige Frist von zwei Monaten seit dem Tode des Erblassers hingewiesen. Die Motive bemerken: „Ist eine Verfügung von Todes wegen nicht vorhanden, so wartet das Amtsgericht nach dem Eintreffen der Todesanzeige und der Erledigung der etwa erforderlichen Sicherung des Nachlasses zunächst eine angemessene Zeit — regelmäßig zwei Monate seit dem Tode des Erblassers — ab, um den Beteiligten die Möglichkeit zu geben, ihre Angelegenheiten selbst zu ordnen. Nach dem Ablaufe der Frist hat das Amtsgericht festzustellen, von wem der Erblasser beerbt worden ist." Dementsprechend ist in der Nachl.O. § 43 Abs. 3 Satz 2 eine allgemeine Frist von zwei Monaten angeordnet worden.

Hiezu sei folgendes bemerkt. Die Erbenermittelung verfolgt den Zweck, festzustellen, wer zur Erbschaft berufen und auch wirklich Erbe geworden ist. Die Erbeneigenschaft kann erst dann festgestellt werden, wenn der Erbe die Erbschaft entweder ausdrücklich angenommen hat (die Annahmeerklärung ist unwiderruflich § 1943 BGB.), oder wenn die Ausschlagungsfrist des § 1944 BGB. verstrichen ist, ohne daß der Erbe die ihm angefallene Erbschaft ausgeschlagen hat (die Ausschlagungs-Erklärung ist unwiderruflich, s. Motive z. BGB. Bd. V S. 510, Planck Bd. V S. 39, Staudinger Bd. V S. 69, 81. Bezüglich Anfechtbarkeit der Annahme- oder Ausschlagungserklärung s. §§ 1954—1957 BGB.).

Liegen nun keine Erbschaftsannahmeerklärungen der Erben vor, so ist es untunlich, vor Ablauf der normalen sechswöchigen Frist des § 1944 BGB. mit der Erbenermittlung zu beginnen. Auch sofort nach Ablauf der sechswöchigen Frist ist mit Rücksicht auf Art. 4 des Nachl.G. eine Erbenermittelung noch nicht einzuleiten, vielmehr hat das Nachlaßgericht zur Vermeidung zweier Termine — des Erbenermittelungstermins und des Auseinandersetzungstermins — den Ablauf der in Art. 4 vorgesehenen zweimonatigen Frist abzuwarten. Hiedurch läßt sich in vielen Fällen die Erbenermittelung sofort mit der amtlichen Auseinandersetzung verbinden (§ 43 Abs. 3 Satz 1 Nachl.O.). Nicht nur dem Nachlaßgerichte, sondern auch den Beteiligten wird hierdurch Zeit gespart, und letzteren auch die Möglichkeit gewährt, nach Feststellung der Erbeneigenschaft, worüber übrigens in den meisten Fällen zwischen den Beteiligten schon vor der Erbenermittelung Klarheit herrschen wird, innerhalb der ihnen bleibenden Frist zwischen 6 Wochen und 2 Monaten sich untereinander ohne Beihilfe des Gerichts auseinanderzusetzen, welche Möglichkeit nach der Begründung des Gesetzentwurfs S. 5 den Erben gewahrt bleiben soll.

Stellt sich bei der Erbenermittelung heraus, daß nicht die normale sechswöchige, sondern die sechsmonatige des § 1944 BGB. für die Erben oder einen der Erben Platz greift, so muß eine diesbezügliche Erbenermittelung solange ruhen, bis entweder eine Annahme- oder Ausschlagungs-Erklärung vorliegt, oder mangels solcher Erklärungen die sechs Monate verstrichen sind.

8. Fälle der sofortigen Einleitung der amtlichen Erbenermittelung.

Ausnahmsweise ist die amtliche Erbenermittelung sofort einzuleiten.

1. Wenn eine Maßregel zur Sicherung des Nachlasses angeordnet ist (§ 1960 BGB., § 43 Abs. 1 Nachl.O.).
2. Wenn eine letztwillige Verfügung zu eröffnen ist. Hier erfolgt die Erbenermittelung im unmittelbaren Anschluß an die Eröffnung (§ 43 Abs. 2 Nachl.O.). Haben sich die Erben im Eröffnungstermin nicht oder nicht vollzählig eingefunden, oder erfolgt die Eröffnung der letztwilligen Verfügung nicht vom Nachlaßgericht, dann richtet sich die Erbenermittelung nach dem allgemeinen Grundsatz. Denn die Anordnung der Erbenermittelung im Eröffnungstermin erfolgt nur aus Gründen der Vereinfachung des Verfahrens.
3. Wenn vor Ablauf der zweimonatigen Frist der Antrag auf Vermittelung gestellt wird. Hier zieht selbstverständlich die Stellung des Antrags den sofortigen Beginn der Erbenermittelung nach sich (§ 43 Abs. 3 Satz 2 Nachl.O.).

Zur Vermeidung des Übersehens der Erbenermittelung ist eine Vormerkung im Terminskalender vorgesehen in § 43 Abs. 5 Nachl.O.

4. Wenn der Erblasser einen Ehegatten hinterlassen hat. Hier muß die Ermittelung des Erben stets bald nach dem Eintritte des Erbfalls, jedenfalls aber so zeitig vor dem Ablaufe der Ausschlagungsfrist (§ 1944 BGB.) in Angriff genommen werden, daß der Ehegatte das ihm nach dem Güterrechte möglicherweise zustehende und mit dem Ablaufe der Ausschlagungsfrist verloren gehende Wahlrecht ausüben kann. Für die nach dem Inkrafttreten des Bürgerlichen Gesetzbuchs geschlossenen Ehen kommt ein solches Wahlrecht nur in Frage, sofern es sich darum handelt, ob der Ehegatte die Fortsetzung der Gütergemeinschaft ablehnen soll oder nicht (§§ 1484, 1549 BGB.); für die vor dem Inkrafttreten des Bürgerlichen Gesetzbuches geschlossenen Ehen ist ein solches Wahlrecht in den Artikeln 67—71, 78—80, 82—89, 92, 94, 95 des ÜG. z. BGB. bestimmt (§ 43 Abs. 4 Nachl.O.).

In diesen Fällen verfolgt die frühzeitige Erbenermittelung nur den Zweck, den überlebenden Ehegatten auf sein ihm möglicherweise zustehendes Wahlrecht anläßlich der Erbenermittelung aufmerksam zu machen; hiezu ist das Gericht verpflichtet.

Mit Rücksicht auf die weittragende Bedeutung dieses Wahlrechts ist wie im Fall drei in § 43 Abs. 5 Nachl.O. zur Vermeidung des Übersehens der vor Fristablauf zu betätigenden Erbenermittelung eine entsprechende Vormerkung im Terminskalender vorgesehen.

Zu vorstehenden vier Fällen ist noch zu bemerken, daß dann, wenn die Erben im Erbenermittelungstermin sich über die Annahme der Erbschaft nicht erklären, oder im Termin nicht erscheinen, die Erbenermittelung ruhen und nach dem allgemeinen Grundsatze sich richten muß.

Ergeben die Ermittelungen in diesen Fällen, daß eine Mehrheit von Erben vorhanden ist, so sind gemäß § 102 Nachl.O. die Erben bei der Ermittelung zu fragen, ob sie sich auseinandersetzen wollen und ob sie die Vermittelung der Auseinandersetzung beantragen.

9. Art und Weise der Erbenermittelung.

Das Bürgerliche Gesetzbuch hat nur für den Fall der Erteilung eines Erbscheins über die Art und Weise der Erbenermittelung Bestimmungen getroffen. Für die anderen in Anm. 2 erwähnten Fälle sind diesbezügliche Vorschriften nicht geschaffen worden, auch das Nachlaßgesetz hat entsprechende Vorschriften nicht erlassen. In den Motiven S. 7 ist ausgeführt, „daß die Frage, ob die Voraussetzungen gegeben sind, von welchen nach den §§ 2354, 2355 die Feststellung des Erbrechts einer Person abhängt, bei der Erteilung eines Erbscheins strenger geprüft werden muß als bei der im Art. 3 vorgeschriebenen Ermittelung des Erben. In welcher Weise derjenige, welcher Erbe zu sein behauptet, die Richtigkeit seiner Angaben zu beweisen hat, ist im § 2356 des BGB. bestimmt. Für die in Art. 3 vorgeschriebene Ermittelung des Erben sind besondere Vorschriften in dieser Hinsicht entbehrlich."

Aus diesen Erläuterungen ist zu entnehmen, daß für die Erbenermittelung des Art. 3 dieses Gesetzes nicht die für die Erteilung eines Erbscheins Platz greifenden strengen Formen der §§ 2354 ff. des BGB. anzuwenden sind (s. auch § 44 Abs. 1 Nachl.O.).

Nach den in der Nachl.O. § 44 Abs. 2–6 angegebenen Grundsätzen obliegt dem Nachlaßrichter nach Zuteilung der Nachlaßsache zuvörderst die Feststellung, ob und welche letztwilligen Verfügungen des Erblassers vorhanden sind, ferner welcher Güterstand im Falle des Todes eines Ehegatten in der Ehe gegolten hat. Nach den erzielten Feststellungen ergibt sich dann, ob die Erbenermittelung sofort zu beginnen hat oder ob zwei Monate zuzuwarten ist.

Ergibt sich, daß fortgesetzte Gütergemeinschaft eintritt und das hinterlassene Vermögen in diese fällt (in diesem Falle darf also kein sonstiger Nachlaß vorhanden sein, ebenso dürfen andere Abkömmlinge neben den gemeinschaftlichen nicht in Betracht kommen), oder erhält der überlebende Ehegatte das ganze Vermögen des verstorbenen Ehegatten kraft Konsolidation (Art. 67 ÜG. z. BGB.), so brauchen weitere Ermittelungen nach den Erben nicht angestellt werden (§ 45 Nachl.O.), auch eine Nachlaßbehandlung wird nicht weiter gepflogen. Mit Rücksicht auf § 1492 BGB., wonach dann, wenn der überlebende Ehegatte die fortgesetzte Gütergemeinschaft in der vorgeschriebenen Weise und Form aufhebt, das Nachlaßgericht die betreffende Aufhebungserklärung den anteilsberechtigten Abkömmlingen, und, wenn der überlebende Ehegatte gesetzlicher Vertreter eines der Abkömmlinge ist, dem Vormundschaftsgerichte mitzuteilen hat, muß in diesem Fall noch nachträglich die Erbenermittelung nachgeholt werden, um den vorstehenden Vorschriften gerecht zu werden.

Liegt gesetzliche Erbfolge vor, so zielt die Erbenermittelung darauf ab, festzustellen, wer der nächste gesetzliche Erbe ist (§§ 1924—1936 BGB.).

Die Ermittelungen, welche zur Feststellung der zu erforschenden, für die Ermittelungen erheblichen Tatsachen erforderlich sind, hat das Nachlaßgericht von Amts wegen zu veranstalten und die geeignet erscheinenden Beweise aufzunehmen (§§ 12, 15 FGG.). Der Umfang der zu veranstaltenden Ermittelungen und der zu erhebenden Beweise ist der Beurteilung des Richters im einzelnen Falle überlassen, ohne daß er an die Angaben der Beteiligten gebunden wäre (Rausnitz S. 73, Dorner S. 76, Fuchs S. 35, Birkenbihl S. 42 f.).

Bei der Beweisaufnahme finden die Vorschriften der CPO. über den Zeugenbeweis, den Beweis durch Sachverständige und über das Verfahren bei Abnahme von Eiden entsprechende Anwendung. Über die Beeidigung eines Zeugen oder Sachverständigen entscheidet jedoch unbeschadet der §§ 358, 367 CPO. das Ermessen des Gerichts.

Behufs der Glaubhaftmachung einer tatsächlichen Behauptung kann ein Beteiligter zur Versicherung an Eidesstatt zugelassen werden (§ 15 FGG.).

Wie sich das Nachlaßgericht die Überzeugung von dem Erbrecht einer bestimmten Person verschafft, ob es die Erklärungen der Beteiligten ohne weiteres für glaubwürdig und das Erbrecht dadurch für bewiesen erachtet, ob es die Beibringung von Beweismitteln (z. B. von öffentlichen Urkunden) für erforderlich hält, ob es sog. Auskunftspersonen, d. h. Personen, die mit der Sachlage und den Verhältnissen des Beteiligten vertraut sind (Rausnitz S. 72) anhören will, entscheidet es nach freiem Ermessen; für das Ergebnis der Ermittelungen und Beweiserhebungen gilt die freie richterliche Beweiswürdigung. In der Regel wird sich das Nachlaßgericht bei der gewöhnlichen Erbenermittelung mit den Angaben der Beteiligten, sofern sie glaubwürdig erscheinen, begnügen können.

Zwischen Ermittelungen und Beweisen ist zu unterscheiden. (Siehe hiezu Rausnitz S. 71 ff., 82, 90, Birkenbihl S. 46, Dorner S. 76, 92, 93, Keidel S. 17, Weißler S. 38, 39, 44—46). Während bei den Ermittelungen das Gericht zur Feststellung der Wahrheit an keinerlei Form gebunden ist, hat die Herbeischaffung von Beweisen in gewissen im § 15 FGG. vorgeschriebenen Formen zu geschehen. Ermittelungen können also formlos, z. B. durch schriftliche Erklärungen von Privaten, durch Mitteilungen von Behörden, durch Einsichtnahme von Akten erfolgen, können auch durch Anhörung von sog. Auskunftspersonen, durch Entgegennahme eidesstattlicher Versicherungen, durch Anordnung des Erscheinens der Beteiligten gepflogen werden. Eine Handhabe für das Gericht zur Anwendung von Zwangsmitteln bei den Ermittelungen kennt das Reichsrecht nicht. Auch landesrechtlich sind in Bayern ergänzende Vorschriften nicht erlassen worden (anders in Preußen, s. Art. 15 bis 17 Preuß. Ges. über d. freiwill. Gerichtsbark.). Es kann also die Abgabe einer eidesstattlichen Versicherung nicht erzwungen werden, ebensowenig besteht ein Präjudiz für den Fall des Nichterscheinens eines Beteiligten, dessen Erscheinen das Gericht angeordnet hat (anders, wenn ein Fall der §§ 1837, 1694, 1915 BGB. — Vormund, Gegenvormund, Beistand und Pfleger — vorliegt, wo reichsgesetzlich Ordnungsstrafen zulässig sind). Welche Bedeutung aber das Gericht dem Nichterscheinen beilegt, unterliegt seinem freien Ermessen.

Der Umfang der zu erhebenden Beweise ist in § 15 FGG. begrenzt. Hienach sind als Beweismittel nur der Zeugen- und Sachverständigen-Eid zugelassen. Der Parteieneid, die eidliche Vernehmung eines Beteiligten, der richterliche Eid ist als mit dem herrschenden Offizialprinzip und dem Prinzip der freien Beweiswürdigung unvereinbar ausgeschlossen, nicht auch der Offenbarungseid; (a. M. bezügl. richterlichen Eides Fuchs S. 44, Dorner S. 92, welcher für seine Ansicht anführt: Der richterliche Eid „kann, wie zum Zwecke der Glaubhaftmachung (§ 15 Abs. 2 FGG.), so auch zum Zwecke des Beweises einem Beteiligten auferlegt werden. Der Richter wird den Eid nur auferlegen, wenn er überzeugt ist, daß im Falle der Leistung die Tatsache als bewiesen anzunehmen ist; der Grundsatz der freien Beweiswürdigung ist somit gewahrt; übrigens ist der Richter auch, wenn nach den Umständen bei der Eidesleistung seine Überzeugung sich ändern sollte, anders wie im Offizialverfahren des Civilprozesses durch eine gesetzliche Beweisregel nicht gehindert, der letzteren zu folgen. Wird vollends der auferlegte Eid nicht geleistet, so tritt, da die Wirkung der Nichtleistung gesetzlich nicht festgelegt ist, die freie richterliche Beurteilung ein." (Vgl. Birkmeyer in Busch, Zeitschrift f. Civilprozeß Bd. VII S. 227, 412, 413 u. 468.)

Beweisaufnahme durch Augenschein und durch Urkunden als Beweismittel ist zulässig.

Zur Aufnahme von Beweis wird das Gericht wohl nur schreiten, wenn die Ermittelung versagt; ob letzteres der Fall ist, hat allein der Richter zu ermessen, wie es auch ihm überlassen bleibt, einen Zeugen zu beeidigen oder nicht zu beeidigen.

Mit dem in der Nachlaßordnung aufgenommenen Grundsatz, daß bei der gewöhnlichen Erbenermittelung sich das Nachlaßgericht mit den ihm glaubwürdig erscheinenden Angaben der Beteiligten begnügen könne (§ 44 Abs. 6 letzter Satz Nachl.O.), ist den bei der Beratung des Gesetzentwurfs in den Kammerverhandlungen hervorgetretenen Wünschen, es möchte vermieden werden, daß die Bevölkerung durch übertriebene Ängstlichkeit von Richtern (und die hiedurch mehr als nötig ausgedehnten Ermittelungen) in eine unangenehme Lage gebracht werde, Rechnung getragen worden. Es liegt jedoch immer im Ermessen des Richters, ob er sich mit den Angaben der Beteiligten begnügen will. Er kann bei der Erbenermittelung in besonderen Fällen sich auch für die strengeren Vorschriften der §§ 2354 ff. BGB. entscheiden.

Für den Fall, daß nach erfolgter Erbenermittelung späterhin noch die Erteilung eines Erbscheins beantragt wird, sind die bereits erfolgten Ermittelungen den Vorschriften der §§ 2354 ff. BGB. entsprechend zu ergänzen. Hinsichtlich Erbscheinerteilung s. Anm. 13.

10. Beendigung der Erbenermittelung.

Das Resultat der Erbenermittelung braucht nicht in einem förmlichen Beschlusse, in welchem das Ergebnis der Ermittelung niedergelegt wird, verkörpert und formalisiert den Beteiligten mitgeteilt werden; ist z. B. in dem Protokoll über die Vernehmung der Beteiligten zum Ausdruck gekommen, wer vom Nachlaßgericht als Erbe ermittelt ist, so genügt dies. Wenn unter den Erben über das Erbrecht Streit besteht, und eine gütliche Einigung nicht erzielt werden kann, so sind die Streitpunkte im Protokoll festzustellen und die Beteiligten auf den Rechtsweg zu verweisen (§ 46 Nachl.O.).

11. Feststellung des Erbrechts des Fiskus.

Wenn zur Zeit des Erbfalls weder ein Verwandter noch ein Ehegatte des Erblassers vorhanden oder erbberechtigt, noch ein Erbe durch Verfügung von Todes wegen als Erbe eingesetzt ist, so ist der Fiskus der gesetzliche Erbe, der die ihm als gesetzlichen Erben angefallene Erbschaft nicht ausschlagen kann. S. hiezu §§ 1964, 1965 BGB., § 47 Nachl.O.

„Vorhanden" ist auch der nasciturus (Motive zum BGB. Bd. V S. 554; s. auch § 1912 BGB.). Als „vorhanden" gilt ferner ein Erbe, der unbekannten Aufenthalts ist (§ 1911 BGB.) — die Lebensvermutung besteht (§ 19 BGB.).

Der Fiskus gilt jedoch erst dann als gesetzlicher Erbe, wenn das Nachlaßgericht festgestellt hat, daß ein anderer Erbe als der Fiskus nicht vorhanden ist. Diese Feststellung hat von Amts wegen zu erfolgen, wenn der Erbe nicht innerhalb einer den Umständen entsprechenden Frist ermittelt worden ist.

Im übrigen kann der Fiskus sich nicht dem Verfahren mit der Erklärung entziehen, daß er mit der Sache nichts zu tun haben wolle. Insbesondere kann er sich nicht auf die Erklärung beschränken, nicht bestreiten zu wollen, daß irgend einem der Erbenprätendenten das Erbrecht zusteht (Motive zum BGB. Bd. V S. 556).

Trotzdem wird das Nachlaßgericht mit Rücksicht darauf, daß im Falle des Prozesses mit dem Fiskus nach den Grundsätzen der CPO. die Verhandlungsmaxime zur Anwendung kommt, von der Feststellung des Erbrechts des Fiskus absehen, wenn dieser das Erbrecht eines Erbenprätendenten anerkennt, weil im Prozeß auf Grund dieses Anerkenntnisses der Fiskus verurteilt werden müßte. Siehe auch Planck Bd. V S. 64, Staudinger Bd. V S. 102.

Eine Fristbestimmung hat das BGB. nicht getroffen.

„Das Nachlaßgericht hat mit der öffentlichen Aufforderung als einer immerhin außerordentlichen Maßregel erst vorzugehen, nachdem eine gewisse Frist verstrichen ist, ohne daß jemand sich gemeldet und sein Erbrecht nachgewiesen hat. Diese Frist im Gesetze festzusetzen (auf drei Monate mit dem preuß. ALR. Art. 1, 9 § 471, oder auf sechs Monate) wäre nicht ratsam. Die Dauer der Frist bleibt besser dem von der Berücksichtigung der Umstände des einzelnen Falles geleiteten Ermessen des Nachlaßgerichts anheimgestellt, da die Fälle sehr verschieden sein können." Motive zum BGB. Bd. V S. 555.

Durch die Feststellung wird die Vermutung geschaffen, daß der Fiskus gesetzlicher Erbe ist. Dem wirklichen Erben wird dadurch nicht zu nahe getreten; denn er hat nur zu erleiden, daß sein Recht vorläufig unbeachtet bleibt; die Geltendmachung seines Erbschaftsanspruchs gegen den Fiskus dagegen bleibt ihm bis zum Ablaufe der dreißigjährigen Verjährungszeit vorbehalten (Staudinger Bd. V S. 102 und Planck Bd. V S. 63).

Hieraus folgt, daß die im § 1965 Abs. 1 BGB. angeordnete öffentliche Aufforderung kein eigentliches Aufgebotsverfahren darstellt (s. auch Motive Bd. V S. 555), mit welchem die Androhung eines Rechtsnachteiles verbunden wäre. Daran ändert nichts, wenn die Vorschriften des Aufgebotsverfahrens hinsichtlich der Art der Bekanntmachung und der Dauer der zu bestimmenden Anmeldungsfrist für anwendbar erklärt sind. Die öffentliche Aufforderung bezweckt nach den Motiven Bd. V S. 555 nicht den Ausschluß des wirklichen Erben mit seinen Rechten. Deshalb ist die Erlassung eines Ausschlußurteils nicht vorgeschrieben. Der wirkliche Erbe soll nicht seines Erbrechts zu Gunsten des Fiskus dadurch verlustig werden, daß er die Anmeldung unterläßt. Es wird nur ein provisorischer Zustand geschaffen, welcher rückgängig gemacht werden kann.

12. Voraussetzung für die Feststellung des gesetzlichen Erbrechts des Fiskus.

Voraussetzung hiefür ist:

A. daß ein Nachlaß vorhanden ist, der zur Deckung der Kosten des Verfahrens ausreicht. A. M. Staudinger Bd. V S. 102;

B. daß eine öffentliche Aufforderung zur Anmeldung des Erbrechts unter Bestimmung einer Anmeldungsfrist vorausgegangen ist. Nach den in

§ 1965 Abs. 1 BGB. für anwendbar erklärten Vorschriften der Civilprozeßordnung §§ 948—950 und gemäß § 47 Abs. 3 Nachl.O. erfolgt

I. die Bekanntmachung der Aufforderung

a) durch Anheftung an die Gerichtstafel (auf die Dauer von zwei Wochen);

b) durch einmalige Einrückung des vollen Inhalts in den Deutschen Reichsanzeiger;

c) durch zweimalige Einrückung eines Auszugs in das für die amtlichen Bekanntmachungen des Nachlaßgerichts bestimmte Blatt;

d) nach dem Ermessen des Gerichts auch noch durch Einrückung in andere Blätter und zu mehreren Malen;

und hat

II. die Anmeldungsfrist, gerechnet vom Tage der Einrückung in den Reichsanzeiger, mindestens sechs Wochen zu betragen;

C. daß innerhalb einer vom Nachlaßgericht zu bestimmenden den Umständen entsprechenden Frist der Erbe nicht ermittelt wird;

D. daß dem Nachlaßgerichte nicht binnen drei Monaten nach dem Ablaufe der Anmeldungsfrist das Bestehen des Erbrechts, oder die Geltendmachung des Erbrechts im Wege der Klage gegen den Fiskus nachgewiesen wird (durch Angabe der Prozeß-Reg.-Nr. behufs Abhibierung des Prozeßaktes. Der von Staudinger Bd. V S. 104 gemachte Vorschlag, den Nachweis der erfolgten Klageerhebung durch Vorlage des Zustellungsnachweises, § 253 CPO., zu führen, wird nicht ausreichen, da die Klage bereits wieder zurückgezogen sein kann). Ob der Nachweis erbracht ist, entscheidet das richterliche Ermessen.

Ausnahmsweise kann die Aufforderung des § 1965 Abs. 1 Satz 1 unterbleiben, wenn nach dem Ermessen des Nachlaßgerichts die Kosten dem Bestande des Nachlasses gegenüber unverhältnismäßig groß sind (§ 1965 Abs. 1 Satz 2). An die Stelle der öffentlichen Aufforderung tritt dann eine gerichtliche Aufforderung, das Erbrecht oder die Erhebung der Klage nachzuweisen, wobei dann die dreimonatige Frist mit dieser Aufforderung beginnt. Wie diese gerichtliche Aufforderung zu erlassen ist, bestimmt das Gesetz nicht, ist also dem Ermessen des Nachlaßgerichts überlassen, welches den entsprechenden Weg zu finden hat, um die Kosten zu sparen, z. B. einfache Ausschreibung in *einer* Zeitung, Staudinger Bd. V S. 104.

Von jeder Anmeldung eines Erbrechts ist vom Nachlaßgericht der Regierungsfinanzkammer zur Wahrung der Rechte des Fiskus Mitteilung zu machen. Zur Verhandlung über die angemeldeten Erbrechte kann das Nachlaßgericht einen Termin anberaumen, von welchem der Regierungsfinanzkammer gleichfalls Mitteilung zu machen ist (§ 47 Abs. 4 und 5 Nachl.O.).

Die Feststellung des Erbrechts des Fiskus, und, wenn ein anderer Erbe als der Fiskus ermittelt wird, die Feststellung dieses Ergebnisses erfolgt durch förmlichen Beschluß, welcher der Regierungsfinanzkammer und, wenn das Erbrecht eines anderen ermittelt wird, auch diesem zuzustellen ist (§ 47 Abs. 6 Nachl.O.).

Ist die Feststellung des Erbrechts des Fiskus erfolgt, so hat die Aushändigung des Nachlasses an den Fiskus zu erfolgen und ist die etwa bestehende Nachlaßpflegschaft (§ 1960 Abs. 1 BGB.) aufzuheben (Staudinger Bd. V S. 103, Planck Bd. V S. 64). Ebenso kann der Fiskus auf Grund des sein Erbrecht feststellenden Beschlusses die Erteilung eines Erbscheins (§ 2353 BGB.) verlangen (§ 47 Abs. 7 Nachl.O.).

Die Wirkung der erfolgten Feststellung des Erbrechts des Fiskus und des Erbscheins ist die gleiche, nur mit der einzigen Ausnahme, daß für den Erbschein nach §§ 2366, 2367 BGB. der öffentliche Glaube spricht, während dies durch die Feststellung des Erbrechts des Fiskus an und für sich noch nicht der Fall ist.

13. Erteilung des Erbscheins.

Gemäß § 2353 BGB. erfolgt die Erteilung des Erbscheins durch das Nachlaßgericht; dieses allein ist hiefür zuständig (§ 49 Abs. 1 Nachl.O.).

Für den Antrag auf Erteilung des Erbscheins ist eine Form nicht vorgeschrieben (Planck Bd. V S. 645), wohl aber für die nach § 2356 Abs. 2 BGB. dem Antragsteller obliegende Versicherung an Eidesstatt, daß ihm nichts bekannt sei, was der Richtigkeit seiner Angaben (§§ 2354, 2355) entgegenstehe; diese Versicherung ist vor dem Gerichte oder vor dem Notar, welcher neben dem Gericht für zuständig erklärt ist (§ 2356 Abs. 2 BGB., Art. 3 Abs. 1 Not.G., §§ 262 ff. Gesch.O. f. d. Not., § 49 Abs. 2 Nachl.O.), abzugeben, kann im übrigen auch vom Nachlaßgericht erlassen werden, wenn es die Versicherung nicht für erforderlich erachtet (z. B. § 51 Abs. 4 Satz 2 Nachl.O.).

14. Berichtigung des Grundsteuerkatasters und des Grundbuchs.

Die Offizialtätigkeit des Nachlaßgerichts ist auf die Erbenermittelung beschränkt, hat also darüber nicht hinauszugehen. Es darf somit das Nachlaßgericht bei Vorhandensein von Nachlaßgrundstücken nicht von Amts wegen die Besitztitelberichtigung im Grundbuch auf die ermittelten Erben beantragen. Darin liegt ein wunder Punkt des ganzen Verfahrens, da mit Rücksicht auf die Evidenthaltung des Grundbuchs das größte Interesse an der Besitztitelberichtigung für den Staat besteht. Es konnte jedoch zum Schutze der Evidenthaltung des Grundbuchs eine Vorschrift, wonach das Nachlaßgericht die Besitztitelberichtigung beim Grundbuchamt zu beantragen hat, nicht geschaffen werden, da die Grundbuchordnung davon ausgeht, daß die Eintragung des Erben in das Grundbuch (für welchen Eintrag die Voraussetzungen in den §§ 36—38 der Grundbuchordnung enthalten sind, und welche Voraussetzungen durch die Landesgesetzgebung nicht geändert werden können) nicht von Amts wegen, sondern nur auf Antrag des Erben erfolgen darf. Ob der Erbe diesen Antrag stellen will, ist seinem Ermessen überlassen; das gleiche gilt von der Berichtigung des Grundbuchs durch Eintragung des Bestehens der fortgesetzten Gütergemeinschaft (§ 63 Abs. 2 Nachl.O.). Auch mit Hilfe des § 39 Grundbuchordnung („In den Fällen, in denen nach gesetzlicher Vorschrift eine Behörde befugt ist, das Grundbuchamt um eine Eintragung zu ersuchen, erfolgt die Eintragung auf Grund des Ersuchens der Behörde") konnte durch die Landesgesetzgebung das Nachlaßgericht nicht für befugt erklärt werden, das Grundbuchamt um die Eintragung zu ersuchen, da ein reichsgesetzlicher Vorbehalt für die Eintragung des Erben nicht besteht und sich auch nicht aus § 192 FGG. folgern läßt, somit durch die Landesgesetzgebung das Nachlaßgericht zu einem Antragsrecht auf Besitztitelberichtigung beim Grundbuchamt auch nicht ermächtigt werden kann (siehe Kammerverhandlungen 1902 Sten. Ber. Bd. VIII S. 626). Hier hat nunmehr die Nachlaßordnung helfend eingegriffen, indem den Nachlaßgerichten die Aufgabe auferlegt ist, die Erben zur Stellung des Antrags auf Besitztitelberichtigung im Grundbuche zu veranlassen. Da die Anträge nach der Grundbuchordnung an keine Form gebunden sind, können sie auch beim Nachlaßgericht zu Protokoll abgegeben werden. Der Gewandtheit des Nachlaßrichters wird es in den meisten Fällen gelingen, die Erben zur Stellung dieser Anträge zu bewegen, und es wird hiedurch auf dem Umwege der Beantragung nahezu das gleiche erreicht wie durch die vom Nachlaßgerichte beantragte Besitztitelberichtigung von Amts wegen.

Anders verhält es sich hinsichtlich der Berichtigung des Grundsteuerkatasters. Hiefür sind die §§ 8—10 der Bekanntmachung vom 24. März 1903, die Katasterumschreibung aus Anlaß von Todesfällen betreffend, JMBl. 1903, S. 230 maßgebend, wonach der Erbe, der überlebende Ehegatte im Falle des Eintritts der fortgesetzten Gütergemeinschaft, sowie der Nachfolger in ein Familiengut, ein Lehen oder ein Fideikommiß zur Anmeldung der durch die Erbfolge eingetretenen Änderung bei dem Rentamte binnen einer Frist von sechs Wochen seit Ablauf der Ausschlagungsfrist verpflichtet ist, und zur Richtigstellung des Katasters von Amts wegen bei Außerachtlassung ihrer Verpflichtung gezwungen werden; (S. auch § 63 Abs. 1 Nachl.O.). Durch diesen Zwang wird wenigstens der Grundsteuerkataster evident erhalten, und es liegt hierin auch ein Schutz für die Evidenthaltung des Grundbuchs. Die Bestimmungen der Voraussetzung für die Umschreibung im Kataster sind reichsrechtlich nicht gebunden und konnte deshalb vorstehende Bekanntmachung erlassen werden.

Über die Voraussetzungen der Umschreibungen im Kataster und Grundbuch und das einzuhaltende Verfahren, siehe §§ 63 Abs. 3, 64—74 Nachl.O., JMBek. v. 25. März 1903, JMBl. 1903 S. 228, und die erwähnte Bekanntmachung vom 24. März 1903 a. a. O. S. 230 ff.

15. Vorsorge für die ermittelten Erben.

Ist die Erbenermittelung erfolgt, so ist bei Vorhandensein eines erbbeteiligten minderjährigen oder bevormundeten Kindes dafür Sorge zu tragen, daß der Vater (die Mutter § 1686 BGB.) gem. § 1640 BGB., der Vormund gem. §§ 1802, 1897 BGB. die ihm obliegende Einreichung des Verzeichnisses des ererbten Vermögens des Kindes betätigt (§ 48 Nachl.O.).

Artikel 4.

Ergeben die Ermittelungen, daß mehrere Erben vorhanden sind, so hat das Nachlaßgericht, sofern die Auseinandersetzung in Ansehung des Nachlasses zwischen ihnen nicht innerhalb der Frist von zwei Monaten seit dem Eintritte des Erbfalls, im Falle der Erbfolge auf Grund einer Verfügung von Todes wegen seit der Eröffnung der Verfügung bewirkt ist, die Auseinandersetzung zwischen den Beteiligten von Amts wegen zu vermitteln. Die Frist kann von dem Nachlaßgerichte verlängert werden, wenn ihre Einhaltung nach den Umständen des Falles nicht möglich oder nicht tunlich ist. Solange die Auseinandersetzung nach den §§ 2043—2045 des Bürgerlichen Gesetzbuchs ausgeschlossen oder aufgeschoben ist, läuft die Frist nicht. Im Falle der Todeserklärung beginnt die Frist nicht vor der Erlassung des die Todeserklärung aussprechenden Urteils.

Die Vermittelung unterbleibt, sofern ein zur Bewirkung der Auseinandersetzung berechtigter Testamentsvollstrecker vorhanden ist oder vor der Einleitung der amtlichen Vermittelung der Antrag auf Vermittelung gestellt wird oder sämtliche Erben erklären, daß sie sich nicht auseinandersetzen wollen.

1. Inhalt des Art. 4.

Eintritt der amtlichen Vermittelung der Auseinandersetzung.

2. Erbenmehrheit.

Sind mehrere Erben vorhanden, so wird der Nachlaß gemeinschaftliches Vermögen derselben; das Verhältnis der Miterben zu einander richtet sich hiebei nach den Grundsätzen der Gemeinschaft zur gesamten Hand. Siehe auch § 86 Anm. 4 FGG. (bei Art. 7).

Bis zur Auseinandersetzung des Nachlasses gelten die Vorschriften der §§ 2033—2041 BGB. Demnach steht insbesondere die Verwaltung des Nachlasses der Erben gemeinschaftlich zu (die zur Erhaltung des Nachlasses notwendigen Maßregeln kann jedoch jeder Miterbe ohne Mitwirkung der anderen treffen); ferner können die Erben über den ganzen Nachlaß, wie auch über einen einzelnen Nachlaßgegenstand nur gemeinschaftlich verfügen. (Es kann also der Miterbe über den seinem Erbteil entsprechenden Anteil an den einzelnen Nachlaßgegenständen nicht verfügen, auch wenn dieselben teilbar sind. Jeder Miterbe kann aber unter Einhaltung der vorgeschriebenen Form der richterlichen oder notariellen Beurkundung — in Bayern sind nur die Notare zur Beurkundung zuständig siehe Art. 141 EG. z. BGB., Art. 15 des AG. z. GVG. in der neuen Fassung des Art. 167 Ziff. 1 AG. z. BGB., Art. 1 Not.G., siehe auch Kaisenberg Art. 1 Anm. 1 und 2, Staudinger Bd. V S. 255 — und unter Beobachtung des Vorkaufsrechts des Miterben über seinen Anteil am Nachlaß verfügen; auch die Pfändung des Anteils des Miterben an dem Nachlaß und den einzelnen Nachlaßgegenständen ist zulässig, §§ 859 Abs. 2, 857 Abs. 1, 5 CPO.). Nachlaßforderungen sind ferner an alle Erben gemeinschaftlich, ohne Aufrechnung einer dem Nachlaßschuldner gegen einen einzelnen Miterben zustehenden Forderung zu leisten; es kann nur die Leistung des Nachlaßschuldners an alle Erben von jedem Miterben verlangt und auf Verlangen eines Miterben nötigenfalls die Hinterlegung der Leistung für alle Erben oder die Ablieferung an einen gerichtlich zu bestellenden Verwahrer, wenn die Leistung sich nicht zur Hinterlegung eignet, gefordert werden.

Aus der Gemeinschaftlichkeit des Nachlasses folgt insbesondere, daß, solange eine Auseinandersetzung nicht erfolgt ist, eine Konfusion von Rechten und Verbindlichkeiten des Erblassers gegenüber einem der Miterben auch nicht bruchteilsweise eintreten kann (Staudinger Bd. V S. 253, Borcherdt Bd. I S. 171), ferner folgt daraus, daß ausstehende Nachlaßkapitalien, ferner Miet- und Pachtverträge von Nachlaßgrundstücken nur von allen Erben gemeinschaftlich und gegenüber allen Erben wirksam gekündigt werden können. Bei vertragswidrigem Gebrauch des Miet- oder Pachtgrundstückes, bei Unsicherheit des ausstehenden Nachlaßkapitals muß auch jedem einzelnen Miterben allein die Kündigung zugestanden werden, da seine Handlung nur die Erhaltung des Nachlasses bezweckt. Siehe Borchert Bd. I S. 165 ff., „gehört zum Nachlaß ein Grundstück, so kann die Besitztitelberichtigung nur auf die Namen der sämtlichen Miterben erfolgen, und kann nicht ein Miterbe irgendwie seinen Anteil am Grundstücke belasten, sein Anteil auch nicht durch Zugriff eines Gläubigers des einzelnen Miterben belastet werden" (a. a. O. S. 166).

Bezüglich des Rechtsverhältnisses der Miterben zu den Nachlaßgläubigern s. Haidlen Bd. IV S. 110, Planck Bd. V S. 214 ff., Staudinger Bd. V S. 286 ff., Borcherdt Bd. I S. 173 ff., 188 ff.

3. Wesen der amtlichen Nachlaßauseinandersetzung.

Das Wesen der amtlichen Vermittelung der Auseinandersetzung in Ansehung eines Nachlasses ist regierungsseits in den Kammerverhandlungen vom 9. Mai 1902 (Sten. Ber. Bd. IX S. 40) durch nachfolgende Ausführungen gekennzeichnet: „Er (der Entwurf) beabsichtigt, den Beteiligten von Amts wegen Gelegenheit zu geben, die Hilfe der Gerichte zur Ordnung ihrer erbrechtlichen Verhältnisse in Anspruch zu nehmen. Es soll zum alten Rechtszustand, in den sich die Bevölkerung eingelebt hat, zurückgekehrt werden. Es soll mit dem Entwurf durchaus kein Zwang ausgeübt werden. Es ist ja nicht einmal eine Ungehorsamsstrafe für Nichterscheinen festgesetzt. Es ist deshalb unrichtig, wenn man sagt, dieser Entwurf enthalte eine Bevormundung des Publikums. Es wird ja keinerlei Zwang zur Auseinandersetzung geschaffen und das Recht der freien Selbstbestimmung der Beteiligten ist vollinhaltlich gewahrt." Aus diesen Erklärungen ist ersichtlich, daß durch die amtliche Vermittelung der Auseinandersetzung keine Zwangsauseinandersetzung eingeführt werden wollte. Es wollte den Beteiligten von Amts wegen lediglich Gelegenheit geboten werden, die Hilfe der Gerichte in Anspruch zu nehmen. Und gerade so wie den Beteiligten diese Möglichkeit geboten worden ist, so ist ihnen auch die Möglichkeit gegeben, die Hilfe des Gerichts nicht in Anspruch zu nehmen, dieselbe abzulehnen. Eine andere Auffassung würde den Ausdrücken „Gelegenheit geben" und den Beteiligten „an die Hand geben" (Motive) entgegenstehen.

Durch die amtliche Vermittelung der Auseinandersetzung wollte nur die Auseinandersetzungsfrage in Fluß gebracht werden, es wollte den Beteiligten nur klar gemacht werden, daß für sie eine Auseinandersetzung von Vorteil ist und ihnen hiebei vom Gerichte geholfen werden kann. Wenn also die Beteiligten erklären, daß sie sich außeramtlich auseinandersetzen wollen, und sie setzen sich dann auch außeramtlich auseinander, so ist damit erreicht, was man mit Einführung der amtlichen Vermittelung erreichen wollte, nämlich Ordnung der erbrechtlichen Verhältnisse. Um nun den Erben Gelegenheit zur außeramtlichen Auseinandersetzung zu gewähren, wurde die in Art. 4 bezeichnete Frist festgesetzt. Art. 4 Abs. 2 ist nicht dahin auszulegen, daß den Erben nur das Recht zustehen solle, die amtliche Vermittelung lediglich in dem Fall auszuschließen, wenn sämtliche Erben die Erklärung abgeben, „daß sie sich nicht auseinandersetzen und die Erbengemeinschaft nicht aufgeben wollen. Sie können vielmehr durch ihre einstimmige einfache Erklärung, „sich nicht auseinandersetzen zu wollen", den Ausschluß der amtlichen Vermittelung erreichen, ohne noch eine Zusatzerklärung abgeben oder eine besondere Begründung hiefür angeben zu müssen. Die (sämtlichen) Erben sind also zur uneingeschränkten Ablehnung der amtlichen Vermittelung befugt. (Siehe hiezu die oben abgedruckte Regierungserklärung vom 9. Mai 1902 und die in der Kammer der Reichsräte — Sten.Ber. der Verh. der Kammer der Reichsr. 1902 Bd. II S. 305 — vom Referenten zu Art. 4 dieses Gesetzes gegebenen Erläuterungen.) Erklären die (sämtlichen) Erben nach Ablauf der zweimonatigen Frist, daß sie sich außeramtlich auseinandersetzen wollen, so wird das Gericht die Frist verlängern, um den Erben Zeit zur Ordnung ihrer erbrechtlichen Verhältnisse zu geben. Würde das Gericht dies nicht tun, so könnten die (sämtlichen) Erben bei Auseinandersetzungsabsicht, jedoch bei Abneigung gegen die amtliche Vermittelung, letztere in der Weise vermeiden, daß sie erklären, daß sie sich nicht auseinandersetzen wollen; sie könnten sich dann trotz dieser Erklärung in Ruhe außergerichtlich, event. durch notariellen Erbteilungsvertrag (bei Vorhandensein von Nachlaßgrundstücken) oder auch durch beantragte Vermittelung auseinandersetzen.

Was hätte auch der Staat für ein Interesse, den Erben, die sich zur außergerichtlichen Auseinandersetzung bereit finden, eine amtliche Vermittelung aufzudrängen, die sie nicht wollen. Es kann ja durch Widerspruch eines Einzelnen dem doch entgegengetreten werden. Eine zwangsweise Auseinandersetzung gibt es ja nicht, und so können die Erben z. B. einfach im Termin insgesamt wegbleiben und trotz des aufgedrängten Verfahrens sich außergerichtlich auseinandersetzen; denn wenn im Termin niemand erscheint, so ruht das Verfahren (s. auch Art. 10 dieses Gesetzes).

Gerade eine amtliche Einmischung sollte den Beteiligten nicht aufgedrängt werden; darüber waren nach dem Gange der Verhandlung Regierung und Volksvertretung einig. Ebenso Haberstumpf, Bl. f. RA. Bd. 68 S. 161 ff.; a. M. Keidel, a. a. O. Bd. 68 S. 85 ff., 273 f.

4. Voraussetzung der amtlichen Vermittelung der Nachlaß-Auseinandersetzung.

Die amtliche Vermittelung der Nachlaßauseinandersetzung kann nur eintreten,

a) wenn eine Mehrheit von Erben vorhanden ist,

b) wenn Nachlaßvermögen vorhanden ist,

c) wenn nicht innerhalb der Frist von zwei Monaten (Ausnahme s. Anm. 6) seit dem Eintritte des Erbfalls (im Falle der Erbfolge auf Grund einer Verfügung von Todes wegen seit der Eröffnung der Verfügung) die Auseinandersetzung in Ansehung des ganzen Nachlasses zwischen den Beteiligten schon bewirkt ist,

d) wenn kein zur Bewirkung der Auseinandersetzung berechtigter Testamentsvollstrecker vorhanden ist, Abs. 2 dieses Artikels, § 103 Abs. 1 Ziff. 1 der Nachl.O., s. Anm. 9 zu § 86 FGG. (bei Art. 7),

e) wenn die Erben nicht übereinstimmend erklären, daß sie sich nicht auseinandersetzen wollen,

f) wenn die Nachlaßauseinandersetzung noch nicht durch Teilungsklage betrieben wird, s. Anm. 2 Ziff. 5 zu § 86 FGG. (bei Art. 7), und

g) wenn die Nachlaßauseinandersetzung nicht durch Gesetz, letztwillige Verfügung oder Parteiwille ausgeschlossen ist.

ad a) Die Erbenermittelung muß bereits abgeschlossen sein und die Erbeneigenschaft der Beteiligten feststehen. Ist nur ein Erbe vorhanden, so kommt es zu einer Nachlaßauseinandersetzung überhaupt nicht, die Offizialtätigkeit des Nachlaßgerichts ist mit der Ermittelung des Erben beendigt, die Sorge für die Liquidation des Nachlasses ist dem Erben selbst (bzw. dem Testamentsvollstrecker) überlassen. Der Erbe kann sich übrigens der Liquidation des Nachlasses durch Beantragung der Nachlaßverwaltung entziehen. §§ 1981 Abs. 1, 1975 BGB.; wegen Berichtigung des Grundsteuerkatasters und des Grundbuchs s. Art. 3 Anm. 14.

ad b) Ein Fall der amtlichen Vermittelung der Nachlaßauseinandersetzung liegt nicht vor, wenn nach dem ehelichen Güterstande, in dem der Verstorbene gelebt hat, Vermögen, das zum Nachlasse gehört, nicht vorhanden ist (z. B. wenn im Falle des Eintritts der fortgesetzten Gütergemeinschaft anderes Vermögen als Gesamtgut und ein nichtgemeinschaftlicher Abkömmling nicht vorhanden ist), oder wenn nach dem maßgebenden ehelichen Güterrechte die Auseinandersetzung überhaupt oder zur Zeit ausgeschlossen ist (z. B. wenn der Witwe der Beisitz gebührt).

ad c) Ob die Auseinandersetzung durch außergerichtlichen (mündlichen, schriftlichen — privatschriftlichen oder notariellen —) Erbteilungsvertrag oder vermittelst Beantragung der Vermittelung der Auseinandersetzung durch das Gericht oder den Notar bewirkt ist, ist gleichgültig.

Auch dann, wenn eine beantragte Vermittelung bereits anhängig gemacht ist, oder wenn noch vor der Einleitung der amtlichen Vermittelung ein Antrag auf Vermittelung gestellt wird, oder wenn ein Notar anzeigt, daß er mit der Beurkundung des Erbteilungsvertrages betraut ist, so ist die amtliche Vermittelung ausgeschlossen. Denn durch die amtliche Vermittelung will nur dem Unterlassen der Auseinandersetzung soweit als möglich entgegengetreten werden.

Daß die Auseinandersetzung bereits bewirkt ist, also eine amtliche Auseinandersetzung nicht mehr Platz greifen kann, ist dem Nachlaßgerichte nachzuweisen. Als vollgültiger Nachweis gilt es, wenn sämtliche Erben anzeigen, daß die Auseinandersetzung erfolgt ist, oder wenn ein Gericht oder ein Notar dem Nachlaßgerichte mitteilt, daß die Auseinandersetzung von ihm beurkundet worden ist. Wenn dagegen die Anzeige der Auseinandersetzung nur von einem oder einigen der Erben ausgeht, und dabei der Anzeige nicht der Beweis der Auseinandersetzung beiliegt, so sind die übrigen Erben darüber zu vernehmen, ob die Auseinandersetzung erfolgt ist. Siehe Nachl.O. § 103 Abs. 2. Wird der Nachweis nicht erbracht, so beginnt die amtliche Vermittelung. Wird der Nachweis dann später noch nachgebracht, so wird hiedurch die bereits begonnene amtliche Vermittelung zweifellos suspendiert, wobei die bis dahin erwachsenen Kosten von den sämtlichen Beteiligten zu tragen sind.

Wird der Antrag auf Vermittelung der Auseinandersetzung wieder zurückgezogen — s. Anm. 6 lit. d zu § 86 FGG. (bei Art. 7) —, wovon gem. § 131 Abs. 1 Nachl.O. der Notar, wenn dieser mit der Auseinandersetzung betraut ist, dem Nachlaßgerichte Kenntnis geben muß, oder wird der Erbteilungsvertrag nicht binnen einer angemessenen Frist beurkundet, so tritt die amtliche Vermittelung ein. § 103 Abs. 1 Ziff. 2 Nachl.O.

Die Angemessenheit der Frist richtet sich nach dem richterlichen Ermessen. Es ist dies nichts anderes als die Erstreckung der in Abs. 1 Satz 2 dieses Artikels vorgesehenen Frist. Es wird also den Beteiligten auch dann, wenn sie z. B. erklären, sie seien bereits mit der Auseinandersetzung beschäftigt, diese sei aber noch nicht beendigt, zur Beendigung derselben eine angemessene Frist gewährt werden müssen, da sie es andernfalls in der Hand haben, durch die Erklärung, sie wollen sich nicht weiter auseinandersetzen, jede amtliche Einmischung zu verhindern.

ad e) Die amtliche Vermittelung findet auch dann nicht statt, wenn die sämtlichen Erben erklären, daß sie sich nicht a m t l i c h auseinandersetzen wollen.

Die Erklärung ist formlos. Erklären nur einer oder einige der Erben, daß sie sich nicht auseinandersetzen wollen, so kann die amtliche Vermittelung aus diesem Grunde nicht unterbleiben (§ 103 Abs. 1 Ziff. 3 Nachl.O.). Unter welcher Voraussetzung trotz der übereinstimmenden Erklärung der Erben, sich nicht auseinandersetzen zu wollen, die Auseinandersetzung von einem Beteiligten beantragt werden kann, siehe §§ 2042 Abs. 2, 749 Abs. 2 und 3, 750, 751, 1010 BGB.

ad f) Hieher gehört nicht der Fall, daß bezüglich eines gemeinschaftlichen Nachlaßgegenstandes der Pfandverkauf, bezüglich eines gemeinschaftlichen Nachlaßgrundstückes die Zwangsversteigerung betrieben wird. Durch solche Handlungen ist die amtliche Auseinandersetzung nicht gehindert.

ad g) Die Auseinandersetzung ist ausgeschlossen

1. wenn die Erben das Recht, die Aufhebung zu verlangen, durch Vereinbarung für immer oder auf Zeit ausgeschlossen haben; wenn ein wichtiger Grund vorliegt, kann jedoch gleichwohl die Aufhebung verlangt werden (§§ 2042 Abs. 2, 749 Abs. 2 u. 3 BGB.);

2. wenn die Erbteile wegen der zu erwartenden Geburt eines Miterben, wegen der noch ausstehenden Entscheidung über die Ehelichkeitserklärung, über die Bestätigung einer Annahme an Kindesstatt oder über die Genehmigung einer vom Erblasser errichteten Stiftung noch unbestimmt sind — bis zur Hebung der Unbestimmtheit (§ 2043 BGB.). (Eine entgegen den Bestimmungen des § 2043 BGB. vorgenommene Auseinandersetzung ist unwirksam, da sie gegen die Vorschriften des § 2040 Abs. 1 BGB., wonach die Erben über einen Nachlaßgegenstand nur gemeinschaftlich verfügen können, verstoßen würde. Tritt jedoch nach Aufhebung der Unbestimmtheit in den bisherigen Erbteilen eine Änderung nicht ein, weil ein neues Erbrecht nicht zur Entstehung gelangt ist, so liegt ein Verstoß gegen die bezeichnete Gesetzesbestimmung nicht vor und bleibt dann die Auseinandersetzung bestehen. Siehe Strohal S. 350);

3. wenn der Erblasser durch letztwillige Verfügung die Auseinandersetzung in Ansehung des Nachlasses oder einzelner Nachlaßgegenstände ausgeschlossen oder von der Einhaltung einer Kündigungsfrist abhängig gemacht hat (§ 2044 BGB.);

4. die Auseinandersetzung ist aufgeschoben bis zur Beendigung des nach § 1970 BGB. eingeleiteten Aufgebotsverfahrens oder bis zum Ablauf der in § 2061 BGB. bestimmten Anmeldungsfrist, wenn ein Miterbe den Aufschub verlangt. Dieses Verlangen kann nur gestellt werden, wenn entweder das Aufgebotsverfahren schon beantragt ist oder unverzüglich beantragt wird, sowie wenn schon die öffentliche Aufforderung erlassen ist oder unverzüglich erlassen wird (§ 2045 BGB.).

5. Obwohl in dem sog. Dreißigsten (§ 1969 BGB.) — eine Nachlaßverbindlichkeit — ein Hinderungsgrund zur Vornahme der sofortigen Auseinandersetzung nicht gefunden werden kann, so wird doch zur Wahrung des Rechtes der Familienangehörigen des Erblassers, welche zur Zeit des Todes des Erblassers zu dessen Hausstande gehört und von ihm Unterhalt bezogen und Anspruch auf den Dreißigsten haben, eine Hinausschiebung der sofortigen Auseinandersetzung bis zum Ablaufe von 30 Tagen nach dem Tode des Erblassers erforderlich sein. (S. Enneccerus und Lehmann S. 734.)

5. Umfang der Auseinandersetzung.

Die Auseinandersetzung in Ansehung des Nachlasses umfaßt den gesamten Nachlaß. Dies schließt aber nicht aus, daß dann, wenn über einen Teil des Nachlasses eine außeramtliche Auseinandersetzung gepflogen ist, während über den andern Teil desselben eine Auseinandersetzung noch nicht bewirkt ist, hiefür die Vorschriften des Art. 4 dieses Gesetzes zur Anwendung kommen.

6. Frist.

Eine Nachlaßauseinandersetzung ist erst dann möglich, wenn die Erben festgestellt sind.

Bei vielen Verlassenschaften wird erst nach Ablauf der Ausschlagungsfrist des § 1944 BGB. feststehen, wer Erbe geworden ist. Die normale Erbschaftsausschlagungsfrist beträgt sechs Wochen, beginnend mit dem Zeitpunkte, in welchem der Erbe von dem Anfall und dem Grunde der Berufung Kenntnis erlangt. Mit Rücksicht auf diese sechswöchige Frist wurde eine diese umfassende zweimonatige Frist für den Beginn der amtlichen Vermittelung angesetzt. Hiebei bleibt in der Regel den Erben auch noch ein Zeitraum, um sich außergerichtlich auseinanderzusetzen, und hiefür wurde die über die Ausschlagungsfrist hinüberreichende Frist geschaffen (s. § 101 Abs. 1 Nachl.O.).

Da jedoch die sechswöchige Ausschlagungsfrist bei der gesetzlichen Erbfolge erst von dem Zeitpunkte, an welchem der Erbe von dem Anfall, von dem Grunde der Berufung Kenntnis erhält, im Falle der Todeserklärung mit Kenntnis dieser, bei Berufung durch Verfügung von Todes wegen nicht vor Verkündung dieser zu laufen beginnt, während die im Art. 4 Nachl.Ges. bestimmte zweimonatige Frist bei der gesetzlichen Erbfolge bereits mit dem Eintritte des Erbfalls, also dem Tode des Erblassers (§ 1922 Abs. 1 BGB.), im Falle der Todeserklärung mit der Erlassung des die Todeserklärung aussprechenden Urteils (hiezu § 101 Abs. 1 Satz 2 Nachl.O.) — der Zeitpunkt, welcher nach § 18 BGB. in dem Urteil als Todestag festgestellt ist, ist sohin hier nicht maßgebend —, bei Berufung durch Verfügung von Todes wegen mit der Eröffnung der Verfügung in Lauf gesetzt wird, so ist es möglich, daß die sechswöchige Ausschlagungsfrist noch läuft, während die zweimonatige Frist des Art. 4 schon verflossen ist; ferner hat der § 1944 BGB. nicht nur eine sechswöchige Ausschlagungsfrist, sondern auch eine sechsmonatige festgesetzt, letztere für den Fall, daß der Erblasser seinen letzten Wohnsitz nur im Auslande gehabt hat oder daß der Erbe beim Beginne der Frist sich im Auslande aufhält.

Mit Rücksicht auf diese Fälle hat Art. 4 in Abs. 1 Satz 2 eine Verlängerung der zweimonatigen Frist vorgesehen, weil eine Einhaltung der Frist hier nicht möglich wäre, da ja dann, wenn die Erben die Erbschaft nicht ausdrücklich angetreten hätten, nicht einmal die erste Voraussetzung für die Nachlaßauseinandersetzung (d. i. die Erbenermittelung) gegeben wäre, viel weniger aber den Erben ein Zeitraum geblieben wäre, sich ohne gerichtliche Mitwirkung auseinanderzusetzen (§ 101 Abs. 2 Satz 2 Nachl.O.).

Es kann aber auch der Fall eintreten, daß die Auseinandersetzung innerhalb der Frist untunlich ist, so z. B. wenn gegen ein die Todeserklärung aussprechendes Urteil die Anfechtungsklage nach Maßgabe der §§ 957, 958, 973—976 CPO. erhoben ist; ferner auch, wenn vielleicht durch Erkrankung eines der Erben oder infolge räumlicher Entfernung der Erben untereinander und dadurch erschwerter Unterhandlung eine Auseinandersetzung innerhalb der zweimonatigen Frist nicht angängig ist, oder wenn von den Erben ein Aufgebotsverfahren beantragt ist, dessen Ablauf erst abgewartet werden muß.

Eine Frist läuft nicht, solange die Auseinandersetzung nach den §§ 2043 bis 2045 des BGB. wegen der Unbestimmtheit der Erbteile oder infolge des Gebots des Erblassers oder infolge des gerichtlichen Aufgebots oder der von dem Erben erlassenen Aufforderung der Nachlaßgläubiger ausgeschlossen oder aufgeschoben ist (Nachl.O. § 101 Abs. 3).

Für die Berechnung der Frist des Art. 4 gelten die Vorschriften des Bürgerlichen Gesetzbuchs (§ 17 FGG.). Lassen die Beteiligten die Frist verstreichen, ohne sich auseinanderzusetzen, so erwächst ihnen hieraus im allgemeinen kein Nachteil, weil sie noch vor Einleitung der amtlichen Vermittelung sich außeramtlich auseinandersetzen sowie auch den Antrag auf Vermittelung stellen können. Mit der Versäumung der Frist sind also Rechtsnachteile nicht verbunden.

7. Beteiligte.

Siehe Anm. 7 zu § 86 FGG. (bei Art. 7).

8. Vermittelung von Amts wegen.

Die hier vorgesehene Vermittelung der Auseinandersetzung bildet eine Amtspflicht des Nachlaßgerichts. Es wollte hiemit nicht ein neues Recht sondern eine neue Pflicht der Gerichte eingeführt werden (s. auch Zeitschr. f. d. Not. in Bayern 1902 S. 230, Bl. f. RA. Bd. 68 S. 162). Außerachtlassung dieser Vorschrift kann möglicherweise auch civilrechtliche Haftung nach sich ziehen (§ 839 BGB.).

9. Fristverlängerung.

Die Fristverlängerung kann von Amts wegen oder auf Antrag eines Beteiligten erfolgen (Abs. 1 Satz 2 dieses Artikels, § 101 Abs. 2 Nachl.O.). Hiemit ist es in das Ermessen des Gerichts gelegt, die zweimonatige Frist aus eigener Machtvollkommenheit zu verlängern, wenn es die Verlängerung für erforderlich oder für tunlich hält. Hierüber wollte man dem Nachlaßgerichte die Entscheidung von Fall zu Fall belassen.

10. Unterbleiben der Vermittelung.

Wenn auch die Vermittelung in bestimmten Fällen unterbleiben kann, so ist dies auf die Erbenermittelung ohne Einfluß. Diese hat stets zu erfolgen.

11. Erklärung der Erben, daß sie sich nicht auseinandersetzen wollen.

Den Erben ist das Recht eingeräumt, die amtliche Auseinandersetzung auszuschließen, wenn sie einstimmig erklären, sich nicht auseinandersetzen zu wollen. Diese Erklärung können dieselben in jedem Stadium des Verfahrens abgeben. Insbesondere ist der Nachlaßrichter verpflichtet, vor Beginn der amtlichen Vermittelung der Auseinandersetzung an die Erben die Frage zu richten, ob sie den Antrag auf Vermittelung stellen wollen oder nicht, ob sie unter amtlicher Beihilfe geteilt haben wollen oder nicht.

12. Die Auseinandersetzung ist keine Zwangsauseinandersetzung.

Die Beteiligten haben Gelegenheit, die Auseinandersetzung vorzunehmen, wenn sie dieselbe vornehmen wollen. In dieser Beziehung führen die Motive S. 5 f. aus: „Ob die Beteiligten sich auseinandersetzen wollen, bleibt ihnen völlig überlassen. Der Widerspruch eines einzigen Beteiligten, wenn der Widerspruch im Termine erklärt wird, bringt das Vermittelungsverfahren ohne weiteres zum Stillstande. Dies gilt auch für den Fall, daß Minderjährige oder Bevormundete zu den Erben gehören."

Die Nachlaßauseinandersetzung ist also fakultativ; die Beteiligten können verhindern, daß vom Nachlaßgerichte ihre Verhältnisse aufgedeckt werden, was von vielen Personen unangenehm empfunden wird. Die Beteiligten können ferner jederzeit, also schon vom Todestag des Erblassers an, dem Nachlaßgerichte erklären, daß sie sich nicht auseinandersetzen wollen. Dadurch wird zwar die amtliche Vermittelung der Auseinandersetzung gehemmt, nicht aber die Erbenermittelung überflüssig. Die Erklärung, daß sie sich nicht auseinandersetzen wollen, ist ebenso wie der Antrag auf Vermittelung der Auseinandersetzung in jeder Form zugelassen.

Die Beteiligten können auch erklären, daß sie sich bezüglich einzelner Gegenstände, einzelner Teile der Nachlaßmasse nicht auseinandersetzen wollen. Dann tritt die Nachlaßauseinandersetzung nur bezüglich des übrigen Nachlasses ein. Siehe Birkenbihl § 86 lit. c δ.

Erfolgt eine Auseinandersetzung der Beteiligten nicht, so wird das Grundbuch nicht richtig gestellt, da von Amts wegen die Eintragung des Erben in das Grundbuch nicht erfolgen dürfte, dieselbe vielmehr an den Antrag des Erben gebunden ist. Siehe die Bem. bei Art. 3 Anm. 14.

Artikel 5.

Zum Zwecke der Vermittelung der Auseinandersetzung hat das Nachlaßgericht die Teilungsmasse von Amts wegen festzustellen. Das Nachlaßgericht kann, wenn die Beteiligten die zur Feststellung der Teilungsmasse erforderlichen Angaben nicht binnen angemessener Frist machen, die Aufnahme eines Nachlaßverzeichnisses anordnen.

1. Inhalt des Art. 5.

Feststellung der Teilungsmasse.

Die Landesgesetzgebung schöpft ihre Zuständigkeit zur Erlassung des Art. 5 Satz 2 aus Art. 140 EG. z. BGB., wonach das Nachlaßgericht auch unter anderen als den im § 1960 Abs. 1 BGB. bezeichneten Voraussetzungen die Anfertigung eines Nachlaßverzeichnisses von Amts wegen anordnen kann oder soll.

2. Offizialtätigkeit des Gerichts.

Nächst der Ermittelung der Erben ist die Feststellung des zur Teilung kommenden Nachlasses für die Auseinandersetzung unumgänglich nötig. Es wurde deshalb im Falle der Auseinandersetzung auf Antrag im § 87 Abs. 1 FGG. die Bestimmung getroffen, daß in dem Antrage die Beteiligten und die Teilungsmasse vom Antragsteller zu bezeichnen sind. Einen Antragsteller kennt das amtliche Vermittelungsverfahren nicht, und deshalb wurde dem Gerichte als Amtspflicht auferlegt, die zur Teilung kommende Masse festzustellen. Das Gericht hat hiebei von Amts wegen die Grundlagen für das weitere Verfahren zu beschaffen (§ 105 Abs. 1 Nachl.O.).

Wenn nun auch die Bezeichnung der Teilungsmasse den Beteiligten nicht obliegt, so haben dieselben doch den Richter bei Feststellung der Teilungsmasse zu unterstützen; gegenüber einem passiven Verhalten der Beteiligten sowie gegenüber ihrer Weigerung der Beihilfe zur Feststellung der Teilungsmasse kann sich der Richter mit Anordnung der Aufnahme eines Nachlaßverzeichnisses behelfen.

3. Verfahren.

Über das Verfahren bei der Feststellung der Teilungsmasse sind Bestimmungen im Nachlaßgesetz nicht vorgesehen, es ist also dem Nachlaßrichter überlassen, in welcher Weise er die Feststellung durchführen will. Jedenfalls soll der Nachlaßrichter darauf bedacht sein, die Feststellung möglichst auf Grund der Angaben der Beteiligten zu Protokoll des Nachlaßgerichts zu betätigen (§§ 105 Abs. 4, 120 Abs. 4 Nachl.O.).

Die Ermittelung der Beteiligten und die Feststellung der Teilungsmasse müssen nach § 120 Abs. 5 Nachl.O. nicht in einem förmlichen Beschluß erfolgen, es genügt vielmehr, daß sie aus den Nachlaßakten zu entnehmen sind.

4. Teilungsmasse.

Die Teilungsmasse wird durch die Aktiven des Nachlasses gebildet (Rausnitz S. 362, § 105 Abs. 3 Nachl.O.). Es umfaßt somit die Teilungsmasse die Feststellung der sämtlichen Nachlaßgegenstände (d. i. derjenigen Sachen, Forderungen und Rechte, welche im Zeitpunkte des Todes des Erblassers schon im Nachlasse vorhanden waren, samt der Nutzung des Nachlasses) und außerdem alles, was infolge des Surrogationsprinzips auf Grund eines zum Nachlaß gehörenden Rechtes, oder was als Ersatz für die Zerstörung, Beschädigung oder Entziehung eines Nachlaßgegenstandes oder durch ein auf den Nachlaß sich beziehendes Rechtsgeschäft erworben wird (§ 2041 BGB.; s. auch Borcherdt Bd. I S. 175 ff., 263 ff.). Unter die Aktiven sind auch die Forderungen einzusetzen, welche dem Erblasser gegen einen Miterben zustehen.

Das, was Miterben unter Berücksichtigung der §§ 2050 ff. BGB. bei der Auseinandersetzung untereinander zum Ausgleich zu bringen haben, gehört nur im Verhältnis der untereinander ausgleichungspflichtigen und -berechtigten Erben zum Nachlaß. Das BGB. steht auf dem Prinzip der Ideal-, nicht auf dem Boden der Realkollation (Motive

z. BGB. Bd. V S. 700 f.), es findet also ein wirkliches Einwerfen des zur Ausgleichung kommenden Vorempfangenen oder des Wertes desselben in den Nachlaß zwischen den zur Ausgleichung berechtigten und verpflichteten Miterben nicht statt, sondern es wird lediglich der Wert der sämtlichen Ausgleichungsposten demjenigen Teile des Nachlasses hinzugerechnet, der gemeinsam auf die zur Ausgleichung berechtigten und verpflichteten Miterben entfällt (andernfalls würden durch das Hinzunehmen zum ganzen Nachlaß auch die Erbteile von Nichtdeszendenten erhöht. RTK. S. 174). Aus diesen Ausführungen ergibt sich, daß die Einstellung des Vorempfangenen unter die Nachlaßaktiven nicht als nötig erachtet werden kann. S. Staudinger Bd. V, S. 206, Entsch. d. RG. f. Civils. Bd. 24 S. 195, s. Motive Bd. V S. 708 „Eine wirkliche Gemeinschaft an dem Vorempfangenen findet unter den Beteiligten nicht statt, denn der Entwurf steht nicht auf dem Boden der Realkollation (S. 700, 701).“ Es wird auch tatsächlich die Teilungsmasse selbst durch die Ausgleichungsposten nicht erhöht, sondern lediglich unter den betreffenden Miterben durch Hinzurechnung der Ausgleichungsposten ein höherer Nachlaß herausgerechnet.

Es wird sich jedoch dann, wenn als Erben nur ausgleichungspflichtige und -berechtigte Miterben in Frage kommen, empfehlen, gelegentlich der Feststellung der Nachlaßaktiven auch über die Ausgleichungsposten sich Kenntnis zu verschaffen, da bei den weiteren Nachlaßverhandlungen ohnehin die Ansprüche, welche die einzelnen Miterben gegeneinander auf Ausgleichung erhaltener Zuwendungen erheben, zu erörtern sind. S. Borcherdt Bd. III S. 600. Im allgemeinen jedoch muß darauf stehen geblieben werden, daß Ausgleichungspflichten nicht unter die Nachlaßaktiven gehören, da ja der Nachlaß selbst durch das Bestehen der Ausgleichungsverbindlichkeiten nicht vergrößert wird, der Ausgleichungspflichtige von den erhaltenen Zuwendungen (vorbehaltlich der Bestimmungen über den Pflichtteil) nichts herauszugeben hat und insbesondere für die nicht ausgleichungsberechtigten und -verpflichteten Miterben und für die Nachlaßgläubiger und diesen gegenüber die Ausgleichungspflicht völlig belanglos ist. S. Staudinger Bd. V S. 275.

Wie bemerkt, sind lediglich die sämtlichen vorhandenen Nachlaßaktiven zusammenzustellen; es ist also kein Inventar anzufertigen, welches die Aktiven, die Nachlaßverbindlichkeiten, Beschreibung der Aktiven und deren Wertsangabe enthält. Rausnitz S. 362. Wenn ein den ganzen Nachlaß umfassendes, in Gemäßheit des § 1960 Abs. 2 BGB. errichtetes Nachlaßverzeichnis oder ein Nachlaß-Inventar gemäß §§ 2002, 2003 BGB. schon aufgenommen ist, so bedarf es der weiteren Feststellung der Teilungsmasse nicht mehr (§ 105 Abs. 3 Satz 2 Nachl.O.).

5. Feststellung der Teilungsmasse.

Die Feststellung muß eine Aufzählung der sämtlichen Nachlaßbestandteile enthalten. Es genügt nicht, wie in dem Falle, daß die Vermittelung der Auseinandersetzung einem Notar zu überweisen ist, daß aus den Feststellungen des Gerichts nur der Umfang der Teilungsmasse im allgemeinen erhellt, sondern es ist die Nachlaßmasse in allen Einzelheiten vom Nachlaßgerichte festzustellen. Insbesondere sind die zur Auseinandersetzung erforderlichen urkundlichen Unterlagen, z. B. Auszüge aus den öffentlichen Büchern, Schätzung der Nachlaßgegenstände, vom Gerichte zu erholen, was das Gericht in dem Falle, daß der Notar zur Auseinandersetzung berufen ist, nicht tun braucht, da dieser seine Unterlagen sich selbst zu beschaffen hat. Siehe § 120 Abs. 3 Nachl.O.

Auch der Wert der Nachlaßgegenstände ist anzugeben.

Durch diese Feststellungen unterscheidet sich das amtliche Vermittelungsverfahren von der Vermittelung der Auseinandersetzung auf Antrag.

6. Erforderliche Angaben.

Welche Angaben für erforderlich erachtet werden, richtet sich im einzelnen Falle nach dem Ermessen des Nachlaßgerichts. Jedenfalls muß der Umfang der Teilungsmasse festgestellt sein. Es müssen deshalb die Angaben derart erschöpfend sein, daß der aktive Bestand unverrückt feststeht, und daß insbesondere auch aus den diesbezüglichen Angaben ein Weg für die zweckmäßigste Art der späteren Teilung des Nachlasses sich finden läßt.

Das Nachlaßgericht kann den Beteiligten die Beibringung der erforderlichen Angaben binnen einer bestimmten Frist aufgeben mit der Androhung, daß im Falle der Weigerung die Anordnung der Aufnahme eines Nachlaßverzeichnisses erfolgen kann. Diese Aufforderuug bzw. Androhung wird am zweckmäßigsten bereits in die Ladung zu dem für die Feststellung der Teilungsmasse anberaumten Termin aufgenommen werden können unter Erstreckung der Frist dieses Artikels bis zum Termin. (S. Zeitschr. f. d. Not. in Bayern 1902 S. 257). Auf diese Art wird ein weiterer Termin erspart und die Sache beschleunigt. Es wird ferner hiedurch ermöglicht, daß die Beteiligten bereits vor dem Termin sich über die erforderlichen Angaben vergewissern, und unschwer wird dann durch protokollarische Einvernahme der Beteiligten die Teilungsmasse festgestellt werden.

7. Angemessenheit der Frist.

Die Frist ist keine gesetzliche, sondern eine richterliche, und es richtet sich die Angemessenheit derselben nach dem einzelnen Falle. Hiebei ist zu berücksichtigen sowohl die Person der Beteiligten als auch der Umfang des Nachlasses. Nicht nur die Größe der Entfernung der einzelnen Beteiligten vom Orte des Nachlaßgerichtes, sondern auch die Art und die Zusammensetzung des Nachlasses ist hiebei von Bedeutung. So wird beim Tode eines Kaufmannes oder eines Industriellen wegen der schwierigen Vermögenszusammenstellung die Frist größer zu bemessen sein als beim Tode eines Privatmannes (S. Zeitschr. f. d. Not. in Bayern 1902 S. 257).

8. Nachlaßverzeichnis.

Zur Aufnahme des Nachlaßverzeichnisses ist das Nachlaßgericht selbst unzuständig; hiezu ist der Notar berufen. (Art. 2 Ziff. 1 Not.G., § 106 Satz 2 und 3 Nachl.O.) Von diesem allgemeinen Grundsatze ist eine Ausnahme gemacht, insofern durch Art. 63 AG. z. GVG. in der Fassung des Art. 167 Ziff. XVI des AG. z. BGB. den Gerichtsschreibern bei den Amtsgerichten vom Nachlaßgerichte die Aufnahme eines Inventars übertragen werden kann, wenn anzunehmen ist, daß der Wert des Nachlasses ohne Abzug der Schulden den Betrag von zweitausend Mark nicht oder nicht erheblich übersteigt. Siehe auch § 106 Satz 2 Nachl.O.

Die Aufnahme eines Nachlaßverzeichnisses wird sich dann als notwendig erweisen, wenn die Beteiligten nicht zu bewegen sind, die zur Feststellung der Teilungsmasse erforderlichen Angaben binnen einer bestimmten Frist abzugeben. In diesem Falle kann, muß aber nicht, das Nachlaßgericht die Aufnahme eines Nachlaßverzeichnisses anordnen. § 106 Satz 1 Nachl.O.

Die Anordnung eines Nachlaßverzeichnisses kann auch dann erfolgen, wenn einem Notar die Auseinandersetzung wegen Vorhandensein eines Nachlaßgrundstückes überwiesen wird. § 120 Abs. 4 Satz 2 Nachl.O.

Ohne Einräumung dieser Befugnisse an den Richter würde in manchen Fällen die dem Richter zur Amtspflicht gemachte Vermittelung der Auseinandersetzung an der Weigerung der Beteiligten oder deren Indifferenz scheitern. Lediglich deswegen war es notwendig, dem Artikel 5 den Satz 2 anzufügen, wozu die Landesgesetzgebung ihre Zuständigkeit aus Art. 140 EG. z. BGB. schöpft, wonach das Nachlaßgericht auch unter anderen als den in § 1960 Abs. 1 BGB. bezeichneten Voraussetzungen die Anfertigung eines Nachlaßverzeichnisses von Amts wegen anordnen kann oder soll. Ein Bedürfnis zur Einführung einer allgemeinen Inventarisationspflicht bestand für das Bürgerliche Gesetzbuch nur deswegen nicht, da gemäß der in demselben enthaltenen erbrechtlichen Bestimmungen der Erbe auch ohne Inventar nur beschränkt für die Nachlaßschulden haftet.

Es soll also erst in zweiter Linie, wenn Angaben von den Beteiligten nicht zu erhalten sind, und das Gericht ohne Aufnahme eines Nachlaßverzeichnisses nicht auskommen kann, die Anordnung zur Aufnahme eines Nachlaßverzeichnisses getroffen werden. In diesem Falle haben die Beteiligten auch die durch Anfertigung des Nachlaßverzeichnisses entstehenden Kosten zu tragen, da sie die Anordnung veranlaßt haben (Sten. Ber. Bd. VIII S. 336). (Siehe auch das Nachlaßverzeichnis in Vormundschaftssachen §§ 1640 und 1802 BGB.)

Führt auch die Anordnung des Nachlaßverzeichnisses infolge der Auskunftsverweigerung der Erben nicht zum Ziel (unmittelbarer Zwang kann vom Nachlaßgericht, Notar, Gerichtsschreiber nicht angewandt werden; § 2005 ff. BGB. findet keine Anwendung), so endigt damit die Tätigkeit des Gerichts. Ein solches Verhalten der Erben ist einer von ihnen gemäß Art. 4 Abs. 2 dieses Gesetzes abgegebenen Erklärung, sich nicht auseinandersetzen zu wollen, gleichzustellen. Siehe auch Haberstumpf S. 33, welcher in diesem Falle die Beteiligten auf den Rechtsweg verweist, was jedoch nur bei Uneinigkeit der Erben unter sich, nicht aber bei passivem Verhalten sämtlicher Erben gegenüber dem Gerichte zu geschehen hat.

9. Beteiligte.

Siehe Anm. 7 zu § 86 FGG. (bei Art. 7). Wer beteiligt ist, wird sich in der Regel schon aus den zum Zwecke der Ermittelung des Erben angestellten Ermittelungen ergeben (§ 105 Abs. 2 Nachl.O.).

Artikel 6.

Nach der Feststellung der Teilungsmasse soll das Nachlaßgericht, wenn ein Grundstück zu dem Nachlasse gehört, die Vermittelung der Auseinandersetzung, sofern die Beteiligten die Wahl eines Notars vereinbaren, diesem, andernfalls einem Notar, der im Bezirk oder am Sitze des Nachlaßgerichts aufgestellt ist, überweisen. Auf Antrag sämtlicher Beteiligter ist die Vermittelung einem Notar auch dann zu übertragen, wenn ein Grundstück nicht zum Nachlasse gehört.

Durch die Überweisung gehen auf den Notar die Verrichtungen über, die nach den Vorschriften der §§ 89—95 des Gesetzes über die Angelegenheiten der freiwilligen Gerichtsbarkeit dem Amtsgerichte zustehen. Bei den nach den Vorschriften der Civilprozeßordnung erfolgenden Zustellungen liegen dem Notar auch die Verrichtungen des Gerichtsschreibers ob. Der Notar ist auch für die Festsetzung der einem Beteiligten zu erstattenden Kosten zuständig.

1. Inhalt des Art. 6.

Zuständigkeitsbestimmungen und Regelung des Verfahrens vor dem Notar.

Der vorliegende Artikel bezweckt vor allem, die Vermittelung der Auseinandersetzung bei Vorhandensein von Grundstücken obligatorisch dem Notar zu überweisen. Die bisherige Zuständigkeit der Amtsgerichte, neben der des Notars bestehend, ist beseitigt.

2. Rechtszustand vor Anlegung des Grundbuchs.

Gemäß Art. 104 AG. z. BGB. (aufgehoben durch Art. 11 Abs. 1 dieses Gesetzes) waren neben den Amtsgerichten die Notare für die Vermittelung der Auseinandersetzung in Ansehung eines Nachlasses oder des Gesamtguts einer aufgehobenen ehelichen oder fortgesetzten Gütergemeinschaft für zuständig erklärt.

Befand sich nun unter den auseinanderzusetzenden Vermögenswerten ein Grundstück, so war deshalb die Zuständigkeit des Nachlaßgerichts nicht ausgeschlossen; da aber bis zum Zeitpunkt, in dem das Grundbuch als angelegt anzusehen ist, die bisherigen Gesetze bezüglich des Erwerbs und Verlusts des Eigentums, sowie bezüglich der Begründung, Übertragung, Belastung und Aufhebung eines anderen Rechtes an einem Grundstück oder eines Rechtes an einem solchen Rechte noch Geltung haben (Art. 189 Abs. 1 EG. z. BGB.), so mußte auch bei einer Auseinandersetzung, bei welcher Grundstücke in Betracht kommen, bezüglich der Grundstücke die notarielle Verlautbarung (gem. Art. 14 des b. Not.Ges. vom 10. November 1861 und § 219 des AG. z. CPO. vom 23. Februar 1879, ferner Art. 130, 132 Not.Ges. vom 9. Juni 1899), erfolgen. In diesem Fall mußte also die Auseinandersetzung bezüglich der Grundstücke von der sonstigen Auseinandersetzung vor Gericht abgetrennt und vom Notar vollendet werden. Hiedurch wurde nicht nur das Verfahren auseinandergerissen und erschwert, sondern es entstanden durch die gesonderte Vornahme der Auseinandersetzung für die Beteiligten besondere Unbequemlichkeiten, Zeitverlust und Mehrkosten. Aus diesen Erwägungen wurden schon vor Erlaß des Art. 6 Nachl.Ges. die Beteiligten, soferne sie nicht direkt an den Notar sich gewendet hatten, von den Gerichten von vornherein über diese Verhältnisse belehrt und zum Notar verwiesen. Dieser in der Praxis bestandene Zustand ist nunmehr gesetzlich in der Art festgelegt, daß die Zuständigkeit der Amtsgerichte in solchen Fällen überhaupt ausgeschlossen und der Notar gemäß Art. 6 Nachl.Ges. allein für zuständig erklärt ist. Art. 104 AG. z. BGB. ist aufgehoben.

3. Rechtszustand nach Anlegung des Grundbuchs.

Maßgebend sind Art. 81 AG. z. BGB. (wonach die Auflassung außer vor dem Grundbuchamt auch vor einem bayerischen Notar erklärt werden kann), Art. 15 Abs. 2 Satz 2 AG. z. GVG. in der Fassung des Art. 167 Ziff. 1 AG. z. BGB. — erlassen auf Grund des Vorbehalts des Art. 141 EG. z. BGB. — (wonach die Amtsgerichte für die Beurkundungen, die nach den Vorschriften der Reichsgesetze durch ein Gericht oder einen Notar zu bewirken sind, nicht zuständig sind), Art. 1 Abs. 1 Not.Ges. (wonach für solche Beurkundungen die Zuständigkeit der Notare besteht) und Art. 12 AG. z. GBO. u. ZVG. (wonach das Grundbuchamt die Erklärung der Auflassung nur entgegennehmen soll, wenn die nach § 313 BGB. erforderliche Urkunde vorgelegt wird; dasselbe gilt auch für die Notare. Der Vorlegung der Urkunde steht die Aufnahme durch den Notar gleich). Siehe auch Art. 189 Abs. 3 EG. z. BGB.

Die Anwendung vorstehender Gesetzesbestimmungen ergibt, daß

1. eine Auflassung vor dem Nachlaßgericht als solchem überhaupt nicht erklärt werden kann,
2. eine Auflassung zwar vor dem Grundbuchamt erklärt werden kann, jedoch nur dann, wenn die für die Rechtsgeschäfte des § 313 BGB. erforderliche notariell gefertigte Urkunde vorgelegt wird.

Hieraus folgt also, daß auch nach Anlegung des Grundbuchs das Auseinandersetzungsverfahren bei Vorhandensein von Grundstücken ein auseinandergerissenes wäre, wenn nicht durch die gesetzliche Regelung in Art. 6 Nachl.Ges. dem abgeholfen und die Notare in solchen Fällen unter Aufhebung der Zuständigkeit der Amtsgerichte (Art. 104 AG. z. BGB. ist aufgehoben) für allein zuständig erklärt worden wären.

Die Motive S. 7 f. äußern sich hiezu folgendermaßen: „Bezüglich der Auseinandersetzung selbst kommt in Betracht, daß, wenn ein Grundstück zum Nachlasse gehört, die Veräußerung des Grundstücks an Dritte oder die Zuweisung desselben an einen Erben nicht vor dem Nachlaßgericht erfolgen können. Der Veräußerungsvertrag kann nur von einem Notar beurkundet werden, die Auflassung kann nur vor einem Notar oder vor dem Grundbuchamt erfolgen (Art. 81 des AG. zum BGB., Art. 1 des Not.Ges., Art. 167 I des AG. zum GBG.). Durch die bestätigte Auseinandersetzung geht das Eigentum noch nicht auf den Miterben über, dem es bei der Auseinandersetzung zugewiesen worden ist; es ist vielmehr die Auflassung erforderlich. Vor dem Nachlaßgerichte können mithin die Beteiligten, wenn ein Grundstück zum Nachlasse gehört, die Auseinandersetzung nicht zu Ende führen. Findet dagegen die Auseinandersetzung vor einem Notar statt, so können vor diesem sämtliche zur Erledigung der Auseinandersetzung erforderlichen Rechtsgeschäfte abgeschlossen werden. Es empfiehlt sich deshalb, für die Auseinandersetzung selbst die Zuständigkeit der Notare festzusetzen, wenn ein Grundstück zum Nachlasse gehört."

4. Kein Zwang zur Auseinandersetzung.

Durch Art. 6 ist kein Zwang zur Auseinandersetzung eingeführt; wenn die (sämtlichen) Beteiligten die Auseinandersetzung nicht wünschen, ist das Auseinandersetzungsverfahren auch dann zu unterlassen, wenn Grundstücke vorhanden sind. (Siehe Art. 4 Abs. 2 dieses Gesetzes.) Die Beteiligten können sich auch außeramtlich auseinandersetzen, wobei sie aber über die Grundstücke nur durch notariellen Vertrag verfügen können, sofern sie nicht die Erbengemeinschaft bezüglich der Grundstücke beibehalten wollen.

5. Überweisung der Auseinandersetzung.

Erst nach Ermittelung der Beteiligten und Feststellung der Teilungsmasse findet dann, wenn ein Grundstück (auch Erbbaurechte §§ 1015, 1017 BGB., nicht dagegen Hypotheken oder andere dingliche Rechte an Grundstücken) zum Nachlaß gehört, die Überweisung an den Notar statt. Die Ermittelung der Beteiligten und Feststellung der Teilungsmasse erfolgt sohin durch das Nachlaßgericht, die Auseinandersetzung durch den Notar. Siehe hiezu auch § 256 a Abs. 1 Gesch.O. f. d. Not. in der neuen Fassung.

Beruht die Erbfolge auf einer nicht in einer öffentlichen Urkunde enthaltenen Verfügung von Todes wegen oder findet die gesetzliche Erbfolge statt, so bedarf es zur Besitztitelberichtigung im Grundbuche nach § 36 der GBO. eines Erbscheins. In der Regel wird es sich empfehlen, daß der Erbschein vor der Überweisung an den Notar erteilt wird. Das Nachlaßgericht hat daher in den geeigneten Fällen die Beteiligten vor der Überweisung an den Notar auf die Notwendigkeit des Erbscheins aufmerksam zu machen und sie zu veranlassen, die Erteilung eines Erbscheins zu beantragen. § 120 Abs. 6 Nachl.O.

Ist die Teilungsmasse vom Nachlaßgericht noch nicht genau festgestellt, so hat der Notar zuerst die Feststellungen zu ergänzen und für die zur Auseinandersetzung nötigen urkundlichen Unterlagen zu sorgen und dadurch die Auseinandersetzung möglichst vorzubereiten. § 121 Abs. 1 Nachl.O.

Die Überweisung selbst erfolgt nicht in einem förmlichen Beschluß, sie ist lediglich aktenkundig zu machen und den Beteiligten gem. §§ 49, 50 Zustellungsordnung mitzuteilen. § 137 Nachl.O. Mit der Überweisung sind dem Notar die Nachlaßakten zu übersenden. Der Notar setzt die Akten fort. Im Nachlaßregister sind der Notar, an den die Akten abgegeben sind, und der Tag der Abgabe zu vermerken. §§ 120 Abs. 7, 150 Abs. 3 Nachl.O. Dem Notar obliegt nur die weitere Durchführung der vom Gerichte bereits begonnenen Vermittelung der Auseinandersetzung.

6. Artikel 6 enthält eine Sollvorschrift.

Eine durch das Nachlaßgericht bewirkte Auseinandersetzung ist, wenn Nachlaßgrundstücke in Betracht kommen, nicht deshalb ungültig, weil das Gericht und nicht der Notar die Auseinandersetzung vorgenommen hat. Die Auseinandersetzung bleibt bestehen, nur die notarielle Verlautbarung wird nachgeholt. Nimmt der Nachlaßrichter trotz Kenntnis von dem Vorhandensein eines Nachlaßgrundstückes die Auseinandersetzung vor, so setzt er sich disziplinärer Ahndung aus. Stellt sich erst nach erfolgter Auseinandersetzung heraus, daß ein Grundstück zum Nachlaß gehört, wovon dem Nachlaßrichter keine Kenntnis gegeben wurde, so trifft diesen kein Verschulden. Siehe Motive S. 8. Selbstverständlich ist, daß auch dann, wenn die Beteiligten bei Vorhandensein von Nachlaßgrundstücken um Vornahme der Auseinandersetzung durch das Nachlaßgericht ersuchen, dieses die Auseinandersetzung nicht bewirken darf, sondern sie einem Notar überweisen muß. Siehe Sten.Ber. Bd. VIII S. 637.

7. Vereinbarte Zuständigkeit des Notars.

Gehört zum Nachlaß kein Grundstück, so ist das Nachlaßgericht selbst zur weiteren Vermittelung der Auseinandersetzung berufen, dem Notar darf es dieselbe nicht zuweisen. Nur dann, wenn sämtliche Beteiligte die Vermittelung durch den Notar beantragen, so muß das Gericht diese dem Notar überweisen, obwohl kein Fall der Immobiliarauseinandersetzung vorliegt. Dieser Antrag muß nicht sofort bei Beginn des Verfahrens, kann vielmehr in jedem Stadium desselben gestellt werden. § 122 Abs. 1 Nachl.O. Siehe auch § 256 Abs. 2 Gesch.O. f. d. Not. in der neuen Fassung.

8. Auswahl des Notars.

Liegt ein Fall der Zuständigkeit des Notars vor, so können die Beteiligten selbst die Wahl eines bayerischen Notars vereinbaren, sind also nicht an den Notar des Bezirkes gebunden, in welchem das Nachlaßgrundstück gelegen ist.

Können sich die Beteiligten über die Wahl eines Notars nicht einigen, oder machen sie von ihrem Wahlrechte keinen Gebrauch, so hat das Nachlaßgericht, welches die Zuweisung betätigen muß, die Wahl unter den im Bezirk oder am Sitze des Nachlaßgerichtes aufgestellten Notaren. Abs. 1 Satz 1 dieses Artikels, §§ 120 Abs. 1, 122 Abs. 1 Nachl.O. Siehe auch § 142 Nachl.O., wonach dem Notar in den im § 6 des FGG. und im Art. 15 des Not.Ges.

bezeichneten Fällen Verrichtungen in Nachlaßsachen nicht übertragen werden sollen, also auch die Auseinandersetzung nicht überwiesen werden soll.

9. Rechtsstellung des Notars.

Die Notariate sind staatliche Behörden (Art. 6 Abs. 2 Not.Ges.). Daraus folgt die Verpflichtung des Notars zur Vornahme von Amtsgeschäften, welche ihm übertragen sind. Es besteht deshalb auch für ihn ein Annahmezwang der ihm von den Parteien oder vom Nachlaßgerichte überwiesenen Auseinandersetzung (Art. 14 Not.Ges.), außer es liegen persönliche Ablehnungsgründe vor, z. B. Verwandtschaft mit einem der Beteiligten (Art. 15 Not.Ges.). Wegen der Geringfügigkeit der Teilungsmasse darf der Notar die Auseinandersetzung nicht ablehnen, er muß dieselbe vornehmen.

„Für die Notare als Vermittelungsbehörden gelten die Vorschriften des § 194 FGG. auch wenn es sich um die amtliche Vermittelung handelt.

Da die Notare in dieser Eigenschaft den Amtsgerichten gleichstehen, hat es das Ausführungsgesetz zum Bürgerlichen Gesetzbuch Art. 104 nicht für angemessen erachtet, auf Grund des Abs. 2 Satz 2 des § 194 zu bestimmen, daß für Notare, die in dem Bezirke desselben Amtsgerichts ihren Sitz haben, dieses im Sinne des § 5 als gemeinschaftliches oberes Gericht zuständig ist, oder nach § 195 Abs. 1 Satz 1 des angeführten Gesetzes vorzuschreiben, daß die Abänderung einer Entscheidung des Notars bei dem Amtsgerichte nachzusuchen ist, in dessen Bezirke der Notar seinen Sitz hat (vgl. Begründung zu Art. 94 des Ausf.Ges. zum BGB., Beilage D, Verhandlungen der Kammer der Abgeordneten 1898/99 Beil.=Bd. 20 Abt. I S. 159). An diesem auch von anderen Bundesstaaten (z. B. Preußen, Elsaß=Lothringen) geteilten Standpunkte hält der Entwurf fest." Motive S. 8.

Bei Vornahme der Vermittelung der Auseinandersetzung nach den Bestimmungen des Gesetzes über die Angelegenheiten der freiwilligen Gerichtsbarkeit ist der Notar nicht gehindert, „auf Ersuchen auch solche Verfügungen der Beteiligten über die auseinanderzusetzende Masse oder deren Bestandteile, welche außerhalb des Rahmens des Vermittelungsverfahrens fallen (z. B. Verkäufe, Versteigerungen) zu beurkunden, die Masse oder deren Bestandteile in Verwahrung zu nehmen und die tatsächliche Teilung durchzuführen". § 259 Gesch.O. f. d. Not. in der neuen Fassung.

Als amtliche Verlassenschaftskommissäre im Sinne der Vorschriften des Notariatsgesetzes vom 10. November 1861 können die Notare nur tätig werden, wenn der Erblasser vor dem 1. Januar 1900 gestorben ist, nicht aber dann, wenn der Notar in einem vor dem 1. Januar 1900 errichteten Testamente zum Verlassenschaftskommissär bestellt, der Erblasser aber erst nach dem 31. Dezember 1899 gestorben ist. In letzterem Fall bleibt die Bestellung soweit wirksam, als darin die Ernennung zum Testamentsvollstrecker liegt. Siehe §§ 260, 261 Gesch.O. f. d. Not. in der neuen Fassung.

10. Verfahren vor dem Notar.

Durch Absatz 2 dieses Artikels (s. auch §§ 121 Abs. 2, 108—119 Nachl.O.) ist die Einheitlichkeit des Auseinandersetzungsverfahrens, möge solches vor dem Gericht oder dem Notar stattfinden, gewahrt, indem auf den Notar diejenigen Verrichtungen übertragen werden, welche dem Gerichte obliegen würden, wenn es die Auseinandersetzung selbst weiter zu vermitteln hätte. Siehe hiezu Motive S. 8: „Der Art. 6 Abs. 2 grenzt den Wirkungskreis des Gerichts von dem des Notars ab. Die Abgrenzung trägt dem Gedanken Rechnung, daß auf den Notar die Auseinandersetzung selbst — diese aber in ihrem vollen Umfange — übergehen soll. Dementsprechend gehen durch die Überweisung der Auseinandersetzung auf den Notar die Verrichtungen über, die nach den §§ 89—95 des Freiw. Gerichtsbarkeits-Gesetzes dem Amtsgericht obliegen. Insbesondere ist der Notar für die Bestätigung einer vorgängigen Vereinbarung (§ 91 Abs. 3 des FGG.) und der Auseinandersetzung (§ 93 Abs. 2 des FGG.) zuständig." Siehe auch §§ 192—194 Abs. 1, 200 Abs. 1 FGG.

Mit den den Notaren übertragenen Verrichtungen ist ihnen insbesondere auch die gem. §§ 91, 93 FGG. zu erfolgende Bestätigung einer vorgängigen Vereinbarung bzw. der Auseinandersetzung übertragen. (In Preußen erfolgt die Bestätigung auch in diesem Fall durch das Gericht Art. 23 Abs. 2 preuß. Ges. über die freiwillige Gerichtsbarkeit).

Da die Vermittelungstätigkeit des Nachlaßgerichts bei der Auseinandersetzung auf den Notar in ihrem vollen Umfange übergeht (Ausnahmen Anm. 13), so obliegen demselben bei den nach den Vorschriften der CPO. erfolgenden Zustellungen auch die Verrichtungen des Gerichtsschreibers, auch für die Festsetzung der einem Beteiligten zu erstattenden Kosten ist er zuständig. (Abs. 2 Satz 2 und 3 dieses Artikels, § 121 Abs. 2 Satz 4 und 5 Nachl.O., Art. 131, 132 AG. z. BGB.)

11. Besondere Vorschriften für den Notar.

Die §§ 254—257 b Gesch.O. f. d. Not. in der neuen Fassung enthalten besondere Verfahrensvorschriften für den Notar. Insbesondere ist zu beachten:

a) Der mit der Auseinandersetzung befaßte Notar hat stets unter Würdigung aller Umstände einschließlich des Kostenunterschieds zu prüfen, ob für die Beteiligten der Teilungsvertrag oder die Auseinandersetzung in den Formen des Vermittelungsverfahrens vorteilhafter ist, und hat hiernach die Beteiligten zu beraten. In gleicher Weise hat er zu verfahren, wenn sich im Laufe der Verhandlungen die Gelegenheit zum Übergehen von dem einen Wege auf den andern bietet. § 254 a.

b) Wenn anzunehmen ist, daß die dem Notar überwiesene Auseinandersetzung innerhalb eines Jahres seit der Verweisung nicht erfolgt und deshalb die besondere Gebühr des Art. 94 Abs. 4 des Gebührengesetzes — $^1/_{10}$ der Sätze des § 8 des Reichs-Gerichtskostengesetzes, erhoben aus dem Werte des reinen Nachlasses — anfällt, soll der Notar die Beteiligten rechtzeitig hierauf aufmerksam machen und ihnen zur Stellung des Antrags auf Verlängerung der Frist für die Auseinandersetzung (Art. 94 Abs. 4 Satz 3 Gebührengesetz) behilflich sein. Zu diesem Zwecke soll der Notar in jedem Falle der Überweisung einer Vermittelung dieser Art eine Betriebsvormerkung im Terminskalender machen. § 257 a Abs. 1.

Erfolgt die Auseinandersetzung erst nach Ablauf der Frist vor dem Notar, so soll er die Beteiligten auf die gemäß Art. 94 Abs. 4 Gebührengesetz ihnen zustehende Anrechnungsbefugnis vorbezeichneter Gebühr auf die Gebühr aus Art. 165 hinweisen. § 257a Abs. 2.

c) Wenn die Beteiligten zum Vollzuge der Auseinandersetzung oder sonst zu ihrer Legitimation eines Erbscheins bedürfen und ein solcher noch nicht erteilt ist, so soll der Notar schon vor dem Eintreten in die Verhandlungen hierauf aufmerksam machen, ihnen zur Antragstellung durch seinen Rat behilflich sein und, wenn es für sie vorteilhaft ist und von ihnen gewünscht wird, die Antragstellung durch Aufnahme des Antrags und Übersendung des Antrags und der Belege an das Nachlaßgericht vermitteln. § 255.

d) Hat der Notar einen Erbteilungsvertrag (sei es, daß die Beteiligten von Anfang an die Schließung eines Erbteilungsvertrags beabsichtigten oder erst im Laufe des beim Notar beantragten oder ihm überwiesenen Vermittelungsverfahrens auf den Erbteilungsvertrag übergegangen sind) beurkundet, so hat er hievon dem Nachlaßgericht unter Angabe des Datums und der Geschäftsregisternummer der Urkunde Mitteilung zu machen. Die Urkunde selbst bleibt aber in der allgemeinen Urkundensammlung des Notars. § 257b Abs. 1. Siehe auch §§ 132, 123 Abs. 2 Nachl.O.

Hat der Notar die Auseinandersetzung vermittelt, so hat er auch dann, wenn ihm die Vermittelung nicht durch das Nachlaßgericht übertragen worden ist, nach dem Eintritte der Rechtskraft des die Auseinandersetzung bestätigenden Beschlusses die bei ihm erwachsenen Aktenstücke einschließlich der Auseinandersetzungsurkunde sowie die Akten des Nachlaßgerichts an dieses nach Fertigung der von den Beteiligten verlangten Ausfertigungen und Abschriften abzuliefern. § 257b Abs. 2. Siehe auch §§ 131 Abs. 2, 123 Abs. 1 Nachl.O.

Wenn das Vermittelungsverfahren für beruhend erklärt oder eingestellt wird, so hat der Notar die auf die Vermittelung erwachsenen Akten samt den gerichtlichen Akten an das Nachlaßgericht abzuliefern. § 257b Abs. 3. Siehe auch §§ 131 Abs. 2, 123 Abs. 1 Nachl.O.

12. Dingliche Wirkung einer vorgängigen Vereinbarung der Auseinandersetzung.

Die §§ 91 Abs. 3, 93 Abs. 2 FGG. sind von besonderer Wichtigkeit für das Auseinandersetzungsverfahren, da nur durch sie die Durchführung des Verfahrens auch dann ermöglicht wird, wenn einzelne Beteiligte demselben ferne bleiben; in einem solchen Falle wird unter bestimmten Voraussetzungen deren Einverständnis zu dem Inhalte einer vorgänigen Vereinbarung bzw. der Auseinandersetzung angenommmen. Von Bedeutung ist dies namentlich dann, wenn es sich um Abgabe von Willenserklärungen (so Auflassungserklärungen, Eintragungsbewilligungen) handelt. Hier ist zu unterscheiden zwischen der Abgabe der Willenserklärung und der Verpflichtung zur Abgabe derselben. Nur letztere kann im Wege des Versäumnisverfahrens eingeholt werden, da den im Auseinandersetzungsverfahren getroffenen und bestätigten Abmachungen nur ein rein obligatorischer Charakter innewohnt. Siehe hiezu § 98 Anm. 3 FGG. (bei Art. 7). Um nun den bestätigten Abmachungen auch die dingliche Rechtswirkung zu sichern, wurde ihnen die Eigenschaft eines vollstreckbaren Schuldtitels verliehen; denn gemäß § 98 FGG. findet die Zwangsvollstreckung aus einer vorgängigen Vereinbarung, sowie aus der Auseinandersetzung nach dem Eintritte der Rechtskraft des Bestätigungsbeschlusses statt. Wurde also in die Auseinandersetzungsurkunde die Verpflichtung zur Auflassung aufgenommen, im Wege des Versäumnisverfahrens die Zustimmung eines im Termine nicht erschienenen Beteiligten zu der obligatorischen Verpflichtung ersetzt und die Auseinandersetzung bestätigt, so wird mit der Rechtskraft des Bestätigungsbeschlusses auch die Abgabe der Willenserklärung angenommen. Siehe hiezu § 98 Anm. 6 lit. e, 7 lit. c u. d FGG. (bei Art. 7); siehe dort auch über die Eintragung im Grundbuch und den Vorbehalt für die Landesgesetzgebung. Das Verfahren der §§ 86 ff. FGG. ermöglicht also die Aufhebung der Erbengemeinschaft nicht nur in obligatorischer, sondern auch in dinglicher Hinsicht, so daß also auch gegenüber dem passiven Widerstand oder der Gleichgültigkeit einzelner dem Verfahren fern gebliebenen Beteiligten die Auseinandersetzung ausgeführt und die etwa erforderliche Eintragung im Grundbuch erreicht werden kann.

Es haben sich nun in der Praxis Zweifel ergeben, ob eine solche Willenserklärung auch unter der Herrschaft des Art. 14 des Not.-Ges. vom 10. November 1861 und des Art. 219 des b. AG. z. CPO. vom 23. Februar 1879 (solange also das Grundbuch noch nicht als angelegt angesehen wird)

a) als abgegeben angenommen und

b) mit einer derart fingierten Willenserklärung ein Eintrag im Hypothekenbuch erreicht werden kann.

Meines Erachtens sind beide Fragen zu bejahen.

a) Wollte man annehmen, daß eine Verpflichtung eines Beteiligten zur Abgabe einer dem liegenschaftlichen Rechte unterliegenden Willenserklärung während der Geltung des Art. 14 des früheren Not.Ges. und des Art. 219 b. AG. z. CPO. diesen Bestimmungen zuwider im Wege des Versäumnisverfahrens nicht erholt werden könnte, so wäre damit das reichsrechtliche Vermittelungsverfahren der §§ 86 ff. FGG., soweit es sich um liegenschaftliche Rechte handelt, in Bayern solange ausgeschlossen, als nicht das Grundbuch für angelegt angesehen würde.

Eine solche Auffassung würde aber auf einer unrichtigen Auslegung des Versäumnisverfahrens der §§ 91 Abs. 3 und 93 Abs. 2 FGG. beruhen; dieses Verfahren muß auch in Bayern schon vor Anlegung des Grundbuchs aus folgenden Gründen zur Anwendung kommen: Durch das Versäumnisverfahren der §§ 91 Abs. 3, 93 Abs. 2 werden nur obligatorische, nicht dingliche Ansprüche begründet; mit einer dinglichen Teilung des Nachlasses hat das Vermittelungsverfahren der §§ 86 ff. überhaupt nichts zu tun. Durch den Vorbehalt des Art. 189 EG. z. BGB. dagegen (welcher mit Art. 177 AG. z. BGB. und Art. 132 Not.Ges. die Geltung des Art. 14 des früheren Not.Ges. und des Art. 219 des b. AG. z. CPO. bis zu dem Zeitpunkt, in welchem das Grundbuch als angelegt anzusehen ist, aufrecht erhalten hat) wird nur die Form der dinglichen Rechtsgeschäfte, nicht auch die obligatorische Seite derselben getroffen. Es geht also der Vorbehalt des Art. 189 EG. z. BGB. nicht soweit, daß die Herrschaft der Art. 14 bzw. 219 auch für die obligatorische Seite der Rechtsgeschäfte erhalten bleiben sollte. In dieser Beziehung hat vielmehr das Reichsrecht in seinem vollen Umfang Anwendung zu finden. Demnach richtet sich der Vertrag, durch den sich der eine Teil verpflichtet, das Eigentum an einem Grundstück zu übertragen, nach § 313 BGB. (sog. obligatorischer Immobiliarvertrag), bzw. finden hinsichtlich der Einholung von Erklärungen Beteiligter die ergänzenden speziellen Vorschriften der §§ 86 ff. FGG., insbesondere also auch der §§ 91 Abs. 3, 93 Abs. 2 Anwendung. Es können also ohne Zweifel bereits vor Anlegung des Grundbuchs auch in Bayern Verpflichtungserklärungen von im Termin nicht erschienenen Beteiligten im Wege des Versäumnisverfahrens der §§ 91 Abs. 3, 93 Abs. 2 erholt werden. Dieser Standpunkt ist auch in den Motiven S. 8, wo auf diese Versäumnisfolge hingewiesen ist, sowie in § 120 Abs. 8 Satz 1 der Nachl.O., wonach die die Vermittelung der Auseinandersetzung behandelnden Vorschriften des § 120 auch schon für die Zeit vor Anlegung des Grundbuchs als anwendbar erklärt sind, vertreten. Siehe auch Haberstumpf S. 37 ff.

Soweit es sich um die Form der Verpflichtungserklärungen handelt, ist bei der Verpflichtung „zur Übertragung des Eigentums an einem Grundstück" gleichfalls der § 313 BGB. maßgebend; hienach bedürfen diese Erklärungen der gerichtlichen oder notariellen Beurkundung; in Bayern erfolgt die Beurkundung gemäß Art. 15 Abs. 2 Satz 2 AG. z. GVG. in der Fassung des Art. 167 Ziff. 1 AG. z. BGB., Art. 141 EG. z. BGB., Art. 1 Abs. 1 Not.Ges. und Art. 12 AG. z. GVG. und ZVG. nur durch den Notar. (Dasselbe gilt bezüglich des Erbbaurechts, § 1070 BGB.) Es erfolgt also die Beurkundung solcher Verpflichtungserklärungen in Bayern nicht auf Grund der Art. 14 des früheren Not.Ges. und Art. 219 des b. AG. z. CPO., sondern auf Grund obiger Einführungs- bzw. Ausführungsbestimmungen; wären diese also nicht erlassen worden, so könnten solche Erklärungen trotz des Art. 14 bzw. 219 mit voller Rechtswirksamkeit auch in Bayern vor dem Nachlaßgericht geschlossen werden. (Für die obligatorischen Verträge zur Begründung, Übertragung, Belastung und Aufhebung eines anderen Rechtes an einem Grundstück oder eines Rechtes an einem solchen Rechte bestehen solche Formvorschriften nicht, also nicht bezüglich der Hypothek.)

b) Hinsichtlich der dinglichen Seite liegenschaftsrechtlicher Verträge gelten in Bayern solange, als das Grundbuch noch nicht als angelegt anzusehen ist, die bisherigen Vorschriften des Art. 14 des früheren Not.Ges. und des Art. 219 des b. AG. z. CPO. (Art. 189 EG. z. BGB., Art. 177 AG. z. BGB., Art. 132 Not.Ges.). Das bisherige bayerische Liegenschaftsrecht läßt nun Einträge im Hypothekenbuche auch auf Grund vollstreckbarer richterlicher Urteile zu. Einem solchen wird man wohl auch eine vorgängige Vereinbarung, sowie die Auseinandersetzung, welche gemäß dem Verfahren der §§ 86 ff., insbesondere auch im Wege des Versäumnisverfahrens der § 91 Abs. 3, 93 Abs. 2 FGG. zustande gekommen und rechtskräftig bestätigt sind, gleichstellen können; denn diesen wohnt der Charakter eines vollstreckbaren Schuldtitels inne, welcher die gleichen Vollstreckungsrechte wie das richterliche Urteil gewährt (§ 98 FGG.). Mit Hilfe dieser Konstruktion wird man der vorgängigen Vereinbarung, der Auseinandersetzung nach Eintritt der Rechtskraft der Bestätigungsbeschlüsse auch eine dingliche Rechtswirkung zuerkennen und hieraus Einträge im Hypothekenbuche zulassen müssen.

13. Ausnahmen von der Zuständigkeit des Notars.

Dem Notar sind nicht zugewiesen die auf die Pflegschaft eines abwesenden Beteiligten bezüglichen Verrichtungen des Nachlaßgerichts (§ 88 FGG.), und nicht die diesem gleichfalls zustehende Erteilung oder Verweigerung der Genehmigung einer vorgängigen Vereinbarung, sowie der Auseinandersetzung für einen Beteiligten, der im Inlande keinen Vormund, keinen Pfleger oder Beistand hat (§ 97 Abs. 2 FGG.). Diese Verrichtungen bleiben dem Nachlaßgericht, welches hiebei die Stelle des Vormundschaftsgerichts vertritt, vorbehalten (s. § 121 Abs. 2 Satz 3 Nachl.O.).

14. Zuständigkeit für die Auseinandersetzung bei Vorhandensein von Rechten an einem Grundstück.

Eine Immobiliarauseinandersetzung ist es nicht, wenn zum Nachlaß ein Recht an einem Grundstück z. B. eine Hypothek gehört (§ 120 Abs. 2 Nachl.O.); es ist also das Nachlaßgericht für die Vermittelung zuständig; da jedoch Art. 14 Not.Ges. vom 10. November 1861 und Art. 219 AG. z. CPO. noch in Geltung sind (s. Art. 166, 177 AG. z. BGB.), so ist für die Beurkundung des dinglichen Vertrags die ausschließliche Zuständigkeit der Notare gegeben. Es müßte also trotz Auseinandersetzung durch das Nachlaßgericht hinsichtlich der zum Nachlaß gehörigen Hypotheken die Beurkundung beim Notar nachfolgen. In einem solchen Fall wird das Gericht die Beteiligten über dieses Verfahren belehren, um ihnen Gelegenheit zu geben, die Auseinandersetzung einem Notar zu überweisen, was aber einstimmig beantragt werden muß (s. § 120 Abs. 8 Satz 2 Nachl.O.).

Artikel 7.

Im übrigen finden auf die Auseinandersetzung die Vorschriften der §§ 88—98 des Gesetzes über die Angelegenheiten der freiwilligen Gerichtsbarkeit mit der Maßgabe Anwendung, daß das Nachlaßgericht und, wenn die Vermittelung einem Notar überwiesen ist, dieser bei der im § 89 bestimmten Ladung der Beteiligten zu dem Verhandlungstermine die Beteiligten und die Teilungsmasse zu bezeichnen haben.

1. Inhalt des Art. 7.

Verfahrensvorschriften.

2. Allgemeines.

Sobald die Erbenermittelung betätigt und die Teilungsmasse festgestellt ist, beginnt das eigentliche Auseinandersetzungsverfahren. Dieses richtet sich nach Reichsrecht gemäß § 192 FGG., welcher für den Fall der durch Landesgesetze eingeführten amtlichen Auseinandersetzung hierauf die Vorschriften der §§ 88—98 FGG. anwendbar erklärt. Deshalb können hievon abweichende landesgesetzliche Vorschriften nicht erlassen werden.

3. Übereinstimmung des Offizialverfahrens mit dem Antragsverfahren.

Das Verfahren bei der Offizialvermittelung des b. Nachl.Ges. ist das gleiche, wie bei der Vermittelung auf Antrag. Selbstverständlich ist, daß die lediglich auf den Antrag Bezug habenden Bestimmungen der §§ 86 und 87 FGG. keine Anwendung finden können; was bei der Vermittelung auf Antrag vom Antragsteller zu betätigen ist, das obliegt bei der amtlichen Vermittelung der Offizialtätigkeit des Gerichts. Da bei letzterem Verfahren kein Antrag vorliegt, so kann natürlich die im § 89 FGG. vorgeschriebene Mitteilung des Antrags, welcher nach § 87 die Beteiligten und die Teilungsmasse bezeichnen muß, nicht erfolgen, weshalb vorstehender Artikel anordnet, daß das Gericht und, wenn die Vermittelung einem Notar überwiesen ist, dieser bei der im § 89 bestimmten Ladung die Beteiligten und die Teilungsmasse zu bezeichnen hat. Diese Ladung hat an sämtliche Beteiligte zu erfolgen.

Obwohl auf das Verfahren nur die Bestimmungen der §§ 88—98 des Gesetzes über die Angelegenheiten der freiwilligen Gerichtsbarkeit Anwendung finden, so werden nachfolgend doch auch die §§ 86 und 87 dieses Gesetzes des Zusammenhangs wegen und mit Rücksicht auf den Artikel 8 des Nachlaßgesetzes mitabgedruckt und erläutert.

§ 86 FGG.

Hinterlässt ein Erblasser mehrere Erben, so hat das Nachlassgericht auf Antrag die Auseinandersetzung in Ansehung des Nachlasses zwischen den Beteiligten zu vermitteln, sofern nicht ein zur Bewirkung der Auseinandersetzung berechtigter Testamentsvollstrecker vorhanden ist.

Antragsberechtigt ist jeder Miterbe, der Erwerber eines Erbteils sowie derjenige, welchem ein Pfandrecht oder ein Niessbrauch an einem Erbteile zusteht.

1. Inhalt des § 86.

Voraussetzungen für die Vermittelung der Auseinandersetzung auf Antrag, Antragsberechtigung.

2. Voraussetzung für die Auseinandersetzung.

1. Es muß eine Mehrheit von Erben (§§ 1922—1941, 2087 ff. BGB.) vorhanden sein (s. Anm. 3).

2. Es muß und braucht nur ein von einem Antragsberechtigten gestellter Antrag auf Vermittelung der Auseinandersetzung' vorliegen. Wenn die im

bayerischen Nachlaßgesetz vorgesehene amtliche Vermittelung der Auseinandersetzung bereits begonnen hat, so gibt es für den Antrag auf Vermittelung der Auseinandersetzung keinen Raum mehr; erklären jedoch während des amtlichen Auseinandersetzungsverfahrens sämtliche Beteiligten, daß sie sich nicht weiter auseinandersetzen wollen, so unterbleibt die weitere amtliche Vermittelung; hiemit ist alsdann das Hindernis für Zulässigkeit des Antrags auf Vermittelung der Auseinandersetzung weggefallen.

3. Es darf kein zur Bewirkung der Auseinandersetzung berechtigter Testamentsvollstrecker vorhanden sein. Siehe Anm. 9.

4. Es darf kein Ausschließungsgrund des BGB. vorliegen. Siehe Anm. 4 lit. g zu Art. 4 Nachl.Ges.

5. Es darf keine Erbteilungsklage hinsichtlich des Gesamtrücklasses anhängig sein. Ergeben sich bei den Verhandlungen Streitpunkte — z. B. wenn einzelne Miterben sich der Auseinandersetzung überhaupt widersetzen, oder wenn die nach Lage der Sache zur freiwilligen Auseinandersetzung erforderliche Einigung aller Erben über die Art der Auseinandersetzung nicht erreicht werden kann, Strohal S. 357 —, so ist gemäß § 95 FGG. das Auseinandersetzungsverfahren bis zur Erledigung der Streitpunkte auszusetzen. Um so mehr ist dann, wenn schon vor Antragstellung Teilungsklage — hinsichtlich des Gesamtrücklasses — erhoben ist, ein Auseinandersetzungsverfahren gar nicht zu beginnen. Ein solches wäre in diesem Falle auch gar nicht durchführbar, da die Besonderheiten des Vermittelungsverfahrens (z. B. das Versäumnisverfahren, die Bestätigung der Auseinandersetzung nebst Zwangsvollstreckung hieraus) neben einem über dem Nachlaß schwebenden Teilungsprozeß nicht bestehen könnte. Ist die Teilungsklage nur auf einzelne Nachlaßgegenstände beschränkt, so kann die Vermittelung der Auseinandersetzung hinsichtlich des noch ungeteilt verbliebenen nicht in den Prozeß verstrickten Nachlasses beantragt werden (vgl. Weißler, Nachl.V. S. 417 f., Staudinger Bd. V S. 264). Dies ist auch aus § 95 FGG. zu folgern, da hier auch eine Auseinandersetzung bezüglich des einen Teiles des Nachlasses vor sich gehen kann, während das Auseinandersetzungsverfahren über den andern Teil des Nachlasses bis zur Erledigung der hierüber bestehenden Streitpunkte auszusetzen ist.

Von der Teilungsklage und den damit in Zusammenhang stehenden Prozeßhandlungen wohl zu unterscheiden ist die für den Fall, daß die Teilung in Natur ausgeschlossen ist, in § 753 BGB. vorgesehene Aufhebung der Gemeinschaft durch Verkauf des gemeinschaftlichen Gegenstandes nach den Vorschriften über den Pfandverkauf, bei Grundstücken (Schiffen) durch Zwangsversteigerung, und durch Teilung des Erlöses.

Durch das Betreiben des Pfandverkaufs, des Zwangsversteigerungsverfahrens ist an sich der Antrag auf Vermittelung der Auseinandersetzung nicht ausgeschlossen; denn der Pfandverkauf, die Zwangsversteigerung führt nur zur Liquidation der unteilbaren Nachlaßgegenstände, dient nur zur Vorbereitung der Erbteilung; es ist keine Zwangsversteigerung im gewöhnlichen Sinne, sondern ein Selbsthilfeverkauf. Es soll für denjenigen Nachlaßgegenstand, über dessen Realteilung keine Einigung zu erzielen ist, ein teilbarer Gegenstand, Geld, beschafft werden (Entsch. des RG. in Civils. Bd. 39 S. 271 ff.). Die Folge dieser Liquidation ist auch nur, daß der Erlös nach dem Surrogationsprinzip an die Stelle der verkauften Nachlaßgegenstände tritt, somit in die Nachlaßmasse fließt. Der Erlös kann aber auch sofort an alle Miterben gemeinschaftlich (§ 2040 Abs. 1 BGB.) verteilt werden, soferne diese hierüber einig sind; ist letzteres nicht der Fall oder bestehen Gründe, den Erlös vorerst in der Nachlaßmasse ungeteilt zu belassen, so besteht dann geradeso, als ob von Anfang an statt der verkauften Gegenstände Geld im Nachlaß sich befunden hätte ein ungeteiltes Nachlaßvermögen, welches dem Antrag auf Vermittelung der Auseinandersetzung unterliegt. Ebenso Weißler, Nachl.V. S. 459, Wolff, Zwangsversteigerungsgesetz S. 327. Ferner Jaeckel, Zwangsversteigerungsgesetz S. 574: „Wenn der zur Verteilung unter die Miteigentümer verbleibende Betrag ermittelt ist, ist die Aufgabe des Zwangsversteigerungsverfahrens beendigt. Zwar steht nichts entgegen, wenn die Miteigentümer unter sich einig sind, den bar vorhandenen Restbetrag ihnen auszubezahlen oder auf jeden von ihnen nach § 118 (ZVG.) die Forderung gegen den Ersteher zu einem bestimmten Teilbetrag zu übertragen; sind aber die Teilhaber uneinig, so ist die Auseinandersetzung unter ihnen nicht Sache des Vollstreckungsgerichts. Es muß im Prozeßweg oder bei Miterben im Wege gerichtlicher Erbauseinandersetzung (§ 86 FGG.) erfolgen. Das Vollstreckungsgericht hat dann den bar vorhandenen Rest des Erlöses zu hinterlegen, oder die Forderung gegen den Ersteher auf die Beteiligten als eine unter ihnen streitige ungeteilt zu übertragen“; ferner Fischer und Schäfer, Zwangsvollstreckung in das unbewegliche Vermögen S. 578: „dadurch, daß ein Auseinandersetzungsverfahren unter Vermittelung des Nachlaßgerichts schwebt (§ 86 ff. FGG.), wird die Zwangsversteigerung nicht ausgeschlossen.“

6. Es darf kein Konkursverfahren über den Nachlaß eröffnet sein.

Auch wenn Nachlaßverwaltung angeordnet ist, kann, solange diese besteht, eine Auseinandersetzung nach den §§ 86 ff. FGG. nicht erfolgen, da nach §§ 1984 f. BGB. die Verwaltung und Verfügung über den Nachlaß den Erben entzogen ist und dem Nachlaßverwalter allein die Verwaltung des Nachlasses zusteht. Diese Aufgabe des Verwalters bringt es mit sich, daß er, soweit es die Befriedigung der Nachlaßgläubiger erfordert, Nachlaßgegenstände nach seinem Gutdünken (aber auch unter möglichster Wahrung der Interessen der Erben, denen er verantwortlich ist), zu verwerten hat. Es wäre ein Unding, wenn gleichzeitig während des Bestehens der Nachlaßverwaltung die Auseinandersetzung über einen der Verfügung durch die Erben entzogenen, dem Willen des Verwalters und nach dessen Willen steten Veränderungen unterworfenen Nachlaß betrieben würde. Siehe hiezu Beschl. d. OLG. Colmar vom 5. März 1902, Das Recht 1902 S. 150.

Nach Berichtigung der bekannten Nachlaßverbindlichkeiten hat der Nachlaßverwalter seine Aufgabe erfüllt, und darf dann den Nachlaß an die Erben ausantworten (§ 1986 BGB.). Die Verteilung des Nachlaßrestes unter die Miterben liegt nicht im Kreise seiner Befugnisse (Prot. Bd. V S. 816). Erst mit Ausantwortung des Nachlaßrestes an die Erben erhalten diese wieder die Verfügung hierüber, und kann also nunmehr ein Antrag auf Vermittelung der Auseinandersetzung gestellt werden. Siehe auch Weißler, Nachl.V. S. 459, 470, Jaeger, Erbenhaftung und Nachlaßkonkurs S. 50, Staudinger Bd. V S. 175, 177.

3. Mehrheit von Erben.

Bei Vorhandensein nur eines Erben und eines Nacherben liegt eine Erbenmehrheit im Sinne des § 86 nicht vor. Der Nacherbe steht zwar in einem Rechtsverhältnis zu seinem Vorerben, nicht aber zu den Miterben, und ist auch kein Miterbe. Der Nacherbe gilt also hier nicht als Erbe. (Dorner S. 379, Birkenbihl S. 290.)

Der Pflichtteilsberechtigte gehört nicht zu den Erben (§§ 1967, 2304 BGB.), außer er ist als Erbe eingesetzt (§§ 2305, 2306 Abs. 1, 2079, 2285 BGB.).

4. Rechtsverhältnis der Miterben.

Der Nachlaß wird gemeinschaftliches Vermögen der Erben (§ 1922 BGB.). Bis zur Auseinandersetzung gelten die Vorschriften der §§ 2033 bis 2041 BGB. Die Erbengemeinschaft unterliegt den Grundsätzen des Miteigentums zur gesamten Hand. Den Erben steht die Verwaltung des Nachlasses und die Verfügung über denselben und damit auch über die einzelnen Nachlaßgegenstände nur gemeinschaftlich zu, die zur Erhaltung notwendigen Maßregeln kann aber jeder Miterbe ohne Mitwirkung der andern treffen. Ein Miterbe kann über seinen Anteil am Nachlaß (§ 2033 BGB. — gerichtliche oder notarielle Beurkundung, in Bayern nur notarielle Beurkundung gemäß Art. 141 EG. z. BGB. und Art. 15 GVG. in der Fassung des Art. 167 Ziff. 1 b. AG. z. BGB., s. Henle und Schneider S. 327 f., Kaisenberg Art. 1 Anm. 2 Ziff. II Nr. 12 —, ferner § 2034 BGB. — Vorkaufsrecht der Miterben —), nicht aber über die einzelnen Nachlaßgegenstände verfügen; der Miterbe kann also bei ungeteiltem Nachlaß z. B. seinen Anteil an einem zum Nachlaß gehörenden Grundstück nicht verkaufen, auch nicht an einen Miterben, kann seinen Anteil hieran nicht mit Hypotheken belasten, nicht abtreten, nicht verpfänden; auch keine Zwangsvollstreckung in seinen Anteil am Nachlaßgrundstück ist möglich (aber sein Anteil am gesamten Nachlaß ist der Pfändung unterworfen, § 859 CPO.). Ferner: Der Nachlaßschuldner kann nur an alle Erben gemeinschaftlich leisten, wogegen jeder Miterbe (nicht alle gemeinsam, also eine Abweichung von dem Grundsatz der gesamten Hand) die Leistung nur an alle Erben, die Hinterlegung der zu leistenden Sache für alle Erben oder, wenn die Sache sich nicht zur Hinterlegung eignet, die Ablieferung derselben an einen gerichtlich zu bestellenden Verwahrer fordern kann. Der Nachlaßschuldner kann nicht mit einer ihm gegen einen einzelnen Miterben zustehenden Forderung an seiner Nachlaßschuld aufrechnen.

Die Auseinandersetzung des Nachlasses kann von jedem Miterben jederzeit verlangt werden (§ 2042 BGB.), ist jedoch zeitlich ausgeschlossen bei Unbestimmtheit der Erbteile wegen der zu erwartenden Geburt eines Miterben, oder weil die Entscheidung über eine Ehelichkeitserklärung, über eine Annahme an Kindesstatt oder über die Genehmigung einer vom Erblasser errichteten Stiftung noch aussteht, bis zur Hebung der Unbestimmtheit, bei Verbot oder Beschränkung der Auseinandersetzung durch letztwillige Verfügung des Erblassers (in Ansehung des Nachlasses oder einzelner Nachlaßgegenstände), bei Aufschub der Auseinandersetzung bis zur Beendigung des nach § 1970 BGB. zulässigen Aufgebotsverfahrens oder bis zum Ablauf der im § 2061 BGB. bestimmten Anmeldungsfrist, bei vereinbartem Ausschluß des Rechtes, die Aufhebung der Gemeinschaft zu verlangen (letzterenfalls kann die Auseinandersetzung auch für immer ausgeschlossen werden). §§ 2043—2045, 749 Abs. 2 u. 3, 750, 751 mit § 2042 Abs. 2 BGB.

Der Anspruch auf Aufhebung der Gemeinschaft unterliegt keiner Verjährung (§§ 2042 Abs. 2, 758 BGB.). Die Art der Auseinandersetzung ist geregelt in den §§ 2046 ff. BGB. Eine Verschiedenheit in der Art der Berufung zur Erbschaft (durch Gesetz oder letztwillige Verfügung) und im Grunde der Berufung, ferner ob der Berufene eine physische oder juristische Person ist, ist ohne Belang. Siehe zu vorstehender Anmerkung Motive z. BGB. Bd. V S. 525—530, 587, 588, ferner Fuchs S. 234 ff., Rausnitz S. 359 f., Dorner S. 379, Birkenbihl S. 289, Keidel S. 86 f., Haidlen Bd. V S. 107 f., Staudinger Bd. V S. 251 ff., Planck Bd. V S. 176 ff., Endemann Bd. III S. 474 ff., Weißler Nachl.V. S. 380 ff., Borcherdt Bd. I S. 165 ff. Siehe auch Anm. 2 zu Art. 4 Nachl.Ges.

5. Zuständigkeit für die Vermittelung.

a) Sachliche Zuständigkeit.

Zuständig für die Vermittelung der Auseinandersetzung ist das Nachlaßgericht (Amtsgericht § 72 FGG.); jedoch bleiben nach Art. 147 Abs. 1 EG. z. BGB. die landesgesetzlichen Vorschriften, nach welchen für die dem Nachlaßgericht obliegenden Verrichtungen andere als gerichtliche Behörden zuständig sind, in Geltung, und können nach Art. 3 a. a. O. auch neue landesgesetzliche Vorschriften erlassen werden (s. auch Neumann Bd. III S. 1333 f.). Auf Grund des Vorbehalts des § 193 FGG. im Zusammenhang mit § 185 Abs. 2 FGG. und Art. 3 EG. z. BGB., wurden in Bayern durch Art. 104 AG. z. BGB., an dessen Stelle nunmehr Art. 8 Nachlaßgesetz getreten ist, neben den Amtsgerichten auch die Notare für die beantragte Vermittelung der Auseinandersetzung für zuständig, für den Fall des Vorhandenseins von Nachlaß-Immobilien für ausschließlich zuständig erklärt. (Da der Vorbehalt des § 193 FGG. sich nur auf die Zuständigkeit bezieht, ist die Landesgesetzgebung, wenn sie die dem Nachlaßgerichte obliegenden Verrichtungen ganz oder zum Teil den Notaren überträgt, zu einer abweichenden Regelung des Verfahrens der §§ 86 ff. auf Grund dieses Vorbehalts nicht befugt. Denkschr. z. FGG. S. 65.)

Die allgemeinen Vorschriften des ersten Abschnitts des FGG., welche für das Vermittelungsverfahren Anwendung finden (§ 1 FGG.), gelten unbeschadet der Bestimmungen des § 194 FGG. auch für die Notare. Ebenso Fuchs S. 237, Jastrow S. 8 f., Schneider S. 142, Weißler S. 128. A. M.

Birkenbihl S. 290 und Rausnitz Ztschrft. f. d. FG. Bd. 25 S. 169, welche die Anwendbarkeit der bezeichneten allgemeinen Vorschriften nur für gegeben erachten, wenn die Übertragung an Behörden, nicht aber an Notare erfolgt. (Trifft für Bayern nicht zu, Art. 6 Abs. 2 Not.Ges.)

Über die Zuständigkeit der Domanialkanzleien siehe Art. 1 Anm. 7 b Nachl.Ges.

b) Örtliche Zuständigkeit.

Siehe Art. 1 Anm. 4 Nachl.Ges.

6. Antrag.

a) Zeitpunkt der Antragsstellung.

Der Antrag gem. § 86 kann mit Erfolg gestellt werden, solange die Nachlaßgemeinschaft noch nicht vollständig aufgehoben ist und ein Antrag auf Vermittelung der Auseinandersetzung von anderer Seite noch nicht vorliegt.

Der Antrag kann sofort nach dem Eintritt des Erbfalls, bei Vorhandensein einer letztwilligen Verfügung sofort nach Eröffnung derselben gestellt werden. Insbesondere ist im Gesetz nicht bestimmt, daß erst nach Annahme der Erbschaft durch alle Miterben, was bei im Ausland wohnenden Erben mit Rücksicht auf die sechsmonatige Ausschlagungsfrist sich erst nach dieser Zeit entscheiden kann, eine Auseinandersetzung beantragt werden darf. Es kann vielmehr jeder Erbe, bevor feststeht, wer seine Miterben sind, (eine Unbestimmtheit der Erbteile darf aber nicht bestehen), die Vermittelung der Auseinandersetzung mit rechtlicher Wirkung beantragen. Hiebei sind für die noch ungewissen Erben gem. §§ 1913, 1960 BGB. Pfleger zur Verwaltung der Erbteile zu bestellen. Enneccerus und Lehmann, das Bürgerl. Recht S. 733. Ebenso Strohal, das deutsche Erbrecht S. 530 f. (Sind also z. B. des Erblassers Sohn A und die Kinder von dessen verstorbenem Sohn B zur gesetzlichen Erbfolge berufen, so steht, selbst wenn zur Zeit des Erbfalls noch mit der Möglichkeit gerechnet werden muß, daß zu den bereits geborenen Kindern des B noch ein nachgeborenes Kind hinzutreten wird, doch bereits fest, daß dem A die Hälfte der Erbschaft und den Kindern des B zusammen die andere Hälfte gebührt; nach der Vorschrift des § 2043 BGB. hat hier bis zur Behebung der hervorgehobenen Ungewißheit nur die Auseinandersetzung unter den Kindern des B einen Aufschub zu erfahren, nicht auch die Auseinandersetzung zwischen A und der Gesamtheit der Kinder des B.) Dieser Fall ist völlig verschieden von dem die Auseinandersetzung aufschiebenden Fall des § 2043 BGB., wo eine objektive Ungewißheit über die Anzahl der berufenen Erben und um deswillen eine Ungewißheit über die Größe der Erbteile besteht.

Ebenso kommt auch das Auseinandersetzungsverfahren nicht zum Stillstand, wenn während desselben ein Miterbe stirbt und dessen Erbe noch nicht feststeht.

b) Form des Antrags.

Der Antrag ist an eine besondere Form nicht gebunden, er kann in jeder Form gestellt werden, er kann sowohl zum Protokoll des Gerichtsschreibers des Nachlaßgerichts, wie überhaupt jeden Amtsgerichts, also auch zu Protokoll des Amtsrichters (s. auch Dorner S. 73, Birkenbihl S. 44) erklärt werden. Der Antrag auf Auseinandersetzung in Ansehung eines Nachlasses (eines Gesamtguts) soll, wenn er bei dem zuständigen Amtsgericht gestellt wird, gem. § 138 Nachl.O. in der Regel nicht vom Gerichtsschreiber, sondern vom Richter selbst entgegengenommen werden. Der Antrag kann in schriftlicher oder mündlicher Form, auch telegraphisch, telephonisch (im letzteren Fall ist das Gespräch von dem Richter abzunehmen) erfolgen. Auch von den Antragstellern selbst nicht geschriebene, nicht unterschriebene Anträge sind zulässig, sofern aus dem Inhalte des Schriftstückes der Antragsteller ersichtlich ist und daraus auch hervorgeht, daß der Antrag von ihm stammt. (Vgl. aber Rausnitz S. 67: „Das Gericht hat stets das Recht, sich davon zu vergewissern, daß eine Erklärung der in Betracht kommenden Person vorliegt und wird zu diesem Zwecke Einreichung einer eigenhändig unterschriebenen Erklärung oder Abgabe derselben zu Protokoll des Gerichtsschreibers fordern können. Sobald es sich um wichtigere Akte, Anträge ꝛc. handelt, wird es pflichtmäßig diese Form fordern müssen. Es ist dies für das Antragsverfahren wichtig, da in einem solchen der Mangel eines Antrags die Verfügung unwirksam macht".)

Mündliche Anträge sind, wenn beim Gerichtsschreiber gestellt, zu Protokoll — Unterschrift des Antragstellers ist nicht erforderlich — zu nehmen, wenn bei dem Richter gestellt, nach dessen Ermessen zu Protokoll zu nehmen oder durch einfache Vormerkung aktenkundig zu machen, sofern er den Antragsteller nicht an den Gerichtsschreiber verweisen will. (Vgl. auch Komm.Ber. z. FGG. S. 11; s. Dorner S. 73, Schneider S. 144, 19.)

Daß schriftliche Anträge vom Antragsteller nicht selbst geschrieben, daß sie von ihm nicht unterschrieben sein brauchen, geht auch aus den bei Beratung des § 11 FGG. in der Reichstagskommission abgegebenen Äußerungen des Bundesratsvertreters hervor, welcher erwähnte: „ferner ließen häufig schreibensunfähige bzw. unkundige Leute ihre Anträge und Erklärungen durch die Ortschulzen oder Lehrer aufnehmen und dem Gerichte einreichen; es sei nicht ersichtlich, weshalb solche Schriftstücke unter allen Umständen unberücksichtigt bleiben sollten." Komm.Ber. z. FGG. S. 11.

Rausnitz S. 361, 67, ferner derselbe in Zeitschr. f. CP. Bd. 25 S. 171, sowie Birkenbihl S. 291, Fuchs S. 238 betrachten den Antrag auf Nachlaßregulierung als ein Rechtsgeschäft; das infolge des Antrags eröffnete Verfahren stelle sich als ein Rechtsverhältnis der Parteien dar. Es müßten also die Erfordernisse des § 126 BGB. berücksichtigt werden, wonach der Antrag entweder vom Antragsteller eigenhändig durch Namensunterschrift oder mittels gerichtlich oder notariell beglaubigten Handzeichens unterzeichnet oder in gerichtlicher oder notarieller Beurkundung gestellt werden müßte. Im Gegensatz zu dieser Auffassung kann jedoch mit Weißler S. 130 ein Rechtsgeschäft in dem Antrag nicht erblickt werden.

c) Inhalt des Antrags.

Siehe Anm. 2 lit. b zu § 87 FGG.

d) Zurücknahme des Antrags.

Die Frage der Zulässigkeit der Zurücknahme des Antrags und die Frage, wielange eventuell die Zurücknahme zulässig sei und in welcher Form sie zu erfolgen habe, ist im Gesetz nicht behandelt (durch Landesgesetz können entsprechende Vorschriften gemäß § 200 FGG. erlassen werden), unterliegt aber folgenden Erwägungen: Da das Antragsrecht ein einseitiges Recht des Antragstellers ist, muß derselbe auch für berechtigt erachtet werden, wieder einseitig seinen Antrag zurückzunehmen, und zwar solange als die übrigen Beteiligten aus seinem Antrage Rechte am Verfahren noch nicht erworben haben. Solche Rechte muß man den übrigen Beteiligten aber zuerkennen von dem Zeitpunkt an, in dem die Ladung zum Verhandlungstermin (§ 89 FGG.) erfolgt ist, da hiedurch die Wirkung des Antrages nach außen getreten und somit der Machtsphäre des Antragstellers entrückt ist. Mit Rausnitz S. 361, Ztschr. f. CP. Bd. 25 S. 172 muß man sagen, daß mit der Ladung unter den Beteiligten ein Rechtsverhältnis begründet worden ist, diese bei Vermeidung gewisser Nachteile zur Teilnahme am Verfahren gezwungen werden und somit auch berechtigt sind, die Fortsetzung des Verfahrens zu verlangen, auch wenn es der Antragsteller nicht fortsetzen will. Es geht also das Recht des Antragstellers, einseitig den Antrag zurückzuziehen, mit der Ladung gemäß § 89 FGG. verloren. Ebenso Birkenbihl S. 292, Fuchs S. 239; a. A. Schultze-Görlitz S. 179, welche das Zurücknahmerecht bis zu dem Zeitpunkt, in welchem verbindliche Vereinbarungen der Beteiligten getroffen sind, also jedenfalls bis zum Verhandlungstermin erstreckt haben will.

Solange die Zurücknahme des Antrags zulässig ist, ist auch eine Abänderung des Antrags (Erweiterung oder Einschränkung desselben, z. B. der auf Auseinandersetzung hinsichtlich des ganzen Nachlasses gestellte Antrag wird auf Auseinandersetzung bezüglich eines Teiles des Nachlasses beschränkt) möglich. Die Zurücknahme des Antrags kann selbstverständlich in jeder Form erfolgen, ist also nicht an die gleiche Form gebunden, in welcher der Antrag gestellt wurde.

Siehe auch Art. 8 Anm. 6 Nachl.Ges. und § 257 b Abs. 4 Gesch.O. f. d. Not. in der neuen Fassung und § 131 Nachl.O.

7. Beteiligte.

Der Kreis der Beteiligten ist größer als der der Antragsberechtigten. (S. Anm. 10.)

Beteiligt sind alle diejenigen Personen, von deren Mitwirkung die Auseinandersetzung und die dauernde Wirksamkeit der Auseinandersetzung abhängig ist. Es gehören hiezu:

a) der Miterbe;

b) der Nacherbe, wenn über ein Nachlaßgrundstück oder ein zum Nachlaß gehörendes Recht an einem Grundstück, sowie über zum Nachlaß gehörende Hypotheken, Grund- und Rentenschulden verfügt werden soll (§ 2113 Abs. 1 BGB.; Denkschrift z. FGG. S. 61: „Wer zu den Beteiligten gehört, ergibt sich aus den Vorschriften des BGB. Insbesondere wird danach, wenn die Miterben bei der Teilung über ein zur Erbschaft gehöriges Grundstück Verfügungen treffen, auch der etwaige Nacherbe zu dem Verfahren heranzuziehen sein, da andernfalls bei Eintritt der Nacherbfolge diese Verfügungen insoweit unwirksam wären, als sie das Recht des Nacherben vereiteln oder beeinträchtigen würden. BGB. § 2113 Abs. 1.");

c) der Nießbraucher (§ 1066 Abs. 1 und 2 BGB.), sowie der Pfandgläubiger (§ 1258 Abs. 1 und 2 BGB.) eines Erbteils. Diese sind mit dem Miterben, an dessen Anteil der Nießbrauch, das Pfandrecht besteht, gemeinschaftlich beteiligt; siehe im übrigen Anm. 10 c;

d) der Erbschaftskäufer; siehe Anm. 10 b;

e) der Dritte, nach dessen Ermessen die Auseinandersetzung erfolgen soll (§ 2048 BGB.).

f) Ist über das Vermögen eines Miterben der Konkurs eröffnet, so gehört auch der Konkursverwalter an Stelle des Miterben, welcher nach § 6 KO. mit der Eröffnung des Konkursverfahrens die Befugnis, sein zur Konkursmasse gehöriges Vermögen (§ 1 KO.) zu verwalten und über dasselbe zu verfügen, verliert, zu den am Verfahren Beteiligten. Siehe hiezu § 16 KO. und Jaeger, Komm. z. KO. S. 133 ff.

Der Erbfall muß jedoch bereits vor Eröffnung des Konkursverfahrens eingetreten sein (§ 9 KO.), da bei Eintritt des Erbfalls nach Konkurseröffnung der betreffende Erbteil nicht in die Konkursmasse fällt, sondern dem Gemeinschuldner das freie Verfügungsrecht daran zusteht; im letzteren Falle ist also der Miterbe nicht Gemeinschuldner und damit „Beteiligter".

g) Ist nach Eintritt des Erbfalls ein Miterbe gestorben und über dessen Nachlaß die Nachlaßverwaltung angeordnet oder der Nachlaßkonkurs eröffnet worden, so kommen als Beteiligte der Nachlaßverwalter, der Konkursverwalter in Betracht.

h) Steht ein Beteiligter unter elterlicher Gewalt, so erscheint im Verfahren der Gewalthaber als beteiligt. In derselben Weise erscheinen als beteiligt der Vormund, der Pfleger und der Beistand, letzterer nur dann, wenn ihm die Vermögensverwaltung ganz oder teilweise übertragen ist (§ 1693 BGB.).

i) Ist eine Ehefrau Beteiligte, so erscheint als mitbeteiligt auch der Ehemann, außer es gilt für die Ehe Gütertrennung oder es kommt der Erbteil der Ehefrau nur als Vorbehaltsgut derselben in Betracht.

Es handelt sich also bei der Auseinandersetzung nicht um erbrechtliche Erklärungen, wozu die Ehefrau der Zustimmung des Ehemanns nicht bedarf (§§ 1406, 1453, 1519, 1549 BGB.).

Ist der Ehemann durch Krankheit oder durch Abwesenheit an der Abgabe einer Erklärung verhindert und mit dem Aufschub Gefahr verbunden, so ist die Mitwirkung des Ehemanns nicht erforderlich (§§ 1401, 1450, 1525, 1549 BGB.).

k) Ist ein in allgemeiner Gütergemeinschaft oder Fahrnisgemeinschaft lebender Ehemann beteiligt, so bedarf er, wenn zum Nachlaß ein Grundstück gehört, zur Auseinandersetzung der Einwilligung der

Ehefrau, welche also in diesem Falle gleichfalls beteiligt ist (§§ 1445, 1549 BGB.). Im Falle der §§ 1450, 1549 BGB. (Verhinderung des Ehemanns durch Krankheit, Abwesenheit und Gefahr bei Aufschub) kann die Ehefrau für den Ehemann handeln.

Nicht beteiligt am Nachlaßverfahren ist der Nachlaßgläubiger, der persönliche Gläubiger eines der Miterben (wenn nicht Pfandgläubiger hinsichtlich dessen Erbteils), der Vermächtnisnehmer, der nicht ausdrücklich zum Erben ernannte Pflichtteilsberechtigte. Die unter lit. h) genannten Personen sind zwar persönlich nicht beteiligt, müssen aber im Verfahren für die Beteiligten handeln.

8. Verfahren.

Durch die §§ 86 ff. ist eine neue, den Angelegenheiten der freiwilligen Gerichtsbarkeit angehörende Tätigkeit des Nachlaßgerichts eingeführt worden, welche sich zur möglichsten Vermeidung von Erbstreitigkeiten als notwendig erwiesen hat. Abgesehen von wirklichen Streitpunkten können sich einer Aufhebung der Gemeinschaft der Erben Schwierigkeiten entgegenstellen, z. B. infolge großer Erbenanzahl, räumlicher Entfernungen der einzelnen Erben voneinander, großen Umfangs des Nachlasses, besonders komplizierter erbrechtlicher Verhältnisse; oder einzelne Erben haben aus persönlichen Gründen an der Auseinandersetzuug kein Interesse mehr, weil sie z. B. wegen einer für sie bestehenden Ausgleichungspflicht aus dem Nachlaß nichts oder sehr wenig zu erwarten haben; oder es bestehen unter den einzelnen Erben Feindschaften, welche ein Zusammenwirken ausschließen. In vielen solchen Fällen konnte eine Auseinandersetzung auf dem gütlichen Wege nicht erreicht werden; es mußte vielmehr der Rechtsweg beschritten werden. Um solchen Mißständen abzuhelfen wurde die gerichtliche Vermittelung der Auseinandersetzung in Ansehung des Nachlasses geschaffen. Hiebei steht dem Richter lediglich eine Vermittelungstätigkeit, keine Entscheidung zu; er darf also insbesondere Streitigkeiten nicht entscheiden, kann aber durch Abminderung bestehender Gegensätze und durch Aufklärung bestehender Irrtümer solche Streitigkeiten zu schlichten versuchen und so ohne Prozeß die Auseinandersetzung durchführen. Der Richter hat insbesondere auch nicht zu prüfen, ob die Vereinbarungen zweckmäßig, für alle Beteiligte gleichheitlich billig sind (s. Schultze-Görlitz S. 175, abweichend hievon Schneider S. 152 Anm. 6 zu § 91), ob sie den gesetzlichen Teilungsgrundsätzen entsprechen, ob ein Anwesender besser gestellt ist als ein Abwesender 2c. (Ist der Nachlaßrichter zugleich Vormundschaftsrichter, so unterliegen die Vereinbarungen seiner Einwirkung, aber nur auf Grund seiner vormundschaftsrichterlichen Befugnisse; in dieser Beziehung erscheint dann das Gericht nicht als Vermittelungsorgan.) Wenn das Gericht auch nicht Abänderungen von Vereinbarungen fordern darf, so kann es die Beteiligten vermittelnderweise wohl auf das Unbillige einzelner Vereinbarungen aufmerksam machen und ihnen Abänderung derselben anempfehlen. Aus der Vermittelungstätigkeit des Gerichts folgt weiter, daß es weder zur Veräußerung noch zur Veranlassung der Abschätzung von Nachlaßgegenständen berechtigt ist (Rausnitz S. 361 gesteht dem Gericht das Recht der Abschätzung zu), wenn nicht sämtliche Beteiligte dies beantragen (Schultze-Görlitz S. 175); Zwangsbefugnisse stehen dem Gerichte nicht zu (a. A. Birkenbihl S. 290).

Gemäß § 2046 BGB. sind aus dem Nachlaß zunächst die Nachlaßverbindlichkeiten zu berichtigen.

Ob das mit der Auseinandersetzung befaßte Gericht (Notar) die Berichtigung der Nachlaßverbindlichkeiten verlangen kann, ist kontrovers. Nach Birkenbihl S. 290 hat das Nachlaßgericht dafür zu sorgen, daß die Nachlaßverbindlichkeiten berichtigt werden. Ebenso Rausnitz Ztschr. f. EP. Bd. 25 S. 167. Ferner Planck Bd. V S. 197. „Er — § 2046 — enthält aber zugleich eine Verfahrensvorschrift, auf deren Befolgung das mit der Auseinandersetzung befaßte Nachlaßgericht bzw. der Notar auch dann hinzuwirken hat, wenn, wie es praktisch nicht selten vorkommt, die Erben auf eine möglichst beschleunigte Teilung dringen". Strohal S. 356 ff. stellt als allgemeinen Grundsatz auf, daß eine sachliche Prüfung des Inhalts der Vereinbarung außerhalb der Aufgaben des die Auseinandersetzung vermittelnden Gerichts liegt. Durch die vom Gericht ausgesprochene Bestätigung soll vielmehr nur festgestellt werden, daß die unter seiner Vermittelung geführte Verhandlung innerhalb der vom Gesetze gezogenen Schranken vollständig oder doch teilweise zum Abschluß gelangt ist. Die gegen den Bestätigungsbeschluß zulässige sofortige Beschwerde kann daher auch nur auf Verletzung von Verfahrensvorschriften gegründet werden. Eine diesen Grundsätzen (daß die Nachlaßverbindlichkeiten vor der Teilung zu bezahlen sind) widersprechende Teilung kann von allen Miterben zwar einstimmig beschlossen, aber nicht von einem Miterben dem andern gegenüber verlangt werden.

Die in vorstehenden Ausführungen enthaltenen allgemeinen Grundsätze einschränkend bemerkt Strohal S. 358, daß das die Auseinandersetzung vermittelnde Nachlaßgericht sich bei der Aufstellung des Auseinandersetzungsplanes an diese (gesetzlichen) Vorschriften halten wird und, soweit es an ihm liegt, auch dafür zu sorgen habe, daß die Miterben nicht durch Nichtbeachtung derselben unerwartete Nachteile treffen.

Der so formulierten Fassung wird man beistimmen können, nicht aber der Auffassung Staudingers Bd. V S. 270, daß die Vorschriften des § 2046 befolgt werden müßten. Die Erben sind vielmehr vollständig berechtigt, die Nachlaßverbindlichkeiten erst nach der Teilung zu berichtigen; dagegen kann jeder einzelne Erbe verlangen, daß zunächst die Nachlaßverbindlichkeiten berichtigt werden, und der Nachlaß, soweit erforderlich, dazu versilbert wird. Siehe Matthias Bd. II S. 549; Enneccerus und Lehmann Bd. II S. 735 führt hiezu aus: „Ein Anrecht aber, diese vorherige Berichtigung der Nachlaßverbindlichkeiten zu verlangen, haben nur die Miterben, nicht die Nachlaßgläubiger, auch nicht Pflichtteilsberechtigte. Die Protokolle der 2. Kommission, auf deren Beschlüsse die ganze Regelung des Gesamthandverhältnisses zwischen den Erben zurückgeht, besagen (S. 8147) ausdrücklich: Die Vorschriften des § 2046 seien nur in dem Sinne erfolgt, daß damit ein Anspruch unter den Erben selbst begründet wird.

Die Erben sind also berechtigt, die Erbteilung schon vor der Befriedigung der Nachlaßgläubiger vorzunehmen. Allerdings verfolgt die vom Gesetzbuche getroffene Regelung, daß die Schulden nicht eo ipso geteilt sind, den Zweck, die Befriedigung der Gläubiger aus dem noch ungeteilten, den Miterben zur gesamten Hand zustehenden Nachlasse zu erwirken. Aber der Gesetzgeber hat sich gescheut, eine Vorschrift zu treffen, welche die Erben zwingt, mit der Auseinandersetzung bis zur Schuldenregulierung zu warten. Eine solche Vorschrift könnte in zahlreichen Fällen als drückende Fessel empfunden werden, indem bei durchaus solventem Nachlaß die Gläubiger ein besonderes Interesse an der Hinausschiebung der Auseinandersetzung nicht haben."

Siehe ferner Endemann, Lehrbuch zum Bürgerlichen Gesetzbuch Bd. III S. 490: „Einen Zwang auf die Entschließung der einzelnen Beteiligten kann das Nachlaßgericht ebensowenig ausüben, wie eine materielle Entscheidung über ihre Rechte treffen."

Die Rechtsstellung des Nachlaßgerichts ist m. E. mit den letzteren Kommentatoren so aufzufassen, daß das Nachlaßgericht wohl die Erbbeteiligten auf die Bestimmung des § 2046 und die Folgen bei Nichtberücksichtigung dieser Vorschriften hinweisen kann, daß aber das Nachlaßgericht kein Mittel hat, die Erben zur Beobachtung dieser Vorschriften zu zwingen, insbesondere nicht die Beurkundung und Bestätigung von diese Vorschriften nicht berücksichtigenden Vereinbarungen verweigern darf.

Die Verhandlungen selbst hat der Richter zu leiten, hiebei als vermittelndes und beratendes Organ die Einigung der Beteiligten zu versuchen, die tatsächlichen und rechtlichen Verhältnisse festzustellen, die Vereinbarungen zu beurkunden und zu bestätigen, den Auseinandersetzungsplan aufzustellen und die Auseinandersetzung zu bestätigen. Hiedurch wird der Auseinandersetzung eine über die Wirkung des außeramtlichen Erbauseinandersetzungsvertrags hinausgehende Kraft verliehen. (Keidel, Bl. f. Rechtsanwendung Bd. 64 S. 145.)

Darin, daß für die Beteiligten ein gewisser Zwang besteht, im Termin zu erscheinen, weil das Nichterscheinen Versäumnisfolgen nach sich zieht, und dadurch, daß den vorgängigen Vereinbarungen bzw. der Auseinandersetzung durch die Bestätigung Rechtskraft verliehen wird, liegt eines der Hauptmerkmale des Auseinandersetzungsverfahrens.

Ist einmal der Antrag, gegen den als solchen ein Widerspruchsrecht den Erben nicht zusteht, gestellt und derselbe nicht abgelehnt worden, so hat das Gericht von Amts wegen vorzugehen und dadurch das weitere Verfahren, welches man in 4 Abschnitte — Antrag, Ladung, Verhandlung mit Beurkundung, Bestätigung — teilen kann, in Gang zu bringen. Insbesondere kann es von Amts wegen die erforderlichen Vermittelungen veranstalten und die geeignet erscheinenden Beweise aufnehmen (§ 12 FGG.). Dieses vom Gericht eingeleitete Verfahren kann aber in jedem Stadium desselben wieder zum Stillstand kommen, wenn die sämtlichen Beteiligten erklären, daß sie sich nunmehr außeramtlich oder überhaupt nicht mehr auseinandersetzen wollen. Ebenso Birkenbihl S. 292 f.

Der Zweck des Verfahrens gipfelt in der Feststellung, ob und wie geteilt werden soll. Hiebei obliegt dem Gericht nur die Vermittelung, nicht die Ausführung der Teilung. Letztere kann wohl dem Gericht übertragen werden, gehört aber nicht zu dessen Aufgaben.

Die Durchführung der Teilung kann vermittelst der bestätigten vorgängigen Vereinbarungen und der Auseinandersetzung im Wege der Zwangsvollstreckung durchgeführt werden.

9. Testamentsvollstrecker.

Der Testamentsvollstrecker hat nach § 2204 Abs. 1 BGB. die Auseinandersetzung unter den Erben zu bewirken, wenn ihm diese Befugnis nicht durch entgegenstehenden Willen des Erblassers entzogen ist (§§ 2208 f. BGB.). Es bedarf also nicht einer besonderen Anordnung des Erblassers, um ihm die Auseinandersetzung zu überweisen, sondern vielmehr einer besonderen Anordnung, wenn ihm die Auseinandersetzung nicht überwiesen sein soll.

Der zur Bewirkung der Auseinandersetzung berechtigte und damit auch verpflichtete Testamentsvollstrecker hat vor Ausführung der Auseinandersetzung über den Auseinandersetzungsplan die Erben zu hören; hiemit soll diesen die Möglichkeit gegeben sein, sie mit ihren Anträgen, Wünschen und ihrem Widerspruch zu hören. Wenn auch diese Vorschrift eine unbedingte ist, so ist eine ohne deren Befolgung vom Testamentsvollstrecker vorgenommene Auseinandersetzung trotzdem nicht unwirksam, dieselbe aber nach § 2219 BGB. unter dem Gesichtspunkt der Pflichtverletzung des Testamentsvollstreckers zu beurteilen (s. auch Staudinger Bd. V S. 453).

Ob der Testamentsvollstrecker durch die Erben zu einer Abänderung des Auseinandersetzungsplanes sich bewegen läßt, ob er bei Widerspruch der Erben sich an der Durchführung hindern lassen will, ist seinem Ermessen überlassen. Jedenfalls wird er sich immer von der Rücksicht auf seine Verantwortlichkeit gegenüber den Erben leiten lassen (Planck Bd. V S. 397).

Die Bewirkung der Auseinandersetzung erfolgt mangels besonderer letztwilliger Teilungsanordnungen nach den gesetzlichen Teilungsvorschriften des BGB. (§§ 2042 bis 2056 BGB.). Der Testamentsvollstrecker braucht nicht erst durch Prozeß die Durchführung einer den gesetzlichen Vorschriften oder dem letzten Willen des Erblassers entsprechenden Teilung gegenüber dem Widerspruch eines der Erben erzwingen, sondern er kann kraft seines Amtes selbst dann, wenn sämtliche Erben der Ausführung eines solchen Vorschriften entsprechenden Auseinandersetzungsplanes widersprechen, die Auseinandersetzung durchführen. Empfehlenswert wird dieses Verfahren zwar nicht sein, da die Erben nach Beendigung des Amtes des Testamentsvollstreckers unter Aufhebung der von diesem vorgenommenen Teilung doch nach ihrem Willen die Teilung vornehmen können.

Auch der vormundschaftsrichterlichen Genehmigung bedarf der Testamentsvollstrecker zu der von ihm vorgenommenen Auseinandersetzung nicht, wenn bevormundete Erbbeteiligte in Betracht kommen. Es unterscheidet sich somit die von diesem vorgenommene Auseinandersetzung in ganz wesentlichen Punkten von der Auseinandersetzung des § 86 FGG. Während das Nachlaßgericht nur zu vermitteln hat, geht die Aufgabe des Testamentsvollstreckers weiter, indem derselbe auch materiell eingreifend die Auseinandersetzung zu bewirken hat mit rechtlicher Wirkung unter den (möglicherweise widersprechenden) Erben. Mit Recht nennt Weißler S. 129 im Gegensatz zur Vermittelung der Auseinandersetzung die Testamentsvollstreckung eine zwangsweise Auseinandersetzung, bei der den Erben überlassen bleibt, ihren Widerspruch gegen die Gesetzmäßigkeit der Verfügungen des Testamentsvollstreckers durch Klage geltend zu machen, während die gerichtliche Auseinandersetzung trotz Versäumnisverfahren und Vollstreckbarkeit immer eine freiwillige bleibt.

Da dem Testamentsvollstrecker derart weitgehende, über die Befugnisse des Nachlaßgerichts hinausgehende Machtbefugnisse eingeräumt sind, so bleibt, abgesehen davon, daß in diesem Fall kein Bedürfnis für die Vermittelung der Auseinandersetzung besteht, auch kein Raum für dieselbe, da eine solche dem Rechtsinstitut der Testamentsvollstreckung entgegenstehen würde. Selbst dann, wenn der Testamentsvollstrecker und alle Nachlaßbeteiligten die Auseinandersetzung durch das Gericht betätigt wissen wollten, also einen entsprechenden Antrag stellen würden, könnte das Gericht angesichts der strikten Vorschrift des § 86 diesem Antrag nicht stattgeben; es müßte der Testamentsvollstrecker sein Amt erst niederlegen, damit einem solchen Antrag stattgegeben werden könnte, soferne dann nicht vom Gericht ein anderer Testamentsvollstrecker gemäß der letztwilligen Bestimmung zu ernennen wäre (s. auch Planck Bd. V S. 395).

Wenn der Testamentsvollstrecker und die Erben eine von ihnen vereinbarte Auseinandersetzung vom Notar beurkunden lassen wollen, so ist dies nichts anderes als eine Art Erbteilungsvertrag und natürlich keine Auseinandersetzung im Sinne des § 86.

Solange noch nicht feststeht, ob der ernannte Testamentsvollstrecker das Amt annehmen oder ablehnen wird, kann einem Antrag auf Vermittelung nicht stattgegeben werden (Erwirkung der Feststellung § 2202 BGB.).

Daß dann, wenn die Tätigkeit des Testamentsvollstreckers durch den Erblasser nur auf einen Teil des Nachlasses oder einzelne Nachlaßbestandteile eingeschränkt ist, bezüglich des übrigen Nachlasses eine Auseinandersetzung möglich ist, ist selbstverständlich. Siehe auch Schultze-Görlitz S. 175.

10. Antragsberechtigter.

Es genügt der Antrag e i n e s Antragsberechtigten zur Einleitung des Verfahrens. Der Kreis der Antragsberechtigten ist kleiner als der der Beteiligten.

Antragsberechtigt ist

a) jeder Miterbe.

Der Nacherbe ist in diesem Sinne nicht als Miterbe anzusehen und gehört nicht zu den Antragsberechtigten. (Der Nacherbe als Beteiligter siehe Anm. 7 b.) An die Stelle eines nach dem Tode des Erblassers gestorbenen Miterben treten dessen Erben. Das Auseinandersetzungsverfahren erleidet hiedurch keine Verzögerung;

b) der Erwerber eines Erbteils.

Jeder Miterbe kann über seinen Erbteil verfügen; der Erwerber des Erbteils kann diesen wieder weiterveräußern (§§ 2033, 2034, 2037,

2038, 2371 ff., 2385 BGB.). Der Miterbe, der seinen Anteil veräußert, scheidet hiemit aus der Reihe der Antragsberechtigten aus, um den neuen Erwerber des Erbteils an seine Stelle treten zu lassen. Nur immer der letzte Erwerber des Erbteils ist zur Antragstellung berechtigt. Der Miterbe, sowie die in Mitte liegenden Anteils-Erwerber scheiden aus;

c) derjenige, dem ein Pfandrecht oder ein Nießbrauch an einem Erbteil zusteht.

Das Pfandrecht kann durch Vertrag oder durch Pfändung (§§ 859 Abs. 2, 804 CPO.) entstanden sein. Letzterenfalls steht dem Pfändungspfandgläubiger die Antragsberechtigung nur zu, wenn er im Besitz eines rechtskräftigen Schuldtitels ist. Vorläufige Vollstreckbarkeit desselben (§§ 751 Satz 2, 2042 Abs. 2 BGB.) genügt nicht zur Antragsberechtigung. Hienach ist auch der Arrestpfandgläubiger zur Antragstellung nicht zuzulassen; denn, wenn auch der Arrest die Wirkungen der Zwangsvollstreckung äußert, so findet die Anordnung des Arrestes doch lediglich zur Sicherung der Zwangsvollstreckung statt und wird hiedurch lediglich ein einstweiliger Zustand geschaffen, ohne daß bereits feststeht, ob diese Pfändung auch aufrecht erhalten bleiben kann. Es wohnt also der Arrestpfändung lediglich der Charakter vorläufiger Vollstreckbarkeit inne, was das Antragsrecht ausschließt. Ebenso Rausnitz S. 360, Schultze-Görlitz S. 177, Birkenbihl S. 291.

Die Aufhebung der Gemeinschaft kann aber von dem Nießbraucher (§ 1066 Abs. 2 BGB.) und dem Pfandgläubiger (§ 1258 Abs. 2 BGB.) nur gemeinschaftlich mit dem Miterben verlangt werden. Zur Mitwirkung ist immer der Miterbe benötigt, seine Weigerung kann nur auf dem Klageweg durch Urteil überwunden werden. Daß durch § 86 Abs. 2 FGG. nicht die Mitwirkung des Erben ausgeschlossen werden wollte, geht aus der Denkschrift z. FGG. S. 61 hervor, in welcher ausdrücklich auf §§ 1066, 1258 BGB. hingewiesen ist; denn diese Paragraphen verlangen das gemeinschaftliche Zusammenwirken mit dem Miteigentümer, hier also mit dem Miterben. Ebenso Schultze-Görlitz a. a. O.; a. A. Weißler S. 130 und Nachl.V. S. 433, welcher den Antrag nur des Nießbrauchers oder nur des Pfandgläubigers, also jeden für sich zuläßt, da die Antragsberechtigung mit dem materiellen, in diesem Stadium des Verfahrens noch nicht in Betracht kommenden Rechte auf Aufhebung der Gemeinschaft nicht zusammenfalle.

Nach dem Eintritt der Verkaufsberechtigung ist der Pfandgläubiger unabhängig vom Erben allein zur Antragstellung berechtigt, da er zur Aufhebung der Gemeinschaft der Zustimmung des Miterben nicht mehr bedarf. Er ist dann auch nicht mehr an eine Vereinbarung gebunden, durch welche die Miterben das Recht, die Aufhebung der Gemeinschaft zu verlangen, für immer oder auf Zeit ausgeschlossen oder eine Kündigungsfrist bestimmt haben (§ 1258 Abs. 2 BGB.). Nach Rausnitz S. 360 bleibt neben dem Pfandgläubiger der Miterbe auf alle Fälle Beteiligter am Verfahren. Dieser Ansicht kann in dieser Allgemeinheit nicht beigepflichtet werden.

d) Der Ehemann ist in den Fällen, in denen die Ehefrau Miterbin ist (s. Anm. 7 i), neben dieser antragsberechtigt. Ebenso Dorner S. 380, Birkenbihl S. 291, Fuchs S. 235; a. A. Schneider S. 143, welcher, wenn eine Ehefrau Miterbin ist, und deren Erbteil in das Gesamtgut der ehelichen Gütergemeinschaft gehört, den Ehemann allein und mit seiner Zustimmung die Ehefrau für antragsberechtigt erklärt.

e) Der Konkursverwalter (über das Vermögen eines Miterben) und der Nachlaßverwalter (über den Nachlaß eines Miterben) ist antragsberechtigt in den in Anm. 7 f und g angegebenen Fällen. Siehe Jaeger, Komm. z. KO. S. 134 Anm. 12.

Der Antrag kann auch durch Bevollmächtigte der Antragsberechtigten gestellt werden. Auf Verlangen (auch der Beteiligten) haben sie aber ihre Bevollmächtigung mit öffentlich beglaubigter Vollmacht nachzuweisen (§ 13 FGG.).

Nach Weißler, Komm. S. 130 stehe nichts im Wege, auf Antrag eines Nichtberechtigten die Berechtigten vorzuladen, weil dann die Beteiligung auch nur eines Berechtigten am Verfahren den Antrag ersetze. Dieser Auffassung kann keineswegs beigepflichtet werden; denn mit dieser steht der Gesetzestext in Widerspruch, welcher die Antragsberechtigten ausdrücklich bezeichnet und damit den Kreis derselben geschlossen haben will; zum Antrag Nichtberechtigte können also sicherlich nicht zugelassen werden. Dem stünde auch das Wesen des Verfahrens entgegen, da hiedurch die Grenze der Vermittelung auf Antrag überschritten und ein solches Verfahren einer Vermittelung von Amts wegen sich wesentlich nähern würde.

Für die unter elterlicher Gewalt, Vormundschaft, Pflegschaft stehenden Antragsberechtigten wird der Antrag von deren gesetzlichen Vertretern gestellt, ohne daß hiebei der Antrag einer Genehmigung des Vormundschaftsgerichts benötigte. (Im Gegensatz hiezu ist zum Antrag auf Zwangsversteigerung eines Grundstücks behufs Aufhebung der Gemeinschaft die Genehmigung des Vormundschaftsgerichts gem. § 181 Abs. 2 Satz 2 ZVG. erforderlich.)

Nicht antragsberechtigt ist der Pflichtteilsberechtigte, wenn er nicht zum Erben eingesetzt ist, der Vermächtnisnehmer, der Nachlaßgläubiger, der persönliche Gläubiger eines der Miterben (wenn nicht Pfandgläubiger hinsichtlich dessen Erbteils) und der Nachlaßpfleger. Letzterer ist nur zur vorläufigen Verwaltung und Sicherung des Rücklasses berufen.

11. Ablehnung des Antrags.

Das Gericht muß den Antrag, wenn es an den Voraussetzungen desselben fehlt, ablehnen. Die Einleitung des Verfahrens kann aber nicht davon abhängig gemacht werden, daß der Antragsteller nachweist, daß irgendwelche Ausschließungsgründe nicht vorliegen. Hat das Gericht Grund zu dieser Annahme, so hat es selbst vorerst die erforderlich erscheinenden Ermittelungen zu veranstalten und die geeignet erscheinenden Beweise aufzunehmen. „Stellt das Gericht erst im Laufe des Verfahrens fest, daß ein Ausschlußgrund (für die Teilung) vorliegt, so hat es das Verfahren, im Falle daß der Hinderungsgrund ein dauernder ist, definitiv, im Falle daß er nur ein zeitweiliger ist, nur vorläufig einzustellen." Rausnitz S. 360, s. auch Schultze-Görlitz S. 176, Fuchs S. 236, Rausnitz, Ztschrft. f. CP. Bd. XXV S. 168; a. M. Dronke Anm. 2 z. § 87.

§ 87 FGG.

In dem Antrage sollen die Beteiligten und die Teilungsmasse bezeichnet werden.

Hält das Gericht vor der Verhandlung mit den Beteiligten eine weitere Aufklärung für angemessen, so hat es den Antragsteller zur Ergänzung des Antrags, insbesondere zur Angabe der den einzelnen Beteiligten in Ansehung des Nachlasses zustehenden Ansprüche, zu veranlassen. Es kann dem Antragsteller auch die Beschaffung der Unterlagen aufgeben.

1. Inhalt des § 87.

Antrag, Ergänzung, Unterlage.

Der Absatz I enthält keine Muß-, sondern eine Sollvorschrift. Die Nichtbeachtung dieser Ordnungsvorschrift zieht nicht die sofortige Ablehnung des Antrags nach sich; es hat vielmehr das Gericht die Ergänzung des Antrags — welche selbstverständlich in jeder Form, ebenso wie beim Antrag erfolgen kann — zu veranlassen. Hält das Gericht vor der Verhandlung mit den Beteiligten eine weitere Aufklärung als die im Antrag enthaltene für angemessen, so stehen ihm zwei Wege offen; es kann entweder nach Abs. 2 den Antragsteller zur weiteren Aufklärung (weil z. B. sein Antrag die Erfordernisse noch nicht erschöpfend enthält, die Angaben darin unklar sind, Zweifel auftauchen, ob nicht Ausschließungsgründe vorhanden sind ꝛc.) zur Ergänzung des Antrags veranlassen und ihm die Beschaffung von Unterlagen aufgeben, oder das Gericht kann gemäß § 12 FGG. von Amts wegen unter Benützung der Angaben des Antragstellers sich die nötigen Aufklärungen und Unterlagen selbst verschaffen. Letzteres ist keine Abweichung vom Parteiprinzipe beim Antragsverfahren; denn es ist hiemit dem Gerichte lediglich ein Recht gegeben, nicht aber eine Pflicht auferlegt, und es erfolgt dies auch nur zur Unterstützung des Antragstellers.

Eine Unterscheidung in der Weise zu machen daß das Gericht nur zur Beschaffung von Unterlagen mitwirken, bezw. von Amts wegen vorgehen dürfe, während bei der Ergänzung des Antrags zwecks weiterer Aufklärung ein Vorgehen des Gerichts von Amts wegen ausgeschlossen sei und dies lediglich dem Antragsteller überlassen werden müsse, kann nicht für berechtigt angesehen werden.

2. Antrag.

a) Form des Antrags. Siehe § 86 Anm. 6 b.

b) Inhalt des Antrags.

In dem Antrage sind die Beteiligten und die Teilungsmasse zu bezeichnen. (Vgl. § 3 Abs. 3 Satz 2 des Rheinpreußischen Teilungsgesetzes und des § 2 Abs. 3 des Elsaß-Lothringischen Teilungsgesetzes.) Siehe auch § 128 der b. Nachl.O.

1. Beteiligte.

Name, Stand und Wohnort der Beteiligten muß angegeben werden, da andernfalls die Ladung (§ 89 FGG.) derselben nicht möglich wäre. Da auch der Wohnort vom Beteiligten anzugeben ist, so wird in der Regel bereits bei den Verhandlungen über den Antrag die Frage der Anordnung der Abwesenheits-Pflegschaft für den Nachlaßrichter auftauchen, zu entsprechenden Erhebungen und eventuell zur Anordnung der Pflegschaft führen (siehe § 88 FGG.).

Stehen Beteiligte unter elterlicher Gewalt, Vormundschaft oder Pflegschaft, so ist dies anzugeben. In diesen Fällen wird häufig ein besonderer Pfleger, ein sogen. Auseinandersetzungspfleger, bestellt werden müssen (§ 1909 BGB.), z. B. wenn der Gewalthaber wegen Interessenkollision für den unter seiner elterlichen Gewalt stehenden Miterben nicht handeln kann (§ 181 BGB.). Auch in diesem Falle wird bereits bei den Verhandlungen über den Antrag die Bestellung eines Pflegers zu veranlassen sein. Das Nachlaßgericht hat dem Vormundschaftsgericht von Amts wegen von diesem Verhältnis Mitteilung zu machen, damit letzteres die Bestellung vornehmen kann (§ 50 FGG.).

Der Antrag muß ferner die Angabe enthalten, inwiefern die einzelnen Beteiligten in rechtlichen Beziehungen zum Nachlaß stehen, ob als Miterben — Angabe des Verwandtschaftsverhältnisses bei Intestaterbfolge, Angabe der Erbeinsetzung (ev. Nacherbeinsetzung) bei Berufung durch letztwillige Verfügung —, ob als Erbschaftskäufer, Pfandgläubiger, Nießbraucher ꝛc.

Da gemäß § 2040 BGB. über einen Nachlaßgegenstand nur gemeinschaftlich von den Erben verfügt werden kann, so ist eine Auseinandersetzung, welche vorgenommen wird, ohne daß sämtliche Erben beigezogen sind, selbstverständlich rechtsunwirksam. Aus diesem Grunde kann also ein Antrag mit ungenauer, mangelhafter Angabe der Beteiligten nicht genügen, die erschöpfende und klare Angabe der Beteiligten stellt sich als ein Hauptersordernis des § 87 dar.

Wer als beteiligt gilt, siehe § 86 Anm. 7.

2. Teilungsmasse.

Die Teilungsmasse braucht keineswegs nach sämtlichen Nachlaßbestandteilen einzeln aufgeführt werden, ebenso bedarf es nicht der Beibringung eines Inventars, selbst dann nicht, wenn der Antragsteller in der Lage wäre, ein solches zu beschaffen, was oft nicht der Fall sein wird. Dem Erfordernis der Bezeichnung der Teilungsmasse ist genügt, wenn die Aktiven allgemein beschrieben sind, sodaß sich ihr Umfang und ihre Beschaffenheit erkennen läßt, oder wenn sie summarisch angegeben sind, oder wenn es kurz heißt: „Der Nachlaß des . . . . . in . . . . . verstorbenen . ."

Die endgültige Feststellung der Teilungsmasse findet in der Regel erst bei den Verhandlungen statt. Es besteht in der Regel auch kein Bedürfnis nach einem Inventar, da die Teilungsmasse bei den Verhandlungen an und für sich protokollarisch festgestellt wird. Ist aber bereits ein Nachlaßinventar (§§ 2002, 2003 BGB.) oder ein den ganzen Nachlaß umfassendes Nachlaßverzeichnis (§ 1960 Abs. 2 BGB.) errichtet, dann kann das Gericht die Einreichung desselben verlangen. Es kann die Errichtung eines Inventars wohl von seite des Gerichts (aber nur dann, wenn keine Einigung über den Umfang der Teilungsmasse besteht) zur Feststellung derselben verlangt werden (§ 12 FGG.), jedoch noch nicht in diesem Stadium der Verhandlung. Siehe auch Rausnitz S. 362, Ztschrft. f. CP. Bd. 25 S. 172, Schultze-Görlitz S. 178. Gemäß Art. 5 Nachl.Ges. kann das Nachlaßgericht, wenn die Beteiligten die zur Feststellung der Teilungsmasse erforderlichen Angaben nicht binnen angemessener Frist machen, die Aufnahme eines Nachlaßverzeichnisses anordnen. Siehe auch Dorner S. 382, welcher davon ausgeht, daß das Gericht dann, wenn der Antragsteller ein Inventar schon errichtet hat, nach Abs. 2 Satz 2 dessen Einreichung, wenn das eingereichte Inventar aber unzureichend ist, die Beseitigung der Mängel verlangen kann; erweist sich aber die amtliche Aufnahme eines Inventars zur zuverlässigen Feststellung der Teilungsmasse als geboten, so könne es auch dem Antragsteller deren Veranlassung aufgeben. Das amtliche Inventar gehöre in diesem Falle zu den erforderlichen Unterlagen. Allgemein bedürfe es jedoch eines Inventars nicht, häufig würden die Angaben der Beteiligten im Verhandlungstermin ausreichen.

Unter Teilungsmasse versteht man die Aktiven, siehe das Nähere in Anm. 4 zu Art. 5 Nachl.Ges.

3. Nicht ausdrücklich erwähnt in Abs. 1 (wohl aber in § 128 Ziff. 1 der Nachl.O.), aber selbstverständliches Erfordernis des Antrags ist die Bezeichnung des **Erblassers** nach Name, Stand, letzten Wohnsitz, bzw. Aufenthaltsort und Sterbeort, und zwar mit Rücksicht auf die Prüfung der örtlichen Zuständigkeit des Gerichts (§ 73 FGG.). Auch der Sterbetag ist zu bezeichnen, ferner anzugeben, ob der Erblasser verheiratet, verwitwet oder ledig war.

Bei Berufung auf Grund letztwilliger Verfügung hat der Antrag auch Angaben über etwaige letztwillige Verfügungen zu enthalten. Auch der Tod des Erblassers ist nachzuweisen, sofern nicht das Gericht ohnehin davon Kenntnis hat. Fuchs S. 238, Keidel S. 88, Birkenbihl S. 294.

4. **Zurücknahme** des Antrags siehe § 86 Anm. 6d.

3. Ergänzung des Antrags.

Wenn das Gericht zu den in Abs. 1 dieses Paragraphen gemachten Angaben vor der Verhandlung mit den Beteiligten noch eine weitere Aufklärung für angemessen erachtet, so hat es den Antragsteller zur Ergänzung seines Antrags zu veranlassen. So kann z. B. eine Angabe hinsichtlich der Beziehungen der Beteiligten zum Nachlaß, insbesondere hinsichtlich der den einzelnen Beteiligten am Nachlaß zustehenden Ansprüche (Erbansprüche, Ausgleichungsansprüche) verlangt werden. Eine Aufklärung kann sich auch als nötig erweisen, wenn Zweifel bestehen, ob nicht gesetzliche das Auseinandersetzungsverfahren hindernde Ausschließungsgründe der §§ 2043—2045 BGB. vorliegen. (Dementgegen läßt Weißler S. 130 überhaupt keine Prüfung der Frage zu, ob die Auseinandersetzung durch Anordnung des Erblassers, Vereinbarung der Erben, oder aus anderen Gründen vorläufig ausgeschlossen ist, da es sich nur um das Antrags recht handle; es könne der Antrag dieserhalb nicht zurückgewiesen werden; vielmehr sei über die Ausschließungsgründe zu verhandeln, und, wenn sie nicht durch Vereinbarung oder Prozeß beseitigt werden würden, das Verfahren auszusetzen.) Eine Aufklärung ist auch erforderlich, wenn ein im Antrag als beteiligt Bezeichneter seine Erbbeteiligung bestreitet, desgleichen wenn die Erbbeteiligung des Antragstellers, sowie wenn die Zulässigkeit des Verfahrens überhaupt bestritten wird; weist in einem solchen Fall der Antragsteller die Richtigkeit seiner Angaben nicht nach (z. B. durch Vorlage eines gemeinschaftlichen Erbscheins, eines rechtskräftigen Urteils zur Duldung der Vornahme der Auseinandersetzung), beschafft er die ihm vom Gericht zur Aufklärung der Sache aufgegebenen Unterlagen nicht, so ist sein Antrag abzuweisen. Siehe Entsch. d. OLG. Jena vom 1. Dezember 1900, R. d. OLG. Bd. II S. 36. (Müssen solche Unterlagen erst auf dem Prozeßwege beschafft werden, so wird das Gericht den Ausgang des Prozesses nicht abwarten, sondern aus formellen Gründen den Antrag sofort als zur Zeit und bis zum Austrag des Streitpunktes im Prozeßwege unbegründet, abweisen. Dronke S. 80 f., Birkenbihl S. 295). Weist der Widerstreitende seinen Widerspruch in unwiderleglicher Weise nach, so ist in ein Verfahren gar nicht einzutreten, der Antrag ist abzuweisen. Siehe die Entsch. in Soergels Rechtsprechung 1902 S. 476.

Bezieht sich der Widerspruch eines Beteiligten lediglich auf seine Abneigung gegen Vornahme einer gütlichen Auseinandersetzung, so ist dadurch die Einleitung der Vermittelung der Auseinandersetzung nicht ausgeschlossen, da ja im Verhandlungstermin, welcher zur Beseitigung der einer gütlichen Auseinandersetzung entgegenstehenden Hindernisse bestimmt ist, der widersprechende Beteiligte seinen Willen noch ändern kann, im übrigen aber auch ein Widerspruch solcher Art erst im Termin seine Geltung bekommt. Entsch. d. b. OLG. vom 25. Juni 1903 in Seufferts Archiv Bd. 58 S. 483 ff. Siehe aber auch die Entsch. des KG. vom 28. April 1902 in Soergels Rechtsprechung 1902 S. 476, ferner die Entsch. d. OLG. Jena vom 1. Dezember 1900, R. d. OLG. Bd. II S. 36.

Unter Aufklärung ist die Erläuterung der Angaben, wie auch die Beibringung von Belegen zu verstehen. Dronke S. 80.

Das Gericht soll seine Aufforderung, den Antrag zu ergänzen oder Unterlagen zu beschaffen, auf das irgendwie Erreichbare beschränken, und zwar ausgehend von dem Gesichtspunkt, daß so manche Klärung in den Angaben erst die Auseinandersetzungsverhandlungen bringen können, so z. B. hinsichtlich der den einzelnen Beteiligten am Nachlaß zustehenden Ansprüche.

Wenn nun einzelne Kommentatoren ausführen, daß solche Ergänzungen nicht in Anwendung des § 12 FGG. von Amts wegen vom Gerichte erholt werden müßten und dürften, vielmehr dies als Ausnahme von dem für das Verfahren geltenden Offizialprinzip (§ 12 FGG. und § 2358 BGB.) lediglich Sache des Antragstellers sei (Fuchs S. 238, Dorner S. 381, Birkenbihl S. 294), so kann doch nicht eingesehen werden, warum es unzulässig sein sollte, wenn das Gericht in den geeigneten Fällen seinem nobile officium gemäß die Aufklärung sich selbst verschaffen will. M. E. wollte durch die Bestimmung des Satzes 1 Abs. 2 ein Vorgehen des Gerichts von Amts wegen nicht ausgeschlossen werden, es wollte auch nicht gesagt werden, daß erst zugewartet werden müsse, ob der Antragsteller der Aufforderung nachkommt, sondern es wollte lediglich ausgedrückt werden, daß in diesem Falle das Gericht in Abweichung von der Offizialmaxime nicht verpflichtet ist, die Aufklärung sich selbst von Amts wegen zu verschaffen, obwohl es dies tun kann. So auch Schultze-Görlitz S. 178, Keidel S. 88, Rausnitz S. 362. Siehe auch Schneider S. 144.

4. Beschaffung von Unterlagen.

Solche Unterlagen sind: die Sterbeurkunde, der Erbschein, das Testament, der Erbvertrag, Ehevertrag, das Inventar, sofern solches schon errichtet ist, Rechnungsnachweise über die Verwaltung des Nachlasses, Akten, Auszüge aus dem Grund-Hypothekenbuch ꝛc. Das Gericht kann sich solche Unterlagen selbst von Amts wegen beschaffen (was aus dem Ausdruck „kann aufgeben" gefolgert werden muß), oder es kann dem Antragsteller die Beschaffung der Urkunden aufgeben. Im Ermessen des Gerichts liegt es, ob es im einzelnen Falle bestimmte Unterlagen verlangen, ob es die Unterlagen selbst beschaffen oder dem Antragsteller zur Beschaffung aufgeben will. Das Gericht wird sich von Fall zu Fall schlüssig machen, insbesondere darauf Rücksicht nehmen, daß manche Unterlagen, wie Aktenstücke, von dem Antragsteller gar nicht beschafft werden können. Die b. Nachl.O. § 129 Abs. 1 Satz 3 weist das Nachlaßgericht ausdrücklich an, den Antragsteller in der Beschaffung der Unterlagen soweit als möglich zu unterstützen.

Die Vorlage eines Erbscheins zur Erbeslegitimation ist nicht unbedingt erforderlich; es ist auch gar nicht nötig, daß ein solcher bereits ausgestellt ist. Siehe auch Dorner S. 381 f., Rausnitz S. 363, Ztschrft. f. CP. Bd. 25 S. 172, Birkenbihl S. 293. Weißler S. 131 weist darauf hin, daß bei Intestaterbfolge das Gericht in der Regel die Erwirkung eines Erbscheins verlangen wird, da das Gericht die Sachlegitimation der Beteiligten mit Rücksicht der von ihm abzugebenden Bestätigung der Auseinandersetzung zu prüfen hat. M. E. hat das Nachlaßgericht, welches ja auch für die Erteilung eines Erbscheins gem. § 2353 BGB. zuständig ist, nicht unbedingt die Erwirkung eines Erbscheins aus Gründen der Sachlegitimation zu fordern, sondern es genügt, wenn die erforderlichen Unterlagen beschafft sind, welche die Ausstellung eines Erbscheins ermöglichen würden. Kommt jedoch z. B. ein Nachlaßgrundstück in Betracht, so kann man ohne Erbschein nicht auskommen. Jedenfalls kann das Gericht, welches ja das zur Erteilung des Erbscheins berufene Nachlaßgericht ist, darauf hinwirken, daß die Erben die Ausstellung eines Erbscheins beantragen.

Liegt eine testamentarische Erbfolge vor, so genügt die Bezugnahme hierauf, da das Testament gemäß § 2259 BGB. sich beim Gerichtsakt befindet.

5. Form der Antrags-Ergänzung.

Da der Antrag in jeder Form gestellt werden kann, so kann auch die Antragsergänzung in jeder Form erfolgen. Siehe § 86 Anm. 6 b.

Handelt es sich aber um besonders schwierige Erörterungen von Erbrechtsverhältnissen oder anderen Aufklärungen, so wird es sich empfehlen, den Antragsteller nicht zum Protokoll des Gerichtsschreibers, sondern gleich direkt zum Protokoll des Richters zu vernehmen, um so Weiterungen zu vermeiden; dies wird man auch tun, soweit es sich um Ergänzungen der in Abs. 1 für den Antrag aufgestellten Erfordernisse handelt.

6. Abweisung des Antrags. (Siehe auch § 86 Anm. 11.)

Die Bestimmungen des § 87 dienen dazu, dem Gerichte die nötigen Grundlagen zur Einleitung des Verfahrens zu verschaffen. Alles, was zur rechtswirksamen Einleitung des Verfahrens unbedingt nötig ist, muß beigebracht werden. Geschieht dies nicht, so ist der Antrag auf Eröffnung des Verfahrens abzuweisen.

Als ein Antragserfordernis gilt vor allem die Bezeichnung der Beteiligten. Kennt das Gericht die Beteiligten nicht, so kann die Ladung zum Verfahren gemäß § 89 FGG. nicht vor sich gehen, das Verfahren also nicht in Gang gebracht werden. Werden dem Gericht nicht alle Beteiligten bekannt gegeben, und das Verfahren durchgeführt, so kommt demselben wegen der Vorschriften des § 2040 Abs. 1 BGB. keine Rechtswirksamkeit zu. (A. M. anscheinend Rausnitz S. 362.) Werden dem Gerichte nicht die richtigen Beteiligten bekannt gegeben, so versagen die Ladungen. Aus allen diesen Gründen müssen die Beteiligten erschöpfend und genau bezeichnet werden.

Die Bezeichnung der Teilungsmasse ist wenigstens insofern nötig, als daraus hervorgehen muß, um wessen Nachlaß es sich handelt. Schultze-Görlitz S. 178 läßt den Antrag ganz allgemein abweisen, wenn der Aufforderung zur weiteren Aufklärung oder Beschaffung von Unterlagen nicht nachgekommen wird, und das Gericht es auch nicht für geeignet erachtet, die Aufklärung oder die Beschaffung von Unterlagen von Amts wegen herbeizuführen. Ebenso Birkenbihl S. 294, Fuchs S. 238. (Siehe dagegen auch Weißler S. 130, welcher die Vorschriften der Bezeichnung der Beteiligten und der Teilungsmasse für unwesentlich erachtet und sich gegen Ablehnung des Antrags ausspricht, wenn trotz Aufforderung der Antrag nicht ergänzt wird oder die Unterlagen nicht beschafft werden.)

Sind also in dem Antrag die Beteiligten nicht, nicht genau, oder nicht deutlich, jeden Zweifel ausschließend, bezeichnet, erscheinen dem Richter Rechtsverhältnisse gegeben, welche auf die Beteiligung oder die Teilungsmasse einwirken, so daß er eine weitere als die durch den Antrag gegebene Aufklärung für nötig erachtet, handelt es sich überhaupt um solche Gesichtspunkte, welche die Rechtswirksamkeit des Verfahrens, die Ermöglichung der Einleitung des Verfahrens berühren, so hat, wie schon erwähnt, die Ergänzung des Antrags zu erfolgen. Kommt der Antragsteller einer diesbezüglichen Aufforderung binnen einer ihm ausreichend zu bestimmenden Frist nicht nach, so ist der Antrag abzuweisen.

Handelt es sich jedoch nur um solche Punkte, welche nicht unmittelbar die Durchführung des Verfahrens in Frage stellen, also um Punkte, welche sich auch bei den Verhandlungen selbst erledigen lassen, wenn auch hiedurch eine Verzögerung des Verfahrens entsteht, so kann keineswegs Nichtbeachtung der an den Antragsteller gerichteten Aufforderung die Abweisung des Antrags nach sich ziehen.

7. Beschwerde.

Gegen Abweisung des Antrags steht dem Antragsteller, und zwar nur diesem, nicht auch den übrigen Beteiligten (§ 20 Abs. 2 FGG.) das Rechtsmittel der Beschwerde zu. Ebenso Rausnitz, Ztschrft. f. CP. Bd. 25 S. 187, Birkenbihl S. 295, Keidel S. 88; a. M. Dronke S. 80, welcher die Beschwerde auch den übrigen Beteiligten zugesteht, da sie nach § 86 sämtliche ein Recht auf Vermittelung haben.

Gegen die Entscheidung des Beschwerdegerichts ist das Rechtsmittel der weiteren Beschwerde zulässig, wenn die Entscheidung auf Verletzung des Gesetzes beruht. Siehe §§ 27, 199 FGG.

Ist der Antrag definitiv zurückgewiesen, so bedarf es, um eine Einleitung des Verfahrens herbeizuführen, eines erneuten sachgemäßen Antrages; so Schultze-Görlitz S. 179.

§ 88 FGG.

Einem abwesenden Beteiligten kann, wenn die Voraussetzungen der Abwesenheitspflegschaft vorliegen und eine Pflegschaft über ihn nicht bereits anhängig ist, für das Auseinandersetzungsverfahren von dem Nachlassgericht ein Pfleger bestellt werden. Für die Pflegschaft tritt an die Stelle des Vormundschaftsgerichts das Nachlassgericht.

1. Inhalt des § 88.

Anordnung der Abwesenheitspflegschaft durch das Nachlaßgericht.

2. Allgemeines.

Durch vorstehenden Paragraphen ist in den Fällen des § 1911 BGB. das Nachlaßgericht zur Anordnung der Abwesenheitspflegschaft über einen abwesenden noch nicht unter Pflegschaft stehenden Beteiligten für das Auseinandersetzungsverfahren an Stelle des Vormundschaftsgerichts für zuständig erklärt. (Siehe auch § 107 Abs. 1 Nachl.O.) Hiefür waren die Erwägungen maßgebend, daß dadurch Verzögerungen und Weiterungen vermieden werden, welche bei Anwendung des § 39 FGG. durch Feststellung der Frage seines Wohnsitzes entstehen.

Die Frage, ob für den abwesenden Beteiligten eine Pflegschaft anzuordnen ist, wird in der Regel schon bei den Verhandlungen über den Antrag mitzuerledigen sein, da die im Antrag erfolgte Angabe der Beteiligten auch Mitteilungen über ihren Wohnort zu enthalten hat. Jedenfalls wird die Frage vor Ansetzung des ersten Verhandlungstermins bzw. vor Anordnung der Ladungen zu diesem Termin entschieden werden müssen.

3. Voraussetzungen für Anordnung der Abwesenheitspflegschaft des § 88.

a) Beteiligung eines Abwesenden.

Der Beteiligte (s. § 86 Anm. 7) muß abwesend sein von seinem Wohnsitze. (Motive z. BGB. Bd. IV S. 1259.) Der Beteiligte selbst muß abwesend sein; ist also der gesetzliche Vertreter eines Beteiligten abwesend, so liegen die Voraussetzungen einer Abwesenheitspflegschaft nicht vor. Für abwesende Beteiligte, die unter elterlicher Gewalt oder unter Vormundschaft stehen, wird ein Abwesenheitspfleger nicht bestellt, da der Gewalthaber, der Vormund für die Abwesenden zu handeln hat.

Die Staatsangehörigkeit des Abwesenden, ob also Deutscher oder Ausländer, ist ohne Belang, da das Gesetz eine bestimmte Staatsangehörigkeit nicht verlangt. Nur dann, wenn es sich um eine Auseinandersetzung in den Formen der §§ 86 ff. FGG. handelt, ist das Nachlaßgericht zur Bestellung eines Abwesenheitspflegers zuständig, kann auch mit Rücksicht auf ein erst einzuleitendes Verfahren schon im voraus einen Pfleger bestellen. Handelt es sich dagegen um die Beteiligung des Abwesenden an einem anders gearteten Auseinandersetzungsverfahren, so kann § 88 nicht zur Anwendung gebracht werden.

b) Vorliegen der allgemeinen Voraussetzungen für die Abwesenheitspflegschaft des § 1911 BGB.

1. Der Beteiligte muß abwesend sein.

Nicht jede Abwesenheit vom Wohnsitze reicht aus, eine Abwesenheitspflegschaft einzuleiten, vielmehr muß die Abwesenheit eine besonders geartete sein; entweder muß der Aufenthalt unbekannt — bestimmte Zeit nachrichtloser Abwesenheit verlangt das Gericht nicht —, oder der Abwesende, dessen Aufenthalt bekannt ist, an der Rückkehr und der Besorgung seiner Vermögensangelegenheiten verhindert sein (Motive z. BGB. Bd. IV S. 1259), z. B. wenn jemand sich in einem entfernten Weltteile aufhält, während ihm im Inlande Vermögen zufällt, oder sein für das zurückgelassene Vermögen bestellter Bevollmächtigter stirbt, wenn jemand in Kriegsgefangenschaft gerät oder sonst im Auslande gefangen gehalten wird, ausnahmsweise selbst dann, wenn er sich in einer deutschen Strafanstalt befindet und nicht in der Lage sein sollte, einen Bevollmächtigten zu bestellen. (Motive a. a. O. S. 1261.)

Dem Fall, daß der mit bekanntem Aufenthalt Abwesende an der Rückkehr und der Besorgung seiner Vermögensangelegenheiten verhindert ist, ist gleichzustellen, daß der Abwesende sich mit bekanntem Aufenthalt im Auslande befindet und bei der dortselbst zu bewirkenden Zustellung die Befolgung der für diese bestehenden Vorschriften unausführbar ist oder keinen Erfolg verspricht, oder wenn die Zustellung aus dem Grunde nicht bewirkt werden kann, weil die Wohnung — die Wohnung des Exterritorialen gilt als Ausland — einer nach den §§ 18, 19 des Gerichtsverfassungsgesetzes der Gerichtsbarkeit nicht unterworfenen Person der Ort der Zustellung ist (§ 203 Abs. 2 und 3 CPO.). Siehe Petersen und Anger CPO. Bd. I S. 420 ff.; ferner § 107 Abs. 2b Nachl.O. In diesem Falle ist es unmöglich, den Beteiligten nach den gewöhnlichen Zustellungsvorschriften zu laden, und muß derselbe als an der Rückkehr und der Besorgung seiner Vermögensangelegenheiten verhindert angesehen werden.

2. Es muß ein Bedürfnis der Fürsorge bestehen.

Die Fürsorge erfolgt zum Schutze der Vermögensinteressen des Abwesenden. Es müssen also die Vermögensangelegenheiten desselben, mag derselbe Vermögen zurückgelassen haben oder nicht, eines Schutzes bedürfen. Ein solches Schutzbedürfnis liegt regelmäßig nicht vor, wenn und soweit der Abwesende zur Besorgung seiner Angelegenheiten je nach der Natur derselben durch Erteilung eines Auftrags bzw. einer Vollmacht in der durch das konkrete Bedürfnis gebotenen Weise gesorgt hat. Auch in letzteren Fällen liegt ein Bedürfnis für die Abwesenheitspflegschaft vor, wenn und soweit Umstände eingetreten sind, welche das Erlöschen des Auftrags oder der Vollmacht zur Folge haben oder zu dem Widerruf derselben einen begründeten Anlaß geben, z. B. wenn der Beauftragte oder Bevollmächtigte zur Besorgung der Angelegenheit außer Stande ist. Motive a. a. O. S. 1260.

3. Der Abwesende muß volljährig sein.

Ist der Abwesende minderjährig, dann wird demselben der erforderliche Schutz durch die elterliche Gewalt oder die Altersvormundschaft gewährt. Von selbst versteht es sich ferner, daß das Bestehen einer Vormundschaft über den volljährigen Abwesenden das Bedürfnis einer Abwesenheitspflegschaft immer ausschließt. Motive a. a. O. S. 1260.

Ob die Voraussetzungen der Abwesenheitspflegschaft des § 1911 vorliegen, entscheidet das Gericht nach eigenem Ermessen; so unterliegt es dem Urteil desselben, welche nachrichtlose Zeit es für Anordnung der Pflegschaft als hinreichend erachtet. Insbesondere liegt es auch im Ermessen des Gerichts, darüber zu befinden, ob der mit bekanntem Aufenthalt Abwesende an der Rückkehr und der Besorgung seiner Vermögensangelegenheiten verhindert ist; hiebei ist nicht ein absoluter, sondern ein relativer Maßstab anzulegen. Vor allem werden die maßgebenden Gesichtspunkte zu finden sein in der Größe der Entfernung des Abwesenden, ferner im Umfange der Ansprüche desselben an den Nachlaß, bzw. den für ihn zu erwartenden Reinrücklaß, ferner in der Schwierigkeit der Bestellung eines Bevollmächtigten. Ist der Abwesende an der Rückkehr zwar nicht verhindert, seine Ankunft aber aus irgend welchen, dem Ermessen des Gerichts zugänglichen Gründen in angemessener Zeit nicht zu erwarten, so kann auch hierin eine der Voraussetzungen für die Anordnung einer Abwesenheitspflegschaft gefunden werden.

c) Eine Pflegschaft über den abwesenden Beteiligten darf noch nicht anhängig sein.

Es darf selbstverständlich auch keine Vormundschaft über den Abwesenden bestellt sein, da er dann vertreten wäre.

Ein Nachweis dafür, daß eine Pflegschaft für den Abwesenden noch nicht anhängig ist, kann vom Gericht nicht gefordert werden (s. auch Birkenbihl S. 296). Das Gericht wird in Ausübung seiner Offizialtätigkeit die nach Lage der Sache entsprechenden Erhebungen pflegen (z. B. die angemessenen Anfragen bei den für Anordnung von Pflegschaften zuständigen Gerichten stellen, FGG. §§ 36 ff.); wird hiebei von einer bereits anhängigen Pflegschaft nichts bekannt, so genügt diese Feststellung.

Nur um eine bei einem inländischen Gerichte anhängige Pflegschaft kann es sich handeln, eine bei einem ausländischen Gerichte anhängige Pflegschaft ist ohne Belang für § 88 (§§ 39 Abs. 2 und 37 Abs. 2 FGG.). Die Anordnung einer Pflegschaft im letzteren Fall ist eine Frage des internationalen Privatrechts. Grundlegend hiefür ist Art. 23 EG. z. BGB. „Gemäß Art. 23 des EG. z. BGB. ist eine solche Anordnung (Anordnung einer Vormundschaft oder einer Pflegschaft) überhaupt nur zulässig, wenn der ausländische Staat die Fürsorge nicht übernimmt, sei es, daß er von vornherein eine Vormundschaft nicht einleitet, sei es, daß er wegen veränderter Verhältnisse, z. B. weil der Mündel seinen Wohnsitz in das Reichsgebiet verlegt hat, die Vormundschaft nicht fortführen will. Ob darnach die Voraussetzungen für die Zulässigkeit der Anordnung vorliegen, ist von dem inländischen Gerichte hier selbstverständlich ebenso zu prüfen, wie bei allen sonstigen Anlässen, und das Gericht wird daher eintretenden Falls von Amts wegen die Ermittelungen herbeiführeen müssen, welche erforderlich sind, um festzustellen, daß der ausländische Staat die Fürsorge nicht übernimmt." Denkschrift z. FGG. S. 43. (Die Tätigkeit des Vormundes in den Vereinigten Staaten von Amerika ist beschränkt auf die Grenzen seines Staates. Bocke, Handbuch § 73.)

Von einer anhängigen Pflegschaft im Sinne des § 88 kann natürlich nicht gesprochen werden, wenn die bereits anhängige Pflegschaft nicht auch die Befugnis zur Auseinandersetzung enthält, was aus der Bestellung, welche den Zweck der Pflegschaft zum Ausdruck bringt, ersichtlich ist. Ebenso Weißler S. 131.

4. Zuständigkeit zur Bestellung des Pflegers.

Das mit der Auseinandersetzung betraute Nachlaßgericht (§ 73 FGG.) hat, sobald es Kenntnis von dem Vorliegen der Voraussetzungen zur Anordnung der Abwesenheitspflegschaft erhalten hat, von Amts wegen vorzugehen; auf Antrag eines Dritten, der an der Anordnung der Abwesenheitspflegschaft als im Auseinandersetzungsverfahren Beteiligter ein Interesse hat, hat das Nachlaßgericht nicht vorzugehen, da die Pflegschaft lediglich im persönlichen Interesse des Abwesenden und sonst keines Anderen angeordnet wird. Wohl aber kann ein Dritter auf das Vorhandensein der Voraussetzungen der Abwesenheitspflegschaft hinweisen und so einen Einfluß auf die Einleitung des Verfahrens von Amts wegen haben; Dorner S. 210 f. will bei Prüfung der Frage, ob die Anordnung einer Abwesenheitspflegschaft angemessen ist, auch das Interesse der übrigen Beteiligten nicht direkt unberücksichtigt lassen, so insbesondere, wenn dieselben ein Interesse daran haben, daß die Auseinandersetzung alsbald erledigt werde. Mit dieser Auffassung läßt sich jedoch die Bemerkung der Motive Bd. IV S. 1261 f. „daß die Anordnung der Pflegschaft immer nur im Interesse des Abwesenden selbst erfolgt, daß dadurch nur mittelbar auch den Interessen Dritter gedient werden kann, nicht aber die Rücksicht auf diese Interessen den Grund der Anordnung der Pflegschaft bildet" nicht wohl vereinbaren.

Das Vorgehen des Nachlaßgerichts kann nun darin bestehen,

a) daß es dem für die Pflegschaft über einen Abwesenden gem. § 39 FGG. zuständigen Gerichte von den tatsächlichen Verhältnissen Kenntnis gibt, welches dann seinerseits zu prüfen hat, ob die Voraussetzungen einer Abwesenheitspflegschaft gegeben sind, und bejahendenfalls auch die Abwesenheitspflegschaft anzuordnen hat, oder

b) daß es die Abwesenheitspflegschaft selbst einleitet. Letzteres wird das Nachlaßgericht dann tun, wenn es hiemit Verzögerung des Verfahrens (durch die vom zuständigen Pflegschaftsgerichte zu betätigende Prüfung hinsichtlich der Voraussetzungen der Abwesenheitspflegschaft) vermeiden kann. Will das Nachlaßgericht die Bestellung dem Vormundschaftsgericht nicht überlassen, so muß es diese selbst vornehmen.

5. Keine öffentliche Bekanntmachung.

Da der Abwesenheitspflegschaft nur der Charakter einer Verfahrensvorschrift zukommt, so wurde auch davon abgesehen, die Anordnung derselben öffentlich bekannt zu machen, was in den Motiven z. BGB. Bd. IV S. 1262 ausdrücklich für die Abwesenheitspflegschaft des § 1911 ausgesprochen ist.

Von der Anordnung der Pflegschaft muß, obwohl es nicht ausdrücklich vorgeschrieben ist, aus billiger Rücksicht auf den mit bekanntem Aufenthalt Abwesenden demselben Kenntnis gegeben werden; denn es wird durch Bestellung der Abwesenheitspflegschaft dem Pfleger die Ausübung von Rechten des Abwesenden übertragen, wobei doch wenigstens dem Abwesenden die Möglichkeit eines Einflusses gewährt werden muß. Jedenfalls aber steht dem Abwesenden gegen die Anordnung der Pflegschaft auch das Rechtsmittel der Beschwerde zu (§ 20 Abs. 1 FGG.).

Daß dem Pfleger selbst die Bestellung bekannt zu machen ist, folgt aus § 16 FGG.

6. Rechtsstellung des Pflegers.

Der vom Nachlaßgericht bestellte Abwesenheitspfleger hat für das ganze Auseinandersetzungsverfahren, aber auch nur für dieses alle Rechte und Pflichten des Vormunds und vertritt den Abwesenden in allen im Rahmen des Auseinandersetzungsverfahrens gelegenen vermögensrechtlichen Beziehungen. Hiebei steht der Pfleger unter dem Nachlaßgericht, welches an Stelle des Vormundschaftsgerichts ihn zu verpflichten hat, sowie die erforderliche Genehmigung zu den Rechtshandlungen des Pflegers zu erteilen und überhaupt die Aufsicht über ihn zu führen hat. Das Nachlaßgericht ist also auch zur Verhängung von Ordnungsstrafen berechtigt (§ 1837 BGB.).

Irgendwelche für den Abwesenden von dem Pfleger abgegebene Erklärungen, welche außerhalb des Zweckes seiner Bestellung, also außerhalb des Auseinandersetzungsverfahrens liegen, desgleichen für ihn vorgenommene Rechtshandlungen, welche mit dem Auseinandersetzungsverfahren direkt nichts zu tun haben und über den Zweck der Pflegschaft und die durch das Verfahren begrenzte Dauer derselben hinausgehen, sind für den Abwesenden nicht verbindlich. Es können auch solche Vorkehrungen, welche als indirekte Folge der Auseinandersetzung nach Beendigung derselben getroffen werden, mit Rechtswirksamkeit für den Abwesenden nicht erfolgen, und könnte infolgedessen ein solcher Pfleger in Ausführung der Auseinandersetzung die Zwangsvollstreckung gemäß § 98 FGG. nicht betreiben. Es müßte vielmehr für solche Fälle eine neue Pflegschaft durch das Vormundschaftsgericht angeordnet werden. Siehe Schultze-Görlitz S. 180.

Durch den Tod des Abwesenden hört die Vertretungsmacht des Pflegers an sich noch nicht auf, sondern erst dann, wenn das Gericht die Pflegschaft aufgehoben hat.

7. Rechtsstellung des abwesenden Beteiligten.

Durch die Anordnung einer Abwesenheitspflegschaft wird die Geschäftsfähigkeit des Abwesenden ohne weiteres nicht beeinflußt.

8. Rechtsstellung des Nachlaßgerichts.

Durch die Anordnung einer Abwesenheitspflegschaft durch das Nachlaßgericht erhält dieses die Funktionen eines Vormundschaftsgerichtes, welch letzteres für das Auseinandersetzungsverfahren ausgeschaltet ist. Der Abwesenheitspfleger steht also hier in derselben Weise unter dem Nachlaßgericht wie der gemäß § 1911 BGB. vom Vormundschaftsgericht aufgestellte Abwesenheitspfleger unter letzterem. Daraus folgt, daß für diese Fälle die Vorschriften des zweiten Abschnitts des FGG., soweit sie sich nicht auf die Zuständigkeit, sondern auf das Verfahren beziehen, und soweit sie nach ihrem Inhalt hiebei in Betracht kommen können, auf die Anordnung der Abwesenheitspflegschaft durch das Nachlaßgericht Platz greifen. Siehe auch Denkschrift z. FGG. S. 56.

9. Der Notar ist für Anordnung der Abwesenheitspflegschaft unzuständig.

Wenn dem Notar landesrechtlich die Vermittelung der Auseinandersetzung übertragen ist, so ist der Notar zur Bestellung des Abwesenheitspflegers nicht zuständig; denn dies ist eine vormundschaftsrichterliche Verrichtung, welche nur aus Zweckmäßigkeitsgründen dem Nachlaßgericht übertragen ist, also sich auf die Vermittelungstätigkeit des Nachlaßgerichts nicht bezieht. B. Nachl.Ges. Art. 6 Abs. 2, Nachl.O. § 121 Abs. 2; ferner preuß. Gesetz über die freiwillige Gerichtsbarkeit Art. 23, württ. AG. z. BGB. Art. 75 Nr. 1, hess. AG. z. BGB. Art. 49 Abs. 1 Nr. 1, elsaß-loth. AG. z. FGG. § 34 Abs. 1 Nr. 1.

10. Beendigung der Pflegschaft.

Die Pflegschaft endigt mit der Beendigung des Auseinandersetzungsverfahrens (§ 1918 Abs. 3 BGB.) kraft Gesetzes (s. auch Schultze-Görlitz S. 180, Staudinger Bd. IV S. 702, auch Planck Bd. IV S. 655; a. M. Birkenbihl S. 297, Fuchs S. 240, Schneider S. 147, Rausnitz S. 363 und Dorner S. 384, welche das Verfahren in diesem Falle gemäß der allgemeinen Vorschriften des § 1919 BGB. durch das Gericht aufheben lassen), außerdem aber, und zwar gleichfalls kraft Gesetzes, schon während des Verfahrens mit der Erlassung des die Todeserklärung des Abwesenden aussprechenden Urteils. (§ 1921 Abs. 3 BGB.)

Die Pflegschaft endigt ferner während des Verfahrens, wenn der Abwesende an der Besorgung seiner Vermögensangelegenheiten nicht mehr verhindert ist, oder wenn dem Nachlaßgericht der Tod des Abwesenden bekannt wird. In diesem Falle ist die Pflegschaft von dem Nachlaßgericht aufzuheben. (§ 1921 Abs. 1 und 2 BGB.)

Ist die Nachlaßauseinandersetzung beendigt, ohne daß inzwischen die Abwesenheitspflegschaft beendigt oder aufgehoben worden ist, und besteht dann immer noch ein Bedürfnis der Fürsorge für den Abwesenden, z. B. hinsichtlich der Verwahrung seines Erbteils, so bleibt hiefür nicht die bisherige Pflegschaft bestehen, indem das Nachlaßgericht die Pflegschaft an das Vormundschaftsgericht abgibt (§ 46 FGG. kommt hier nicht zur Anwendung), sondern es muß eine neue Pflegschaft durch das zuständige Pflegschaftsgericht eingeleitet werden. Es könnte die für das Auseinandersetzungsverfahren bestehende Pflegschaft in den obigen Fällen gar nicht weiterbestehen, wenn kraft Gesetzes nach Beendigung des Verfahrens die Pflegschaft endigt. Es hat in einem solchen Fall also das Nachlaßgericht dem Pflegschaftsgerichte von dem Sachverhalt Mitteilung zu machen (§ 50 FGG.), und hat dann letzteres sich zu entscheiden ob es die Voraussetzungen des § 1911 BGB. für gegeben erachtet und ob es überhaupt zuständig ist.

§ 89 FGG.

Das Gericht hat den Antragsteller und die übrigen Beteiligten, diese unter Mitteilung des Antrags, zu einem Verhandlungstermine zu laden. Die Ladung durch öffentliche Zustellung ist unzulässig. Die Ladung soll den Hinweis darauf enthalten, dass ungeachtet des Ausbleibens eines Beteiligten über die Auseinandersetzung verhandelt werden würde und dass, falls der Termin vertagt oder ein neuer Termin zur Fortsetzung der Verhandlung anberaumt werden sollte, die Ladung zu dem neuen Termin unterbleiben könne. Sind Unterlagen für die Auseinandersetzung vorhanden, so ist in der Ladung zu bemerken, dass die Unterlagen auf der Gerichtsschreiberei eingesehen werden können.

1. Inhalt des § 89.

Ladung.

2. Allgemeines.

Da das Gericht von Amts wegen das Verfahren zu betreiben hat, sobald der Antrag gestellt und zugelassen ist, so hat es, wenn die Erfordernisse vorliegen, welche die Abhaltung eines Verhandlungstermines ermöglichen, einen Termin zu bestimmen, ohne einen diesbezüglichen weiteren Antrag abzuwarten, und zu dem anberaumten Termine den Antragsteller und die übrigen Beteiligten zu laden. Hiedurch ist sodann das Verfahren eröffnet, ohne daß es eines besonderen, die Eröffnung des Verfahrens anzeigenden Beschlusses bedürfte.

Die Anberaumung des Termins hat unter Berücksichtigung der Vorschrift des § 90 Abs. 1 FGG. zu erfolgen, wonach die Frist zwischen der Ladung und dem Termine mindestens zwei Wochen betragen muß. Es ist also der Termin in der Weise anzusetzen, daß die rechtzeitige Zustellung an die sämtlichen Beteiligten, insbesondere mit Rücksicht auf ihren Aufenthaltsort, gesichert ist. Siehe die Nachl.O. § 108 und dortselbst im Anhang das Muster für die Ladung.

3. Die zu ladenden Personen.

Zu laden sind der Antragsteller und die übrigen Beteiligten (zu den Beteiligten gehört auch der Antragsteller). Wer zu den Beteiligten gehört, kann aus dem Antrag, aus der etwaigen Antragsergänzung (§ 87 Abs. 2 FGG.), aus der letztwilligen Verfügung des Erblassers, aus dem Inhalt der Nachlaßakten ersehen werden.

Das Gericht selbst kann Kenntnis von weiteren Beteiligten haben z. B. auf Grund eines hinsichtlich des Anteils eines Erben am Nachlaß ergangenen Pfändungsbeschlusses. Im übrigen siehe Anm. 7 zu § 86.

Alle Beteiligten müssen geladen werden, da ohnedem die Voraussetzungen für die an die Terminsversäumnis sich knüpfenden Folgen nicht vorliegen, eine Auseinandersetzung also nicht zustande kommen könnte.

An Stelle von Beteiligten, welche unter Vormundschaft oder unter elterlicher Gewalt stehen, sind deren gesetzliche Vertreter zu laden (§ 171 CPO.). Der Beistand ist zu laden, wenn ihm die Vermögensverwaltung (§ 1693 BGB.) ganz oder teilweise übertragen ist; ferner ist er zweckentsprechend neben der Mutter in denjenigen Fällen zu laden, in denen diese seiner Genehmigung (§ 1690 BGB.) bedarf. Versäumnisfolgen können letzterenfalls ihm gegenüber nicht eintreten. Siehe § 91 Anm. 18.

Ist für einen Beteiligten eine Pflegschaft gemäß § 1910 BGB. angeordnet, so ist an Stelle des Mündels dessen Pfleger zu laden, wenn die Befugnis des Pflegers, sein Mündel zu vertreten, sich auch auf die Auseinandersetzung erstreckt.

Ist ein (volljähriger) Beteiligter abwesend, dessen Aufenthalt unbekannt ist, oder dessen Aufenthalt zwar bekannt ist, der aber an der Rückkehr und der Besorgung seiner Vermögensangelegenheiten verhindert ist (§ 1911 BGB.), so ist gemäß § 88 FGG. dem abwesenden Beteiligten, wenn eine Pflegschaft über ihn noch nicht anhängig ist, von dem Nachlaßgericht ein Pfleger zu bestellen. An Stelle des Abwesenden ist sodann der Pfleger zu laden. Der Ansicht Jastrows S. 102, daß bei unbekanntem Aufenthalt eines Beteiligten (s. auch § 203 Abs. 1, 2 CPO.), ein Verfahren gegen diesen nicht stattfindet, eine Auseinandersetzung unter den übrigen Beteiligten aber erfolgt, soweit es nach Lage der Sache möglich ist, kann nicht beigepflichtet werden. Gerade für diesen Fall sorgt ja der § 88 FGG. vor, indem eine Abwesenheitspflegschaft angeordnet werden kann.

An Stelle des Beteiligten kann auch mit gleicher Wirkung für das Verfahren dessen Generalbevollmächtigter geladen werden (§ 173 CPO.).

Hat der Beteiligte für die betreffende Nachlaßsache oder für das Auseinandersetzungsverfahren selbst einen Bevollmächtigten bestellt, so müssen alle Ladungen im Verfahren bei Vermeidung der Nichtigkeit der Ladung an den Bevollmächtigten erfolgen (§ 176 CPO.). Ebenso Birkenbihl S. 298, Fuchs S. 241, Dorner S. 385.

Der in der Nachlaßsache bestellte Bevollmächtigte ist dem Prozeßbevollmächtigten der Civilprozeßordnung unter entsprechender Anwendung der Bestimmungen der CPO. (s. auch Weißler S. 52, Dorner S. 385, 110 f.), gleichzustellen. Es können somit mit Rechtswirksamkeit in dem ganzen Auseinandersetzungsverfahren einschließlich event. Beschwerdeverfahrens Zustellungen nur an diesen allein erfolgen. (A. M. Schultze-Görlitz S. 181, welcher die Bestimmung des § 176 CPO. auf dem Gebiete der freiwilligen Gerichtsbarkeit nicht für anwendbar erachtet, da das Institut der Prozeßbevollmächtigten auf dem Parteibetriebe beruhe.)

Es genügt auch die Ladung eines von dem Beteiligten ernannten Zustellungsbevollmächtigten, sofern ein anderer Bevollmächtigter nicht bestellt ist. Hiezu Schultze-Görlitz S. 182: „Ob in Teilungssachen überhaupt die Bestellung eines Zustellungsbevollmächtigten in Gemäßheit der §§ 174, 175 CPO. beansprucht werden kann, hängt davon ab, ob man die an dem Verfahren Beteiligten als „Gegner" ansehen darf. Da man letzteres aber verneinen muß, weil das Teilungsverfahren streitige Verhältnisse grundsätzlich keineswegs voraussetzt, so ist eine Verpflichtung zur Bestellung eines Zustellungsbevollmächtigten im Teilungsverfahren nur dann begründet, wenn solche auf Grund des § 16 Abs. 2 durch die Landesjustizverwaltung konstituiert ist." Rausnitz, Ztschrft. f. CPr. Bd. 25 S. 174 findet in der Ladung eine gerichtliche Verfügung überhaupt nicht und läßt deshalb die etwaigen landesgesetzlichen Vorschriften in erster Linie entscheidend sein, und will nur mangels solcher den § 16 analog angewendet wissen.

Bezüglich der Zustellung der Ladung an einen Beteiligten im Ausland, welcher keinen Bevollmächtigten und keinen Zustellungsbevollmächtigten ernannt hat, s. §§ 174, 175, 199 ff., 208 CPO.; ferner § 137 b. Nachl.O., und §§ 2, 41, 46, 47 b. Min.Bek. v. 16. Dezember 1899, die Ausführung der Zustellungen von Amts wegen betreffend (JMBl. S. 475), s. auch die b. autographierte Justizministerialentschließung Nr. 12771 v. 29. März 1903 und die Bekanntmachung v. 16. März 1900 (JMBl. S. 591).

Zu § 89 FGG. (§ 85 des Entwurfs) war der Antrag gestellt worden, demselben folgenden zweiten Absatz hinzuzufügen: „Hat der Beteiligte im Inlande weder Wohnsitz noch Aufenthalt, so soll die Ladung die Aufforderung enthalten, spätestens im ersten Verhandlungstermin einen im Inlande wohnenden Zustellungsbevollmächtigten zu benennen. Unterbleibt die Benennung, so können alle ferneren Zustellungen an ihn durch Aufgabe zur Post (§§ 161, 175 CPO.) erfolgen. Die Postsendungen sind mit der Bezeichnung „Einschreiben" zu versehen".

Dieser Antrag wurde abgelehnt, nachdem ein Vertreter des Bundesrats demgegenüber auf § 16 FGG. (§ 15 des Entwurfs) aufmerksam gemacht hatte, wo bereits Vorsorge getroffen sei, daß für Zustellungen im Auslande durch die Landesjustizverwaltung eine einfachere Art der Zustellung angeordnet werden könne; Komm.Ber. z. FGG. S. 50. Auch die Aufnahme einer Bestimmung, daß die Landesjustizverwaltung eine einfachere Art der Zustellung anordnen kann, war entbehrlich, da ohnehin durch § 16 Abs. 2 FGG., §§ 208, 174, 175 CPO. für diese Fälle bereits Vorsorge getroffen ist. Siehe auch Birkenbihl S. 299. Den Ladungsvorschriften des § 89 kann auch in der Weise genügt werden, daß einem Beteiligten, welcher an der Gerichtsstelle anwesend ist, die Ladung zu Protokoll bekannt gemacht wird, wobei ihm auf Verlangen eine Abschrift der Ladung zu erteilen ist (§ 16 Abs. 3 FGG.).

Das Protokoll braucht dem Anwesenden nicht vorgelesen, auch nicht von ihm unterschrieben werden, ebensowenig braucht zur Aufnahme des Protokolls ein Gerichtsschreiber zugezogen werden, wenn die Ladung zu Protokoll des Richters erfolgt. Die Ladung zum Protokoll des Gerichtsschreibers ist für genügend zu erachten, da ein richterliches Protokoll nicht ausdrücklich verlangt wird und der Gerichtsschreiber Zustellungsbeamter in Sachen der freiwilligen Gerichtsbarkeit ist. So auch Wellstein S. 24.

Wird ein Beteiligter erst nachträglich bekannt, so ist er nachträglich und zwar unter Einhaltung der in § 90 erwähnten Ladungsfrist vor das Nachlaßgericht zu laden.

4. Ladung.

a) Form der Ladung.

Da mit der Ladung die in § 90 Abs. 1 FGG. festgesetzte Frist in Lauf gesetzt wird, so finden gemäß § 16 Abs. 2 Satz 1 FGG. auf die Ladung die Vorschriften der §§ 208—213 CPO. Anwendung. Ebenso Fuchs S. 241, Birkenbihl S. 298, Weißler S. 132, Nachl.V. S. 436, Schneider S. 148, Dorner S. 385, Keidel S. 90, Rausnitz S. 365 (seine in der Zeitschr. f. CPr. Bd. 25 S. 173, 174 enthaltene Ansicht ist hierdurch modifiziert). S. auch Schultze-Görlitz S. 182, welcher bemerkt: „Zwar liegt nicht eine Frist im gewöhnlichen Sinne vor, welche sich auf ein zeitlich begrenztes Recht bezieht, oder welche von den Beteiligten versäumt werden könnte, sondern nur eine solche, welche zu seinen Gunsten gegeben und vom Gericht einzuhalten ist. Aber immerhin entsteht für den Beteiligten das Recht, Einwendungen zu erheben, wenn die Frist nicht beobachtet ist, und insofern wird man von einem Laufe der Frist im Sinne des § 16 Abs. 2 FGG.

reden dürfen." A. M. Ebert-Dudeck Anm. 2, welcher den § 16 Abs. 2 FGG. für nicht anwendbar erklärt, da § 16 Abs. 2 nur disponiere, wenn eine Frist zu wahren sei.

Die Ladung durch öffentliche Zustellung ist in Satz 2 dieses Artikels ausdrücklich ausgeschlossen. Sie kann also auch nicht durch die Landesjustizverwaltung angeordnet werden. Der Behelf in diesem Falle liegt in der Anordnung einer Abwesenheitspflegschaft.

b) Inhalt der Ladung.

Der Antrag (nebst Ergänzungen) ist in der Ladung den übrigen Beteiligten mitzuteilen; dem Antragsteller selbst in der Ladung den Antrag mitzuteilen, ist keine Veranlassung vorhanden, kann aber geschehen.

Die Mitteilung des Antrags kann zwar in der Weise erfolgen, daß der Antrag nebst Ergänzungen in Abschrift, bzw. dem Wortlaut nach in der Ladung mitgeteilt wird, in der Regel aber genügt eine kurze, den Inhalt des Antrags nebst Ergänzung ganz allgemein wiedergebende Bezeichnung des Antrags. Es kann selbstverständlich auch ein Auszug aus dem Antrag in die Ladung aufgenommen werden.

Bezüglich der Unterlagen, welche gem. § 87 FGG. noch beigebracht wurden, ist in der Ladung zu bemerken, daß diese auf der Gerichtsschreiberei eingesehen werden können. In der für den Antragsteller bestimmten Ladung braucht es einer solchen Bemerkung nicht, außer es sind die Unterlagen nicht von ihm selbst beschafft worden. Eine Mitteilung der Unterlagen hat nicht zu erfolgen, auch nicht, wie Schultze-Görlitz S. 181 annimmt, durch allgemeine Bezeichnung derselben, z. B. Inventar, Rechnungsbelege 2c.

In der Ladung an den Antragsteller und die übrigen Beteiligten ist selbstverständlich das Gericht und der Verhandlungstermin (welcher nicht öffentlich ist) nach Tag und Stunde genau zu bezeichnen, ebenso wie auch die sämtlichen Beteiligten aufgefordert werden müssen, in dem bezeichneten Termine zur Verhandlung über die Auseinandersetzung in Ansehung des betr. Nachlasses vor dem Gericht zu erscheinen. Daß alle Beteiligten vor das Nachlaßgericht zu laden sind, ist selbstverständlich, denn einen Teil vor das Nachlaßgericht zu laden, den anderen Teil durch ersuchte Gerichte vernehmen zu lassen, geht nicht an. (Siehe Weißler, Nachl.V. S. 436.)

Außerdem soll in sämtlichen Ladungen auf die Folgen des Ausbleibens eines Beteiligten vom Verhandlungstermin hingewiesen werden, wonach

1. ungeachtet des Ausbleibens eines Beteiligten über die Auseinandersetzung verhandelt werden wird, und

2. bei Terminsvertagung oder bei Anberaumung eines neuen Termins zur Fortsetzung der Verhandlung die Ladungen zu dem neuen Termine unterbleiben können (s. § 90 FGG.).

Daß die Ladung zu dem neuen Termin durch die Verkündung desselben ersetzt werden kann, braucht in die Ladung überhaupt nicht aufgenommen zu werden; ebenso Schultze-Görlitz S. 181.

c) Ladungsfrist.

S. § 90 Abs. 1 FGG.

5. Verstöße gegen die Ladungsvorschriften.

§ 89 Satz 3 enthält eine bloße Ordnungsvorschrift. Nichtbeachtung der darin vorgesehenen in die Ladung aufzunehmenden Mitteilung von den Versäumnisfolgen zieht nicht eine Beeinträchtigung des Verfahrens nach sich, sondern der Verhandlungstermin kann trotzdem abgehalten werden, es braucht auch eine neue Ladung zu den weiteren Verhandlungsterminen nicht erfolgen. So auch Birkenbihl S. 300. Schultze-Görlitz S. 181. Daß die Nichtbeachtung dieser Ordnungsvorschriften keine die Wirksamkeit der Auseinandersetzung beeinträchtigenden Folgen nach sich ziehen kann, erhellt auch daraus, daß der nicht erschienene Beteiligte sich ja auch gefallen lassen muß, daß bereits im ersten Verhandlungstermine die Auseinandersetzung erfolgt, in welchem Falle es also ja gar keine Vertagung oder Fortsetzung der Verhandlung mehr gibt. Damit muß der nichterschienene Beteiligte rechnen, und ist derselbe deshalb auch nicht beeinträchtigt, wenn die die Versäumnisfolgen betreffenden Ordnungsvorschriften in der Ladung weggeblieben sind.

Trotzdem wird es sich aber dann, wenn im Termine zur Vertagung oder Fortsetzung der Verhandlung ein neuer Termin verkündet worden ist, und die nichterschienenen Beteiligten in der ersten Ladung auf die Versäumnisfolgen nicht hingewiesen worden sind, empfehlen, wenigstens eine einfache Ladung ohne Einhaltung einer besonderen Frist und ohne Einhaltung besonderer Zustellungsformen (§ 16 Abs. 2 Satz 1 FGG.) ergehen zu lassen. Es wird sich dies umsomehr empfehlen, als nicht verkannt werden darf, daß § 90 Abs. 2 Satz 2 sich doch nur auf den Fall bezieht, daß zu dem ersten Termin der Beteiligte unter Hinweis auf die Versäumnisfolgen geladen worden ist und ihm also die Rechtsnachteile des Ausbleibens bereits bekannt sind.

Anders verhält sich die Sache, wenn unterlassen worden ist, den Antrag nebst Ergänzungen in die Ladung aufzunehmen, sowie, wenn die Ladung eine Bemerkung über die Einsichtnahme der auf der Gerichtsschreiberei hinterliegenden Unterlagen nicht enthält (s. auch Wellstein S. 86; a. M. Weißler S. 132, welcher die Bestimmung, daß in der Ladung die Einsicht der Unterlagen freigestellt wird, als ganz untergeordneter Natur und als ganz unwesentlich bezeichnet), ferner wenn die Ladungsfrist (§ 90 Abs. 1) nicht eingehalten oder dem Verbot öffentlicher Zustellung zuwidergehandelt ist. Hier handelt es sich um Mußvorschriften („hat", „ist", „muß"), deren Beobachtung nicht unterlassen werden darf, widrigenfalls die Ladung nicht ordnungsgemäß erfolgt ist. Ist dies vom Richter von Amts wegen festgestellt — vor Eintritt in die Verhandlung hat der Richter zu prüfen, ob die Verfahrensvorschriften eingehalten sind —, so darf in dem Termin, ausgenommen den Fall, daß sämtliche Beteiligte auf Einhaltung der verletzten Vorschrift verzichten, nicht verhandelt werden, sondern es muß ein neuer Termin angesetzt und sämtliche Beteiligte hiezu ordnungsgemäß nochmals geladen werden. Ebenso Birkenbihl S. 300.

Ist neu zu laden, so kann der neue Termin mit der Aufforderung zu erscheinen nebst den übrigen Bestandteilen der Ladung den erschienenen Beteiligten gegenüber mündlich zu Protokoll mitgeteilt werden (§ 90 Abs. 2 Satz 2 mit § 16 Abs. 3 FGG).

Eine Verhandlung, welche vorgenommen wird, obwohl eine ordnungswidrige Ladung vorliegt, bindet den nicht ordnungsgemäß geladenen und im Termin ausgebliebenen Beteiligten selbstverständlich nicht, ebensowenig wie gegen ihn Versäumnisfolgen Platz greifen könnten. Wird trotz alledem dann die Auseinandersetzung bestätigt, so ist der Mangel erst dann geheilt, wenn die Bestätigung die Rechtskraft beschritten hat. Bis dahin ist sie anfechtbar. (Birkenbihl S. 300.)

6. Verzicht auf Einhaltung der Ladungsvorschriften.

Wie in Anm. 5 bereits erwähnt, können die sämtlichen Beteiligten auf Einhaltung der Ladungsvorschriften, bzw. auf die ihnen aus einer ordnungswidrigen Ladung erwachsenen Rechte verzichten. Ebenso wird stillschweigend auf die Geltendmachung der Ladungsmängel verzichtet, wenn der ordnungswidrig geladene Beteiligte sich in die Verhandlung einläßt. (Siehe Fuchs S. 242, Keidel S. 90.)

7. Beschwerde.

Fühlt sich ein Beteiligter durch die Ladungsverfügung, welche an Stelle des Eröffnungsbeschlusses tritt, in seinen Rechten verletzt, z. B. wegen von ihm behaupteter Unbegründetheit oder Unzulässigkeit der Auseinandersetzung, so hat er das Rechtsmittel der Beschwerde gem. §§ 19, 20 FGG. Die Geltendmachung der Beschwerde kann jedoch nur erfolgen bis zum Beginn der Verhandlung; Streitpunkte, welche sich nach dem Beginn, also während der Verhandlung ergeben, können nur gem. § 95 FGG. erledigt werden. Siehe auch Dronke S. 81. Wird der Beschwerde stattgegeben, sei es gem. § 18 durch das Nachlaßgericht oder gem. § 19 Abs. 2 durch das Landgericht, so ist so zu verfahren, als ob ein Termin noch nicht anberaumt und eine Ladung überhaupt noch nicht ergangen sei.

8. Erzwingung des Erscheinens der Geladenen.

Einen Zwang auf die Beteiligten in der Art auszuüben, daß sie bei Meidung von anderen Rechtsnachteilen als der in den §§ 89, 91 und 93 FGG. enthaltenen im Verhandlungstermin zu erscheinen haben, würde der Natur des Auseinandersetzungsverfahrens widersprechen und läßt sich auch mit den hiefür geltenden Bestimmungen nicht vereinbaren.

§ 90 FGG.

Die Frist zwischen der Ladung und dem Termine muss mindestens zwei Wochen betragen.

Diese Vorschrift findet auf eine Vertagung sowie auf einen Termin zur Fortsetzung der Verhandlung keine Anwendung. In diesen Fällen kann die Ladung der zu dem früheren Termine geladenen Beteiligten durch die Verkündung des neuen Termins ersetzt werden.

1. Inhalt des § 90.

Ladungsfrist.

2. Allgemeines.

Im rhein. Teilungsgesetz (§ 7) betrug die Frist für Ladung zum ersten Termin einen Monat, im elsaß-lothringischen Teilungsgesetz (§ 6) zwei Wochen, wenn Beteiligte außerhalb Elsaß-Lothringens zu laden waren, jedoch mindestens einen Monat; im übrigen bestand in beiden Gesetzen für alle andern Ladungen (§ 20 Abs. 1 bzw. § 21 Abs. 1) eine zweiwöchige Frist. Letztere Fristbestimmungen wurden in das FGG. nicht aufgenommen, vielmehr lediglich eine Frist von zwei Wochen für Ladungen zum ersten Termin angeordnet, während alle weiteren Ladungen ohne Einhaltung einer Frist erfolgen. Keinesfalls ist die für die Ladung zum ersten Termin bestimmte Frist in analoger Weise auf andere Ladungen anzuwenden.

3. Ladungsfrist.

Die Ladungsfrist des Abs. 1 ist auch dann einzuhalten, bzw. von neuem zu berechnen, wenn der erste Termin neu anberaumt werden muß, weil zu dem angesetzt gewesenen Termin nicht alle Ladungen ordnungsgemäß erfolgt sind.

Wird auf Antrag oder von Amts wegen ein bereits angesetzter Termin wieder abgesetzt, und hiefür ein neuer Termin anberaumt, so gilt in diesem Falle selbstverständlich das gleiche. Es muß also hier zwischen der Ladung und dem neuen Termin eine Frist von mindestens zwei Wochen liegen.

4. Abkürzung der Frist.

Die Ladungsfrist ist eine gesetzliche, nicht vom Richter festgesetzte, welche der Einwirkung des Gerichtes insofern entzogen ist, als eine Abkürzung wie auch eine Verlängerung derselben durch den Richter nicht erfolgen kann, obwohl in letzterer Beziehung der Richter eine tatsächliche Verlängerung erreichen kann, indem er den Termin weit hinaussetzt. Siehe Birkenbihl S. 301. Der Richter hat selbstverständlich bei der Terminsbestimmung die zu betätigende rechtzeitige Zustellung an die Beteiligten zu erwägen. Ist eine solche Verlängerung mit dem Zwecke des Verfahrens und dem Interesse der Beteiligten nicht gut vereinbar, so wird man nicht anstehen, den Beteiligten bzw. jedem Beteiligten das Beschwerderecht gegen eine solche Verlängerung der Ladungsfrist zuzugestehen. So auch Jastrow S. 103.

Es möge noch darauf hingewiesen sein, daß der Richter eine besondere Rücksicht auf weit entfernt wohnende Beteiligte nicht zu nehmen hat, da die Abwesenheitspflegschaft ja angeordnet werden kann, wenn die Größe der Entfernung von Einfluß auf das Verfahren ist. Siehe § 88 Anm. 3b Ziff. 1.

5. Verletzung der Ladungsfrist.

Vor Eintritt in die Verhandlung hat der Richter von Amts wegen neben den andern Erfordernissen des Verfahrens zu prüfen, ob die Ladungsfrist gewahrt ist. Andernfalls kann in eine Verhandlung nicht eingetreten werden, außer sämtliche Beteiligte oder deren Vertreter sind erschienen und verzichten auf Einhaltung der Frist. Wurde aber in das Verfahren eingetreten, obwohl die Ladungsfrist gegenüber den Beteiligten oder gegenüber einzelnen Beteiligten nicht gewahrt ist, und obwohl im Termin nicht alle Beteiligte erschienen sind, und wurden im weiteren Verfahren die getroffenen

Vereinbarungen bestätigt, dann gilt der Mangel der nicht eingehaltenen Ladungsfrist erst als geheilt, wenn der Bestätigungsbeschluß die Rechtskraft beschritten hat. Der Natur des Auseinandersetzungsverfahrens ist es auch entsprechend, daß außerhalb des Verfahrens eine Nachprüfung über die Richtigkeit des Bestätigungsbeschlusses nicht erfolgen darf. Siehe auch Raus-nitz S. 366.

Eine von den Beteiligten getroffene Vereinbarung, wonach auf Einhaltung der Frist Verzicht geleistet wird, ist nur dann von Rechtswirkung, wenn sie von sämtlichen Beteiligten bzw. deren Vertretern in einer dem Richter erkennbaren Weise erfolgt ist. Es treten die Versäumnisfolgen ein, wenn einer der Beteiligten im Termin ausbleibt; denn es ist nicht einzusehen, weshalb ein bereits erklärter Verzicht auf Einhaltung der Frist, welcher in gleicher Weise vor dem Termin, wie in und nach dem Termin zulässig ist, durch das Nichterscheinen des Verzichtenden im Termin mangels einer anderen Willensmeinung als nicht abgegeben angesehen werden soll. Die „Muß"-vorschrift des § 90 bildet für diese Auffassung kein Hindernis; denn (nach übereinstimmender Ansicht der Kommentatoren) ist ein von sämtlichen Beteiligten erklärter Verzicht auf die Einhaltung dieser „Muß"vorschrift völlig zulässig; man kann aber doch nicht einerseits auf Einhaltung der Muß-vorschrift verzichten lassen, andererseits aber wieder auf Einhaltung der Mußvorschrift trotz Verzicht sämlicher Beteiligter bestehen. Der gegenteiligen Ansicht Schultze-Görlitz S. 183, Schneider S. 148, 149, Birkenbihl S. 301: „Eine Abkürzung der Frist kann von den Beteiligten nicht vereinbart werden, wenigstens nicht mit Rechtswirkung, so daß beim Ausbleiben in einem Termin, betreffend dessen die gesetzlich einzuhaltende zweiwöchige Frist nicht gewahrt ist, trotz der Vereinbarung die Versäumnisfolgen (§ 89 Satz 3) nicht eintreten können; wohl aber kann beim Erscheinen sämtlicher Beteiligter in einem zu frühen Termine bei ausdrücklicher oder stillschweigender Zustimmung deshalb mit der Abkürzung der Frist verhandelt werden." Dagegen ist folgenden Ausführungen von Fuchs S. 243 durchaus beizustimmen: „Die sämtlichen Beteiligten können auch eine kürzere Frist vereinbaren. Bleibt in diesem Falle ein Beteiligter in dem unter Wahrung der vereinbarten Frist abgehaltenen Termin aus, so treten die Versäumnisfolgen gegen diesen Beteiligten ein; denn durch die Vereinbarung der Beteiligten ist an die Stelle der gesetzlichen Frist eine kürzere Frist gesetzt, folglich muß die Wahrung dieser kürzeren der Wahrung der gesetzlichen Frist vollkommen gleichstehen". Der Verzicht eines Beteiligten auf Wahrung der gesetzlichen Frist ihm gegenüber ist für zulässig zu erachten, da durch den Verzicht nur das Interesse dieses Beteiligten berührt wird. (So auch Fuchs a. a. O.). Keidel S. 91 hält dafür, daß auf Wahrung der Frist nur von sämtlichen Beteiligten verzichtet werden könnte.

Lassen sich die Beteiligten trotz Verletzung der Ladungsfrist in die Verhandlung ein, so kommt dies einem stillschweigenden Verzichte gleich. Siehe Keidel S. 91.

In allen anderen Fällen können die Versäumnisfolgen des § 89 Satz 3 nicht Platz greifen.

6. Berechnung der Frist.

Hiefür ist § 17 FGG. mit §§ 187, 188 BGB. maßgebend.

7. Fortsetzung, Vertagung der Verhandlung, Terminsverlegung.

a) Eine Fortsetzung der Verhandlung setzt voraus, daß dieselbe bereits begonnen hat und aus irgend einem Grunde abgebrochen wurde, bevor sie zu Ende geführt worden ist. „Handelt es sich bei längeren Verhandlungen um kurze Erholungspausen, oder bei Verhandlungen, die mehr als einen Tag in Anspruch nehmen, um den zwischen der Verhandlung des ersten und des folgenden Tages naturgemäß liegenden Zwischenraum, so ist darin die Anberaumung eines neuen Termins zur Fortsetzung der Verhandlung im Sinne des § 90 Abs. 2 überhaupt nicht zu finden. Es liegt vielmehr eine einheitliche Verhandlung vor und es versteht sich hienach von selbst, daß die im Termine nicht Erschienenen auch als für die nach der Erholungspause oder am folgenden Tage sich unmittelbar anschließende Verhandlung geladen gelten; für ein Ermessen des Gerichts im Sinne des § 90 Abs. 2 Satz 2 bleibt in diesen Fällen kein Raum." Dorner S. 388. (Anscheinend a. A. Schultze-Görlitz S. 183.) Diese Unterscheidung dürfte m. E. mehr theoretischer als praktischer Natur sein.

b) Von Vertagung in dem hier gebrauchten Sinne spricht man dann, wenn vor Einlassung in die Verhandlung in dem anberaumten Termin ein neuer Termin in derselben Sache zur Verhandlung anberaumt wird.

c) Eine Verlegung eines Termins liegt vor, wenn vor Abhaltung des anberaumten Termins ein neuer Termin, sei es auf Antrag oder von Amts wegen, bestimmt wird. Wenn auch die §§ 227 Abs. 2, 228 CPO. nicht ausdrücklich für entsprechend anwendbar erklärt sind, so kann doch die darin vorgesehene Verlegung auf Antrag wie auch von Amts wegen ohne Zweifel erfolgen. Dorner S. 388 f. Eine Terminsverlegung kann nötig werden, wenn z. B. ein neuer Beteiligter auftaucht, dem bis zum Termin die Ladung unter Wahrung der Frist nicht mehr zugestellt werden kann. Jedenfalls wird eine Terminsverlegung nur aus erheblichen Gründen erfolgen; wird eine solche beantragt, so müssen nach Birkenbihl S. 302 (im Gegensatz zu Dorner S. 389) die vorgebrachten Gründe in einer den Umständen entsprechenden Weise nur wahrscheinlich gemacht werden, eine Glaubhaftmachung wird nicht verlangt.

In den beiden Fällen zu a) und b) ist gemäß Abs. 2 dieses Paragraphen die Bestimmung der zweiwöchigen Ladungsfrist nicht analog anwendbar erklärt; bei der Ansetzung eines neuen Termins ist das Gericht durch Wahrung von Ladungsfristen nicht beschränkt. Der Richter wird sich nur von seinem Ermessen leiten lassen. Liegt ein Fall der Terminsverlegung vor, so ist die zweiwöchige Frist für Anberaumung des neuen Termins zu wahren. Siehe Anm. 3. Rausnitz S. 366 verlangt die Einhaltung der zweiwöchigen Frist auch bei den Terminen, die gemäß § 91 Abs. 3 und § 93 Abs. 2 auf Antrag eines im Termin nicht erschienenen Beteiligten neu angesetzt werden. Dem kann (mit Dorner S. 387) durchaus nicht beigestimmt werden.

8. Ladung zum neuen Termin oder Verkündung des neuen Termins des Abs. 2 dieses Artikels.

Nicht nur, daß keine Ladungsfrist für den neuen Termin des Abs. 2 dieses Artikels vorgeschrieben ist, der Richter kann auch von einer Ladung der zu dem früheren Termin geladenen (also sämtlicher) Beteiligten überhaupt Umgang nehmen, indem er an Stelle der Ladung in dem Verhandlungstermin, in welchem die Vertagung bzw. Fortsetzung der Verhandlung beschlossen wird, den neuen Termin verkündet.

Durch diese Bestimmung in Verbindung mit dem Wegfall eines Fristzwangs wird das Verfahren ganz bedeutend vereinfacht und werden Verzögerungen, die durch wiederholte Ladungen an die sämtlichen Beteiligten entstehen, vermieden, was ja auch der Zweck des § 90 Abs. 2 ist. Die Denkschrift z. FGG. S. 61 f. bemerkt hiezu: „Müßten die sämtlichen Beteiligten zu dem neuen Termin immer von neuem geladen werden, so würde sich dadurch das Verfahren vielfach ungebührlich verzögern, namentlich für die auswärtigen Beteiligten, die zum ersten Termin erschienen sind, würde die Notwendigkeit, den neuen Termin so weit hinauszuschieben, daß eine wiederholte Ladung der Ausgebliebenen erfolgen kann, überaus lästig sein. Andererseits werden die ausgebliebenen Beteiligten durch das Unterbleiben der nochmaligen Ladung umso weniger beschwert, als sie nach dem Entwurf auf die Zulässigkeit dieses Verfahrens in der ersten Ladung hinzuweisen sind. Inwieweit der Richter von der Befugnis, die Ladung der Beteiligten durch die Verkündung zu ersetzen, Gebrauch machen will, bleibt nach § 90 dieses Gesetzes seinem pflichtmäßigen Ermessen überlassen."

Es ist die Bestimmung, daß an die Stelle der Ladung die Verkündung des neuen Termins treten kann, lediglich eine Konsequenz der im § 89 Satz 3 angedrohten Versäumnisfolgen für den Fall des Ausbleibens im Termin. Denn gegenüber den Erschienenen hätte es mit Rücksicht auf § 16 Abs. 3 einer solchen Bestimmung nicht bedurft. Wenn Beteiligte im ersten Termin ausbleiben, müssen sie gewärtigen, daß bereits in diesem ersten Termin die Auseinandersetzung erledigt wird. Ob nun für das Verfahren mehrere Termine notwendig sind oder nicht, macht ihren Rechten keinen Abbruch. Es genügt also bezüglich der nicht erschienenen Beteiligten die an diese zum ersten Termin erfolgte ordnungsmäßige Ladung.

Daß dann, wenn sich im späteren Termin offenbart, daß Beteiligte noch in Frage stehen, die bisher zum Verfahren nicht beigezogen waren, diese gemäß § 89 zu laden sind, ist selbstverständlich. Ebenso Birkenbihl S. 302, Wellstein S. 87, Rausnitz S. 366. Wird von dem neuaufgetauchten Beteiligten das bisherige Verfahren nicht gebilligt, — das Einverständnis desselben ist zu erholen, — so ist entweder das Verfahren zu wiederholen oder gemäß § 95 FGG. zu verfahren.

Es ist dem pflichtgemäßen Ermessen des Richters überlassen, ob er sich lediglich mit Verkündung des neuen Termins begnügen oder eine Ladung erfolgen lassen will. In letzterem Fall ist die Ladung an sämtliche Beteiligte zu betätigen. Selbstverständlich genügt der Form nach die Ladung gemäß § 16 Abs. 2 Satz 2 (siehe hiezu für Bayern § 137 NachlO., §§ 48 ff.

Zust.O.), da mit der Ladung eine Frist nicht zu laufen beginnt. Bei Entscheidung der Frage, ob Verkündung oder Ladung, wird sich der Richter von dem Interesse der Beteiligten leiten lassen, welches wohl in der Regel in der Verkündung des Termins bestehen wird, weil hiedurch jede unnötige Verzögerung, welche die Ladungen verursachen, vermieden wird. (Wenn aber das Ausbleiben von Beteiligten als entschuldigt erscheint, dann soll gemäß § 115 Abs. 3 b Nachl.O. eine neue Ladung stattfinden.)

„Zufolge des Vorbehalts im § 200 dieses Gesetzes wird jedoch die Landesjustizverwaltung nach Maßgabe des Landrechts in der Lage sein, Anweisungen zu erteilen, durch welche sie die Unterlassung der Ladung auf das nach den örtlichen Verhältnissen nötige Maß beschränkt." Denkschrift z. FGG. S. 62.

Bayern hat von dem Vorbehalte in diesem Sinne keinen Gebrauch gemacht.

§ 91 FGG.

Treffen die erschienenen Beteiligten vor der Auseinandersetzung eine Vereinbarung über vorbereitende Massregeln, insbesondere über die Art der Teilung, so hat das Gericht die Vereinbarung zu beurkunden. Das gleiche gilt, wenn nur ein Beteiligter erschienen ist, in Ansehung der von diesem gemachten Vorschläge.

Sind die Beteiligten sämtlich erschienen, so hat das Gericht die von ihnen getroffene Vereinbarung zu bestätigen. Dasselbe gilt, wenn die nicht erschienenen Beteiligten ihre Zustimmung zu gerichtlichem Protokoll oder in einer öffentlich beglaubigten Urkunde erteilen.

Ist ein Beteiligter nicht erschienen, so hat das Gericht, sofern er nicht nach Abs. 2 Satz 2 zugestimmt hat, ihm den Inhalt der Urkunde, soweit dieser ihn betrifft, bekannt zu machen und ihn gleichzeitig zu benachrichtigen, dass er die Urkunde auf der Gerichtsschreiberei einsehen und eine Abschrift der Urkunde fordern könne. Die Bekanntmachung muss den Hinweis darauf enthalten, dass, wenn der Beteiligte nicht innerhalb einer von dem Gerichte zu bestimmenden Frist die Anberaumung eines neuen Termins beantrage oder wenn er in dem neuen Termine nicht erscheine, sein Einverständnis mit dem Inhalte der Urkunde angenommen werden würde. Beantragt der Beteiligte rechtzeitig die Anberaumung eines neuen Termins und erscheint er in diesem Termine, so ist dis Verhandlung fortzusetzen. Anderenfalls hat das Gericht die Vereinbarung zu bestätigen.

1. Inhalt des § 91.

Vorbereitender Verhandlungstermin, Versäumnisfolgen.

2. Allgemeines.

Mit § 91 beginnen die Verhandlungen über die Auseinandersetzung, wobei diese in den vom Gesetz vorgesehenen zwei Abschnitten, dem Verfahren über die vorbereitenden Maßregeln (§ 91) und dem Verfahren über die definitive Auseinandersetzung (§ 93) je in einem oder mehreren Terminen durchgeführt werden kann; es kann aber auch die definitive Auseinandersetzung im sofortigen Anschluß an die Vereinbarung von vorbereitenden Maßregeln erfolgen, wobei die Bestätigung der Vorbereitungsmaßregeln zugleich mit der Bestätigung der Auseinandersetzung verbunden werden kann. (Siehe auch § 116 b NachlO.) Es kann sich auch im letzteren Fall eine Bestätigung der vereinbarten Vorbereitungsmaßregeln als überflüssig erübrigen, kann auch auf einheitlichen Wunsch der Beteiligten unterbleiben. Ohne Rücksicht auf die Zweiteilung des Verfahrens kann auch nach Lage des einzelnen Falles von einer vorherigen Vereinbarung vorbereitender Maßregeln ganz abgesehen werden.

Daß das Verfahren bereits in einem Termin erledigt werden kann, ohne daß es für die Durchführung einer Trennung des Verfahrens (mit einem oder mehreren Terminen) und zwar einer Teilung in eine Verhandlung über vorbereitende Maßregeln und in eine Verhandlung über die definitive Auseinandersetzung bedürfte, ist in der Reichstagskommission gegenüber einem im Plenum des Reichstags (vgl. Sten.Ber. über die Sitzung vom 3. Dezember 1897 S. 15) geäußerten Bedenken, ob anläßlich der im Gesetze hervorgehobenen Trennung des Verfahrens in zwei Abschnitte (§§ 91, 93) das Verfahren in einem einzigen Termin erledigt werden könne, als allgemeine Ansicht der Kommission ausdrücklich hervorgehoben worden. In gleicher Weise wurde übereinstimmend zum Ausdruck gebracht, daß nicht bloß die Verhandlung über die Vereinbarungen nach § 91 und über die Auseinandersetzung selbst, sondern auch die Bestätigung der Vereinbarung und die der Auseinandersetzung geeignetenfalls mit einander verbunden werden könnten. Siehe Komm.Ber. z. FGG. S. 51; siehe auch Denkschr. z. FGG. S. 63. „Ob es im einzelnen Falle erforderlich ist, daß die erschienenen Beteiligten vor der Auseinandersetzung eine besondere Urkunde über die Art der Teilung oder über sonstige vorbereitende Maßregeln behufs der Mitteilung an den Ausgebliebenen aufnehmen lassen, hängt von den Umständen ab; die erschienenen Beteiligten können, sofern der Stand der Teilungsmasse es zuläßt, schon im ersten Termine mit einer Vereinbarung über die Art der Teilung die endgültige Auseinandersetzung verbinden."

Ob die Bestätigung der vorgängigen Vereinbarungen sofort noch im gleichen Termin, in welchem an diese sich anschließend die Auseinandersetzung vor sich geht, oder erst später auf dem Wege der §§ 91 Abs. 3, 93 Abs. 2 FGG. erfolgen kann, ändert an vorstehenden Grundsätzen nichts. Selbst bei Auftauchen von Streitpunkten (§ 95 FGG.) kann bezüglich der nichtstreitigen Punkte nach obigen Grundsätzen in einem Termin die Auseinandersetzung hinsichtlich der nichtstreitigen Punkte erfolgen, sofern die Erledigung der Streitpunkte nicht präjudiziell für das ganze Verfahren ist und bis zur Erledigung das ganze Verfahren ausgesetzt werden müßte. Wellstein S. 88.

Daß vom Gesetze ein besonderes Verfahren für Vereinbarung vorbereitender Maßregeln überhaupt geschaffen wurde, hat seinen Grund darin, daß die Beteiligten, insbesondere bei einem größeren Verfahren mit vielen Beteiligten und umfangreicher Teilungsmasse, die Teilung nicht selten in anderer Weise vornehmen wollen, als sie vom Gesetz vorgesehen ist; hiezu soll § 91 FGG. dienen. (Materielle Vorschriften über die Auseinandersetzung finden sich in den §§ 2042—2057, 749—758 BGB., §§ 180—184 ZVG., vgl. auch §§ 11—14, 25 rheinpreußisches Teilungsgesetz, §§ 13, 27 elsaß-lothr. Teilungsgesetz.)

Ergibt sich nach Lage der Sache die Möglichkeit, im Anschluß an die vorbereitenden Vereinbarungen (z. B. über eventuelle Verteilung durch das Los, § 94 dieses Gesetzes) sofort (es braucht z. B. der Verkauf, die Schätzung von Nachlaßgegenständen nicht abgewartet werden) in die Auseinandersetzung einzutreten, so wird der Richter auch diese Gelegenheit wahrnehmen, in die Auseinandersetzungsverhandlungen eintreten und die Auseinandersetzung gleichfalls beurkunden. Sobald sodann die Bestätigung der Vereinbarung der vorbereitenden Maßregeln und der definitiven Auseinandersetzung möglich ist, wird der Richter die Bestätigung in einem und demselben Beschlusse erteilen. Da die Bestätigungen sowohl der vorbereitenden Vereinbarungen als auch der Auseinandersetzung der Rechtskraft fähig sind, letztere sich auch auf ersterer aufbaut, also die Rechtskraft der Bestätigung der vorbereitenden Vereinbarungen voraussetzt, so wird der Richter die Bestätigung der Auseinandersetzung in der Weise erteilen müssen, daß solche nur untrennbar mit der Bestätigung der Vereinbarung über vorbereitende Maßregeln bestehen bleiben kann. Wird also z. B. die Bestätigung der Vereinbarung mit der sofortigen Beschwerde mit Erfolg angegriffen, so entfällt auch die Bestätigung der Auseinandersetzung, welche sich nur auf ersterer gründet. Sind im Verhandlungstermine sämtliche Beteiligte erschienen, so können die in diesem Termine erfolgten Bestätigungen sofort rechtskräftig werden, wenn von sämtlichen Beteiligten auf Einlegung von Rechtsmitteln gegen dieselben verzichtet wird.

3. Vorbereitende Maßregeln.

Der Zweck der vorbereitenden Maßregeln ist die Schaffung einer unverrückbaren Grundlage für die Auseinandersetzung selbst; es soll hiedurch die Teilung vorbereitet werden.

Als vorbereitende Maßregeln stellen sich dar Vereinbarungen: über die Herausgabe von Nachlaßgegenständen zum Zwecke der Besichtigung, der Abschätzung, des Verkaufs; über die Wahl eines zur Abschätzung geeigneten Sachverständigen (der Beteiligte braucht sich aber der Schätzung nicht zu unterwerfen); über die Art der Teilung, insbesondere darüber, ob die Teilung in Natur oder im Wege des Verkaufes der Nachlaßbestandteile erfolgen solle; darüber, ob Nachlaßforderungen einzuziehen, Nachlaßschulden sofort zu bezahlen sind, ob zur Verteilung Lose gebildet werden sollen, wer die Losziehung vornehmen soll, ob von der Anfertigung eines Auseinandersetzungsplanes Umgang zu nehmen ist, ob bezüglich einzelner Nachlaßgegenstände die Aufhebung der Erbengemeinschaft ausgeschlossen sein soll; zu den vorbereitenden Maßregeln gehören ferner Vereinbarungen hinsichtlich Übernahme einzelner Nachlaßbestandteile oder des gesamten Rücklasses mit Einschluß der Passiven durch die einzelnen oder einen Erben gegen anderweitige Abfindung der übrigen Erben, hinsichtlich Übernahme von Nachlaßverbindlichkeiten gegen Abfindung mit Nachlaßgegenständen.

Zu den vorbereitenden Maßregeln gehört auch das Verlangen einzelner Beteiligter auf Ergänzung der Angaben bezüglich der Teilungsmasse, ev. durch Leistung des Offenbarungseides gemäß §§ 2028, 260 f. BGB., ferner das Verlangen einzelner Beteiligter auf Rechnungsstellung bezüglich der bisherigen Verwaltung des Nachlasses; neben Feststellung der Außenstände kann auch eine Ermittelung der Nachlaßschulden nicht unterlassen werden; so auch Schultze-Görlitz S. 185.

Daß von den Beteiligten in dem den vorbereitenden Vereinbarungen gewidmeten Termine auch bezüglich Verwahrung und Verwaltung der Nachlaßgegenstände bis zur Durchführung der Teilung Verabredungen getroffen werden können, ist selbstverständlich; vorbereitende Maßregeln im Sinne des § 91 sind dies aber nicht, bedürfen also keiner Beurkundung und keiner Bestätigung. Ebensowenig sind zu den vorbereitenden Maßregeln zu rechnen Erörterungen über die Teilung selbst, z. B. über die Größe der Pflichtteilsrechte, der Erbteile, über die Ausgleichungspflichten der Erben; diese Fragen finden im Auseinandersetzungsplan ihre Erledigung. Siehe Birkenbihl S. 306, Rausnitz S. 367, Schneider S. 151; ferner Weißler S. 135, welcher bemerkt, daß die Vereinbarung, wenn sie nicht mit dem Auseinandersetzungsplan zusammenfällt, eine „vorbereitende Maßregel", also irgend ein Tun betreffen muß; „die grundsätzliche Einigung über Größe der Erbteile, der Vorempfänge und dgl. eignet sich nicht für ein besonderes Versäumnisverfahren, kann nur zusammen mit dem Auseinandersetzungsplane versäumnisfähig werden." Siehe hiezu § 110 Nachl.O.

4. Beteiligte.

Siehe Anm. 7 zu § 86.

5. Vertretung durch Bevollmächtigte, Verbeistandung.

Beteiligte können sich im Termine auch durch Bevollmächtigte vertreten lassen oder in demselben mit Beiständen erscheinen.

Es wird nicht erfordert, daß die Bevollmächtigten, Beistände z. B. Rechtsanwälte sein müßten, vielmehr muß jede Person ohne Unterschied des Standes, auch diejenige, welche die Besorgung vorgehender Angelegenheiten gewerbsmäßig betreibt (Winkelkonsulent), auch ohne Unterschied des Geschlechtes als Bevollmächtigter, Beistand zugelassen werden. (Siehe auch den Komm.Ber zum preußischen Ausführungsgesetz z. FGG. S. 19 ff., wo ein auf die Ausschließung der Winkelkonsulenten gestellter Antrag zurückgezogen wurde, da von seiten der Regierung die Zulässigkeit der Erlassung einer solchen landesgesetzlichen Bestimmung bestritten wurde.) Bezüglich der Form der Vollmacht bestehen keine zwingenden Vorschriften. Bei Rechtsgeschäften, welche im allgemeinen eine bestimmte Form der Vertretung verlangen (Verfügung über Nachlaßgrundstücke), genügt einfache Vollmacht nicht. (A. M. Fuchs S. 253, welcher auch zur Vereinbarung über den Verkauf von Grundstücken eine besondere Form der Vollmacht nicht verlangt.) Es kann also ein Beteiligter auch mit privatschriftlicher Vollmacht sich ausweisen. Das Gericht oder ein Beteiligter kann auch auf den Nachweis der Vollmacht überhaupt verzichten, bzw. den Nachweis der Bevollmächtigung gar nicht verlangen, in welchem Falle also nicht einmal eine privatschriftliche Vollmacht beigebracht werden braucht; andererseits aber wieder kann in jedem Stadium des Verfahrens, und zwar rückwirkend, der Nachweis der Bevollmächtigung nicht nur durch eine privatschriftliche, sondern auch durch eine öffentlich beglaubigte Vollmacht verlangt werden. Vor Bestätigung einer vorgängigen Vereinbarung der Auseinandersetzung wird, wenn ein Bevollmächtigter am Verfahren beteiligt ist, der Richter selbstverständlich immer den Nachweis der Bevollmächtigung verlangen; denn das Gericht muß sicher sein, daß der für den nicht erschienenen Beteiligten Aufgetretene auch wirklich der Bevollmächtigte desselben ist. Hiebei kann der Nachweis der Vollmacht aber auch in leichterer Weise als durch öffentlich beglaubigte Vollmacht (sofern eine solche nicht aus anderen Gründen erforderlich ist) geführt werden, z. B. durch Beglaubigung der Unterschrift des Beteiligten durch den Bürgermeister seiner Gemeinde oder durch die Erklärung einzelner Mitbeteiligter (wenn dieselben glaubwürdig sind), daß sie von dem Bestehen der Bevollmächtigung Kenntnis haben.

Bezüglich der Vertretung bzw. Vollmacht s. auch §§ 164 ff., 176 BGB., insbesondere auch § 171 BGB.: „Hat jemand durch besondere Mitteilung an einen Dritten, oder durch öffentliche Bekanntmachung kundgegeben, daß er einen anderen bevollmächtigt habe, so ist dieser auf Grund der Kundgebung im ersteren Falle dem Dritten gegenüber, im letzteren Falle jedem Dritten gegenüber zur Vertretung befugt.

Die Vertretungsmacht bleibt bestehen, bis die Kundgebung in derselben Weise wie sie erfolgt ist, widerrufen wird."

Die vorläufige Zulassung nicht legitimierter Vertreter ist beim Auseinandersetzungsverfahren ausgeschlossen. Im Komm.Ber. z. FGG. S. 51 wurde als übereinstimmende Ansicht der Vertreter des Bundesrats und der Kommission festgestellt und beschlossen, im Berichte zu vermerken, daß der § 89 CPO., der die vorläufige Zulassung nicht legitimierter Vertreter in das Ermessen des Gerichts stellt, hier keine Anwendung findet, in dem die CPO. überhaupt nur insoweit angewendet werden dürfe, als dies ausdrücklich vorgesehen sei. Erscheint z. B. ein Ehemann und erklärt, für seine Frau, obwohl er von ihr nicht bevollmächtigt sei, handeln zu wollen, so kann er verbindliche Erklärungen für dieselbe nicht abgeben, dieselbe gilt als nicht erschienen. Die Ehefrau muß also in diesem Falle die von den übrigen Beteiligten getroffenen Vereinbarungen noch nachträglich genehmigen, bzw. würde das Versäumnisverfahren gegen sie Platz greifen.

Erklärt dagegen der für seine Ehefrau erschienene Ehemann, von seiner Frau mündlich bevollmächtigt zu sein, so kann er zugelassen werden, auch ohne daß er sich, was Dorner S. 81 verlangt, durch den Besitz der erforderlichen Aktenstücke legitimiert.

Wenn das Gericht ein Verhandeln mit den Beteiligten selbst für ersprießlicher hält als ein Verhandeln mit Bevollmächtigten, so kann es jederzeit das persönliche Erscheinen der Beteiligten — ein Beistand kann als Berater miterscheinen — anordnen und bei Nichterscheinen der Beteiligten ein Verhandeln mit Bevollmächtigten ablehnen. Gegen die das persönliche Erscheinen der Beteiligten anordnende Verfügung steht den Beteiligten das Beschwerderecht zu (Rausnitz S. 369). Erscheint trotz Anordnung des persönlichen Erscheinens des Beteiligten dieser im Termin nicht — ein Mittel, das Erscheinen der Beteiligten z. B. durch Ordnungsstrafen zu erzwingen, besitzt das Gericht nicht —, sondern nur sein Bevollmächtigter, dann kann der Beteiligte als nicht erschienen im Sinne des Gesetzes nicht gelten; denn der Beteiligte hat durch Entsendung seines Bevollmächtigten hinlänglich bewiesen, daß er am Verfahren sich beteiligen will. Die Versäumnisfolgen könnten also nicht eintreten. Ebenso Rausnitz S. 369, Ztschrft. f. Civ.Pr. Bd. 25 S. 181, Schultze-Görlitz S. 188, Schneider S. 153. Wie bemerkt, kann der Richter in einem solchen Falle das Verhandeln mit einem Bevollmächtigten ablehnen; ob er dies aber tun wird, richtet sich nach der Lage des einzelnen Falles. In der Regel wird er wohl vorziehen, mit dem erschienenen Bevollmächtigten zu verhandeln, bevor er das Verfahren zum Stillstand kommen läßt, was andernfalls geschehen müßte, da der nicht Erschienene durch seinen Bevollmächtigten zwar als anwesend, aber als ein Beteiligter, der zur Sache keine Erklärung abgibt, sohin als den Abmachungen widersprechend angesehen werden müßte. Ebenso Schultze-Görlitz S. 188. S. Anm. 11 lit. b Ziff. 2 α.

A. M. Weißler S. 135, 39: „Das bei der Erbauseinandersetzung zulässige Versäumnisverfahren kann keinesfalls gegen den stattfinden, der persönlich geladen, aber durch einen Bevollmächtigten erschienen war, weil hier, wie bei jeder Urkundenaufnahme, die Parteien Herren des Geschäfts sind, das Gericht überhaupt nichts anzuorden, nur zu vermitteln und zu beurkunden hat. Auch kann der Richter deshalb, weil eine Partei, entgegen dem Befehle persönlichen Erscheinens, durch einen Bevollmächtigten vertreten gewesen ist, weder, wie Rausnitz (Ztschrft. f. Civ.Pr. Bd. 25 S. 181) will, ablehnen, mit dem Bevollmächtigten zu verhandeln, noch die Bestätigung der Auseinandersetzung verweigern: weil er, der nur die Vereinbarungen der Parteien klar zu stellen hat, sie dadurch materiell beeinflussen, zum Stillstand bringen würde." Dieser Auffassung, welche die Stellung des Gerichts zu einer rein mechanischen machen würde, kann schon mit Rücksicht darauf, daß gerade die Anordnung des persönlichen Erscheinens eines Beteiligten im Interesse desselben und im Interesse des Auseinandersetzungsverfahrens erfolgt, und insbesondere auch mit Rücksicht auf die strikte Vorschrift des § 13 FGG., wonach die Beteiligten sich, „soweit nicht das Gericht das persönliche Erscheinen anordnet", auch durch Bevollmächtigte vertreten lassen können, nicht beigepflichtet werden.

6. Geschäftsunfähige, in der Geschäftsfähigkeit beschränkte Personen.

Geschäftsunfähige, in der Geschäftsfähigkeit beschränkte Personen können zum Verfahren mit Rechtswirkung nicht zugelassen werden, da ihr Einverständnis mit den Vereinbarungen, welche rechtsgeschäftlicher Natur sind, die Rechtsgültigkeit nicht herbeiführt. Die Versäumnisfolgen richten sich in diesen Fällen auch nicht gegen die vertretenen Personen, sondern gegen die gesetzlichen Vertreter derselben. Siehe Birkenbihl S. 303, Schneider 154.

7. Verhandlungstermin.

Das Verfahren der freiwilligen Gerichtsbarkeit, also auch der Nachlaßauseinandersetzung, ist nicht öffentlich.

Die Richtigkeit der Ladung, ob die Ladungsfrist eingehalten ist, und ob alle Beteiligten geladen sind, ist vor Eintritt in die Verhandlung von Amts wegen festzustellen. Sodann sind die von dem Antragsteller gemäß § 87 FGG. gemachten Angaben über die Beteiligten und die Teilungsmasse mit den erschienenen Beteiligten zu erörtern und diese zu eventuellen Ergänzungen zu veranlassen. Siehe hiezu § 109 Abs. 1 Nachl.O. Besteht sodann Einigung bezüglich der Angaben hinsichtlich der Beteiligten und der Teilungsmasse, so wird in die eigentliche Verhandlung über die vorbereitenden Maßregeln eingetreten. Hiebei hat der Richter, soweit möglich, zur Einigung mitzuwirken durch Rechtsbelehrung, Ratserteilung, Vorbringen von Vorschlägen, soll insbesondere die Beteiligten von zwecklosen Maßregeln abzuhalten suchen und, sofern vorbereitende Maßregeln überhaupt nicht notwendig sind, also sofort in das definitive Auseinandersetzungsverfahren eingetreten werden kann, darauf hinweisen.

8. Nachlaßverbindlichkeiten.

Das mit der Auseinandersetzung befaßte Gericht, der Notar wird bei der Aufstellung des Auseinandersetzungsplanes, soweit es an ihm liegt, dafür sorgen, daß dem § 2046 BGB. („aus dem Nachlasse sind zunächst die Nachlaßverbindlichkeiten zu berichtigen") Genüge geleistet wird; es kann jedoch ein Zwang, die Nachlaßverbindlichkeiten vor der Teilung zu berichtigen, bei einstimmiger gegenteiliger Absicht der Erben auf sie nicht ausgeübt werden; denn sie sind bei Einmütigkeit berechtigt, die Nachlaßverbindlichkeiten auch erst nach der Teilung zu berichtigen. Dagegen kann jeder einzelne Erbe verlangen, daß zunächst die Nachlaßverbindlichkeiten berichtigt werden und der Nachlaß hiezu dann, soweit erforderlich, versilbert wird. Siehe Matthias Bd. II S. 549, Enneccerus und Lehmann Bd. II S. 735 („Die Erben sind ..... berechtigt, die Erbteilung schon vor der Befriedigung der Nachl.Gläubiger vorzunehmen. Allerdings verfolgt die vom Gesetzbuch getroffene Regelung, daß die Schulden nicht eo ipso geteilt sind, den Zweck, die Befriedigung der Gläubiger aus dem noch ungeteilt den Miterben zur gesamten Hand zustehenden Nachlaß zu erwirken. Aber der Gesetzgeber hat sich gescheut, eine Vorschrift zu treffen, welche die Erben zwingt, mit der Auseinandersetzung bis zur Schuldenregulierung zu warten. Eine solche Vorschrift könnte in zahlreichen Fällen als drückende Fessel empfunden werden, in denen bei durchaus solventem Nachlaß die Gläubiger ein besonderes Interesse an der Hinausschiebung der Auseinandersetzung nicht haben"), Endemann Bd. III, S. 490. Ähnlich Strohal Bd. II S. 356. (Anscheinend a. A. Birkenbihl S. 290, Rausnitz i. d. Zeitschr. f. d. Civ.Pr. Bd. 25 S. 167, Staudinger Bd. V S. 270, Planck Bd. V S. 197.)

Die Rechtsstellung des Nachlaßgerichts (Notars) ist also die, daß die Erbbeteiligten auf die Bestimmungen des § 2046 und die Folgen bei Nichtberücksichtigung dieser Vorschriften hinzuweisen sind, während kein Mittel für das Gericht (Notar) besteht, die Erben zur Beobachtung dieser Vorschriften zu zwingen; insbesondere kann deshalb die Beurkundung und Bestätigung von Vereinbarungen, welche die Vorschriften des § 2046 BGB. nicht berücksichtigen, nicht verweigert werden.

Auf dem gleichen Standpunkt steht die b. Nachl.O. § 109 Abs. 2. Hienach sollen die Nachlaßverbindlichkeiten zwar, soweit möglich, festgestellt, aber im übrigen auf die Beteiligten nicht eingewirkt werden. „Eine Aufforderung der Nachlaßgläubiger im Wege des Aufgebots oder nach § 2061 des BGB. ist den Beteiligten zu überlassen. Auch die vorherige Berichtigung der Nachlaßverbindlichkeiten (§ 2046 des BGB.) ist Sache der Beteiligten selbst. Die Beteiligten sollen über ihre Gesamthaftung, wenn sie die Teilung vor Berichtigung oder Sicherstellung der Nachlaßverbindlichkeiten vornehmen (§§ 2058 ff. des BGB.) belehrt werden."

9. Form der Beurkundung.

Im Auseinandersetzungsverfahren erfolgen die Beurkundungen von Rechtsgeschäften nach Maßgabe der Vorschriften des zehnten Abschnitts dieses Gesetzes (s. Denkschr. z. FGG. S. 62). Als Rechtsgeschäfte sind auch die Vorschläge, die Vereinbarungen über vorbereitende Maßregeln, die Auseinandersetzung mit Rücksicht auf die hiedurch vorgebrachte Rechtswirkung gegenüber den Beteiligten zu erachten. Es richtet sich also auch die Form der hier zu erfolgenden Beurkundung nach den Vorschriften des zehnten Abschnitts. Bestehen jedoch für die beurkundende Tätigkeit des Gerichts neben den allgemeinen Vorschriften des ersten Abschnitts hievon abweichende Vorschriften des zehnten Abschnitts, so finden hier ausschließlich die Vorschriften des ersten Abschnitts Anwendung. Nur soweit im ersten Abschnitte nichts anderes bestimmt ist, greifen die Vorschriften des zehnten Abschnitts Platz. Dorner bemerkt hiezu S. 391: „daß es nicht angeht, etwa auf die gerichtliche Vermittelung der Vereinbarung andere allgemeine Vorschriften anzuwenden als auf die nachfolgende Beurkundung der Vereinbarung. Hienach bleiben die in § 170 bezeichneten Gründe der Unfähigkeit des Richters, soweit sie mit § 6 nicht zusammenfallen (dies gilt insbesondere von der Verwandtschaft mit dem nach § 168 Satz 2 im Sinne des § 170 selbst als Beteiligter geltenden Vertreter eines Miterben), außer Betracht. Auch finden auf das gesamte gerichtliche Verfahren mit Einschluß der Beurkundung gemäß § 8 die — für die Fälle des zehnten Abschnitts sonst nicht geltenden — Vorschriften des GVG. über die Sitzungspolizei und die Vorschriften der §§ 8, 9 (nicht der

§§ 179, 180) über Beizug von Dolmetschern Anwendung". Ebenso Birkenbihl S. 306, Dronke S. 85, Fuchs S. 251.

Schultze-Görlitz S. 186, Jastrow S. 104, Rausnitz S. 368 sind der Ansicht, daß außer dem § 6 auch die §§ 170, 171 maßgebend sind. Nach Weißler S. 134 erfolgt die Beurkundung nach den Vorschriften des zehnten Abschnitts, dessen „Sonder"vorschriften den „allgemeinen" des ersten Abschnitts vorgehen. So läßt er insbesondere die Verhandlung in fremder Sprache nicht nach den §§ 8, 9, sondern nach den §§ 179, 180 (ebenso Rausnitz S. 368) zu, und beurteilt die Frage, ob ein Richter kraft Gesetzes ausgeschlossen ist, nicht nach § 6, sondern nach §§ 170, 171. Hiedurch „könne es allerdings kommen, daß für die Vermittelung und Bestätigung der Auseinandersetzung andere Ausschließungsgründe gelten als für die Beurkundung".

Die bayerische Nachl.O. (§ 139 Abs. 1) stellt sich gleichfalls auf letzteren Standpunkt, indem sie die Vorschriften der §§ 168—182 FGG. für die Form der Beurkundung der in § 91 Abs. 1, § 93 Abs. 1 getroffenen Abmachungen für anwendbar erklärt. (In § 139 Abs. 2 bestimmt sie, daß die Vorschriften der §§ 174, 177 des FGG. auch dann beobachtet werden sollen, wenn das Protokoll keine rechtsgeschäftlichen Erklärungen enthält.)

Ist die Vermittelung der Auseinandersetzung gemäß § 193 FGG. an Stelle der Gerichte oder neben diesen den Notaren übertragen, so erfolgt die Beurkundung in derselben Weise wie bei den Gerichten, nur mit dem Unterschiede, daß die Vorschriften der §§ 6, 8 gemäß § 194 Abs 3 FGG. keine Anwendung finden, sondern lediglich die landesgesetzlichen Bestimmungen maßgebend sind. Ebenso Fuchs S. 251, Dorner S. 391; Schultze-Görlitz S. 186 läßt in diesem Falle für die Beurkundung die Vorschriften des zehnten Abschnitts, für das Ausschließungsrecht die §§ 170, 171 und das Landesrecht Platz greifen.

10. Mündlichkeit des Verfahrens.

Nur im Termine kann der Beteiligte seinen Widerspruch mit der Wirkung des § 95 FGG. erklären. Widerspricht er schriftlich oder in irgend einer anderen Form außerhalb des Termines, z. B. in notarieller oder notariell beglaubigter Urkunde, zu gerichtlichem Protokoll oder zu Protokoll des Gerichtsschreibers (sofern Richter, Gerichtsschreiber, Notar seine Erklärungen überhaupt annehmen sollten), so ist dies ohne Rechtswirkung. Es muß auch die Ansicht Weißlers S. 135, daß dann der Beteiligte gültig widersprechen könne, wenn er vor einem ersuchten Gerichte oder ersuchten Notare widerspricht, weil diese insoweit an die Stelle des Nachlaßgerichts treten, für unhaltbar erachtet werden. Dies ist schon insofern unrichtig, als der Widerspruch in dem betreffenden Termine in Gegenwart der Beteiligten bzw. derjenigen, welche dem Termine infolge der Ladung anwohnen könnten, erfolgen muß. Erscheint vor dem Nachlaßgerichte nachträglich ein Beteiligter, so hat nur seine Zustimmung, nicht sein Widerspruch eine Wirksamkeit.

11. Verfahren.

a) Es erscheint keiner der Beteiligten im Termine.

b) Es erscheinen nicht sämtliche Beteiligte oder es erscheint nur ein Beteiligter im Termine.

c) Es erscheinen sämtliche Beteiligte im Termine.

ad a) Es erscheint keiner der Beteiligten im Termine.

Erscheint in dem Termine keiner der Beteiligten, auch nicht der Antragsteller, so besteht für das Gericht keine Handhabe, das Verfahren trotzdem zu betreiben, einen neuen Termin zu bestimmen, wozu die Beteiligten neu zu laden wären, und sodann von Amts wegen darauf einzuwirken, daß die Beteiligten in diesem neuen Termine sich einfinden; denn abgesehen davon, daß das Gericht in diesem Falle einen neuen Termin überhaupt gar nicht anberaumen könnte, steht demselben auch kein Recht zu, das Erscheinen der Beteiligten zu erzwingen. In diesem Falle ruht also das Verfahren. (Siehe auch § 118 Abs. 1 Nachl.O.)

Im Termine muß der Beteiligte persönlich oder sein legitimierter Vertreter erscheinen. Siehe hiezu Anm. 5.

Als nicht erschienen im Sinne dieses Paragraphen ist auch anzusehen, wer im Termin zwar erschienen ist, aber vor Abgabe einer Erklärung sich freiwillig entfernt oder auf Grund § 8 des Gesetzes zur Aufrechterhaltung der Ordnung vom Orte der Verhandlung entfernt wird. S. Denkschrift z. FGG. S. 64, Nachl.O. § 118 Abs. 2 Satz 1. (Satz 2 daselbst läßt aber dann, wenn die vorzeitige Entfernung des Beteiligten als entschuldigt anzusehen ist, den § 115 Abs. 3 Satz 2 Nachl.O. — „Eine neue Ladung" an Stelle der Verkündung des Termins „soll dann stattfinden, wenn das Ausscheiden von Beteiligten als entschuldigt erscheint" — zur Anwendung kommen). Ferner Birkenbihl S. 310, Jastrow S. 91, Keidel S. 93, Weißler S. 135, Dronke S. 84, Wellstein S. 90, Dorner S. 393. A. M. Rausnitz S. 368 f., Zeitschr. f. Civ.Pr. Bd. 25 S. 178 ff., welcher den Betreffenden als erschienen, aber nicht als zustimmend ansehen will, weil dieser seinen Willen, bei der Nachlaßregulierung mitzuwirken und sich nicht gänzlich der Beteiligung zu enthalten, deutlich genug zu erkennen gegeben hat. Rausnitz nimmt ferner mit Unrecht als nicht erschienen nur den an, der grundlos ausgeblieben ist. (Es ist dies nicht der Fall des § 118 Abs. 2 Satz 2b Nachl.O., siehe oben.) „Wer mit genügender Entschuldigung nicht erschienen ist, — ob dies der Fall, darüber entscheidet das Gericht, — kann nicht als nicht erschienen im Sinne des § 91 angesehen werden. Es muß in diesem Fall ein neuer Termin anberaumt werden." Zu einer solchen Auffassung gibt § 91 keinen Anhaltspunkt.

Hat derjenige Beteiligte, der sich vor Beendigung des Termins freiwillig entfernt oder zur Aufrechterhaltung der Ordnung entfernt wird, vorher bereits Erklärungen abgegeben, so kann derselbe in diesem Fall als nicht erschienen nicht angesehen werden. Stehen seine abgegebenen Erklärungen im Widerspruche mit den Erklärungen der übrigen Beteiligten, so liegt der Fall des § 95 FGG. vor.

Erscheint also keiner der Beteiligten im Termin, so unterbleibt jedes weitere Verfahren; dasselbe ruht, bis von irgend einem der Beteiligten der Antrag auf Ansetzung eines neuen Termins gestellt wird. Dieser Antrag muß nicht vom früheren Antragsteller ausgehen, vielmehr ist jeder Beteiligte hiezu berechtigt, da durch die Ladung zum ersten Verhandlungstermin das Verfahren außerhalb der Machtsphäre des Antragstellers gerückt ist und jeder Beteiligte nunmehr das gleiche Recht am Verfahren hat wie der Antragsteller.

Wird ein neuer Antrag gestellt, so muß ein neuer Termin anberaumt werden, wozu die sämtlichen Beteiligten in den Formen des § 89 FGG. unter Einhaltung der Ladungsfrist des § 90 Abs. 1 FGG. neu zu laden sind. Von einer Vertagung oder Fortsetzung der Verhandlung im Sinne des § 90 Abs. 2 FGG. kann hier nicht die Rede sein. Ebenso Birkenbihl S. 304, Dorner S. 380.

Was hier von dem Nichterscheinen der Beteiligten im ersten Termine bemerkt ist, gilt auch von dem Ausbleiben der Beteiligten in einem späteren zur Fortsetzung des Verfahrens bestimmten Termine.

Einen Einfluß auf das Verfahren kann das Nachlaßgericht im Falle der durch dasselbe angeordneten Abwesenheitspflegschaft (§ 88 FGG.) ausüben, indem es den Pfleger zum Betreiben des Verfahrens anhalten kann; hier übt das Nachlaßgericht aber nur ihm übertragene vormundschaftsrichterliche Befugnisse aus. In gleicher Weise kann dann, wenn bevormundete Personen am Verfahren beteiligt sind, und das Nachlaßgericht zugleich Vormundschaftsgericht ist, das Nachlaßgericht in seiner letzteren Eigenschaft auf das Verfahren Einfluß ausüben.

ad b) Es erscheinen nicht sämtliche Beteiligte oder es erscheint nur ein Beteiligter im Termine.

Wenn im Termine nicht sämtliche sondern nur einzelne Beteiligte erscheinen oder wenn überhaupt nur ein einziger Beteiligter im Termine erscheint, so wird trotzdem in das Verfahren eingetreten unter der selbstverständlichen Voraussetzung, daß die nötigen Ladungsvorschriften gewahrt sind.

Zur Wahrung seiner Rechte muß der Beteiligte im Termine selbst anwesend sein oder sich vertreten lassen; nicht genügt es, wenn der nicht erschienene Beteiligte vorher zu den Gerichtsakten schriftliche Vorschläge abgegeben hat. Ebenso Schultze-Görlitz S. 185 (s. über das Prinzip der Mündlichkeit des Verfahrens Anm. 10).

Ob der ordnungsgemäß geladene, aber nicht erschienene Beteiligte entschuldigt oder unentschuldigt ausbleibt, ist belanglos. Ein entschuldigtes Ausbleiben könnte höchstens insofern von Einfluß sein, als der Richter aus Zweckmäßigkeitsgründen (z. B. wenn vorauszusehen ist, daß der nicht erschienene Beteiligte die Anberaumung eines neuen Termins zur Fortsetzung der Verhandlung gemäß § 91 Abs. 3 verlangen wird) und aus Verfahrensrücksichten die Verhandlung oder wenigstens die Fortsetzung der Verhandlung vertagen kann, wobei er im letzteren Fall den ersten Termin zu allgemeinen Aufklärungen verwenden wird. Siehe auch Birkenbihl S. 307, Dorner S. 389, Fuchs S. 246.

1. Es erscheint nur ein Beteiligter im Termin. Die von dem erschienenen Beteiligten, der nicht einmal der Antragsteller sein braucht, gebrachten Vorschläge über vorbereitende Maßregeln, über die Auseinandersetzung selbst mit oder ohne vorbereitenden Maßregeln, sind von dem Gerichte

zu beurkunden. Verharren die übrigen Beteiligten in Untätigkeit, so kann also das Auseinandersetzungsverfahren nur von dem einzigen Erschienenen zu Ende geführt werden. Im übrigen gilt das gleiche wie bei Ziff. 2β.

2. Es erscheinen nur einzelne, nicht sämtliche Beteiligte.

α) Eine Einigung über vorbereitende Maßregeln kommt nicht zustande.

Läßt sich eine Einigung der erschienenen Beteiligten über vorbereitende Maßregeln nicht erzielen, so sind sie unter Aussetzung des Verfahrens gemäß § 95 FGG. auf den Rechtsweg zu verweisen. Wird eine Einigung nur bezüglich einzelner Punkte nicht erzielt, während über andere wesentliche Punkte Einigkeit besteht, so wird nur bezüglich der strittigen Punkte gemäß § 95 FGG. verfahren; im übrigen geht das Verfahren weiter, außer es sind die strittigen Punkte für das ganze Verfahren präjudiziell. (Siehe auch § 118 Abs. 3 NachlO.)

Da es die Aufgabe des Richters ist, die Beteiligten, wenn möglich, zu einer Einigung zu bringen, indem er ihnen die verschiedensten Wege zur Durchführung der Auseinandersetzung zeigt und die entsprechenden Vorschläge macht, darf er auch nicht sofort, wenn eine Einigung nicht ohne weiteres gelingt, gemäß § 95 FGG. verfahren und die Beteiligten unter Aussetzung des Verfahrens auf den Rechtsweg verweisen; er hat vielmehr alles daran zu setzen, um den Zweck des Verfahrens, d. i. die Auseinandersetzung ohne Prozeß, zu erreichen. Einen Zwang aber darf er auf den Willen der Beteiligten nicht ausüben.

Da im Falle des Widerspruchs eines Erschienenen nur eine Vereinbarung über vorbereitende Maßregeln gescheitert ist, so kann dann noch versucht werden, die Auseinandersetzung selbst durchzuführen. Rausnitz S. 372 führt hiezu aus: „Der § 95 FGG. wird im vorliegenden Falle selten zur Anwendung kommen, da der Prozeßweg mangels eines Anspruchs der einzelnen Beteiligten gegeneinander auf Durchführung solcher vorbereitender Maßregeln nur selten gegeben sein wird. Dagegen kann der Verkauf gemeinschaftlicher Gegenstände nach §§ 2042 Abs. 2, 753 nach den Vorschriften über den Pfandverkauf (§§ 1235 ff. BGB., § 166 FGG.), bei Grundstücken oder Schiffen durch Antrag auf Zwangsversteigerung herbeigeführt werden. Zu diesem Zwecke kann das Verfahren gemäß § 95 FGG. häufiger ausgesetzt werden."

Ein schriftlich oder sonstwie erklärter Widerspruch ist bedeutungslos, denn ein Widerspruch kann nur von dem im Termin Erschienenen erklärt werden. Es braucht nicht expressis verbis widersprochen zu werden, vielmehr ist ein Widerspruch auch darin zu finden, wenn ein im Termin Anwesender sich weigert, eine die Vereinbarung betreffende Erklärung abzugeben. „Verweigert ... ein Beteiligter eine Erklärung zur Sache, so ist damit das Auseinandersetzungsverfahren beendet; denn die Verweigerung der Erklärung muß als Widerspruch gegen die Durchführung des Verfahrens aufgefaßt werden." Denkschrift z. FGG. S. 64. Es ist also eine ausdrückliche Zustimmung erforderlich. Es widerspricht deshalb dem Reichsrecht, wenn das von Reuß jüngere Linie z. FGG. erlassene Ausführungsgesetz § 49 den im Termin Erschienenen, welcher eine Erklärungsabgabe verweigert, für zustimmend erklärt. So auch Schultze-Görlitz S. 188, Rausnitz S. 368.

Hat ein im ersten Termine erschienener Beteiligter dem Verfahren widersprochen, ohne daß die Verweisung auf den Rechtsweg sofort erfolgt ist, vielleicht deshalb, weil der Richter mit den übrigen Beteiligten die Überwindung des Widerspruchs noch erhofft, oder hat ein im ersten Termin Erschienener erklärt, daß er allem, was in einem späteren Termine abweichend von den im ersten Termin getroffenen Vereinbarungen beschlossen wird, widersprechen werde, so kann aus dem späteren Nichterscheinen des Widersprechenden in dem zur Fortsetzung des Verfahrens anberaumten Termine, sowie aus dessen nunmehrigem dem Verfahren gegenüber untätigen Verhalten nicht seine Zustimmung zu den Vereinbarungen angenommen werden: denn die Versäumnisvorschriften äußern ihre Wirkung nur gegen solche Beteiligte, welche sich im Verfahren vollständig untätig verhalten, was hier nicht der Fall wäre. War sein Widerspruch allgemein gehalten, so ist bezüglich des gesamten Verfahrens gemäß § 95 FGG. zu verfahren; war derselbe jedoch nur gegen eine bestimmte, nicht präjudizielle Maßregel gerichtet, so ist nur bezüglich dieses Punktes gemäß § 95 zu verfahren, während im übrigen die Zustimmung des nicht weiter erschienenen bzw. nunmehr sich untätig verhaltenden Beteiligten angenommen wird. Siehe auch Rausnitz S. 368, Zeitschrift f. Civ.Pr. Bd. 25 S. 176, Fuchs S. 247, Weißler S. 135. Aus Vorstehendem folgt, daß die Erklärung des Widerspruchs eines Beteiligten immer zu beurkunden ist, auch dann, wenn der Richter die nachträgliche Beseitigung des Widerspruches in einem späteren Termine erhofft; denn ohnedem könnte das Versäumnisverfahren mangels Grundlage nicht erfolgen.

β) Eine Einigung kommt zustande.

Die getroffenen Vereinbarungen können entweder nur vorbereitende Maßregeln, oder auch bereits die Auseinandersetzung selbst mit oder ohne vorbereitende Maßregeln betreffen.

Die Einigung erfordert Einstimmigkeit, Majorisierung eines Widersprechenden gibt es nicht; in diesem Falle würde § 95 FGG. in Anwendung kommen.

αα) Beurkundung.

Die von den Beteiligten getroffenen Vereinbarungen sind von dem Gericht zu beurkunden. Da die Beurkundung obligatorisch ist, kann das Gericht auch dann nicht davon absehen, wenn es glaubt, eine nachfolgende Bestätigung der Vereinbarung, weil diese bei der definitiven Auseinandersetzung sich erübrigt, unterlassen zu können. Die Beurkundung der Vereinbarung kann und muß vielmehr nur dann unterlassen werden, wenn die sämtlichen Erschienenen dies verlangen, z. B. weil sie glauben, in dem nächsten Termin ohnehin zum Abschluß der Auseinandersetzung zu gelangen und deshalb die Beurkundung vorbereitender Maßregeln für entbehrlich halten, oder weil sie die Abmachungen ohne besondere Beurkundung und Bestätigung sogleich ausführen wollen. In diesem Falle sind dann aber auch die getroffenen Vereinbarungen nur gewöhnliche Abmachungen, nicht Vereinbarungen im Sinne des § 91 FGG. (Schultze-Görlitz S. 185), weshalb hiefür die sich an Vereinbarungen letzterer Art knüpfenden Rechtsfolgen entfallen.

Das Gericht kann die Beurkundung und Bestätigung von Vereinbarungen, die für die nicht erschienenen Beteiligten offenbar unbillig, oder die überhaupt unzweckmäßig sind, nicht verweigern. Birkenbihl S. 308, Dorner S. 392, Fuchs S. 246, Weißler S. 137. Selbstverständlich wird aber die Tätigkeit des Gerichts sich insbesondere auch darauf richten, die erschienenen Beteiligten zu allseitig gerechten und billigen Vereinbarungen zu veranlassen.

Kann das Gericht dies nicht erlangen, so muß es trotzdem beurkunden; denn es hat nicht die Rechte des Abwesenden zu wahren, derselbe muß vielmehr die Folgen seines Nichterscheinens auf sich nehmen, und es geschieht ihm in diesem Sinne auch nicht unrecht, wenn er sich um seine Angelegenheiten nicht kümmert.

Das Gericht kann die Beurkundung auch solcher Vereinbarungen, welche den gesetzlichen Teilungsvorschriften nicht entsprechen, nicht verweigern. Insbesondere kann das Gericht die Beurkundung deshalb nicht versagen, weil z. B. die Beteiligten vereinbaren, die Nachlaßverbindlichkeiten vor der Auseinandersetzung nicht zu bereinigen. Der Richter hat vielmehr die vor ihm bzw. die bereits vor Eintritt in die Verhandlung von den Beteiligten unter sich schon getroffenen Vereinbarungen zu beurkunden und hiebei die Vorschriften des zehnten Abschnitts dieses Gesetzes zu beobachten (Denkschr. z. FGG. S. 62; Jastrow S. 91; Dronke S. 85; Rausnitz, Ztschrft. f. Civ.Pr. Bd. 25 S. 174; Kurtz S. 35; Dorner S. 391).

Vereinbarungen, welche gegen die Verbotsgesetze oder die guten Sitten verstoßen, dürfen nicht beurkundet werden; denn bei dergleichen Handlungen muß ein Gericht schon aus allgemeinen Rechtsgrundsätzen jede Mitwirkung versagen.

Ergibt sich bei den Verhandlungen, daß die Auseinandersetzung vorerst noch ausgeschlossen ist, so ist die Beurkundung abzulehnen.

Selbstverständlich wird das Gericht nicht jede unwesentliche Vereinbarung sofort beurkunden, sondern wird dann, wenn z. B. die Verhandlung in einem weiteren Termine fortzusetzen ist, die einzelnen Vereinbarungen zusammenkommen lassen und dann auf einmal beurkunden. Weißler S. 134.

Vor Beurkundung hat das Gericht noch zu prüfen, ob die Verfahrensvorschriften eingehalten sind, und hiebei ist zu unterscheiden, ob eine Formverletzung bezüglich eines erschienenen oder eines ausgebliebenen Beteiligten vorliegt. Ersterenfalls ist dieselbe belanglos, wenn der betreffende Erschienene trotz der Formverletzung bereit ist, zu verhandeln. Siehe hiezu Anm. 5 zu § 90 FGG. Betrifft jedoch die Formverletzung einen ausgebliebenen Beteiligten, so ist die Verhandlung zu vertagen und die Verfahrensvorschrift ordnungsmäßig nachzuholen. Das Gericht kann über die Mängel der Ladung eines ausgebliebenen Beteiligten dann hinwegsehen, wenn bestimmt zu erwarten ist, daß derselbe nachträglich trotz der Verletzung der Formvorschriften zustimmen wird. (So auch Dorner S. 390.) Nach Rausnitz S. 368 soll dagegen bei allen Verfahrensverletzungen ohne Unterschied unter den in §§ 89, 90 Abs. 1 vorgeschriebenen Modalitäten neu geladen werden;

der Richter habe in Durchführung dieses Grundsatzes dann, wenn er erst später einen solchen Mangel bemerkt, die weitere Verhandlung und die Beurkundung abzulehnen.

ββ) Bestätigung.

Auf die Beurkundung folgt die Bestätigung, zu deren Erteilung das Nachlaßgericht berufen ist, nach preußischem Recht auch dann, wenn die Vereinbarungen vor einem Notar erfolgt sind, während nach bayerischem Recht der Notar, vor dem die Auseinandersetzung erfolgt, auch zur Bestätigung berufen ist.

Unter der Bestätigung versteht man nichts anderes als die Erklärung des Gerichts, daß die getroffenen Vereinbarungen in einer den Verfahrensvorschriften entsprechenden Weise erfolgt sind und den Gesetzesbestimmungen gemäß die Einigung der Parteien zustande gekommen ist. Es kann deshalb die Bestätigung der getroffenen Vereinbarungen durch das Gericht erst dann erfolgen, wenn die Einigung der Beteiligten erfolgt ist, also wenn die nicht erschienenen Beteiligten nachträglich ihre Zustimmung erklärt haben (s. Anm. 12).

Die Bestätigung selbst, welche in Form eines Beschlusses (§ 96 FGG.) erfolgt, ist lediglich formaler Natur; die tatsächlichen Momente der Vereinbarung unterliegen keinesfalls der Bestätigung; die Bestätigung darf auch wegen sachlicher Bedenken vom Gerichte nicht versagt werden. Eine Verletzung von Verfahrensvorschriften (so der §§ 89, 90 FGG.) gibt dem Gerichte in dem Falle, daß alle Beteiligten im Termine erschienen sind, nicht die Berechtigung, die Bestätigung zu verweigern. (So Birkenbihl S. 307, Dorner S. 392.) Dagegen darf die Bestätigung nicht erteilt werden (auch dann nicht, wenn sämtliche Beteiligte im Termine erschienen sind), wenn die Vereinbarungen nicht gültig zustande gekommen sind, z. B. wenn ein Beteiligter nicht richtig vertreten war, oder wenn die etwa erforderliche Genehmigung des Vormundschaftsgerichts noch nicht erholt worden ist. (So Schneider S. 152.)

Im übrigen treffen bezüglich der Bestätigung und der vor Bestätigung vorzunehmenden Prüfung, ob die Formalien eingehalten sind, dieselben Ausführungen zu wie S. 120 unter αα.

Vereinbarungen, die nicht beurkundet sind, können auch nicht bestätigt werden; infolgedessen findet dann, wenn sämtliche Beteiligten im Termine erschienen sind und einstimmig die Vereinbarungen unbeurkundet lassen wollen, oder wenn die Vereinbarungen von den sämtlichen Beteiligten sofort noch im Termine durchgeführt werden, eine Bestätigung derselben nicht statt. Daß dann, wenn eine Einigung über die Auseinandersetzung zustande kommt, eine Bestätigung der vorbereitenden Maßregeln nicht mehr erforderlich ist, weil mit der erfolgten Auseinandersetzung die Bestätigung der vorbereitenden Maßregeln ihre Bedeutung verliert, ist selbstverständlich; es würde dies zu einem unnötigen Formalismus führen.

Vorstehende Ausführungen gelten aber nur für den Fall, das sämtliche Beteiligte im Termin erschienen sind; andernfalls darf die Bestätigung der Vereinbarungen über vorbereitende Maßregeln nicht unterlassen werden. Stimmt der nicht Erschienene nachträglich den im Termine getroffenen Vereinbarungen über die vorbereitenden Maßregeln und die im Anschluß daran vereinbarte Auseinandersetzung ausdrücklich zu, so daß dann ein nicht durch Versäumnisfolgen entstandener Einheitsbeschluß vorliegt, so kann hier gleichfalls auf Antrag sämtlicher Beteiligten die Bestätigung der vorbereitenden Maßregeln unterbleiben.

ad c) Es erscheinen sämtliche Beteiligte im Termine.

α) eine Einigung über vorbereitende Maßregeln kommt nicht zustande.

Ist eine Einigung über vorbereitende Maßregeln nicht zu erzielen, so sind die Erschienenen unter Aussetzung des Verfahrens gemäß § 95 FGG. auf den Rechtsweg zu verweisen. Im übrigen gilt hiefür dasselbe wie unter lit. b Ziff. 2α.

β) eine Einigung kommt zustande.

Für die Beurkundung und Bestätigung gelten dieselben Ausführungen wie bei lit. b Ziff. 2β.

Der Richter hat bei Eröffnung der Verhandlung zu prüfen, ob die Formalien gewahrt sind, und hiebei die entsprechenden Feststellungen zu machen. Lassen sich dann die sämtlichen Beteiligten, oder, wenn die Verletzung nur gegenüber einem einzelnen Erschienenen besteht, dieser, ohne die Verletzung von Verfahrensvorschriften zu rügen, in die Verhandlung ein, oder verzichten sie (der einzelne Verletzte) auf die ihnen (ihm) aus der Verletzung entstandenen Rechte, so ist die Verletzung der Formvorschriften geheilt. Der Richter hat zu beurkunden und zu bestätigen.

12. Nachträgliche Erteilung der Zustimmung von im Termin nicht erschienenen Beteiligten.

Eine Vereinbarung kann auch dadurch zustande kommen, daß die im Termine nicht zugegen gewesenen Beteiligten, auch solche, von deren Vorhandensein das Gericht erst im Termine Kenntnis erhalten hat, zu den im Termine von den übrigen Beteiligten getroffenen Vereinbarungen bzw. zu dem Vorschlage des im Termin allein erschienenen Beteiligten nachträglich ihre Zustimmung erteilen. Diese kann erfolgen zu gerichtlichem Protokoll oder in einer öffentlich beglaubigten Urkunde. Wird eine diesen Formvorschriften entsprechende Zustimmung der übrigen nicht erschienenen Beteiligten nachträglich erteilt, so hat die Bestätigung zu erfolgen. Wird nicht von den sämtlichen im Termine ausgebliebenen Beteiligten die Zustimmung in dieser Form ausdrücklich erteilt, so ist der Erfolg des Versäumnisverfahrens abzuwarten.

Einem dem Gerichte erst bekannt gewordenen Beteiligten gegenüber brauchen die einzelnen Verfahrensvorschriften nicht nachgeholt werden, wenn er seine Zustimmung rechtsförmig erteilt. Das Gericht hat hier ohne weitere Förmlichkeiten die Bestätigung folgen zu lassen. Anders verhält sich aber die Sache, wenn er seine Zustimmung, welche der Richter durch besondere hiezu betätigte Ladung einzuholen versuchen kann, nicht erteilt. In diesem Falle kann nicht mit dem Versäumnisverfahren begonnen werden, sondern der neu bekannt gewordene Beteiligte ist unter Einhaltung der für die erste Ladung erforderlichen Verfahrensvorschriften zu einem neuen Termine mit den übrigen Beteiligten zu laden.

Für die abzugebende Zustimmungserklärung ist eine bestimmte Form verlangt: entweder ein gerichtliches Protokoll oder eine öffentlich beglaubigte Urkunde. Vgl. hiezu § 129 BGB., §§ 167 Abs. 2, 183 FGG., sowie § 191 Abs. 2 ebenda; ferner Birkenbihl S. 308, Keidel S. 93, Dorner S. 392, Dronke S. 85.

a) Gerichtliches Protokoll.

Die Erklärungsabgabe erfolgt gegenüber dem Richter zu Gerichtsprotokoll, nicht genügt ein von dem Gerichtsschreiber aufgenommenes Protokoll. (Siehe hiezu § 111 Abs. 1 Nachl.O.) Die Erklärung kann abgegeben werden entweder zu Protokoll des Nachlaßgerichts — der im Termin ausgebliebene Beteiligte findet sich nachträglich freiwillig oder auf besondere zum Zwecke der Erholung seiner Zustimmung betätigte Ladung ein — oder zu Protokoll des (vom Nachlaßgerichte zur Ladung des auswärts wohnenden nicht erschienenen Beteiligten und zur Erholung seiner Zustimmung) ersuchten Gerichts des Wohnortes des Beteiligten. In diesen Fällen erfolgt die in § 91 Abs. 3 vorgeschriebene Bekanntmachung gemäß § 16 Abs. 3 FGG. zu Protokoll.

Es steht nichts im Wege, eine derartige Einholung der Zustimmungserklärung der im Termine nicht erschienenen Beteiligten vor Einleitung des Versäumnisverfahrens, auf welches zwar die Beteiligten ein Recht haben, zu versuchen, insbesondere wenn der Richter erwarten kann, daß hiedurch die Zustimmung der Beteiligten herbeigeführt werden kann. Einen Anspruch auf besondere Ladung vor das Nachlaßgericht oder Vernehmung durch ein ersuchtes Gericht hat der nicht erschienene Beteiligte nicht. Schneider S. 153, Birkenbihl S. 310, Dorner S. 395, Schultze-Görlitz S. 188, Weißler S. 134. A. M. Rausnitz S. 368, Ztschrft. f. Civ.Pr. Bd. 25 S. 175, welcher ein Ersuchen anderer Amtsgerichte um Verhandlung mit einzelnen Beteiligten und die Entgegennahme ihrer etwaigen Zustimmungserklärungen nach der Natur des Verfahrens für ausgeschlossen erachtet. Im Gegensatz hiezu hält Schultze-Görlitz S. 186 f. m. E. mit Recht entgegen der Ansicht der übrigen Kommentatoren jede zu gerichtlichem Protokoll, d. h. vor einem zur Entgegennahme von Erklärungen der freiwilligen Gerichtsbarkeit zuständigen Gerichte, also nicht bloß vor dem zuständigen oder dem ersuchten Richter abgegebene Zustimmungserklärung für zulässig. Denn abgesehen davon, daß § 91 nur schlechtweg von „gerichtlichem Protokoll" spricht, ist nicht einzusehen, weshalb man die Zustimmungserklärung vor einem anderen Gerichte als dem Nachlaßgerichte hätte ausschließen sollen, wenn schon die Form einer öffentlich beglaubigten Urkunde für ausreichend erachtet ist.

Erteilt der vor das Nachlaßgericht oder das ersuchte Gericht geladene nicht erschienene Beteiligte seine Zustimmung nicht, widerspricht er vielmehr den Vereinbarungen, so kann dies nicht als ein vor dem Nachlaßgerichte erklärter Widerspruch angesehen werden, der das Versäumnisverfahren ausschließt; denn die Zustimmung des Beteiligten auf diese Weise zu erreichen, ist nur ein außerhalb des Verfahrens des § 91 liegender Versuch des Gerichts. Mißglückt dieser Versuch, was auch dann der Fall ist, wenn die Beteiligten auf die neuerliche Ladung des Nachlaßgerichts bzw. auf die Ladung des ersuchten

Gerichts hin überhaupt nicht erscheinen, so hat der Richter gemäß § 91 Abs. 3 zu verfahren. Der Nichterschienene kann seinen Widerspruch nur geltend machen durch Beantragung eines neuen Termins; anderenfalls treten die Versäumnisfolgen ein, trotzdem er vielleicht vor dem ersuchten Gerichte oder vor dem Nachlaßgerichte (in dem zur Erholung seiner Einwilligungserklärung anberaumten Termin) bereits widersprochen hat. Denn die im § 91 Abs. 2 Satz 2 ermöglichte nachträgliche Erklärung zu gerichtlichem Protokoll oder zu öffentlich beglaubigter Urkunde gilt nur für die „Zustimmung", nicht für den im allgemeinen Verhandlungstermin zu erklärenden „Widerspruch".

Siehe zu vorstehender Anmerkung auch § 117 Nachl.O., welche dann, wenn ein Beteiligter nicht im Bezirke des Nachlaßgerichts wohnt, zur Herbeiführung einer Vereinbarung grundsätzlich den Weg der Rechtshilfe beschreiten läßt. „Das Nachlaßgericht hat zu diesem Zwecke das Amtsgericht des Wohnsitzes des Beteiligten zu ersuchen, diesen zu einem Verhandlungstermine zu laden. Erscheint er in dem Termin, so ist mit ihm über die von dem Nachlaßgerichte beurkundete Vereinbarung oder, sofern nur ein Beteiligter vor dem Nachlaßgericht erschienen war, über dessen Vorschläge zu verhandeln." (Es kann sich aber nur um Zustimmungserklärungen handeln, ein vor dem ersuchten Gerichte, also außerhalb des allgemeinen Verhandlungstermins erklärter Widerspruch ist wirkungslos.) „Erscheint er nicht, so hat das ersuchte Gericht dem Nachlaßgerichte hievon unter Rückgabe der Akten Kenntnis zu geben. Das Nachlaßgericht hat sodann das Amtsgericht, in dessen Bezirke der Beteiligte wohnt, zu ersuchen, daß dieses dem Beteiligten eine Abschrift des mit dem erschienenen Beteiligten aufgenommenen Protokolls mitteilt und ihn gleichzeitig benachrichtigt, daß er die Akten auf der Gerichtsschreiberei des ersuchten Gerichts einsehen könne. Die Abschrift des Protokolls ist dem ersuchten Gerichte vom Nachlaßgerichte zu liefern. Die vom ersuchten Gerichte zu erlassende Mitteilung muß den Hinweis darauf enthalten, daß, wenn der Beteiligte nicht innerhalb einer bestimmten Frist schriftlich oder mündlich zu Protokoll des ersuchten Gerichts die Anberaumung eines neuen Termins beantrage oder, wenn er in dem neuen Termine nicht erscheine, sein Einverständnis mit dem Inhalte des Protokolls angenommen werden würde. Die Mitteilung muß durch Zustellung in den Formen der CPO. bekannt gemacht werden. Beantragt dann der Beteiligte die Anberaumung eines neuen Termins und erscheint er in ihm, so ist die Verhandlung mit ihm fortzusetzen. Beantragt er die Anberaumung nicht oder erscheint er in dem Termine nicht, so hat das Nachlaßgericht die Vereinbarung zu bestätigen."

b) öffentlich beglaubigte Urkunde.

Eine öffentliche Urkunde ist nicht erforderlich, es genügt eine privatschriftliche Erklärung mit Unterschriftsbeglaubigung durch eine zuständige Behörde oder einen zuständigen Beamten oder Notar, sowie bei Handzeichen gerichtliche oder notarielle Beglaubigung derselben (§§ 129, 126 Abs. 1 BGB.). Selbstverständlich ist eine öffentliche Urkunde zugelassen, da hierin ein Mehr gegenüber der gesetzlichen Vorschrift liegt.

13. Versäumnisverfahren.

Voraussetzung hiefür ist, daß der im Verhandlungstermine nicht erschienen Beteiligte seine Zustimmung nachträglich nicht erteilt hat. Sein in einem vom Richter zur Erholung seiner Zustimmung anberaumten Termine ausgesprochener Widerspruch gegen die Vereinbarung hemmt das Versäumnisverfahren nicht.

Für solche Fälle, in denen der Beteiligte sich teilnahmslos verhält, sei es aus Interesselosigkeit am Verfahren, weil er darin nur eine Belästigung für sich, aber keinen Vorteil ersieht, und hiedurch gewissermaßen einen passiven Widerstand gegen die Durchführung des Verfahrens ausübt, mußte Vorsorge getroffen werden, damit unter solchem passiven Verhalten des einzelnen die Gesamtheit der Erben nicht leide und an der Auseinandersetzung gehindert werde. Hiefür wurde das Versäumnisverfahren geschaffen, welches unter den Voraussetzungen des § 91 Abs. 3 FGG. das Einverständnis des Nichterschienenen mit den getroffenen Vereinbarungen der übrigen Beteiligten bzw. mit dem Vorschlage des allein erschienenen Beteiligten als Versäumnisfolge annimmt und damit die Bestätigung ermöglicht.

Hiezu führt die Denkschr. z. FGG. S. 62 ff. aus: „Was die Versäumnisfolgen anlangt, die einen im Termine nicht erschienenen Beteiligten treffen, so sind sie in dem rhein=preußischen und dem elsaß=lothringischen Rechte nicht gleichmäßig geregelt. Nach dem preußischen Gesetz wird gegen den ausgebliebenen Beteiligten angenommen, daß er mit der Vornahme der Auseinandersetzung einverstanden sei. Auf den Inhalt der von den erschienenen Beteiligten vereinbarten Auseinandersetzung erstreckt sich diese Annahme des Einverständnisses nicht. Nur insoweit ist der Inhalt einer Vereinbarung auch für den Ausgebliebenen verbindlich, als dadurch eine von den gesetzlichen Vorschriften abweichende Art der Teilung vorgesehen wird. Die rechtskräftig bestätigte Auseinandersetzungsurkunde hat nach dem preußischen Gesetz zwar die Bedeutung, daß die Auseinandersetzung im Wege der Zwangsvollstreckung durchgeführt werden kann; der Ausgebliebene ist aber in der Hauptsache, wenn er seine Rechte, insbesondere durch Schmälerung des ihm zukommenden Anteils verletzt glaubt, nicht gehindert, zur Wahrung derselben den Rechtsweg zu beschreiten. Auf einem anderen Standpunkte steht das elsaß=lothringische Gesetz. Hier ist die rechtskräftig bestätigte Auseinandersetzungsurkunde für den Ausgebliebenen auch ihrem Inhalte nach ebenso wirksam, wie wenn er sich mit der Teilung einverstanden erklärt hätte; eine Abweichung von den gesetzlichen Vorschriften über die Art der Teilung ist aber nur gestattet, wenn alle Beteiligten erscheinen und zustimmen.

Demgegenüber sieht der Entwurf §§ 87, 89, 93 (91, 93, 97 dieses Gesetzes) vor, daß sowohl eine rechtskräftig bestätigte Vereinbarung über die Art der Teilung oder über sonstige vorbereitende Maßregeln als auch die rechtskräftig bestätigte Auseinandersetzung alle ordnungsmäßig zugezogenen Beteiligten mit Einschluß der ausgebliebenen in gleicher Weise bindet wie eine vertragsmäßige Vereinbarung oder Auseinandersetzung. Das Interesse der Beteiligten bringt es häufig mit sich, die Teilung in anderer

Weise vorzunehmen als sie vom Gesetz angeordnet ist. Namentlich kann es zweckmäßig sein, statt des Verkaufs der Nachlaßgegenstände und der Teilung ihres Erlöses oder statt der gleichmäßigen Verteilung der Gegenstände unter die einzelnen Erben jedem Erben eine bestimmte Art von Nachlaßsachen zuzuweisen; ebenso wird es, wenn die Berichtigung einer Nachlaßverbindlichkeit in Frage steht, nicht selten angezeigt sein, daß statt des Verkaufes eines Nachlaßgegenstandes ein Miterbe diesen Gegenstand und die Schuld übernimmt. Es erscheint daher richtiger, wenn Vereinbarungen über die Art der Teilung nicht von dem Erscheinen aller Beteiligten abhängig gemacht werden. Das Verfahren ist aber ferner, wenn es seiner Bestimmung vollständig genügen soll, so zu gestalten, daß es zu einer endgültigen Auseinandersetzung führt. Für den Ausgebliebenen muß deshalb die von den übrigen Beteiligten vereinbarte Auseinandersetzung in gleicher Weise maßgebend sein, wie wenn er ihr zugestimmt hätte und er darf insbesondere mit der Behauptung, er sei benachteiligt, nicht mehr gehört werden."

„Wenn der Entwurf aus den angeführten Gründen die Versäumnisfolgen in der Weise verschärft, daß er die Vorschriften des preußischen und des elsaß-lothringischen Gesetzes zusammenfaßt, so kann billigerweise dem Ausgebliebenen die Möglichkeit nicht versagt werden, den Eintritt der Versäumnisfolgen nachträglich von sich abzuwenden. Nach dem Entwurf soll deshalb von der Vereinbarung, welche die erschienenen Beteiligten über die Art der Teilung oder sonstige vorbereitende Maßregeln oder über die Auseinandersetzung selbst getroffen haben, dem ausgebliebenen Beteiligten, sofern er nicht nachträglich zugestimmt hat, Mitteilung gemacht und ihm Gelegenheit gegeben werden, in einem neuen Termine der Vereinbarung zu widersprechen. Die Mitteilung der Vereinbarung an den Ausgebliebenen erfolgt in der Weise, daß ihm der Inhalt der Urkunde, soweit dieser ihn betrifft, bekannt gemacht und gleichzeitig auf die Befugnis hingewiesen wird, die Urkunde auf der Gerichtsschreiberei einzusehen und eine Abschrift der Urkunde zu fordern (§ 87 Abs. 3, § 89 Abs. 2 des Entwurfs — § 91 Abs. 3, § 93 Abs. 2 des Gesetzes —). Zu dem neuen Termin, der auf Antrag des Ausgebliebenen anberaumt wird, sind alle Beteiligten zu laden. Erscheint der früher Ausgebliebene im neuen Termine, so ist die Verhandlung fortzusetzen. Erscheint er dagegen auch im neuen Termine nicht, so gilt er als mit dem Inhalte der Urkunde einverstanden, und das Gericht hat demgemäß die Vereinbarung zu bestätigen (§ 87 des Entwurfs — § 91 des Gesetzes — Abs. 3 Satz 3, 4)."

Das Versäumnisverfahren besteht also darin, daß die Zustimmung des bisher nicht erschienenen Beteiligten, welcher trotz der gemäß § 91 Abs. 3 unter Androhung der Versäumnisfolgen an ihn ergangenen Bekanntmachung auch weiterhin innerhalb der ihm gesteckten Frist untätig geblieben ist, also keinen Antrag auf Anberaumung eines neuen Termins innerhalb dieser Frist gestellt hat, zu den Vereinbarungen der übrigen Beteiligten angenommen wird, worauf dann die Bestätigung erfolgen kann.

Weißler S. 136 führt abgesehen von dem Falle der nachträglich erteilten Zustimmung noch zwei weitere Fälle auf, in denen das Versäumnisverfahren nicht stattfindet:

1. wenn der nicht Erschienene rechtskräftig zur Zustimmung verurteilt ist; da das Urteil die Zustimmung in jeder Form ersetzt;
2. wenn die Zustimmung des nicht Erschienenen entbehrlich ist; so bei Maßregeln, die durch Stimmenmehrheit beschlossen werden können, wie die der einstweiligen Verwaltung des Nachlasses (§§ 745, 2038 BGB.); oder bei Maßregeln, die ohne Zustimmung des Nichterschienenen durchgesetzt werden können, wie Versteigerung der Fahrhabe und Grundstücke.

Diese beiden hier angeführten Fälle stellen sich jedoch als vorbereitende Maßregeln nicht dar, weshalb auch diesbezügliche Vereinbarungen nicht den Vorschriften des § 91 FGG. und damit auch nicht den Versäumnisfolgen unterliegen.

14. Bekanntmachung der gepflogenen Verhandlungen. (Siehe hiezu das Formular für die zu erlassende Benachrichtigung im Anhang z. Nachl.O.)

Wurde in einem Termine mit einer Vereinbarung über die Art der Teilung die endgültige Auseinandersetzung verbunden, so sind die betreffenden Vereinbarungen, bzw. wenn nur ein Beteiligter im Termin erschienen war, dessen Vorschläge in ein und derselben Verfügung an die nicht erschienenen Beteiligten bekannt zu machen. (Siehe § 116 Nachl.O.)

a) Inhalt der Bekanntmachung.

Es genügt, dem Beteiligten den ihn betreffenden Inhalt der gepflogenen Verhandlungen auszugsweise und zwar nur bezüglich des erzielten Resultates mitzuteilen; keineswegs ist es erforderlich, daß der Inhalt der ganzen Urkunde dem Beteiligten bekannt gegeben wird. Der Nichterschienene muß jedenfalls aus dem Inhalte der Bekanntmachung ersehen können, in welcher Weise seine Rechte am Nachlaß berücksichtigt sind.

Um den Interessen des Nichterschienenen in jeder Weise gerecht zu werden, wurde vorgeschrieben, daß in der Bekanntmachung das Gericht den Beteiligten auch davon zu benachrichtigen hat, daß er die Urkunde auf der Gerichtsschreiberei einsehen und eine Abschrift der Urkunde fordern könne.

Ferner ist in die Bekanntmachung der Hinweis auf die Versäumnisfolgen aufzunehmen, daß also dann, wenn der Beteiligte nicht innerhalb einer vom Gerichte zu bestimmenden Frist die Anberaumung eines neuen Termins beantrage, oder wenn er in dem neuen Termine nicht erscheine, sein Einverständnis mit dem Inhalte der Urkunde angenommen werden würde.

b) Frist für die Anberaumung eines neuen Termins.

Der Beteiligte muß innerhalb einer vom Gerichte zu bestimmenden Frist die Anberaumung eines neuen Termins beantragen. Nicht um eine gesetzliche, sondern um eine richterliche Frist handelt es sich hier; die Bestimmung der Frist unterliegt dem Ermessen des Richters. Ein in der Reichstagskommission gestellter Antrag, eine Frist, welche mindestens zwei Wochen betragen soll, einzuführen, um den Beteiligten einen ausreichenden Spielraum zur Überlegung zu lassen, wurde abgelehnt mit dem Hinweise, „daß ein solches Minimum zu dekretieren nicht unbedenklich sei, indem für manchen Fall 24 Stunden wünschenswert und auch ausreichend wären.

Das Beste sei, die Friststellung dem Ermessen des Richters zu überlassen, der dann nach Lage der einzelnen Fälle schon das Richtige treffen werde. Im übrigen seien auch durch § 88 (§ 92 des Gesetzes), welcher bei unverschuldeter Versäumnis der Frist die Wiedereinsetzung in den vorigen Stand, und durch § 92 (§ 96 des Gesetzes), welcher die sofortige Beschwerde gebe, ausreichende Abhilfsmittel gegen etwaige Härten gewährt". Komm.Ber. z. FGG. S. 50. Einfache Beschwerde gegen die die Frist enthaltende Bekanntmachung ist nicht gegeben. Ebenso Fuchs S. 249.

Solange die Frist noch nicht abgelaufen ist, kann wohl auf Antrag eines Beteiligten die Frist vom Gerichte verlängert werden, was selbstverständlich nach Ablauf derselben ausgeschlossen wäre. Wird einem solchen Antrage nicht stattgegeben, so wird man dem Beteiligten das Rechtsmittel der einfachen Beschwerde einräumen müssen. Ebenso Schultze-Görlitz S. 189.

Bezüglich der Berechnung der Frist kommt § 17 FGG. zur Anwendung.

Der Antrag auf Anberaumung eines neuen Termins muß vor Ablauf der Frist bei dem Gerichte eingelaufen sein.

c) Zustellung der Bekanntmachung.

Die Zustellung der Bekanntmachung unterliegt denselben Vorschriften wie die Zustellung der Ladung, da mit der Bekanntmachung gleichfalls der Lauf einer Frist, hier einer richterlich bestimmten, beginnt. Es erfolgt also die Zustellung von Amts wegen nach den Vorschriften der §§ 208—213 CPO. und § 16 Abs. 2 Satz 1 FGG.

Auch hier kann eine öffentliche Zustellung nicht erfolgen, obwohl sie im Gesetz nicht ausdrücklich ausgeschlossen ist. A. M. Schultze-Görlitz S. 189: „Im Falle des § 203 CPO. (unbekannter Aufenthalt des Beteiligten usw.) hat die Bekanntmachung erforderlichenfalls durch öffentliche Zustellung zu geschehen (§ 204 CPO.). Die Anordnung dieser Zustellung erfolgt durch das Nachlaßgericht von Amts wegen." Auch Birkenbihl S. 310 läßt die öffentliche Zustellung zu, m. E. mit Unrecht. Denn durch die sich auf die Ladung beziehenden Bestimmungen des § 89, wonach die öffentliche Zustellung ausgeschlossen ist, wurde deutlich zum Ausdruck gebracht, daß im Auseinandersetzungsverfahren überhaupt das Rechtsinstitut der öffentlichen Zustellung ausgeschlossen sein soll. Ebenso Rausnitz S. 371.

Es können dem Beteiligten der Inhalt der Urkunde sowie der Hinweis auf die Versäumnisfolgen gemäß § 16 Abs. 3 FGG. auch zu Protokoll bekannt gegeben werden. Dies setzt voraus, daß entweder der Beteiligte zufällig bei Gericht sich aufhält und bei dieser Gelegenheit ihm die Eröffnungen gemacht werden; das Nachlaßgericht kann den Betreffenden aber auch zur Entgegennahme der Bekanntmachung besonders laden, es kann auch die Nachlaßakten an das auswärtige Gericht, wo der Betreffende seinen Wohnsitz hat, mit dem Ersuchen übersenden, den dortselbst wohnenden Beteiligten zu laden und ihm die gepflogenen Verhandlungen zu Protokoll bekannt zu geben, worauf derselbe auch sofort seine Zustimmung hiezu erklären oder einen Antrag auf Anberaumung eines neuen Termins stellen kann. Bei weniger geschäftskundigen Personen, insbesondere bei der Landbevölkerung ist dieser

Weg sehr zu empfehlen, da wohl häufig weniger geschäftsgewandte Personen die ihnen zugesandte Bekanntmachung teils gar nicht lesen, teils nicht verstehen und häufig in Untätigkeit verharrend unbeachtet lassen. Ein Recht jedoch auf diese Art der Bekanntmachung ist dem auswärts Wohnenden nicht eingeräumt, ebensowenig wie eine diesbezügliche Verpflichtung des Gerichts besteht. So auch Birkenbihl S. 310, Schneider S. 153, Dorner S 126 und 395. Der Erfolg wird zwar häufig sehr zweifelhaft sein, da in vielen Fällen, sofern nicht Unbeholfenheit am Ausbleiben des Beteiligten im Verhandlungstermin schuld ist, der Beteiligte, der am Verfahren kein Interesse hat, auch in dem zur Entgegennahme der Bekanntmachung bestimmten Termine nicht erscheinen wird und dann doch Ladung gemäß § 16 Abs. 2 Satz 1 erfolgen muß.

15. Ein Antrag auf Anberaumung eines neuen Termins wird nicht gestellt.

Nur durch Antragstellung auf Anberaumung eines neuen Termins kann der ausgebliebene Beteiligte sein Recht wahren, sofern er den Vereinbarungen nicht beistimmen will. Eine andere, der Vereinbarung widersprechende z. B. an das Nachlaßgericht gerichtete schriftliche Willensäußerung, ist ohne Rechtswirkung. Der Beteiligte kann sich auch nicht darauf berufen, daß die gesetzlichen Vorschriften über die Art der Teilung verletzt und seine Rechte nicht beachtet oder beeinträchtigt sind.

Der Antrag erfordert keine sachliche Begründung; lediglich die Erfüllung der reinen Formvorschriften, d. i. die Antragstellung innerhalb der vom Gerichte gesteckten Frist, gewährt das Recht auf Anberaumung eines neuen Termins.

Eine besondere Form ist für den Antrag geradesowenig vorgeschrieben wie für den generellen Antrag auf Vermittelung der Auseinandersetzung gemäß § 86 FGG. (s. auch Schultze-Görlitz S. 189). Wenn Dorner S. 396 und Birkenbihl S. 311 bemerken, daß der Antrag vor dem Gerichtsschreiber des Nachlaßgerichts oder eines anderen Amtsgerichts zu Protokoll erklärt werden kann, so ist dies wohl richtig; denselben ist aber nicht beizustimmen, wenn sie hiemit jede andere Art der Antragstellung ausgeschlossen haben wollen.

Ist der Antrag von dem ausgebliebenen Beteiligten nicht rechtzeitig gestellt, so erfolgt unter Annahme seines Einverständnisses zum Inhalt der Urkunde die gerichtliche Bestätigung des Vorschlags bzw. der Vereinbarungen, ohne daß er sich auf Beeinträchtigung seiner Rechte berufen könnte. Siehe auch § 114 Abs. 4 Nachl.O.

Selbstverständlich müssen die Vorschriften des § 91 Abs. 3 Satz 1 und 2 gewahrt sein, allenfalls in einer wiederholten Bekanntmachung; andernfalls treten die Versäumnisfolgen nicht ein, eine Bestätigung darf dann nicht erteilt werden. Wird nichtsdestoweniger das Verfahren weitergeführt, ohne daß in ordnungsmäßiger Weise die Bekanntmachung wiederholt wird, so hat dies keine rechtsverbindliche Kraft für den nicht erschienenen Beteiligten. Ebenso Birkenbihl S. 311, Rausnitz Ztschr. f. Civ.Pr. Bd. 25 S. 175, Dorner S. 396.

Der Eintritt der Versäumnisfolgen ist festzustellen, und zwar entweder im Bestätigungsbeschlusse selbst oder getrennt hievon in selbständiger Feststellung. (Ohne die Feststellung wäre die — angenommene — Zustimmung des Nichterschienenen nicht ersichtlich, da mangels seiner Teilnahme am Verhandlungstermin über die Art seiner Zustimmung nichts zu ersehen wäre.) Es wird ausgesprochen, daß innerhalb der vom Gerichte gesteckten Frist trotz vorschriftsmäßig erfolgter Bekanntmachung und Zustellung ein Antrag auf Anberaumung eines neuen Termins nicht gestellt worden ist. Siehe Dronke S. 86 ff.

16. Ein Antrag auf Anberaumung eines neuen Termins wird gestellt.

Wird die Anberaumung eines neuen Termins nicht innerhalb der richterlichen Frist, sondern erst später beantragt, so ist dies geradeso anzusehen, als ob überhaupt kein Antrag auf Terminsbestimmung gestellt worden wäre. (Siehe auch § 114 Abs. 4 NachlO.)

Bei rechtzeitig gestelltem Antrage hat das Gericht einen neuen Termin zur Fortsetzung der Verhandlung zu bestimmen und hiezu die sämtlichen am Verfahren Beteiligten zu laden. (Die NachlO. § 114 Abs. 3 Satz 2 überläßt es dagegen den Umständen des einzelnen Falles, ob zu diesem Termin auch die in dem früheren Termin erschienenen Beteiligten zu laden sind.) Da hier nur eine Fortsetzung der Verhandlung in Frage kommt, ist auch eine Einlassungsfrist nicht zu wahren (§ 90 Abs. 2 Satz 1), auch die Zustellungsvorschriften des § 16 Abs. 2 Satz 1 finden auf die Ladung keine Anwendung. A. M. Rausnitz S. 372, welcher den neuen Termin nicht als einen zur Fortsetzung der Verhandlung im Sinne des im § 90 Abs. 2 bestimmten Termins ansieht und deshalb die zweiwöchige Frist des § 90 Abs. 1 auch für diese Ladung verlangt. Der § 91 Abs. 3 Satz 3 spricht aber ausdrücklich von „Fortsetzung der Verhandlung".

Der Hinweis auf die Versäumnisfolgen des § 89 Satz 3 — dieser Hinweis ist den sämtlichen Beteiligten gegenüber bereits bei Eröffnung des Verfahrens erfolgt — braucht in die Ladung nicht aufgenommen werden. (Siehe hiezu auch § 114 Abs. 3 Satz 2 NachlO.) In der für den nicht erschienenen Beteiligten, welcher die Terminsbestimmung beantragt hat, bestimmten Ladung wird zweckmäßigerweise aufzunehmen sein (muß aber nicht geschehen, da der Hinweis schon in der Benachrichtigung enthalten ist), daß sein Einverständnis mit dem Inhalte der Urkunde gemäß § 91 Abs. 3 Satz 2 angenommen werden wird, wenn er in dem neuen Termine nicht erscheinen würde. In der für die übrigen Beteiligten bestimmten Ladung ist auf den neuen Antrag Bezug zu nehmen; sie sollen daraus ersehen, daß der Termin der Fortsetzung der Verhandlung dient.

Da es recht wohl möglich ist, daß für den einen Beteiligten die Frist noch läuft, während sie für den andern schon abgelaufen ist, wird das Gericht, wenn ein Antrag auf Anberaumung eines neuen Termins von einem Beteiligten gestellt wird, mit der Anberaumung des Termins warten, bis die Frist für alle Beteiligten abgelaufen ist.

Die Ladung ergeht an alle (s. aber § 114 Abs. 3 Satz 2 Nachl.O.) am Verfahren Beteiligten, also an alle früher Erschienenen, an denjenigen, welcher die Anberaumung des neuen Termins beantragt hat, und auch an die übrigen dem Verhandlungstermine bisher ferngebliebenen Beteiligten, welche einen Antrag nicht gestellt haben, sich vielmehr vollständig untätig verhalten haben, und deren Zustimmung als Versäumnisfolge nach Ablauf der richterlichen Frist endgültig angenommen worden wäre, wenn nicht ein anderer Beteiligter den Antrag auf Anberaumung eines neuen Termins gestellt hätte. Ein solcher rechtzeitig gestellter Antrag kommt den untätig gebliebenen Beteiligten in der Weise zugute, daß die (infolge unbenützt verstrichener Frist) für sie eingetretenen Versäumnisfolgen entfallen, jedoch nur unter der Voraussetzung, daß im neuen Termine der früher nicht erschienene Beteiligte, welcher diesen Termin veranlaßt hat, den bisherigen Vereinbarungen, Vorschlägen nicht zustimmt. Stimmt er jedoch den Vereinbarungen, Vorschlägen zu, so ist der früher nicht Erschienene, der seinerseits einen Antrag auf Anberaumung eines neuen Termins nicht gestellt hat, mit allen die bisherigen Vereinbarungen, Vorschläge betreffenden materiellen Einwendungen ausgeschlossen, er gilt infolge der Versäumnisfolgen als bereits zustimmend, und die Bestätigung der Vereinbarung hat zu erfolgen. Dies folgt auch daraus, daß die im früheren Termin erschienenen Beteiligten, welche die Vereinbarungen getroffen haben, bzw. der Beteiligte, welcher die Vorschläge gemacht hat, im neuen Termine an die bisherigen Erklärungen gebunden sind, wenn der früher nicht Erschienene im neuen Termine denselben zustimmt. Warum sollte der mit seinem Widerspruch bereits ausgeschlossene und als zustimmend geltende Beteiligte anders behandelt werden?

17. Verfahren im beantragten Termin.

1. Erscheint der Beteiligte, der den Termin beantragt hat, in demselben, so ist gemäß Abs. 3 Satz 3 die Verhandlung fortzusetzen. Es ergeben sich hiebei folgende Möglichkeiten:

a) Der nunmehr Erschienene widerspricht den Vereinbarungen, ohne sich auf neue Vereinbarungen, Vorschläge einzulassen, oder er widerspricht überhaupt der Auseinandersetzung. In diesem Falle wird gemäß § 95 FGG. verfahren. Voraussetzung für ein Vorgehen gemäß § 95 ist aber, daß er hinsichtlich derjenigen Vereinbarungen, denen er widerspricht, nicht durch das Versäumnisverfahren bereits ausgeschlossen ist; denn es ist möglich und zulässig, bezüglich einzelner im Termine bereits zum Abschlusse gekommener wichtiger Vereinbarungen über vorbereitende Maßregeln sofort das Versäumnisverfahren einzuleiten, ohne das Zustandekommen der weiteren, in einem späteren Termine zu verhandelnden Vereinbarungen abzuwarten, bezüglich welcher dann wieder ein getrenntes, der Zeit nach gegenüber den früheren Vereinbarungen späteres Versäumnisverfahren eingeleitet werden kann. Weißler S. 135.

b) Der nunmehr Erschienene erklärt sein Einverständnis mit den bisherigen Vorschlägen, Vereinbarungen. Die Bestätigung hat zu erfolgen. Es macht nichts aus, ob ein früher erschienener Beteiligter, der bereits zugestimmt hat, oder ein früher ausgebliebener Beteiligter, der keinen Antrag auf Terminsansetzung innerhalb der richterlichen Frist gestellt hat, nunmehr widerspricht; denn diese sind durch ihre Erklärung bzw. durch das Versäumnisverfahren bereits an die Vereinbarungen gebunden. Daraus folgt, daß ein Beteiligter, der bei den früheren Vereinbarungen mitgewirkt hat und im neuen Termine nicht erscheint, durch sein nunmehriges Fernbleiben keinen Rechtsnachteil erleidet, da er an seine bisherigen Erklärungen ohnehin gebunden ist, während bei neuen Vorschlägen, Vereinbarungen ihm gegenüber erst das Versäumnisverfahren durchgeführt werden muß.

c) Der nunmehr Erschienene widerspricht den früheren Vereinbarungen, Vorschlägen und bringt neue Vorschläge. Siehe hiezu auch § 114 Abs. 3 Satz 4 NachlO. In diesem Falle erlöschen die früheren Vereinbarungen, an welche nunmehr die Beteiligten, welche dieselben getroffen bzw. denselben zugestimmt haben, nicht mehr gebunden sind. Sind in dem neuen Termine sämtliche Beteiligte, also auch die im früheren Termine anwesenden Beteiligten erschienenen, so kann sofort verhandelt und eine Vereinbarung von ihnen getroffen werden. Sind die im früheren Termine erschienenen Beteiligten alle oder zum Teil nicht erschienen, so schaden ihnen neue Vorschläge, neue Vereinbarungen nichts; denn sie sind nur an die früheren Abmachungen gebunden, welche nur durch ihre Zustimmung aufgehoben und durch andere ersetzt werden können; es beginnt sodann bezüglich der neuen Vorschläge, Vereinbarungen gegenüber den im früheren Termine erschienenen, aber im neuen Termine ausgebliebenen Beteiligten das Versäumnisverfahren von neuem. Die im früheren Termine bereits Erschienenen können sich nicht darauf berufen, daß die neuen Vereinbarungen, Vorschläge den früheren Vereinbarungen, Vorschlägen vollständig widersprechen, und daß in der Abgabe ihrer früheren Erklärungen bereits ein Widerspruch gegen solche neuen Vorschläge, Vereinbarungen gefunden werden müßte.

2. Erscheint der Beteiligte, der den Termin beantragt hat, in dem neuen Termin wieder nicht, so wird dies ebenso betrachtet als ob der Termin von dem Beteiligten nicht rechtzeitig oder gar nicht beantragt worden wäre, sein Einverständnis mit dem Inhalte der Urkunde wird angenommen und das Gericht hat die Vereinbarungen, Vorschläge zu bestätigen. Wurde der Antrag von mehreren Beteiligten gestellt, so gilt der wiederum ausbleibende Beteiligte als zustimmend, wenn die anderen im Termin erscheinenden Antragsteller den bisherigen Vereinbarungen, Vorschlägen zustimmen. Im übrigen s. Ziff. 1. Irgend einer Mitwirkung der früher im Termin Erschienenen, welche die bisherigen Vereinbarungen getroffen haben, und derjenigen, welche denselben zugestimmt haben, bedarf es hiebei nicht; denn der Bestätigungsbeschluß wird erlassen, ohne daß sie nochmal eine Erklärung abzugeben haben.

Mit Unrecht nehmen Birkenbihl S. 312 und Dorner S. 396 f. an, daß das Gericht den Termin verlegen oder vertagen kann, wenn der im Termine ausbleibende Antragsteller — und nur für diesen hat es Bedeutung — sein Ausbleiben in dem neuen Termine schriftlich entschuldigt, insbesondere wenn die Entschuldigungsgründe auch die Wiedereinsetzung in den vorigen Stand (§ 92) begründen würden. Durch ein derartiges Eingreifen des Gerichts in das Verfahren würde implicite durch das Gericht auch auf die Auseinandersetzung selbst eingewirkt werden; denn durch ein solches Eingreifen des Gerichts würde die infolge des neuerlichen Ausbleibens des Beteiligten in dem von ihm beantragten Termin einzutretende Versäumnisfolge, wonach sein Einverständnis mit den Vereinbarungen anzunehmen und sodann die Bestätigung zu erteilen sein würde, entfallen; ein solches Verfahren würde den Vorschriften des § 91 Abs. 3 direkt entgegenstehen, ganz abgesehen davon, daß hiedurch die Rechte der übrigen Beteiligten angetastet würden, welche auf die genaue Einhaltung des Verfahrens bestehen können.

Liegen Wiedereinsetzungsgründe (§ 92) vor, so kann der betreffende Beteiligte immer noch nach § 92 vorgehen, ob mit Erfolg, wird sich dann zeigen, keineswegs darf aber das Gericht diesem Verfahren vorgreifen.

Bezüglich der Feststellung, daß der früher nicht Erschienene, welcher den neuen Termin beantragt hat, trotz ordnungsmäßig erfolgter Ladung im neuen Termine nicht erschienen ist, gilt dasselbe wie in Anm. 15 a. Ende.

18. Genehmigung des Vormundschaftsgerichts, des Beistandes, der Aufsichtsbehörde.

Der Prüfung des Gerichts unterliegt auch vor Erteilung der Bestätigung die Frage, ob zu den Vereinbarungen der Beteiligten die Genehmigung des Vormundschaftsgerichtes, des Beistandes, bei beteiligten öffentlichen Korporationen die Genehmigung der zuständigen Aufsichtsbehörde zu erholen ist, und, erforderlichenfalls, ob sie beigebracht ist; denn vor erfolgter Genehmigung darf die Bestätigung nicht erteilt werden. Siehe auch Denkschrift z. FGG. S. 63. In der Regel wird das Nachlaßgericht selbst die erforderliche Zustimmung für Vater oder Mutter als Inhaber der elterlichen Gewalt (sofern sie der vormundschaftsrichterlichen Genehmigung bedürfen), für die Mutter, der in der Ausübung der elterlichen Gewalt ein Beistand bestellt ist, für den Vormund, Pfleger, Vertreter der öffentlichen Korporation erholen. Gemäß § 1690 BGB. ist die Genehmigung des Beistandes innerhalb seines Wirkungskreises zu jedem Rechtsgeschäfte erforderlich, zu dem ein Vormund der Genehmigung des Vormundschaftsgerichtes oder des Gegenvormundes bedarf; es ist also auch die Genehmigung des der Mutter in der Ausübung der elterlichen Gewalt bestellten Beistandes, welcher regelmäßig dem Verhandlungstermin bereits anwohnen wird, zu erholen. Ebenso Jastrow S. 91, s. auch Planck Bd. IV S. 443. Verweigert der Beistand die Genehmigung oder kann er die Genehmigung nicht erteilen (abwesend, geschäftsunfähig geworden, gestorben und neuer Beistand noch nicht bestellt), so tritt gemäß § 1690 Abs. 2 BGB. die Genehmigung des Vormundschaftsgerichts an dessen Stelle.

In dem Falle des § 97 Satz 2 FGG. (wenn ein Beteiligter zur Vereinbarung der Genehmigung des Vormundschaftsgerichts bedarf und im Inlande kein Vormund, Pfleger oder Beistand bestellt ist), ist das Nachlaßgericht für die Erteilung oder Verweigerung der Genehmigung an Stelle des Vormundschaftsgerichts zuständig. Auch im Falle der Abwesenheitspflegschaft ist das Nachlaßgericht zur Erteilung oder Verweigerung der Genehmigung der von dem Abwesenheitspfleger mit den Beteiligten getroffenen Vereinbarungen zuständig.

Erscheint der Inhaber der elterlichen Gewalt, der Vormund, Pfleger eines Beteiligten (s. auch § 1693 BGB.), der Vertreter der beteiligten öffentlichen Korporation im Termine nicht, so wird auch deren Einverständnis im Wege des Versäumnisverfahrens angenommen. Da jedoch die Zustimmung dieser Personen ohne Genehmigung der betreffenden Behörde bzw. des Beistandes nicht rechtswirksam werden kann, muß deren Genehmigung noch eingeholt werden. Ein Versäumnisverfahren gegenüber dem Vormundschaftsgerichte, Beistande, der Aufsichtsbehörde kann nie eintreten. Wird die Genehmigung verweigert, so ist nach § 95 FGG. zu verfahren. Ebenso Rausnitz S. 370 f. Ztschrft. f. Civ.Pr. Bd. 25 S. 180, Schultze-Görlitz S. 190; ferner Fuchs S. 251, Birkenbihl S. 307, Jastrow S. 105 f.; a. M. Weißler S. 137, welcher ausführt: „Das Versäumnisverfahren findet gegen alle statt, deren Zustimmung erforderlich ist, gleichviel ob sie persönlich beteiligt, gesetzliche Vertreter von persönlich Beteiligten oder überhaupt nur, wie Gegenvormund und Beistand, zustimmungsberechtigt sind. Daß der Beistand der Mutter, wie Jastrow S. 106 meint, nicht berechtigt wäre, selbständig den neuen Termin zu beantragen, und deshalb gegen ihn kein Versäumnisverfahren einzuleiten sei, kann nicht anerkannt werden, da die Frage, inwieweit der Beistand den Mündel vertritt, unabhängig ist von der Frage, ob seine Zustimmung erzwungen werden kann und welche Mittel ihm dagegen zu Gebote stehen. Allerdings wird es bei Gegenvormund und Beistand meist zweckmäßiger sein, die deren Genehmigung ersetzende Genehmigung des Vormundschaftsgerichts einzuholen, anstatt mit Versäumnisverfahren gegen sie vorzugehen."

Da die Erteilung der Genehmigung den anderen Beteiligten gegenüber erst dann wirksam wird, wenn sie ihnen durch den Inhaber der elterlichen Gewalt, Vormund, Pfleger (§ 1829 BGB.) mitgeteilt ist, so kann auch die Bestätigung erst dann erfolgen, sobald dies geschehen ist, weil erst damit ausgeschlossen ist, daß die Genehmigung des Vormundschaftsgerichts nicht mehr geändert werden kann (§ 55 Abs. 1 FGG.). So auch Rausnitz S. 371. (A. M. Dorner S. 405, welcher die Bestätigung bereits nach erfolgter Mitteilung der Genehmigung an den Vormund erteilen läßt.) Im übrigen siehe § 97 FGG. Siehe auch § 119 Nachl.O.

(Im § 17 Abs. 1 des rheinpreußischen Teilungsgesetzes ist die Bestimmung enthalten, daß dann, wenn die gerichtliche Genehmigung der Teilung erforderlich ist, das Teilungsgericht auch für die Erteilung dieser Genehmigung zuständig sein soll. Der vom Verein für das Notariat in Rheinpreußen gemachte Vorschlag, diesem Vorbilde entsprechend im Auseinandersetzungsverfahren das mit den Verhältnissen vollständig vertraute Nachlaßgericht allgemein für die Erteilung der erforderlichen Genehmigung für zuständig zu erklären, hat im Gesetz keine Berücksichtigung gefunden.)

19. Prüfungspflicht des Gerichts vor der Bestätigung.

Die Prüfung des Gerichts erstreckt sich nur darauf, ob die Verfahrensvorschriften eingehalten sind; eine sachliche Prüfung hat nicht zu erfolgen. Daß das Gericht seine Mitwirkung versagen muß, also nicht beurkunden und, sollte dies geschehen sein, nicht bestätigen darf, wenn Verbotsgesetze durch die Vereinbarungen (Vorschläge) verletzt werden oder diese gegen die guten Sitten verstoßen, folgt aus den allgemein rechtlichen Gesichtspunkten; als eine sachliche Prüfung ist dies nicht anzusehen. Siehe S. 121. Die Prüfungspflicht des Gerichts gestaltet sich verschieden, je nachdem sämtliche Beteiligte einer Vereinbarung sofort im Termine oder nachträglich zugestimmt haben oder ihre Zustimmung auf dem Wege des Versäumnisverfahrens angenommen wird.

Im ersteren Falle hat das Gericht die Vereinbarung auch dann zu bestätigen, wenn die Verfahrensvorschriften nicht beachtet sind. Denn sind rechtsbehelfliche Verfahrensvorschriften verletzt nnd haben sich sämtliche Beteiligten, ohne die Verletzung zu rügen, in die Verhandlung eingelassen, oder haben sie ausdrücklich auf die ihnen aus der Verletzung der Vorschriften entstehenden Rechte verzichtet, so gilt diese Formverletzung hiemit als geheilt. Dies trifft auch dann zu, wenn ein nicht geladener Beteiligter sich im Termine miteinfindet und sich in die Verhandlung sofort einläßt. Im übrigen folgt die Heilung der Formverletzung auch daraus, daß bei Einstimmigkeit der sämtlichen Beteiligten diese sich vom Verfahren überhaupt vollständig frei machen können, denn sie sind befugt, in jedem Stadium des Verfahrens, aber nur einstimmig, mit Erfolg zu erklären, daß sie sich weiterhin außergerichtlich auseinandersetzen wollen, also auf eine weitere Beihilfe des Gerichts verzichten; sie können aber auch nur auf einzelne Teile des Verfahrens, z. B. auf die gerichtliche Bestätigung ihrer Vereinbarungen verzichten; dann würden allerdings nur einfache Vertragsabmachungen vorliegen. Siehe R. d. OLG. Bd. V S. 288.

Im letzteren Falle kann eine Bestätigung des Gerichts nicht erfolgen, wenn rechtsbehelfliche Verfahrensvorschriften verletzt sind, da die im Termine nicht erschienenen Beteiligten, deren Zustimmung im Wege des Versäumnisverfahrens ersetzt wird, sich immer auf die Verletzung der Vorschriften berufen und mit der sofortigen Beschwerde die Bestätigung mit Erfolg anfechten könnten; in einem solchen Falle darf das Gericht eine Bestätigung, deren Anfechtbarkeit es kennt, nicht aussprechen; vielmehr hat es das Verfahren, soweit nötig, zu wiederholen. Siehe auch die zustimmenden Ausführungen bei Rausnitz S. 369 f.

Wird die Bestätigung vom Gerichte nicht erteilt, so entfallen auch die Folgen des Versäumnisverfahrens; der nicht Erschienene, welcher den Antrag auf Anberaumung eines neuen Termins nicht oder nicht rechtzeitig gestellt hat, ist in diesem Falle also mit seinem Widerspruche nicht ausgeschlossen. Die Beteiligten, welche die Vereinbarungen getroffen oder ihnen zugestimmt haben, sind nicht mehr daran gebunden; denn die Vereinbarungen gelten als nicht zustande gekommen. Siehe auch Weißler S. 137, Fuchs S. 253.

Nicht richtig wäre es, wenn man, ähnlich wie im ersteren Falle, den nicht vollzählig im Termine erschienenen Beteiligten das Recht einräumen wollte, auf die Durchführung einzelner Teile des Verfahrens Verzicht zu leisten. Dies wäre ganz ausgeschlossen, da hiezu Einstimmigkeit der sämtlichen am Verfahren Beteiligten erforderlich ist, und die im Termine nicht erschienenen Beteiligten ein Recht auf die vollständige Durchführung des Verfahrens haben (s. Anm. 6d zu § 86 FGG.); ohne ihre ausdrückliche Zustimmung (eine im Wege des Versäumnisverfahrens angenommene Zustimmung reicht nicht aus) kann das Verfahren selbst eine Änderung nicht erleiden.

20. Bekanntmachung des Bestätigungsbeschlusses.

Gegen den Bestätigungsbeschluß, welcher den Beteiligten bekannt zu machen ist, findet die sofortige Beschwerde statt (§ 96 FGG.), welche gemäß § 22 Abs. 1 FGG. binnen einer Frist von zwei Wochen einzulegen ist; diese Frist beginnt mit dem Zeitpunkte, in welchem der Bestätigungsbeschluß dem einzelnen Beteiligten bekannt gemacht worden ist. Da also mit dieser Bekanntmachung der Lauf einer Frist beginnt, so hat sie gemäß § 16 Abs. 2 Satz 1 durch Zustellung an alle Beteiligten nach den für die Zustellung von Amts wegen geltenden Vorschriften der CPO. oder auch gemäß § 16 Abs. 3 zu erfolgen. Siehe hiezu §§ 111 Abs. 3, 114 Abs. 5 NachlO.

21. Beschwerde.

Gegen den die Bestätigung versagenden Beschluß findet die einfache Beschwerde des § 19 FGG. (Rausnitz, Ztschrft. f. Civ.Pr. Bd. 25 S. 185, Fuchs S. 252), gegen den Bestätigungsbeschluß die sofortige Beschwerde des § 96 FGG. statt. Letzterenfalls ist das Gericht zu einer Änderung desselben nicht mehr befugt (§ 18 Abs. 2 FGG.). Die Beschwerde des § 96 kann nur darauf gegründet werden, daß die Vorschriften über das Verfahren nicht beobachtet sind, Einwände sachlicher Natur sind überhaupt ausgeschlossen.

Bezüglich Rechtskraft s. § 97 Abs. 1.

22. Anfechtung.

Die Auseinandersetzung, sowie eine vorgängige Vereinbarung kann wegen Bedrohung, Betrugs oder Irrtums angefochten werden. Siehe Denkschr. z. FGG. S. 63, Weißler S. 137.

23. Armenrecht.

Gemäß § 14 FGG. sind die Vorschriften der CPO. über das Armenrecht, sowie die Vorschriften der §§ 34—36 der Rechtsanwaltsordnung im Rahmen des FGG. für anwendbar erklärt: diese Vorschriften finden also auch auf das Auseinandersetzungsverfahren Anwendung. Siehe auch Rausnitz, Ztschrft. f. Civ.Pr. Bd. 25 S. 182.

24. Zuständigkeit eines Notars oder einer andern Behörde als das Gericht.

Ist nach EG. z. BGB. Art. 147 oder § 193 FGG. eine andere Behörde als das Gericht oder ein Notar zur Erbauseinandersetzung berufen, so erfolgt die Bestätigung der von der anderen Behörde (Notar) beurkundeten Vereinbarungen sowie der Auseinandersetzung durch die andere Behörde (Notar), sofern nicht die Landesgesetze (z. B. preuß. AG. z. FGG. Art. 23 Abs. 2, elsaß-lothring. AG. § 34 Abs. 1 Nr. 6, hessisches AG. Art. 49 Abs. 1 Nr. 7) die Bestätigung durch das Gericht erfolgen lassen.

In Bayern ist in denjenigen Fällen, in denen die Vermittelung der Auseinandersetzung durch den Notar erfolgt, dieser auch für die Bestätigung zuständig. Siehe Nachlaßgesetz Art. 6 und 8.

§ 92 FGG.

War im Falle des § 91 der Beteiligte ohne sein Verschulden verhindert, die Anberaumung eines neuen Termins rechtzeitig zu beantragen oder in dem neuen Termine zu erscheinen, so ist ihm auf Antrag von dem Gerichte die Wiedereinsetzung in den vorigen Stand zu erteilen, wenn er binnen zwei Wochen nach der Beseitigung des Hindernisses die Anberaumung eines neuen Termins beantragt und die Tatsachen, welche die Wiedereinsetzung begründen, glaubhaft macht. Eine Versäumung, die in dem Verschulden eines Vertreters ihren Grund hat, wird als eine unverschuldete nicht angesehen. Nach dem Ablauf eines Jahres, von dem Ende der versäumten Frist an gerechnet, kann die Wiedereinsetzung nicht mehr beantragt werden.

1. Inhalt des § 92.

Wiedereinsetzung in den vorigen Stand.

2. Allgemeines.

Gemäß § 96 Satz 2 FGG. ist die Beschwerde gegen den eine vorgängige Vereinbarung oder die Auseinandersetzung bestätigenden Beschluß nur darauf zu gründen, daß die Vorschriften über das Verfahren nicht beobachtet sind, auf materielle Gesichtspunkte kann sie nicht gestützt werden. Aus diesen Vorschriften und der dabei zutage tretenden Gesetzesabsicht, die sachlichen, einer vorgängigen Vereinbarung sowie der Auseinandersetzung zugrunde liegenden Punkte der Prüfung des Gerichts zu entziehen, geht hervor, daß nach durchgeführtem Versäumnisverfahren der im Termine Ausgebliebene den getroffenen vorgängigen Vereinbarungen bzw. der Auseinandersetzung nicht mehr widersprechen kann, auch wenn solche für ihn ungünstig sind. Um nun wenigstens die Folgen einer unverschuldeten Versäumnis abzuwenden, hat § 92 die Wiedereinsetzung in den vorigen Stand vorgesehen, und zwar sowohl für die Fälle des § 91 wie auch des § 93 (s. § 93 Abs. 2 Satz 2). Diese kann unter gewissen Voraussetzungen erteilt werden, wenn der Beteiligte ohne sein Verschulden verhindert war, die Anberaumung eines neuen Termines rechtzeitig zu beantragen oder in dem neuen Termine zu erscheinen. Vorbildlich für die Schaffung dieser Wiedereinsetzung in den vorigen Stand war die im elsaß-lothringischen Teilungsgesetz § 16 Abs. 1 enthaltene, allerdings wesentlich weiter gehende Bestimmung, daß auf Antrag eines Beteiligten, welcher dem Gerichte glaubhaft macht, daß er ohne sein Verschulden verhindert gewesen sei, in dem zur Aufnahme der Teilungsurkunde bestimmten Termine zu erscheinen, die Sache vor den Notar zurückzuverweisen ist, wenn sich annehmen läßt, daß der betreffende Beteiligte in seinen Rechten beeinträchtigt sei.

Die Fassung des § 92 lehnt sich an diejenige des §§ 22 Abs. 2 FGG. an.

3. Rechtsbegriff der Wiedereinsetzung in den vorigen Stand.

Die Wiedereinsetzung strebt nicht eine Entscheidung über Rechtsfragen an, sondern eine Zurückversetzung der Beteiligten in eine frühere Rechtslage; sie stellt sich nicht als Rechtsmittel gegen eine getroffene Entscheidung dar, deren Aufhebung oder Abänderung vom höheren Gerichte verlangt wird. Durch die Zurückversetzung der Beteiligten in eine frühere Lage des Verfahrens unter Suspendierung der seitdem bis zur erfolgten Wiedereinsetzung entstandenen Rechtsfolgen soll dem die Wiedereinsetzung mit Erfolg geltend machenden Beteiligten die Möglichkeit gewährt werden, seine materiellen Rechte in gleicher Weise zu wahren wie die übrigen Beteiligten.

4. Voraussetzungen für die Wiedereinsetzung in den vorigen Stand.

a) Der Antrag auf Anberaumung eines neuen Termins ist nicht innerhalb der vom Gerichte bestimmten Frist gestellt worden bzw. er ist rechtzeitig gestellt worden, der Antragsteller ist aber im neuen Termine nicht erschienen.

Der Fall, daß der Antrag nicht rechtzeitig gestellt ist, umfaßt selbstverständlich auch den Fall, daß gar kein Antrag gestellt worden ist; denn diese Antragstellung ließe sich vor Stellung jedes Wiedereinsetzungsantrages nachholen.

Mit der Wiedereinsetzung des § 92 wird der Beteiligte nur gegen die unverschuldete Versäumnis der rechtzeitigen Beantragung der Anberaumung eines neuen Termines bzw. gegen unverschuldetes Ausbleiben in dem neuen Termine geschützt. Die Wiedereinsetzung des § 92 kann nicht beansprucht werden, wenn eine andere Versäumnis (z. B. Vornahme einer Rechtshandlung) vorliegt. So auch Rausnitz S. 373.

b) Eine unverschuldete Verhinderung muß vorliegen. Der Antragsteller war ohne sein Verschulden verhindert, die Frist einzuhalten, im Termine zu erscheinen.

Ein Verschulden liegt da nicht vor, wo Vorsatz und Fahrlässigkeit fehlen. Fahrlässig handelt, wer die im Verkehr erforderliche Sorgfalt außer acht läßt. (§ 276 BGB.). Über die Frage, ob Verschulden vorliegt, entscheidet das Ermessen des Gerichts.

c) Die Verhinderung muß unverschuldet sein.

Die in § 233 CPO. aufgenommenen Wiedereinsetzungsgründe beschränken sich auf die durch Naturereignisse oder andere unabwendbare Zufälle hervorgerufenen Verhinderungen. § 92 FGG. geht viel weiter, indem er die Wiedereinsetzung in ausgedehntester Weise bei allen irgendwie denkbaren, nicht im

Verschulden des Beteiligten gelegenen Verhinderungen zuläßt. Die Verhinderung darf sich nicht aus einem Vorsatze oder fahrlässigen Verhalten ergeben.

Verhinderungsgründe können sein: Störungen im Eisenbahn- oder Postbetrieb, Freiheitsberaubung, schwere Erkrankung, Unfall des Antragstellers, obrigkeitliche Ortssperre bei Epidemien, Unterbrechung des Verkehrs zu Kriegszeiten, durch Überschwemmung, Sturm, Eisenbahnunfall usw. Auch mangelnde Rechtskenntnis, Rechtsirrtum eines Beteiligten kann unter Umständen bei besonders schwerem Auffassungsvermögen desselben die Wiedereinsetzung begründen. Siehe auch Entsch. des RG. f. Civils. Bd. 39 S. 97 ff.

Ein Verhinderungsgrund liegt auch vor, wenn ein Beteiligter an der Einhaltung der Frist verhindert ist, weil er die die Frist setzende Verfügung ohne sein Verschulden nicht kennt (z. B. die Person, welche bei der Ersatzzustellung das zuzustellende Schriftstück in Empfang nimmt, vergißt die Übergabe des Schriftstückes an den Beteiligten; die das Schriftstück in Empfang nehmende Person ist nicht „Vertreter" des Beteiligten im Sinne des § 92 Satz 2 — s. § 1996 Abs. 1 Satz 2 BGB., § 233 Abs. 2 CPO., Dorner S. 148, Schneider S. 40 —; oder der Beteiligte, welcher sich an einem anderen Orte längere Zeit aufhält, weist die Post seines Wohnsitzes an, ihm sämtliche Sendungen nachzusenden, und diese unterläßt es).

Wenn das Gericht die Frist des § 91 Abs. 3 so kurz bemißt, daß schon wegen der Kürze dieser Frist die rechtzeitige Stellung eines Antrags auf Anberaumung eines neuen Termins unmöglich ist, so liegt selbstverständlich ein Verhinderungsgrund vor (Komm.Ber. z. FGG. S. 50).

Erscheint ein am Orte der Verhandlung nicht wohnender Beteiligter trotz Anordnung des persönlichen Erscheinens im Termine nicht, so wird ihm die Wiedereinsetzung zu erteilen sein, wenn er für die Reise die nötigen Mittel nicht zur Verfügung hatte. Siehe Rausnitz S. 373.

Wurde einem Beteiligten die Bekanntmachung des § 91 Abs. 3 gemäß § 16 Abs. 3 FGG. zu Protokoll bekannt gegeben, so ist ihm auf sein Verlangen eine Abschrift der verkündeten Bekanntmachung zu erteilen. Warum, wie Birkenbihl S. 90, Jastrow S. 39 annehmen, in einer verzögerten Abschriftserteilung, d. h. Erteilung der Abschrift nach Ablauf der richterlichen Frist des § 91 Abs. 3, eine unverschuldete Verhinderung erblickt werden soll, ist nicht einzusehen. Siehe auch Rausnitz S. 157, Fuchs S. 84.

β) Verhinderung des Vertreters eines Beteiligten.

War der Vertreter eines Beteiligten (gesetzlicher Vertreter, Vertreter auf Grund Rechtsgeschäfts) ohne sein Verschulden verhindert, die rechtzeitige Terminsanberaumung zu beantragen oder im neuen Termin zu erscheinen, so berechtigt dies auch zur Wiedereinsetzung in den vorigen Stand. Liegt jedoch der Säumnis des Vertreters ein Verschulden zugrunde, so ist von einer unverschuldeten Verhinderung nicht die Rede und kann dann die Wiedereinsetzung nicht gewährt werden (Analoge Bestimmung § 232 Abs. 2 CPO.) Ein Grund zur Wiedereinsetzung kann in der Säumnis des Vertreters auch dann nicht gefunden werden, wenn der Vertretene — außer im Falle der gesetzlichen Vertretung — von der Verhinderung seines Vertreters noch so rechtzeitig Kenntnis erlangt hatte, daß er die Anberaumung eines neuen Termins selbst noch innerhalb der richterlichen Frist beantragen, bzw. im neuen Termin erscheinen oder wenigstens an Stelle des verhinderten Vertreters einen anderen zur Vornahme der Rechtshandlung bestellen konnte; so auch Schultze-Görlitz S. 64, Birkenbihl S. 90.

Eine Vertretung eines Beteiligten ist auch in dem Falle anzunehmen, daß der Gerichtsschreiber eines anderen Gerichts als des Nachlaßgerichts den Antrag auf Anberaumung eines neuen Termins zu Protokoll nimmt. In diesem besonderen Fall ist das Protokoll vom Antragsteller zu unterzeichnen. Dieses Protokoll, welches sich nur als eine Privaterklärung eines Beteiligten darstellt, muß beim Nachlaßgerichte innerhalb der richterlichen Frist einlaufen, erst dadurch wird der Antrag dem Nachlaßgerichte gegenüber wirksam; (s. den analogen Fall bezüglich Einlegung der Beschwerde des § 21 in der Denkschr. z. FGG. S. 39 mit Komm.Ber. hiezu S. 25). Übersieht nun der Gerichtsschreiber, von dem Antragsteller das Protokoll unterschreiben zu lassen — was bei anderen Protokollen nicht nötig ist — und sendet es ununterschrieben vom Antragsteller an das Nachlaßgericht, oder übersieht der Gerichtsschreiber, das unterschriebene Protokoll rechtzeitig an das Nachlaßgericht zu übersenden, so liegt im ersten Falle überhaupt kein Antrag, in beiden Fällen eine Fristversäumnis vor; dem Wiedereinsetzungsantrag wäre hier nicht stattzugeben; denn es besteht in beiden Fällen ein Verschulden des Antragstellers, da sein zu Protokoll gegebener Antrag sich als reine Privaterklärung darstellt, um deren Unterzeichnung der Antragsteller sich selbst kümmern muß, und da auch die Übersendung dieser in seiner äußeren Form als Protokoll sich darstellenden Privaterklärung des Beteiligten an das Nachlaßgericht nicht Amtspflicht des Gerichtsschreibers ist, welcher also die Absendung nur im Auftrage und an Stelle des Antragstellers zu besorgen hat. So auch Birkenbihl S. 90; a. M. nur bezüglich der Übersendung des Protokolls Dorner S. 147, welcher die Weiterbeförderung des „Protokolls" als Amtspflicht erklärt. Letzterer Ansicht auch Fuchs S. 84 f., Rausnitz S. 373. Um ein „Protokoll" im gewöhnlichen Sinn handelt es sich hier aber nicht. Als Amtspflicht könnte die Weiterbeförderung des hier in Betracht kommenden Protokolls nur dann angesehen werden, wenn sie durch landesrechtliche Bestimmung angeordnet wäre.

γ. Verhinderung.

Die zur Versäumung führenden Hinderungsgründe brauchen nicht in der Person des Beteiligten bzw. seines Vertreters selbst begündet sein, eine unverschuldete Verhinderung ist z. B. auch anzunehmen, wenn eine plötzliche schwere Erkrankung eines Familienmitgliedes die Versäumung verschulden würde.

c) Es muß ein Antrag auf Wiedereinsetzung in den vorigen Stand gestellt werden.

Ohne Antrag wird das Gericht nicht tätig; es genügt also nicht, daß der betreffende Beteiligte dartut, daß ohne sein Verschulden die Versäumung eingetreten sei. Eine solche Erklärung wird gar nicht berücksichtigt. Als zulässig muß es aber erachtet werden, wenn der Richter in Berichtigung der rechtsirrtümlichen Auffassung des Beteiligten diesen noch vor Ablauf der Frist auf die für die Wiedereinsetzung einzuhaltende Form, also zur Stellung eines Antrags hinweist. Letztere Rechtsbelehrung wird das Gericht sogar in der Regel vornehmen.

α) Form des Antrages.

Der Antrag bedarf keiner besonderen Form; es gilt hiefür dasselbe, wie bezüglich des Antrags auf Vermittelung der Auseinandersetzung des § 86 FGG. Rausnitz S. 157 verlangt dagegen für die Form des Antrages die Einhaltung derselben Vorschriften, welche für die Einlegung der sofortigen Beschwerde gegeben sind, deren Nichtbeachtung die Rechtsunwirksamkeit des Antrages nach sich zieht; s. auch Fuchs S. 85, § 126 BGB.

β) Inhalt des Antrages.

In dem Antrage müssen angegeben sein

1. die Tatsachen, welche die Verhinderung verursacht haben und das Nichtvorhandensein eines Verschuldens auf Seiten des Antragstellers bezüglich der Verhinderung erweisen,

2. der Zeitpunkt, seit wann das Hindernis beseitigt ist.

Ferner sind in dem Antrag

3. die Tatsachen, welche die Wiedereinsetzung begründen (sub 1 und 2), glaubhaft zu machen, und

4. hat der Wiedereinsetzungsantrag auch einen Antrag auf Anberaumung eines neuen Termins (§ 91 Abs. 3 Satz 2 und 3) zu enthalten.

ad 3. Aus dem Gesetzestexte ergibt sich nun, daß zur Glaubhaftmachung nicht genügt, wenn der Antragsteller lediglich die Mittel für die Glaubhaftmachung angibt, sondern diese Mittel sind auch herbeizuschaffen. Ebenso Rausnitz S. 158.

Mit der Glaubhaftmachung soll dem Gerichte der Glauben — nicht die Überzeugung wie beim Beweis wird verlangt — beigebracht werden, daß die behaupteten Tatsachen der Wahrheit entsprechen. Glaubhaft gemachte Tatsachen können nachträglich sich immer noch als unrichtig erweisen. Es kann also bei Glaubhaftmachung von Tatsachen immer möglich sein, daß der Beweis die Unrichtigkeit der Behauptungen ergibt. Was zur Glaubhaftmachung gehört, richtet sich nach dem einzelnen Falle und auch nach der Auffassung des einzelnen Richters, denn der eine wird strengere Anforderungen stellen an die Glaubhaftmachung als der andere. „Darüber, in welcher Weise eine solche Glaubhaftmachung zu erfolgen hat, bedarf es im allgemeinen keiner Vorschriften; aus der Natur der Sache ergibt sich in Ermangelung abweichender Bestimmungen, daß lediglich das Ermessen des Richters maßgebend ist. Gegenüber dem § 266 Abs. 1 CPO. (jetzt 294), der als Mittel der Glaubhaftmachung die eidliche Versicherung der Partei besonders hervorhebt, empfiehlt es sich jedoch, klarzustellen, daß der Beteiligte auch zur eidesstattlichen Versicherung seiner Behauptung zugelassen werden kann.“ Denkschr. z. FGG. S. 36, § 15 Abs. 2 FGG. Es kann demnach der Beteiligte auch zur eidesstattlichen Versicherung seiner Behauptung zugelassen werden; selbstverständlich ist aber auch die eidliche

Versicherung zugelassen und nicht deshalb, weil § 15 Abs. 2 hievon nichts erwähnt, ausgeschlossen. Die besondere Erwähnung in § 15 Abs. 2, daß zur Glaubhaftmachung ein Beteiligter zur Versicherung an Eidesstatt zugelassen werden kann, erfolgte nur mit Rücksicht darauf, daß in dem bisherigen die Glaubhaftmachung behandelnden § 266 Abs. 1 der CPO. alter Fassung die eidesstattliche Versicherung nicht aufgenommen war; es sollte durch die ausdrückliche Zulassung auch der eidesstattlichen Versicherung jeder Zweifel behoben werden. Fuchs S. 56 f., Dorner S. 107 f., Schultze-Görlitz S. 46, Wellstein S. 22.

Die Glaubhaftmachung hat durch den Antragsteller zu erfolgen, eine Beweisaufnahme von Amts wegen findet nicht statt. Außer der Glaubhaftmachung bedarf es keiner weiteren Beweisführung.

d) Der Antrag muß binnen zwei Wochen nach der Beseitigung des Hindernisses gestellt werden.

Es ist dies eine gesetzliche Frist, welche den Vereinbarungen der Parteien nicht unterliegt. Wollen die sämtlichen Beteiligten einem nichterschienenen Beteiligten, welcher die Wiedereinsetzung nicht rechtzeitig beantragt hat, trotzdem die Folgen der Versäumung erlassen und in den vorigen Stand wieder einsetzen, so bleibt dies ihnen unbenommen, nur kann das Gericht, da durch den Erlaß des Bestätigungsbeschlusses das Verfahren nach Ablauf der Wiedereinsetzungsfrist bzw. der sofortigen Beschwerdefrist beendigt ist, dem Verlangen auf Wiedereinsetzung in den vorigen Stand nicht mehr Raum gewähren; das Verfahren wird nicht wieder aufgenommen. Die (sämtlichen) Beteiligten können aber unter sich in vollständig gültiger Weise die bestätigten Abmachungen abändern; hier hat man es dann nur mit außeramtlichen Vereinbarungen zu tun.

Die Frist beginnt mit dem Wegfall des Hindernisses. Es ist dem Ermessen des Richters anheimgegeben, welcher Zeitpunkt im einzelnen Fall hiefür anzunehmen ist.

Innerhalb der Frist müssen der Antrag auf Wiedereinsetzung gestellt, die Anberaumung eines neuen Termins beantragt und auch die Tatsachen, welche die Wiedereinsetzung begründen, glaubhaft gemacht werden. Fristberechnung s. § 17 FGG.

e) Fristmaximum von einem Jahr.

Von dem Ende der versäumten Frist, also der richterlichen Frist des § 91 Abs. 3 an gerechnet, läuft eine gesetzliche Frist von einem Jahre, nach deren Ablauf die Wiedereinsetzung, auch wenn das Hindernis noch nicht beseitigt ist, nicht mehr beantragt werden kann; siehe die analogen Bestimmungen in § 234 Abs. 3 CPO. und § 1996 Abs. 2 BGB.

Hiemit ist einem nach Ablauf dieses Jahres eingereichten, auf unverschuldete Fristversäumung gestützten Wiedereinsetzungsantrag überhaupt jede Bedeutung genommen. Ist also z. B. das Hindernis einige Tage vor Ablauf des Jahres weggefallen und wird der Restitutionsantrag nicht noch innerhalb des Restes des Jahres, sondern erst nach Ablauf desselben, wenn auch noch innerhalb der für den Wiedereinsetzungsantrag bestimmten zweiwöchigen Frist gestellt, so ist diesem

Antrag nicht mehr stattzugeben, weil bei Stellung desselben die für den Antrag zugelassene einjährige Frist bereits verstrichen war. Ist der Antrag aber noch vor Ablauf des Jahres gestellt, so kann dem Antrage nach Ablauf desselben immer noch stattgegeben werden. So auch Keidel S. 28. Die Gerichtsferien sind auf diese Frist ohne Einfluß. Siehe im übrigen die Bemerkungen unter lit. d.

5. Zuständigkeit für Entscheidung des Wiedereinsetzungsantrags.

Die Verbescheidung des Restitutionsantrags erfolgt durch das Nachlaßgericht, welches von Amtswegen zu prüfen hat, ob die die Wiedereinsetzung begründenden Voraussetzungen vorliegen. Kommt das Gericht zur Bejahung dieser Frage, so muß es dem Antrage stattgeben.

6. Sofortige Beschwerde.

Gegen den den Wiedereinsetzungsantrag zulassenden bzw. ablehnenden Beschluß haben im ersten Falle die sämtlichen Beteiligten, im letzteren Falle nur der Antragsteller gemäß § 96 Satz 1 das Rechtsmittel der sofortigen Beschwerde. Daraus folgt, daß der Beschluß den Zustellungsvorschriften der §§ 208—213 CPO., § 16 Abs. 2 Satz 1, Abs. 3 FGG. unterliegt.

Gegen Versäumung der sofortigen Beschwerde gibt § 22 Abs. 2 FGG. die Wiedereinsetzung unter den dort bezeichneten Voraussetzungen. Gegen die Entscheidung über den Antrag auf Wiedereinsetzung findet die sofortige weitere Beschwerde statt.

7. Zulassung des Wiedereinsetzungsantrags.

Ist dem Wiedereinsetzungsantrag stattgegeben, so hat das Gericht von Amts wegen einen neuen Termin anzuberaumen und hiezu sämtliche Beteiligte zu laden. Siehe auch § 118 Abs. 6 Nachl.O. Dieser neue Termin dient zur Fortsetzung der Verhandlung, weshalb für die Ladung die Wahrung einer bestimmten Frist, einer besonderen Zustellungsart nicht verlangt ist. Die Ladung braucht auch einen Hinweis auf die Versäumnisfolgen nicht enthalten. So auch Schultze-Görlitz S. 191; a. M. Rausnitz S. 373, welcher in der neuen Ladung eine solche zur Fortsetzung der Verhandlung nicht findet.

8. Rechtswirkung des die Wiedereinsetzung aussprechenden Beschlusses.

Die Wiedereinsetzung hat die Folge, daß die Sache so behandelt wird, als ob der Beteiligte die Anberaumung eines neuen Termins rechtzeitig beantragt hätte bzw. in dem neuen Termin erschienen wäre. Damit ist die Sache in das Stadium vor der Versäumnis zurückversetzt; ein nach erfolgter Versäumnis ergangener Bestätigungsbeschluß wird hinfällig. Siehe hiezu auch § 32 FGG.

9. Zuständigkeit des Notars.

Wenn das Landesgesetz den Notar zur Vermittelung der Auseinandersetzung für zuständig erklärt und hiebei den Gerichten die Befugnis des § 92 nicht vorbehalten hat, so ist dieser zur Verbescheidung des Wiedereinsetzungsantrags berufen. Der Antrag auf Wiedereinsetzung kann in Preußen, Hessen und Elsaß-Lothringen beim Notar gestellt werden, verbeschieden aber nur durch das Gericht. Siehe AG. z. FGG. in Preußen Art. 23 Abs. 1, in Hessen Art. 49 Abs. 8 Nr. 8, in Elsaß-Lothringen § 34 Abs. 1 Nr. 6.

In Bayern ist der Notar, welcher die Auseinandersetzung zu vermitteln hat, zur Verbescheidung des Wiedereinsetzungsantrags zuständig (s. Art. 6 und 8 Nachl.G.).

§ 93 FGG.

Sobald nach Lage der Sache die Auseinandersetzung stattfinden kann, hat das Gericht einen Auseinandersetzungsplan anzufertigen. Sind die erschienenen Beteiligten mit dem Inhalte des Planes einverstanden, so hat das Gericht die Auseinandersetzung zu beurkunden. Sind die Beteiligten sämtlich erschienen, so hat das Gericht die Auseinandersetzung zu bestätigen; dasselbe gilt, wenn die nicht erschienenen Beteiligten ihre Zustimmung zu gerichtlichem Protokoll oder in einer öffentlich beglaubigten Urkunde erteilen.

Ist ein Beteiligter nicht erschienen, so hat das Gericht nach § 91 Abs. 3 zu verfahren. Die Vorschriften des § 92 finden entsprechende Anwendung.

1. Inhalt des § 93.

Auseinandersetzungstermin, Auseinandersetzungsplan, Versäumnisfolgen.

2. Allgemeines.

Mit § 93 beginnt der zweite Abschnitt des Verfahrens.

Einer Zweiteilung desselben bedarf es nicht, wenn sich bereits im ersten Termin die Möglichkeit ergibt, das Verfahren ohne Trennung in zwei förmliche Abschnitte in einem Zuge durchzuführen. In diesem Falle kann schon im ersten Termin mit einer Vereinbarung über die Art der Teilung die endgültige Auseinandersetzung verbunden werden. Siehe auch § 112 Abs. 1 Satz 3 Nachl.O. Es kann sich aber überhaupt als vollständig überflüssig erweisen, vor der Auseinandersetzung eine besondere Urkunde über die Art der Teilung oder über sonstige vorbereitende Maßregeln aufzunehmen. Dies muß selbstverständlich auch dann zulässig sein, wenn nicht sämtliche Beteiligten erscheinen und die einzelnen erschienenen Beteiligten oder der allein erschienene Beteiligte von vorbereitenden Maßregeln überhaupt absieht. Werden Vereinbarungen über die Art der Teilung nicht gesondert getroffen, finden sich solche dagegen bereits in das Auseinandersetzungsverfahren verflochten, so kann von einer Beurkundung und Bestätigung vereinbarter Maßregeln nicht die Rede sein, sondern es liegt dann lediglich eine definitive Auseinandersetzung vor, welche zu beurkunden und zu bestätigen ist.

Ist dagegen das Verfahren in zwei Abschnitte geteilt, so steht nichts im Wege, das Verfahren vor Eintritt der Rechtskraft des bezüglich der vorgängigen Vereinbarungen (§ 91) ergangenen Bestätigungsbeschlusses weiter zu betreiben (siehe auch § 112 Abs. 1 und 2 Nachl.O.); die Rechtskraft dieses Bestätigungsbeschlusses (§ 97 FGG.) muß jedoch abgewartet werden, bevor der Auseinandersetzungsplan, welcher auf den bestätigten Vereinbarungen fußt und unverrückbare, der Anfechtung nicht mehr unterworfene Grundlagen haben muß, bestätigt werden kann.

Es kann also im einzelnen Falle, sofern überhaupt vor Durchführung der vorgängigen Vereinbarung die Aufstellung des Auseinandersetzungsplanes möglich ist, der Plan für den Termin vor Eintritt der Rechtskraft des Bestätigungsbeschlusses des § 91 angefertigt, darüber verhandelt und die Auseinandersetzung beurkundet, die Bestätigung jedoch erst nach Eintritt der Rechtskraft des Bestätigungsbeschlusses des § 91 erteilt werden.

Der Eintritt der Rechtskraft des Bestätigungsbeschlusses bezüglich der vorbereitenden Vereinbarungen muß nicht abgewartet werden, wenn die sämtlichen Beteiligten über die Auseinandersetzung vollständig einig sind, da in diesem Falle die vorherigen Vereinbarungen sich überhaupt erübrigen, auch nicht mehr als Grundlage für das Verfahren aufzufassen sind. Die sämtlichen Beteiligten können auch ausdrücklich auf das Recht der sofortigen Beschwerde gegenüber dem Bestätigungsbeschlusse des § 91 verzichten, sie können auch an Stelle der früheren Vereinbarungen andere treffen, die bisherigen, wenn auch schon bestätigten oder rechtskräftigen Vereinbarungen wieder einstimmig aufheben und andere an deren Stelle setzen und zur Grundlage der Auseinandersetzung machen. Verzichten sie auf die Beurkundung und damit auf die Bestätigung seitens des Gerichts, so ist die gerichtliche Vermittelung erledigt. Die Beteiligten verzichten hiemit auf die weitere Tätigkeit des Gerichts, was in jedem Stadium bei Einstimmigkeit sämtlicher Beteiligter möglich ist. Schultze-Görlitz S. 193 findet hierin die Zurücknahme des Antrags.

3. Zeitpunkt der Anfertigung des Auseinandersetzungsplanes.

Ob und wann die Auseinandersetzung stattfinden kann, hat das Gericht nach Lage der Sache zu beurteilen. Das Gericht hat sich zu entscheiden, ob nach seiner Ansicht alle für die Auseinandersetzung nötigen vorbereitenden Maßregeln erfüllt, insbesondere alle Hindernisse aus dem Wege geräumt sind, ob alle nicht der Natur nach zur Teilung gelangenden Gegenstände bereits zu Geld gemacht sind 2c., sodaß nunmehr ein vollständiger Auseinandersetzungsplan angefertigt werden kann. Diese Entscheidung unterliegt dem pflichtmäßigen Ermessen des Gerichts, welches, ohne daß es durch Antrag von Beteiligten in Bewegung zu setzen wäre, von Amts wegen, sobald der Zeitpunkt gekommen ist, zwecks weiteren Durchführung des Verfahrens zur Anfertigung eines Auseinandersetzungsplanes schreitet.

4. Bedeutung des Auseinandersetzungsplanes.

Die Hauptaufgabe des Gerichts ist die Anfertigung eines Planes, aus dem in übersichtlicher Weise zu ersehen ist, was, wie, und unter welchen Beteiligten zu teilen ist. Auf Grund des Auseinandersetzungsplanes erfolgt sodann die Verhandlung mit den Beteiligten, die Beurkundung und die Bestätigung der Auseinandersetzung. Hiedurch ist die Vermittelungstätigkeit des Gerichts erfüllt. Über den Fall, daß nach Abschluß eines gerichtlichen Auseinandersetzungsverfahrens ein Mitberechtigter den Anspruch auf angeblich von Teilungsgenossen verschwiegene Massegegenstände erhebt, siehe Entsch. des OLG. Colmar vom 28. August 1902 in Soergel's Rechtsprechung 1903 S. 549 f.

5. Form des Planes.

Die Anfertigung des Planes wird in der Regel in einem gesonderten Schriftstück erfolgen, nur in einfacher gelagerten Fällen zu Protokoll (siehe auch § 113 Abs. 3 Nachl.O.); einen umfangreichen Teilungsplan erst im Termine zu Protokoll anzufertigen, erfordert viel Zeit und verlängert den Termin, während die Absicht des Gesetzes doch unzweifelhaft darauf geht, im Termine bereits mit einem fertigen Teilungsplan auftreten zu können.

Das Gericht kann die Anfertigung eines Auseinandersetzungsplanes unterlassen, wenn ein von einem Beteiligten gefertigter Teilungsplan bereits vorliegt, dieser den Erfordernissen des vom Gerichte aufzustellenden Planes entspricht und das Gericht denselben an Stelle eines gerichtlichen setzen will. In diesem Fall ist der Teilungsplan zu den Akten abzugeben und im Protokoll festzustellen, daß das Gericht den von dem Beteiligten gefertigten Plan als einen gerichtlichen Teilungsplan betrachtet wissen will.

Wenn es auch zu den Aufgaben des Gerichts gehört, einen Teilungsplan aufzustellen, so ist dies doch nicht so aufzufassen, wie Rausnitz Ztschr. f. Civ.Pr. Bd. 25 S. 177 ausführt, als ob hiedurch das Gericht bei Aufstellung des Planes vollständig freie Hand hätte. Der Auseinandersetzungsplan besteht vielmehr in den meisten Fällen nur in einer Ausrechnung der einzelnen Erbteile unter Berücksichtigung von testamentarischen Anordnungen, Vorvereinbarungen und der allgemeinen Gesetzesvorschriften sowie in der Zuweisung der Erbteile an die einzelnen Beteiligten. (Nur die Zuweisung erfolgt in der Urkunde; dagegen ist die Einweisung in die Erbteile Sache der Durchführung der Auseinandersetzung.) Dieser vom Gericht aufzustellende Teilungsplan kann also, wenn der Weg durch die vorherigen Vereinbarungen schon vorgezeichnet ist, hievon nicht mehr abweichen, darf diese nicht unberücksichtigt lassen und andere, wenn auch für die sämtlichen Beteiligten gerechtere Bestimmungen treffen. Nur in denjenigen Fällen, in denen von den Beteiligten nur im Prinzip allgemeine Vereinbarungen getroffen werden, hat das Gericht einen weiteren Spielraum. Siehe auch Weißler S. 138.

6. Grundlagen und Inhalt des Planes.

Die Anfertigung des Planes erfolgt auf Grund der bisherigen Verhandlung mit den Beteiligten unter Berücksichtigung der bestehenden letztwilligen Verfügungen und vor allem auf Grund der Vereinbarungen der Beteiligten bezüglich der vorbereitenden Maßregeln, welche nicht unberücksichtigt gelassen werden dürfen.

Unter Verwendung dieser Grundlagen stellt nun das Gericht den Teilungsplan auf, welcher eine Übersicht enthält über den Stand der vorhandenen Teilungsmasse (die sich nach der Verwertung oder Übernahme der

Nachlaßgegenstände und nach der Berichtigung oder Übernahme der Nachlaßverbindlichkeiten ergibt, § 113 Abs. 2 Nachl.O.), über die Erbrechtsverhältnisse und die Berechnung der Ansprüche der einzelnen Beteiligten, sowie über die Bildung und die Zuweisung der Teile, also über die Bezeichnung der Nachlaßgegenstände, die der einzelne Beteiligte erhält (hiemit ist nicht die Besitzeinweisung verstanden, s. Anm. 5); vgl. § 14 Abs. 1 rheinpreußisches Teilungsgesetz, § 13 Abs. 1 elsaß-lothringisches Teilungsgesetz. Der Teilungsplan muß aber auch die zwischen einzelnen Beteiligten bestehendeu Ausgleichungspflichten betreffen (§§ 2050 ff. BGB.). Siehe hiezu § 113 Abs. 2 Nachl.O. Hinsichtlich der Bildung der Teile sind für den Richter testamentarische Teilungsanordnungen und mangels solcher, sowie in Ermangelung von Vereinbarungen der Beteiligten die allgemeinen gesetzlichen Teilungsmaßregeln maßgebend. Im Falle der vereinbarten Verlosung (§ 94 FGG.) hat das Gericht Bestimmungen über die Art und die Reihenfolge der Losziehung in den Teilungsplan aufzunehmen, sofern hiefür nicht besondere Vereinbarungen getroffen sind. Dorner S. 399, Birkenbihl S. 314.

7. Zuständigkeit des Gerichts für Anfertigung des Planes.

Die Anfertigung des Planes erfolgt ausschließlich durch das Gericht. In diesem Fall beschränkt sich also die Tätigkeit des Gerichts nicht nur auf die Beurkundung und Bestätigung, sondern geht darüber hinaus. Über den Fall, wenn ein Beteiligter einen Teilungsplan vorlegt, siehe Anm. 5.

Das Gericht ist bei Aufstellung des Planes von irgend welchen Anträgen der Beteiligten nicht abhängig, braucht also einen Plan eines Beteiligten sich nicht aufdrängen lassen, auch um irgend einen den Inhalt und die Anfertigung des Planes betreffenden Antrag eines Beteiligten sich nicht kümmern; jedoch wird der Richter bei Aufstellung des Planes die Intentionen der Beteiligten immerhin im Interesse der Durchführung des Verfahrens möglichst beachten, soferne hiegegen keine Bedenken obwalten. Wenn gar keine vorherigen Vereinbarungen getroffen sind, so ist es überhaupt nicht ersichtlich, wie ein Richter einen Auseinandersetzungsplan aufstellen könnte, ohne vorher den Willen der Beteiligten erforscht zu haben. Bei Einheitswillen sämtlicher Beteiligten wird der Richter — ausgenommen den Fall, daß eine vormundschaftsrichterliche Genehmigung zu erholen ist und solche zu einem dem gemeinsamen Willen der Beteiligten entsprechenden Plane nicht zu erwarten ist — immer, auch bei eigenem Widerstreben, ja auch dann, wenn hiedurch getroffene, bestätigte, rechtskräftige Vereinbarungen abgeändert, aufgehoben und durch neue ergänzt werden, einen Auseinandersetzungsplan aufstellen, welcher diesem Einheitswillen entspricht, vorausgesetzt, daß er nicht gegen die guten Sitten und Verbotsgesetze verstößt. Denn die Beteiligten brauchen bei Einheitswillen den Plan gar nicht zu respektieren, weshalb es keinen Wert hätte, ihnen etwas anderes, wenn auch Vernünftigeres, durch den Auseinandersetzungsplan aufzudrängen, dem sie ja doch im Termine widersprechen würden. Ebenso Birkenbihl S. 314.

Bei Aufstellung des Teilungsplanes kann das Gericht sich auch Sachverständiger, besonders Rechnungsverständiger bedienen. (Siehe in Preußen die allgem. Justiz M.Verf. vom 16. September 1895 betr. die Anfertigung der Rechnungsarbeiten bei den Justizbehörden und die Rechnungsgebühren, JMBl. S. 273.)

8. Verhandlungstermin bezüglich des Auseinandersetzungsplanes.

Zur Verhandlung über den bereits entworfenen oder in Gegenwart der Beteiligten im Termine erst anzufertigenden Teilungsplan beraumt das Gericht einen Termin von Amts wegen an und ladet die sämtlichen Beteiligten hiezu. (Siehe auch § 112 Abs. 2 Nachl.O.) Einhaltung einer Ladungsfrist oder der Zustellungsvorschriften des § 16 Abs. 2 Satz 1, Abs. 3 ist nicht vorgeschrieben. A. M. Birkenbihl S. 314 f., Dronke S. 88, welche die Wahrung der Ladungsfrist des § 90 und die Ladung von Amts wegen nach § 16 Abs. 2 durch Zustellung nach den Vorschriften der §§ 208—213 CPO. verlangen.

9. Die Beteiligten widersprechen dem Teilungsplan bzw. stimmen demselben zu.

a) Die erschienenen Beteiligten einigen sich über den Teilungsplan nicht.

Das Gericht legt im Termine den erschienenen Beteiligten den Teilungsplan vor und fertigt einen solchen im Termine an. Einigen sich dann die Beteiligten darüber nicht, widersprechen einzelne demselben oder geben überhaupt keine Erklärung ab, so sind dieselben auf den Rechtsweg gemäß § 95 FGG. zu verweisen; das gerichtliche Auseinandersetzungsverfahren ist, wenigstens vorläufig, beendigt.

b) Die erschienenen Beteiligten einigen sich über den Teilungsplan.

Der den erschienenen Beteiligten vorgelegte Teilungsplan wird entweder von denselben in unveränderter Form angenommen oder auf Verlangen derselben abgeändert. Einem solchen Verlangen hat das Gericht, wenn die sämtlichen Beteiligten erschienen sind und diese Abänderung, selbst wenn sie den bisherigen vorbereitenden Vereinbarungen zuwiderläuft, verlangen, stattzugeben, außer bei Verstößen gegen ein Verbotsgesetz oder die guten Sitten. Sind nur einzelne Beteiligte im Termine erschienen und verlangen sie einstimmig die Abänderung des Auseinandersetzungsplanes, so ist auch in diesem Falle dem Verlangen stattzugeben, sofern hiedurch die vorherigen bestätigten Vereinbarungen nicht beeinflußt werden; andernfalls kann eine solche Abänderung nicht erfolgen; denn die im Termine Ausgebliebenen sind nicht nur an die schon bestätigten Vereinbarungen gebunden, sondern haben auch ein Recht daran, da diese Vereinbarungen gemäß § 97 Abs. 1 FGG. vertragsmäßige Vereinbarungen ersetzen; diese können also ohne ausdrückliche Zustimmung der Beteiligten auch nicht abgeändert werden; ein Versäumnisverfahren, wonach die Zustimmung der im Termine des § 93 ausgebliebenen Beteiligten zu den von den übrigen Beteiligten vereinbarten Abänderungen der bestätigten vorgängigen Vereinbarungen ersetzt werden könnte, gibt es nicht.

Wenn sodann die im Termine erschienenen Beteiligten sich über den Teilungsplan geeinigt haben, so ist derselbe zu beurkunden. Sind sämtliche

Beteiligte erschienen oder erfolgt ihre Zustimmung zu gerichtlichem Protokoll oder in einer öffentlich beglaubigten Urkunde, oder wird ihre Zustimmung auf dem Wege des Versäumnisverfahrens angenommen, so erfolgt seitens des Gerichts die Bestätigung der Auseinandersetzung. (Siehe auch § 114 Abs. 1 Nachl.O.) Dieser Bestätigungsbeschluß ist gemäß § 16 Abs. 2 Satz 1 und Abs. 3 FGG. zuzustellen (mit Rücksicht auf die gegen diese zugelassene sofortige Beschwerde des § 96 FGG.). Hiemit ist dann die gerichtliche Vermittelungstätigkeit beendigt.

Die Beurkundung der Auseinandersetzung erfolgt auf Grund eines Einverständnisses der Beteiligten über den Plan; die Auseinandersetzung tritt an Stelle von vertragsmäßiger Vereinbarung (§ 97 FGG.); es sind deshalb auch die §§ 167 ff. FGG. zur Anwendung zu bringen. Ebenso Birkenbihl S. 315, Keidel S. 96.

Daß die sämtlichen Beteiligten einstimmig auf die Bestätigung verzichten und das Verfahren außergerichtlich zum Abschluß bringen können, ist selbstverständlich. Dies liegt im Verfahren begründet, welches jederzeit durch Einstimmigkeit der sämtlichen Beteiligten der gerichtlichen Einwirkung entzogen werden kann.

10. Einzelne Beteiligte bleiben im Termine aus.

Bleiben einzelne Beteiligte dem Verhandlungstermine des § 93 fern, so tritt das gleiche Verfahren ein, wie in dem Falle des § 91 FGG., wenn Beteiligte in dem für die vorbereitenden Maßregeln bestimmten Termine nicht erscheinen. Es erfolgt also auch hier die im § 91 Abs. 3 vorgeschriebene Bekanntmachung (s. das Muster XVII im Anhang zur Nachl.O.), wie überhaupt das gleiche Verfahren wie im Falle des § 91 Abs. 3 eintritt. Siehe hiezu insbesondere § 91 Anm. 10—17 und 19.

11. Vormundschaftsrichterliche Genehmigung.

Siehe Anm. 18 zu § 91.

12. Beschwerde.

Unterläßt das Gericht die Aufstellung eines Teilungsplanes, weil es einen solchen nicht für nötig erachtet, so haben die Beteiligten hiegegen das Rechtsmittel der Beschwerde. Fuchs S. 256.

Im übrigen siehe Anm. 21 zu § 91.

13. Rechtskraft.

Der die Auseinandersetzung bestätigende Beschluß unterliegt in gleicher Weise wie der die Vereinbarung betreffende Bestätigungsbeschluß der Rechtskraft. Über die Wirkung der Rechtskraft siehe §§ 97, 98 FGG.

14. Durchführung der Teilung.

Die Teilung auf Grund des Planes durchzuführen, also die einzelnen Beteiligten in den tatsächlichen Besitz der ihnen zugeteilten Gegenstände durch Verteilung einzuweisen, gehört nicht zu den Aufgaben des Gerichts, erfolgt vielmehr durch die Beteiligten selbst, eventuell bei Uneinigkeit mit Hilfe des Prozeßgerichts. Das Nachlaßgericht kann wohl um Teilung angegangen werden und ist dann auch berechtigt, aber nicht verpflichtet, die tatsächliche

Teilung vorzunehmen, wenn sämtliche Beteiligte die Durchführung der Teilung durch das Nachlaßgericht beantragen. Es kann auch in die Urkunde Erklärungen von Beteiligten aufnehmen, wonach diese anerkennen, daß sie bereits im Besitze der betreffenden ihnen zugewiesenen Teile des Nachlasses oder einzelner Teile desselben sind. Übernimmt das Gericht die Durchführung der Teilung, so wird es nicht in seiner Eigenschaft als Nachlaßgericht tätig, welches die Auseinandersetzung zu vermitteln hatte, sondern es erscheint hier in der Rolle eines Beauftragten.

In denjenigen Fällen, in denen Auflassungserklärungen bezüglich Nachlaßgrundstücke, Erbbaurechte vor dem Nachlaßgerichte abgegeben werden können und in die Auseinandersetzungsurkunde auch aufgenommen werden, ferner in denjenigen Fällen, in denen hinsichtlich einer zum Nachlaß gehörigen Hypothek, Grundschuld oder Rentenschuld die Eintragungsbewilligung zur Übertragung auf einen oder mehrere der sämtlichen Erben als neue Gläubiger in der Auseinandersetzungsurkunde erfolgt, kann von einer teilweisen Durchführung der Auseinandersetnng durch das Nachlaßgericht gesprochen werden, ohne daß die Durchführung dem Gerichte übertragen worden ist. Die von den Beteiligten verlangte Aufnahme von Auflassungserklärungen sowie von Eintragungsbewilligungen in die Auseinandersetzungsurkunde darf das Gericht nicht ablehnen. Siehe das Nähere § 98 Anm. 6e, 7c und d, Art. 6 Anm. 12 und 14 Nachl.G.

15. Wiedereinsetzung in den vorigen Stand.

Wiedereinsetzung ist gegen die Bestätigung der Auseinandersetzung zulässig, sofern die Beschwerde darauf gegründet wird, daß die Vorschriften über das Verfahren nicht beobachtet sind. Siehe § 96.

16. Anfechtung des Bestätigungsbeschlusses.

Siehe § 91 Anm. 22.

17. Rechtsverhältnis der Beteiligten im Falle der Versagung der Bestätigung.

Hiefür gilt dasselbe wie in § 91 Anm. 19. Siehe auch § 96 Anm. 8.

18. Zuständigkeit eines Notars oder einer anderen Behörde als das Gericht.

Siehe § 91 Anm. 24.

§ 94 FGG.

Ist vereinbart, dass eine Verteilung durch das Los geschehen soll, so wird das Los, sofern nicht ein Anderes bestimmt ist, für die nicht erschienenen Beteiligten von einem durch das Gericht zu bestellenden Vertreter gezogen.

1. Inhalt des § 94.

L o s z i e h u n g.

2. Voraussetzungen für die Bestellung eines Vertreters für einen im Ziehungstermine nicht erschienenen Beteiligten.

a) Es muß eine Vereinbarung vorliegen, wonach eine Verteilung durch das Los geschehen soll.

Ohne vorliegende Vereinbarung ist also die Anwendbarkeit des § 94 ausgeschlossen. Es macht hiebei keinen Unterschied, ob die Vereinbarung im Wege der Übereinstimmung sämtlicher Beteiligter oder im Wege des Versäumnisverfahrens zustande gekommen ist.

α) Gemäß § 752 BGB. in Verbindung mit § 2042 Abs. 2 BGB. erfolgt die Aufhebung der Gemeinschaft durch Teilung in Natur, wenn der gemeinschaftliche Gegenstand, oder falls mehrere Gegenstände gemeinschaftlich sind, diese sich ohne Verminderung des Wertes in gleichartige, den Anteilen der Teilhaber entsprechende Teile zerlegen lassen. Hiebei geschieht die Verteilung gleicher Teile unter die Teilhaber durch das Los. Liegt dieser Fall vor, so kann die Losziehung verlangt und im Prozeßwege erzwungen werden, jedoch reicht dies noch nicht aus für die Anwendbarkeit des § 94, dessen Bestimmungen vielmehr nur dann Geltung haben können, wenn eine Vereinbarung vorliegt, wonach eine bereits durch das Teilungs- und Verlosungsprinzip des § 752 BGB. gewährleistete Verteilung durch das Los geschehen soll; siehe auch Schultze-Görlitz S. 194, Schneider S. 159.

β) Die Beteiligten können aber nicht nur im Falle des § 752 BGB. eine Teilung durch das Los vereinbaren, sondern sie können auch in jedem anderen ihnen geeignet erscheinenden Falle, in welchem eine Teilung durch das Los nicht erzwungen werden könnte, eine Verteilung durch das Los vereinbaren, auch dann, wenn es sich nicht um gleichartige teilbare Gegenstände handelt. Es können also auch ungleichartige Anteile an der Erbschaft, ungleichartige Gegenstände oder Anteile an solchen verlost werden. Es kann also der Rücklaß in einzelne Partien geteilt werden, z. B. ein Los ist gebildet aus den vorhandenen Schmucksachen, ein anderes Los aus Wohnungseinrichtungsgegenständen 2c.

b) Es muß ein Beteiligter im Losziehungstermine ausgeblieben sein.

Ohne Bedeutung ist es, aus welchem Grunde der Beteiligte dem Termine fern geblieben ist. Zu dem Termine müssen die Beteiligten ordnungsmäßig geladen worden sein, oder es muß die Verkündung des Losziehungstermines gemäß § 90 Abs. 2 FGG., wenn auch vielleicht in Abwesenheit des einen oder anderen Beteiligten, erfolgt sein. Siehe Birkenbihl S. 315, Schneider S. 159, Keidel S. 96 f.

c) Es darf nicht ein Anderes, als in § 94 vorgesehen, bestimmt sein.

Ist der Beteiligte im Termine nicht erschienen, so wird das Los für diesen durch einen gerichtlich zu bestellenden Vertreter gezogen, sofern hiefür nicht in anderer Weise durch Vereinbarung der Beteiligten vorgesorgt ist. Eine solche die Anwendbarkeit des § 94 ausschließende Vereinbarung liegt vor, wenn z. B. vereinbart ist, daß für einen im Ziehungstermine nicht erscheinenden Beteiligten ein bestimmter oder durchs Los erst zu bestimmender Dritter das Los ziehen solle. Erscheint dann in diesem Falle der Dritte im Termine nicht, weigert er sich, die Losziehung vorzunehmen — eine Ausübung eines Zwanges zur Losziehung auf den damit bedachten Dritten besteht ebensowenig wie für die Annahme des Amtes bei gerichtlicher Bestellung; so auch Fuchs S. 258, a. M. Schultze-Görlitz S. 194, welcher gegen den die Losziehung Weigernden mit Zwangsvollstreckung vorgehen will — oder ist die Losziehung durch ihn überhaupt unmöglich geworden (z. B. Tod), so kann nicht der Richter subsidiär an Stelle des zur Ziehung Berufenen einen Vertreter gemäß § 94 bestellen. In diesem Falle muß dann zur anderweitigen Regelung, zur Ergänzung oder Abänderung der getroffenen nicht durchführbaren Vereinbarungen eine neue Vereinbarung getroffen werden. Wird diese im Losziehungstermine getroffen, ohne daß sämtliche Beteiligte erschienen sind, so sind selbstverständlich die nicht Erschienenen erst daran gebunden, wenn sie nachträglich zugestimmt haben oder im Wege des Versäumnisverfahrens für zustimmend gelten. Vorher darf die Losziehung nicht vorgenommen werden. Siehe auch Birkenbihl S. 316, Dorner S. 401, Schneider S. 159, Fuchs S. 258.

Dorner S. 401, Fuchs S. 258 schließen die Anwendbarkeit des § 94 in dem Falle aus, daß nicht die Nummern der gebildeten Lose, sondern die Namen der Beteiligten gezogen werden sollen, da es sich nicht um Ziehung von Losen für die Beteiligten, sondern um Ziehung der Namen der Beteiligten für die einzelnen aufzurufenden Losnummern handle. Dem entgegen kann nicht eingesehen werden, warum in diesem Falle nicht der einzelne Beteiligte in gleicher Weise ziehen könnte, wie sonst, wenn er auch in dem Momente des Ziehens nicht weiß, ob er für sich oder für einen anderen Beteiligten durch seine Losziehung das Los bestimmt. In dem Ausdrucke, „für die nicht erschienenen Beteiligten" soll nur dem Ausdruck gegeben sein, daß ein anderer die Tätigkeit des nicht erschienenen Beteiligten übernehmen soll.

Bei der Vereinbarung, wie die Losziehung vor sich gehen und wer sie vornehmen soll, ob jeder einzelne für sich selbst oder einer für alle, ferner wer für den nicht erscheinenden Beteiligten ziehen soll, wird zweckmäßigerweise auch eine Bestimmung über die Reihenfolge der vorzunehmenden Losziehung aufgenommen, sei es daß sie genau festgestellt oder dem Ermessen des Gerichts überlassen wird. Ist eine solche Vereinbarung nicht getroffen worden, so muß man mit Dorner S. 402, Fuchs S. 259 im Sinne der die Zuteilung durch das Los überhaupt betreffenden Abrede es für statthaft erklären, daß in dem Losziehungstermine, wenn nicht alle Beteiligten anwesend sind, oder wenn diese sich über die Reihenfolge nicht einigen, durch das Los zunächst die Reihenfolge bestimmt werde, in welcher die Lose zu ziehen sind. A. M. Rausnitz S. 375, welcher mangels einer solchen näheren Abmachung über die Losziehung zur Ergänzung der Abmachung eintretenden Falls von neuem Verfahren gemäß § 91 bzw. § 93 FGG. (je nachdem eine solche Vereinbarung bei dem die Verlosung bestimmenden vorbereitenden Maßregeln oder bei der definitiven Auseinandersetzung getroffen wurde) zuläßt. Wenn dann die notwendigen Ergänzungen an dem Widerspruche eines Beteiligten scheitern, so sei damit, soweit die Verlosung in Betracht komme, das Auseinandersetzungsverfahren überhaupt gescheitert. Schultze-Görlitz S. 195 läßt das Gericht, welches die Vornahme der Verlosung zu leiten hat, mangels besonderer Vereinbarung die Reihenfolge des Losziehens bestimmen.

Bemerkt sei noch, daß die Verlosung bei Einigkeit der sämtlichen Beteiligten auch ohne Mitwirkung des Gerichts erfolgen kann. In diesem Falle genügt dann eine Mitteilung an das Gericht, welches wegen des von ihm anzufertigenden Auseinandersetzungsplanes über die erfolgte Verlosung und das Ergebnis derselben in Kenntnis gesetzt werden muß.

Mit Rücksicht auf die mannigfaltigen, die vereinbarte Losziehung in Frage stellenden Möglichkeiten wird sich bei einer solchen Vereinbarung immer eine Abmachung empfehlen, welche für verschiedene Fälle vorsorgt.

3. Nicht erschienener Beteiligter.

Der Beteiligte oder dessen Vertreter (s. § 91 Anm. 5) muß im Termine ausgeblieben sein.

Unter Beteiligten im Sinne des § 94 sind nur solche Beteiligte zu verstehen, für welche eine Losteilung vereinbart ist; denn es kann eine Verteilung durchs Los recht wohl nur für einen Kreis von Beteiligten vereinbart werden, während bezüglich der übrigen Beteiligten eine Abfindung in anderer Weise abgemacht ist.

4. Vom Gerichte bestellte Vertreter.

Liegen die Voraussetzungen für die Losziehung vor, ist nicht ein Anderes bestimmt und der Beteiligte im Losziehungstermine ausgeblieben, so bestellt das Gericht einen Vertreter, welcher für den nicht erschienenen Beteiligten das Los zu ziehen hat. „Auf diese Weise werden die Weiterungen vermieden, die mit einer Zwangsvollstreckung behufs Herbeiführung der Losziehung verbunden sein würden.“ Denkschr. z. FGG. S. 64. Um die Losbildung handelt es sich hier nicht, sondern nur um die Losziehung. Es muß deshalb auch die Losbildung schon vorausgegangen und den sämtlichen Beteiligten gegenüber rechtskräftig geworden sein. Wen das Gericht bestellen will, liegt in seinem Ermessen; es kann irgend eine Persönlichkeit, auch einen Beteiligten als Vertreter des nicht erschienenen Beteiligten bestellen. Jedenfalls wird das Gericht sich aber darüber vergewissern, ob der bestellte Vertreter auch zur Losziehung sich bereit findet und dazu in der Lage ist.

Für mehrere nicht erschienene Beteiligte kann je ein besonderer Vertreter oder auch nur ein einziger Vertreter bestellt werden.

5. Zeitpunkt der Bestellung.

Die Vertreterbestellung wird in der Regel vor der Anfertigung des Auseinandersetzungsplanes erfolgen, kann aber auch nach der Anfertigung geschehen; denn es ist nicht ersichtlich, „weshalb unter allen Umständen die Ziehung vor der Fertigung des Planes statthaben muß“, Komm.Ber. z. FGG. S. 51. Es war in § 90 des Entwurfs (§ 94 des Gesetzes) bestimmt, daß im Falle einer Vereinbarung, wonach eine Zuteilung durch das Los geschehen solle, das Los, soferne nicht ein Anderes bestimmt sei, „vor der Anfertigung des Auseinandersetzungsplanes“ für die nicht erschienenen Beteiligten gezogen werden solle. Die Worte wurden auf Antrag gestrichen, nachdem ein Bundesratsvertreter bemerkt hatte, daß Bedenken gegen die Streichung nicht bestünden.

Die Bestellung selbst erfolgt in dem Termine, welcher zur Verlosung bestimmt ist. Inwieweit sich dieser Termin eventuell mit einem die definitive Auseinandersetzung betreffenden Termine verbinden läßt, ist Frage des einzelnen Falles. Es kann auch unter Umständen für die Bestellung ein besonderer Termin anberaumt werden. (Siehe auch § 13 Abs. 2 elsaß-lothringisches Teilungsgesetz, § 14 Abs. 2 rheinpreußisches Teilungsgesetz.) Siehe Birkenbihl S. 316.

6. Rechtsstellung des Vertreters.

Das Amt des Vertreters besteht nur in der Tätigkeit des Losziehens; der Vertreter ist also zur Abgabe von Erklärungen, auch hinsichtlich der Losziehung, nicht berufen. Er ist Vertreter kraft Gesetzes (Schneider S. 159, Fuchs S. 258), nicht, wie Birkenbihl S. 317 annimmt, gesetzlicher Vertreter, da es sich ja nicht um eine Vertretung eines geschäftsunfähigen oder in der Geschäftsfähigkeit Beschränkten handelt. Analoge Fälle finden sich in der CPO. §§ 58, 494 Abs. 2, 779 Abs. 2, 787.

Die Losziehung des Vertreters für den nicht erschienenen Beteiligten bindet letzteren, er kann dieselbe auch nicht bemängeln, indem er aus dessen Verhalten bei der Losziehung Einwendungen gegen diese vorbringt, sofern dieses Verhalten nicht wegen Betrugs anfechtbar ist. Gegen die Person des vom Gerichte bestellten Vertreters können Einwendungen überhaupt nicht gemacht werden.

7. Rechtswirksamkeit der Bestellung.

In der Regel wird die Bekanntmachung der Bestellung gemäß § 16 Abs. 3 durch Verkündung im Losziehungstermine oder in einem besonders hiezu anberaumten Termine erfolgen.

Wirksam wird die Bestellung mit der Bekanntmachung an den Vertreter (§ 16 Abs. 1 FGG.). Nach stattgefundener Losziehung durch den Vertreter kann die Bestellung nicht mehr geändert werden. (Siehe hiezu auch § 18 Abs. 1 FGG.) § 32 FGG. findet, da es sich um ein Rechtsgeschäft handelt, Anwendung. Siehe Rausnitz S. 375, Schultze-Görlitz S. 194, Dorner S. 401.

8. Beschwerde.

Hat der Vertreter z. B. durch betrügerische Handlungen, indem er mit den übrigen Beteiligten zum Schaden des von ihm Vertretenen gehandelt hat, dessen Rechte verletzt, so ist Beschwerde zulässig. Rausnitz S. 375, Schultze-Görlitz S. 194.

9. Zuständigkeit.

Was im Falle des § 94 für das Gericht gilt, trifft gemäß Art. 6 Nachl.G. auch für den die Auseinandersetzung vermittelnden Notar zu.

§ 95 FGG.

Ergeben sich bei den Verhandlungen Streitpunkte, so ist ein Protokoll darüber aufzunehmen und das Verfahren bis zur Erledigung der Streitpunkte auszusetzen. Soweit bezüglich der unstreitigen Punkte die Aufnahme einer Urkunde ausführbar ist, hat das Gericht nach den §§ 91, 93 zu verfahren.

1. Inhalt des § 95.

Streitpunkte.

Durch § 95 ist deutlich zum Ausdrucke gebracht, daß das Nachlaßgericht nur die Vermittelung zu betätigen hat und nicht Prozeßgericht ist, weshalb auch Streitpunkte von ihm nicht zu entscheiden sind. Siehe auch rheinpreußisches Teilungsgesetz §§ 15, 16 Abs. 2, elsaß-lothring. Teilungsgesetz §§ 14, 15 Abs. 2.

2. Allgemeines.

Die Einführung der gerichtlichen Vermittelung der Auseinandersetzung verfolgt in der Hauptsache den Zweck, hiedurch Erbschaftsprozesse, welche in Nachlaßsachen leicht entstehen können, möglichst hintanzuhalten; so ist nichts mehr geeignet, Meinungsverschiedenheiten unter den einzelnen Interessenten hervorzubringen als gerade die Teilung eines Nachlasses, dessen Umfang und Wert erst festgestellt werden muß, was oft nicht einfach ist und wobei auch nicht so leicht eine Einigung unter den Beteiligten zu erreichen ist.

Solche Streitpunkte werden betreffen können: die Verpflichtung eines Beteiligten zur Herausgabe von Nachlaßgegenständen (zur Besichtigung, Schätzung, zum Verkaufe); die Art der Teilung der Nachlaßmasse bzw. der Nachlaßgegenstände (ob Teilung in Natur, ob Verkauf); das Erbrecht des einzelnen Erben (z. B. bei Erbeseinsetzung auf Grund Testament, dessen Fassung zu Zweifeln Anlaß geben kann); die Nachlaßmasse selbst (z. B. fraglich, ob einzelne Gegenstände zum Nachlasse gehören); die Ausgleichungspflichten (ob solche überhaupt, und wenn dies der Fall, in welchem Umfange sie bestehen) 2c.

Weiter ist zu beachten, daß die Erörterung von Streitpunkten in manchen Fällen nicht auf das sachliche Gebiet beschränkt bleibt, insbesondere bei bereits vorhandenen persönlichen Gegensätzen der Beteiligten; und so ist gerade in Nachlaßsachen dem Prozesse Tür und Tor geöffnet.

Solche auftauchende Streitpunkte glaubte man am besten aus der Welt schaffen zu können durch ein Verfahren, das die Ausgleichung von Gegensätzen dadurch ermöglicht, daß dem Richter als Amtspflicht auferlegt wird, soviel in seinen Kräften steht, darauf hinzuwirken, bestehende Differenzen auszugleichen; der Richter wird also insbesondere die betreffenden Beteiligten auf das Unbillige ihrer Ansprüche hinweisen, Rechtsbelehrungen erteilen, um so auftauchende Gegensätze von vornherein zu lösen: insbesondere wird er auch durch die Leitung der Verhandlung in der Lage sein, unter den Erben bestehende persönliche Gegensätze einzudämmen.

Scheitern alle Bemühungen des Richters, gelingt ihm die Beseitigung der Streitpunkte durchaus nicht, dann tritt § 95 in seine Rechte. Selbstverständlich ist es, daß der Richter bei Auftauchen von Streitpunkten nicht sofort das Verfahren auszusetzen, sondern vorerst auf Beilegung der Streitpunkte hinzuwirken hat. Der Richter hat ferner festzustellen, ob noch weitere Streitpunkte außer den bereits bekannten vorhanden sind, um sodann sämtliche vorhandenen Differenzen protokollarisch festzustellen; eine solche umfassende Feststellung trägt auch zur Vereinfachung eines nachfolgenden Prozesses bei; im übrigen zeigt sich auch nur dadurch, ob nicht doch irgendwelche unstreitige Punkte vorhanden sind, bezüglich deren die Teilauseinandersetzung gepflogen werden kann.

Streitpunkte können in jedem Stadium des Verfahrens, also sowohl beim vorbereitenden als auch beim Auseinandersetzungsverfahren auftauchen; sofern deren Beseitigung nicht gelingt, wird dann das Verfahren in dem jeweiligen Stadium bereits zum Stillstand gebracht. Ergibt sich z. B., daß die Auseinandersetzung aus einem der in den §§ 2043—2045 des BGB. bezeichneten Gründe oder infolge einer Vereinbarung der Beteiligten (§ 2042 Abs. 2 des BGB.) ausgeschlossen ist, so ist das Verfahren einzustellen oder bis zur Hebung des Hindernisses auszusetzen. § 118 Abs. 4 Nachl.O.

3. Verfahren.

Lassen sich Streitpunkte, die sich bei den Verhandlungen ergeben haben — ein schon vor Eröffnung des beantragten Verfahrens geltend gemachter Widerspruch eines Beteiligten gegen das Verfahren hindert überhaupt dessen Eröffnung —, nicht durch die vermittelnde Tätigkeit des Richters beseitigen, so obliegt diesem die Pflicht, dies zu Protokoll festzustellen. Über die Berechtigung des Widerspruchs ist vom Nachlaßrichter nicht zu entscheiden. Dieser hat auch nicht das Recht, solche Streitpunkte durch Beweiserhebungen aufzuklären; soweit wirkt § 12 FGG. nicht. Diese Aufklärung ist vielmehr dem Prozeßwege vorbehalten.

Das Protokoll unterliegt nicht den Vorschriften des zehnten Abschnitts; denn es findet in diesem Falle nicht die Beurkundung eines Rechtsgeschäftes statt. Sind aber in das Protokoll außer der Feststellung der Streitpunkte rechtsgeschäftliche Erklärungen von Beteiligten aufgenommen, so unterliegt das Protokoll den hiefür bestimmten Formen, siehe § 91 Anm. 9. Vgl. auch Weißler S. 139, Birkenbihl S. 317, Dronke S. 89, Rausnitz S. 376, Schultze-Görlitz S. 195; a. M. Dorner S. 403, Fuchs S. 259, welche bei Aufnahme des Protokolls über die Streitpunkte die Vorschriften der §§ 176, 177 FGG. beobachtet wissen wollen.

Die zu protokollierenden Streitpunkte sind möglichst vollständig und genau, also auch mit den etwa vorgebrachten Gründen, anzugeben, um so eine Unterlage für den zu erwartenden nachfolgenden Prozeß zu gewinnen. Eine nachfolgende Klage muß aber nicht auf das Protokoll gestützt werden; ein Auseinandersetzungsverfahren bzw. ein Versuch zur Auseinandersetzung braucht der Klagestellung überhaupt nicht vorangehen.

Da dem Protokolle nicht dieselbe präkludierende Wirkung zukommt wie im vorbereitenden Verfahren der CPO. §§ 348—354 dem Protokolle des beauftragten Richters (so auch Dorner S. 403, Dronke S. 88, Birkenbihl S. 318), so können auch im Prozeß noch neue Streitpunkte, neue Gründe und Tatsachen bezüglich der bisherigen Streitpunkte mit Rechtswirkung vorgebracht werden. (Bereits abgegebene rechtsgeschäftliche Erklärungen, z. B. Anerkenntnisse können aber bindende Wirkung äußern.) Das Protokoll des § 95 schafft also kein Präjudiz.

4. Erledigung der Streitpunkte.

Die Erledigung der Streitpunkte erfolgt entweder nachträglich noch in gütlicher Weise (z. B. die Erbbeteiligten erwerben von dem widerstreitenden Beteiligten dessen Erbteil, um dem Streite auszuweichen, oder der Widerstreitende unterwirft sich der Entscheidung eines von den Beteiligten gewählten Schiedsgerichts, welches selbstverständlich ohne Zwangsbefugnis ist) oder im Prozeßwege gemäß den Vorschriften der CPO.

Es ist Sache der Beteiligten, ob sie die Auseinandersetzung überhaupt weiter auf sich beruhen lassen, ob und wann sie den Prozeßweg beschreiten wollen; hiefür hat das Gesetz irgend welche Vorschriften nicht geschaffen. Es besteht also keine gesetzliche und auch keine richterlich zu bestimmende Frist für Anhängigmachung eines Rechtsstreites; es kann auch die Anhängigmachung eines solchen vom Nachlaßgerichte nicht verlangt werden.

5. Aussetzen des Verfahrens.

Bis zur Erledigung der Streitpunkte ist das Verfahren auszusetzen:

a) ganz, wenn überhaupt keine Einigung besteht oder wenn die vorliegenden Streitpunkte für das ganze Verfahren präjudiziell sind. „Ergeben sich bei den Verhandlungen Streitpunkte und ist deren Beseitigung nicht zu erreichen, so nimmt das Gericht ein Protokoll darüber auf und setzt das Verfahren aus; die Streitpunkte sind alsdann im Prozeßwege" (sofern sie nicht nachträglich in gütlicher Weise sich ordnen lassen) „nach den Vorschriften der CPO. zu erledigen." Denkschr. z. FGG. S. 62.

b) teilweise, wenn die bestehenden Streitpunkte sich nicht auf das ganze Verfahren erstrecken und bezüglich der unstreitigen Punkte (z. B. Art der Teilung) eine Vereinbarung möglich ist.

Solche Teilvereinbarungen über unstrittige Punkte sind ebenso zu behandeln wie die sonstigen Vereinbarungen, sind also auch zu beurkunden und zu bestätigen, unterliegen der Rechtskraft, es kann hieraus vollstreckt werden, ohne daß die strittigen Punkte, bezüglich deren das Verfahren ausgesetzt worden ist, bereits zum Austrag gebracht sind. Es hängt also im allgemeinen die Durchführbarkeit solcher Teilvereinbarungen nicht von der Erledigung der streitig gebliebenen Punkte ab; s. auch Schultze-Görlitz S. 196, Schneider S. 160, Birkenbihl S. 318.

Es kann auch vorkommen, daß nicht nur bezüglich eines Teiles des Nachlasses eine Auseinandersetzung möglich ist, sondern daß auch für einen Teil der Beteiligten die Auseinandersetzungsmöglichkeit besteht, indem ihnen z. B. am Barrücklasse auf jeden Fall ein gewisser Betrag zusteht, während nur Streit bezüglich des verbleibenden Restbetrages besteht. Schultze-Görlitz S. 196 führt folgendes Beispiel an:

„Wenn bei einer ermittelten Erbmasse von 100 000 Mk. und dem Vorhandensein von 4 gleichberechtigten Erben Streit besteht, ob einer derselben noch 10 000 Mk. in die Erbmasse einzuwerfen hat, würde die Teilung der 100 000 Mk. zu 4 gleichen Teilen geschehen, und die Nachverteilung der 10 000 Mk. von dem Ausfalle des anzustrengenden Prozesses abhängig gemacht werden können; oder es könnten, wenn der kollationspflichtige Erbe nicht sicher genug ist, jedem der drei anderen Erben 25 000 Mk. und dem Kollationspflichtigen 17 500 Mk. definitiv zugewiesen werden, der Rest aber zur Nachverteilung offen bleiben. Sind mehrere Erbstränge vorhanden und bezieht sich der Streit nur auf die Unterverteilung der bei einem Erbstrange interessierten Personen, so wird darauf hinzuwirken sein, daß die Regulierung in Bezug auf die übrigen Erbstränge abgeschlossen und nur hinsichtlich des einen Erbstranges ausgesetzt wird."

Wenn für einen Teil der Beteiligten die Auseinandersetzungsmöglichkeit besteht, so ist dies nicht so aufzufassen, als ob dieser Kreis der Beteiligten mit Umgehung der übrigen Beteiligten eine solche Vereinbarung abschließen und durchführen könnte; denn auch solche Teilvereinbarungen bedürfen zu ihrer Durchführbarkeit der Zustimmung der sämtlichen Beteiligten, welche eventuell im Wege des Versäumnisverfahrens zu erholen ist. Es muß also bezüglich der Abmachungen über unstreitige Punkte sowie auch bezüglich der Abmachungen, welche für einen Teil der Beteiligten getroffen werden, das gleiche Verfahren eingehalten werden wie bezüglich der sonstigen Vereinbarungen. Teilabmachungen, welche für einen Kreis von Beteiligten bestimmt sind, können im übrigen recht wohl durch Übereinstimmung sämtlicher Beteiligter entstehen, da der bezüglich anderer Punkte widerstreitende Beteiligte an einer solchen ihn nicht berührenden Teilvereinbarung kein entgegengesetztes Interesse hat; siehe hiezu auch Rausnitz S. 376.

Dann, wenn sich über unstreitige Punkte zwar Vereinbarungen erzielen lassen, solche aber ziemlich unwichtig sind, oder wenn im Verhältnisse zum ganzen Nachlasse dieses getrennte Verfahren unverhältnismäßige Kosten verursachen würde, wird wohl auch bezüglich dieser Punkte das Verfahren bis zur Erledigung der Streitpunkte ausgesetzt werden können. Schultze-Görlitz S. 196.

Daß das Verfahren ausgesetzt worden ist, wird den im Termine nicht erschienenen Beteiligten nicht durch besondere Bekanntmachung mitgeteilt, da eine Mitteilungspflicht nicht besteht. Ist das Verfahren nur teilweise ausgesetzt worden, so werden die nicht erschienenen Beteiligten hievon in der Regel Kenntnis erhalten, weil ihnen die Bekanntmachung gemäß §§ 91 Abs. 3, 93 Abs. 2 bezüglich der Abmachungen über die unstreitigen Punkte zugeht und darin wohl die Aussetzung des Verfahrens bezüglich der streitigen Punkte erwähnt sein wird.

6. Fortsetzung des Verfahrens.

Sobald die Streitpunkte in gütlicher Weise oder im Prozeßwege erledigt sind, hat das Gericht von Amts wegen (ein Antrag braucht nicht abgewartet werden, siehe hiezu aber § 118 Abs. 5 Nachl.O.) das Teilungsverfahren wieder aufzunehmen, neuen Termin zu bestimmen, hiezu die Beteiligten zu laden und die Verhandlung mit ihnen unter Berücksichtigung der nunmehr erledigten Streitpunkte fortzusetzen. Es ist dies nur als Fortsetzung der Verhandlung im Sinne des § 90 Abs. 2 zu betrachten, weshalb eine Ladungsfrist nicht eingehalten werden braucht und die Ladung auch nicht den strengen Formen des § 16 Abs. 2 Satz 1 FGG. unterliegt. Damit das Gericht die ihm obliegende Weiterführung des Verfahrens betätigen kann, wird es sich von Zeit zu Zeit von den Beteiligten Mitteilung machen lassen, ob der Rechtsstreit begonnen bzw. beendigt ist. Das Gericht wird auch beim Prozeßgerichte entsprechende Anfragen stellen können; so auch Rausnitz S. 376.

Wenn die Beteiligten die Sache nicht weiter betreiben, insbesondere also auch nicht im Prozeßwege vorgehen oder den begonnenen Prozeß nicht fortsetzen, so ruht das Verfahren und bleibt in demselben Stadium stehen, in welchem die Aussetzung erfolgt ist. Es kann nicht als richtig erachtet werden, daß in einem solchen Falle, wie Rausnitz S. 176, Schultze-Görlitz S. 195 ausführen, anzunehmen sei, daß die Nachlaßregulierung nicht mehr gewollt werde, das Verlangen der Vermittelung der Auseinandersetzung zurückgenommen und das Verfahren beendigt sei. Für diese Auffassung findet sich nirgends ein gesetzlicher Anhaltspunkt, da ein Zeitpunkt, innerhalb dessen die Erledigung der Streitpunkte in Angriff genommen werden muß, nicht festgelegt ist.

7. Zuständigkeit des Notars.

Ist der Notar zur Auseinandersetzung berufen, so findet auf ihn das Gleiche Anwendung wie auf den Nachlaßrichter. Gemäß § 123 Abs. 1 Satz 2 Nachl.O. hat der Notar dann, wenn das Verfahren vor ihm endigt, weil es für beruhend erklärt oder eingestellt wird, die Akten dem Nachlaßgerichte mit einer eventuellen Teilauseinandersetzungsurkunde — die Rechtskraft des bezüglichen Bestätigungsbeschlusses muß aber abgewartet werden — in Urschrift zu übersenden. Siehe auch § 257b Abs. 3 Gesch.O. f. d. Not. in der neuen Fassung.

§ 96 FGG.

Gegen den Beschluss, durch welchen eine vorgängige Vereinbarung oder eine Auseinandersetzung bestätigt, sowie gegen den Beschluss, durch welchen über den Antrag auf Wiedereinsetzung in den vorigen Stand entschieden wird, findet die sofortige Beschwerde statt. Die Beschwerde gegen den Bestätigungsbeschluss kann nur darauf gegründet werden, dass die Vorschriften über das Verfahren nicht beobachtet seien.

1. Inhalt des § 96.

Rechtsmittel.

2. Allgemeines.

Das Beschwerdeverfahren des FGG. ist geordnet in den §§ 19—30; die Regelung ist in Anlehnung an die bezüglichen Vorschriften der CPO. erfolgt.

Den Bestimmungen des Gesetzes unterliegen „nur die Beschwerden gegen sachliche Anordnungen des Gerichts. Für Beschwerden, welche die Justizverwaltung, insbesondere die Art des Geschäftsbetriebs betreffen, bleibt auf dem Gebiete der freiwilligen Gerichtsbarkeit ebenso wie auf dem Gebiete der streitigen Rechtspflege das Landesrecht maßgebend." Denkschr. z. FGG. S. 38 f.

Darnach ist der Beschwerdeumfang auf die sachlichen Anordnungen des Gerichts beschränkt, und diese sind als Verfügungen im technischen Sinne zu betrachten, während die Dienstaufsichtsbeschwerde mit der Beschwerde des Gesetzes über die Angelegenheiten der freiwilligen Gerichtsbarkeit nichts zu tun hat. Für die Frage, ob eine sachliche Anordnung des Gerichts vorliegt, ist es irrelevant, ob die Verfügung (das Gesetz spricht von „Verfügungen, Entscheidungen, Beschlüssen, Anordnungen", ohne eine strenge Scheidung vorzunehmen) materiellrechtlicher oder prozessualer Natur ist. Birkenbihl S. 68.

Die Beschwerden scheiden sich in einfache, sofortige, weitere und sofortige weitere Beschwerden.

3. Einfache Beschwerde.

Gegen die Verfügungen des Nachlaßgerichts besteht im allgemeinen das Rechtsmittel der einfachen Beschwerde (§ 19 FGG.).

Über die Berechtigung der Beschwerdeerhebung, die Form der Einlegung, das Beschwerdegericht siehe §§ 19 ff. FGG. Die Einlegung der einfachen Beschwerde ist an Einhaltung einer Frist nicht gebunden; sie kann aber mit Erfolg nicht mehr eingelegt werden, wenn bereits ein rechtskräftiger Bestätigungsbeschluß vorliegt, welcher durch die Änderung einer vorausgegangenen nunmehr angefochtenen Verfügung abgeändert werden müßte. Siehe Keidel S. 97, Schneider S. 161, Birkenbihl S. 319, Fuchs S. 271, Schultze-Görlitz S. 196.

4. Sofortige Beschwerde.

Von der allgemeinen Regel schafft § 96 eine Ausnahme, indem er das Rechtsmittel der *sofortigen Beschwerde* (§ 22 FGG.) zuläßt

a) gegen den Beschluß, durch welchen über den Antrag auf Wiedereinsetzung in den vorigen Stand *entschieden* wird, sei es daß dieser Antrag zugelassen oder zurückgewiesen ist;

b) gegen den Beschluß, durch welchen eine vorgängige Vereinbarung oder eine Auseinandersetzung (auch § 95 Satz 2 FGG. ist einschlägig) *bestätigt* wird; nur muß in diesem Falle die Beschwerde darauf gegründet werden, daß *die Vorschriften über das Verfahren nicht beobachtet sind*. (Es kann also die sofortige Beschwerde gegen den Bestätigungsbeschluß nicht darauf gestützt werden, daß materiellrechtliche Teilungsvorschriften verletzt oder nicht angewendet sind.)

Wird die Bestätigung vorgängiger Vereinbarungen bzw. der Auseinandersetzung versagt, so ist in diesem Falle wie auch in den übrigen von § 96 nicht getroffenen Fällen nur das Rechtsmittel der einfachen Beschwerde gegeben.

Das besondere Merkmal der sofortigen Beschwerde, welche sich als eine Unterart der Beschwerde darstellt, ist, daß sie an eine Notfrist von zwei Wochen gebunden ist. Sie kann weder vom Gericht noch von den Beteiligten abgekürzt oder verlängert werden; sie berechnet sich nach § 17 FGG. (nicht mitgerechnet wird der Tag, an dem die Zustellung erfolgt ist; die Frist endigt mit dem Ablaufe desjenigen Tages der zweiten Woche, welcher durch seine Benennung dem Tage entspricht, an dem der Beschluß zugestellt wurde, §§ 187 Abs. 1 und 188 Abs. 2 BGB.); sie beginnt für jeden, dem die Beschwerde zusteht, mit dem Zeitpunkte, an welchem ihm der Beschluß bekannt gemacht worden ist (Denkschr. z. FGG. S. 39).

Die Bekanntmachung der Bestätigungsbeschlüsse oder des den Wiedereinsetzungsantrag verbescheidenden Beschlusses erfolgt entweder durch Zustellung nach den Vorschriften der §§ 208—213 CPO. (§ 16 Abs. 2 Satz 1 FGG.) oder durch Verkündung zu Protokoll gemäß § 16 Abs. 3; in letzterem Falle kann dem zur Verkündung Erschienenen auf Verlangen eine Abschrift erteilt werden; über die Frage, ob die vom Gerichte verursachte Verzögerung der Abschriftserteilung zum Antrag auf Wiedereinsetzung in den vorigen Stand berechtigt, siehe § 92 Anm. 4 b α. Auf den Lauf der Frist ist eine solche Verzögerung jedenfalls ohne Einfluß. Birkenbihl S. 89, Schultze-Görlitz S. 62, Fuchs S. 84.

Eine Eigentümlichkeit der sofortigen Beschwerde ist es, daß das Gericht zu der Änderung einer von ihm erlassenen Verfügung, die der sofortigen Beschwerde unterliegt, nicht mehr befugt ist (§ 18 Abs. 2 FGG.), während es eine der einfachen Beschwerde unterliegende von ihm erlassene, nachträglich für ungerechtfertigt erachtete Verfügung noch ändern kann (§ 18 Abs. 1); soweit eine Verfügung nur auf Antrag erlassen werden kann und der Antrag zurückgewiesen worden ist, ist im letzteren Falle eine Abänderung nur auf Antrag zulässig.

Eine mit der weiteren Beschwerde angefochtene Verfügung kann weder vom Gerichte erster Instanz noch vom Landgerichte abgeändert werden (§ 29 Abs. 3 FGG.).

Da die Beschlüsse des § 96 den sämtlichen Beteiligten bekannt zu machen sind, ferner die Frist für jeden der Beteiligten mit dem Zeitpunkte der Bekanntmachung an ihn zu laufen beginnt, ergibt sich die Möglichkeit, daß die zweiwöchige Beschwerdefrist für die verschiedenen Beteiligten zu verschiedenen Zeiten abläuft und hiedurch also die Rechtskraft der Beschlüsse für jeden Einzelnen zu verschiedenen Zeiten eintritt. In diesem Falle kann die Wirksamkeit der Beschlüsse erst dann eintreten, bzw. kann von der Rechtskraft derselben erst dann gesprochen werden, wenn die Beschlüsse für alle Beteiligten rechtskräftig geworden sind. (Siehe auch Rausnitz S. 156, Schneider S. 44, Fuchs S. 90, Schultze-Görlitz S. 63, Weißler S. 66.) Ist z. B. der Bestätigungsbeschluß der §§ 91, 93 für die Mehrzahl der Beteiligten schon rechtskräftig geworden, während für einzelne Beteiligte die zweiwöchige Beschwerdefrist noch läuft, und legt einer der letzteren die sofortige Beschwerde ein, auf Grund deren die Bestätigung dann aufgehoben wird, so wirkt dies auch auf die übrigen Beteiligten und ihre Rechte ein; denn die Bestätigung wird auch ihnen gegenüber, obwohl sie die Frist versäumt haben, aufgehoben.

Bezüglich Einlegung der Beschwerde siehe § 21 FGG. Wird die sofortige Beschwerde nicht zum Protokoll des Gerichtsschreibers des Nachlaßgerichts oder des Beschwerdegerichts, sondern eines anderen Gerichts eingelegt, so muß das als Beschwerdeschrift (§ 21 Abs. 2) sich darstellende Protokoll des Gerichtsschreibers des anderen Gerichts bei einem der vorbezeichneten Gerichte vor Ablauf der Frist einlaufen, widrigenfalls die sofortige Beschwerde nicht als rechtzeitig eingelegt gilt.

Ist sofortige Beschwerde eingelegt, so kann das Beschwerdegericht gemäß dem bestehenden Offizialbetriebe auch ohne Antrag die erforderlichen Ermittelungen von Amts wegen veranstalten (§ 12 FGG.).

Zulässig ist, die sofortige Beschwerde gegen die Beschlüsse des § 96 schon vor Bekanntmachung derselben einzulegen.

Gegen Ablauf der Beschwerdefrist ist bei unverschuldeter Versäumung der Frist die Wiedereinsetzung in den vorigen Stand auf Antrag zu erteilen. Siehe § 22 Abs. 2 FGG.

Über die Wirkung und den Eintritt der Wirksamkeit der Beschwerde siehe §§ 24, 26 FGG.

5. Weitere und sofortige weitere Beschwerde.

Gegen die Entscheidung des Beschwerdegerichts ist nach §§ 27, 29 FGG. bei der einfachen Beschwerde das Rechtsmittel der weiteren Beschwerde, bei der sofortigen Beschwerde das Rechtsmittel der sofortigen weiteren Beschwerde zulässig, wenn die Entscheidung auf einer Verletzung des Gesetzes beruht; die Zulässigkeit der weiteren Beschwerde ist also durch eine bestimmte Beschwerdesumme wie in der Civilprozeßordnung bei der Revision (§ 546) nicht bedingt.

Die Frist der sofortigen weiteren Beschwerde beträgt zwei Wochen. Siehe im übrigen §§ 27 ff. FGG.; Art. 64 b. AG. z. CPO., welcher eine Frist von einem Monat vorgesehen hatte, ist durch Art. 166 Ziff. 16 AG. z. BGB. aufgehoben.

Die zu einem Gerichtsschreiberprotokoll oder zum Richterprotokoll eines anderen Gerichts als der im § 29 Abs. 1 FGG. genannten Gerichte eingelegte Beschwerde gilt auch dann, wenn sie rechtzeitig in den Einlauf eines dieser Gerichte kommt, nicht als richtig eingelegt; denn das Gerichtsschreiberprotokoll, Richterprotokoll könnte in diesem Falle nur als Beschwerdeschrift angesehen werden, eine solche müßte aber gemäß § 29 Abs. 1 von einem Rechtsanwalt unterzeichnet sein; siehe auch Jastrow S. 59, Schneider S. 49.

6. Verletzung von Verfahrensvorschriften.

Materiellrechtliche Verletzungen des Rechtes eines Beteiligten oder Einwendungen gegen die Zweckmäßigkeit der Vereinbarungen gewähren das Rechtsmittel der sofortigen Beschwerde gegen den Bestätigungsbeschluß nicht, wie überhaupt materiellrechtliche Bemängelungen im Beschwerdeverfahren nicht geltend gemacht werden können. Die sofortige Beschwerde gegen den Bestätigungsbeschluß ist vielmehr nur dann gegeben, wenn die Vorschriften über das Verfahren nicht beobachtet sind, sei es daß sie nicht oder nicht richtig angewendet sind. Die Verletzung muß aber wesentliche Verfahrensvorschriften, so insbesondere der §§ 90 Abs. 1 (Ladungsfrist), 89, 91 (Zustellung), 91 Abs. 3, 93 Abs. 2 (Versäumnisfolgen) FGG. betreffen. Auch eine zu kurze Fristbestimmung in den Fällen der §§ 91 Abs. 3, 93 Abs. 2 wird als Verletzung des Verfahrens angesehen werden müssen.

Da gemäß §§ 134, 138 BGB. ein Rechtsgeschäft, das gegen ein gesetzliches Verbot bzw. gegen die guten Sitten verstößt, nichtig ist, so sind auch derartige Vereinbarungen über vorbereitende Maßregeln oder über die Auseinandersetzung nichtig, weshalb dieselben mit einem Rechtsmittel gar nicht angefochten werden brauchen. Ebenso Rausnitz Ztschrft. f. Civ.-Pr. Bd. 25 S. 186, Birkenbihl S. 319, Fuchs S. 272.

7. Berechtigung zur Einlegung der sofortigen Beschwerde.

Zur Einlegung der sofortigen Beschwerde gegen den Bestätigungsbeschluß ist nur ein Beteiligter berechtigt, wenn ihm gegenüber Verfahrensvorschriften verletzt sind; dagegen ist er nicht anfechtungsberechtigt, wenn ihm gegenüber die Vorschriften des Verfahrens eingehalten sind, während einem anderen Beteiligten gegenüber die Verfahrensvorschriften nicht beobachtet sind; denn einerseits kann ein solcher Verletzter ja noch nachträglich ausdrücklich die Vereinbarung genehmigen, andererseits kann er auch die für ihn laufende Beschwerdefrist unbenützt verstreichen lassen. Ebenso Dorner S. 404. Siehe auch Birkenbihl S. 319, Fuchs S. 272. Teilweise a. A. Rausnitz S. 377.

Die Beschwerde wird in der Regel nur von einem im Termine nicht Erschienenen eingelegt werden können, da der im Termine Anwesende den Vereinbarungen zugestimmt haben muß, da sonst das Verfahren nicht bis zur Bestätigung gedeihen könnte.

8. Rechtslage nach aufgehobenem Bestätigungsbeschlusse.

Wird der sofortigen Beschwerde stattgegeben, so erfolgt die Aufhebung des Bestätigungsbeschlusses und zwar in seinem ganzen Umfange; denselben zum Teil aufzuheben, zum Teil bestehen zu lassen, wäre unzulässig. Der Bestätigungsbeschluß kann auch nicht bloß in der Richtung gegen den Beschwerdeführer aufgehoben werden oder gegenüber einem beliebigen Kreise von Beteiligten, sondern derselbe wird aufgehoben in der Richtung gegen alle Beteiligte. Ob den sämtlichen Beteiligten, also auch denjenigen, welche die Beschwerde nicht ergriffen hatten, durch Aufhebung des Bestätigungsbeschlusses die volle Aktionsfreiheit wiedergegeben wird, richtet sich danach, ob eine neue Verhandlung anberaumt werden muß, oder ob nur noch eine nochmalige Prüfung des Verfahrens stattfinden braucht. Im letzteren Falle bleiben die sämtlichen Beteiligten an ihre bisher abgegebenen, durch den Bestätigungsbeschluß festgelegten Vereinbarungen gebunden. Wird dagegen ein neuer Verhandlungstermin anberaumt (zu welchem die sämtlichen Beteiligten zu laden sind, § 90 Abs. 2 FGG.), so wird in demselben die Verhandlung fortgesetzt; die sämtlichen Beteiligten sind an die früheren Vereinbarungen gebunden, sofern diese nicht in dem zu wiederholenden Teile des Verfahrens zustande gekommen sind. Siehe auch Dronke S. 89, Birkenbihl S. 319.

Wieweit mit der Wiederholung des Verfahrens zurückgegangen werden muß, richtet sich im einzelnen Falle nach der Art der Verletzung der Verfahrensvorschriften und auch danach, welche Vorschriften verletzt sind.

§ 97 FGG.

Eine vorgängige Vereinbarung, sowie eine Auseinandersetzung ist nach dem Eintritte der Rechtskraft des Bestätigungsbeschlusses für alle Beteiligten in gleicher Weise verbindlich wie eine vertragsmässige Vereinbarung oder Auseinandersetzung.

Bedarf ein Beteiligter zur Vereinbarung oder zur Auseinandersetzung der Genehmigung des Vormundschaftsgerichts, so ist, wenn er im Inlande keinen Vormund, Pfleger oder Beistand hat, für die Erteilung oder die Verweigerung an Stelle des Vormundschaftsgerichts das Nachlassgericht zuständig.

1. Inhalt des § 97.

Wirkung des Bestätigungsbeschlusses, Genehmigung des Nachlaßgerichts an Stelle des Vormundschaftsgerichts.

2. Rechtliche Bedeutung einer vorgängigen Vereinbarung, einer Auseinandersetzung.

Die Erbengemeinschaft stellt sich als eine Gemeinschaft zur gesamten Hand dar, welche nur durch Übereinstimmung sämtlicher Gesamthänder aufgehoben werden kann. Hiemit ist eine Nachlaßteilung durch Mehrheitsbeschluß ausgeschlossen (Mehrheitsbeschluß hinsichtlich der Verwaltung des Nachlasses, §§ 2038 Abs. 2, 745 BGB.). Da für die Auseinandersetzung bestimmte Formvorschriften nicht bestehen, so kann sie in vollständig rechtsverbindlicher Weise in jeder beliebigen Form erfolgen, vorausgesetzt, daß die Art einzelner Nachlaßbestandteile (z. B. Grundstücke § 313 BGB.) nicht eine bestimmte Form verlangt. Die von den Beteiligten getroffenen Vereinbarungen sind Rechtsgeschäfte, mögen sie nun außergerichtlich oder in den Formen des Verfahrens der §§ 86 ff. FGG. zustande gekommen sein. Der rechtsgeschäftliche Charakter von Vereinbarungen letzterer Art bleibt diesen auch dann erhalten, wenn die sämtlichen Beteiligten auf die gerichtliche Bestätigung derselben Verzicht leisten; denn der Bestätigungsbeschluß ist für die Rechtsverbindlichkeit der Vereinbarung keineswegs Vorbedingung, sofern sämtliche Beteiligte mitgewirkt haben. Selbstverständlich entfällt jedoch dann die dem Bestätigungsbeschlusse eigene Zwangsvollstreckung des § 98 FGG. Siehe hiezu Entsch. des OLG. Colmar vom 28. April 1902 in Soergel's Rechtsprechung 1902 S. 477.

Etwas anderes ist es aber, wenn nicht sämtliche Beteiligte am Verfahren sich beteiligten; setzt nur *ein* Erbbeteiligter den von den übrigen Mitbeteiligten angestrebten außergerichtlichen Auseinandersetzungsversuchen passiven Widerstand entgegen, sei es daß er diesen aus Gleichgültigkeit oder aus Nachlässigkeit oder aus Böswilligkeit ferne bleibt, so ist die Liquidation der Erbengemeinschaft gehindert. Für solche Fälle ist von der Gesetzgebung das Verfahren der §§ 86 ff. vorgesehen, nach welchem die Zustimmung der dem Verfahren trotz ordnungsmäßiger Ladung ferngebliebenen Beteiligten zu den Vereinbarungen der übrigen Beteiligten angenommen wird. Da hier die ausdrückliche Willenseinigung sämtlicher Beteiligten fehlt, so mußte hier der Zeitpunkt, mit welchem die Willenseinigung als erfolgt anzusehen ist, festgesetzt werden, und bestimmt deshalb § 97, daß mit Eintritt der Rechtskraft des Bestätigungsbeschlusses, welcher in diesem Falle zur Feststellung der Willenseinigung unumgänglich notwendig ist, durch die im Wege des gerichtlichen Auseinandersetzungsverfahrens getroffenen Vereinbarungen bzw. Abmachungen alle Beteiligten in gleicher Weise gebunden sein sollen wie bei einer vertragsmäßigen Vereinbarung oder Auseinandersetzung; die durch das Verfahren der §§ 86 ff. ersetzte ausdrückliche Willenseinigung wird also durch den Eintritt der Rechtskraft des Bestätigungsbeschlusses rechtsverbindlich. Dieses und nichts anderes will durch den Bestätigungsbeschluß erreicht werden. Es stellen also auch die gemäß §§ 86 ff. erfolgten Vereinbarungen nichts anderes dar als Rechtsgeschäfte, welche mit Hilfe des Gerichts trotz der Nichtanteilnahme einzelner Beteiligter am Verfahren zustande gekommen und für alle Beteiligte gleichheitlich verbindlich sind.

3. Wirkung des rechtskräftigen Bestätigungsbeschlusses.

Solange der Bestätigungsbeschluß noch nicht rechtskräftig geworden ist, sind die Vereinbarungen der Beteiligten noch in der Schwebe; es ist noch ungewiß, ob die (angenommene) Willenseinigung auch zu einer bleibenden wird. Die Beteiligten bleiben während des Schwebezustandes selbstverständlich an ihre Erklärungen gebunden. Diese sind zum Zwecke der Erzielung einer Willenseinigung abgegeben, es muß deshalb auch abgewartet werden, ob dieser Erfolg eintritt. Hiebei wohnt den Erklärungen der selbstverständliche Vorbehalt inne, daß sie nur für den Fall des Zustandekommens der Auseinandersetzung aufrecht erhalten bleiben, für den Fall des Scheiterns jedoch zurückgenommen sein sollen, außer es wurde ausdrücklich mit Rücksicht auf letztere Möglichkeit vereinbart, daß die Erklärungen auch in diesem Falle bestehen bleiben sollen. So auch Rausnitz S. 382, Birkenbihl S. 321. Mit Eintritt der Rechtskraft des Bestätigungsbeschlusses werden sodann die Vereinbarungen zu definitiven, für alle Beteiligten rechtsverbindlichen. Über die Rechtslage der Beteiligten nach aufgehobenem Bestätigungsbeschluß siehe Anm. 8 zu § 96.

Der rechtskräftige Bestätigungsbeschluß äußert seine Wirkung gegenüber allen am Verfahren Beteiligten, mögen dieselben nun tätig am Verfahren teilgenommen haben oder trotz ordnungsmäßiger Ladung demselben fern geblieben sein. Die Wirkung erstreckt sich aber natürlich nur auf die unter Wahrung der gesetzlichen Vorschriften zum Verfahren beigezogenen Beteiligten; nur deren Willenseinigung kann vom Gesetze angenommen werden. Für solche Beteiligte, welche zum Verfahren überhaupt nicht beigezogen waren (z. B. es stellt sich nach Bestätigung der Abmachungen noch heraus, daß ein bisher als minderjährig bezeichneter Beteiligter bereits vor Beginn des Verfahrens schon volljährig war; dessen Vertretung hätte also nicht durch seinen gesetzlichen Vertreter erfolgen können; er war also tatsächlich zu dem Verfahren nicht beigezogen), sind die Vereinbarungen der übrigen Beteiligten nicht rechtsverbindlich. Vgl. Wellstein S. 92, Jastrow S. 109, Rausnitz S. 379, Birkenbihl S. 321, Fuchs S. 274. Dadurch daß dem bisher zum Verfahren nicht beigezogenen Beteiligten der Bestätigungsbeschluß nunmehr zugestellt wird, ist die Verletzung der Verfahrensvorschrift, welche die Zuziehung jedes Beteiligten erfordert, nicht geheilt; denn damit, daß dem Beteiligten nur das Endergebnis des Verfahrens mitgeteilt wird, während er Anteilnahme am ganzen Verfahren beanspruchen konnte, ist dessen Interesse nicht gewahrt, wenn es vielleicht auch durch die Abmachungen materiell nicht geschädigt ist. Es kann also in diesem Falle der Beteiligte nicht zur Anerkennung des Verfahrens gezwungen werden; dieses ist für ihn unverbindlich. Siehe auch Schultze-Görlitz S. 197.

Bezüglich der Frage, inwieweit der Vereinbarung, der Auseinandersetzung obligatorische Wirkung zukommt, siehe § 98 Anm. 3.

4. Eintritt der Rechtskraft des Bestätigungsbeschlusses.

Ist die Frist für die sofortige Beschwerde bzw. weitere sofortige Beschwerde (§ 96 mit §§ 22 Abs. 1, 29 FGG.) verstrichen, ohne daß von dem Rechtsmittel Gebrauch gemacht worden ist, oder ist auf eingelegte sofortige Beschwerde unter Zurückweisung derselben letztinstanziell entschieden, so ist damit der Bestätigungsbeschluß rechtskräftig geworden. (Das Zeugnis über die Rechtskraft wird von dem Gerichtsschreiber des Nachlaßgerichts gemäß § 31 FGG. erteilt.) Die Frist zur Einlegung der sofortigen Beschwerde beginnt gemäß § 22 Abs. 1 für jeden Beteiligten mit dem Zeitpunkt, in welchem der Beschluß ihm bekannt gemacht worden ist; sohin tritt auch die Rechtskraft — sofern nicht der Eintritt derselben durch Einlegung der Beschwerde gehindert oder nicht schon vor Ablauf der Frist durch Verzicht auf das Rechtsmittel der Beschwerde erfolgt ist — mit Ablauf der für jeden einzelnen Beteiligten gesondert (von der Bekanntmachung an) zu berechnenden Beschwerdefrist ein. Wirksam dagegen ist der Bestätigungsbeschluß erst dann, wenn dessen Rechtskraft allen Beteiligten gegenüber eingetreten ist, wobei die Wirksamkeit also an den Zeitpunkt geknüpft ist, in welchem der Bestätigungsbeschluß auch dem letzten der Beteiligten gegenüber die Rechtskraft beschritten hat. (Ausnahme von der Regel des § 16 Abs. 1 FGG., welcher gerichtliche Verfügungen mit der Bekanntmachung an denjenigen, für welchen sie ihrem Inhalte nach bestimmt sind, wirksam werden läßt.)

5. Anfechtung, Nichtigkeit der Vereinbarungen.

Durch den Eintritt der Rechtskraft des Bestätigungsbeschlusses wird eine vorgängige Vereinbarung sowie die Auseinandersetzung für alle Beteiligten in gleicher Weise verbindlich wie eine vertragsmäßige Vereinbarung oder Auseinandersetzung. Es wird hiedurch also nur eine den sonstigen vertraglichen Abmachungen gleichwertige Willensmeinung sämtlicher Beteiligter geschaffen, welche keineswegs in höherer Weise bindet als ein sonstiger Vertrag. Durch die Bestätigung an sich erlangt eine Vereinbarung keine Ausnahmestellung vor anderen Verträgen. Es unterliegen deshalb solche im Rahmen der §§ 86 ff. zustande gekommene Vereinbarungen bezüglich ihres materiellen Inhaltes trotz der rechtskräftigen Bestätigung denselben Anfechtungsgründen, wie sonstige Rechtsgeschäfte, sind also der Anfechtung wegen Irrtums (§ 119 f. BGB.), wegen arglistiger Täuschung oder widerrechtlicher Drohung (§ 123 BGB.) unterworfen. Bezüglich der Anfechtungsfrist siehe §§ 121, 124 BGB. Werden auf erfolgte Anfechtung hin die Vereinbarungen aufgehoben, so fällt damit auch die Bestätigung hinweg.

Vereinbarungen, die gegen ein gesetzliches Verbot oder die guten Sitten verstoßen, (§§ 134, 138 BGB.) sind von vornherein nichtig, können also auch nicht die Rechtskraft erlangen. Siehe auch die Nichtigkeitsgründe der §§ 116—118 BGB.

Nichtigkeits- und Anfechtungsgründe können von den Beteiligten (auch von den nichterschienenen, deren Untätigkeit durch das dolose Verhalten Mitbeteiligter hervorgerufen sein kann) nicht im Beschwerdewege, sondern lediglich im Prozeßwege geltend gemacht werden. Nach Schultze-Görlitz S. 198 ist die Anfechtung möglich im Wege der Feststellungsklage, sie kann sich aber auch gegen eine stattfindende Zwangsvollstreckung richten (§ 98 FGG.) oder auf Rückgängigmachung der Ausführung der Auseinandersetzung (einer vorgängigen Vereinbarung) gerichtet sein.

6. Genehmigung einer vorgängigen Vereinbarung, einer Auseinandersetzung durch das Vormundschaftsgericht.

Bedarf ein Beteiligter zur vorgängigen Vereinbarung oder zur Auseinandersetzung der Genehmigung des Gerichts (§ 1821 Abs. 1 Nr. 1—3, 1822 Nr. 1, 3 BGB.), so wird solche vom Vormundschaftsgerichte erteilt und zwar muß sie vor der Bestätigung erbracht werden, da andernfalls ein alle Beteiligte bindender Vertrag nicht vorliegen würde; eine trotzdem erfolgte rechtskräftig gewordene Bestätigung ist aus diesen Gründen überhaupt nicht wirksam, und zwar gegenüber allen Beteiligten, nicht nur gegenüber dem Bevormundeten (wie Birkenbihl S. 321, Keidel S. 98 annehmen); denn ein den Willen sämtlicher Beteiligter umfassender Vertrag liegt nicht vor, ein solcher ist noch nicht perfekt geworden.

Um nun die Wirksamkeit der Vereinbarungen, der Auseinandersetzung zu sichern, hat das Nachlaßgericht von dem Vormunde des betreffenden Beteiligten den Nachweis der erfolgten vormundschaftsrichterlichen Genehmigung zu verlangen. Vor erbrachtem Nachweis der Genehmigung darf es die Abmachungen nicht bestätigen.

Das Nachlaßgericht kann auf Ansuchen des Vormunds für diesen sich direkt an das Vormundschaftsgericht zur Erholung der vormundschaftsrichterlichen Genehmigung (welche seitens des Vormundschaftsgerichts gegenüber dem Vormund, Pfleger, Elternteil — §§ 1828, 1915, 1643 Abs. 3 BGB. — erklärt wird) wenden.

Dorner S. 405, Fuchs S. 274 gehen soweit, daß sie die Abmachungen nach erteilter Genehmignng vor Mitteilung derselben an die übrigen Beteiligten bestätigen lassen. Dem ist nicht beizustimmen. Eine Bestätigung darf vielmehr erst dann erfolgen, wenn gemäß § 1829 Abs. 1 Satz 2 BGB. die erfolgte Genehmigung vom Vormunde ꝛc. (nicht vom Vormundschaftsgericht; Mitteilung seitens desselben wäre wirkungslos) den übrigen Beteiligten mitgeteilt worden ist (siehe Anm. 18 zu § 91); denn erst durch diese Mitteilung werden die Abmachungen auch gegenüber den anderen Beteiligten wirksam. Solange der Vormund die Genehmigung den anderen Beteiligten nicht mitgeteilt hat, kann er immer noch vom Vertrage zurücktreten. (Auch die Beteiligten können vom Vertrage zurücktreten, wenn im Falle des § 1829 Abs. 2 BGB. innnerhalb der dort bestimmten zweiwöchigen Frist die Mitteilung durch den Vormund an sie nicht erfolgt.) Es besteht also der Schwebezustand bis nach erfolgter Mitteilung der vormundschaftsrichterlichen Genehmigung seitens des Vormundes an die übrigen Beteiligten noch fort, weshalb die Abmachungen während dieses Schwebezustandes noch nicht als gesichert erachtet werden können und eine Bestätigung also noch nicht erfolgen darf. Siehe Motive zum BGB. Bd. IV S. 1152, Planck Bd. IV S. 578, Endemann, Einführung in das Studium des BGB. Bd. II S. 966, Schröder, deutsches Vormundschaftsrecht S. 309, Philler, das Vormundschaftsrecht S. 81.

Die Zustimmung zu einer vorgängigen Vereinbarung, zur Auseinandersetzung kann dem Vormunde ꝛc. gegenüber auch im Wege des Versäumnisverfahrens angenommen werden, ein Versäumnisverfahren gegenüber dem Vormundschaftsgerichte gibt es dagegen nicht, diesem gegenüber können also Versäumnisfolgen nicht eintreten; die Abmachungen bleiben somit solange, als das Vormundschaftsgericht sich nicht äußert, unbestätigt. Eine Frist, innerhalb welcher Zeit das Vormundschaftsgericht sich äußern müßte, besteht nicht; es bliebe also den Beteiligten in diesem Falle lediglich die Aufsichtsbeschwerde.

Wird vom Vormundschaftsgerichte die Erteilung der Genehmigung versagt, so wird das Nachlaßgericht versuchen, mit den Beteiligten in einem zur Fortsetzung der Verhandlung neu anberaumten Termine neue Abmachungen unter Berücksichtigung der vom Vormundschaftsgerichte gegebenen Gesichtspunkte zu treffen, sofern die Beteiligten nicht sofort den Klageweg beschreiten. Gelingt eine Einigung auf Grund der neuen Gesichtspunkte nicht, so ist gemäß § 95 FGG. zu verfahren. Vgl. auch Dorner S. 406, Fuchs S. 274.

Bei Prüfung der von den Beteiligten getroffenen Abmachungen hat das Vormundschaftsgericht auch in eine materielle Würdigung des Verfahrens einzutreten (hiebei hat es eingehend zu prüfen, ob die Abmachungen dem Interesse des Mündels entsprechen und hat insbesondere auch den Vorschriften der §§ 1826 ff. BGB. gemäß zu verfahren); insofern kann also auch das Nachlaßgericht, wenn es zugleich Vormundschaftsgericht ist, ferner bei von ihm angeordneter Abwesenheitspflegschaft (§ 88

FGG.), sowie im Falle des § 97 Abs. 2 (in welchen beiden letzten Fällen es allein zur Erteilung der Genehmigung zuständig ist), in Ausübung seiner auf vormundschaftsrichterlichem Gebiete gelegenen Funktionen in eine materielle Würdigung einer vorgängigen Vereinbarung, der Auseinandersetzung eintreten, in die Abmachungen also selbst eingreifen; das Nachlaßgericht ist somit in diesem Falle, wenn auch aus einem anderen Grunde, nicht bloß auf die formelle Prüfung des Verfahrens beschränkt.

Die in vorstehender Anmerkung enthaltenen das Vormundschaftsgericht betreffenden Ausführungen gelten in gleicher Weise auch für den der Mutter bestellten Beistand, sofern diese zu den von ihr vorgenommenen Rechtsgeschäften dessen Genehmigung an Stelle des Vormundschaftsgerichts bedarf. (§ 1690 Abs. 1 Satz 3 BGB.)

7. Genehmigung einer vorgängigen Vereinbarung, der Auseinandersetzung durch das Nachlaßgericht an Stelle des Vormundschaftsgerichts.

Sowohl das rheinpreußische als auch das elsaß-lothringische Teilungsgesetz, welche Gesetze für das FGG. vorbildlich gewesen sind, hatten für alle diejenigen Fälle, in denen die gerichtliche Genehmigung der Teilung erforderlich war, das Teilungsgericht hiezu für ausschließlich zuständig erklärt. Soweit ist nunmehr das FGG. nicht gegangen, sondern es hat sich darauf beschränkt, zu den bereits bestehenden Fällen der Zuständigkeit des Nachlaßgerichts für Erteilung oder Verweigerung der Genehmigung an Stelle des Vormundschaftsgerichts (siehe Anm. 6) den weiteren Fall des § 97 Abs. 2 hinzuzufügen. Dieser Absatz verdankt seine Existenz der Reichstagskommission, welche denselben, einem Vorschlage des rheinischen Notariatsvereins folgend, in das Gesetz aufgenommen hat. Zweckmäßigkeitsgründe waren hiefür maßgebend; denn in solchen Fällen, in denen ein ausländisches Gericht als Vormundschaftsgericht zur Auseinandersetzungssache eine Erklärung abzugeben habe, könne eine solche Erklärung oft nur schwierig, manchmal überhaupt nicht erlangt werden und würde außerdem auch das Verfahren durch den (möglicherweise vergeblichen) Versuch der Erholung einer solchen Erklärung sehr verzögert (möglicherweise undurchführbar). Siehe den Komm.Ber. z. FGG. S. 51 f.

In den Fällen, in denen das Nachlaßgericht zur Erteilung oder Verweigerung der erforderlichen Genehmigung zuständig ist, hat es dieselben Rechte und Pflichten wie das Vormundschaftsgericht.

Voraussetzung für die Anwendbarkeit des Abs. 2 des § 97 ist:

a) Für den der Genehmigung des Gerichts bedürftigen Beteiligten darf im Inlande kein Vormund, Pfleger oder Beistand aufgestellt sein.

Damit sind also alle jene Fälle ausgeschlossen, in denen dem Beteiligten im Inlande ein Vormund, Pfleger, Beistand bestellt ist; hiezu gehört auch der Fall, daß der im Inlande bestellte Vormund rc. im Auslande wohnt, da letzterenfalls das betreffende inländische Vormundschaftsgericht normaler Weise für die Genehmigung zuständig ist. Mit dem Abs. 2 des § 97 will nur an die Stelle der Genehmigung des zuständigen ausländischen Vormundschaftsgerichts die Genehmigung eines inländischen, und zwar desjenigen Gerichts, in dessen Bezirk das Bedürfnis der Fürsorge hervortritt (§ 37 Abs. 2 FGG.), also des örtlich zuständigen Nachlaßgerichts (§ 73 FGG.) gesetzt werden. Es handelt sich somit im Falle des § 97 Abs. 2 nicht um die Bestellung eines Vormundes ꝛc., sondern um die Genehmigung der Erklärungen des von dem ausländischen Gerichte aufgestellten Vormundes ꝛc. Siehe hiezu Soergel, das Recht 1901 S. 403 und 411.

Ist für den im Inlande bestellten weggefallenen Vormund noch kein neuer bestellt oder überhaupt noch keiner bestellt (§ 1846 BGB.), so hat in diesen Fällen das Vormundschaftsgericht abzuhelfen. Vgl. Wellstein S. 93, Jastrow S. 109; siehe auch Schneider S. 163.

Steht ein Beteiligter unter elterlicher Gewalt und ist die vormundschaftsrichterliche Genehmigung zu den von dem Elternteile abgegebenen Erklärungen nötig, so ist an Stelle des Vormundschaftsgerichts zur Erteilung oder Verweigerung der Genehmigung das Nachlaßgericht dann zuständig, wenn die elterliche Gewalt im Auslande besteht, in welchem Falle also der Elternteil ebenso wie der im Auslande bestellte Vormund, Pfleger, Beistand einer ausländischen und nicht einer inländischen Behörde untersteht. Dieser Fall ist mit Rücksicht auf den Wortlaut des Gesetzestextes und auf die Verhandlungen in der RTK. (Komm. Ber. z. FGG. S. 51 f.) dem § 97 Abs. 2 zu unterstellen.

b) Der der Genehmigung des Gerichts bedürftige Beteiligte muß im Auslande einen Vormund, Pfleger oder Beistand haben.

Der Mündel muß im Auslande bevormundet sein; dies folgt aus dem Wortlaute des Gesetzestextes. Es ist Abs. 2 nicht so aufzufassen, als ob die Mitwirkung eines Vormundes, Pflegers oder Beistandes durch die des Nachlaßgerichts ersetzt werden könnte; denn das Gericht hat nur über die für den Bevormundeten bereits abgegebenen Erklärungen zu befinden, zur Abgabe von Erklärungen für den Bevormundeten ist es nicht befugt; die Erklärung eines Vormundes ꝛc. kann durch die gerichtliche Genehmigung nicht ersetzt werden.

Hat der im Auslande lebende Mündel überhaupt keinen Vormund, Pfleger, Beistand, obwohl er nach den Gesetzen des Staates, dem er angehört, der Fürsorge bedarf, so können die am Auseinandersetzungsverfahren Interessierten die Bestellung einer mit den Funktionen eines Vormundes, Pflegers, Beistandes ausgestatteten Person im Auslande betreiben oder auch — was vorzuziehen ist — sofort die Einleitung einer Pflegschaft im Inlande beim Nachlaßgerichte (§§ 37 Abs. 2; 73 FGG.; vgl. auch § 1909 Abs. 1 Satz 1 und Abs. 3 BGB., Art. 23 EG. z. BGB.) veranlassen. Die Geschäftsfähigkeit des betreffenden Beteiligten wird nach Art. 7 EG. z. BGB. nach den Gesetzen des Staates beurteilt, dem er angehört. (Vgl. auch Wellstein S. 93, Keidel S. 98, Dorner S. 408, Birkenbihl S. 322, Schneider S. 163).

c) Der für den Mündel im Auslande bestellte Vormund, Pfleger, Beistand muß zum Auseinandersetzungsverfahren beigezogen gewesen sein.

Für die Erteilung (Verweigerung) der Genehmigung wird vorausgesetzt, daß der Vormund ꝛc. zum Verfahren ordnungsmäßig geladen worden ist. Ob der Vormund ꝛc. in persönlicher Anwesenheit den Abmachungen zugestimmt hat, oder ob seine Zustimmung im Wege des Versäumnisverfahrens angenommen wird, ist für die Genehmigung (Verweigerung) belanglos.

War der Vormund ꝛc. zum Verfahren nicht beigezogen, dann kann das Nachlaßgericht natürlich eine Genehmigung nicht erteilen. § 97 Abs. 2 trifft dann nicht zu.

8. Unumschränkte Zuständigkeit des Nachlaßgerichts.

Das Nachlaßgericht hat sich nicht darum zu kümmern, ob nach dem betreffenden ausländischen Rechte der im Auslande bestellte Vormund, Pfleger, Beistand zu den Abmachungen der Genehmigung des ausländischen Gerichts bedarf; es hat sich nur darnach zu richten, ob nach inländischem Rechte die Genehmigung zur Rechtswirksamkeit der Abmachungen erforderlich ist. Für die Gültigkeit der Abmachungen und der Bestätigung ist es völlig belanglos, ob das ausländische Gericht seinerseits die Genehmigung erteilt oder versagt. Durch die Genehmigung des ausländischen Gerichts kann also die des inländischen Gerichts nicht ersetzt werden; diese ist unentbehrlich.

9. Zuständigkeit des Notars.

Ist dem Notar die Vermittelung der Auseinandersetzung übertragen, so ist auch in diesem Falle das nach § 73 örtlich zuständige Nachlaßgericht zur Erteilung oder Verweigerung der Genehmigung des § 97 Abs. 2 zuständig. Dem Notar ist diese Befugnis nicht übertragen.

10. Verfahrensvorschriften für den Notar in Bayern.

Hat die Auseinandersetzung vor dem Notar stattgefunden, so hat dieser nach dem Eintritt der Rechtskraft seines die Auseinandersetzung bestätigenden Beschlusses die bei ihm erwachsenen Akten mit der Auseinandersetzungsurkunde und den gerichtlichen Akten (gem. § 123 Abs. 1 und 2 Nachl.O. und § 257 b Abs. 2 Gesch.O. f. d. Not. in der neuen Fassung) dem Nachlaßgerichte in Urschrift zu übersenden. Vor der Ablieferung hat jedoch der Notar die von den Beteiligten verlangten Ausfertigungen und Abschriften zu fertigen. Stehen die Beteiligten von dem Vermittelungsverfahren ab und schließen sie vor dem Notar einen Erbteilungsvertrag, so bleibt dieser in der Verwahrung des Notars, welcher aber unter Rückgabe der von ihm fortgesetzten Gerichtsakten an das Nachlaßgericht diesem von dem Vertrag unter Angabe des Datums des Vertragsschlusses und der Geschäftsregisternummer Mitteilung zu machen hat. § 257 b Abs. 1 Gesch.O. f. d. Not. in der neuen Fassung, § 132 Abs. 2 Nachl.O.

§ 98 FGG.

Aus einer vorgängigen Vereinbarung, sowie aus einer Auseinandersetzung findet nach dem Eintritte der Rechtskraft des Bestätigungsbeschlusses die Zwangsvollstreckung statt. Die Vorschriften der §§ 795, 797 der Civilprozessordnung finden Anwendung.

1. Inhalt des § 98.

Zwangsvollstreckung.

2. Vollstreckbarkeit einer vorgängigen Vereinbarung, der Auseinandersetzung.

Nach dem Eintritte der Rechtskraft des Bestätigungsbeschlusses findet gemäß § 98 die Zwangsvollstreckung nicht nur aus der Auseinandersetzung, sondern auch aus einer vorgängigen Vereinbarung statt.

So findet also auch Zwangsvollstreckung in dem Falle statt, daß die Veräußerung eines Nachlaßgegenstandes vereinbart ist und der Beteiligte, welcher ihn im Besitze hat, die Herausgabe verweigert; oder es hat ein Beteiligter vereinbarungsgemäß einen in seinem Besitze befindlichen, seinen Erbteil im Werte übersteigenden Nachlaßgegenstand (z. B. kostbaren Schmuck) fest übernommen, weigert sich aber, seiner in der Urkunde übernommenen Verpflichtung, den überschießenden Betrag sofort in die Nachlaßmasse einzubezahlen, nachzukommen. „Für die Auseinandersetzungsurkunde enthält schon das preußische Gesetz (§ 17 Abs. 2), sowie das elsaß-lothringische Gesetz (§ 18) die gleiche Bestimmung. Ihre Ausdehnung auf eine vorgängige Vereinbarung empfiehlt sich, um eine raschere Durchführung des Verfahrens auch einem ausgebliebenen Beteiligten gegenüber zu ermöglichen." Denkschr. z. FGG. S. 64. Siehe auch Dronke S. 91, Dorner S. 409, Birkenbihl S. 323.

3. Obligatorischer Charakter einer vorgängigen Vereinbarung, der Auseinandersetzung.

Die im Auseinandersetzungsverfahren getroffenen Abmachungen erzeugen unter den Beteiligten nur obligatorische Ansprüche, eine dingliche Rechtswirkung wohnt ihnen nicht inne. Durch die Abmachungen werden die Beteiligten, sei es daß ausdrückliche oder im Wege des Versäumnisverfahrens fingierte Erklärungen derselben vorliegen, lediglich verpflichtet, die Erbschaft in der vereinbarten Weise auseinanderzusetzen und hiebei auch noch die etwa erforderlichen Willenserklärungen abzugeben. Es wird im besonderen auch durch den Bestätigungsbeschluß an dem rein obligatorischen Charakter der Rechtsgeschäfte nichts geändert, insbesondere werden auch nicht, wie im gemeinen Rechte durch das Teilungsurteil, Rechte begründet, übertragen oder aufgehoben. Es kann somit nur die obligatorische Verpflichtung zur Abgabe einer Willenserklärung auf dem Wege des Versäumnisverfahrens erholt, nicht aber die Willenserklärung selbst als Versäumnisfolge erbracht werden. Da also durch die reinen Abmachungen eine direkte dingliche Vertragswirkung, eine Realteilung nicht erzielt werden kann, muß noch die Durchführung der Abmachungen, das ist die Einweisung der einzelnen Beteiligten in die ihnen zugeteilten Nachlaßbestandteile, erfolgen. Es ist dies eine Sache für sich, mit welcher das Gericht innerhalb des Auseinandersetzungsverfahrens der §§ 86 ff. nichts zu tun hat; es liegt dies außerhalb des Offizialbetriebs des Gerichts, ist kein Akt der freiwilligen Gerichtsbarkeit und ist dem Parteibetrieb überlassen.

Mit Rücksicht auf den obligatorischen Charakter der Abmachungen hat § 98 für die Durchführung selbst vorgesorgt; denn er hat für den Fall, daß die Durchführung der Abmachungen, insbesondere also auch die zur Erreichung der dinglichen Rechtswirkung derselben nötige Willenserklärung von einzelnen Beteiligten verweigert wird, die Zwangsvollstreckung zur Erzwingung der Durchführung geschaffen. Für die zur Erreichung auch der dinglichen Rechtswirkung der bislang nur obligatorisch wirkenden Abmachungen noch ausstehenden Willenserklärungen (Auflassungserklärungen, Eintragungsbewilligungen) von Beteiligten, die eine Erklärungsabgabe verweigern, haben die Vorschriften des § 98 besondere Bedeutung. Siehe hiezu die Anmerkungen 6 e, 7 c und d.

4. Zwangsvollstreckung.

Die Durchführung der Auseinandersetzung ist dem Widerstand einzelner Beteiligter gegenüber durch Zwangsvollstreckung zu erlangen. Hiedurch erhält die vorgängige Vereinbarung sowie die Auseinandersetzung, sobald sie rechtskräftig bestätigt ist, den Charakter eines vollstreckbaren Schuldtitels; es ist damit ein neuer Vollstreckungstitel reichsrechtlich neben den in § 794 Abs. 1 Ziff. 5 CPO. bezeichneten Fällen geschaffen. Jedoch handelt es sich hier nicht, wie in den Fällen des § 794 Ziff. 5, um einen Anspruch, welcher die Zahlung einer bestimmten Geldsumme oder die Leistung einer bestimmten Quantität anderer vertretbarer Sachen oder Wertpapiere zum Gegenstand hat, wobei sich der Schuldner in der Urkunde der sofortigen Zwangsvollstreckung unterworfen hat. Dieselbe Wirkung, welche in diesen Fällen mit der ausdrücklichen Unterwerfung unter die sofortige Zwangsvollstreckung erzielt wird, wird im Falle des § 98 mit der rechtskräftigen Bestätigung erreicht.

Die Zwangsvollstreckung erfolgt gemäß § 98 Abs. 2 nach den Vorschriften der CPO. §§ 795, 797.

Außerdem finden noch Anwendung §§ 724—793 CPO. (mit Ausnahme des § 767 Abs. 2 CPO.), soweit nicht in den §§ 796—800 abweichende Vorschriften enthalten sind. Weiterhin kommen zur Anwendung §§ 704—723, 794, 796, 798—915 CPO. Siehe hiezu Fuchs S. 277, Falkmann Zw.V. S. 88 f.

5. Voraussetzung für die Zwangsvollstreckung.

Die Zwangsvollstreckung erfordert das Vorliegen eines rechtskräftigen Bestätigungsbeschlusses hinsichtlich der vorgängigen Vereinbarung, der Auseinandersetzung.

Auch hinsichtlich Teilabmachungen kann ein Bestätigungsbeschluß ergehen und rechtskräftig werden (z. B. § 95 Abs. 2).

Über die Rechtskraft siehe § 97 Anm. 3 und 4. Rechtskraftzeugnisse sind vom Gerichtsschreiber des Nachlaßgerichts zu erteilen gemäß § 31 FGG.

6. Vollstreckbare Ausfertigung.

Die vorgängige Vereinbarung, die Auseinandersetzung muß nebst Bestätigungsbeschluß in vollstreckbarer Ausfertigung vorliegen.

a) Inhalt der Ausfertigung.

Die Urkunde, in welcher die Vereinbarung oder die Auseinandersetzung enthalten ist, ist nebst der erfolgten Bestätigung auszufertigen und mit der Vollstreckungsklausel zu versehen.

Sind die Abmachungen in mehreren Urkunden zustande gekommen, haben einzelne Beteiligte ihre Zustimmung zu den Abmachungen erst nachträglich erteilt, liegt nur ein Vorschlag eines Beteiligten nebst den hiezu gesondert erteilten Zustimmungen vor, ist die Zustimmung eines Beteiligten im Wege des Versäumnisverfahrens angenommen, und dies, wenn nicht im Bestätigungsbeschlusse, in einem gesonderten Beschlusse festgestellt — in allen diesen Fällen sind die betreffenden Urkunden mit auszufertigen. Da der Bestätigungsbeschluß den Abschluß der Abmachungen bildet und von dessen Rechtskraft auch die Vollstreckbarkeit abhängt, so kann die Ausfertigung desselben nicht unterbleiben, sondern hat in Verbindung mit den übrigen auszufertigenden wesentlichen Urkunden zu erfolgen, wobei ein einheitlicher Ausfertigungsvermerk zu bilden ist. Siehe auch Dronke S. 92, Fuchs S. 278, Birkenbihl S. 324. A. M. Rausnitz S. 382, welcher die Ausfertigung der Protokolle, in denen die nicht Erschienenen zugestimmt haben, sowie des Nachweises, inhaltlich dessen ein Nichterschienener für zustimmend zu gelten hat, für überflüssig erachtet, da der Bestätigungsbeschluß alles dies deckt.

b) Erteilung der Ausfertigung.

Gemäß § 797 Abs. 1 CPO. wird die vollstreckbare Ausfertigung gerichtlicher Urkunden von dem Gerichtsschreiber des Gerichts erteilt, welches die Urkunde aufgenommen hat, hier also von dem Gerichtsschreiber des Nachlaßgerichts (siehe auch § 124 Abs. 1 Nachl.O.), ohne Rücksicht insbesondere auch darauf, ob noch andere Gerichte in dieser Sache mittätig gewesen sind.

Ist zur Vermittelung der Auseinandersetzung an Stelle der Gerichte oder neben diesen der Notar berufen und wurde die Auseinandersetzung von letzterem vermittelt, so ist dieser dann, wenn die Auseinandersetzungsurkunde von ihm verwahrt wird, zur Erteilung der vollstreckbaren Ausfertigung berufen. Befindet sich die Urkunde in der Verwahrung einer Behörde, so hat diese die vollstreckbare Ausfertigung zu erteilen. (§ 797 Abs. 2 CPO.) Wird die Auseinandersetzung zwar vom Notar vermittelt, ist derselbe aber zur Bestätigung nicht berufen (wie z. B. in Preußen), so bleibt das Verfahren ein *gerichtliches* im Sinne des § 797 CPO., die vollstreckbare Ausfertigung wird also vom Gerichtsschreiber erteilt, nicht, wie Weißler S. 144 annimmt, vom Gerichte.

In denjenigen Fällen, in welchen die vollstreckbare Ausfertigung nur auf Anordnung des Vorsitzenden erteilt werden darf (§ 730 Abs. 1 CPO.), erfolgt diese Anordnung vom Nachlaßrichter bzw. vom Notar, welcher für die vollständige Vermittelung der Auseinandersetzung einschließlich Bestätigung und Verwahrung zuständig ist.

Siehe hiezu die Nachl.O. § 124 Abs. 2—4: „Ist die vorgängige Vereinbarung oder die Auseinandersetzung von einem Notar beurkundet worden, so ist für die Erteilung der vollstreckbaren Ausfertigung, *so lange sich die Akten bei dem Notar befinden*, dieser zuständig; *nach der Ab-*

gabe der Akten an das Gericht hat die vollstreckbare Ausfertigung das Nachlaßgericht, nicht der Gerichtsschreiber, zu erteilen (§ 98 des FGG. mit § 797 Abs. 2 der CPO.)."

„Für die Erteilung von einfachen Ausfertigungen und von Abschriften gelten, auch wenn es sich um vom Notar aufgenommene Urkunden handelt, sofern die Akten sich in der Verwahrung des Gerichts befinden, die allgemeinen Vorschriften."

„Wird eine Ausfertigung vor der Bestätigung einer Vereinbarung über vorbereitende Maßregeln oder über den Auseinandersetzungsplan erteilt, so ist dies auf dem Aktenstücke, das die Bestätigung enthält, zu vermerken; bei der Erteilung einer vollstreckbaren Ausfertigung ist zu vermerken, daß die Ausfertigung als vollstreckbar erteilt ist, sowie für welche Partei und zu welcher Zeit die Ausfertigung erteilt ist."

c) Vollstreckungsklausel.

Gemäß § 725 CPO. ist der Ausfertigung des Urteils (hier der rechtskräftig bestätigten Abmachung) am Schlusse (hier im Anschluß an die rechtskräftige Bestätigung) die Vollstreckungsklausel beizufügen, von dem Gerichtsschreiber zu unterschreiben und mit dem Gerichtssiegel zu versehen.

In der Vollstreckungsklausel müssen die Beteiligten, für und gegen welche die Klausel erteilt wird, namentlich bezeichnet werden (§§ 725, 750 CPO.), die Bezeichnung „wird den Beteiligten erteilt" würde nicht genügen.

d) Umfang des Zwangsvollstreckungsanspruchs.

Durch die Auseinandersetzung wird die Gemeinschaft zur gesamten Hand in einzelne selbständige, genau bestimmte Teile, welche den einzelnen Beteiligten zugewiesen werden, aufgelöst; es kann die Teilung in der Weise vor sich gehen, daß verschiedenartige Teile gebildet werden, die Teile können auch quotiell genau den Anteilen an der Gemeinschaft zur gesamten Hand entsprechen und trotz der Teilung freiwillig in der Gemeinschaft belassen werden (in welchem Falle bei Vorhandensein von Nachlaßgrundstücken die Auflassung nicht unterlassen werden könnte); die Teilung ist oft auch nichts anderes als die Durchführung des genau vorgezeichneten letzten Willens des Erblassers. In allen Auseinandersetzungsfällen lösen immer die jedem einzelnen Beteiligten am Nachlasse gegenüber den anderen Beteiligten zustehenden Rechte die den Beteiligten am Nachlasse gemeinschaftlich zustehenden Gesamthandsansprüche ab. Das Recht eines jeden einzelnen Beteiligten erfährt seine genaue Feststellung in dem Auseinandersetzungsverfahren, es erfolgt in demselben die Zuweisung an den einzelnen Beteiligten und hieraus leitet sich dann sein Zwangsvollstreckungsrecht gegenüber den übrigen Beteiligten dem Umfange nach ab. Es ist ihm ein Vollstreckungstitel nur hinsichtlich seines Rechtes bezüglich der für ihn festgestellten Ansprüche gegenüber den anderen Beteiligten gegeben; auf die Befriedigung der gegenseitigen Ansprüche der übrigen Beteiligten zu dringen, steht ihm, sofern er nicht selbst noch mitverstrickt ist, keine Berechtigung zu. Siehe Schultze-Görlitz S. 199.

e) Arten der Zwangsvollstreckung.

In dieser Richtung besteht keine Beschränkung. Jede Art der Zwangsvollstreckung ist möglich, es kann die Herausgabe von Nachlaßgegenständen erzwungen, Forderungen beigetrieben, Willenserklärungen erwirkt werden 2c.

§ 894 Abs. 1 Satz 1 CPO. bestimmt: „Ist der Schuldner zur Abgabe einer Willenserklärung verurteilt, so gilt die Erklärung als abgegeben, sobald das Urteil die Rechtskraft erlangt hat." In den Kommissionsverhandlungen (Komm.Ber. z. FGG. S. 52 f.) war beantragt worden, die Anwendbarkeit des § 779 (nun § 894) CPO. auf die in der vorgängigen Vereinbarung, in der Auseinandersetzung enthaltenen Willenserklärungen ausdrücklich im Gesetze aussprechen zu wollen. Da aber ein Bundesratsvertreter darauf hinwies, daß die Zustimmung eines nicht erschienenen Beteiligten zu der Auflassung gemäß §§ 91, 93, 97 durch die rechtskräftige Bestätigung der Auseinandersetzung ersetzt werde, wurde der Antrag abgelehnt. Die Aufnahme einer solchen Bestimmung wäre auch um deswillen überflüssig gewesen, da § 98 die Anwendbarkeit des § 894 CPO. ohnehin gewährleistet. Es findet somit § 894 CPO. entsprechende Anwendung. Ist also z. B. in der Auseinandersetzungsurkunde die Verpflichtung zur Auflassung aufgenommen, ist im Wege des Versäumnisverfahrens die Zustimmung eines im Termine nicht erschienenen Beteiligten zu der obligatorischen Verpflichtung ersetzt und die Auseinandersetzung bestätigt, so wird mit der Rechtskraft des Bestätigungsbeschlusses die Abgabe der Willenserklärung auch dinglich angenommen. Die Verpflichtung zur Auflassung muß in die Abmachungen ausdrücklich aufgenommen sein; wenn auch aus den Abmachungen die Auflassungspflicht zu folgern ist, so genügt dies nicht, um die Auflassung herbeizuführen. Siehe Dronke S. 90, Weißler S. 144, Birkenbihl S. 325.

7. Durchführung einer vorgängigen Vereinbarung, der Auseinandersetzung.

Die Durchführung der Abmachungen ist Sache der Beteiligten, das Gericht ist damit nicht befaßt. Dies schließt jedoch nicht aus, daß mit der obligatorisch wirkenden vorgängigen Vereinbarung, Auseinandersetzung die Ausführung selbst bereits verbunden, so insbesondere bei Vorhandensein von Nachlaßgrundstücken in die Abmachungen bereits der dingliche Vertrag mit hineingenommen wird. Haben in diesem Falle sämtliche Beteiligte mitgewirkt, so ist hiemit die Durchführung in der Tat schon erreicht, es bedarf nur noch des Eintrags in das Grundbuch; einer Bestätigung bedarf es nicht mehr, die Rechtswirkung besteht auch ohnehin, die Vollstreckbarkeit entfällt natürlich letzterenfalls. Schultze-Görlitz S. 200 f. nennt solche die Durchführung der Auseinandersetzung betreffenden, in die Auseinandersetzungsurkunde aufgenommenen Willenserklärungen der Beteiligten eine antizipierte Ausführung der Auseinandersetzung.

a) Rein obligatorische Forderungsrechte werden mit Eintritt der Rechtskraft des Bestätigungsbeschlusses durch die auf Übertragung der Forderung an einen Beteiligten in der Auseinandersetzungsurkunde gerichtete Willenserklärung auf diesen übertragen (§ 398 BGB.).

Die Durchführung erfolgt außerdem:

b) wenn es sich um bewegliche Sachen (auch Inhaberpapiere) handelt, durch Übergabe derselben an den Beteiligten, dem sie überwiesen sind, außer er befindet sich bereits im Besitze dieser Sachen (z. B. zum Zwecke der Verwahrung für die Erbengemeinschaft), in welchem Falle die Übergabe sich natürlich erübrigt (§§ 929 ff. BGB.),

c) wenn es sich um Grundstücke, Erbbaurechte handelt, durch Auflassung (§ 925 BGB.),

d) wenn es sich um Übertragung von Hypotheken, Grund- oder Rentenschulden handelt, durch Abtretungserklärung der Erben und Übergabe des Hypothek-, Grund-, Rentenbriefs, und, falls die Erteilung des Hypothek- 2c. Briefes ausgeschlossen ist, durch Eintragungsbewilligung und Eintragung im Grundbuch (§§ 1154, 1192, 1199, 873, 1117 BGB., § 26 GBO.); die schriftliche Form der Abtretungserklärung kann dadurch ersetzt werden, daß die Abtretung in das Grundbuch eingetragen wird.

Siehe hiezu Dronke S. 90, Borcherdt Bd. III S. 602, Weißler Nachl.V. S. 423.

ad c) In den Kommissionsverhandlungen war die Frage aufgeworfen worden, ob die Eigentumsübertragung an Grundstücken bereits durch den Rezeß stattfinde und eine Auflassungserklärung erübrigt werde, oder ob immer noch eine besondere Auflassungsverhandlung vor dem Grundbuchamt hinzukommen müsse. Ein Bundesratsvertreter hat dagegen bemerkt (Komm.Ber. z. FGG. S. 52 ff.): „daß, soweit die Teilungsverhandlungen eine Eigentumsübertragung an Grundstücken beträfen, der § 925 des BGB. eine bei gleichzeitiger Anwesenheit aller Beteiligten vor dem Grundbuchamt abgegebene Auflassungserklärung erfordere.

Nach Art. 143 des EG. z. BGB. könne jedoch die Landesgesetzgebung bestimmen, daß die Auflassung auch vor dem Nachlaßgericht erfolge, und im Zusammenhange damit gewähre der § 99 der GBO. der Landesgesetzgebung die Möglichkeit, vorzusehen, daß zum Nachweise der Erbfolge und der Auflassungserklärungen der Erben ein Zeugnis des Nachlaßgerichts genüge. Werde durch die Landesgesetzgebung das Nachlaßgericht zur Entgegennahme von Auflassungserklärungen der Erben für zuständig erklärt, so könne auch die Auflassung als Teil der Auseinandersetzung vor dem Nachlaßgerichte mit der Wirkung erfolgen, daß die Zustimmung eines nicht erschienenen Beteiligten zu der Auflassung gemäß §§ 87, 89, 93 des Entwurfes (§§ 91, 93, 97 des Gesetzes) durch die rechtskräftige Bestätigung der Auseinandersetzung ersetzt werde."

Zur gleichen Sache war in zweiter Lesung beantragt worden, dem § 94 (§ 98) zuzusetzen:

„Ist die Verpflichtung zur Übertragung eines Grundstückes oder eines Rechtes vereinbart, für das die sich auf Grundstücke beziehenden Vorschriften gelten, so wird die Auflassungserklärung eines nicht erschienenen Beteiligten durch die Bestätigung ersetzt. Ist die Erklärung von einer Gegenleistung abhängig gemacht, so tritt diese Wirkung erst ein, nachdem die Gegenleistung erfolgt ist." Dieser Antrag wurde abgelehnt. „Gegen eine reichsgesetzliche Vorschrift, wonach die Auflassung im Zusammenhange mit der Auseinandersetzung vor dem Nachlaßgericht erfolgen könne, wurde regierungsseitig betont, daß das BGB. darauf Bedacht nehme, die Auflassungserklärung mit dinglicher Wirkung streng von dem obligatorischen Vertrage zu sondern; es tue das einerseits um dem Grundbuchrichter klare Unterlagen zu verschaffen, andererseits um die Beteiligten vor Schädigungen zu bewahren, denen sie ausgesetzt seien, wenn sie sich verleiten ließen, ihre Auflassungserklärungen abzugeben, bevor sie die ihnen gebührende Gegenleistung in Händen hätten. Das träfe hier umsomehr zu, als es sich hier meistens nicht um einen einfachen Vertrag, sondern um einen Komplex von Rechtsgeschäften handle." Komm.Ber. z. FGG. S. 52 f.

Aus obigem ergibt sich nun, daß bei Vorhandensein von Nachlaßgrundstücken und Erbbaurechten (nicht Hypotheken, Grund-, Rentenschulden), welche auf einen Erben übergehen sollen, vorerst zu prüfen ist, ob nach Landesrecht gemäß Art. 143 Abs. 1 EG. z. BGB. das Nachlaßgericht zur Entgegennahme von Auflassungserklärungen zuständig ist oder nicht.

α) Hat die Landesgesetzgebung von dem Vorbehalt des Art. 143 Abs. 1 EG. z. BGB. keinen Gebrauch gemacht, so kann also vor dem Nachlaßgerichte die Auflassung nicht erklärt werden; es haben also gemäß §§ 925, 1015 BGB. alle Beteiligten bei gleichzeitiger Anwesenheit vor dem Grundbuchamte die erforderliche Auflassungserklärung zur Durchführung der Auseinandersetzung noch abzugeben. Dies schließt aber nicht aus, daß dann, wenn Beteiligte die Auflassungserklärung nicht freiwillig abgeben (sei es daß dieselben dem Auseinandersetzungsverfahren ausdrücklich beigestimmt haben oder daß deren Beistimmung im Wege des Versäumnisverfahrens ersetzt worden ist), deren Auflassungserklärung in der Weise als abgegeben gilt, daß von den übrigen vor dem Grundbuchamte erscheinenden und die Auflassung erklärenden Beteiligten zugleich die vollstreckbare bestätigte Auseinandersetzung überreicht wird, womit die Gleichzeitigkeit des § 925 Abs. 1 BGB. gewahrt ist.

β) Hat die Landesgesetzgebung von dem Vorbehalt des Art. 143 Abs. 1 EG. z. BGB. Gebrauch gemacht, so ist das Nachlaßgericht zur Entgegennahme von Auflassungserklärungen berechtigt; die gegenüber den ordnungsgemäß geladenen, aber nicht erschienenen Beteiligten gemäß §§ 91 Abs. 3, 93 Abs. 2 FGG. eintretenden Versäumnisfolgen beziehen sich dann auch auf die von ihnen abzugebenden Auflassungserklärungen. Die Verpflichtung zur Auflassung muß aber in der Urkunde ausdrücklich enthalten sein, da nur ausdrückliche Willenserklärungen auf dem Wege des Versäumnisverfahrens ersetzt werden können. Mit Eintritt der Rechtskraft des hierauf ergangenen Bestätigungsbeschlusses ist die Auflassung als erfolgt anzusehen. In diesem Falle würde dann, wenn gemäß § 99 GBO. durch Landesgesetz die §§ 37, 38 GBO. hier als entsprechend anwendbar erklärt worden sind, zur Eintragung im Grundbuche ein Zeugnis des Nachlaßgerichts (Notars) genügen. Ebenso Keidel S. 98, Tronke S. 91 f., Wellstein S. 94, Weißler S. 143, Schneider S. 164; a. M. Birkenbihl S. 326 f., Dorner S. 411, welche der Ansicht sind, daß auch dann, wenn die Auflassungserklärungen landesgesetzlich vor dem Nachlaßgerichte abgegeben werden können, immer die Vorschriften der §§ 925 und 1015 BGB. (gleichzeitige Anwesenheit der Beteiligten) zu beobachten wären. Nur dann, wenn alle Beteiligten erschienen sind, würde die Auflassungserklärung von Bedeutung sein, Versäumnisfolgen ließen sich nicht konstruieren, die Auflassung könne nur in gleicher Weise wie vor dem Grundbuchamte selbst, somit insbesondere nur bei gleichzeitiger Anwesenheit der Beteiligten erfolgen.

Dem ist entgegenzuhalten, daß durch den rechtskräftigen Bestätigungsbeschluß nicht nur die abzugebende Auflassungserklärung des nicht Erschienenen als abgegeben angesehen wird, sondern daß hiedurch auch die „Gleichzeitigkeit" gewahrt ist; denn die Rechtskraft des Bestätigungsbeschlusses ersetzt ein zur Abgabe der Auflassungserklärung ergangenes Urteil (§ 894 CPO.), mit dessen Rechtskraft die Willenserklärung, hier die Auflassungserklärung, so abgegeben gilt, als es für die Auflassung vom Gesetze verlangt ist. Damit ist dann auch die in § 925 Abs. 1 BGB. verlangte „gleichzeitige Anwesenheit" der Beteiligten gewahrt. Schneider S. 164.

Wenn in diesem Sinne Versäumnisfolgen nicht eintreten könnten, dann müßte also die Weigerung eines einzigen Beteiligten, bei der Auflassung mitzuwirken, zur Folge haben, daß auf dem Prozeßwege unter Hinweis auf den Bestätigungsbeschluß erst noch Urteil im Sinne des § 894 CPO. erwirkt werden müßte, um sodann mit diesem Urteil nach Eintritt seiner Rechtskraft die Auflassung zu erreichen. Wozu aber dann die Rechtskraft des Bestätigungsbeschlusses, wenn dieselbe doch nichts nützt; für Prozeßführung ist sie nicht erforderlich, da durch den einfachen Bestätigungsbeschluß, welcher nur formellen Anfechtungen unterliegt, während materielle ausgeschlossen sind, der Erfolg des Urteils im Sinne des § 894 CPO. bereits gesichert ist. Wollte man übrigens der Rechtskraft des Bestätigungsbeschlusses nicht die hier wiedergegebene Bedeutung geben, so würde der im Art. 143 Abs. 1 EG. z. BGB. zugelassene Vorbehalt recht wenig Bedeutung haben.

ad d) Soll die Übertragung einer Nachlaß-Hypothek, -Grundschuld, -Rentenschuld auf einen Beteiligten im Grundbuch eingetragen werden, so ist gemäß § 19 GBO. die Eintragungsbewilligung der Beiligten in die Abmachungen als Teil der Auseinandersetzung mitaufzunehmen. Die vor dem Nachlaßgerichte abzugebende Eintragungsbewilligung gilt hinsichtlich des richtig geladenen, aber nicht erschienenen Beteiligten auf dem Wege des Versäumnisverfahrens nach Eintritt der Rechtskraft des Bestätigungsbeschlusses als ersetzt. So auch Weißler S. 143, Birkenbihl S. 327, Dorner S. 411, Schultze-Görlitz S. 200 f., Fuchs S. 279; a. M. Rausnitz S. 380, Borcherdt Bd. III S. 602.

Die Eintragung des Miterben im Grundbuch als neuen Gläubigers der ihm zugewiesenen Hypothek, Grundschuld oder Rentenschuld erfordert nur ein Überweisungszeugnis des Nachlaßgerichts (also keine vollstreckbare Ausfertigung der Auseinandersetzung), womit der Nachweis der Erbfolge und der Eintragungsbewilligung der Erben erbracht wird. Selbstverständlich darf die Ausstellung des Zeugnisses, sowie die Erteilung von Teil-Hypothekbriefen, -Grundschuldbriefen, -Rentenschuldbriefen erst nach Eintritt der Rechtskraft des Bestätigungsbeschlusses erfolgen (§§ 37, 38, 61, 70 GBO.; § 107 FGG.; § 1152 BGB.). Gemäß § 188 FGG. genügt auch zur Verfügung über eine im Reichsschuldbuch eingetragene Forderung (Reichsgesetz vom 31. Mai 1891 § 11) ein Zeugnis des Nachlaßgerichts.

3. Inhalt des Überweisungszeugnisses.

Durch das Zeugnis des Nachlaßgerichts (Notars) soll nach § 37 GBO. der Nachweis der Erbfolge (also bei Umschreibung auf einen Vermächtnisnehmer ausgeschlossen) und der Eintragungsbewilligung der Erben geführt werden. Hiezu ist lediglich nötig, daß das Resultat der Verhandlungen in das Zeugnis aufgenommen wird; z. B. wird vom Nachlaßgerichte bezeugt, „daß die . . . (Beteiligten nach Namen, Stand, Wohnort) als Erben des in N. am . . . . gestorbenen A. die auf dem Anwesen &c. für diesen eingetragene Hypothek zu . . . . &c. nebst den Zinsen seit . . . . bei der von dem Nachlaßgerichte vermittelten Nachlaßauseinandersetzung dem Miterben B. in . . . . abgetreten und dessen Eintragung als neuen Gläubigers im Grundbuche bewilligt haben."

---

4. Vermittelung der Auseinandersetzung in Ansehung eines Nachlasses oder eines Gesamtguts auf Antrag eines Beteiligten.

Artikel 8.

Für die Vermittelung der Auseinandersetzung in Ansehung eines Nachlasses oder in Ansehung eines Gesamtguts einer aufgehobenen ehelichen oder fortgesetzten Gütergemeinschaft auf Antrag eines Beteiligten sind neben den Amtsgerichten die Notare zuständig.

Der Antrag kann, sofern nicht die Beteiligten die Wahl eines anderen Notars vereinbaren, nur bei einem Notar gestellt werden, der im Bezirk oder am Sitze des für die Vermittelung zuständigen Gerichts aufgestellt ist.

Wird der Antrag bei dem Amtsgerichte gestellt, so soll dieses, wenn ein Grundstück zum Nachlaß oder zum Gesamtgute gehört, die Vermittelung nach der Ermittelung der Erben und der Feststellung der Teilungsmasse, sofern die Beteiligten die Wahl eines Notars vereinbaren, diesem, andernfalls einem Notar, der im Bezirk oder am Sitze des Amtsgerichts aufgestellt ist, überweisen.

Soweit dem Notar die Vermittelung obliegt, ist er für die Verrichtungen zuständig, die nach den §§ 87, 89—95 des Gesetzes über die Angelegenheiten der freiwilligen Gerichtsbarkeit dem Amtsgerichte zustehen. Bei den nach den Vorschriften der Civilprozeßordnung erfolgenden Zustellungen liegen ihm auch die Verrichtungen des Gerichtsschreibers ob. Der Notar ist auch für die Festsetzung der einem Beteiligten zu erstattenden Kosten zuständig.

1. Inhalt des Artikels 8.

Vermittelung der Auseinandersetzung in Ansehung eines Nachlasses oder in Ansehung des Gesamtguts einer aufgehobenen ehelichen oder fortgesetzten Gütergemeinschaft auf Antrag eines Beteiligten. Verfahrensvorschriften.

2. Allgemeines.

Art. 8 behandelt die Vermittelung der Auseinandersetzung in Ansehung eines Nachlasses oder des Gesamtguts einer aufgehobenen ehelichen oder fortgesetzten Gütergemeinschaft auf Antrag eines Beteiligten und ersetzt den Art. 104 AG. z. BGB., welcher durch gegenwärtiges Gesetz (§ 11) aufgehoben wird. Der bisher geltende Art. 104 hatte als Zuständigkeitsartikel bestimmt, daß Notar und Amtsgericht gleichheitlich zuständig sein sollen bei Auseinandersetzungen. Der sich in der Überschrift des Art. 8, sowie in dessen Abs. 1 vorfindende Beisatz auf Antrag eines Beteiligten war bisher in Art. 104 AG. z. BGB. nicht enthalten, da es Auseinandersetzungen von Amts wegen noch nicht gegeben hatte, eine solche nähere Bezeichnung also nicht nötig gewesen war. Im übrigen schließt sich Art. 8 dem Art. 104 fast dem Wortlaute nach an. Gegenüber dem bisherigen Art. 104 ist Art. 8 des Nachl.Ges. dahin erweitert, daß bei Vorhandensein von Nachlaßgrundstücken die beim Amtsgerichte beantragte Auseinandersetzung in Ansehung eines Nachlasses oder des Gesamtguts einer aufgehobenen ehelichen oder fortgesetzten Gütergemeinschaft von diesem nach den gleichen Grundsätzen wie bei Art. 6 Nachl.Ges. einem Notar überwiesen werden sollen. Hiebei ist die Kompetenz des Notars in entsprechender Weise wie in Art. 6 geregelt: es sind ihm die nach den Vorschriften der §§ 87, 89—95 FGG. den Amtsgerichten zustehenden Verrichtungen übertragen.

Das Verfahren in den im Art. 8 bezeichneten Fällen richtet sich nach den Bestimmungen der §§ 86—99 FGG. Diese Vorschriften mußten landesgesetzlich nicht ausdrücklich — ähnlich wie in Art. 7 des Gesetzes — für anwendbar erklärt werden, da deren Anwendbarkeit bereits reichsrechtlich vorgeschrieben ist und auch landesgesetzlich nicht ausgeschlossen oder abgeändert werden konnte.

3. Voraussetzung für die Anwendbarkeit des Art. 8 des Nachl.Ges.

Der vorstehende Artikel kann nur dann zur Anwendung kommen,

1. wenn ein Fall der Vermittelung der Auseinandersetzung entweder in Ansehung eines Nachlasses gemäß § 86 FGG. oder nach der Beendigung einer ehelichen oder fortgesetzten Gütergemeinschaft in Ansehung des Gesamtguts gemäß § 99 FGG. vorliegt; (siehe hiezu die Anmerkungen zu diesen Paragraphen und insbesondere hinsichtlich der „Gütergemeinschaft", des „Gesamtguts", sowie der „Beendigung der Gütergemeinschaft" die Anm. 3—5 des § 99);
2. wenn ein Antrag auf Vermittelung auch tatsächlich gestellt ist. Wird ein solcher Antrag nicht gestellt, so kann die Vermittelung von Amts wegen wohl hinsichtlich eines Nachlasses, nicht aber in Ansehung

des Gesamtguts einer aufgehobenen ehelichen oder fortgesetzten Gütergemeinschaft betrieben werden. Eine solche amtliche Vermittelung der Auseinandersetzung hinsichtlich der letzteren Gemeinschaftsverhältnisse konnte mangels eines reichsrechtlichen Vorbehalts landesgesetzlich nicht eingeführt werden; es kann also deren Auseinandersetzung nur auf Antrag erfolgen. Wird aber die eheliche Gütergemeinschaft durch den Tod eines Ehegatten aufgelöst, ohne daß die Fortsetzung der Gütergemeinschaft eintritt, oder wird die fortgesetzte Gütergemeinschaft durch den Tod des überlebenden Ehegatten beendigt, so liegt nicht der Fall des § 99, sondern des § 86 vor, da der Anteil des verstorbenen Ehegatten am Gesamtgute dann zum Nachlaß gehört. Bezüglich dieses Nachlasses kann dann die amtliche Vermittelung eintreten; das Nachlaßgericht hat gegebenenfalls darauf hinzuwirken, daß auch in Ansehung des Gesamtguts die Vermittelung der Auseinandersetzung beantragt wird. § 133 Abs. 3 Nachl.O. Über den Antrag (Zeitpunkt der Antragstellung, Form, Inhalt, Zurücknahme und Ablehnung des Antrags) siehe Anm. 6 und 11 zu § 86 FGG. und Anm. 6 zu § 99 FGG. Über die Beteiligten und die Antragsberechtigten siehe Anm. 7 und 10 zu § 86 FGG.

4. Zuständigkeit für die Vermittelung.

Gemäß Abs. 1 des Art. 8 ist für die Vermittelung der Auseinandersetzung sowohl das Amtsgericht als auch der Notar zuständig. Diese Zuständigkeit ist auf Grund des Vorbehalts in § 193 im Zusammenhang mit § 185 Abs. 2 FGG. und Art. 3 EG. z. BGB. geregelt und zwar im Anschluß an den nunmehr aufgehobenen Art. 104 des AG. z. BGB.

Hinsichtlich der örtlichen Zuständigkeit siehe Anm. 4 zu Art. 1 Nachl.Ges. und Anm. 7 zu § 99 FGG. Wird der Antrag von dem einen Beteiligten beim Nachlaßgericht, von einem anderen Beteiligten bei einem Notar, von einem dritten Beteiligten bei einem anderen (örtlich zuständigen) Notar gestellt, so obliegt die Vermittelung gemäß § 4 FGG. dem zuerst tätig gewordenen Gericht (sofern nicht eine Immobiliarauseinandersetzung vorliegt) bzw. Notar. „Der gleiche Grundsatz ist für das Verhältnis der amtlichen zu der auf Antrag stattfindenden Vermittelung maßgebend." Motive S. 8. Erfolgen also die Einleitung der Vermittelung von Amts wegen und die Stellung des Antrags auf Vermittelung der Auseinandersetzung durch einen Notar gleichzeitig, so bestimmt sich das Verhältnis der Vermittelung von Amts wegen zu der auf Antrag stattfindenden nach der ersten amtlichen Tätigkeit in der Sache (§§ 4, 194 des FGG.). § 126 Abs. 2 Nachl.O. Siehe auch § 127 daselbst.

5. Zuständigkeit des Notars.

Vereinbaren die Beteiligten die Wahl eines Notars, so kann bei diesem, andernfalls nur bei einem Notar, der im Bezirk oder am Sitze des für die Vermittelung zuständigen Gerichts aufgestellt ist, die Vermittelung erfolgen. Durch diese Bestimmungen wird die örtliche Zuständigkeit der Notare eingeschränkt. Die sachliche Zuständigkeit derselben wird gegenüber den

Amtsgerichten erweitert, indem dann, wenn ein Grundstück zum Nachlaß oder zum Gesamtgute gehört, die Notare ausschließlich für die Vermittelung zuständig sein sollen. („Bezüglich der sachlichen Zuständigkeit sind die Vorschriften des Art. 6 vorbildlich gewesen. Die Erwägungen, die zur Vorschrift des Art. 6 führen, treffen bei der auf Antrag stattfindenden Vermittelung gleichmäßig zu." Motive S. 8. Siehe im übrigen die Ausführungen bei Art. 6 Nachl.Ges.)

6. Verfahren vor dem Notar. (Siehe §§ 254—258 Gesch.O. f. d. Not. in der neuen Fassung.)

Auch hiefür gelten die entsprechenden Ausführungen bei Art. 6 Nachl.Ges. (Siehe auch § 131 Abs. 1 Nachl.O.) Nur mußte mit Rücksicht darauf, daß es sich hier um eine beantragte Auseinandersetzung handelt, die Zuständigkeit des Notars auch auf die Verrichtungen ausgedehnt werden, die nach § 87 FGG. dem Amtsgerichte zustehen.

Der Notar hat in jedem Falle, in dem ihm die Beurkundung eines Erbteilungsvertrags übertragen oder der Antrag auf Vermittelung der Nachlaßauseinandersetzung bei ihm beantragt wird, dem Nachlaßgericht davon Kenntnis zu geben und um die Überlassung der Nachlaßakten zu ersuchen. § 255a Gesch.O. f. d. Not. in der neuen Fassung, § 131 Abs. 1 Satz 2 Nachl.O. Wenn der Antrag auf Vermittelung zurückgenommen wird (siehe § 86 Anm. 6 lit. d), so hat der Notar, falls nicht innerhalb eines Monats vom Tage der Antragszurücknahme an der Antrag erneuert oder um Beurkundung eines Teilungsvertrags ersucht worden ist, nach Ablauf dieses Monats dem Nachlaßgerichte hievon Mitteilung zu machen und die auf die Vermittelung erwachsenen Akten samt den gerichtlichen Akten an das Gericht zurückzugeben. § 257b Abs. 4 Gesch.O. f. d. Not. in der neuen Fassung, § 131 Abs. 1 Satz 2 Nachl.O.

Im übrigen siehe Art. 6 Anm. 11 Nachl.Ges.

Hat der Notar die Auseinandersetzung in Ansehung eines Gesamtguts zu vermitteln, so entfallen die in den §§ 131, 132 Nachl.O. enthaltenen Vorschriften (Anzeige, daß bei ihm die Vermittelung beantragt ist, der Antrag zurückgenommen ist, Abgabe der Akten rc.).

7. Auseinandersetzung in Ansehung des Ehegewinns.

Die Vorschriften, welche sich auf die Auseinandersetzung in Ansehung des Gesamtguts einer beendigten ehelichen oder fortgesetzten Gütergemeinschaft beziehen, gelten auch für die im Art. 24 Abs. 2 des ÜG. zum BGB., zugelassene Vermittelung zum Zwecke der im Art. 83 Abs. 2 dieses Gesetzes bezeichneten Ausgleichung des Ehegewinns nach Beendigung einer Gemeinschaft des Zugewinnstes. § 133 Abs. 2 Nachl.O. Siehe auch § 258 Abs. 2 Gesch.O. f. d. Not. in der neuen Fassung.

Hinsichtlich der beantragten Vermittelung der Auseinandersetzung in Ansehung eines Nachlasses siehe die §§ 86 ff. FGG. (S. 69 ff.) und in Ansehung des Gesamtguts einer aufgehobenen ehelichen oder fortgesetzten Gütergemeinschaft siehe folgenden § 99 FGG.

§ 99 FGG.

Nach Beendigung einer ehelichen Gütergemeinschaft oder einer fortgesetzten Gütergemeinschaft finden auf die Auseinandersetzung in Ansehung des Gesamtguts die Vorschriften der §§ 86 bis 98 entsprechende Anwendung.

Für die Auseinandersetzung ist, falls ein Anteil an dem Gesamtgute zu einem Nachlasse gehört, das Amtsgericht zuständig, welches für die Auseinandersetzung in Ansehung des Nachlasses zuständig ist. Im übrigen ist das Amtsgericht zuständig, in dessen Bezirke der Ehemann oder bei fortgesetzter Gütergemeinschaft der überlebende Ehegatte zur Zeit der Beendigung der Gütergemeinschaft seinen Wohnsitz oder in Ermangelung eines inländischen Wohnsitzes seinen Aufenthalt hatte. Hatte der Ehemann oder Ehegatte zu der bezeichneten Zeit im Inlande weder Wohnsitz noch Aufenthalt, so finden die Vorschriften des § 73 Abs. 2 entsprechende Anwendung.

1. Inhalt des § 99.

Auseinandersetzung des Gesamtguts einer aufgehobenen ehelichen oder fortgesetzten Gütergemeinschaft. Zuständigkeitsvorschriften.

2. Allgemeines.

Die gleichen Erwägungen, welche zur Schaffung des die Vermittelung der Auseinandersetzung in Ansehung des Nachlasses bezweckenden Verfahrens der §§ 86 ff. FGG. geführt haben, waren auch maßgebend für Schaffung des § 99. Auch hier handelt es sich um Gemeinschaftsverhältnisse, welche dem Gemeinschaftsverhältnis beim Nachlaß sehr ähnlich und gleichfalls der gerichtlichen Beihilfe zur Lösung der Gemeinschaft sehr bedürftig sind. Die Denkschrift z. FGG. S. 65 führt hiezu aus: „In gleicher Weise wie für die Erbengemeinschaft besteht hinsichtlich des ehelichen Gesamtguts das Bedürfnis, die Teilung durch eine gerichtliche Vermittelung zu erleichtern. Zufolge der Vorschrift des § 95 des Entwurfs (§ 99 des Gesetzes) sollen deshalb nach der Beendigung einer ehelichen oder einer fortgesetzten Gütergemeinschaft auf die Auseinandersetzung in Ansehung des Gesamtguts die für die Erbteilung getroffenen Bestimmungen entsprechende Anwendung finden."

Nur um die ehelichen Gesamtgutsverhältnisse handelt es sich hier, andere eheliche Güterrechtsverhältnisse wollten nicht getroffen werden; insbesondere sind also die §§ 86—98 FGG. nicht auf die Regelung der ehelichen Güterrechtsverhältnisse bei Beendigung des gesetzlichen Güterrechts (s. §§ 1418 bis 1422 BGB.) und bei Eintritt der Gütertrennung (s. §§ 1426 ff., 1436 BGB.) für anwendbar erklärt. Denn in diesen Fällen hat ein Gemeinschaftsverhältnis nicht bestanden, weshalb es sich hier auch nicht um eine Teilung der ehelichen Güter, sondern um eine Scheidung derselben und Herausgabe des dem einzelnen Eheteil gehörenden Anteils an denselben, bzw. um die Geltendmachung von Ersatzansprüchen des einen Eheteils gegenüber dem anderen handelt. Für eine solche Scheidung des Vermögens der beiden Ehegatten tritt die vermittelnde Tätigkeit des Gerichts nicht ein; hiefür besteht nur die Möglichkeit der außergerichtlichen Scheidung der Vermögensverhältnisse, bei Mißlingen einer solchen nur der Prozeßweg, der vor Erhebung der Klage noch zu einem Sühneversuch der Beteiligten gemäß § 510 CPO. vor dem Amtsgerichte führen kann, vor welchem der zu ladende Gegner seinen allgemeinen Gerichtsstand hat. Dies sind aber keine nachlaßgerichtlichen Funktionen und es stehen diese Verhandlungen auch nicht im Rahmen der §§ 86 ff. FGG.

3. Gütergemeinschaft.

Der § 99 findet nur Anwendung auf die allgemeine Gütergemeinschaft, die Errungenschaftsgemeinschaft, die Fahrnisgemeinschaft und die fortgesetzte Gütergemeinschaft. § 99 Abs. 1 behandelt nur die formelle Seite der Auseinandersetzung, während die materiellen die Auseinandersetzung betreffenden Bestimmungen enthalten sind:
in den §§ 1471—1482 BGB. bezüglich der allgemeinen Gütergemeinschaft,
im § 1546 BGB. bezüglich der Errungenschaftsgemeinschaft
in den §§ 1549 ff. BGB. bezüglich der Fahrnisgemeinschaft,
in den §§ 1497—1505 BGB. bezüglich der fortgesetzten Gütergemeinschaft.

4. Beendigung der Gütergemeinschaft.

Die Gütergemeinschaftsverhältnisse erfahren ihre Beendigung

a) bei der allgemeinen Gütergemeinschaft

α) mit Eintritt des Todes eines der Ehegatten (§ 1482 BGB.), wenn nicht fortgesetzte Gütergemeinschaft eintritt (§ 1483 BGB.);

β) mit der Schließung einer neuen Ehe seitens des einen Ehegatten, wenn der andere Ehegatte für tot erklärt worden ist (§ 1348 Abs. 2 BGB.); die allgemeine Gütergemeinschaft und die Fahrnisgemeinschaft wird durch Todeserklärung an sich nicht berührt, doch können die Erben des Verschollenen Herausgabe des Erbteils fordern und dadurch die Gemeinschaft zur Beendigung bringen. Enneccerus und Lehmann, das bürgerl. Recht Bd. II S. 490 f.;

γ) mit dem Eintritte der Wirksamkeit eines die Gütergemeinschaft aufhebenden Vertrags der Ehegatten (§§ 1432, 1436 BGB.);

δ) mit der Rechtskraft des Urteils, durch welches auf erhobene Klage hin die Gütergemeinschaft (§§ 1468—1470 BGB.), die eheliche Gemeinschaft aufgehoben (§§ 1575, 1586, 1564, 1478 BGB.), die Ehe geschieden wird (§§ 1564, 1478 BGB.);

b) bei der Fahrnisgemeinschaft aus denselben Gründen wie bei der allgemeinen Gütergemeinschaft (§ 1549 BGB.; siehe auch § 1557 BGB.);

c) bei der Errungenschaftsgemeinschaft außer in den bei der allgemeinen Gütergemeinschaft unter lit. a angeführten Fällen des Todes (eine Fortsetzung der Errungenschaftsgemeinschaft nach dem Tode des einen Ehegatten ist ausgeschlossen, s. auch Motive z. BGB. Bd. IV S. 534), des Vertrags, der Aufhebung der Gütergemeinschaft (§ 1542 BGB.), der ehelichen Gemeinschaft (§§ 1575, 1586, 1564 BGB.), sowie der Scheidung der Ehe durch Urteil,

α) wenn ein Ehegatte für tot erklärt wird, mit dem Zeitpunkte, der als Zeitpunkt des Todes gilt (§§ 1544, 13 ff., 18 BGB.);

β) wenn der Konkurs über das Vermögen des Mannes (also nicht der Frau) eröffnet wird, mit der Rechtskraft des Eröffnungsbeschlusses (§ 1543 BGB.);

d) bei der fortgesetzten Gütergemeinschaft außer in den bei der Errungenschaftsgemeinschaft angeführten Fällen des Todes (des überlebenden Ehegatten § 1494 Abs. 1 BGB.), der Todeserklärung (des überlebenden Ehegatten §§ 1494 Abs. 2, 13 ff., 18 BGB.), des Vertrags (gerichtlich oder notariell beurkundeten Vertrags zwischen dem überlebenden Ehegatten und den anteilberechtigten Abkömmlingen, § 1492 Abs. 2 BGB.), der Aufhebung der Gütergemeinschaft durch Urteil (wenn hierauf gegen den überlebenden Ehegatten von einem anteilsberechtigten Abkömmling in den Fällen des § 1495 BGB. mit Erfolg geklagt wird; Aufhebung tritt für alle Abkömmlinge ein, § 1496 BGB.),

α) wenn der überlebende Ehegatte die fortgesetzte Gütergemeinschaft aufhebt, wozu er, ebenso wie zur Ablehnung der Fortsetzung der Gütergemeinschaft (§ 1484 Abs. 1 BGB.) berechtigt ist und zwar jederzeit durch eine von ihm in öffentlich beglaubigter Form abgegebene Erklärung gegenüber dem für den Nachlaß des verstorbenen Ehegatten zuständigen Gerichte 1492 Abs. 1 BGB.);

β) mit der Wiederverheiratung des überlebenden Ehegatten, wenn nicht die Aufhebung der fortgesetzten Gütergemeinschaft mit Genehmigung des Vormundschaftsgerichts aufgeschoben wird (§ 1493 BGB.).

5. Gesamtgut.

Was zum Gesamtgut zu zählen ist, ergibt sich aus dem jeweiligen Güterrechte. Nur bezüglich des Gesamtguts findet das Auseinandersetzungsverfahren der §§ 86—98 FGG. Anwendung, keineswegs aber bezüglich der übrigen Güterverhältnisse der Beteiligten. Es kann also deren Regelung vom Gerichte nicht auch zugleich mit der des Gesamtguts verlangt werden. Erfolgt sie aber zugleich mit der Regelung des Gesamtguts, so können selbstverständlich die Vorschriften der §§ 86 ff. FGG. (z. B. hinsichtlich der Versäumnisfolgen, der Zwangsvollstreckung) auf „Nichtgesamtgut" keine Anwendung finden. Siehe auch die Entsch. des OLG. Colmar vom 28. April 1902 in Soergel's Rechtsprechung 1902 S. 477.

6. Antrag auf Auseinandersetzung.

Um das Verfahren im Falle des § 99 FGG. in Gang zu bringen, ist, ebenso wie bei der Auseinandersetzung in Ansehung eines Nachlasses, ein Antrag nötig. Von selbst tritt dieses Auseinandersetzungsverfahren nicht ein, selbst dann nicht, wenn die Gütergemeinschaft mit rechtskräftigem Urteil aufgehoben wird, da hiedurch nur die Pflicht zur Auseinandersetzung festgestellt wird, keineswegs aber damit schon die Auseinandersetzung erfolgt ist. Siehe Keidel S. 100, Birkenbihl S. 328.

Bezüglich der Antragsberechtigung bei der fortgesetzten Gütergemeinschaft siehe §§ 1490 f. BGB.

7. Zuständigkeit des Gerichts.

Die Frage der örtlichen Zuständigkeit des Teilungsgerichts findet im Abs. 2 des § 99 ihre Würdigung. Die Zuständigkeit des die Auseinandersetzung des Gesamtguts vermittelnden Gerichts richtet sich zunächst nach dem Zeitpunkt, in welchem die Gütergemeinschaft beendigt wird, nicht nach dem Zeitpunkte, in welchem der Antrag auf Vermittelung gestellt wird.

a) Als Teilungsgericht kommt für den Fall, daß ein Gesamtgutsanteil zu einem Nachlasse gehört, dasjenige Amtsgericht in Betracht, welches für die Auseinandersetzung in Ansehung dieses Nachlasses zuständig wäre (§§ 73, 86 FGG.). Daß in Ansehung dieses Nachlasses schon ein Auseinandersetzungsverfahren eingeleitet sein muß, ist nicht Voraussetzung für die Zuständigkeit des Teilungsgerichts.

Die Zuständigkeit des Nachlaßgerichts ist demnach gegeben, wenn die eheliche Gütergemeinschaft durch den Tod eines Ehegatten beendigt wird, ohne daß die Fortsetzung der Gütergemeinschaft eintritt (§§ 1482 f., 1557 BGB.), sowie im Falle der fortgesetzten Gütergemeinschaft, wenn der überlebende Ehegatte stirbt oder für tot erklärt wird (§ 1494 BGB.).

b) Liegt kein Fall der lit. a vor, so ist für die Auseinandersetzung dasjenige Amtsgericht zuständig, in dessen Bezirke bei der ehelichen Gütergemeinschaft der Ehemann, bei der fortgesetzten Gütergemeinschaft der überlebende Ehegatte zur Zeit der Beendigung der Gütergemeinschaft seinen Wohnsitz (§§ 73 Abs. 1, 45 Abs. 1, 36 Abs. 1 FGG.) oder in Ermangelung eines inländischen Wohnsitzes seinen Aufenthalt hatte. In diesem Falle macht es keinen Unterschied, ob der Ehemann bzw. der überlebende Ehegatte Deutscher oder Ausländer ist.

Hatte jedoch der Ehemann oder der Ehegatte zur Zeit der Beendigung der Gütergemeinschaft im Inlande weder Wohnsitz noch Aufenthalt, so kommt es auf seine Nationalität an. War er Deutscher, so finden gemäß § 99 Abs. 2 Satz 3 die Vorschriften des § 73 Abs. 2 FGG. Anwendung. Hiernach ist der letzte inländische Wohnsitz des Ehemannes oder des Ehegatten maßgebend. Besteht auch ein solcher nicht, so wird das Teilungsgericht, wenn der Ehemann oder der Ehegatte zur Zeit der Beendigung der Gütergemeinschaft einem Bundesstaate angehörte, von der Landesjustizverwaltung, andernfalls von dem Reichskanzler bestimmt.

War der Ehemann oder der Ehegatte ein Ausländer, so besteht vorbehaltlich etwaiger Staatsverträge ein für die Auseinandersetzung des Gesamtguts zuständiges Gericht überhaupt nicht. Vgl. Rausnitz S. 383, Dorner S. 413, Birkenbihl S. 329, Weißler S. 145.

Die Bestimmungen der §§ 4 (unter mehreren zuständigen Gerichten entscheidet die Prävention) und 7 (die von einem örtlich unzuständigen Gerichte vorgenommene gerichtliche Handlung ist an und für sich nicht unwirksam) FGG. finden entsprechende Anwendung. Ebenso Schneider S. 166, Birkenbihl S. 329.

5. Erteilung der in den §§ 37, 38 der Grundbuchordnung bezeichneten Zeugnisse und ähnlicher Bescheinigungen.

Artikel 9.

Hat das Nachlaßgericht einen Erbschein über das Erbrecht sämtlicher Erben oder ein Zeugnis über die Fortsetzung der Gütergemeinschaft erteilt, so ist der Notar, welcher die Auseinandersetzung vermittelt hat, auch für die Erteilung der in den §§ 37, 38 der Grundbuchordnung bezeichneten Zeugnisse zuständig. Andernfalls ist für die Erteilung der Zeugnisse nur das Nachlaßgericht zuständig.

Für die Ausstellung der nach den Gesetzen über das Reichsschuldbuch oder das Staatsschuldbuch eines Bundesstaats beizubringenden Bescheinigung, daß der Rechtsnachfolger über die eingetragene Forderung zu verfügen berechtigt ist, ist auch der Notar, vor welchem die Auseinandersetzung erfolgt ist, zuständig.

1. Inhalt des Art. 9.

Erteilung der in den §§ 37, 38 der GBO. bezeichneten Zeugnisse und ähnlicher Bescheinigungen. Zuständigkeitsvorschriften.

2. Allgemeines.

Das Landesrecht schöpft die Berechtigung zum Erlaß des Abs. 1 dieses Artikels aus dem Vorbehalt des Art. 147 **EG. z. BGB.** und § 83 **GBO.**, ferner zum Erlaß des Abs. 2 dieses Artikels aus § 11 Abs. 3 des Reichsgesetzes vom 31. Mai 1891 über das Reichsschuldbuch, wonach die landesgesetzlichen Vorschriften unberührt bleiben, nach denen zur Ausstellung der Bescheinigung (der Rechtsnachfolge in eine im Reichsschuldbuch eingetragene Forderung) statt der Gerichte andere Behörden oder Notare zuständig sind.

3. Zweck der Bestimmungen des Art. 8.

Zweckmäßigkeitsgründe waren dafür maßgebend, daß der Notar zur Erteilung der Zeugnisse des Abs. 1 dieses Artikels für zuständig erklärt wurde. Siehe die Motive S. 8 f. „Die Umschreibung eines zu einem Nachlasse gehörenden eingetragenen Rechtes auf einen Miterben, dem es bei der Auseinandersetzung zugefallen ist, setzt den Nachweis der Erbfolge und die Eintragungsbewilligung sämtlicher Miterben voraus. Da die Beschaffung dieser Voraussetzungen nicht selten schwierig ist, gewährt der § 37 der GBO. eine Erleichterung durch die Bestimmung, daß, wenn bei einer zu einem Nachlasse gehörenden Hypothek, Grundschuld oder Rentenschuld einer von mehreren Erben als neuer Gläubiger eingetragen werden soll, zum Nachweise der Erbfolge und der Eintragungsbewilligung der Erben ein Zeugnis des Nachlaßgerichts genügt. Das Zeugnis darf nur ausgestellt werden, wenn die Voraussetzungen für die Erteilung eines Erbscheins vorliegen und die Erklärungen der Erben vor dem Nachlaßgerichte zu Protokoll gegeben oder durch öffentliche oder öffentlich beglaubigte Urkunden nachgewiesen sind. Diese Vorschriften finden nach § 38 der GBO. entsprechende Anwendung, wenn bei einer Hypothek, Grundschuld oder Rentenschuld, die zu dem Gesamtgut einer ehelichen oder fortgesetzten Gütergemeinschaft gehört, ein Beteiligter, auf den das Recht bei der Auseinandersetzung übertragen ist, als neuer Gläubiger eingetragen werden soll.

Die in den §§ 37, 38 der GBO. bezeichneten Zeugnisse ersetzen den Erbschein und das Zeugnis über die Fortsetzung der Gütergemeinschaft (§§ 1507, 2353 des BGB.). Wie sie nach § 37 Abs. 2 nicht mindere Voraussetzungen haben können, als der Erbschein oder das Zeugnis über die Fortsetzung der Gütergemeinschaft, so kann auch die Zuständigkeit für ihre Erteilung nicht anders geregelt werden, als die Zuständigkeit für die Erteilung des Erbscheins und des Zeugnisses über die Fortsetzung der Gütergemeinschaft. Den Erbschein und das Zeugnis über die fortgesetzte Gütergemeinschaft erteilt nach bayerischem Rechte das Amtsgericht. Hat der Notar eine Auseinandersetzung vorgenommen, nachdem das Amtsgericht einen Erbschein über das Erbrecht sämtlicher Miterben oder ein Zeugnis über die Fortsetzung der Gütergemeinschaft ausgestellt hat, so ist zweifellos, daß die Voraussetzungen für die Erteilung eines Erbscheins auch in Ansehung der in den §§ 37, 38 der GBO. bezeichneten Zeugnisse vorliegen. Es wäre unzweckmäßig, deren Erteilung in diesem Falle nicht dem Notar, der die Sache behandelt hat und kennt, zuzuweisen.

Der Art. 9 Abs. 1 regelt dementsprechend die Zuständigkeit."

4. Zuständigkeit zur Erteilung der Zeugnisse des Art. 8 Abs. 1.

a) Zur Ausstellung solcher Zeugnisse ist neben dem Nachlaßgerichte der Notar, welcher die Auseinandersetzung eines Nachlasses bzw. einer fortgesetzten Gütergemeinschaft vermittelt hat, zuständig, nur muß das Nachlaßgericht vorher bereits einen Erbschein über das Erbrecht sämtlicher Erben oder ein Zeugnis über die fortgesetzte Gütergemeinschaft erteilt haben. Der Notar ist auch zuständig, wenn die Erben die Auseinandersetzung unter sich abgemacht haben und ein Erbteilungsvertrag hierüber bei ihm beurkundet ist.

b) Wurde die Auseinandersetzung durch den Notar nicht bereinigt, auch nicht in Form eines Erbteilungsvertrages, oder ist das Zeugnis oder der Erbschein noch nicht erteilt, so ist nur das Nachlaßgericht zuständig.

5. Zuständigkeit zur Erteilung der Zeugnisse des Art. 8 Abs. 2.

„Nach § 11 des Reichsgesetzes vom 31. Mai 1891 über das Reichsschuldbuch haben sich Rechtsnachfolger von eingetragenen Gläubigern, wenn ihre Berechtigung auf der gesetzlichen Erbfolge beruht, durch eine Bescheinigung als Erben, sofern sie auf letztwilliger Verfügung beruht, durch eine Bescheinigung darüber auszuweisen, daß sie über die eingetragene Forderung zu verfügen berechtigt sind. Diese Bescheinigung ersetzt mithin den Erbschein. Zur Ausstellung der Bescheinigung ist das Nachlaßgericht zuständig. (§ 188 des FGG.)" Motive S. 9.

Diese Zuständigkeit des Nachlaßgerichts ist aus Zweckmäßigkeitsgründen durchbrochen und ebenso wie bei den gemäß Abs. 1 dieses Artikels zu erteilenden Zeugnissen neben der Zuständigkeit des Nachlaßgerichts die des Notars geschaffen. Siehe im übrigen Anmerkung 4.

6. Erteilung des Überweisungszeugnisses im Falle des Versäumnisverfahrens der §§ 91 Abs. 3, 93 Abs. 2 FGG.

Auch im Falle des Versäumnisverfahrens der §§ 91 Abs. 3, 93 Abs. 2 FGG. darf das Überweisungszeugnis erteilt werden; die im Wege des Versäumnisverfahrens erholten Erklärungen der nicht erschienenen Beteiligten haben dieselbe Rechtswirkung wie die zu Protokoll abgegebenen oder durch öffentliche oder öffentlich beglaubigte Urkunden nachgewiesenen Erklärungen der Beteiligten. Siehe hiezu die Ausführungen bei Art. 6 Anm. 12 Nachl.G., § 98 Anm. 6c, 7c und d FGG.

Ebenso Weißler; a. A. Rausnitz Zeitschr. f. d. Civ.Pr. Bd. 25 S. 184. Haberstumpf S. 62 f.

7. Inhalt des Überweisungszeugnisses.

Siehe Anm. 8 zu § 98 FGG.

---

6. Gebühren in Nachlaß- und Teilungssachen.*)

Artikel 10.

Das Gesetz über das Gebührenwesen in der Fassung der Bekanntmachung vom 11. November 1899 wird dahin geändert:

I. Dem Artikel 94 werden folgende Vorschriften als Abs. 3, 4 beigefügt:

Wird der Antrag auf Vermittelung zurückgenommen oder endigt das Verfahren, weil ein Beteiligter im Termine der Vermittelung widerspricht, so wird ein Drittel, wenn aber das Gericht bereits den Verteilungsplan aufgestellt hatte, die Hälfte der im Abs. 1 bestimmten Gebühr erhoben. Das gleiche gilt, wenn das Verfahren für beruhend erklärt wird, weil im Termine kein Beteiligter erschienen und das Verfahren seitdem mehr als sechs Monate lang nicht betrieben worden ist.

Endigt das gerichtliche Verfahren mit der Verweisung der Auseinandersetzung an einen Notar, so wird eine Gebühr für das gerichtliche Vermittelungsverfahren nicht erhoben, wenn

---

*) Siehe hiezu Pfaff und Reisenegger, die Gebühren in Nachlaß- und Teilungssachen, Nachtrag zur 4. und 5. Auflage der von diesen erläuterten Ausgabe des bayerischen Gebührengesetzes in der Fassung vom 11. November 1899.

die Auseinandersetzung innerhalb eines Jahres seit der Verweisung vor dem Notar erfolgt. Andernfalls wird für das gerichtliche Vermittelungsverfahren 1/10 der Sätze des § 8 des Reichs-Gerichtskostengesetzes aus dem Werte des reinen Nachlasses erhoben; diese Gebühr wird jedoch, wenn später die Auseinandersetzung vor dem Notar erfolgt, auf die Gebühr aus Art. 165 angerechnet. Das Gericht kann die im Satz 1 bezeichnete Frist auf Antrag oder von Amts wegen verlängern.

II. Der Artikel 96 erhält folgende Fassung:

Für die Erteilung eines Erbscheins einschließlich des vorangehenden Verfahrens werden 2/10 und, wenn der Ehegatte oder ein Abkömmling des Erblassers Erbe ist, 1/10 der Sätze des § 8 des Reichs-Gerichtskostengesetzes erhoben.

Die Berechnung der Gebühr erfolgt aus dem Werte des Nachlasses nach Abzug der Schulden. Die Gebühr für den einem Vorerben erteilten Erbschein wird aus dem Betrage berechnet, aus welchem ein Vorerbe nach den Vorschriften des Erbschaftssteuergesetzes die Erbschaftssteuer zu entrichten hat.

Ist der Erbe nur zu einem Teile der Erbschaft berufen und der Erbschein nur über die Größe dieses Erbteils zu erteilen oder ist die Erteilung des Erbscheins nur für bestimmte Gegenstände beantragt, so erfolgt die Erhebung der Gebühr nur aus dem Werte dieses Teiles oder dieser Gegenstände. Wird über mehrere Erbfälle ein Erbschein erteilt, so werden die Beträge der Nachlässe zusammengerechnet.

Die auf den Ehegatten oder einen Abkömmling des Erblassers treffende Gebühr für den Erbschein wird, wenn nach seiner Erteilung die Auseinandersetzung in Ansehung des Nachlasses erfolgt, auf die nach Art. 146 Ziff. 1 b oder Art. 147 geschuldete Gebühr zur Hälfte angerechnet.

III. Dem Artikel 98 wird folgender Satz 3 beigefügt:

Bei der Berechnung der Gebühr für das Zeugnis über die Fortsetzung der Gütergemeinschaft tritt an die Stelle des Nachlasses der halbe Wert des Gesamtguts der fortgesetzten Gütergemeinschaft nach Abzug der Schulden; sofern dem überlebenden Ehegatten von der gütergemeinschaftlichen Masse ein anderer Bruchteil als die Hälfte zufällt, wird das Gesamtgut zu diesem Bruchteil in Ansatz gebracht.

IV. Der Artikel 99 erhält folgende Fassung:

Für die nach den Gesetzen über das Reichsschuldbuch oder das Staatsschuldbuch eines Bundesstaats beizubringende Bescheinigung, daß der Rechtsnachfolger über die eingetragene Forderung zu verfügen berechtigt ist, sowie für das im Art. 51 des Ausführungsgesetzes zum Bürgerlichen Gesetzbuche bezeichnete Zeugnis wird eine Gebühr von 1/10 der Sätze des § 8 des Reichs-Gerichtskostengesetzes bis zum Meistbetrage von 10 Mk. erhoben. Die Gebühr wird nach dem Betrage der Forderung berechnet.

Die Gebühr wird, wenn ein Verfahren zum Zwecke der Vermittelung der Auseinandersetzung stattfindet, auf die für dieses zu entrichtende Gebühr angerechnet.

Die in den §§ 37, 38 der Grundbuchordnung bezeichneten Bescheinigungen sind gebührenfrei.

V. Im Artikel 101 erhalten der Satz 2 des Abs. 1 und der Abs. 2 folgende Fassung:

Die Berechnung der Gebühr erfolgt aus dem Werte des Nachlasses nach Abzug der Schulden. Wenn nur einzelne Teile des Nachlasses Gegenstand der Sicherung sind, wird der Berechnung der Gebühr der Wert dieser Teile zu Grunde gelegt, sofern er geringer ist als der Wert des ganzen Nachlasses nach Abzug der Schulden.

Die Gebühr des Abs. 1 wird auf die Gebühr des Art. 94 angerechnet.

VI. Der Artikel 103 erhält folgende Fassung:

Wird eine Nachlaßverwaltung oder eine Gesamtgutsverwaltung angeordnet, so finden die Vorschriften des Art. 102 mit der Maßgabe Anwendung, daß 6/10 der Sätze des § 8 des Reichs-Gerichtskostengesetzes erhoben werden.

VII. Im Artikel 104 erhält

1. der Eingang folgende Fassung:

   Für die Entgegennahme von Erklärungen, Anmeldungen und Anzeigen, welche nach gesetzlicher Vorschrift dem Nachlaßgerichte gegenüber abgegeben werden müssen, seitens des Nachlaßgerichts . . . .

2. An die Stelle des Abs. 1 Satz 2 tritt folgende Vorschrift:

   Findet die Entgegennahme in einem in diesem Unterabschnitte bezeichneten Verfahren statt, so wird eine Gebühr nicht erhoben.

VIII. Im Artikel 105 wird zwischen Satz 1 und Satz 2 folgender Satz eingeschaltet:

Finden diese Handlungen in Verbindung mit einem in diesem Unterabschnitte bezeichneten Verfahren statt, so wird eine Gebühr nicht erhoben.

IX. Im Artikel 106 werden nach dem Worte: „Nachlaßinventars" die Worte: „oder eines Nachlaßverzeichnisses" eingeschaltet.

X. Der Eingang des Artikel 111 hat zu lauten:

Testamente und Erbverträge unterliegen ohne Rücksicht auf den Ort ihrer Errichtung bei ihrer Eröffnung einer besonderen Gebühr . . . . .

XI. Dem Artikel 165 wird folgender neuer Absatz angefügt:

Für die von dem Notar erfolgte Erteilung der im Art. 99 bezeichneten Zeugnisse und Bescheinigungen wird eine Gebühr nicht erhoben.

1. Inhalt des Art. 10.

Gebührenbestimmungen in Nachlaß- und Teilungssachen.

2. Allgemeines.

Durch die im Nachl.Ges. erfolgte Änderung der Vorschriften über das Verfahren in Nachlaßsachen war auch eine Änderung der Vorschriften über die Gebühren in Nachlaßsachen erforderlich. Des Zusammenhangs wegen wurden die abgeänderten Gebührenbestimmungen in das Nachl.Ges. selbst aufgenommen.

Die ausführlichen in den Motiven und den Kammerverhandlungen zu vorstehendem Artikel erfolgten Erläuterungen werden hier wiedergegeben.

3. Zu Ziff. 1.

Ziff. 1 ist dem Art. 94 des Gebührengesetzes neu beigefügt.

Hiezu die Regierungsvorlage:

„I. Art. 94 erhält folgende Fassung:

Für die Ermittelung des Erben wird eine Gebühr von 1/10 der Sätze des § 8 des Reichs-Gerichtskostengesetzes aus dem Werte des Nachlasses nach Abzug der Schulden erhoben.

II. Als Art. 94a wird folgende Vorschrift eingestellt:

Für die Vermittelung der Auseinandersetzung in Ansehung eines Nachlasses werden neben der Gebühr des Art. 94 weitere 5/10, im Falle der Beteiligung eines minderjährigen Erben 2/10 der Sätze des § 8 des Reichs-Gerichtskostengesetzes erhoben. Die Gebühr kann von dem Gericht um 2/10 erhöht werden, wenn die Tätigkeit des Gerichts besonders weitläufig oder schwierig war.

Die Berechnung der Gebühr erfolgt aus dem Werte des Nachlasses nach Abzug der Schulden.

Wird der Antrag auf Vermittelung zurückgenommen oder endigt das Verfahren, weil ein Beteiligter im Termine der Vermittelung widerspricht, so wird ein Drittel, wenn aber das Gericht bereits den Verteilungsplan aufgestellt hatte, die Hälfte der im Abs. 1 bestimmten Gebühr erhoben. Das gleiche gilt, wenn das Verfahren für beruhend erklärt wird, weil im Termine kein Beteiligter erschienen und das Verfahren seitdem mehr als sechs Monate lang nicht betrieben worden ist.

Endigt das gerichtliche Verfahren mit der Verweisung der Auseinandersetzung an einen Notar, so wird — abgesehen von der im Art. 94 bestimmten Gebühr — eine Gebühr für das gerichtliche Vermittelungsverfahren nicht erhoben, wenn die Auseinandersetzung innerhalb eines Jahres seit der Verweisung vor dem Notar erfolgt. Andernfalls wird für das gerichtliche Vermittelungsverfahren $^1/_{10}$ der Sätze des § 9 des Reichs-Gerichtskostengesetzes aus dem Werte des reinen Nachlasses erhoben. Das Gericht kann die im Satz 1 bezeichnete Frist auf Antrag oder von Amts wegen verlängern."

Ziff. 1 dieser Vorlage wurde im Ausschuß und in den Kammerverhandlungen gestrichen, Ziff. 2 erhielt die Ziff. 1, Art. 94a seine frühere Numerierung „94". An Stelle der in die Vorlage eingesetzten Abs. 1 und 2 des Art. 94a wurden die bisherigen Abs. 1 und 2 des Art. 94 beibehalten. Die neuen Abs. 3 und 4 wurden in der vom Ausschusse modifizierten Form in der Kammer angenommen.

Die zu Art. 94 bzw. zur Neuschaffung der Abs. 3 und 4 dieses Artikels vom Referenten erfolgten Ausführungen lauten:

„Es soll also der nach dem Entwurfe vorgeschlagene Art. 94a die Ziff. 94 bekommen. Dieser Artikel, der sich bisher nur auf die Auseinandersetzung auf Antrag bezog, soll sich nun, worüber alles einig war im Ausschusse, sowohl auf die auf Antrag, als auf die von Amts wegen ermittelte Auseinandersetzung beziehen. Es betrifft die Gebühr für die Vermittelung der Auseinandersetzung in Ansehung des Nachlasses dieser Artikel. In den Abs. 1 und 2 ist materiell nichts geändert gegenüber dem Gesetze vom Jahre 1899. Für die Auseinandersetzung sollte nach dem ursprünglichen Regierungsvorschlage lediglich die in Ziff. I vorgeschlagene Gebühr für die Erbenvermittelung auf die Auseinandersetzungsgebühr angerechnet werden. Nachdem nun die Ziff. I abgelehnt ist, können Abs. 1 und 2 des bisherigen Art. 94 bleiben, wie sie schon nach dem Gesetze von 1899 lauten. Ich habe im Ausschusse die Anregung gegeben, daß die $^3/_{10}$-Gebühr nicht bloß bei der Beteiligung Minderjähriger, sondern auch bei der Beteiligung von unter Vormundschaft oder Pflegschaft stehenden Personen eintreten soll. Allein ich habe weder bei der Kgl. Staatsregierung noch beim Ausschusse eine Gegenliebe gefunden.

Die Abs. 3 und 4 sind vollständig neu. Sie regeln die Gebührenpflicht für die Fälle, daß das Auseinandersetzungsverfahren bei Gericht begonnen worden ist, aber dort nicht durchgeführt wird. Abs. 3 verfügt, daß entweder ein Drittel, oder wenn das Verfahren schon bis zur Aufstellung des Verteilungsplanes gediehen ist, die Hälfte der Gebühr der Abs. 1 und 2 erhoben werden soll, wenn der Antrag auf Vermittelung zurückgenommen wird, oder wenn das Verfahren deshalb endigt, weil ein im Termin erschienener Beteiligter der Vermittelung widerspricht, oder wenn das Verfahren für beruhend erklärt wird, weil im Termin kein Beteiligter erschienen ist und das Verfahren sechs Monate lang nicht betrieben wurde.

Hinsichtlich dieser Gebühren nach Abs. 3 waren der Ausschuß und die Regierung dahin einig, daß, wenn das Verfahren später wieder fortgesetzt wird, die bereits erhobenen Gebühren auf die Gebühren des Abs. 1 angerechnet werden. Im übrigen wurde im Ausschusse keine Erinnerung gegen Abs. 3 erhoben.

Das gerichtliche Auseinandersetzungsverfahren kann auch noch aus einem anderen Grunde endigen, als aus den in Abs. 3 bezeichneten Gründen, nämlich dadurch, daß die Vermittelung der Auseinandersetzung entweder deswegen, weil sämtliche Erben es beantragen, oder deswegen, weil es sich erst nachträglich herausstellt, daß Grundstücke zum Nachlaß gehören, an den Notar verwiesen wird. Abs. 4 statuiert nun, daß in einem solchen Falle für die bisherige Tätigkeit des Gerichts dann nichts erhoben werden solle, wenn die Auseinandersetzung innerhalb eines Jahres seit der Verweisung an einen Notar erfolgt, während andernfalls hiefür $^1/_{10}$ der Gebühren erhoben werden soll. Die Gebühr kann abgewendet werden, wenn die einjährige Frist auf Antrag oder von Amts wegen verlangt wird. Außerdem sollte nach dem Gesetzentwurf auch die in Ziff. I statuierte Gebühr von $^1/_{10}$ erhoben werden.

Der Ausschuß hat an diesem Absatze folgende Änderung vorgenommen: Erstens die Worte: „abgesehen von der im Art. 94 bestimmten Gebühr" waren zu streichen, nachdem Ziff. I des Art. 10 abgelehnt wurde. Es treten nun für die Auseinandersetzung durch einen Notar die Staatsgebühren des Art. 165 des Gebührengesetzes mit $^1/_{10}$ ein. Bekämpft wurde dagegen, daß die Parteien deshalb bestraft werden, daß sie, wenn die einjährige Frist versäumt wurde, noch ein weiteres Zehntel bezahlen sollten. Es wurde gesagt, das Gericht übe für diese Gebühr überhaupt gar keine weitere Tätigkeit aus. Es genüge, wenn in diesen Fällen das Gericht überhaupt eine Gebühr von $^1/_{10}$ bekomme, gleichgültig, ob dann die Auseinandersetzung beim Notar zu Ende geführt wird oder liegen bleibt, und deshalb wurde von mir der Antrag gestellt, daß dem Satz 2 des Abs. 4 der Halbsatz angefügt werden soll: „Diese Gebühr wird jedoch, wenn später die Auseinandersetzung vor dem Notar erfolgt, auf die Gebühr aus Art. 165 angerechnet."

Nach langer Diskussion wurde dieser Antrag auch von der Kgl. Staatsregierung acceptiert und vom Ausschusse angenommen. Die Folge ist die, daß, wenn das Auseinandersetzungsverfahren bei Gericht begonnen hat, dann aber an den Notar verwiesen wurde, für die gerichtliche Tätigkeit $^1/_{10}$ der Sätze des § 8 des Reichs-Gerichtskostengesetzes zu bezahlen ist, mag nun das Verfahren bei dem Notar durchgeführt werden oder nicht, und mag es ein Jahr oder länger dauern. Die Staatskasse hat nur die Befugnis, die Gebühr nach einem Jahre, wenn eine Verlängerung der Frist nicht erfolgt ist, auch dann einzuheben, wenn die Auseinandersetzung vor dem Notar noch nicht erfolgt ist." Sten.Ber. Bd. IX S. 72 f.

Für den Art. 95 des Gebührengesetzes war nach der Vorlage als Ziff. 3 eine anderweitige Redaktion vorgesehen, „welche zunächst durch eine anderweitige Redaktion des bisherigen Art. 94 Abs. 1, dann aber auch dadurch veranlaßt war, daß in der Praxis Zweifel darüber entstanden waren, ob die Vorschrift:

„die Berechnung der Gebühr erfolgt aus dem Wert des Nachlasses nach Abzug der Schulden" in dem Sinne auf Art. 95 anwendbar sei, daß alle Schulden des Gesamtguts oder nur diejenigen abziehbar seien, welche auch im Verhältnis der Ehegatten zu einander das Gesamtgut belasten. Auch war dadurch noch eine Veranlassung zu dieser Änderung gegeben, daß durch den neuen Abs. 3 klar gestellt werden soll, daß auch die Abs. 3 und 4 des nunmehrigen Art. 94 (in der Vorlage 94a) auf Art. 95 Anwendung finden.

Nachdem durch die Streichung der Ziff. I Art. 94 (vorher Art. 94 a) Abs. 1 unverändert bleibt und ein Einverständnis darüber herrschte, daß bei der Wertberechnung alle Schulden des Gesamtguts abziehbar sein sollten und daß selbstverständlich auch die neuen Absätze 3 und 4 des Art. 94 (in der Vorlage 94a) für Art. 95 gelten sollen, wurde eine andere Redaktion des Art. 95 nicht für nötig erachtet und deshalb Ziff. III mit Zustimmung der Kgl. Staatsregierung gestrichen." a. a. O. S. 73.

Diese im Ausschuß erfolgte Streichung wurde in der Kammer aufrecht erhalten.

4. Zu Ziff. 2.

Ziff. 2 (Ziff. 4 der Vorlage) betrifft den Art. 96 des Gebührengesetzes. Abs. 4 der Vorlage ist modifiziert, Abs. 5 gestrichen, im übrigen wurde die Regierungsvorlage unverändert angenommen.

Hiezu die Motive S. 9f.: „Für die Erteilung eines Erbscheins werden nach dem geltenden Rechte bis zum Meistbetrage von 100 Mk. $^2/_{10}$ und, soweit der Ehegatte oder ein Abkömmling des Erblassers Erbe ist, $^1/_{10}$ der Sätze des § 8 des Gerichtskostengesetzes erhoben. Sind mehrere Erben vorhanden, so werden die Gebühren nach dem Anteile der Erben, für welche der Erbschein erteilt wird, berechnet.

Der Entwurf gibt hier eine Reihe von Gebührenerleichterungen.

Zunächst soll die Gebühr für den Erbschein nicht bloß, „soweit" der Ehegatte oder ein Abkömmling des Erblassers Erbe ist, nur $^1/_{10}$ betragen, sondern dieser niedrigere Satz soll auch dann Platz greifen, wenn überhaupt der Ehegatte oder ein Abkömmling des Erblassers als Erbe beteiligt ist.

Bei einem gemeinschaftlichen Erbscheine für mehrere Erben (§ 2357 des BGB.) soll ferner die Gebühr nicht mehr nach dem Anteile der einzelnen Erben, für welche der Erbschein erteilt wird, gesondert, sondern aus dem Gesamtwerte des Nachlasses berechnet werden. Dieses Ergebnis wird durch die Streichung des Satz 2 des Abs. 3 der bisherigen Fassung herbeigeführt.

Endlich soll die Gebühr für den Erbschein, insoweit die Gebühr auf den Ehegatten oder einen Abkömmling des Erblassers trifft, auf die nach dem Art. 146 Nr. 1b oder dem Art. 147 geschuldete Gebühr angerechnet werden. Es soll also, wenn ein Grundstück zum Nachlasse gehört und einem Beteiligten bei der Auseinandersetzung zugewiesen wird, die Gebühr für den Erbschein auf die sogenannte Mutationsgebühr angerechnet werden. Ob die Auseinandersetzung im Wege der freiwilligen Erbteilung oder infolge der auf Antrag oder von Amts wegen stattfindenden Vermittelung erfolgt, kommt nicht in Betracht. Für diese Gebührenerleichterung sprechen Billigkeitsgründe. Für eine Anrechnung der Erbscheingebühr zu Gunsten anderer Personen treffen diese Billigkeitsgründe nicht zu; auch besteht hiezu in Ansehung des beweglichen Vermögens ein Bedürfnis nicht, da die Auseinandersetzungsgebühr, soweit bewegliches Vermögen in Frage steht, ohnehin niedriger als die Mutationsgebühr ist."

„In einer Beziehung enthält die neue Fassung des Art. 96 eine Verschärfung der bisherigen Gebührenvorschrift. Nach dem geltenden Rechte beträgt die Erbscheingebühr höchstens 100 Mk. Diese oberste Grenze beseitigt das Gesetz, da, wie die Erfahrung gezeigt hat, ein innerer Grund für die Höchstgrenze nicht besteht. Die Änderung des Gesetzes trifft nur die großen Vermögen, da eine Gebühr von 100 Mk. für den Erbschein bei dem Satze von $^2/_{10}$ erst zu bezahlen ist, wenn der reine Nachlaß 90 000 Mk. übersteigt, bei dem Satze von $^1/_{10}$ aber erst, wenn der reine Nachlaß mehr als 190 000 Mk. beträgt. Daß die Änderung des Gesetzes für die Pflichtigen irgendwie drückend wirken könnte, bedarf mit Rücksicht hierauf keiner Widerlegung." Siehe auch Sten.Ber. Bd. IX S. 73 f.

5. Zu Ziff. 3.

Ziff. 3 (Ziff. 5 der Vorlage) betrifft den Art. 98 des Gebührengesetzes, welchem ein neuer Satz beigefügt wird. Ziff. 5 der Vorlage ist modifiziert. Hiezu die Ausführungen des Referenten Wagner: „Diese Ziffer, ursprünglich V, jetzt III, betrifft Art. 98 des Gebührengesetzes, welcher die Gebühren für Zeugnisse zum Nachweis der Nachfolge von Todes wegen in ein Familiengut einer standesherrlichen Familie, in ein Familienfideikommiß, in ein Lehen oder in ein allodifiziertes Lehen, dann für das Zeugnis für die Fortsetzung der Gütergemeinschaft und weiter für das Zeugnis über die Ernennung eines Testamentsvollstreckers zum Gegenstande hat. Es sind dieselben Gebühren für diese Zeugnisse zu entrichten wie für den Erbschein. Die Kgl. Staatsregierung hat zuerst den in der Regierungsvorlage enthaltenen und bei der Ausschußberatung den vom Ausschusse beschlossenen Zusatz beantragt. Dieser Zusatz soll nichts weiter sein als eine authentische Interpretation des bisherigen Art. 98 hinsichtlich der Berechnung der Gebühren für das Zeugnis über die Fortsetzung der Gütergemeinschaft. Die Gebühr soll berechnet werden aus dem halben Wert des Gesamtguts der fortgesetzten Gütergemeinschaft nach Abzug der Schulden, wenn aber dem überlebenden Eheteil von der Gütergemeinschaftsmasse ein anderer Bruchteil als die Hälfte zufällt, aus diesem Bruchteil.

Regierungsseitig wurde hiezu bemerkt, daß die vorgeschlagene Fassung nur den Sinn des Gebührengesetzes besser ausdrücke. Die Zweifel, welche der Entwurf beseitigen will, seien im gleichen Sinne schon durch eine Ministerialbekanntmachung vom 5. Juni 1901, JMBl. S. 455, zu Gunsten der Pflichtigen gelöst worden. Der erst im Ausschusse beschlossene Zusatz bezwecke, lediglich den im Entwurf übersehenen Fall zu berücksichtigen, daß nach einigen Rechten, z. B. dem von Hohenlohe und Mainz, das Gesamtgut den Ehegatten nicht nach Hälften, sondern nach dem Schwert- und Spindelteile gehöre, wobei der Anteil des Mannes zwei Drittel, der der Frau ein Drittel betrage. Die Fassung entspreche dem, was Art. 95 Abs. 2 gleichfalls berücksichtigt.

Auf meine Frage, wie sich die Gebühren für das Zeugnis über die Fortsetzung der Gütergemeinschaft und die Gebühr für den Erbschein in dem Falle berechnen, wenn neben gemeinschaftlichen Abkömmlingen nichtgemeinschaftliche vorhanden sind, wurde regierungsseitig .... in dieser Beziehung erklärt, es komme § 1483 Abs. 2 des BGB. in Frage, wonach, wenn neben gemeinschaftlichen Abkömmlingen ein nichtgemeinschaftlicher Abkömmling vorhanden sei, das Erbrecht und der Erbteil des nichtgemeinschaftlichen so bestimmt werde, wie wenn fortgesetzte Gütergemeinschaft nicht bestünde. Gesetzt, das Gesamtgut betrage 10000 Mk., ein Vorbehaltsgut sei nicht vorhanden; als Erben kämen der überlebende Ehegatte, zwei gemeinschaftliche und ein nichtgemeinschaftlicher Abkömmling in Frage; die Hälfte des Gesamtguts wäre also an sich gleich dem Nachlaß und würde 5000 Mk. betragen; hievon erhielte der nichtgemeinschaftliche Abkömmling 1250 Mk. Aus diesen 1250 Mk. wären die Gebühren für den Erbschein zu entrichten. Die Gebühren für das Zeugnis über Fortsetzung der Gütergemeinschaft wären dann zu entrichten aus den verbleibenden 3750 Mk. Praktisch wird sich die Sache häufig anders gestalten, da ein Erbschein neben dem Zeugnis über die Fortsetzung der Gütergemeinschaft wohl nur selten sei. Wenn er daneben vorkomme, werde er wohl regelmäßig nur über Gegenstände des Vorbehaltsguts oder als gegenständlich beschränkter Erbschein erbeten, wobei dann die Gebührenbewertung keine Schwierigkeiten biete." Sten.Ber. Bd. IX S. 74 f. Siehe auch die Motive S. 10.

6. Zu Ziff. 4.

Ziff. 4 (Ziff. 6 der Vorlage) betrifft den Art. 99 des Gebührengesetzes; die Regierungsvorlage ist teilweise modifiziert, teilweise ergänzt.

Hiezu die Motive S. 10: „Der Art. 99 der bisherigen Fassung gewährt für die in den §§ 37, 38 der GBO. bezeichneten Bescheinigungen, daß bei der Auseinandersetzung eine Hypothek, Grundschuld oder Rentenschuld einem Beteiligten zugewiesen worden ist, Gebührenfreiheit, wenn die den Bescheinigungen zu Grunde liegenden Urkunden von dem Gerichte aufgenommen worden sind. Er läßt also die Gebührenfreiheit eintreten, wenn die Auseinandersetzung vor dem Gericht erfolgte. Mit Rücksicht auf die im Art. 9 des Entwurfs getroffene neue Regelung der Zuständigkeit zur Ausstellung der gedachten Bescheinigungen erfordert es die Folgerichtigkeit, die genannten Zeugnisse stets" (also auch, wenn diese Zeugnisse gemäß Art. 9 Nachl.Ges. vom Notar ausgestellt werden) „gebührenfrei zu belassen".

Siehe ferner folgende Ausführungen des Referenten Wagner zu Ziff. 4: „Diese Ziffer ändert den Art. 99 des BGB. und betrifft die in Art. 9 dieses gegenwärtigen Gesetzentwurfes erwähnten Zeugnisse, ferner das im Art. 51 des AG. z. BGB. erwähnte Zeugnis, daß eine auf den Namen des Gläubigers umgeschriebene Staatsschuldverschreibung von Todes wegen oder im Wege der Auseinandersetzung erworben worden ist." Sten.Ber. Bd. IX S. 75.

Mit Rücksicht auf die Ergänzungen, welche die Regierung im Ausschusse an der Regierungsvorlage im Hinblick auf die Ablehnung des Art. 94 hinsichtlich vorstehender Ziff. 4 vorgenommen hat, bemerkte der Referent Wagner:

„In den neuen Vorschlägen kann je nach Lage des Falls eine Erleichterung oder eine Erschwerung liegen und zwar sowohl hinsichtlich der Höhe der Gebühr für das Zeugnis nach Art. 51 des AG. z. BGB. als auch hinsichtlich der Schuldbuchzeugnisse, soweit nunmehr nur der Betrag der Forderung maßgebend ist, während der Nachlaß möglicherweise ganz oder nahezu überschuldet sein kann. Für diesen Fall kann sich aber der Erbe dadurch helfen, daß er sich eben einen billigeren Erbschein statt eines teueren Zeugnisses geben läßt. Jedenfalls ist die Ermöglichung der Anrechnung der Gebühr auf die Gebühr für das Auseinandersetzungsverfahren unter allen Umständen eine Erleichterung.

Im Ausschusse wurde regierungsseitig erörtert, daß die Schuldumschreibung, Vinkulierung, wie man früher sagte, im wesentlichen dem gleichen Zwecke diene wie die Eintragung in das Reichs- oder Staatsschuldbuch, weshalb auch die Gebühren für diese Zwecke gleichmäßig zu behandeln seien." a. a. O. S. 75.

7. Zu Ziff. 6.

Ziff. 6 (Ziff. 8 der Vorlage) behandelt den Art. 103 des Gebührengesetzes.

Hiezu die Motive S. 10: „Für eine Nachlaß- oder eine Gesamtgutsverwaltung werden nach dem geltenden Rechte 6/10 der Sätze des § 8 des Gerichtskostengesetzes aus dem Bruttowerte des Nachlasses und überdies für jedes Jahr der Verwaltung 2/10 der Sätze des § 8 des Gerichtskostengesetzes von den Einkünften erhoben. Der Entwurf will auch hier den Abzug der Schulden gestatten. Daß das geltende Recht den Schuldenabzug nicht gestattet, hängt damit zusammen, daß einerseits die Nachlaß- und die Gesamtgutsverwaltung gerade die Aufgabe haben, die Befriedigung der Gläubiger herbeizuführen, andererseits es billig ist, daß, wenn der Erbe die Liquidation eines zahlungsfähigen Nachlasses, statt sie selbst zu betätigen, dem Gericht überläßt, hiefür eine höhere Gebühr erhoben wird. Dieser letztere Grund fällt, wenn mit dem Entwurfe die amtliche Nachlaßbehandlung eingeführt wird, weg."

Siehe ferner die Ausführungen des Referenten Wagner: „Diese Ziffer bringt die von mir schon bei der Gesetzgebung des Jahres 1899 vergeblich geforderte Erleichterung, daß die Gebühr auch bei der Nachlaßverwaltung oder bei der Gesamtgutsverwaltung vom reinen Nachlaß, bzw. dem Gesamtgut nach Abzug der Schulden zu berechnen sei, während bisher der Schuldenabzug nicht statthaft war.

Auf meine Frage, ... ob neben den Gebühren für die Nachlaßverwaltung noch die Auseinandersetzungsgebühren geschuldet werden, wurde . . . . . vom Herrn Ministerialkommissär folgendes dargelegt: Die Frage sei theoretisch zu bejahen, praktisch werde die Auseinandersetzung nur selten nach durchgeführter Verwaltung vorkommen; denn die Aufgabe des Nachlaßverwalters sei es, die Nachlaßmasse nach Aktiven und Passiven festzustellen, die Nachlaßmasse, soweit sie die Mittel zur Befriedigung der Nachlaßgläubiger gibt, zu versilbern und sämtliche Gläubiger zu befriedigen. Den Verwaltungsrest müsse der Nachlaßverwalter den Erben bzw. den Miterben abliefern. Da die Nachlaßverwaltung nur eine Art Pflegschaft sei, finde auf sie § 1892 des BGB. Anwendung. Der Nachlaßverwalter müsse also dem Nachlaßgerichte Schlußrechnung stellen, das Nachlaßgericht habe die Schlußrechnung zu prüfen und deren Annahme zwischen den Erben einerseits und dem Verwalter anderseits zu vermitteln. Da die Überschüsse der Nachlaßverwaltung in fast allen Fällen in Geld bestünden, so biete die Verteilung der Überschüsse unter die Beteiligten wohl regelmäßig keine Schwierigkeiten. Die Konstatierung in der Schlußrechnungsabnahme, daß von dem Überreste dem einen Erben der und dem anderen Erben jener Anteil gebühre, sei noch durch die Gebühren des Art. 103 gedeckt. Wenn z. B. der Überschuß 5000 Mk. betrage und zwei gleichberechtigte Intestaterben vorhanden sind, so würde natürlich im Protokoll über die Schlußrechnung festgestellt, daß der Überschuß 5000 Mk. betrage und hievon jedem Erben die Hälfte gebühre; möglicherweise quittieren die Erben auch noch in diesem Protokoll über den Empfang der 5000 Mk. Hier dürfen nicht etwa für die Verteilung des Überschusses unter den Miterben die Gebühren des Art. 94, gleich als wenn eine Auseinandersetzung vorliegen würde, in Ansatz gebracht werden.

Mit diesen Erklärungen war der ganze Ausschuß einverstanden und es wurde auf meinen Antrag zu Protokoll konstatiert, daß die Verteilung des Verwaltungsüberschusses unter die Miterben gelegentlich der Abnahme der Schlußrechnung der Erben nicht als Auseinandersetzung im Sinne des Art. 94 des Gebührengesetzes aufzufassen sei.

Regierungsseitig wurde weiter die Höhe der Gebühren für die Nachlaßverwaltung noch weiter gerechtfertigt und ausgeführt, daß dieselbe nicht geringer sein dürfe als jene für die Auseinandersetzung, weil die Tätigkeit des Gerichts auch nicht geringer sei und sonst ein bequemer Erbe lieber die Nachlaßverwaltung wählt als die Auseinandersetzung, nachdem er bei der ersteren noch den Vorteil habe, daß er die Haftung für die Nachlaßschulden vermeide." Sten.Ber. Bd. IX S. 76 f.

8. Zu Ziff. 7.

Ziff. 7, welche den Art. 104 des Gebührengesetzes behandelt, und die bisherigen Gebühren dieses Artikels aufrecht erhält, war in der ursprünglichen Regierungsvorlage nicht enthalten und wurde erst nach Streichung des Art. 94 von der Regierung in die Vorlage eingesetzt.

Siehe hiezu die Ausführungen des Referenten Wagner: „Hiezu (zu den Abänderungen des Art. 104) wurde regierungsseitig folgende Erklärung abgegeben: In den Motiven zur Gebührennovelle sind die Hauptfälle, in denen die Gebühr des Art. 104 erhoben wird, namentlich aufgeführt. Aus der Aufzählung der Motive folge, was von mir und anderen Ausschußmitgliedern befürchtet wurde, daß durch Art. 104 nicht etwa indirekt die Wiedereinführung des Art. 94 des Entwurfes herbeigeführt werden soll. Die Aufrechterhaltung des Art. 104 ist vielmehr einfach die Konsequenz der Streichung des Art. 94 des Entwurfes. Die Gebühr des Art. 104 wird **nur** in den Fällen erhoben, in denen nach gesetzlicher Vorschrift eine Erklärung dem Nachlaßgerichte abgegeben werden **müsse**, nicht aber in solchen Fällen, in denen die Erklärung dem Nachlaßgerichte gegenüber abgegeben werden **könne**;

die Erklärungen letzterer Art seien gebührenfrei; es ist also z. B. die Erklärung über die Annahme der Erbschaft gebührenfrei, während die Ausschlagungserklärung dieser Gebühr unterliegt.

Der neue Vorschlag enthalte gegenüber dem bisherigen Art. 104 insoferne eine Erleichterung, als die Gebührenfreiheit nicht darauf beschränkt wird, daß die Entgegennahme in einem der in den Art. 94—96 bezeichneten Verfahren stattfindet, sondern schon dann, wenn sie aus Anlaß irgend eines anderen mit einer Gebühr belegten Verfahrens stattfindet. Es sei z. B. die Entgegenahme künftighin schon dann gebührenfrei, wenn sie bei der Testamentseröffnung erfolge, da für letztere die Gebühr des Art. 111, also eine in diesem Unterabschnitte bestimmte Gebühr, geschuldet wird. Infolge dieser Erweiterung sei die Anwendung des Art. 104 allerdings eine begrenzte; entbehrlich sei der Art. 104 deshalb nicht, weil unter Art. 104 einige Erklärungen fallen, welche zwar gegenüber dem Nachlaßgerichte erfolgen müssen, aber unabhängig von dem Nachlaßverfahren, z. B. die Anfechtung der Ehe nach dem Tode eines Ehegatten (§ 1342), die Anfechtung der Ehelichkeit eines Kindes (§ 1597 BGB.).

Um alle Zweifel über die Tragweite des Art. 104 abzuschneiden, wurde die hervorgehobene Einschaltung im ersten Satz von Abs. 1 vorgeschlagen.

Schließlich wurde noch zu Protokoll konstatiert, daß dadurch, daß eine Offizialermittelung der Erben eintrete, der Art. 104 des Gebührengesetzes ein weiteres Anwendungsgebiet als bisher nicht erhalte, daß vielmehr der Umfang des Geltungsgebietes dieses Artikels, soweit nicht die hervorgehobenen Erleichterungen eintreten, bleibe wie bisher." Sten.Ber. Bd. IX S. 77.

9. Zu Ziff. 8.

Ziff. 8 (Ziff. 9 der Vorlage) betrifft den Art. 105 des Gebührengesetzes. Durch die hier erfolgte Einschaltung wird bezweckt „Gebührenfreiheit für die im Art. 105 bezeichneten Tätigkeiten zu gewähren, sofern die Tätigkeit in einem Verfahren stattfindet, das schon mit einer Gebühr belegt ist, z. B. im Auseinandersetzungsverfahren." Motive S. 10.

10. Zu Ziff. 9.

Ziff. 9 (Ziff. 10 der Vorlage) betrifft den Art. 106 des Gebührengesetzes. Hiezu die Motive S. 10: „Nach dem geltenden Rechte können vom Gerichtsschreiber Nachlaßverzeichnisse nur zum Zwecke der Sicherung des Nachlasses aufgenommen werden. In dieser Beziehung enthält der Art. 101 die Gebührennorm. Es wird also für das ganze Sicherungsverfahren $^1/_{10}$ der Sätze des § 8 erhoben.

Hieran will der Entwurf nichts ändern.

Nach dem Art. 5 des Entwurfs kann die Aufnahme des Nachlaßverzeichnisses durch den Gerichtsschreiber auch zur Beschaffung der Grundlagen der amtlichen Vermittelung der Auseinandersetzung erfolgen. Für diesen Fall gewährt die zu Art. 106 vorgeschlagene Änderung Gebührenfreiheit."

7. Schlußbestimmungen.

Artikel 11.

Der Artikel 104 des Ausführungsgesetzes zum Bürgerlichen Gesetzbuch und der Satz 2 des Artikels 1 Abs. 2 des Notariatsgesetzes werden aufgehoben.

Im Artikel 132 des Ausführungsgesetzes zum Bürgerlichen Gesetzbuche wird der Eingang dahin geändert:

> Die Kosten der Auseinandersetzung in Ansehung eines Nachlasses oder des Gesamtguts einer aufgehobenen ehelichen oder fortgesetzten Gütergemeinschaft fallen . . .

1. Inhalt des Art. 11.

Aufhebung und Abänderung einzelner gesetzlicher Bestimmungen.

2. Aufhebung bestehender Vorschriften.

Art. 8 mit 6 dieses Gesetzes ersetzen den Art. 104 AG. z. BGB., weshalb letzterer ausdrücklich aufgehoben wird.

Die Testamentseröffnungen sind nun durch Art. 2 dieses Gesetzes geregelt, weshalb Satz 2 des Art. 1 Abs. 2 des Not.Ges. gestrichen wurde.

3. Redaktionelle Änderung des Art. 132 AG. z. BGB.

Diese Änderung ist durch die Streichung des Art. 104 AG. z. BGB. veranlaßt, materiell ist nichts geändert.

Artikel 12.

Dieses Gesetz tritt am 1. Oktober 1902 in Kraft. Für die vor diesem Zeitpunkt eingetretenen Erbfälle bleiben die bisherigen Gesetze maßgebend.

Gegeben zu Vorderriß, den 9. August 1902.

Luitpold,
Prinz von Bayern,
des Königreichs Bayern Verweser.

Dr. **Graf v. Crailsheim.** Dr. **Frhr. v. Riedel.** Dr. **Frhr. v. Feilitzsch.** **Frhr. v. Asch.** Staatsrat **v. Heller.** Staatsrat **v. Schraut.**

Auf Allerhöchsten Befehl:
Der Ministerialrat
im K. Staatsministerium des Innern:
Dr. Proebst.

1. Inhalt des Art. 12.

Inkrafttreten des Gesetzes.

2. Zeitliche Anwendung des Gesetzes hinsichtlich Nachlaßauseinandersetzungen.

Dem Gesetze ist rückwirkende Kraft nicht verliehen worden. Es handelt sich also um drei Möglichkeiten. (Siehe hiezu § 156 Abs. 2 Nachl.O.)

a) Der Erblasser ist vor dem Inkrafttreten des BGB. gestorben.

In diesem Falle finden die vor diesem Zeitpunkt in Geltung gewesenen Vorschriften Anwendung.

b) Der Erblasser ist in der Zeit zwischen dem Inkrafttreten des BGB. und dem Inkrafttreten des Nachl.Ges. gestorben.

In diesem Falle bleiben die in diesem Zeitraum in Geltung gewesenen Vorschriften (insbesondere also die Bekanntmachung vom 31. Dezember 1899, JMBl. 1900 S. 1) maßgebend.

c) Der Erblasser ist nach dem 30. September 1902 gestorben.

Für diese Todesfälle sind das Nachl.Ges. und die dazu getroffenen Vorschriften, insbesondere die Nachl.O. vom 20. März 1903, JMBl. 1903 S. 111 ff., maßgebend.

3. Zeitliche Anwendung des Gesetzes hinsichtlich Gesamtgutsauseinandersetzungen.

Gemäß § 156 Abs. 3 Nachl.O. bestimmt sich die auf Grund des Art. 36 des ÜG. z. BGB. stattfindende Vermittelung der Auseinandersetzung in Ansehung des Gesamtguts einer nicht durch den Tod eines Ehegatten aufgehobenen ehelichen oder fortgesetzten Gütergemeinschaft nach den Vorschriften der Nachl.O., wenn die Auseinandersetzung nach dem Inkrafttreten des Nachl.Ges. beantragt wird. Die auf Grund des angeführten Art. 36 stattfindende Vermittelung in Ansehung eines Nachlasses oder des Gesamtguts einer durch den Tod eines Ehegatten aufgehobenen ehelichen oder fortgesetzten Gütergemeinschaft bestimmt sich dagegen in diesem Falle nach den Vorschriften der Bekanntmachung vom 31. Dezember 1899.

Anhang.

I.

Gesetz über das Gebührenwesen

n der durch das Nachlaßgesetz erhaltenen Fassung.

Art. 94—115, 165.

II. Abschnitt.

Verhandlungen der Gerichte.

5. Nachlaß- und Teilungssachen.

Artikel 94.

Für die Vermittelung der Auseinandersetzung in Ansehung eines Nachlasses, einschließlich des vorangehenden Verfahrens, werden sechs Zehnteile, im Falle der Beteiligung eines minderjährigen Erben drei Zehnteile der Sätze des § 8 des Reichs-Gerichtskostengesetzes erhoben. Die Gebühr kann von dem Gericht um zwei Zehnteile erhöht werden, wenn die Tätigkeit des Gerichts eine besonders weitläufige oder schwierige war.

Die Berechnung der Gebühr erfolgt aus dem Werte des Nachlasses nach Abzug der Schulden.

Wird der Antrag auf Vermittelung zurückgenommen oder endigt das Verfahren, weil ein Beteiligter im Termine der Vermittelung widerspricht, so wird ein Drittel, wenn aber das Gericht bereits den Verteilungsplan aufgestellt hatte, die Hälfte der im Abs. 1 bestimmten Gebühr erhoben. Das gleiche gilt, wenn das Verfahren für beruhend erklärt wird, weil im Termine kein Beteiligter erschienen und das Verfahren seitdem mehr als sechs Monate lang nicht betrieben worden ist.

Endigt das gerichtliche Verfahren mit der Verweisung der Auseinandersetzung an einen Notar, so wird eine Gebühr für das gerichtliche Vermittelungsverfahren nicht erhoben, wenn die Auseinandersetzung innerhalb eines Jahres seit der Verweisung vor dem Notar erfolgt. Anderenfalls wird für das gerichtliche Vermittelungsverfahren $^1/_{10}$ der Sätze des § 8 des Reichs-Gerichtskostengesetzes aus dem Werte des reinen Nachlasses erhoben; diese Gebühr wird jedoch, wenn später die Auseinandersetzung vor dem Notar erfolgt, auf die Gebühr aus Art. 165 angerechnet. Das Gericht kann die im Satz 1 bezeichnete Frist auf Antrag oder von Amts wegen verlängern.

Artikel 95.

Auf die Vermittelung der Auseinandersetzung in Ansehung des Gesamtguts einer ehelichen Gütergemeinschaft oder einer fortgesetzten Gütergemeinschaft finden die Vorschriften über die Gebühren für die Vermittelung der Auseinandersetzung in Ansehung eines Nachlasses gleichmäßig Anwendung. Wird die Auseinandersetzung mit der Teilung des Nachlasses eines Ehegatten verbunden, so wird der Wert des Gesamtguts nur zu dem Bruchteil in Ansatz gebracht, welcher den Anteil des überlebendeu Ehegatten bildet.

Artikel 96.

Für die Erteilung eines Erbscheins einschließlich des vorangehenden Verfahrens werden $^2/_{10}$ und, wenn der Ehegatte oder ein Abkömmling des Erblassers Erbe ist, $^1/_{10}$ der Sätze des § 8 des Reichs-Gerichtskostengesetzes erhoben.

Die Berechnung der Gebühr erfolgt aus dem Werte des Nachlasses nach Abzug der Schulden. Die Gebühr für den einem Vorerben erteilten Erbschein wird aus dem Betrage berechnet, aus welchem ein Vorerbe nach den Vorschriften des Erbschaftssteuergesetzes die Erbschaftssteuer zu entrichten hat.

Ist der Erbe nur zu einem Teile der Erbschaft berufen und der Erbschein nur über die Größe dieses Erbteils zu erteilen oder ist die Erteilung des Erbscheins nur für bestimmte Gegenstände beantragt, so erfolgt die Gebührenerhebung nur aus dem Werte dieses Teiles oder dieser Gegenstände. Wird über mehrere Erbfälle ein Erbschein erteilt, so werden die Beträge der Nachlässe zusammengerechnet.

Die auf den Ehegatten oder einen Abkömmling des Erblassers treffende Gebühr für den Erbschein wird, wenn nach seiner Erteilung die Auseinandersetzung in Ansehung des Nachlasses erfolgt, auf die nach Art. 146 Ziff. 1 b oder Art. 147 geschuldete Gebühr zur Hälfte angerechnet.

Artikel 97.

Für die Einziehung oder Kraftloserklärung eines Erbscheins wird, sofern nicht ein neuer Erbschein erteilt wird, eine Gebühr von 1—10 Mk. erhoben. Wird später ein neuer Erbschein erteilt, so wird diese Gebühr auf die Gebühr für die Erteilung des Erbscheins angerechnet. Für die Veranstaltung von Ermittelungen über die Richtigkeit eines Erbscheins wird eine Gebühr nicht erhoben.

Artikel 98.

Die Art. 96, 97 finden auf die im Art. 16 des Ausführungsgesetzes zu der Grundbuchordnung und zu dem Gesetz über die Zwangsversteigerung und Zwangsverwaltung bezeichneten Zeugnisse, sowie auf das Zeugnis über die Fortsetzung der Gütergemeinschaft oder über die Ernennung eines Testamentsvollstreckers entsprechende Anwendung. Für das Zeugnis über die Ernennung eines Testamentsvollstreckers wird jedoch, wenn ein Erbschein erteilt worden ist, eine Gebühr nicht erhoben; wird der Erbschein nach der Erteilung des Zeugnisses erteilt, so ist er gebührenfrei.

Bei der Berechnung der Gebühr für das Zeugnis über die Fortsetzung der Gütergemeinschaft tritt an die Stelle des Nachlasses der halbe Wert des Gesamtguts der fortgesetzten Gütergemeinschaft nach Abzug der Schulden; sofern dem überlebenden Ehegatten von der gütergemeinschaftlichen Masse ein anderer Bruchteil als die Hälfte zufällt, wird das Gesamtgut zu diesem Bruchteil in Ansatz gebracht.

Artikel 99.

Für die nach den Gesetzen über das Reichsschuldbuch oder das Staatsschuldbuch eines Bundesstaats beizubringende Bescheinigung, daß der Rechtsnachfolger über die eingetragene Forderung zu verfügen berechtigt ist, sowie für das im Art. 51 des Ausführungsgesetzes zum Bürgerlichen Gesetzbuche bezeichnete Zeugnis wird eine Gebühr von $^1/_{10}$ der Sätze des § 8 des Reichs-Gerichtskostengesetzes bis zum Meistbetrage von 10 Mk. erhoben. Die Gebühr wird nach dem Betrage der Forderung berechnet.

Die Gebühr wird, wenn ein Verfahren zum Zwecke der Vermittelung der Auseinandersetzung stattfindet, auf die für dieses zu entrichtende Gebühr angerechnet.

Die in den §§ 37, 38 der Grundbuchordnung bezeichneten Bescheinigungen sind gebührenfrei.

Artikel 100.

Werden in dem Verfahren zur Feststellung des Erbrechts des Fiskus Erbrechte angemeldet und wird ein anderer Erbe als der Fiskus ermittelt, so werden zwei Zehnteile der Sätze des § 8 des Reichs-Gerichtskostengesetzes erhoben. Wird ein Erbschein erteilt, so wird für die Erteilung des Erbscheins eine Gebühr nicht erhoben.

Die Berechnung der Gebühr erfolgt aus dem Werte des Nachlasses nach Abzug der Schulden.

Artikel 101. (83 Abs. 2 Ziff. 1.)

Findet die Sicherstellung eines Nachlasses durch Siegelung oder in anderer Weise statt, so wird für das ganze Verfahren, einschließlich der Anordnungen wegen Aufbewahrung des Nachlasses, der Verzeichnung des Nachlasses, der Ermittelung des Erben und der Ausantwortung des Nachlasses an den Erben, ein Zehnteil der Sätze des § 8 des Reichs-Gerichtskostengesetzes bis zum Meistbetrage von 100 Mk. erhoben. Die Berechnung der Gebühr erfolgt aus dem Werte des Nachlasses nach Abzug der Schulden. Wenn nur einzelne Teile des Nachlasses Gegenstand der Sicherung sind, wird der Berechnung der Gebühr der Wert dieser Teile zugrunde gelegt, sofern er geringer ist als der Wert des ganzen Nachlasses nach Abzug der Schulden.

Die Gebühr des Abs. 1 wird auf die Gebühr des Art. 94 angerechnet.

Artikel 102.

Wird eine Nachlaßpflegschaft oder eine Abwesenheitspflegschaft nach § 88 des Gesetzes über die Angelegenheiten der freiwilligen Gerichtsbarkeit angeordnet, so finden die Vorschriften über die Gebühren in Vormundschaftssachen mit der Maßgabe entsprechende Anwendung, daß an Stelle des Vermögens des Mündels der Wert des Nachlasses oder des Anteils des Abwesenden zur Zeit der Anordnung tritt. Auf die Gebühr für die Nachlaßpflegschaft wird die im Art. 101 bestimmte Gebühr angerechnet, wenn die Nachlaßpflegschaft zur Sicherung des Nachlasses eingeleitet wird.

Artikel 103.

Wird eine Nachlaßverwaltung oder eine Gesamtgutsverwaltung angeordnet, so finden die Vorschriften des Art. 102 mit der Maßgabe Anwendung, daß sechs Zehnteile der Sätze des § 8 des Reichs-Gerichtskostengesetzes erhoben werden.

Artikel 104.

Für die Entgegennahme von Erklärungen, Anmeldungen und Anzeigen, welche nach gesetzlicher Vorschrift dem Nachlaßgerichte gegenüber abgegeben werden müssen, seitens des Nachlaßgerichts, einschließlich der Beurkundung durch das Nachlaßgericht und der Mitteilung an die im Gesetze bestimmten Personen, wird eine Gebühr von 1 bis 10 Mk. erhoben. Findet die Entgegennahme in einem in diesem Unterabschnitte bezeichneten Verfahren statt, so wird eine Gebühr nicht erhoben. Im Falle der Anmeldung von Nachlaßforderungen auf Aufforderung eines Miterben wird die Gebühr nur einmal von dem Miterben erhoben.

Ist die Erklärung, Anmeldung oder Anzeige durch einen Notar beurkundet oder beglaubigt, so wird die hiefür entrichtete Gebühr auf die nach Abs. 1 geschuldete angerechnet.

Artikel 105.

Für die Bestimmung oder Verlängerung der Inventarfrist und für die Entgegennahme des Inventars, einschließlich der Anordnung wegen Aufnahme des Inventars durch einen Notar, wird, sofern der Wert des Nachlasses ohne Abzug der Schulden den Betrag von 2000 Mk. übersteigt, eine Gebühr von 1 bis 10 Mk. erhoben. Finden diese Handlungen in Verbindung mit einem in diesem Unterabschnitte bezeichneten Verfahren statt, so wird eine Gebühr nicht erhoben. Die Gebühr für die sämtlichen im Satz 1 bezeichneten Angelegenheiten darf den Betrag von 10 Mk. nicht übersteigen.

Artikel 106.

Für die Aufnahme des Nachlaßinventars oder eines Nachlaßverzeichnisses durch den Gerichtsschreiber kommen Gebühren nicht zur Erhebung.

Artikel 107.

Für die Verhandlung in dem zur Abnahme des Offenbarungseids (§ 2006 des Bürgerlichen Gesetzbuchs) bestimmten Termine wird die Gebühr des § 43 des Reichs-Gerichtskostengesetzes erhoben.

Artikel 108.

Für die Verfügungen, durch die nach den §§ 2151, 2153 bis 2155, 2192 2193 und dem § 2198 Abs. 2 des Bürgerlichen Gesetzbuchs dem Beschwerten oder einem Dritten eine Frist zur Erklärung bestimmt wird, einschließlich des sich anschließenden Verfahrens, wird eine Gebühr von 1 bis 10 Mk. erhoben.

Artikel 109.

Für die nach den Vorschriften des Bürgerlichen Gesetzbuchs über den Testamentsvollstrecker vom Nachlaßgerichte zu treffenden Anordnungen wird ein Zehnteil der Sätze des § 8 des Reichs-Gerichtskostengesetzes erhoben. Der Berechnung der Gebühr wird im Falle des § 2224 Abs. 1 des Bürgerlichen Gesetzbuchs der Wert des Gegenstandes, bezüglich dessen Meinungsverschiedenheit besteht, im übrigen der Wert des Vermögens, auf welches sich die Testamentsvollstreckung bezieht, zu Grunde gelegt.

Artikel 110.

Für die Erteilung einer Ausfertigung des Erbscheins, der im Art. 98 bezeichneten Zeugnisse sowie der gerichtlichen Verfügungen, die sich auf die Ernennung oder die Entlassung des Testamentsvollstreckers beziehen, wird die Gebühr des Art. 54 besonders erhoben.

Die erstmalige Erteilung der Ausfertigung ist gebührenfrei.

Artikel 111 (84).

Testamente und Erbverträge unterliegen ohne Rücksicht auf den Ort ihrer Errichtung bei ihrer Eröffnung einer besonderen Gebühr von eins vom Tausend der Gegenstandssumme, über welche in denselben verfügt ist. Bei Berechnung der Aktivmasse werden die Schulden in Abzug gebracht. Der Mindestbetrag der Gebühr ist 1 Mark.

Bei Testamenten und Erbverträgen, für welche bei ihrer Errichtung eine Gebühr von 10 Mark erhoben worden ist, kommt die Gebühr nach Abs. 1 nur insoweit zur Erhebung, als dieselbe den Betrag von 7 Mark übersteigt.

Bei Erbverträgen, welche bei ihrer Errichtung mit der verhältnismäßigen Gebühr belegt worden sind, wird letztere Gebühr, soweit sie den Betrag von 3 Mark übersteigt, auf die Gebühr des Abs. 1 angerechnet.

Artikel 112 (87).

Die von Militärpersonen bei der Mobilmachung errichteten oder in amtliche Verwahrung gebrachten Testamente und Erbverträge sind von der Gebühr des Art. 111 befreit.

Artikel 113.

Für die Verfügungen, durch die der Besitzer eines Testaments im Falle des § 2259 Abs. 1 des Bürgerlichen Gesetzbuchs zur Ablieferung des Testaments angehalten wird, wird eine Gebühr von 1 bis 10 Mark erhoben.

Die gleiche Gebühr wird für die Abhaltung des Termins zur Leistung des im § 83 Abs. 2 des Gesetzes über die Angelegenheiten der freiwilligen Gerichtsbarkeit bestimmten Offenbarungseids erhoben.

Artikel 114.

Für die Gestattung der Einsicht der bei dem Nachlaßgerichte niedergelegten Anzeigen, Erklärungen, Inventare und Testamente sowie der im § 78 des Gesetzes über die Angelegenheiten der freiwilligen Gerichtsbarkeit erwähnten Ermittelungen, Verfügungen, Protokolle und Zeugnisse werden Gebühren nicht erhoben.

Artikel 115 (86).

Die Gebühren für die Eröffnung einer Verfügung von Todes wegen, für die Sicherung des Nachlasses, für eine Nachlaßpflegschaft und für die Inventarerrichtung können aus dem Nachlaß entnommen werden. Für die Zahlung dieser Gebühren haften die Erben nach den Vorschriften über Nachlaßverbindlichkeiten.

Für die in den Art. 94, 95 bestimmten Gebühren haften die Anteilsberechtigten als Gesamtschuldner.

III. Abschnitt.

Verhandlungen der Notare.

. . . .

. . . .

Artikel 165 (Abs. 1 und 2).

Für die durch den Notar erfolgte Vermittelung der Auseinandersetzung in Ansehung eines Nachlasses wird aus dem Werte des Nachlasses nach Abzug der Schulden eine Gebühr von einem Zehnteile der Sätze des § 8 des Reichs-Gerichtskostengesetzes erhoben.

Die Vorschrift des Abs. 1 findet auf die Auseinandersetzung einer ehelichen Gütergemeinschaft oder einer fortgesetzten Gütergemeinschaft gleichmäßig Anwendung.

Auf die Festsetzung der einem Beteiligten zu erstattenden Kosten finden die Vorschriften des Reichs-Gerichtskostengesetzes entsprechende Anwendung.

Für die von dem Notar erfolgte Erteilung der im Art. 99 bezeichneten Zeugnisse und Bescheinigungen wird eine Gebühr nicht erhoben.

II.

Bekanntmachung vom 20. März 1903, das Nachlaßwesen betr.

JMBl. 1903 S. 111 (Nachlaßordnung).

Königliches Staatsministerium der Justiz.

Zur Ausführung der gesetzlichen Vorschriften über das Nachlaßwesen wird folgendes verfügt:

I. Anzeige der Erbfälle.

§ 1.

I. Der Standesbeamte ist verpflichtet, jeden Todesfall, der ihm nach § 56 des Personenstandsgesetzes angezeigt wird, dem Amtsgericht anzuzeigen, in dessen Bezirk er seinen Amtssitz hat (vgl. Art. 1 des Nachl.Ges. und die Bekanntmachung vom 18. Dezember 1899, JMBl. S. 578, geändert durch die Bekanntmachung vom 10. Dezember 1902, JMBl. 1903 S. 213.)

II. Erhält das Amtsgericht von dem Tode einer Person, die in dem Bezirke des Amtsgerichts gestorben ist, Kenntnis, ohne daß eine Todesanzeige vorliegt, so ist die Todesanzeige sofort zu erholen.

III. Von einer Todeserklärung erhält das Nachlaßgericht durch das Amtsgericht Kenntnis, das die Todeserklärung ausgesprochen hat (Art. 1 Abs. 2 des Nachl.Ges.).

§ 2.

I. Die Todesanzeige wird bei dem Amtsgerichte zunächst dem Richter zugeteilt, welcher mit der Bearbeitung der Nachlaßsachen betraut ist.

II. Sind nach der Todesanzeige als Erben minderjährige oder bevormundete oder unter Pflegschaft stehende Personen beteiligt oder bekleidete der Erblasser nach der Todesanzeige das Amt eines Vormundes, Gegenvormundes, Beistandes oder Pflegers, so ist die Todesanzeige — erforderlichenfalls nach Vorkehrung von Maßregeln zur Sicherung des Nachlasses (§§ 3 bis 26) oder nach Eröffnung einer Verfügung von Todes wegen (§§ 27—41) — dem Richter zu übergeben, der mit der Bearbeitung der Vormundschaftssachen betraut ist. Der Vormundschaftsrichter fertigt auf einem besonderen Blatte zu seinen Akten von der Todesanzeige eine Abschrift oder einen Auszug und gibt die Anzeige dem Nachlaßrichter zurück. In gleicher Weise ist zu verfahren, wenn die Anzeige des Standesbeamten den Tod eines minderjährigen unehelichen Kindes oder eines ehelichen minderjährigen Kindes betrifft, dessen Eltern nach der Todesanzeige schon gestorben sind (§§ 54, 55 der Vormundschaftsordnung, JMBl. 1900 S. 181).

III. Ist als Vormundschaftsgericht nicht das Gericht, an das die Todesanzeige erstattet worden ist, sondern ein anderes zuständig, so übersendet der Vormundschaftsrichter eine Abschrift oder einen Auszug aus der Todesanzeige dem zuständigen Vormundschaftsgerichte.

IV. Hatte der Erblasser zur Zeit seines Todes seinen Wohnsitz in dem Bezirk eines andern Amtsgerichts als desjenigen, an das die Todesanzeige erstattet worden ist, so hat der Nachlaßrichter dem anderen Amtsgerichte mit der Mitteilung von den etwa angeordneten Sicherungsmaßregeln (§ 74 Satz 2 des FGG.) die Todesanzeige zu übersenden.

II. Sicherung des Nachlasses.

§ 3.

I. Sobald dem Amtsgerichte der Tod einer Person durch die Anzeige des Standesbeamten (§ 1) oder sonst in zuverlässiger Weise bekannt geworden ist, hat es sich darüber schlüssig zu machen, ob zu einer amtlichen Fürsorge nach Maßgabe der §§ 1960—1962 des BGB. Anlaß besteht.

II. Dies gilt auch dann, wenn das Amtsgericht, an das die Todesanzeige erstattet worden ist oder in dessen Bezirke das Bedürfnis der Fürsorge hervortritt, nicht das Nachlaßgericht ist (§ 74 des FGG.).

§ 4.

I. Nach dem § 1960 Abs. 1 des BGB. findet eine Fürsorge des Nachlaßgerichts nur in bestimmt bezeichneten Fällen statt, nämlich wenn der Erbe bekannt ist, die Erbschaft aber nicht angenommen hat, ferner wenn der Erbe unbekannt ist, d. h. keine Kenntnis davon besteht, wer als Erbe berufen ist, endlich wenn ungewiß ist, ob der Erbe die Erbschaft angenommen hat. Aber auch, wenn einer dieser Fälle vorliegt, tritt die Fürsorge des Nachlaßgerichtes nur ein, soweit ein Bedürfnis besteht. Ob ein Bedürfnis besteht, ist nicht nur mit Rücksicht auf den Erben, sondern auch mit Rücksicht auf die Nachlaßgläubiger zu prüfen.

II. Die Sorge für den Nachlaß wird regelmäßig unterbleiben können, wenn ein überlebender Ehegatte oder gemeinschaftliche Abkömmlinge als Erben berufen sind oder ein Testamentsvollstrecker die Verwaltung des Nachlasses übernommen hat. Deshalb allein, weil in der Person des Erben Gründe bestehen, die die Einleitung einer Vormundschaft für ihn selbst rechtfertigen, z. B. weil der Erbe minderjährig ist und beide Eltern gestorben sind, liegt ein Bedürfnis zur Sicherung des Nachlasses seitens des Nachlaßgerichtes regelmäßig nicht vor; in solchem Falle hat das Vormundschaftsgericht einen Vormund aufzustellen und die Fürsorge des Vormundes und des Vormundschaftsgerichts erstreckt sich auch auf den dem Bevormundeten angefallenen Nachlaß.

III. Ein etwaiges Verbot des Erblassers, für die Sicherung des Nachlasses zu sorgen, insbesondere ein Verbot der Siegelung, ist unwirksam.

§ 5.

Die Fürsorge des Nachlaßgerichtes soll keinesfalls in einem weiteren Umfang eintreten, als ein Bedürfnis besteht.

§ 6.

I. Die wichtigsten Mittel zur Sicherung des Nachlasses sind die Anlegung von Siegeln (§§ 7—10), die Hinterlegung von Geld, Wertpapieren und Kostbarkeiten (§§ 11, 12) und die Aufnahme eines Nachlaßverzeichnisses (§ 15). Unter Umständen können auch in anderer Richtung tatsächliche Vorkehrungen geboten sein.

II. Das Nachlaßgericht kann auch eine Nachlaßpflegschaft (§ 1960 Abs. 2, §§ 1961, 1962 des BGB.) anordnen.

§ 7.

I. Von der Siegelung ausgenommen bleiben die zum täglichen Gebrauche der Hausgenossen und zur Fortführung des Haushalts, des Geschäfts- oder Wirtschaftsbetriebs erforderlichen Gegenstände und Vorräte, sowie diejenigen Sachen, welche sich wegen ihrer Art oder Beschaffenheit zur Versiegelung nicht eignen, z. B. Sachen, die dem Verderben ausgesetzt sind.

II. Die zu versiegelnden Sachen sind tunlichst in verschließbaren Räumen oder Behältnissen unterzubringen, die Türen dieser Räume sowie die Behältnisse sind zu verschließen und unter Verwendung von Papierstreifen, Leinwandstreifen, Bindfaden oder in anderer Weise mit dem Dienstsiegel so zu versiegeln, daß sie ohne Verletzung des Verschlusses nicht geöffnet werden können. Fenster sind zu schließen und nötigenfalls in gleicher Weise zu versiegeln.

III. Räume, deren Weiterbenutzung nicht entbehrt werden kann, sind offen zu halten. Das Recht der Familienangehörigen des Erblassers, die zur Zeit des Todes des Erblassers zu dessen Hausstande gehört und von ihm Unterhalt bezogen haben, auf die Benützung der Wohnung und der Haushaltsgegenstände (§ 1969 Abs. 1 des BGB.) ist zu beachten. Wohnungsräume eines Verstorbenen sollen nicht versiegelt werden, bevor die im einzelnen Fall aus Rücksichten der Reinlichkeit oder der öffentlichen Gesundheitspflege erforderlichen Maßregeln vollzogen sind.

IV. Die bei der Anlegung der Siegel Anwesenden sind auf die Unverletzlichkeit der Siegel und die Strafen wegen unbefugten Erbrechens, Ablösens oder Beschädigens eines Siegels (§ 136 des Strafgesetzbuchs) hinzuweisen.

V. Die Beaufsichtigung der Siegel und der nicht unter Verschluß gebrachten Sachen ist einem im Hause wohnenden Beteiligten oder einer anderen Person mit der Weisung zu übertragen, für deren Sicherung zu sorgen.

VI. Die Schlüssel zu den versiegelten Behältnissen und Räumen sind der bestellten Aufsichtsperson zur Verwahrung einzuhändigen oder in gerichtliche Verwahrung zu nehmen.

§ 8.

I. Über die Anlegung von Siegeln ist ein Protokoll aufzunehmen.

II. Das Protokoll hat insbesondere zu enthalten:

1. die Angabe des Orts und des Tags der Handlung sowie des Namens des die Siegelung vornehmenden Beamten;
2. die Bezeichnung der Nachlaßsache unter Angabe des Namens, Berufs und Wohnsitzes des Erblassers;
3. die Bezeichnung der Namen der anwesenden Personen, die Darstellung des Verlaufs der Handlung, die Bezeichnung der Behältnisse und Räume, die versiegelt wurden, und ihres hauptsächlichsten Inhalts;
4. die Bezeichnung des Namens der bestellten Aufsichtsperson (§ 7 Abs. 6);
5. eine allgemeine Bezeichnung der nicht unter Siegel gelegten Sachen und der hiewegen getroffenen Maßregeln;
6. die Verzeichnung der zur gerichtlichen Hinterlegung übernommenen Gelder, Wertpapiere und Kostbarkeiten, die Angabe der den Beteiligten überlassenen Geldsumme und das Empfangsbekenntnis;
7. die Feststellung, daß die bei der Siegelung Anwesenden auf die Unverletzlichkeit der Siegel und die strafrechtlichen Folgen der Verletzung der Siegel aufmerksam gemacht worden sind.

III. In dem Protokoll ist auch kurz festzustellen, ob, soweit die bei der Anlegung der Siegel anwesenden Personen Auskunft zu erteilen imstande sind, die in der Todesanzeige (§ 1) enthaltenen Angaben vollständig und richtig sind; gegebenenfalls sind die Angaben in dem Protokolle so weit als möglich zu berichtigen.

IV. Das Protokoll ist vorzulesen und von den anwesenden Beteiligten, von der bestellten Aufsichtsperson sowie von dem Beamten, der die Siegel angelegt hat, zu unterschreiben.

§ 9.

I. Wann die Entsiegelung anzuordnen ist, bestimmt sich nach den Umständen des einzelnen Falles.

II. Das Nachlaßgericht hat die Entsiegelung insbesondere anzuordnen:
1. wenn der Erbe die Erbschaft angenommen hat;
2. wenn das Nachlaßverzeichnis aufzunehmen ist;
3. insoweit der Gebrauch einzelner versiegelter Sachen notwendig wird; in diesem Falle sind die aus dem Verschlusse genommenen Sachen und der Name des Empfängers zu verzeichnen und die übrigen Sachen wieder zu versiegeln.

§ 10.

I. Finden sich bei der Abnahme der Siegel Verletzungen der Siegel oder des Verschlusses vor, so ist zu untersuchen, ob die versiegelten Sachen sämtlich vorhanden sind. Liegt der Verdacht einer strafbaren Handlung vor, so ist der Staatsanwaltschaft Anzeige zu machen.

II. Über die Entsiegelung ist ein Protokoll aufzunehmen. In dem Protokoll ist der Befund der Siegel und der versiegelten Sachen zu vermerken und das Vorhandensein der Sachen, die nicht versiegelt wurden, festzustellen. Das Protokoll ist vorzulesen und von den anwesenden Beteiligten, sowie von dem Beamten, der die Siegel abgenommen hat, zu unterschreiben.

§ 11.

I. Zum Nachlasse gehörende Gelder, Wertpapiere oder Kostbarkeiten, die bei der Anlegung der Siegel vorgefunden werden, sind, wenn das Nachlaßgericht nicht ausdrücklich ein Anderes angeordnet hat, zu verzeichnen und bei der Hinterlegungsstelle zu hinterlegen. Ausnahmsweise können sie mit Zustimmung der anwesenden Beteiligten an dem bisherigen Verwahrungsorte belassen werden, wenn sie hier unter einen sicheren Verschluß gebracht werden können.

II. Für die Fortführung des Haushalts, des Geschäfts- oder Wirtschaftsbetriebs, sowie zur Erfüllung dringender Nachlaßverbindlichkeiten, namentlich zur Berichtigung der Beerdigungskosten, kann den Beteiligten eine bestimmte Geldsumme gegen ein schriftliches Empfangsbekenntnis mit der Verpflichtung überlassen werden, später mit dem Erben darüber abzurechnen.

§ 12.

I. Die Sicherung des Nachlasses kann auch auf die Hinterlegung des Geldes, der Wertpapiere und der Kostbarkeiten beschränkt werden.

II. Der Vollzug der gerichtlichen Anordnung erfolgt nach den Vorschriften des § 11. Über den Vollzug ist in gleicher Weise wie über die Anlegung von Siegeln (§ 8) ein Protokoll aufzunehmen.

§ 13.

I. Zur Sicherung des Nachlasses kann angeordnet werden, daß auch andere Nachlaßsachen als Geld, Wertpapiere oder Kostbarkeiten in gerichtliche Verwahrung genommen und, soweit in dem Gerichtsgebäude geeignete Räume zur Verfügung stehen, in diesen, andernfalls in einem geeigneten anderen Raume untergebracht werden.

II. Die Anordnung dieser Maßregel ist zu unterlassen, wenn die Kosten der Verwahrung unverhältnismäßig groß sind oder aus dem Nachlasse nicht bestritten werden können.

III. Der Vorstand des Amtsgerichts kann, unbeschadet der Zuständigkeit der Aufsichtsbehörden, allgemein oder für gewisse Fälle verbieten, daß Nachlaßsachen in gerichtliche Räume verbracht werden.

IV. Über die Ausführung der Maßregel ist ein kurzes Protokoll aufzunehmen; die Vorschriften des § 8 finden entsprechende Anwendung.

§ 14.

I. Findet sich bei der Ausführung einer zur Sicherung des Nachlasses vorgenommenen Maßregel, insbesondere bei der Anlegung von Siegeln oder bei der Aufnahme des Nachlaßverzeichnisses, ein Testament, ein Erbvertrag, ein Ehe- und Erbvertrag oder ein Hinterlegungsschein über eine Verfügung von Todes wegen vor, so hat der die Maßregel ausführende Beamte das Schriftstück an sich zu nehmen und unverzüglich an das Nachlaßgericht abzuliefern.

II. Das Protokoll über die Anlegung der Siegel (§ 8) oder die Übernahme zur Hinterlegung (§ 12) hat, wenn sich eine Verfügung von Todes wegen oder ein Hinterlegungsschein vorgefunden hat, eine Angabe hierüber zu enthalten.

§ 15.

I. Der Inhalt des Nachlaßverzeichnisses bestimmt sich nach dem Bedürfnisse, das zur Anordnung des Nachlaßverzeichnisses Anlaß gibt (§ 5). Das Nachlaßgericht kann anordnen, daß der gesamte Nachlaß verzeichnet oder daß in das Nachlaßverzeichnis nur ein Teil der Nachlaßgegenstände, z. B. nur die beweglichen Nachlaßsachen oder nur gewisse Nachlaßsachen, aufgenommen wird.

II. Das Verzeichnis soll eine Beschreibung der Nachlaßgegenstände enthalten. Das Nachlaßgericht kann anordnen, daß in dem Verzeichnisse der Wert der Gegenstände angegeben wird und daß zur Bestimmung des Wertes Schätzer zugezogen werden.

III. Die Verzeichnung der Nachlaßverbindlichkeiten ist zum Zwecke der Sicherung des Nachlasses nicht erforderlich. Es ist aber zu beachten, daß das nach § 1960 Abs. 2 des BGB. aufgenommene Nachlaßverzeichnis, wenn es den Vorschriften der §§ 2001—2003 des BGB. entspricht, nach § 2004 als Nachlaßinventar dienen kann.

§ 16.

I. Zur Ausführung der Sicherungsmaßregeln sind, soweit möglich, eine oder mehrere geeignete Auskunftspersonen beizuziehen. Die Auskunftspersonen sind, wenn tunlich, aus dem Kreise der am Orte anwesenden, leicht erreichbaren Erben oder Verwandten des Erblassers zu nehmen.

II. Von dem Termine der Entsiegelung ist den Beteiligten, sowie der bestellten Aufsichtsperson, soweit tunlich, mit dem Bemerken Kenntnis zu geben, daß es ihnen freistehe, der Entsiegelung beizuwohnen.

§ 17.

Die Anordnung der Sicherungsmaßregeln ist Aufgabe des Nachlaßgerichts.

§ 18.

I. Die Anlegung von Siegeln und die Entsiegelung kann der Richter selbst vornehmen.

II. Er kann sie auch übertragen

1. dem Gerichtsschreiber (Art. 63 des AG. z. GVG. in der Fassung des Art. 167 des AG. z. BGB.);
2. einem Notar (Art. 2 Ziff. 1 des Not.Ges.);
3. bei einem Nachlasse, der sich nicht in der Gemeinde befindet, in welcher das zuständige Amtsgericht seinen Sitz hat, dem Bürgermeister.

III. Die Entsiegelung kann einem dieser Beamten auch dann übertragen werden, wenn die Siegelung von einem anderen Beamten vorgenommen worden ist.

IV. In dringenden Fällen hat der Bürgermeister für die Sicherung des Nachlasses, der sich nicht in der Gemeinde befindet, in der das zuständige

Amtsgericht seinen Sitz hat, vorläufig durch Anlegung von Siegeln selbst zu sorgen; die getroffene Maßregel ist sofort dem Amtsgericht anzuzeigen (Art. 105 des AG. z. BGB.).

V. Den Bürgermeistern ist in der Bekanntmachung vom 18. Dezember 1902 (JMBl. 1903 S. 217, MABl. 1903 S. 4 ff.) eine Anweisung über die Mitwirkung der Gemeindebehörden zur Sicherung eines Nachlasses erteilt.

VI. Der Erbe kann auf Antrag vom Nachlaßgericht ermächtigt werden, die Siegel selbst abzunehmen. Im Falle einer Mehrheit von Erben kann diese Ermächtigung einem Miterben erteilt werden, sofern die übrigen Miterben hiemit einverstanden sind.

§ 19.

I. Die Anlegung von Siegeln sowie die Entsiegelung soll der Richter nur ausnahmsweise und nur aus besonderen Gründen (z. B. in den im § 26 bezeichneten Fällen) selbst vornehmen.

II. Beauftragt das Nachlaßgericht den Gerichtsschreiber mit der Anlegung oder der Abnahme der Siegel, so soll es den Auftrag schriftlich erteilen. Das Formular I enthält ein Muster für den Auftrag. Der Gerichtsschreiber hat den Auftrag den Beteiligten auf Verlangen vorzuzeigen. Es empfiehlt sich, den Auftrag bei Gerichten, die nur mit einem Gerichtsschreiber besetzt sind, einem geeigneten stellvertretenden Gerichtsschreiber und bei Gerichten, die mit mehreren Gerichtsschreibern besetzt sind, jedenfalls nicht dem mit der Geschäftsleitung betrauten Gerichtsschreiber zu erteilen. Form. I

III. Der die Siegelung oder Entsiegelung vornehmende Richter oder Gerichtsschreiber hat das Protokoll (§§ 8, 10, 11) selbst aufzunehmen; er soll einen Beamten oder Bediensteten der Gerichtsschreiberei nur ausnahmsweise beiziehen.

IV. Die Entsiegelung ist, wenn tunlich, dem Bürgermeister zu übertragen. Auch die Siegelung soll in einfachen Fällen regelmäßig dem Bürgermeister übertragen werden.

V. Wird die Entsiegelung aus Anlaß der Aufnahme des Nachlaßverzeichnisses angeordnet (§ 9 Abs. 2 Nr. 2), so wird die Vornahme der Entsiegelung zweckmäßig dem Beamten übertragen, der das Nachlaßverzeichnis aufzunehmen hat.

§ 20.

Die Vorschriften der §§ 18, 19 finden entsprechende Anwendung, wenn die Sicherung des Nachlasses auf die Hinterlegung des Geldes, der Wertpapiere und der Kostbarkeiten beschränkt oder eine Anordnung der im § 13 bezeichneten Art zu vollziehen ist.

§ 21.

I. Die Ausführung der Hinterlegung liegt dem ob, der bei der Nachlaßsicherung die Gelder, Wertpapiere oder Kostbarkeiten an sich genommen hat. Hat jedoch der Bürgermeister Gelder, Wertpapiere oder Kostbarkeiten an sich genommen, so hat er sie nur dem Nachlaßgerichte zu übersenden, für die Ausführung der Hinterlegung hat das Nachlaßgericht zu sorgen.

II. Die Hinterlegung erfolgt nach den Vorschriften der Hinterlegungsordnung vom 18. Dezember 1899 (JMBl. S. 1057). Sie geschieht dadurch, daß entweder der mit der Sicherung des Nachlasses betraute Beamte die Hinterlegungserklärung (§§ 13, 48 der Hinterlegungsordnung) abgibt oder das Nachlaßgericht die Hinterlegungsstelle um Annahme der zu hinterlegenden Gegenstände ersucht (§ 18 Abs. 3 Nr. 2, § 48 der Hinterlegungsordnung).

III. Sind die hinterlegten Gegenstände herauszugeben, so hat das Nachlaßgericht entweder dem Empfangsberechtigten eine Bescheinigung über das Recht zum Empfange zu erteilen oder die Hinterlegungsstelle um die

Herausgabe zu ersuchen (§ 27 Nr. 2, § 49 der Hinterlegungsordnung). Im ersten Falle hat der Empfangsberechtigte die Herausgabe nach Maßgabe der §§ 23, 50 der Hinterlegungsordnung selbst zu erwirken; im anderen Falle übergibt oder übersendet die Hinterlegungsstelle die Gegenstände dem Empfangsberechtigten ohne weiteren Antrag.

§ 22.

I. Für die Aufnahme des Nachlaßverzeichnisses ist das Nachlaßgericht nicht zuständig.

II. Die Aufnahme des Nachlaßverzeichnisses gehört in der Regel zur Zuständigkeit der Notare (Art. 2 Ziff. 1 des Not.Ges.). Uebersteigt der Wert des Nachlasses ohne Abzug der Schulden den Betrag von 2000 Mk. nicht oder nicht erheblich, so ist für die Aufnahme des Nachlaßverzeichnisses auch der Gerichtsschreiber des Amtsgerichts zuständig (Art. 63 des AG. z. GVG.).

III. Hienach hat das Nachlaßgericht, wenn ein Nachlaßverzeichnis aufzunehmen ist, mit dessen Aufnahme je nach dem Werte des Nachlasses einen Notar oder einen Gerichtsschreiber zu beauftragen. Die Vorschriften des § 19 Abs. 2, 3 finden entsprechende Anwendung. Das Formular I kann für den Auftrag benutzt werden.

§ 23.

Der Notar hat das in Ausführung der gerichtlichen Anordnung aufgenommene Nachlaßverzeichnis bei dem Nachlaßgericht in Urschrift einzureichen.

§ 24.

Ist eine zur Sicherung des Nachlasses angeordnete Maßregel in Abwesenheit des Erben oder eines Miterben vorgenommen worden, so soll das Nachlaßgericht ihn von der Maßregel in Kenntnis setzen, sofern nach Lage der Sache anzunehmen ist, daß der Erbe an der alsbaldigen Erlangung dieser Kenntnis ein Interesse hat.

§ 25.

I. Die Nachlaßpflegschaft kann außer dem Falle des § 1961 des BGB. in allen Fällen angeordnet werden, in denen nach § 1960 Abs. 1 des BGB. überhaupt die Fürsorge des Nachlaßgerichts eintritt. Insbesondere kann für einen Erben, dessen Geburt erwartet wird, oder für eine als Erbe berufene noch nicht genehmigte Stiftung eine Nachlaßpflegschaft bestellt werden.

II. Auf die Nachlaßpflegschaft finden die Vorschriften über die Pflegschaft (§§ 1915 ff. des BGB.) Anwendung. An die Stelle des Vormundschaftsgerichts tritt jedoch das Nachlaßgericht (§ 1962 des BGB.).

III. Nach den §§ 46, 75 des FGG. kann das Nachlaßgericht aus wichtigen Gründen die Pflegschaft an ein anderes Nachlaßgericht abgeben, wenn dieses sich zur Uebernahme bereit erklärt und, sofern ein Nachlaßpfleger schon bestellt ist, auch dieser damit einverstanden ist; einigen sich die Gerichte nicht oder verweigert der Pfleger die Zustimmung, so entscheidet das gemeinschaftliche obere Gericht. Die Befugnis zur Abgabe ist namentlich für den Fall von Bedeutung, daß der Nachlaß in der Hauptsache aus Grundstücken besteht und diese nicht in dem Gerichtsbezirke liegen, in dem der Erblasser seinen letzten Wohnsitz hatte.

IV. Die Nachlaßpflegschaft soll vom Nachlaßgericht aufgehoben werden, wenn der Erbe ermittelt ist und die Erbschaft angenommen hat (§ 1919 des BGB.).

Form. II. V. Das Formular II enthält ein Muster für die Bestallung des Nachlaßpflegers.

§ 26.

I. Für den Fall des Todes eines Beamten gelten in Ansehung der Sicherung der amtlichen Schriftstücke, Gelder und sonstigen Sachen, deren Herausgabe auf Grund des Dienstverhältnisses verlangt werden kann, besondere Vorschriften.

II. Für die Beamten des Staates, einer Kreisgemeinde, einer Distriktsgemeinde oder einer nicht unter gemeindlicher Verwaltung stehenden öffentlichen Stiftung mit Ausnahme der Pfründe- und Kirchenstiftungen sind die Vorschriften in der K. Verordnung vom 7. Dezember 1899 (JMBl. S. 549) enthalten.

III. Für den Fall des Todes eines Beamten einer Gemeinde oder einer örtlichen Stiftung sind die auf Grund der Gemeindeordnung bestehenden Bestimmungen maßgebend. Wird das Nachlaßgericht von der Gemeindebehörde um die Vornahme der Sicherungsmaßregeln ersucht, so hat es dem Ersuchen zu entsprechen. Finden sich bei der Ausführung einer Maßregel, die das Nachlaßgericht zur Sicherung des Nachlasses auf Grund des § 1960 des BGB. angeordnet hat, amtliche Schriftstücke, Gelder oder sonstige Sachen vor, deren Herausgabe auf Grund des Dienstverhältnisses verlangt werden kann, so hat das Nachlaßgericht der Gemeindebehörde davon Mitteilung zu machen.

IV. Für den Fall des Todes des Verwalters eines Pfründe- oder Kirchenstiftungsvermögens sind die bestehenden Bestimmungen maßgebend; für den Fall des Todes eines Geistlichen wird auf den § 68 der II. Beilage zur Verfassungsurkunde verwiesen.

V. Für den Fall des Todes eines Angehörigen des aktiven Heeres wird auf den § 7 des Gesetzes über die freiwillige Gerichtsbarkeit und andere Rechtsangelegenheiten in Heer und Marine vom 28. Mai 1901 (RGBl. S. 185) verwiesen.

III. Eröffnung der Verfügungen von Todes wegen.

§ 27.

I. Für die Eröffnung eines Testaments ist das als Nachlaßgericht berufene Amtsgericht zuständig (Art. 2 Abs. 2 des Nachl.Ges.). Befindet sich jedoch das Testament verschlossen in der amtlichen Verwahrung eines bayerischen Notars, und hat dieser seinen Amtssitz an einem anderen Orte als das Nachlaßgericht, so liegt dem Notar an Stelle des Nachlaßgerichts die Eröffnung ob (Art. 2 Abs. 2 des Nachl.Ges.). Die Testamente, die vor dem Inkrafttreten des Not.Ges. vom 10. November 1861 errichtet worden sind und von einem Amtsgericht verwahrt werden, werden von dem Amtsgericht eröffnet, das sie verwahrt (§ 2261 des BGB.).

II. Die Testamente, die ein nichtbayerisches deutsches Gericht verwahrt, werden von diesem eröffnet. Die Testamente, die ein nichtbayerischer deutscher Notar verwahrt, werden von dem Nachlaßgericht eröffnet (§ 2259 Abs. 2, § 2261 des BGB.).

§ 28.

I. Erhält das Nachlaßgericht durch die Todesanzeige des Standesbeamten oder auf andere Weise Kenntnis von dem Vorhandensein eines Testaments, so hat es, wenn das Testament von einem Notar verwahrt wird, diesem den Todesfall mitzuteilen und ihn zu ersuchen, das Testament, sofern er für dessen Eröffnung zuständig ist, zu eröffnen, andernfalls es in Urschrift an das Nachlaßgericht abzuliefern (§ 2259 Abs. 2 des BGB., Art. 2 des Nachl.Ges.).

II. Wird das Testament von einem Gerichte verwahrt, so ist dieses um die Eröffnung zu ersuchen.

III. In dem Schreiben, durch das der Notar oder das Gericht um die Eröffnung ersucht wird, sind die dem Nachlaßgerichte bekannten gesetzlichen Erben und sonstigen Beteiligten zu bezeichnen.

IV. Ist ein vor dem Gemeindevorsteher errichtetes Testament noch in der Verwahrung des Gemeindevorstehers, so ist dieser zu veranlassen, es an das Nachlaßgericht abzuliefern (§ 2259 Abs. 2 des BGB.; § 16 Abs. 3 der Anweisung zur Errichtung von Testamenten vor dem Gemeindevorsteher, JMBl. 1901 S. 25).

§ 29.

I. Erhält das Nachlaßgericht davon Kenntnis, daß eine andere Person, als ein Notar, ein Gericht oder ein Gemeindevorsteher ein Testament im Besitze hat, so hat es den Besitzer nach § 2259 Abs. 1 des BGB. aufzufordern, das Testament (s. § 35) unverzüglich an das Nachlaßgericht abzuliefern.

II. Die Ablieferung kann nach § 83 Abs. 1 des FGG. durch Ordnungsstrafen erzwungen werden. In die Aufforderung ist der Hinweis auf die Möglichkeit der Bestrafung aufzunehmen (§ 33 des FGG.). Das Nachlaßgericht ist auch zur Anwendung unmittelbaren Zwanges gegen den Besitzer befugt (Art. 130 des AG. z. BGB., § 201 der Geschäftsanweisung für die Gerichtsvollzieher, JMBl. 1900 S. 621).

III. Besteht Grund zu der Annahme, daß jemand ein Testament im Besitze hat, zu dessen Ablieferung er nach § 2259 Abs. 1 des BGB. verpflichtet ist, so kann er nach Maßgabe der Vorschriften des § 83 Abs. 2 des FGG. von dem Nachlaßgerichte zur Leistung des Offenbarungseids von Amts wegen angehalten werden. Über die Verhandlung im Termine zur Leistung des Offenbarungseids ist ein Protokoll aufzunehmen. Das Protokoll hat insbesondere die Eidesnorm zu enthalten.

§ 30.

Das Nachlaßgericht hat für die zweckmäßige Aufbewahrung des zur Eröffnung abgelieferten Testaments zu sorgen. Es soll hiezu den bei dem Amtsgerichte befindlichen Kassenschrank benutzen; ein Eintrag in die Bücher der Hinterlegungsstelle findet nicht statt, in die Nachlaßakten ist ein entsprechender Vermerk zu machen.

§ 31.

I. Zur Eröffnung des Testaments hat das Nachlaßgericht nach § 2260 des BGB. einen Termin zu bestimmen. Zu dem Termine sind die gesetzlichen Erben des Erblassers und die sonstigen Beteiligten zu laden. Die Ladung unterbleibt, wenn sie untunlich ist, z. B. wenn eine Ladung durch öffentliche Zustellung notwendig ist. Besondere Nachforschungen nach dem Vorhandensein von Beteiligten soll das Nachlaßgericht nicht anstellen. Es soll jedoch, wenn die Todesanzeige des Standesbeamten die Namen der gesetzlichen Erben nicht enthält, durch eine Anfrage bei der Ortspolizeibehörde die gesetzlichen Erben zu ermitteln versuchen, soweit dies ohne besondere Schwierigkeiten möglich ist.

II. Die Ladung soll einen Hinweis darauf enthalten, daß die nichterschienenen Beteiligten von dem sie betreffenden Inhalte des Testaments werden in Kenntnis gesetzt werden.

III. Die Zustellung der Ladung erfolgt regelmäßig nach Maßgabe des § 49 der Bekanntmachung vom 16. Dezember 1899 (JMBl. S. 475).

Form. III. IV. Das Formular III enthält ein Muster für die Ladung.

§ 32.

I. Vor der Eröffnung ist das Testament den Erschienenen vorzuzeigen und die Unverletztheit des Verschlusses, insbesondere auch der Siegel festzustellen. Das Testament ist dann zu öffnen, den Beteiligten zu verkünden und ihnen auf Verlangen vorzulegen. Die Verkündung darf im Falle der Vorlegung unterbleiben.

II. Über die Eröffnung ist ein Protokoll aufzunehmen.

III. Das Protokoll hat insbesondere zu enthalten:

1. eine Beschreibung des Hergangs der Eröffnung:
2. wenn das Testament verschlossen war, die Angabe, ob der Verschluß unversehrt war oder welche Verletzungen des Verschlusses wahrgenommen worden sind;
3. sofern das Testament besondere Auffälligkeiten, z. B. Ausstreichungen, Ausschabungen, Überschreibungen, Randbemerkungen, enthält, eine kurze Angabe derselben;
4. etwaige Erklärungen über die Echtheit oder über die Anerkennung des Testaments.

IV. Die Urschrift des eröffneten Testaments bleibt bei den Nachlaßakten. In Ausnahmefällen kann sie außerhalb der Nachlaßakten aufbewahrt werden.

§ 33.

Erscheint in dem zur Eröffnung festgesetzten Termine kein Beteiligter, so ist das Testament, nachdem festgestellt ist, inwieweit der Verschluß unversehrt ist, zu öffnen und über den Hergang ein Protokoll aufzunehmen. Das Protokoll hat die im § 32 Abs. 3 Nr. 2, 3 bestimmten Angaben zu enthalten.

§ 34.

I. Das Nachlaßgericht hat die Beteiligten, welche bei der Eröffnung des Testaments nicht zugegen gewesen sind, nach § 2262 des BGB. von dem sie betreffenden Inhalte des Testaments in Kenntnis zu setzen.

II. Als Beteiligte gelten nicht nur die als Erben Eingesetzten, sondern auch Nacherben und Vermächtnisnehmer, Empfänger von Auflagen, die Behörde, welche die Vollziehung einer Auflage verlangen kann (Art. 107 des AG. zum BGB., § 24 der Zuständigkeitsverordnung zum BGB. vom 24. Dezember 1899, G.- u. VBl. S. 1229) und der Testamentsvollstrecker. Den nicht zugegen gewesenen Beteiligten, denen die Ladung zum Eröffnungstermine bekannt gemacht worden ist, muß die Mitteilung von dem sie betreffenden Inhalte des Testaments stets gemacht werden. Im übrigen ist den nicht bedachten gesetzlichen Erben eine Mitteilung nur in den Fällen zu machen, in denen ein gesetzlicher Erbe ausgeschlossen (§ 1938) oder ihm der Pflichtteil entzogen (§§ 2333 ff.) oder das gesetzliche Erbrecht durch Einsetzung anderer Personen auf einen Teil des Nachlasses geschmälert oder durch Anordnung von Vermächtnissen oder Auflagen belastet ist; bei völliger Übergehung bleibt dem gesetzlichen Erben überlassen, sich gemäß § 2264 des BGB. von dem Inhalte des Testaments Kenntnis zu verschaffen.

III. Die Benachrichtigung der nicht zugegen gewesenen Beteiligten geschieht in der Regel schriftlich. Soweit indessen die Beteiligten aus Anlaß der Ermittelung des Erben ohnehin vernommen werden müssen, ist ihre Benachrichtigung in der Regel mit der Ermittelung des Erben zu verbinden; sie erfolgt also mündlich zu Protokoll und, sofern ein Beteiligter sich nicht im Bezirke des Nachlaßgerichts aufhält, im Wege des Ersuchens des Amtsgerichts des Aufenthaltsorts.

IV. Die Zustellung der schriftlichen Mitteilung geschieht in der Regel nach Maßgabe des § 49 der Bekanntmachung vom 16. Dezember 1899 (JMBl. S. 475). Hinsichtlich der Mitteilung an den als Erben Berufenen empfiehlt sich die Übersendung mittels eingeschriebenen Briefes oder die Aushändigung gegen Empfangsschein anzuordnen, sofern nicht das Gericht vorschreibt, daß die Zustellung in den Formen der CPO. erfolgt (§ 50 der bezeichneten Bekanntmachung).

V. Ist der Aufenthalt eines Beteiligten unbekannt, so kann das Nachlaßgericht eine Bekanntmachung in den Zeitungen erlassen, wenn dies nach Lage des Falles erforderlich und nicht wegen der Höhe der Kosten unangemessen erscheint.

§ 35.

Die Eröffnung eines Testaments darf nicht deshalb unterbleiben, weil es mit einem formellen oder materiellen Mangel behaftet ist, sofern es sich nur äußerlich als ein Testament darstellt. Insbesondere muß ein vor dem Gemeindevorsteher errichtetes Testament auch dann eröffnet werden, wenn der Erblasser die im § 2252 Abs. 1 des BGB. bestimmte dreimonatige Frist überlebt hat.

§ 36.

I. Testamente, deren ganzer Inhalt gültig widerrufen ist (§§ 2254 bis 2256 des BGB.), werden nur eröffnet, sofern ein Beteiligter die Eröffnung beantragt. Ist nur eine einzelne im Testament enthaltene Verfügung widerrufen (§ 2253 des BGB.), so wird dadurch die Notwendigkeit der Eröffnung nicht berührt.

II. Das Nachlaßgericht ist befugt und auf Antrag eines Beteiligten verpflichtet, zu verlangen, daß ein Testament, dessen Ablieferung und Eröffnung unterblieben ist, weil es widerrufen ist, sowie die Urkunde, aus der sich der Widerruf ergibt (§ 240 der Geschäftsordnung für die Notariate), ihm übersendet wird; die Urkunden sind bei den Nachlaßakten zurückzubehalten. Ist das widerrufene Testament nicht in einer öffentlichen Urkunde enthalten, so hat das Nachlaßgericht von der Befugnis, die Ablieferung des Testaments zu verlangen, grundsätzlich Gebrauch zu machen.

III. Ersieht das Nachlaßgericht aus einem Testament oder einem Erbvertrage, daß dadurch der ganze Inhalt eines bei einem Notar oder einem Gerichte verwahrten Testaments widerrufen ist, so hat es hievon, wenn es von der Befugnis des Abs. 2 keinen Gebrauch macht, jedenfalls den Notar oder das Gericht in Kenntnis zu setzen.

IV. Ist ein Testament durch ein späteres Testament nicht förmlich widerrufen, sondern dadurch aufgehoben, daß das spätere Testament mit ihm in Widerspruch steht (§ 2258 des BGB.), so werden beide Testamente eröffnet.

§ 37.

I. Die Vorschriften der §§ 27—36 gelten auch für die Ablieferung und Eröffnung gemeinschaftlicher Testamente.

II. Bei der Eröffnung eines gemeinschaftlichen Testaments dürfen die Verfügungen des überlebenden Ehegatten, soweit sie sich sondern lassen, weder verkündet noch sonst zur Kenntnis der Beteiligten gebracht werden (§ 2273 Satz 1 des BGB.).

III. Nach der Eröffnung des gemeinschaftlichen Testaments ist von den Verfügungen des verstorbenen Ehegatten eine beglaubigte Abschrift zu den Akten anzufertigen (§ 2273 Satz 2). Das Testament ist sodann zu verschließen und, wenn es in besondere amtliche Verwahrung genommen war, in diese zurückzubringen (§ 2273 Satz 3), andernfalls, sofern der überlebende Ehegatte einen Notar bezeichnet, diesem, sonst einem Notar, der am Sitze des Nachlaßgerichts seinen Amtssitz hat, zum Zwecke der Verwahrung zu übergeben. Muß das Testament zu diesem Zwecke versendet werden, so ist die Sendung als eingeschrieben zu bezeichnen. Zu den Nachlaßakten ist die Bestätigung der Behörde zu bringen, der das Testament übergeben worden ist.

IV. In dem Protokoll über die Eröffnung (§ 32) ist anzugeben, ob ein Teil und welcher Teil des Testaments geheim gehalten worden ist, ferner ob das Testament wieder verschlossen und an welchen Notar oder an welches Gericht es abgegeben worden ist. Kann die Verschließung nicht in dem Eröffnungstermin erfolgen, so ist über sie eine kurze Feststellung zu den Akten zu fertigen.

§ 38.

I. Für die Eröffnung eines Erbvertrags ist das als Nachlaßgericht berufene Amtsgericht zuständig. Befindet sich jedoch der Erbvertrag verschlossen in der amtlichen Verwahrung eines bayerischen Notars und hat dieser seinen Amtssitz an einem anderen Orte als das Nachlaßgericht, so liegt dem Notar an Stelle des Nachlaßgerichts die Eröffnung ob (Art. 2 des Nachl.Ges.). Ist ein vor dem Inkrafttreten des Notariatsgesetzes vom 10. November 1861 errichteter Erbvertrag, der sich in der Verwahrung eines Gerichts befindet, zu eröffnen, so liegt die Eröffnung diesem Gerichte ob. Die Eröffnung eines in der Verwahrung eines nichtbayerischen deutschen Gerichts befindlichen Erbvertrags liegt diesem ob (§§ 2261, 2300 des BGB.).

II. Auf die Ablieferung und die Eröffnung des Erbvertrags finden die Vorschriften der §§ 28—37 entsprechende Anwendung. Die Eröffnung hat auf Grund der Urschrift des Erbvertrags zu erfolgen. Die Urschrift bleibt auch nach der Eröffnung bei den Nachlaßakten.

III. Bei der Eröffnung eines zweiseitigen Erbvertrags sind die Verfügungen des überlebenden Teiles, soweit sie sich sondern lassen, weder zu verkünden noch sonst zur Kenntnis der Beteiligten zu bringen; von den Verfügungen des verstorbenen Teiles ist eine beglaubigte Abschrift zu den Nachlaßakten anzufertigen. Der Erbvertrag ist wieder in die Verwahrung des Notars oder des Gerichts zurückzubringen; war er verschlossen, so ist er vorher wieder zu verschließen.

IV. Die Vorschriften der Abs. 1—3 finden auch dann Anwendung, wenn der Erbvertrag nicht in besondere amtliche Verwahrung gebracht war, sowie wenn der Erbvertrag mit einem anderen Vertrage, z. B. einem Ehevertrag, einem Übergabsvertrage, in derselben Urkunde enthalten ist. Ist jedoch der mit einem anderen Vertrag in derselben Urkunde verbundene Erbvertrag von einem bayerischen Notar aufgenommen worden, so geht die Urschrift an den Notar zurück; eine beglaubigte Abschrift der erbrechtlichen Bestimmungen des Vertrags ist zu den Nachlaßakten zu fertigen.

§ 39.

I. Hat ein Notar eine Verfügung von Todes wegen dem Amtsgerichte zur Eröffnung abzuliefern, so hat die Ablieferung, wenn der Notar am Sitze des Gerichts seinen Amtssitz hat, durch den Notar persönlich oder durch einen Notariatspraktikanten oder einen zur Einsicht des Grundbuchs befugten Gehilfen des Notars zu erfolgen; offene Verfügungen von Todes wegen sind vom Notar vor der Ablieferung in einem Umschlage zu verschließen. Die Ablieferung hat an den Richter oder dessen Stellvertreter oder den vom Vorstande des Amtsgerichts bestimmten Gerichtsschreiber gegen Empfangsschein zu erfolgen.

II. Hat der Notar nicht am Sitze des Gerichts seinen Amtssitz, so hat die Ablieferung durch Einschreibsendung zu erfolgen.

III. Ist ein Testament oder ein Erbvertrag von dem Nachlaßgericht an einen Notar zur Verwahrung abzugeben (§ 27 Abs. 3, § 38 Abs. 3, 4 Satz 2, § 40 Abs. 2), so hat die Abgabe, wenn der Notar seinen Amtssitz am Sitze des Gerichts hat, an den Notar bei seiner gelegentlichen Anwesenheit im Gerichtsgebäude zu erfolgen oder es ist der Notar zu ersuchen, die Verfügung von Todes wegen durch einen Notariatspraktikanten oder einen zur Einsicht des Grundbuchs befugten Gehilfen abholen zu lassen; die Abgabe erfolgt gegen Empfangsschein; das offene Testament ist in einem Umschlage zu verschließen. Hat der Notar seinen Amtssitz nicht am Sitze des Gerichts, so ist die Postsendung einzuschreiben.

§ 40.

I. Hat ein Notar ein Testament oder einen Erbvertrag eröffnet, so hat er die Urschrift der Verfügung von Todes wegen sowie eine beglaubigte Abschrift des über die Eröffnung aufgenommenen Protokolls dem Nachlaßgerichte zu übersenden (Art. 2 des Nachl.Ges.). Sind bei einem gemeinschaftlichen Testament oder einem Erbvertrage Verfügungen des überlebenden Teiles geheimzuhalten, so hat der Notar die Verfügung von Todes wegen in die amtliche Verwahrung zurückzubringen und dem Nachlaßgericht außer der beglaubigten Abschrift des Eröffnungsprotokolls eine beglaubigte Abschrift der Verfügungen des verstorbenen Teiles zu übersenden. Das Nachlaßgericht hat dem Notar den Empfang kurz zu bestätigen. Die in den §§ 2262, 2300 des BGB. vorgeschriebene Benachrichtigung der bei der Eröffnung nicht zugegen gewesenen Beteiligten von dem sie betreffenden Inhalte der Verfügung von Todes wegen ist vom Nachlaßgerichte nach Maßgabe des § 34 zu bewirken.

II. Die Vorschriften des Abs. 1 finden entsprechende Anwendung, wenn ein Gericht ein Testament oder einen Erbvertrag eröffnet hat (§ 2261 des BGB.). Sollte das Gericht in dem im Abs. 1 Satz 2 bezeichneten Falle die Verfügung von Todes wegen in Urschrift übersenden, so hat das Nachlaßgericht von dem verkündeten Teile der Verfügung eine beglaubigte Abschrift für die Nachlaßakten anzufertigen und die Verfügung, wenn der überlebende Teil einen Notar bezeichnet, diesem, sonst einem Notar, der am Sitze des Nachlaßgerichts seinen Amtssitz hat, zum Zwecke der Verwahrung zu übergeben.

§ 41.

Form. IV. I. Das Nachlaßgericht hat wöchentlich ein nach dem Formular IV hergestelltes Verzeichnis der bei dem Gericht im Laufe der Woche eingegangenen Todesanzeigen jedem Notar, der im Bezirk oder am Sitze des Amtsgerichts seinen Amtssitz hat, mitzuteilen; die Anzeigen über den Tod von Personen, welche noch nicht sechzehn Jahre alt waren, sind in das Verzeichnis nicht aufzunehmen. Ist ein Todesfall schon nach der Vorschrift des § 28 Abs. 1 mitgeteilt worden, so braucht er in das Verzeichnis nur dann aufgenommen zu werden, wenn mehrere Notare im Bezirk oder am Sitze des Gerichts ihren Amtssitz haben. Der Notar hat auf dem Verzeichnisse zu bestätigen, daß er geprüft hat, ob er für eine der im Verzeichnis angegebenen Personen ein Testament oder einen Erbvertrag verwahrt; die Bestätigung kann in Form eines Vermerks geschehen und ist von dem Notar mit Angabe des Datums zu unterzeichnen. Die Verzeichnisse hat der Notar in Sammelakten drei Jahre lang aufzubewahren.

II. In einigen Bundesstaaten ist vorgeschrieben, daß das Amtsgericht die vor ihm erfolgte Errichtung oder Aufhebung eines Testaments oder Erbvertrags, wenn der Erblasser seinen Wohnsitz im Bezirk eines anderen Amtsgerichts hat, diesem anzuzeigen hat (vgl. z. B. Art. 81 des preuß. AG. z. BGB.). Derartige Anzeigen sind von den bayerischen Amtsgerichten einem Notar, der am Sitze des Amtsgerichts seinen Amtssitz hat, zu übersenden; betreffen sie eine bei einem Notar verwahrte Verfügung von Todes wegen, so sind sie an diesen Notar abzugeben.

IV. Ermittelung des Erben. Feststellung des Erbrechts des Fiskus.

§ 42.

I. Die Ermittelung des Erben ist nach dem Bürgerlichen Gesetzbuch in der Regel Sache des Beteiligten; vom Nachlaßgerichte wird der Erbe nur aus gewissen im Gesetze besonders bestimmten Anlässen ermittelt, z. B. wenn ein Erbschein zu erteilen ist, wenn das Gericht auf Antrag eines Miterben die Auseinandersetzung vermittelt, wenn eine der dem Nachlaßgerichte nach § 1342 Abs. 2, § 1597 Abs. 2, § 1953 Abs. 3, § 1957 Abs. 2, § 2081 Abs. 2 des BGB. obliegenden Mitteilungen zu machen ist.

II. Nach Art. 3 des Nachl.Ges. haben jedoch die bayerischen Nachlaßgerichte den Erben von Amts wegen zu ermitteln.

III. Die amtliche Ermittelung hat stets zu erfolgen; es macht keinen Unterschied, ob es sich um die gesetzliche Erbfolge oder um die Erbfolge auf Grund einer Verfügung von Todes wegen handelt, ob ein Erbe oder eine Mehrheit von Erben vorhanden ist, ob, wenn mehrere Erben vorhanden sind, die Auseinandersetzung unter ihnen stattfinden oder unterbleiben soll. Ist indessen nach den Umständen des Falles anzunehmen, daß ein die Beerdigungskosten übersteigender Nachlaß offenbar nicht vorhanden ist, so wird die amtliche Ermittelung des Erben erst eingeleitet, wenn ein Beteiligter es beantragt. Die amtliche Ermittelung des Erben unterbleibt also z. B. zunächst dann, wenn ein minderjähriges eheliches Kind, dessen Eltern nach der Todesanzeige noch leben, gestorben ist und Anhaltspunkte für das Vorhandensein eines Vermögens des Kindes nicht vorliegen, oder wenn beim Tode eines minderjährigen unehelichen Kindes aus den Vormundschaftsakten hervorgeht, daß das Kind kein Vermögen hatte.

§ 43.

I. Ist eine Sicherungsmaßregel angeordnet worden, so ist sofort die Ermittelung des Erben einzuleiten (vgl. § 24).

II. Auch wenn eine Verfügung von Todes wegen zu eröffnen ist, ist die Ermittelung des Erben sofort vorzunehmen; die Ermittelung hat im unmittelbaren Anschluß an die Eröffnung der Verfügung von Todes wegen zu geschehen.

III. In den übrigen Fällen ist die Ermittelung des Erben in der Regel mit der Erledigung der Frage zu verbinden, ob die Vermittelung der Auseinandersetzung stattzufinden hat. Sofern also vor dem Ablauf der im § 101 bestimmten zweimonatigen Frist der Antrag auf Vermittelung gestellt wird, ist die Ermittelung des Erben aus Anlaß dieses Antrags, andernfalls nach dem Ablaufe der zwei Monate vorzunehmen.

IV. Wenn indessen der Erblasser einen Ehegatten hinterlassen hat, muß die Ermittelung des Erben stets bald nach dem Eintritte des Erbfalls, jedenfalls aber so zeitig vor dem Ablaufe der Ausschlagungsfrist (§ 1944 des BGB.) in Angriff genommen werden, daß der Ehegatte das ihm nach dem Güterrechte möglicherweise zustehende und mit dem Ablaufe der Ausschlagungsfrist verloren gehende Wahlrecht ausüben kann. Für die nach dem Inkrafttreten des BGB. geschlossenen Ehen kommt ein solches Wahlrecht in Frage, sofern es sich darum handelt, ob der Ehegatte die Fortsetzung der Gütergemeinschaft ablehnen soll oder nicht (§§ 1484, 1549 des BGB.); für die vor dem Inkrafttreten des BGB. geschlossenen Ehen ist ein solches Wahlrecht in den Art. 67—71, 78—80, 82—89, 92, 94, 95 des Übergangsgesetzes zum BGB. bestimmt. Auf das Wahlrecht soll der Ehegatte bei der Ermittelung des Erben aufmerksam gemacht werden.

V. Durch Vormerkung im Terminskalender ist dafür zu sorgen, daß die Ermittelung des Erben in den Fällen der Abs. 3, 4 nicht übersehen wird.

§ 44.

I. Besondere Vorschriften über die Art und Weise der Ermittelung des Erben trifft, abgesehen von dem Falle, daß ein Erbschein zu erteilen ist (§§ 49 ff.), weder das Reichsrecht für die Fälle, in denen, wie z. B. bei der Vermittelung der Auseinandersetzung unter Miterben, die Ermittelung des

Erben reichsrechtlich geboten ist, noch das Nachlaßgesetz für die von ihm allgemein eingeführte Ermittelung des Erben. Aus der Natur der Sache ergeben sich folgende Grundsätze:

II. Zunächst ist festzustellen, ob und welche Verfügungen des Erblassers von Todes wegen vorhanden sind.

III. Ergibt sich hienach, daß die gesetzliche Erbfolge Platz greift, so ist zu ermitteln, wer der nächste gesetzliche Erbe (§§ 1924—1936 des BGB.) ist.

IV. Im Falle des Todes eines Ehegatten ist stets zu ermitteln, welcher Güterstand in der Ehe gegolten hat.

V. Das Nachlaßgericht hat von Amts wegen die zur Feststellung der Tatsachen erforderlichen Ermittelungen zu veranstalten und die geeignet erscheinenden Beweise aufzunehmen (§§ 12, 15 des FGG.).

VI. Auf welche Weise das Nachlaßgericht sich die Überzeugung von dem Erbrecht einer bestimmten Person verschafft, ist seinem Ermessen überlassen. Von dem Ermessen des Gerichts hängt es insbesondere ab, ob es die Erklärungen der Beteiligten ohne weiteres für glaubwürdig und das Erbrecht dadurch für bewiesen erachtet, oder ob es die Beibringung von Beweismitteln, z. B. von öffentlichen Urkunden, für erforderlich hält. In der Regel wird sich das Nachlaßgericht bei der gewöhnlichen Erbenermittelung mit den Angaben der Beteiligten, wenn diese ihm glaubwürdig erscheinen, begnügen können.

§ 45.

Ergeben die Ermittelungen, daß fortgesetzte Gütergemeinschaft eintritt und das ganze hinterlassene Vermögen in diese fällt, so brauchen weitere Ermittelungen nach den Erben nicht angestellt zu werden. Das gleiche gilt, wenn der überlebende Ehegatte das ganze Vermögen des verstorbenen Ehegatten kraft Konsolidation (Art. 67 des Übergangsgesetzes zum BGB.) erhält.

§ 46.

I. Das Ergebnis der Ermittelungen braucht nicht in einem förmlichen Beschlusse niedergelegt zu werden. Es genügt z. B., daß in dem Protokoll über die Vernehmung der Beteiligten zum Ausdruck kommt, wen das Nachlaßgericht als den Erben ermittelt hat.

II. Besteht unter den Erben Streit über das Erbrecht und kann eine gütliche Einigung nicht erzielt werden, so sind die Streitpunkte im Protokolle festzustellen und die Beteiligten auf den Rechtsweg zu verweisen.

§ 47.

I. Wird der Erbe nicht innerhalb einer den Umständen entsprechenden Frist ermittelt, so hat das Nachlaßgericht nach Maßgabe der §§ 1964, 1965 des BGB. festzustellen, daß ein anderer Erbe als der Fiskus nicht vorhanden ist.

II. Selbstverständliche Voraussetzung ist das Vorhandensein eines Nachlasses, der zur Deckung der Kosten des Verfahrens ausreicht.

III. Die im § 1965 Abs. 1 des BGB. vorgeschriebene öffentliche Aufforderung hat nicht die Natur eines Aufgebots; die Androhung eines Rechtsnachteils hat daher zu unterbleiben. Die Bekanntmachung der Aufforderung (§ 1965 Abs. 1 des BGB., §§ 948—950 der CPO.) erfolgt durch Anheftung an die Gerichtstafel auf die Dauer von zwei Wochen, durch einmalige Einrückung des vollen Inhalts in den Deutschen Reichsanzeiger, durch zweimalige Einrückung eines Auszugs in das für die amtlichen Bekanntmachungen des Nachlaßgerichts bestimmte Blatt, nach dem Ermessen des Gerichts auch noch durch Einrückung in andere Blätter und zu mehreren Malen. Die Anmeldungsfrist muß mindestens sechs Wochen vom Tage der Einrückung in den Reichsanzeiger an betragen. Die Aufforderung soll unterbleiben, wenn die Kosten dem Bestande des Nachlasses gegenüber unverhältnismäßig groß sind.

IV. Von jeder Anmeldung eines Erbrechts hat das Nachlaßgericht der Regierungsfinanzkammer Mitteilung zu machen.

V. Das Nachlaßgericht kann zur Verhandlung über die angemeldeten Erbrechte einen Termin ansetzen. Von dem Termin ist auch der Regierungsfinanzkammer Mitteilung zu machen.

VI. Die Feststellung des Erbrechts des Fiskus und, wenn ein anderer Erbe als der Fiskus ermittelt wird, die Feststellung dieses Ergebnisses hat durch förmlichen Beschluß zu erfolgen. Der Beschluß ist der Regierungsfinanzkammer, und, wenn das Erbrecht eines Andern ermittelt wird, auch diesem zuzustellen.

VII. Der Fiskus kann auf Grund des sein Erbrecht feststellenden Beschlusses die Erteilung eines Erbscheins verlangen.

§ 48.

Im Anschluß an die Ermittelung des Erben ist, wenn der Erblasser ein minderjähriges oder bevormundetes Kind hinterlassen hat, dafür Sorge zu tragen, daß die nach den §§ 1640, 1686 dem überlebenden Ehegatten und nach den §§ 1802, 1897 des BGB. dem Vormund obliegende Einreichung eines Verzeichnisses des Vermögens des Kindes erfolgt.

V. Erteilung des Erbscheins und anderer Zeugnisse.

§ 49.

I. Für die Erteilung eines Erbscheins ist nur das Nachlaßgericht zuständig.

II. Für die Abnahme der Versicherung an Eidesstatt, daß dem Antragsteller nichts bekannt sei, was der Richtigkeit seiner Angabe entgegensteht (§ 2356 Abs. 2 des BGB.), sind auch die Notare zuständig (Art. 3 Abs. 1 der Not.Ges.).

§ 50.

Die Voraussetzungen für die Erteilung des Erbscheins sowie das Verfahren sind in den §§ 2354—2360, 2363, 2364 des BGB. bestimmt.

§ 51.

I. Über den Beweis der Voraussetzungen für die Erteilung des Erbscheins trifft der § 2356 des BGB. besondere Vorschriften.

II. Nach Abs. 1 des § 2356 hat der Antragsteller durch öffentliche Urkunden auch den Tod und die Todeszeit des Erblassers nachzuweisen. Den bayerischen Nachlaßgerichten werden der Tod und die Todeszeit des Erblassers vom Standesbeamten durch die Todesanzeige (§ 1) mitgeteilt. Da diese Mitteilungen auf Grund der Standesregister erfolgen und öffentliche Urkunden sind, bedarf es eines weiteren Nachweises des Todes oder der Todeszeit des Erblassers nur in Ausnahmefällen.

III. Das Nachlaßgericht ist verpflichtet, den Antragsteller in der Herbeischaffung der erforderlichen öffentlichen Urkunden soweit als möglich zu unterstützen. Zu diesem Zwecke empfiehlt es sich, daß sich das Nachlaßgericht in der Regel selbst an den Standesbeamten oder das Pfarramt wendet, von welchen über einen Geburts- oder Todesfall oder über eine Eheschließung eine öffentliche Urkunde zu erholen ist. In der Regel ist es auch zweckmäßig, nicht einen förmlichen Auszug aus dem Standesregister oder der Pfarrmatrikel zu verlangen, sondern den Standesbeamten oder das Pfarramt nur um einen einfachen Aufschluß auf Grund der von ihnen verwahrten Register anzugeben.

IV. Soweit aus gerichtlichen Akten, z. B. aus Akten, die über den Nachlaß eines vor dem Antragsteller stehenden gesetzlichen Erben erwachsen sind, oder aus Vormundschaftsakten, Aufschluß über das Verwandtschaftsverhältnis oder das sonstige erbrechtliche Verhältnis des Antragstellers oder eines anderen Beteiligten zum Erblasser entnommen werden kann, sind die Akten, wenn ihre Beschaffung tunlich erscheint, zu erholen und ist aus ihnen eine Vormerkung zu den Nachlaßakten zu machen. Das Gericht wird in solchen Fällen in der Regel die zu beweisende Tatsache als offenkundig ansehen dürfen: es ist dann ein weiterer Beweis durch öffentliche Urkunden oder durch Versicherung an Eidesstatt nach § 2356 Abs. 3 entbehrlich. Auch soweit die für das erbrechtliche Verhältnis des Antragstellers zum Erblasser in Betracht kommenden Geburts- und Todesfälle oder Eheschließungen in den standesamtlichen Nebenregistern eingetragen sind, die von dem als Nachlaßgericht zuständigen Amtsgerichte verwahrt werden, soll das Nachlaßgericht in der Regel durch Einsichtnahme der Nebenregister und Vormerkung zu den Nachlaßakten dem Antragsteller die Beschaffung eines Auszugs aus dem Register ersparen.

§ 52.

I. Das Nachlaßgericht kann die Aufnahme der ihm erforderlich scheinenden Beweise (§ 2358 Abs. 1 des BGB.) — und zwar nicht nur die Vernehmung von Zeugen oder Sachverständigen, sondern auch die Abnahme von eidesstattlichen Versicherungen — selbst erledigen oder, wenn die Voraussetzungen für die Leistung der Rechtshilfe vorliegen, ein anderes Amtsgericht darum ersuchen. Gleiches gilt von der im § 2360 des BGB. vorgeschriebenen Anhörung Dritter.

II. Wird in Ansehung der nach den §§ 2354, 2355 des BGB. erforderlichen Angaben eine Versicherung an Eidesstatt abgegeben oder werden nach § 2358 Abs. 1 des BGB. und § 15 des FGG. Zeugen oder Sachverständige vernommen, so ist ein Protokoll darüber aufzunehmen; im Falle der Versicherung an Eidesstatt sind die Angaben, bezüglich deren die Versicherung abgegeben wird, in das Protokoll aufzunehmen.

§ 53.

Erläßt das Nachlaßgericht eine öffentliche Aufforderung zur Anmeldung der anderen Personen zustehenden Erbrechte (§ 2358 Abs. 2), so soll die Aufforderung die im § 2354 Abs. 1 Nr. 1—4 bestimmten Angaben enthalten; die Androhung eines Rechtsnachteils hat zu unterbleiben. Die Bekanntmachung der Aufforderung erfolgt durch Anheftung an die Gerichtstafel auf die Dauer von zwei Wochen, durch einmalige Einrückung des vollen Inhalts in den Deutschen Reichsanzeiger, durch zweimalige Einrückung eines Auszugs in das für die amtlichen Bekanntmachungen des Nachlaßgerichts bestimmte Blatt, nach dem Ermessen des Gerichts auch noch durch Einrückung in andere Blätter zu mehreren Malen. Die Anmeldungsfrist muß mindestens sechs Wochen vom Tage der Einrückung in den Reichsanzeiger an betragen.

§ 54.

I. Die Entscheidung über die Erteilung eines Erbscheins darf nicht aus dem Grunde abgelehnt werden, weil über das Erbrecht unter den Beteiligten Streit besteht. Die Erteilung des Erbscheins ist selbst dann möglich, wenn über das Erbrecht oder eine Voraussetzung des Erbrechts, z. B. die Ehelichkeit eines Kindes, die Gültigkeit einer Ehe, bereits ein Rechtsstreit anhängig ist (§ 2360 Abs. 1, 3 des BGB.); das Nachlaßgericht hat in einem solchen Falle regelmäßig vorher die Prozeßakten einzusehen.

II. Das Nachlaßgericht kann, wenn der Rechtsstreit bereits anhängig ist, die Entscheidung über die Erteilung des Erbscheins bis zur Beendigung des Rechtsstreits aussetzen, sofern dies nach Lage des Falles zweckmäßig erscheint.

§ 55.

I. Sind mehrere Erben vorhanden, so kann jeder der Erben beantragen, daß ein gemeinschaftlicher Erbschein erteilt wird (§ 2357 des BGB.); jeder Erbe kann jedoch auch einen besonderen Erbschein über die Größe seines Erbteils verlangen (§ 2353 des BGB.).

II. Die Erteilung des Erbscheins kann mit Beschränkung auf bestimmte Nachlaßgegenstände, z. B. nur in Ansehung eines Grundstücks, beantragt werden.

§ 56.

I. Zur Erteilung des Erbscheins sind die Formulare V, Va, VI zu verwenden. Das Formular V ist für die Fälle bestimmt, daß eine Nacherbfolge nicht angeordnet ist, das Formular Va für die Fälle, daß der Erbschein für einzelne Nachlaßgegenstände erteilt wird, das Formular VI für die Fälle, daß eine Nacherbfolge angeordnet ist. Das Formular V kann, wenn mehrere Erben vorhanden sind, sowohl für den gemeinschaftlichen Erbschein als für den einem einzelnen Erben zu erteilenden besonderen Erbschein verwendet werden; im letzteren Falle brauchen die Namen der übrigen Miterben nicht angegeben zu werden. Form. V, Va, VI.

II. Angaben, die nicht zum gesetzlichen Inhalte des Erbscheins gehören (§§ 2353, 2357, 2363, 2364 des BGB.), sind in den Erbschein nicht aufzunehmen; es sind also insbesondere Vermächtnisse und Teilungsanordnungen nicht zu erwähnen. Wegen der Angabe des dem überlebenden Ehegatten zustehenden Rechtes der Verwaltung und Nutznießung oder des Beisitzes für den Fall, daß für die Ehe ein übergeleiteter Güterstand gegolten hat, wird auf den Art. 28 Abs. 1 des Übergangsgesetzes zum BGB. verwiesen.

III. Für die Erteilung eines nur zum Bezuge der Invaliden- oder der Altersrente berechtigenden Erbscheins ist die Bekanntmachung vom 14. August 1900 (JMBl. S. 1132) maßgebend.

§ 57.

I. Der Inhalt des Erbscheins ist in den Beschluß des Nachlaßgerichts, durch den die Erteilung des Erbscheins bewilligt wird, aufzunehmen oder es ist der Entwurf des Erbscheins zu den Akten zu bringen.

II. Bei der Aushändigung einer Ausfertigung des Erbscheins ist auf dem Aktenstücke, das den Beschluß über die Erteilung des Erbscheins enthält, zu bemerken, für wen und an welchem Tage die Ausfertigung erteilt worden ist.

§ 58.

I. Ergibt sich, daß der erteilte Erbschein unrichtig ist, so hat ihn das Nachlaßgericht nach § 2361 Abs. 1 des BGB. einzuziehen. Es hat von der die Einziehung anordnenden Verfügung den im Erbschein als Erbe Bezeichneten in Kenntnis zu setzen und ihn aufzufordern, den Erbschein sofort an das Nachlaßgericht herauszugeben. Nach Art. 130 Abs. 1 des AG. z. BGB. ist, wenn der Aufforderung nicht sofort Folge geleistet wird, die Anwendung unmittelbaren Zwanges zulässig (§§ 201 ff. der Geschäftsanweisung für die Gerichtsvollzieher, JMBl. 1900 S. 621).

II. Für den Fall, daß der Erbschein bei dem zur Herausgabe Verpflichteten nicht vorgefunden wird, gestattet der Abs. 3 des Art. 130, den Verpflichteten zur Leistung des Offenbarungseids anzuhalten; dieser ist erforderlichenfalls nach den Vorschriften der CPO. durch Anordnung der Haft zu erzwingen.

III. Kann der Erbschein nicht sofort erlangt werden, so hat ihn das Nachlaßgericht ohne Rücksicht auf ein nach Abs. 1 oder Abs. 2 eingeleitetes Zwangsverfahren für kraftlos zu erklären (§ 2361 des BGB.). Der Beschluß ist nach den für die öffentliche Zustellung einer Ladung geltenden Vorschriften des § 204 Abs. 2, 3 der CPO. (§ 14 der Geschäftsanweisung für die Gerichtsschreibereien der Amtsgerichte, JMBl. 1902 S. 16) bekannt zu machen.

IV. Die im Abs. 1 vorgeschriebene Benachrichtigung des im Erbschein als Erbe Bezeichneten, sowie die Durchführung der Zwangsmaßregeln gegen ihn wird durch die Kraftloserklärung des Erbscheins nicht berührt.

V. Der eingezogene Erbschein ist unbrauchbar zu machen.

VI. Erachtet das Nachlaßgericht die Kraftloserklärung des Erbscheins nachträglich für ungerechtfertigt, so kann es die Kraftloserklärung nicht wieder aufheben, sondern es bleibt der Partei, welcher der für kraftlos erklärte Erbschein erteilt war, überlassen, sich einen neuen Erbschein erteilen zu lassen.

§ 59.

I. Die Vorschriften der §§ 49—58 finden auf das Zeugnis über die Ernennung eines Testamentsvollstreckers (§ 2368 des BGB.) entsprechende Anwendung.

II. Das Zeugnis darf erst erteilt werden, nachdem der Testamentsvollstrecker die Annahme des Amtes erklärt hat (§ 2202 des BGB.). Das Nachlaßgericht soll nach § 2368 Abs. 2 des BGB. vor der Erteilung des Zeugnisses den Erben, wenn tunlich, hören, sofern die Ernennung nicht in einer dem Nachlaßgerichte vorliegenden öffentlichen Urkunde (vgl. §§ 2198, 2199, § 2231 Nr. 1, §§ 2249—2251 des BGB.) enthalten ist.

III. Ist der Testamentsvollstrecker in der Verwaltung des Nachlasses beschränkt oder hat der Erblasser angeordnet, daß der Testamentsvollstrecker in der Eingehung von Verbindlichkeiten für den Nachlaß nicht beschränkt sein soll, so ist dies nach § 2368 Abs. 1 Satz 2 in dem Zeugnis anzugeben. In dem Zeugnis ist auch anzugeben, wenn der Erblasser dem Testamentsvollstrecker die Verwaltung des Nachlasses als selbständige Aufgabe übertragen (§ 2209) und wenn er für die Dauer dieser Verwaltungsbefugnis nach § 2210 besondere Anordnungen getroffen hat, sowie wenn er mehrere Testamentsvollstrecker ernannt und ihre Befugnisse abweichend von der Regel des § 2224 bestimmt hat.

Form. VII. IV. Zur Erteilung des Zeugnisses ist Formular VII zu verwenden.

§ 60.

I. Die Vorschriften der §§ 49—58 gelten auch für das Zeugnis über die Fortsetzung der allgemeinen Gütergemeinschaft oder der Fahrnisgemeinschaft (§§ 1507, 1557 des BGB.).

II. In das Zeugnis über die Fortsetzung der Gütergemeinschaft sind die Namen der anteilsberechtigten Abkömmlinge aufzunehmen, mit denen die Gütergemeinschaft fortgesetzt wird. Als anteilsberechtigte Abkömmlinge sind diejenigen anzugeben, welche im Zeitpunkte des Eintritts der fortgesetzten Gütergemeinschaft anteilsberechtigt waren. Ist nach diesem Zeitpunkt in der Person der anteilsberechtigten Abkömmlinge eine Änderung eingetreten, ist z. B. an die Stelle eines verstorbenen Abkömmlings ein anderer getreten (§ 1490 des BGB.) oder ein Abkömmling infolge Verzichts weggefallen (§ 1491 des BGB.), so ist die Änderung in dem Zeugnis ersichtlich zu machen.

III. Das Zeugnis ist, wenn nach seiner Erteilung eine Änderung in der Person der anteilsberechtigten Abkömmlinge eintritt, auf Antrag entsprechend zu berichtigen. Die Berichtigung soll auf dem Zeugnisse selbst erfolgen, der Ausstellung eines neuen Zeugnisses bedarf es nicht. Für die Berichtigung gelten die gleichen Vorschriften wie für die Erteilung des Zeugnisses selbst; Gebühren werden für die Berichtigung nicht erhoben.

IV. Der überlebende Ehegatte kann die Erteilung eines Zeugnisses über die Fortsetzung der Gütergemeinschaft mit Beschränkung auf einen bestimmten Gegenstand, z. B. ein zum Gesamtgute gehörendes Grundstück, verlangen. Die Erteilung des beschränkten Zeugnisses hat zur Voraussetzung, daß die

Zugehörigkeit des Gegenstandes zum Gesamtgute feststeht und daß der Gegenstand schon zur Zeit des Eintritts der fortgesetzten Gütergemeinschaft zum Gesamtgute gehörte. Sind neben den gemeinschaftlichen Abkömmlingen nicht gemeinschaftliche vorhanden, so darf das beschränkte Zeugnis mit Rücksicht auf den § 1483 Abs. 2 des BGB. nur erteilt werden, wenn entweder die nicht gemeinschaftlichen Abkömmlinge nicht Erben geworden sind oder wenn die Auseinandersetzung mit ihnen schon stattgefunden hat.

V. Zur Erteilung des Zeugnisses sind die Formulare VIII und VIIIa zu verwenden. Form. VIII, VIIIa.

VI. Es ist zulässig, das Zeugnis über die Fortsetzung der Gütergemeinschaft und den Erbschein zu verbinden. Formular VIIIb gibt ein Muster hiefür. Form. VIIIb.

§ 61.

Mit dem Eintritte der Nacherbfolge sowie mit der Beendigung der fortgesetzten Gütergemeinschaft oder des Amtes des Testamentsvollstreckers werden der einem Vorerben erteilte Erbschein sowie die in den §§ 59, 60 bezeichneten Zeugnisse von selbst kraftlos. Eine Kraftloserklärung findet nicht statt. Das Nachlaßgericht hat jedoch, wenn es von dem Eintritte der Nacherbfolge oder der Beendigung der fortgesetzten Gütergemeinschaft oder des Amtes des Testamentsvollstreckers Kenntnis erhält, das Zeugnis einzuziehen. Dies gilt insbesondere von dem Falle, daß die fortgesetzte Gütergemeinschaft durch Urteil auf Klage eines Abkömmlings (§ 1495 des BGB.) oder das Amt des Testamentsvollstreckers infolge der Entlassung des Testamentsvollstreckers endigt (§ 2227 des BGB.).

§ 62.

I. Die Vorschriften der §§ 49—58 finden auf das Zeugnis Anwendung, welches das Nachlaßgericht auf Antrag dem überlebenden Ehegatten bei einer vor dem Inkrafttreten des BGB. geschlossenen Ehe über das dem Ehegatten zustehende Recht der Verwaltung und Nutznießung oder des Beisitzes nach Art. 28 Abs. 3 des Übergangsgesetzes zum BGB. zu erteilen hat. Mit der Beendigung des Rechtes der Verwaltung und Nutznießung oder des Beisitzes wird das Zeugnis kraftlos (Art. 28 Abs. 3 Satz 3); die Vorschriften des § 61 finden entsprechende Anwendung.

II. Die Vorschriften der §§ 60, 61 finden entsprechende Anwendung

1. auf das Zeugnis, das nach Art. 29 des Übergangsgesetzes zum BGB. über die Fortsetzung einer Gütergemeinschaft zu erteilen ist, für welche die bisherigen Gesetze maßgebend bleiben; die Namen der anteilsberechtigten Abkömmlinge brauchen indessen in dem Zeugnisse nicht angegeben zu werden, wenn nach dem bisherigen Rechte z. B. nach dem Bamberger und dem Mainzer Rechte der überlebende Ehegatte über das Gesamtgut ohne die Einwilligung der Abkömmlinge zu verfügen berechtigt ist; dagegen ist anzugeben, nach welchem Rechte die Gütergemeinschaft fortgesetzt wird (z. B. . . . die kraft Gesetzes bestehende Gütergemeinschaft nach Bamberger Landrecht . . .);
2. auf das Zeugnis, welches nach Art. 67 des Übergangsgesetzes zum BGB. über die Konsolidation des Gesamtguts in der Hand des überlebenden Ehegatten zu erteilen ist.

III. Die für den Erbschein geltenden Vorschriften finden auch auf die im Art. 16 des AG. z. GBO. und z. ZVG. bezeichneten Zeugnisse über die Nachfolge in ein Lehen, Familiengut oder Fideikommiß Anwendung.

IV. Wegen der in den §§ 37, 38 der Grundbuchordnung, im § 11 des Reichsgesetzes vom 31. Mai 1891 über das Reichsschuldbuch und im Art. 51 des AG. z. BGB. bezeichneten Zeugnisse wird auf den Art. 9 des Nachl.Ges. und auf die Ausführungsvorschriften z. GBO. verwiesen.

VI. Berichtigung des Grundsteuerkatasters und des Grundbuchs.

§ 63.

I. Zur Herbeiführung der Umschreibung im Grundsteuerkataster besteht für den Erben und im Falle des Eintritts der fortgesetzten Gütergemeinschaft für den überlebenden Ehegatten ein Zwang (Bekanntmachung vom 24. März 1903, JMBl. S. 230).

II. Ob und wann der Erbe die Berichtigung des Grundbuchs durch Umschreibung des Grundstücks auf sich als Erben des Eigentümers herbeiführen will, ist seinem Ermessen überlassen. Das gleiche gilt von der Berichtigung des Grundbuchs durch Eintragung des Bestehens der fortgesetzten Gütergemeinschaft.

III. Die Voraussetzungen der Umschreibung im Kataster sind in der gleichen Weise geregelt wie die der Umschreibung im Grundbuche (§ 36 der Grundbuchordnung, § 71a des Grundsteuergesetzes in der Fassung des Art. 136 Ziff. I des AG. z. BGB., §§ 1—7 der Bekanntmachung vom 24. März 1903, JMBl. S. 230).

§ 64.

Gehörte der Erblasser der Landwirtschaft treibenden Bevölkerung an oder liegen sonstige Anhaltspunkte dafür vor, daß ein Grundstück zum Nachlaß oder im Falle des Eintritts der fortgesetzten Gütergemeinschaft zum Gesamtgute gehört, so soll das Nachlaßgericht bei der Ermittelung des Erben die Beteiligten fragen, ob und welche Grundstücke zum Nachlasse gehören, und sie auffordern, den etwa vorhandenen Katasterauszug vorzulegen. Ist in der Todesanzeige angegeben, daß der Verstorbene ein Grundstück hinterlassen hat, so sind die Beteiligten bei der Ladung zur Ermittelung des Erben aufzufordern, den etwa vorhandenen Katasterauszug vorzulegen.

§ 65.

Gehört ein Grundstück zum Nachlaß oder zum Gesamtgute, so hat das Nachlaßgericht bei der Ermittelung des Erben nach Maßgabe der §§ 66—74 auf die Berichtigung des Grundbuchs und des Katasters hinzuwirken.

§ 66.

Das Nachlaßgericht hat den Erben und im Falle des Eintritts der fortgesetzten Gütergemeinschaft den überlebenden Ehegatten auf die Verpflichtung, die Umschreibung im Kataster herbeizuführen, hinzuweisen und sie darauf aufmerksam zu machen, daß es für sie auch von Vorteil ist, die Berichtigung des Grundbuchs herbeizuführen. Die Beteiligten sind zugleich über die Voraussetzungen der Umschreibung im Kataster und im Grundbuche zu belehren.

§ 67.

I. Beruht die Erbfolge auf einer in einer öffentlichen Urkunde enthaltenen Verfügung von Todes wegen, so hat das Nachlaßgericht, wenn nur ein Erbe vorhanden ist, diesen zu veranlassen, den Antrag auf Eintragung im Grundbuche (§ 30 der Grundbuchordnung) zu stellen. Wird der Antrag gestellt, so ist er von dem Nachlaßgerichte nebst den Nachlaßakten dem Grundbuchamte mit dem Ersuchen um Umschreibung zu übersenden. Wird der Antrag nicht gestellt, so hat das Nachlaßgericht dem Rentamte mit dem Ersuchen um Umschreibung im Kataster mitzuteilen, wer der Erbe geworden ist.

II. Sind mehrere Erben vorhanden und erklären sie bei der Ermittelung des Erben, daß sie sich auseinandersetzen wollen, so liegt die Herbeiführung der Berichtigung des Grundbuchs dem Notar ob; das Nachlaßgericht hat dem Rentamte zum Zwecke der Umschreibung auf die Erbengemeinschaft mit dem Ersuchen um Umschreibung im Kataster mitzuteilen, wer die Erben geworden sind. Erklären die Erben oder einer von ihnen, daß eine Auseinandersetzung nicht stattfinden soll, so hat sie das Nachlaßgericht zu veranlassen, den Antrag auf Eintragung der Erbengemeinschaft im Grundbuche zu stellen. Wird der Antrag gestellt, so ist er nebst den Nachlaßakten dem Grundbuchamte mit dem Ersuchen um Umschreibung zu übersenden; dem Rentamte wird vom Nachlaßgerichte keine Mitteilung gemacht. Wird der Antrag nicht gestellt, so ist dem Rentamte mit dem Ersuchen um Umschreibung im Kataster mitzuteilen, wer die Erben geworden sind.

III. Bestehen Zweifel an der Gültigkeit der Verfügung von Todes wegen, so soll das Nachlaßgericht bei der Mitteilung an das Grundbuchamt und an das Rentamt auf die Zweifel hinweisen. Das gleiche gilt, wenn Streit über das Erbrecht besteht.

§ 68.

I. Beruht die Erbfolge auf einer nicht in einer öffentlichen Urkunde enthaltenen Verfügung von Todes wegen oder findet die gesetzliche Erbfolge statt, so hat das Nachlaßgericht, wenn nur ein Erbe vorhanden ist, ihn zu veranlassen, die Eintragung im Grundbuch und die Erteilung eines Erbscheins zu beantragen. Stellt er diese Anträge, so ist der Eintragungsantrag nebst dem Erbscheine dem Grundbuchamte mit dem Ersuchen um Umschreibung zu übersenden. Lehnt er ab, den Eintragungsantrag zu stellen, beantragt er aber die Erteilung eines Erbscheins, so ist eine Abschrift des Erbscheins dem Rentamte mit dem Ersuchen um Umschreibung im Kataster zu übersenden. Lehnt er auch die Stellung des Antrags auf Erteilung eines Erbscheins ab, so ist hievon dem Rentamte Mitteilung zu machen.

II. Sind mehrere Erben vorhanden und erklären sie bei der Ermittelung des Erben, daß sie sich auseinandersetzen wollen, so liegt die Herbeiführung der Umschreibung im Grundbuche dem Notar ob; das Nachlaßgericht hat dem Rentamte zum Zwecke der Umschreibung auf die Erbengemeinschaft eine Abschrift des Erbscheins zu übersenden oder, wenn ein Erbschein noch nicht erteilt ist, hievon Mitteilung zu machen. Erklären die Erben oder einer von ihnen, daß eine Auseinandersetzung nicht stattfinden soll, so hat sie das Nachlaßgericht zu veranlassen, die Eintragung im Grundbuch und die Erteilung eines Erbscheins zu beantragen. Werden diese Anträge gestellt, so ist der Eintragungsantrag nebst dem Erbscheine dem Grundbuchamte mit dem Ersuchen um Umschreibung zu übersenden. Unterbleibt die Stellung des Eintragungsantrags, wird aber die Erteilung eines Erbscheins beantragt, so ist eine Abschrift des Erbscheins dem Rentamte mit dem Ersuchen um Umschreibung im Kataster zu übersenden. Unterbleibt auch die Stellung des Antrags auf Erteilung eines Erbscheins, so ist hievon dem Rentamte Mitteilung zu machen.

§ 69.

Tritt die fortgesetzte Gütergemeinschaft ein, so hat das Nachlaßgericht den überlebenden Ehegatten zu veranlassen, die Eintragung im Grundbuch und die Erteilung eines Zeugnisses über die Fortsetzung der Gütergemeinschaft zu beantragen. Stellt er diese Anträge, so ist der Eintragungsantrag nebst dem Zeugnisse dem Grundbuchamte mit dem Ersuchen um Umschreibung zu übersenden. Lehnt er ab, den Eintragungsantrag zu stellen, beantragt er aber die Erteilung des Zeugnisses, so ist eine Abschrift des Zeugnisses dem Rentamte mit dem Ersuchen um Umschreibung im Kataster zu übersenden. Lehnt er auch die Stellung des Antrags auf Erteilung des Zeugnisses ab, so ist hievon dem Rentamte Mitteilung zu machen.

§ 70.

I. Wenn das Grundbuch bei demselben Amtsgerichte geführt wird, das als Nachlaßgericht zuständig ist, kann der Eintragungsantrag in die Nachlaßakten aufgenommen werden; auch ist es nicht erforderlich, daß dem Grundbuchamt in den Fällen der §§ 68, 69 eine Ausfertigung des Erbscheins oder des Zeugnisses über die Fortsetzung der Gütergemeinschaft übersendet wird; es genügt die Verweisung auf die Nachlaßakten, aus denen sich die Erteilung des Erbscheins oder des Zeugnisses ergibt (§ 95 der Grundbuchordnung).

II. Wenn das Grundbuch nicht bei demselben Amtsgerichte geführt wird, das als Nachlaßgericht zuständig ist, muß der Eintragungsantrag zu gesondertem Protokoll entgegengenommen werden; dem Grundbuchamte muß eine Ausfertigung des Erbscheins oder des Zeugnisses über die Fortsetzung der Gütergemeinschaft übersendet werden.

§ 71.

I. Die in den §§ 67—69 bezeichneten Mitteilungen des Nachlaßgerichts an das Rentamt sollen das Grundstück möglichst genau nach Steuergemeinde, Plannummer, Kulturart bezeichnen. Das Nachlaßgericht kann sich jedoch mit der Mitteilung begnügen, daß ein Grundstück zum Nachlasse gehört, wenn die genauere Bezeichnung des Grundstücks Ermittelungen veranlassen würde, die das Gericht sonst nicht vorzunehmen hätte. Der in Gemäßheit des § 64 etwa vorgelegte Katasterauszug ist dem Rentamte mit der Mitteilung zu übersenden. Der Bezeichnung des Grundstücks bedarf es solchen Falles nicht.

Form. IX—IXb. II. Die Formulare IX—IX b enthalten Muster für die Mitteilungen.

§ 72.

Die Erteilung des Erbscheins oder des Zeugnisses über die Fortsetzung der Gütergemeinschaft sowie die dem Grundbuchamte zu übersendende Ausfertigung sind nach Maßgabe des Gebührengesetzes gebührenpflichtig. Für die dem Rentamte zu übersendende Abschrift werden Gebühren nicht erhoben.

§ 73.

Die Vorschriften der §§ 66—72 finden in den Landesteilen rechts des Rheins, solange das Grundbuch noch nicht als angelegt anzusehen ist, auf die Herbeiführung der Umschreibung im Hypothekenbuch entsprechende Anwendung (vgl. § 141 des Hypothekengesetzes). In der Pfalz gelten sie für die Herbeiführung der Umschreibung im Kataster, auch wenn das Grundbuch noch nicht als angelegt anzusehen ist.

§ 74.

I. Stand dem Verstorbenen ein Recht zu, das auf die Lebenszeit des Berechtigten beschränkt ist, z. B. ein Leibgeding (Altenteil, Austrag), so soll das Nachlaßgericht darauf hinwirken, daß das Recht im Hypothekenbuch oder im Grundbuche gelöscht wird (vgl. § 97 des Hypothekengesetzes, § 23 der Grundbuchordnung).

II. Das Nachlaßgericht soll auch, wenn es bei der Ermittelung des Erben davon Kenntnis erhält, daß zum Nachlaß eine Hypothek gehört, die auf den Erben übergegangen ist, soweit es tunlich ist, darauf hinwirken, daß die Hypothek auf den Erben umgeschrieben wird. In entsprechender Weise soll das Nachlaßgericht verfahren, wenn es im Falle des Eintritts der fortgesetzten Gütergemeinschaft davon Kenntnis erhält, daß eine Hypothek zum Gesamtgute gehört.

VII. Nachlaßverwaltung, Nachlaßinventar. Öffentliche Aufforderung der Nachlaßgläubiger.

§ 75.

Der Antrag eines Gläubigers auf Anordnung der Nachlaßverwaltung ist zuzulassen, wenn die Forderung des Antragstellers und die Gefährdung der Nachlaßgläubiger glaubhaft gemacht werden.

§ 76.

Die Verfügung, durch die die Nachlaßverwaltung angeordnet wird, soll die Stunde ihrer Erlassung angeben.

§ 77.

Die Verfügung, durch die die Nachlaßverwaltung auf Antrag eines Gläubigers angeordnet wird, ist dem Erben, bei Miterben jedem Erben sowie dem Testamentsvollstrecker zuzustellen, der zur Verwaltung des Nachlasses berechtigt ist.

§ 78.

Bei der Bekanntmachung der Anordnung der Nachlaßverwaltung (§ 1983 des BGB.) ist der Name des Nachlaßverwalters bekannt zu machen. Der Name des Erben braucht nicht angegeben zu werden. Die Bekanntmachung braucht auch keine Angabe darüber zu enthalten, ob die Nachlaßverwaltung auf Antrag des Erben oder auf Antrag eines Gläubigers angeordnet worden ist.

§ 79.

I. Die Anordnung der Nachlaßverwaltung ist in das Grundbuch einzutragen:

1. bei denjenigen zum Nachlasse gehörenden Grundstücken, als deren Eigentümer der Erblasser oder der Erbe als Rechtsnachfolger des Erblassers in das Grundbuch eingetragen ist;
2. bei den für den Erblasser oder den Erben als Rechtsnachfolger des Erblassers eingetragenen Rechten an einem Grundstück oder an eingetragenen Rechten, wenn nach der Art des Rechtes und nach den Umständen bei Unterlassung der Eintragung eine Beeinträchtigung der Nachlaßgläubiger zu besorgen ist.

II. Das Nachlaßgericht hat, soweit ihm solche Grundstücke oder Rechte bekannt sind, das Grundbuchamt von Amts wegen um die Eintragung zu ersuchen.

III. Die Eintragung kann auch von dem Nachlaßverwalter bei dem Grundbuchamte beantragt werden.

§ 80.

Werden Grundstücke oder Rechte, bei denen eine Eintragung nach Maßgabe des § 79 Abs. 1, 2 bewirkt worden ist, von dem Verwalter freigegeben oder veräußert, so kann das Nachlaßgericht auf Antrag das Grundbuchamt um Löschung der Eintragung ersuchen.

§ 81.

Die Eintragung und Löschung von Vermerken auf Grund der §§ 79, 80 geschieht gebührenfrei.

§ 82.

I. Die Vorschriften der §§ 79—81 finden in den Landesteilen rechts des Rheins auf das Hypothekenbuch entsprechende Anwendung.

II. In der Pfalz finden bis zu der Zeit, zu der das Grundbuch als angelegt anzusehen ist, die für die Eintragung des Konkurseröffnungsbeschlusses geltenden Bestimmungen entsprechende Anwendung.

§ 83.

Form. X. Dem Nachlaßverwalter ist eine Bestallung nach dem Formular X zu erteilen.

§ 84.

Das Nachlaßgericht hat über die Tätigkeit des Nachlaßverwalters die Aufsicht zu führen und gegen Pflichtwidrigkeiten des Verwalters einzuschreiten. Es kann den Verwalter nötigenfalls entlassen. Bei Beginn der Nachlaßverwaltung hat der Verwalter dem Gericht ein Verzeichnis des Nachlasses einzureichen. Bei längerer Dauer der Verwaltung hat das Nachlaßgericht den Verwalter zur Rechnungslegung anzuhalten (vgl. §§ 1915, 1962, 1975 mit §§ 1802, 1837, 1839 ff., 1886 des BGB.).

§ 85.

I. Bei der Bemessung der Vergütung des Nachlaßverwalters für die Führung des Amtes (§ 1987 des BGB.) sind einerseits der Umfang und die Schwierigkeit der Geschäftsführung, andererseits der Wert der Nachlaßmasse billigerweise zu berücksichtigen.

II. Die Festsetzung der Vergütung erfolgt durch das Nachlaßgericht.

§ 86.

I. Die Nachlaßverwaltung ist, wenn sie aus einem anderen Grunde als infolge der Eröffnung des Nachlaßkonkurses (§ 1988 Abs. 1 des BGB.) endigt, ausdrücklich aufzuheben.

II. Soweit die Anordnung der Nachlaßverwaltung auf Ersuchen des Nachlaßgerichts in das Grundbuch eingetragen worden ist, hat das Nachlaßgericht das Grundbuchamt von Amts wegen um Löschung der Eintragung zu ersuchen. Die Löschung geschieht gebührenfrei. Diese Vorschriften finden entsprechende Anwendung, wenn das Grundbuch noch nicht als angelegt anzusehen ist.

§ 87.

Auf Antrag des Erben ist die Aufhebung der Nachlaßverwaltung durch das für die Bekanntmachungen des Nachlaßgerichts bestimmte Blatt zu veröffentlichen.

§ 88.

I. In die Verfügung, durch die dem Erben eine Inventarfrist bestimmt wird (§ 1994 des BGB.) ist ein Hinweis auf die erforderliche Form des Inventars (§§ 2002, 2003 des BGB.) und die Folgen der Versäumung der Inventarfrist (§ 1994 Abs. 1 Satz 2) sowie absichtlich herbeigeführter Mängel des Inventars (§ 2005 Abs. 1 des BGB.) aufzunehmen. Auch ist der Erbe darauf aufmerksam zu machen, daß es der Errichtung des Inventars auch dann bedarf, wenn der Nachlaß wertlos ist oder Nachlaßgegenstände nicht vorhanden sind.

Form. XI. II. Das Formular XI enthält ein Muster für die Verfügung.

III. Die Verfügung ist, wenn eine Ehefrau die Erbin ist und die Erbschaft zum eingebrachten Gute oder zum Gesamtgute gehört, auch dem Ehemanne zuzustellen; gehört die Erbschaft zum Gesamtgute, so gilt dies auch für den Fall, daß die Gütergemeinschaft beendet ist (§ 2008 des BGB.).

§ 89.

Für die Mitwirkung bei einem von dem Erben selbst aufgenommenen Inventar (§ 2002 des BGB.) ist nur der Notar zuständig.

§ 90.

I. Beantragt der Erbe, daß das Nachlaßinventar amtlich aufgenommen wird (§ 2003 des BGB.), so kann die Aufnahme des Inventars von dem Nachlaßgericht in der Regel nur einem Notar übertragen werden (Art. 2 Nr. 1 des Not.Ges.). Übersteigt jedoch der Wert des Nachlasses ohne Abzug der Schulden den Betrag von 2000 Mark nicht oder nicht erheblich, so kann das Nachlaßgericht mit der Aufnahme des Inventars den Gerichtsschreiber beauftragen. Für die Auswahl des Gerichtsschreibers gelten die Vorschriften des § 19 Abs. 2 Satz 4. Ohne Anordnung des Richters darf der Gerichtsschreiber ein Nachlaßinventar nicht aufnehmen.

II. Das Nachlaßgericht selbst ist für die Aufnahme des Nachlaßinventars nicht zuständig (Art. 15 Abs. 3 des AG. zum GVG. in der Fassung des Art. 167 des AG. zum BGB.).

§ 91.

I. Das Nachlaßinventar kann bei dem Nachlaßgerichte jederzeit, auch ohne daß dem Erben eine Inventarfrist gesetzt worden ist, eingereicht werden.

II. Auch die Übertragung der Aufnahme des Nachlaßinventars an einen Notar oder an einen Gerichtsschreiber ist nicht davon abhängig, daß dem Erben eine Inventarfrist gesetzt worden ist.

§ 92.

I. Das Nachlaßgericht hat den Notar oder den Gerichtsschreiber, welchem die Aufnahme des Nachlaßinventars übertragen wird, von der Übertragung zu benachrichtigen. Hiezu kann das Formular XII benützt werden. Form. XII.

II. Die Übertragung ist auch dem Erben, bei Miterben jedem Erben und, wenn eine Ehefrau die Erbin ist und der Nachlaß zum eingebrachten Gute oder zum Gesamtgute gehört, dem Ehemanne mitzuteilen. In die Mitteilung ist ein Hinweis auf die Vorschriften des § 2003 Abs. 2 und des § 2005 Abs. 1 Satz 2 des BGB. aufzunehmen. Das Formular XIIa enthält ein Muster für die Mitteilung der Übertragung. Form. XIIa.

§ 93.

Für die Aufnahme des Nachlaßinventars durch den Gerichtsschreiber gelten die Vorschriften der §§ 94—97.

§ 94.

I. Zur Aufnahme des Inventars ist der Erbe, bei Miterben jeder Erbe und, wenn eine Ehefrau die Erbin ist und der Nachlaß zum eingebrachten Gute oder zum Gesamtgute gehört, der Ehemann beizuziehen.

II. Von dem Termine zur Aufnahme des Inventars sind die im Abs. 1 bezeichneten Personen zu benachrichtigen.

III. Die Aufnahme des Inventars findet auch beim Ausbleiben der Beteiligten statt.

§ 95.

I. Die Nachlaßgegenstände sind in dem Inventar nach dem Stande zur Zeit des Erbfalls anzugeben. Inzwischen eingetretene Veränderungen sind zu vermerken. Das Inventar soll eine Beschreibung der einzelnen Gegenstände, soweit eine solche zur Bestimmung des Wertes erforderlich ist, und die Angabe des Wertes enthalten. Grundstücke sind, soweit tunlich, nach ihrer Bezeichnung in den öffentlichen Büchern anzuführen.

II. Die Nachlaßverbindlichkeiten sind nach dem Stande zur Zeit der Aufnahme des Inventars anzugeben, es sind also auch die erst mit oder nach dem Erbfalle entstandenen Nachlaßverbindlichkeiten, wie Vermächtnisse, Beerdigungskosten, Gerichtsgebühren, anzugeben.

§ 96.

I. Das Inventar ist in der Form eines Protokolls aufzunehmen.

II. In dem Protokoll ist der Verlauf der Aufnahme anzugeben.

III. Das Protokoll soll vorgelesen und von den anwesenden Beteiligten genehmigt werden. In dem Protokolle soll festgestellt werden, daß dies geschehen ist. Das Protokoll ist von dem Gerichtsschreiber und von den anwesenden Beteiligten zu unterschreiben.

§ 97.

I. Bevor der Termin zur Aufnahme des Inventars abgehalten wird, soll der Gerichtsschreiber die Aufnahme möglichst vorbereiten. Er soll zu diesem Zwecke insbesondere die Familienverhältnisse des Erblassers ermitteln und für die Beschaffung der nötigen Unterlagen, z. B. der Verfügungen von Todes wegen, der Eheverträge, der Auszüge aus dem Steuerkataster, aus dem Grundbuch oder dem Hypothekenbuche, der Brandversicherungsauszüge, sorgen, soweit hierüber nicht schon die Nachlaßakten Aufschluß geben.

II. Vielfach wird es nicht erforderlich sein, daß der Gerichtsschreiber sich zur Aufnahme des Inventars an Ort und Stelle begibt. Tut er dies, so wird es nicht selten sich empfehlen, an Ort und Stelle nur die Nachlaßgegenstände zu verzeichnen und ihren Wert zu ermitteln, das Inventar selbst aber erst am Gerichtssitz aufzunehmen.

III. Erweist sich die Zuziehung von Schätzern als geboten, so sind, wenn tunlich, Sachverständige zu wählen, die schon allgemein als solche verpflichtet sind.

§ 98.

Form. XIII. Form. XIV.

I. Zur Ladung des Erben zur Leistung des im § 2006 des BGB. bestimmten Offenbarungseids soll das Formular XIII, für die Ladung des Nachlaßgläubigers (§ 79 des FGG.) soll das Formular XIV verwendet werden.

II. Über die Verhandlung im Termine zur Leistung des Offenbarungseids ist ein Protokoll aufzunehmen. Das Protokoll hat den Verlauf der Verhandlung zu beschreiben und die Eidesnorm zu enthalten.

§ 99.

Hat ein Miterbe nach § 2061 des BGB. die Nachlaßgläubiger vor der Teilung des Nachlasses aufgefordert, ihre Forderungen bei ihm oder dem Nachlaßgericht anzumelden, so soll das Nachlaßgericht dem Miterben nach dem Ablaufe der Frist davon, daß Forderungen angemeldet worden sind, wenn tunlich, kurze Mitteilung machen. Die Anmeldungen sind zu den Nachlaßakten zu nehmen.

VIII. Auseinandersetzung in Ansehung eines Nachlasses oder eines Gesamtguts.

1. Auseinandersetzung in Ansehung eines Nachlasses.

a) Vermittelung von Amts wegen.

§ 100.

Ergeben die Ermittelungen des Nachlaßgerichts (§§ 42 ff.), daß mehrere Erben vorhanden sind, so hat das Nachlaßgericht nach Art. 4 des Nachl.Ges. die Auseinandersetzung unter den Beteiligten von Amts wegen zu vermitteln.

§ 101.

I. Die Vermittelung von Amts wegen ist in der Regel erst nach dem Ablaufe von zwei Monaten seit dem Eintritte des Erbfalls, im Falle der Erbfolge auf Grund einer Verfügung von Todes wegen seit der Eröffnung der Verfügung einzuleiten. Im Falle der Todeserklärung beginnt die Frist bei der gesetzlichen Erbfolge mit der Erlassung des die Todeserklärung aussprechenden Urteils.

II. Die Frist hat den Zweck, den Beteiligten die Möglichkeit zu geben, die Auseinandersetzung ohne gerichtliche Mitwirkung vorzunehmen. Die Frist kann vom Nachlaßgerichte von Amts wegen und auf Antrag verlängert werden, wenn die Auseinandersetzung der Erben ohne gerichtliche Mitwirkung innerhalb der Frist nach den Umständen nicht möglich oder nicht tunlich ist.

III. Solange die Auseinandersetzung nach den §§ 2043—2045 des BGB. wegen der Unbestimmtheit der Erbteile (§ 2043) oder infolge des Gebots des Erblassers (§ 2044) oder infolge des gerichtlichen Aufgebots oder der von dem Erben erlassenen Aufforderung der Nachlaßgläubiger (§ 2045) ausgeschlossen oder aufgeschoben ist, läuft die Frist nicht.

§ 102.

Hat die Ermittelung des Erben vor dem Ablaufe der im § 101 bestimmten zweimonatigen Frist zu erfolgen, so sind, wenn die Ermittelungen ergeben, daß eine Mehrheit von Erben vorhanden ist, die Erben bei der Ermittelung zu fragen, ob sie sich auseinandersetzen wollen und ob sie die Vermittelung der Auseinandersetzung beantragen.

§ 103.

I. Die Vermittelung von Amts wegen unterbleibt:

1. wenn ein zur Bewirkung der Auseinandersetzung berechtigter Testamentsvollstrecker vorhanden ist;
2. wenn vor der Einleitung der Vermittelung von Amts wegen der Antrag auf Vermittelung bei Gericht oder bei einem Notar gestellt ist oder ein Notar anzeigt, daß er mit der Beurkundung des Erbteilungsvertrags betraut ist. Endigt das auf Antrag eingeleitete Vermittelungsverfahren durch Zurücknahme des Antrags oder wird der Erbteilungsvertrag nicht binnen angemessener Frist beurkundet, so hat die Vermittelung der Auseinandersetzung von Amts wegen stattzufinden;
3. wenn vor der Einleitung der Vermittelung von Amts wegen sämtliche Erben erklären, daß sie sich nicht auseinandersetzen wollen; einer besonderen Form bedarf diese Erklärung nicht. Wird vor der Einleitung der Vermittelung nur von einem oder von einigen Erben erklärt, daß sie sich nicht auseinandersetzen wollen, so wird dadurch die Einleitung der Vermittelung nicht gehemmt.

II. Haben die Beteiligten innerhalb der im § 101 bestimmten Frist selbst die Auseinandersetzung vorgenommen, so ist für die Vermittelung der Auseinandersetzung von Amts wegen kein Raum mehr. Erhält daher das Nachlaßgericht davon Kenntnis, daß die Auseinandersetzung schon stattgefunden hat, so hat es die Einleitung der Vermittelung zu unterlassen. Daß die Auseinandersetzung stattgefunden hat, ist ohne weiteres anzunehmen, wenn sämtliche Erben anzeigen, daß die Auseinandersetzung erfolgt ist (vgl. Art. 4 Abs. 2 des Nachl.Ges.), oder wenn ein Gericht oder ein Notar dem Nachlaßgerichte mitteilt, daß die Auseinandersetzung von ihm beurkundet worden ist. Geht die Anzeige der Auseinandersetzung nur von einem oder einigen der Erben aus und liegt der Anzeige nicht der Beweis der Auseinandersetzung bei, so sind die übrigen Erben darüber zu vernehmen, ob die Auseinandersetzung erfolgt ist.

§ 104.

Die Vermittelung von Amts wegen unterbleibt ferner, wenn nach dem ehelichen Güterstande, in dem der Verstorbene gelebt hat, Vermögen, das zum Nachlasse gehört, nicht vorhanden ist (z. B. wenn im Falle des Eintritts der fortgesetzten Gütergemeinschaft anderes Vermögen als Gesamtgut und ein nichtgemeinschaftlicher Abkömmling nicht vorhanden ist), oder nach dem maßgebenden ehelichen Güterrechte die Auseinandersetzung überhaupt oder zur Zeit ausgeschlossen ist (z. B. wenn der Witwe der Beisitz gebührt).

§ 105.

I. Das Nachlaßgericht hat zunächst die Grundlagen für die Auseinandersetzung zu beschaffen. Zu diesem Zwecke hat es die Beteiligten und die Teilungsmasse von Amts wegen festzustellen.

II. Wer beteiligt ist, wird sich in der Regel schon aus den zum Zwecke der Ermittelung des Erben angestellten Ermittelungen ergeben. Beteiligt sind außer den Erben insbesondere der Nacherbe, der Erwerber eines Erbteils, sowie derjenige, welchem ein Pfandrecht oder ein Nießbrauch an einem Erbteile zusteht.

III. Die Feststellung der Teilungsmasse umfaßt die Feststellung der Aktiven, d. h. der Nachlaßgegenstände und dessen, was nach § 2041 des BGB. zum Nachlasse gehört. Ist schon ein den ganzen Nachlaß umfassendes Nachlaßverzeichnis (§ 1960 Abs. 2 des BGB.) oder das Nachlaßinventar (§§ 2002, 2003 des BGB.) aufgenommen, so bedarf es der weiteren Feststellung der Teilungsmasse nicht mehr.

IV. Die Feststellungen haben, soweit möglich, zu Protokoll des Nachlaßgerichts auf Grund der Angaben der Beteiligten zu erfolgen.

§ 106.

Wenn die Beteiligten die zur Feststellung der Teilungsmasse erforderlichen Angaben nicht binnen angemessener Frist machen, kann das Nachlaßgericht nach Art. 5 des Nachl.Ges. die Aufnahme eines Nachlaßverzeichnisses anordnen. Für die Aufnahme des Verzeichnisses ist der Notar zuständig; wenn jedoch der Wert des Nachlasses ohne Abzug der Schulden den Betrag von 2000 Mk. nicht oder nicht erheblich übersteigt, kann das Gericht mit der Aufnahme des Verzeichnisses auch den Gerichtsschreiber beauftragen. Die Vorschriften des § 90 Abs. 1 Satz 3, 4 und des § 92 Abs. 1, 2 Satz 1 finden Anwendung.

§ 107.

I. Ist ein Beteiligter abwesend und liegen die Voraussetzungen der Abwesenheitspflegschaft (§ 1911 des BGB.) vor, so hat das Nachlaßgericht, wenn eine Pflegschaft für ihn nicht bereits anhängig ist, für die Bestellung eines Pflegers zu sorgen, der die Rechte des Beteiligten im Auseinandersetzungsverfahren wahrnimmt. Das Nachlaßgericht kann die Bestellung bei dem Vormundschaftsgericht anregen oder selbst den Pfleger ernennen (§ 88 des FGG.).

II. Die Bestellung eines Pflegers ist insbesondere dann angezeigt, wenn dem Beteiligten eine Ladung zuzustellen ist, die Zustellung aber nur im Wege der öffentlichen Zustellung bewirkt werden könnte (s. § 108 Satz 2).

§ 108.

Das Nachlaßgericht hat sodann die sämtlichen Beteiligten zu einem Verhandlungstermine zu laden. Die Ladung durch öffentliche Zustellung ist unzulässig. Die Ladung hat die Bezeichnung der Beteiligten und der Teilungsmasse, sowie den Hinweis darauf zu enthalten, daß ungeachtet des Ausbleibens eines Beteiligten über die Auseinandersetzung verhandelt werden wird und daß, falls der Termin verlegt oder ein neuer Termin zur Fortsetzung der Verhandlung anberaumt werden sollte, die Ladung zu dem neuen Termin unterbleiben kann. Sind Unterlagen für die Auseinandersetzung vorhanden, so ist in der Ladung zu bemerken, daß die Unterlagen auf der Gerichtsschreiberei eingesehen werden können (§ 89 des FGG.). Das Formular XV bietet ein Muster für die Ladung. Form. XV.

§ 109.

I. In dem Verhandlungstermine ist zunächst festzustellen, ob die Beteiligten richtig ermittelt sind und die Teilungsmasse vollständig festgestellt ist.

II. Sodann sind die Nachlaßverbindlichkeiten, soweit möglich, festzustellen. Eine Aufforderung der Nachlaßgläubiger im Wege des Aufgebots oder nach § 2061 des BGB. ist den Beteiligten zu überlassen. Auch die vorherige Berichtigung der Nachlaßverbindlichkeiten (§ 2046 des BGB.) ist Sache der Beteiligten selbst. Die Beteiligten sollen über ihre Gesamthaftung, wenn sie die Teilung vor Berichtigung oder Sicherstellung der Nachlaßverbindlichkeiten vornehmen (§§ 2058 ff. des BGB.), belehrt werden.

§ 110.

I. Soweit die Auseinandersetzung noch vorbereitende Maßregeln erfordert, ist darüber mit den erschienenen Beteiligten zu verhandeln.

II. Als solche Maßregeln kommen insbesondere in Betracht:

Vereinbarungen über die Schätzung und über die Art der Teilung einzelner Nachlaßgegenstände (ob Teilung in Natur oder durch Verkauf oder Übernahme seitens eines Miterben), ferner über die Art des Verkaufs (ob durch freihändigen Verkauf oder durch öffentliche Versteigerung und unter wessen Leitung) und über die Zahlung (§§ 752 ff., 2042, 2048 ff. des BGB., §§ 180 ff. des ZVG.);

die Feststellung des Gegenstandes und des Wertes der unter den Abkömmlingen zur Ausgleichung zu bringenden Zuwendungen;

die Bezeichnung der Nachlaßgegenstände, aus denen Nachlaßverbindlichkeiten zu berichtigen oder die zur Berichtigung von Nachlaßverbindlichkeiten zurückzubehalten sind (§ 2046 des BGB.), die Übernahme von Nachlaßverbindlichkeiten durch einzelne Miterben, namentlich durch den überlebenden Ehegatten;

die Feststellung der gegenseitigen Ansprüche der Nachlaßmasse und der einzelnen Miterben, namentlich des überlebenden Ehegatten.

§ 111.

I. Treffen die erschienenen Beteiligten über vorbereitende Maßregeln eine Vereinbarung, so ist sie vom Nachlaßgerichte zu beurkunden. Sind die Beteiligten sämtlich erschienen oder erteilen die nicht erschienenen Beteiligten ihre Zustimmung zu gerichtlichem Protokoll oder in einer öffentlich beglaubigten Urkunde, so hat das Nachlaßgericht die Vereinbarung zu bestätigen. Vor dem Gerichtsschreiber kann die Zustimmung nicht erklärt werden.

II. Ist ein Beteiligter nicht erschienen, so ist nach Maßgabe des § 91 Abs. 3 des FGG. zu verfahren. Das Formular XVI enthält ein Muster für die zu erlassende Benachrichtigung. Form. XVI.

III. Die Bestätigung der Vereinbarung hat das Nachlaßgericht den sämtlichen Beteiligten bekannt zu machen; die Bekanntmachung muß, soweit sie nicht zu Protokoll erfolgt, durch Zustellung von Amts wegen in den Formen der CPO. erfolgen.

IV. Die Vorschriften der Abs. 1—3 finden auch dann Anwendung, wenn in dem Termine nur ein Beteiligter erscheint und für vorbereitende Maßregeln Vorschläge macht.

§ 112.

I. Sobald die Auseinandersetzung selbst stattfinden kann, hat das Nachlaßgericht sie vorzunehmen. Es braucht nicht erst die Rechtskraft der Bestätigung einer Vereinbarung über vorbereitende Maßregeln abgewartet zu werden, sondern das Verfahren soll sich ganz der Lage der Sache im einzelnen Falle anschließen. Insbesondere kann über vorbereitende Maßregeln und den Auseinandersetzungsplan in demselben Termine verhandelt werden.

II. Das Nachlaßgericht hat, wenn die Auseinandersetzung nicht in dem ersten Verhandlungstermine (§ 108) stattfinden kann, den Termin zur Auseinandersetzung von Amts wegen zu bestimmen und dazu die Beteiligten zu laden.

§ 113.

I. Die Auseinandersetzung findet auf Grund des von dem Nachlaßgericht angefertigten Auseinandersetzungsplans (§ 93 des FGG.) statt.

II. Der Auseinandersetzungsplan hat den Stand des Nachlasses zur Grundlage, der sich nach der Verwertung oder Übernahme der Nachlaßgegenstände und nach der Berichtigung oder Übernahme der Nachlaßverbindlichkeiten ergibt, und muß die Berechnung der Ansprüche der einzelnen Beteiligten, die Bezeichnung der Nachlaßgegenstände, die der einzelne Beteiligte erhält, und die Ausgleichung der Ansprüche enthalten.

III. Der Auseinandersetzungsplan kann zu Protokoll oder in einem besonderen Schriftstück aufgestellt werden. In einfachen Sachen empfiehlt es sich, ihn sofort in das Protokoll über die Verhandlung über den Plan aufzunehmen.

§ 114.

I. Sind die erschienenen Beteiligten mit dem Auseinandersetzungsplan einverstanden, so hat das Nachlaßgericht die Auseinandersetzung zu beurkunden. Sind die Beteiligten sämtlich erschienen oder erteilen die nicht erschienenen Beteiligten ihre Zustimmung nachträglich zu gerichtlichem Protokoll oder in einer öffentlich beglaubigten Urkunde, so hat das Nachlaßgericht die Auseinandersetzung zu bestätigen (§ 93 Abs. 1 des FGG.). Vor dem Gerichtsschreiber kann die Zustimmung nicht erklärt werden.

II. Ist ein Beteiligter nicht erschienen, so hat ihm das Nachlaßgericht den Inhalt des Auseinandersetzungsplans, soweit dieser ihn betrifft, bekannt zu machen und ihn gleichzeitig zu benachrichtigen, daß er den Plan auf der Gerichtsschreiberei einsehen und eine Abschrift des Planes fordern kann. Die Benachrichtigung muß den Hinweis darauf enthalten, daß, wenn der Beteiligte nicht innerhalb einer von dem Gerichte zu bestimmenden Frist die Anberaumung eines neuen Termins beantrage oder wenn er in dem neuen Termine nicht erscheine, sein Einverständnis mit dem Inhalte der Urkunde angenommen werden würde (§ 91 Abs. 3 des FGG.). Das Formular XVII enthält ein Muster für die Benachrichtigung. Form. XVII.

III. Beantragt der im Verhandlungstermin über den Auseinandersetzungsplan nicht erschienene Beteiligte rechtzeitig die Anberaumung eines neuen Termins und erscheint er in dem Termine, so ist die Verhandlung fortzusetzen. Ob zu diesem Termin auch die in dem früheren Termin erschienenen Beteiligten zu laden sind, hängt von den Umständen des Falles ab; wenn sie zu dem Termine geladen werden, darf in der Ladung kein Rechtsnachteil angedroht werden. Erklärt der Beteiligte sein Einverständnis, so ist die Auseinandersetzung zu bestätigen. Macht er abweichende Vorschläge, so hat das Nachlaßgericht hierüber mit den übrigen Beteiligten zu verhandeln und gegebenenfalls im Wege des Versäumnisverfahrens (Abs. 2) eine Einigung zu versuchen.

IV. Versäumt der nicht erschienene Beteiligte, die Anberaumung eines neuen Termins rechtzeitig zu beantragen oder bleibt er in dem neuen Termin aus, so hat das Nachlaßgericht die Auseinandersetzung zu bestätigen.

V. Die Bestätigung ist den sämtlichen Beteiligten bekannt zu machen; die Bekanntmachung muß, soweit sie nicht zu Protokoll erfolgt, durch Zustellung von Amts wegen in den Formen der CPO. geschehen.

§ 115.

I. Die Frist zwischen der Ladung und dem ersten Verhandlungstermine (§ 108) muß mindestens zwei Wochen betragen (§ 90 Abs. 1 des FGG.).

II. Bei einer Vertagung der Verhandlung und bei der Ladung zu einem Termine zur Fortsetzung der Verhandlung ist das Gericht an eine Frist nicht gebunden. In diesen Fällen kann die Ladung der zu dem früheren Termine geladenen Beteiligten durch die Verkündung des neuen Termins ersetzt werden (§ 90 Abs. 2 des FGG.).

III. Ob das Nachlaßgericht von seiner Befugnis, die Ladung der Beteiligten zu einem neuen Termine durch die Verkündung des Termins zu ersetzen (§ 90 Abs. 2 Satz 2 des FGG.), Gebrauch machen will, ist seinem pflichtmäßigen Ermessen überlassen. Eine neue Ladung soll dann stattfinden, wenn das Ausbleiben von Beteiligten als entschuldigt erscheint.

§ 116.

Das Vermittelungsverfahren soll sich möglichst nach der Lage des einzelnen Falles richten. Es ist also z. B. nicht notwendig, daß das Verfahren in zwei Abschnitte — in die Verhandlung über vorbereitende Maßregeln (§ 91 des FGG.) und in die Verhandlung über die Auseinandersetzung selbst (§ 93 des FGG.) — und in mehrere Termine zerfällt. Wie schon in § 112 Abs. 1 hervorgehoben ist, können die Beteiligten vielmehr schon im ersten Termine mit einer Vereinbarung über die Art der Teilung die endgültige Auseinandersetzung verbinden. Dies gilt auch dann, wenn in dem Termine nicht sämtliche Beteiligte erschienen waren, die Bestätigung der Vereinbarungen daher nicht sogleich erfolgen kann; in einem solchen Falle sind in ein und derselben Verfügung die über die Art der Auseinandersetzung und die über die Auseinandersetzung selbst getroffene Vereinbarung oder (§ 111 Abs. 4), wenn nur ein Beteiligter erschienen ist, dessen Vorschläge den Ausgebliebenen bekannt zu machen.

§ 117.

I. Wohnt ein Beteiligter nicht im Bezirke des Nachlaßgerichts, so ist zur Herbeiführung einer Vereinbarung grundsätzlich der Weg der Rechtshilfe zu beschreiten.

II. Das Nachlaßgericht hat zu diesem Zwecke das Amtsgericht des Wohnsitzes des Beteiligten zu ersuchen, diesen zu einem Verhandlungstermine zu laden. Erscheint er in dem Termine, so ist mit ihm über die von dem Nachlaßgerichte beurkundete Vereinbarung oder, sofern nur ein Beteiligter vor dem Nachlaßgericht erschienen war, über dessen Vorschläge zu verhandeln.

III. Erscheint er nicht, so hat das ersuchte Gericht dem Nachlaßgerichte hievon unter Rückgabe der Akten Kenntnis zu geben. Das Nachlaßgericht hat sodann das Amtsgericht, in dessen Bezirke der Beteiligte wohnt, zu ersuchen, daß dieses dem Beteiligten eine Abschrift des mit dem erschienenen Beteiligten aufgenommenen Protokolls mitteilt und ihn gleichzeitig benachrichtigt, daß er die Akten auf der Gerichtsschreiberei des ersuchten Gerichts einsehen könne. Die Abschrift des Protokolls ist dem ersuchten Gerichte vom Nachlaßgerichte zu liefern. Die vom ersuchten Gerichte zu erlassende Mitteilung muß den Hinweis darauf enthalten, daß, wenn der Beteiligte nicht innerhalb einer bestimmten Frist schriftlich oder mündlich zu Protokoll des ersuchten Gerichts die Anberaumung eines neuen Termins beantrage oder wenn er in dem neuen Termine nicht erscheine, sein Einverständnis mit dem Inhalte des Protokolls angenommen werden würde. Die Mitteilung muß durch Zustellung in den Formen der CPO. bekannt gemacht werden. Beantragt dann der Beteiligte die Anberaumung eines neuen Termins und erscheint er in ihm, so ist die Verhandlung mit ihm fortzusetzen. Beantragt er die Anberaumung nicht oder erscheint er in dem Termine nicht, so hat das Nachlaßgericht die Vereinbarung zu bestätigen.

§ 118.

I. Erscheint in dem ersten Verhandlungstermin (§ 108) oder in dem Termine zur Verhandlung über den Auseinandersetzungsplan (§ 112) kein Beteiligter, so ruht das Verfahren.

II. Entfernt sich ein Beteiligter vor dem Schlusse der Verhandlung, ohne eine widersprechende Erklärung abgegeben zu haben, so ist er als nicht erschienen zu behandeln. Ist seine vorzeitige Entfernung als entschuldigt anzusehen, so findet der § 115 Abs. 3 Satz 2 Anwendung.

III. Widerspricht ein erschienener Beteiligter der Durchführung des Verfahrens oder verweigert er seine Erklärung zur Sache und ist eine Einigung nicht zu erzielen, so ist das Verfahren, sofern es sich nicht bloß um einzelne Streitpunkte handelt (§ 95 des FGG.), einzustellen. Soweit bezüglich der unstreitigen Punkte die Aufnahme einer Urkunde möglich ist, ist nach den §§ 91, 93 des FGG. zu verfahren.

IV. Ergibt sich, daß die Auseinandersetzung aus einem der in den §§ 2043—2045 des BGB. bezeichneten Gründe oder infolge einer Vereinbarung der Beteiligten (§ 2042 Abs. 2 des BGB.) ausgeschlossen ist, so ist das Verfahren einzustellen oder bis zur Hebung des Hindernisses auszusetzen.

V. Auch nach der Einstellung kann das Verfahren auf Antrag eines Beteiligten nach Hebung des Hindernisses wieder aufgenommen werden.

VI. Wird einem Beteiligten, der ohne sein Verschulden verhindert war, im Falle des § 111 oder des § 114 die Anberaumung eines neuen Termins zu beantragen oder in dem neuen Termine zu erscheinen, auf Grund des § 92 oder des § 93 Abs. 2 Satz 2 des FGG. die Wiedereinsetzung in den vorigen Stand erteilt, so hat das Nachlaßgericht die übrigen Beteiligten hievon in Kenntnis zu setzen. Die Verhandlungen sind sodann wieder aufzunehmen.

§ 119.

Bedarf ein Beteiligter zu einem bei der Auseinandersetzung vorgenommenen Rechtsgeschäfte, insbesondere zur vorgängigen Vereinbarung oder zur Auseinandersetzung der Genehmigung des Vormundschaftsgerichts (vgl. z. B. §§ 1643, 1821 und § 1822 Nr. 2 des BGB.), so hat das Nachlaßgericht, soweit es nicht selbst für die Genehmigung zuständig ist (§ 88 Satz 2, § 97 Abs. 2 des FGG.), den Vertreter des Beteiligten zur Beibringung der Genehmigung zu veranlassen oder die Genehmigung selbst herbeizuführen.

§ 120.

I. Gehört ein Grundstück zum Nachlasse, so liegt die Durchführung der Auseinandersetzung nicht dem Nachlaßgericht ob. Das Nachlaßgericht hat in diesem Falle die Beteiligten zu ermitteln und die Teilungsmasse (die Aktiven) festzustellen. Nach der Feststellung der Teilungsmasse hat es die Vermittelung der Auseinandersetzung, sofern die Beteiligten die Wahl eines Notars vereinbaren, diesem, anderenfalls einem Notar, der im Bezirk oder am Sitze des Nachlaßgerichts aufgestellt ist, zu überweisen (Art. 6 Abs. 1 Satz 1 des Nachl.Ges.).

II. Gehört nur ein Recht an einem Grundstücke, z. B. eine Hypothek, zum Nachlasse, so findet die Vorschrift des Abs. 1 keine Anwendung.

III. Die Teilungsmasse braucht, wenn die Vermittelung der Auseinandersetzung einem Notar zu überweisen ist, vor der Überweisung nicht in allen Einzelheiten vom Nachlaßgerichte festgestellt zu werden. Es genügt, daß aus den Feststellungen des Gerichts der Umfang der Teilungsmasse im allgemeinen erhellt. Insbesondere brauchen die zur Auseinandersetzung erforderlichen urkundlichen Unterlagen, z. B. Auszüge aus den öffentlichen Büchern, Schätzungen der Nachlaßgegenstände, nicht vom Gericht erholt zu werden.

IV. Die Ermittelung der Beteiligten und die Feststellung der Teilungsmasse hat, auch wenn die Vermittelung der Auseinandersetzung einem Notar zu überweisen ist, in der Regel durch protokollarische Vernehmung der Beteiligten auf Grund ihrer Angaben (§ 105) zu erfolgen. Dem Gerichte steht das Recht zu, nötigenfalls die Aufnahme eines Nachlaßverzeichnisses anzuordnen (§ 106).

V. Die Ermittelung der Beteiligten und die Feststellung der Teilungsmasse müssen nicht in einem förmlichen Beschluß erfolgen. Es genügt, daß sie aus den Nachlaßakten zu entnehmen sind.

VI. Beruht die Erbfolge auf einer nicht in einer öffentlichen Urkunde enthaltenen Verfügung von Todes wegen oder findet die gesetzliche Erbfolge statt, so bedarf es zur Umschreibung der Auseinandersetzung im Grundbuche nach § 36 der Grundbuchordnung eines Erbscheins. In der Regel wird es sich empfehlen, daß der Erbschein vor der Überweisung an den Notar erteilt wird. Das Nachlaßgericht hat daher in den geeigneten Fällen die Beteiligten vor der Überweisung an den Notar auf die Notwendigkeit des Erbscheins aufmerksam zu machen und sie zu veranlassen, die Erteilung eines Erbscheins zu beantragen.

VII. Die Überweisung an den Notar ist aktenkundig zu machen und den Beteiligten mitzuteilen. Mit der Überweisung sind dem Notar die Nachlaßakten zu übersenden; der Notar setzt die Akten fort. Im Nachlaßregister sind der Notar, an den die Akten abgegeben sind, und der Tag der Abgabe zu vermerken (§ 150 Abs. 3).

VIII. Diese Vorschriften finden auch dann Anwendung, wenn das Grundbuch noch nicht als angelegt anzusehen ist. Gehört indessen zum Nachlaß ein Recht an einem Grundstücke, so ist das Nachlaßgericht zwar für die Vermittelung der Auseinandersetzung zuständig, die ausschließliche Zuständigkeit der Notare für die Beurkundung des dinglichen Vertrags nach Maßgabe des Art. 14 des Notariatsgesetzes vom 10. November 1861 und des Art. 219 des AG. zur CPO. (vgl. Art. 166, 177 des AG. z. BGB.) bleibt jedoch unberührt.

§ 121.

I. Der Notar, dem die Vermittelung der Auseinandersetzung überwiesen ist, hat zunächst, soweit erforderlich, für die Ergänzung der Feststellung der Teilungsmasse und die Beschaffung der nötigen urkundlichen Unterlagen zu sorgen und dadurch die Auseinandersetzung möglichst vorzubereiten.

II. Sodann hat er die Auseinandersetzung nach Maßgabe der Vorschriften in den §§ 108—119 vorzunehmen. Die nach diesen Vorschriften dem Gericht obliegenden Verrichtungen sind von dem Notar wahrzunehmen. Der Notar ist jedoch weder in den Fällen des § 97 des FGG. für die Erteilung oder Verweigerung der Genehmigung an Stelle des Vormundschaftsgerichts (§ 119) noch in den Fällen des § 88 des FGG. für die Bestellung eines Abwesenheitspflegers (§ 107) zuständig; für diese Geschäfte ist nur das Nachlaßgericht zuständig. Bei den nach den Vorschriften der CPO. erfolgenden Zustellungen liegen dem Notar auch die Verrichtungen des Gerichtsschreibers ob. Der Notar ist auch für die Festsetzung der einem Beteiligten zu erstattenden Kosten (Art. 131, 132 des AG. z. BGB.) zuständig (Art. 6 des Nachl.Ges.).

§ 122.

I. Auf Antrag sämtlicher Beteiligter hat das Nachlaßgericht die Vermittelung der Auseinandersetzung einem Notar — und zwar wenn die Beteiligten die Wahl eines Notars vereinbaren, diesem, andernfalls einem Notar am Sitze oder im Bezirke des Nachlaßgerichts — auch dann zu übertragen, wenn ein Grundstück nicht zum Nachlasse gehört (Art. 6 Abs. 1 des Nachl.Ges.). Der Antrag kann in jeder Lage des Vermittelungsverfahrens gestellt werden.

II. Auf den Notar gehen die Verrichtungen über, welche dem Nachlaßgericht obliegen würden, wenn es selbst die Auseinandersetzung weiter zu vermitteln hätte. Die Vorschriften des § 121 finden entsprechende Anwendung.

§ 123.

I. Nach dem Eintritte der Rechtskraft des die Auseinandersetzung bestätigenden Beschlusses hat der Notar die Akten mit der Auseinandersetzungsurkunde dem Nachlaßgericht in Urschrift zu übersenden. Diese Vorschrift findet entsprechende Anwendung, wenn das Verfahren vor dem Notar endigt, weil es nach § 118 für beruhend erklärt oder eingestellt wird.

II. Wenn die Beteiligten von dem Vermittelungsverfahren abstehen und vor dem Notar einen Erbteilungsvertrag schließen, hat der Notar bei Rückgabe der Akten an das Nachlaßgericht diesem hievon unter Angabe des Datums des Vertragsschlusses und der Nummer, unter der die Urkunde im Geschäftsregister eingetragen ist, Mitteilung zu machen; die Urkunde bleibt in der Verwahrung des Notars.

§ 124.

I. Ist eine vorgängige Vereinbarung oder die Auseinandersetzung von dem Nachlaßgerichte beurkundet worden, so wird die vollstreckbare Ausfertigung der Urkunde von dem Gerichtsschreiber erteilt (§ 98 des FGG. mit § 797 Abs. 1 der CPO.).

II. Ist die vorgängige Vereinbarung oder die Auseinandersetzung von einem Notar beurkundet worden, so ist für die Erteilung der vollstreckbaren Ausfertigung, solange sich die Akten bei dem Notar befinden, dieser zuständig; nach der Abgabe der Akten an das Gericht hat die vollstreckbare Ausfertigung das Nachlaßgericht, nicht der Gerichtsschreiber zu erteilen (§ 98 des FGG. mit § 797 Abs. 2 der CPO.).

III. Für die Erteilung von einfachen Ausfertigungen und von Abschriften gelten, auch wenn es sich um vom Notar aufgenommene Urkunden handelt, sofern die Akten sich in der Verwahrung des Gerichts befinden, die allgemeinen Vorschriften.

IV. Wird eine Ausfertigung von der Bestätigung einer Vereinbarung über vorbereitende Maßregeln oder über den Auseinandersetzungsplan erteilt, so ist dies auf dem Aktenstücke, das die Bestätigung enthält, zu vermerken; bei der Erteilung einer vollstreckbaren Ausfertigung ist zu vermerken, daß die Ausfertigung als vollstreckbare erteilt ist, sowie für welche Partei und zu welcher Zeit die Ausfertigung erteilt ist.

§ 125.

Fällt bei der Auseinandersetzung einer unter elterlicher Gewalt, Vormundschaft oder Pflegschaft stehenden Person Vermögen zu, so hat das Nachlaßgericht hievon dem Vormundschaftsgericht Anzeige zu machen.

b) Vermittelung auf Antrag eines Beteiligten.

§ 126.

I. Die Vermittelung der Auseinandersetzung kann auch auf Antrag eines Beteiligten stattfinden. Durch die Pflicht des Nachlaßgerichts, die Vermittelung von Amts wegen einzuleiten, wird nicht ausgeschlossen, daß ein Beteiligter die Vermittelung beantragt; ein Beteiligter wird nicht selten ein Interesse daran haben, daß die Vermittelung nicht erst nach zwei Monaten seit dem Eintritte des Erbfalls eingeleitet wird.

II. Wird der Antrag auf Vermittelung der Auseinandersetzung gestellt, so unterbleibt die Vermittelung der Auseinandersetzung von Amts wegen (§ 103 Abs. 2 Nr. 2). Ist die Vermittelung der Auseinandersetzung von Amts wegen schon eingeleitet, so ist für die auf Antrag stattfindende kein Raum mehr. Erfolgen die Einleitung der Vermittelung von Amts wegen und die Stellung des Antrags auf Vermittelung der Auseinandersetzung durch einen Notar gleichzeitig, so bestimmt sich das Verhältnis der Vermittelung von Amts wegen zu der auf Antrag stattfindenden nach der ersten amtlichen Tätigkeit in der Sache (§§ 4, 194 des FGG.).

§ 127.

I. Für die Vermittelung der Auseinandersetzung auf Antrag eines Beteiligten sind neben den Amtsgerichten die Notare zuständig (Art. 8 Abs. 1 des Nachl.Ges.). Der Antrag kann, sofern nicht die Beteiligten die Wahl eines anderen Notars vereinbaren, nur bei einem Notar gestellt werden, der im Bezirk oder am Sitze des Nachlaßgerichts aufgestellt ist (Art. 8 Abs. 2 des Nachl.Ges.).

II. Der Antrag kann sowohl bei dem Nachlaßgericht als auch bei einem Notar gestellt werden.

III. Ob das Nachlaßgericht oder der Notar und welcher von mehreren örtlich zuständigen Notaren den Vorzug hat, bestimmt sich nach der ersten amtlichen Tätigkeit in der Sache (§ 4 des FGG.).

§ 128.

Der Antrag auf Auseinandersetzung soll enthalten:

1. die Angabe des Namens, des Standes, des letzten Wohnorts, Sterbeorts und des Todestags des Erblassers sowie die Angabe, ob der Erblasser verheiratet, verwitwet oder ledig war;
2. soweit möglich die Angabe der Beteiligten nach Namen, Stand und Wohnort, ferner den Grund der Beteiligung; als Beteiligte gelten nicht nur diejenigen Personen, welche nach § 86 Abs. 2 des FGG. berechtigt sind, den Antrag auf Vermittelung der Auseinandersetzung zu stellen, sondern auch der Nacherbe;
3. soweit möglich die Angabe der Teilungsmasse; der Angabe der Teilungsmasse bedarf es nicht, wenn schon ein den ganzen Nachlaß umfassendes Nachlaßverzeichnis (§ 1960 Abs. 2 des BGB.) oder das Nachlaßinventar (§§ 2002, 2003 des BGB.) aufgenommen worden ist.

§ 129.

I. Ist der Antrag unvollständig oder hält das Nachlaßgericht eine weitere Aufklärung für angemessen, so hat es den Antragsteller zur Ergänzung zu veranlassen. Es kann dem Antragsteller auch die Beschaffung der nötigen Unterlagen (Testamente, Erbverträge, Eheverträge, Auszüge aus dem Grundbuch, aus dem Hypothekenbuch usw.) aufgeben (§ 87 Abs. 2 des FGG.). Das Nachlaßgericht hat den Antragsteller in der Beschaffung der Unterlagen soweit als möglich zu unterstützen.

II. Der Antragsteller wird häufig nicht in der Lage sein, die Teilungsmasse vollständig anzugeben; in diesem Falle bleibt die Feststellung der Masse der Verhandlung mit den Beteiligten überlassen.

§ 130.

I. Im übrigen finden die für die Vermittelung der Auseinandersetzung von Amts wegen geltenden Vorschriften auf die auf Antrag stattfindende Vermittelung entsprechende Anwendung. Insbesondere hat, wenn der Antrag bei dem Gerichte gestellt wird, dieses, sofern ein Grundstück zum Nachlasse gehört, die Vermittelung nach der Ermittelung der Beteiligten und der Feststellung der Teilungsmasse, wenn die Beteiligten die Wahl eines Notars vereinbaren, diesem, andernfalls einem Notar, der im Bezirk oder am Sitze des Gerichts aufgestellt ist, zu überweisen. Auf Antrag sämtlicher Beteiligter ist die Vermittelung einem Notar auch dann zu überweisen, wenn ein Grundstück nicht zum Nachlasse gehört; der Antrag kann in jeder Lage des Verfahrens gestellt werden.

Form. XVIII. II. Zur Ladung der Beteiligten zum Verhandlungstermine (§ 89 des FGG.) soll das Formular XVIII benutzt werden. Eine Abschrift des Antrags soll nur dann mitgeteilt werden, wenn der Antrag vollständig ist. Andernfalls sollen die Beteiligten und die Teilungsmasse, soweit möglich, auf der Rückseite des zuzustellenden Schriftstücks verzeichnet werden.

§ 131.

I. Wird der Antrag auf Vermittelung der Auseinandersetzung bei einem Notar gestellt oder wird ihm die Vermittelung der Auseinandersetzung überwiesen, so finden auf das Verfahren vor dem Notar die für das Verfahren vor Gericht getroffenen Vorschriften entsprechende Anwendung. Der Notar hat dem Nachlaßgerichte davon Anzeige zu machen, wenn bei ihm die Vermittelung beantragt oder der Antrag zurückgenommen wird.

II. Hat der Notar die Auseinandersetzung vermittelt, so hat er nach dem Eintritte der Rechtskraft des die Auseinandersetzung bestätigenden Beschlusses oder nachdem das Verfahren für beruhend erklärt oder eingestellt oder der Antrag zurückgenommen ist, die bei ihm über die Vermittelung erwachsenen Akten dem Nachlaßgericht auch dann zu übersenden, wenn ihm die Vermittelung der Auseinandersetzung vom Nachlaßgerichte nicht überwiesen worden ist.

§ 132.

I. Hat der Notar die Auseinandersetzung nicht nach den Vorschriften des FGG. in den Formen des Vermittelungsverfahrens vorgenommen, sondern einen von den Beteiligten bei ihm geschlossenen Erbteilungsvertrag beurkundet, so hat er hievon dem Nachlaßgericht unter Angabe des Datums des Vertragsschlusses und der Nummer, unter der die Urkunde im Geschäftsregister eingetragen ist, Mitteilung zu machen; die Urkunde bleibt in der Verwahrung des Notars.

II. Das gleiche gilt, wenn dem Notar die Vermittelung der Auseinandersetzung überwiesen worden ist, die Beteiligten aber von dem Vermittelungsverfahren abstehen und einen Erbteilungsvertrag vor dem Notar schließen.

2. Auseinandersetzung in Ansehung eines Gesamtguts.

§ 133.

I. Hat das Amtsgericht nach Beendigung einer ehelichen oder einer fortgesetzten Gütergemeinschaft die Auseinandersetzung in Ansehung des Gesamtguts zu vermitteln (§ 99 des FGG.), so finden die Vorschriften der §§ 126—130 entsprechende Anwendung.

II. Das gleiche gilt für die im Art. 24 Abs. 2 des Übergangsgesetzes zum BGB. zugelassene Vermittelung zum Zwecke der im Art. 83 Abs. 2 dieses Gesetzes bezeichneten Ausgleichung des Ehegewinns nach Beendigung einer Gemeinschaft des Zugewinnstes.

III. Von Amts wegen wird die Vermittelung der Auseinandersetzung in Ansehung eines Gesamtguts nicht eingeleitet. Wenn jedoch die eheliche Gütergemeinschaft durch den Tod eines Ehegatten beendigt wird und Fortsetzung der Gütergemeinschaft nicht eintritt, oder wenn die fortgesetzte Gütergemeinschaft durch den Tod des überlebenden Ehegatten beendigt wird, so gehört der Anteil des verstorbenen Ehegatten am Gesamtgute zu dessen Nachlasse. Bezüglich des Nachlasses findet die Vermittelung der Auseinandersetzung von Amts wegen statt; das Nachlaßgericht hat gegebenenfalls darauf hinzuwirken, daß auch in Ansehung des Gesamtguts die Vermittelung der Auseinandersetzung beantragt wird.

IX. Internationale Nachlaßbehandlung.

§ 134.

I. Für die Sicherung des Nachlasses eines Ausländers haben die deutschen Gerichte, soweit ein Bedürfnis besteht, durch geeignete Maßregeln, z. B. durch die Anlegung von Siegeln, die gerichtliche Hinterlegung von Geld, Wertpapieren und Kostbarkeiten, auch dann zu sorgen, wenn es an einem für die Verrichtungen des Nachlaßgerichts zuständigen deutschen Gerichte fehlt. Die Zuständigkeit bestimmt sich nach § 74 des FGG.

II. Durch manche Staatsverträge sind die fremden Konsuln zur Sicherstellung des Nachlasses oder zur Mitwirkung bei der Sicherstellung berufen. In Betracht kommen insbesondere die Verträge mit

Italien von 1868 Art. 11 (Bundes-GBl. 1869 S. 113);
Spanien von 1870 Art. 11 (Bundes-GBl. S. 99);
Rußland von 1874 Art. 2 (R.GBl. 1875 S. 136);
Griechenland von 1881 Art. 15 (R.GBl. 1882 S. 101);
Serbien von 1883 Art. 11 (R.GBl. S. 62);
Japan von 1896 Art. 14 (R.GBl. S. 732);
Brasilien von 1897/98 (R.GBl. 1899 S. 547).

III. Im übrigen bestimmt sich die internationale Nachlaßbehandlung nach den Vorschriften der Art. 9, 24—31 des EG. z. BGB., soweit nicht die Staatsverträge ein anderes bestimmen. Ein Verzeichnis der in Betracht kommenden Staatsverträge ist in der Anlage XIX enthalten. Anlage XIX.

§ 135.

I. Soweit den bayerischen Gerichten der unmittelbare Verkehr mit ausländischen Behörden gestattet ist (Österreich; die Schweiz), hat das Gericht auch in Nachlaßsachen mit der ausländischen Behörde unmittelbar in Verkehr zu treten, wenn hiezu nach Lage des Falles ein Anlaß besteht.

II. Im übrigen haben die Gerichte mit den Behörden des Auslandes auch in Nachlaßsachen, vorbehaltlich der Vorschriften im Abs. 4, nur auf dem diplomatischen Wege zu verkehren. Die Vorlagen an das Staatsministerium der Justiz haben unmittelbar zu erfolgen.

III. Mit den ungarischen Behörden dürfen die Gerichte zwar unmittelbar verkehren, es empfiehlt sich jedoch schon mit Rücksicht auf die Sprachenverschiedenheit die Betretung des diplomatischen Weges.

IV. Mit den in Bayern zugelassenen nichtdeutschen Konsularbehörden, mit denen den bayerischen Justizbehörden nach der Bekanntmachung vom 7. März 1903 (JMBl. S. 243) der unmittelbare Verkehr gestattet ist, sollen die Gerichte auch in Nachlaßsachen, soweit hiezu ein Anlaß besteht, unmittelbar verkehren. Dies gilt auch dann, wenn der unmittelbare Verkehr mit den Behörden des Staates, von dem der Konsul aufgestellt ist, im übrigen nicht gestattet ist.

§ 136.

I. Bezüglich der Sicherung eines Nachlasses gelten folgende besondere Bestimmungen:

II. Stirbt ein Angehöriger eines Staates, dessen Konsuln zur Sicherstellung des Nachlasses oder zur Mitwirkung bei der Sicherstellung berufen sind (§ 134 Abs. 2), so ist dem Konsul von dem Todesfalle sofort Nachricht zu geben. Wird dem Amtsgerichte mit der Todesanzeige ein Auszug aus dem Sterberegister des Standesbeamten mitgeteilt, so ist er dem Konsul mit der Benachrichtigung zu übersenden; anderenfalls ist er von dem Standesbeamten zu erholen (Nr. 3 der Bekanntmachung vom 18. Dezember 1899 JMBl. S. 578) und nachträglich zu übersenden. Der Auszug ist von dem Amtsgericht unter Beifügung des Amtssiegels mit der Bestätigung zu versehen, daß die Urkunde von dem hiezu berechtigten Beamten ausgestellt ist. Stirbt ein Angehöriger der erwähnten Staaten an einem Orte, an dem eine Konsularbehörde seines Heimatstaats nicht vorhanden ist, so hat das Gericht die nötigen Sicherungsmaßregeln selbst zu ergreifen und beglaubigte Abschriften der gerichtlichen Verfügungen und des über die Ausführung der Sicherungsmaßregeln aufgenommenen Protokolls oder des Nachlaßverzeichnisses nebst dem mit dem Beglaubigungszeugnisse versehenen Auszug aus dem Sterberegister und dem Passe oder den sonstigen die Staatsangehörigkeit des Verstorbenen beweisenden Schriftstücken sobald als möglich der Konsularbehörde zu übersenden.

III. Die Konsuln der Vereinigten Staaten von Amerika sind zwar zur Mitwirkung bei der Sicherstellung des Nachlasses eines Angehörigen dieser Staaten nicht berufen. Im Hinblick auf den Art. 10 der Konsularkonvention vom 11. Dezember 1871 (RGBl. 1872 S. 95) haben aber die Gerichte, wenn der Verstorbene bekannte Erben oder von ihm ernannte Testamentsvollstrecker in Deutschland nicht hinterläßt, auch im Falle des Todes eines Angehörigen dieser Staaten dem Konsul einen mit dem Beglaubigungszeugnisse versehenen Auszug aus dem Sterberegister und die die Staatsangehörigkeit des Verstorbenen beweisenden Urkunden sofort zu übersenden.

IV. Soweit der unmittelbare Verkehr mit dem Konsul gestattet ist (§ 135 Abs. 4), haben die Benachrichtigung des Konsuls und die Übersendung der Urkunden an den Konsul unmittelbar zu erfolgen; soweit der unmittelbare Verkehr nicht gestattet ist, hat das Amtsgericht an das Staatsministerium der Justiz unmittelbar zu berichten.

V. Stirbt ein Angehöriger eines anderen Staates, so ist über die getroffenen Sicherungsmaßregeln unter Vorlegung eines Auszugs aus dem Sterberegister des Standesbeamten (Nr. 3 Abs. 1 der Bekanntmachung vom 18. Dezember 1899 JMBl. S. 578) sowie einer Abschrift der gerichtlichen Verfügungen und des über die Ausführung der Sicherungsmaßregeln aufgenommenen Protokolls, wenn die Aufnahme eines Nachlaßverzeichnisses angeordnet war, auch des Nachlaßverzeichnisses dem Staatsministerium der Justiz unmittelbar zu berichten.

X. Allgemeine Vorschriften.

§ 137.

Für die Bekanntmachung der Verfügungen und anderer Mitteilungen des Nachlaßgerichts sind die §§ 2, 46—53 der Bekanntmachung vom 16. Dezember 1899 die Ausführung der Zustellungen von Amts wegen betr. (JMBl. S. 475), maßgebend.

§ 138.

I. Anträge und Erklärungen können, sofern sie nicht nach den gesetzlichen Vorschriften dem Nachlaßgerichte gegenüber in öffentlich beglaubigter Form oder zu gerichtlichem Protokoll erfolgen müssen, zum Protokoll des Gerichtsschreibers des zuständigen Gerichts oder des Gerichtsschreibers eines Amtsgerichts erfolgen (§ 11 des FGG.). Wenn sie jedoch bei dem zuständigen Amtsgericht erfolgen, soll sie in der Regel nicht der Gerichtsschreiber, sondern der Richter selbst entgegennehmen. Dies gilt insbesondere von dem Antrag auf Auseinandersetzung in Ansehung eines Nachlasses oder eines Gesamtguts und von dem Antrag auf Erteilung eines Erbscheins. Der Richter kann sich einer Schreibkraft bedienen.

II. Erklärungen und Anträge, die nach den gesetzlichen Vorschriften dem Nachlaßgerichte gegenüber nur in öffentlich beglaubigter Form (vgl. z. B. § 1342 Abs. 1, § 1484 Abs. 2, § 1491 Abs. 1, § 1492 Abs. 1, § 1597 Abs. 1, § 1945 Abs. 1, § 1955, § 2198 Abs. 1 des BGB.), oder nur zu gerichtlichem Protokoll (vgl. z. B. § 91 Abs. 2, § 93 Abs. 1 des FGG.) erfolgen können, darf der Gerichtsschreiber nicht aufnehmen.

§ 139.

I. Wird von dem Nachlaßgericht ein Rechtsgeschäft beurkundet, z. B. die Ausschlagung einer Erbschaft (§ 1945 des BGB.), die Anfechtung der Ehelichkeit eines Kindes (§ 1597 des BGB.), die Vereinbarung über vorbereitende Maßregeln bei der Auseinandersetzung (§ 91 Abs. 1 des FGG.) oder die Vereinbarung über den Auseinandersetzungsplan (§ 93 Abs. 1 des FGG.), so gelten für die Form der Beurkundung die Vorschriften der §§ 168—182 des FGG.

II. Die Vorschriften der §§ 174, 177 des FGG. sollen auch dann beobachtet werden, wenn das Protokoll keine rechtsgeschäftlichen Erklärungen enthält.

III. Der Richter kann einen Protokollführer auch in den Fällen zuziehen, in denen die Zuziehung nach Abs. 1 nicht geboten ist.

§ 140.

I. Die Ausfertigungen des Nachlaßgerichts, insbesondere die Ausfertigungen von Erbscheinen und ähnlichen Zeugnissen, sind von dem Richter zu unterzeichnen (Art. 22 des AG. z. GVG.). Sie sind mit dem Gerichtssiegel zu versehen.

II. Die Ausfertigungen derjenigen Protokolle, welche eine rechtsgeschäftliche Erklärung enthalten, sind nach § 182 des FGG. von dem Gerichtsschreiber zu unterschreiben und mit dem Gerichtssiegel zu versehen. Wegen der Erteilung einer vollstreckbaren Ausfertigung des Beschlusses, durch den eine vorgängige Vereinbarung oder eine Auseinandersetzung bestätigt wird (§§ 98, 99 des FGG.), wird auf den § 124 verwiesen.

§ 141.

I. Die erforderlichen öffentlichen Bekanntmachungen hat der Richter selbst anzuordnen. Die Abfassung der Bekanntmachung kann dem Gerichtsschreiber überlassen werden. Der Wortlaut der Bekanntmachung ist jedoch vor der Anheftung an die Gerichtstafel und vor der Absendung an das Blatt, in dem sie veröffentlicht werden soll, stets dem Richter zur Genehmigung vorzulegen.

II. Auf eine leicht verständliche und knappe Fassung der öffentlichen Bekanntmachungen ist Bedacht zu nehmen; veraltete und rein kuriale Ausdrücke und Wendungen sind zu vermeiden. Der Bezeichnung des Gerichts braucht eine Namensunterschrift nicht beigefügt zu werden. Überflüssige Teilung in Absätze ist zu vermeiden.

III. Erfolgen mehrere Bekanntmachungen desselben Gerichts gleichzeitig, so sind sie tunlichst zusammenzufassen.

§ 142.

Dem Notar, dem Gerichtsschreiber und dem Bürgermeister sollen in den im § 6 des FGG. und im Art. 15 des Not.Ges. bezeichneten Fällen Verrichtungen in Nachlaßsachen nicht übertragen werden.

XI. Akten- und Registerführung.

§ 143.

I. Diejenigen Todesanzeigen der Standesbeamten, welche zu einer Tätigkeit des Nachlaßgerichts keinen Anlaß geben, werden, nach der Reihenfolge der Todestage der Erblasser geordnet, in Sammelakten vereinigt. Für je ein Jahr wird mindestens ein Heft der Sammelakten angelegt.

II. Ergibt sich später, daß ein Todesfall zu einer Tätigkeit des Nachlaßgerichts Anlaß gibt, stellt sich z. B. erst später heraus, daß der Erblasser Vermögen hinterlassen hat, so ist die Todesanzeige aus den Sammelakten auszuheben und zu den Nachlaßakten zu nehmen.

§ 144.

I. Gibt eine Todesanzeige zu einer Tätigkeit des Nachlaßgerichts Anlaß oder ergibt sich später, daß irgend eine Tätigkeit des Nachlaßgerichts notwendig ist (§ 143 Abs. 2), so sind Nachlaßakten anzulegen. Akten sind auch dann anzulegen, wenn das Nachlaßgericht nur die Erklärung eines Beteiligten entgegennimmt.

II. Akten sind ferner über alle Teilungssachen, d. h. über die Anträge auf Auseinandersetzung in Ansehung eines Gesamtguts anzulegen.

§ 145.

I. Der Richter hat die Anlegung der Akten anzuordnen.

II. Die Anordnung geschieht bei der ersten in der Sache erfolgenden Verfügung des Nachlaßgerichts.

§ 146.

Zu den Nachlaß- und Teilungsakten sind Umschläge von grauer Farbe zu verwenden. Die Akten sind mit entsprechender Aufschrift zu versehen.

§ 147.

I. Die Akten sollen ein Bild der gesamten auf eine Nachlaß- oder Teilungssache bezüglichen Tätigkeit des Richters geben. Sie beginnen mit der Todesanzeige oder dem sonstigen die Tätigkeit des Nachlaßgerichts veranlassenden Schriftstück und haben alle Einläufe und Verhandlungen zu enthalten, die von da an bis zur Beendigung der Sache erwachsen.

II. Die Aktenstücke sind unten in der Mitte mit fortlaufenden Nummern zu versehen.

§ 148.

Das Aufgebot der Nachlaßgläubiger ist nicht als eine Angelegenheit der freiwilligen, sondern als eine Angelegenheit der streitigen Gerichtsbarkeit zu behandeln. Das Aufgebotsgericht soll dem Nachlaßgerichte von der Einleitung des Aufgebotsverfahrens und der Erlassung des Ausschlußurteils kurze Mitteilung machen.

§ 149.

I. Alle Termine, in denen eine Verfügung zu treffen oder dem Richter eine Vorlage zu machen ist, sind in einem besonderen Kalender einzutragen, damit der Richter den Termin nicht übersieht.

II. Die für den Terminskalender in Vormundschaftssachen geltenden Vorschriften finden entsprechende Anwendung.

§ 150.

I. Die Akten über die Nachlaß- und Teilungssachen werden in ein Verzeichnis (Register für Nachlaß- und Teilungssachen) eingetragen.

II. Das Register wird nach dem Formular XX geführt. Bei jedem Amtsgerichte wird nur ein Register geführt. Der Umfang des Registers ist so zu bemessen, daß es für mehrere Jahre ausreicht; bei größeren Amtsgerichten kann der Gerichtsvorstand anordnen, daß für jedes Jahr ein besonderes Register angelegt wird. Form. XX.

III. In jedem Jahre beginnen die Eintragungen in der Spalte 1 mit der Nummer 1. Die Nummern laufen durch das ganze Jahr. In der Spalte 3 ist der Notar, an den die Akten zur Auseinandersetzung abgegeben sind, zu vermerken. Die Spalten 4 und 5 dienen zur Angabe des Tages der Abgabe der Akten an den Notar und des Tages der Rückgabe der Akten durch den Notar. Die Spalte 6 ist für sonstige Bemerkungen bestimmt, insbesondere zur Vormerkung darüber, wo die Akten sich befinden, wenn sie nicht an der im § 153 bezeichneten Stelle verwahrt werden. Die Abgabe der Akten ist aber nur dann in der Spalte 5 zu vermerken, wenn die Nachlaß- oder Teilungssache erledigt ist und die Akten endgültig abgegeben werden. Werden Akten über anhängige Nachlaß- oder Teilungssachen, z. B. zur Erledigung eines Ersuchens um Rechtshilfe an das ersuchte Gericht, abgegeben oder werden Akten nur vorübergehend abgegeben, z. B. dem Landgerichte vorübergehend überlassen oder anderen Akten vorübergehend als Beistücke beigefügt, so ist an der Stelle, an der die Akten sich befinden sollen, ein Fehlblatt einzulegen. Das Fehlblatt muß mindestens das Aktenzeichen und die Zeit der Abgabe, sowie den Empfänger der Akten angeben; werden Akten auf Ersuchen versendet, so kann als Fehlblatt das mit dem Absendungsvermerke versehene schriftliche Ersuchen dienen.

IV. Die Nachlaßsachen werden nach dem Todesjahre des Erblassers eingetragen, auch wenn das Nachlaßgericht erst in einem späteren Jahre tätig wird. Am Schlusse eines jeden Jahres ist deshalb ein ausgiebiger Raum für spätere Einträge frei zu lassen. Die Teilungssachen werden nach dem Zeitpunkte des Anfalls eingetragen.

V. Das Register ist mit einem dauerhaften Einbande zu versehen oder in einen festen Umschlag zu heften.

VI. Die Führung des Registers liegt dem Gerichtsschreiber oder einem damit beauftragten Gerichtsschreibereibediensteten ob.

VII. Zu dem Register ist ein alphabetisches Namensverzeichnis nach dem Formular XXI zu führen. Form. XXI.

§ 151.

Auf dem Umschlage der Nachlaß- und Teilungsakten sind unten links das Geschäftsjahr, in dem der Erblasser gestorben oder die Teilung der ehelichen oder fortgesetzten Gütergemeinschaft beantragt worden ist, und die Nummer des Registers anzugeben. Diese Nummer bildet mit der Bezeichnung des Geschäftsjahrs das Aktenzeichen; das Geschäftsjahr wird dabei nur mit den beiden letzten Ziffern der Jahreszahl angegeben. Das Aktenzeichen ist auf allen zu den Akten gehörenden Stücken anzubringen und in der Weise zu verwenden, daß es der Abkürzung „NR.“ beigefügt wird.

§ 152.

Ist das Amtsgericht, an das die Todesanzeige erstattet worden ist, nach § 74 des FGG. nur für die Sicherung des Nachlasses zuständig, so kann es außer der Todesanzeige (f. § 2 Abs. 4) die erwachsenen Akten an das Nachlaßgericht abgeben. In dem Register ist die Abgabe der Akten zu vermerken.

§ 153.

I. Die Akten über anhängige Nachlaß- und Teilungssachen sind in der Handregistratur des Richters oder in der Gerichtsschreiberei aufzubewahren.

Der Vorstand des Amtsgerichts kann über die Art der Aufbewahrung allgemeine Anordnungen treffen.

II. Nach der Erledigung der Sache hat der Richter die Weglegung der Akten anzuordnen. Als erledigt gilt eine Nachlaß- oder Teilungssache, wenn die Tätigkeit des Nachlaßgerichts, die in der Sache veranlaßt war, ihren Abschluß gefunden hat. Teilungsakten sind also z. B. nicht bloß mit der Bestätigung der Auseinandersetzung, sondern auch mit dem Ruhen der Sache (§ 118) erledigt.

III. Die weggelegten Akten sind nach dem Todesjahre des Erblassers, in Teilungssachen nach dem Jahre des Anfalls und innerhalb des Jahrgangs nach der Reihenfolge der Aktennummern geordnet aufzubewahren.

§ 154.

Wegen der Statistik für Nachlaßsachen wird auf die Bekanntmachung vom 3. Februar 1900 (JMBl. S. 486), geändert durch die Bekanntmachung vom 20. März 1903 (JMBl. S. 239), und auf die Bekanntmachung vom 11. Dezember 1900 Tabelle 2 (JMBl. S. 1297) verwiesen.

§ 155.

I. Wegen der von dem Nachlaßgerichte zum Zwecke der Feststellung der Erbschaftssteuer dem Rentamte zu erstattenden Anzeigen wird auf die Bekanntmachungen vom 27. Dezember 1899 (JMBl. 1900 S. 467), vom 6. Oktober 1900 (JMBl. S. 1168) und vom 19. Dezember 1902 (JMBl. 1903 S. 226) verwiesen.

II. Die in den §§ 67—69 bezeichneten Mitteilungen sind neben der zum Zwecke der Feststellung der Erbschaftssteuer vorgeschriebenen Anzeige zu machen.

XII. Schluß- und Übergangsbestimmungen.

§ 156.

I. Diese Bekanntmachung tritt am 1. April 1903 in Kraft. Die Bekanntmachung vom 31. Dezember 1899 (JMBl. 1900 S. 1) und die Entschließung vom 6. Oktober 1902 Nr. 39752 treten hiemit außer Kraft.

II. Ist der Erblasser vor dem Inkrafttreten des BGB. gestorben, so bleiben die vor diesem Zeitpunkt in Geltung gewesenen Vorschriften maßgebend. Ist der Erblasser in der Zeit zwischen dem Inkrafttreten des BGB. und dem Inkrafttreten des Nachl.Ges. gestorben, so bleiben die in diesem Zeitraum in Geltung gewesenen Vorschriften maßgebend.

III. Die auf Grund des Art. 36 des Übergangsgesetzes zum BGB. stattfindende Vermittelung der Auseinandersetzung in Ansehung des Gesamtguts einer nicht durch den Tod eines Ehegatten aufgehobenen ehelichen oder fortgesetzten Gütergemeinschaft bestimmt sich, wenn die Auseinandersetzung nach dem Inkrafttreten des Nachl.Ges. beantragt wird, nach den Vorschriften dieser Bekanntmachung. Die auf Grund des angeführten Art. 36 stattfindende Vermittelung in Ansehung eines Nachlasses oder des Gesamtguts einer durch den Tod eines Ehegatten aufgehobenen ehelichen oder fortgesetzten Gütergemeinschaft bestimmt sich dagegen in diesem Falle nach den Vorschriften der Bekanntmachung vom 31. Dezember 1899.

§ 157.

I. Die durch die Bekanntmachung vom 31. Dezember 1899 vorgeschriebenen Formulare und Verzeichnisse dürfen, soweit sie nicht von den neuen Formularen wesentlich abweichen, aufgebraucht werden. Ob das neue Formular von dem früheren abweicht, ist auf den Musterformularen angegeben. Soweit die neuen Formulare von den bisherigen abweichen, sind die alten Formulare, wenn sie weiter benützt werden, handschriftlich zu ändern. Das bisherige Nachlaßverzeichnis (Formular XIX der Bekanntmachung vom 31. Dezember 1899) ist, soweit es noch genügend Raum bietet, als Register für Nachlaß- und Teilungssachen weiter zu verwenden; die Überschrift der Spalte 3 ist jedoch nach Maßgabe der Überschrift der Spalte 3 des Formulars XX dieser Bekanntmachung zu ändern und der Tag der Rückgabe der Akten von dem Notar ist in der Spalte Bemerkungen anzugeben.

II. Wird bei einem Amtsgerichte in den Landesteilen rechts des Rheins auf Grund des § 120 Abs. 1 der Bekanntmachung vom 31. Dezember 1899 noch das frühere Verlassenschaftsverzeichnis als Nachlaßverzeichnis geführt, so kann es gleichfalls als Register für Nachlaß- und Teilungssachen weitergeführt werden, wenn es noch genügend Raum bietet; das alte Formular ist indessen dem neuen durch handschriftliche Änderung möglichst anzupassen.

§ 158.

Die Vorschrift des Art. 76 Abs. 3 des Gerichtsverfassungsgesetzes vom 10. November 1861, daß die Standesherren befugt sind, Verlassenschaftsverhandlungen, welche Mitglieder der Familie betreffen, solange kein Rechtsstreit darüber entsteht, durch ihre Domänenkanzlei vornehmen und erledigen zu lassen, ist unberührt geblieben (Art. 81 des AG. z. GVG.; Art. 1, 167 des AG. z. BGB. und Art. 58 des EG. z. BGB.; § 189 des FGG.).

München, den 20. März 1903.

Miltner.

Formular I (I).

.........................., den .... 19.....

K. Amtsgericht ....

Betreff:

Nachlaß ....

N. R. . . . / . . .

Auftrag

an den

zur Vornahme der Siegelung.

Der...ist ermächtigt, zum Nachlasse gehörende Wertpapiere, Gelder und Kostbarkeiten zu Amtshanden zu nehmen.

K. Amtsgericht.

Siegel.

Auftrag an den Gerichtsschreiber oder Notar zur Anlegung oder Abnahme der Siegel, Hinterlegung und Anfertigung des Nachlaßverzeichnisses (§ 1960 des BGB., §§ 19, 20, 22 der Nachl.O.).

Anmerkung: Wenn das neue Formular sich von dem bisherigen nur in der Fassung unterscheidet, ist der Nummer des Formulars die Nummer des bisherigen Formulars in Klammern beigefügt.

Formular II (II).

K. Amtsgericht ....

.........................., den .... 19.....

N. R. . . . / . . .

Bestallung

für einen Nachlaßpfleger.

D..

.... in ....

ist für diejenigen, welche Erben d..

(Namen des Erblassers, Zeit und Ort des Todes.) ....

....

....

werden,

zum Nachlaßpfleger bestellt. Sein Wirkungskreis umfaßt die Verwaltung des Nachlasses..

....

K. Amtsgericht.

Siegel.

Die Bestallung ist bei Beendigung der Nachlaßpflegschaft dem Amtsgerichte zurückzugeben.

Bestallung für einen Nachlaßpfleger (§§ 1960—1962, 1915 des BGB., § 25 der Nachl.O.).

Formular III.

K. Amtsgericht ....

..........................., den .... 19.....

N. R. . . . / . . .

Ladung.

Zur Eröffnung des Testaments — Erbvertrags — de.....

am .... 19..... in ....

verstorbenen ....

....

....

von ....

ist Termin auf

den ....ten .... 19......, ...mittags ..... Uhr

vor..

bestimmt.

Zu diesem Termine werden Sie hiemit geladen. Erscheinen Sie in dem Termine nicht, so wird die Eröffnung gleichwohl erfolgen und der Sie betreffende Inhalt Ihnen mitgeteilt werden.

K. Amtsgericht.

An

....

....

in

....

Ladung zur Eröffnung einer Verfügung von Todes wegen (§§ 2260, 2273, 2300 des BGB., §§ 31, 37, 38 der Nachl.O.).

Anmerkung: Das Formular weicht von dem bisherigen Formular IV nur darin ab, daß in der letzten Zeile des Textes das Wort „schriftlich“ weggelassen ist.

Formular IV.

K. Amtsgericht ....

Von kz. Hand an den
Herrn Notar

...................., den ....19....

Verzeichnis

der

in der Zeit vom .... bis ....
eingegangenen Anzeigen über den Tod von Personen, die über sechzehn Jahre alt sind.

Vor- und Familiennamen, Stand oder Gewerbe des Erblassers	Wohnort (Wohnung) des Erblassers	Todestag	Alter	Bemerkungen

Anmerkung: Formular IV weicht von dem bisherigen Formular III darin ab, daß es eine neue (3.) Spalte zur Angabe des Alters des Erblassers enthält. Die bisherigen Formulare können weiter verwendet werden, wenn das Alter in der Spalte „Bemerkungen“ angegeben wird.

Formular V (V).

K. Amtsgericht ....

N. R. . . . . / . . . .

München, den *1. September* 190*3*.

Erbschein.

(Angabe, ob auf Grund Gesetzes oder Verfügung von Todeswegen, letzterenfalls unter Bezeichnung derselben.)

Es wird hiemit bezeugt, daß *der* am *7 ten Mai* .... 19*02* in *München* verstorbene *Gerbermeister Josef Wolf* von *München* auf Grund *des am 2. Februar 1901 errichteten Testaments*

....

....

(Vor- u. Familiennamen, Stand oder Gewerbe und Wohnort des Erben, bei einem gemeinschaftlichen Erbscheine der Erben, ferner genaue (in Worten geschriebene) Angabe der Größe des Erbteils, bei einem gemeinschaftl. Erbscheine der Erbteile.)

von *dem Gerbermeister Josef Wolf in München zu einem und der Milchhändlersfrau Anna Huber in Augsburg zu zwei Drittel*

....

....

....

....

(Wenn ein Testamentsvollstrecker nicht ernannt ist, wird eine Angabe nicht gemacht.)

beerbt worden ist.

Als Testamentsvollstrecker ist *der kgl. Notar Jakob Maier in München*

....

ernannt.

K. Amtsgericht.

N. N. Amtsrichter.

Siegel.

Erbschein für einen einzelnen Erben; auch zu verwenden als gemeinschaftlicher Erbschein (§§ 2353, 2357, 2364 d. BGB., § 56 Nachl.O.).

Formular Va (Va).

K. Amtsgericht ....

N. R. . . . . / . . . .

Augsburg, den *1. September* 19*03*.

Erbschein.

(Genaue Bezeichnung der einzelnen Nachlaßgegenstände.)

Es wird hiemit bezeugt, daß das *Wohnhaus Plan-Nummer 25 der Steuergemeinde Ipfelkofen*

....

....

....

....

....

(Angabe, ob auf Grund Gesetzes oder Verfügung von Todes wegen, letzterenfalls unter Bezeichnung derselben.)

auf Grund *Gesetzes*

....

....

....

(Vor- u. Familiennamen, Stand oder Gewerbe, Wohnort des Erben, bei einem gemeinschaftlichen Erbscheine der Erben.)

im Erbwege von *dem* am *4ten Mai* 19*02* in *Augsburg* verstorbenen *Privatier Johann Weiss* von *Augsburg* auf *den Kaufmann Heinrich Weiss in Augsburg und die Kaufmannsfrau Amalie Hirschhorn in München*

....

....

....

Wenn ein Testamentsvollstrecker nicht ernannt ist, wird eine Angabe nicht gemacht.

übergegangen *ist*.

Als Testamentsvollstrecker ist *der Rechtsanwalt Josef Dahn in Augsburg*

....

ernannt.

K. Amtsgericht.

N. N. Amtsrichter.

Siegel.

Erbschein für einzelne Nachlaßgegenstände (§ 56 Nachl.O.).

Formular VI (VI).

K. Amtsgericht ....

N. R. . . . / . . .

Nürnberg, den *1. September* 190*3*.

Erbschein.

Es wird hiemit bezeugt, daß d*er* am *20ten Juni* 19*01* in *Nürnberg* verstorbene *Metzgermeister Andreas Hardt*

Bezeichnung der Verfügung von Todes wegen.

auf Grund *des am 19. Juni 1901 errichteten Testaments*

Vor- und Familiennamen, Stand oder Gewerbe, Wohnort des Vorerben u. Größe des Erbteils.

von d*er Metzgermeisterswitwe Maria Hardt in Nürnberg als alleiniger Erbin*

beerbt worden ist.

Der Erblasser hat eine Nacherbfolge angeordnet.

Angabe der Voraussetzungen, unter denen die Nacherbfolge eintritt.

Die Nacherbfolge tritt unter der Voraussetzung ein, daß *sich die Witwe wiederverheiratet.*

Vor- und Familiennamen, Stand oder Gewerbe, Wohnort des Nacherben.

Nacherbe ist *die Metzgermeisterstochter Sofia Hardt in Nürnberg.*

Frau Maria Hardt ist zur freien Verfügung über den Nachlass berechtigt.

*)

K. Amtsgericht.

N. N. Oberamtsrichter.

Siegel.

---

*) Hat der Erblasser den Nacherben auf dasjenige eingesetzt, was von der Erbschaft bei dem Eintritte der Nacherbfolge übrig sein wird oder hat er bestimmt, daß der Vorerbe zur freien Verfügung über den Nachlaß berechtigt sein soll, so ist dies hier anzugeben (§ 2363 Abs. 1 Satz 2 des BGB.). Ferner ist die Ernennung eines Testamentsvollstreckers hier anzugeben (§ 2364 Abs. 1 des BGB.).

Erbschein für einen Vorerben (§ 2363 des BGB., § 56 der Nachl.O.).

Formular VII (VIII).

K. Amtsgericht ....

N. R. . . . / . . .

.............., den .... 19...

Zeugnis

über die Ernennung zum Testamentsvollstrecker.

(Vor- und Familiennamen, Stand oder Gewerbe, Wohnort des Testamentsvollstreckers.)

Es wird hiermit bezeugt, daß der ....

....

....

zum Testamentsvollstrecker de am .....ten ....

19............ in .... verstorbenen

....

ernannt worden ist.

*)

K. Amtsgericht.

Siegel.

---

*) Hier sind die im § 59 Abs. 3 der Nachl.O. bezeichneten Angaben zu machen, insbesondere wenn der Testamentsvollstrecker in der Verwaltung des Nachlasses beschränkt ist (§ 2208 des BGB.) oder der Erblasser angeordnet hat, daß der Testamentsvollstrecker in der Eingehung von Verbindlichkeiten für den Nachlaß nicht beschränkt (§ 2207, § 2209 Satz 2 des BGB.) sein soll; die Beschränkungen der Verwaltung, z. B. wenn seiner Verwaltung nur einzelne Gegenstände unterliegen, sind im einzelnen zu bezeichnen.

Zeugnis über die Ernennung zum Testamentsvollstrecker (§ 2368 des BGB., § 59 der Nachl.O.).

Formular VIII.

K. Amtsgericht *Neuburg.*
N. R. *67/05.*

Neuburg, den *15. Oktober* 19*06*

Zeugnis

über die Fortsetzung der Gütergemeinschaft.

(Vor- und Familienname, Beruf und Wohnort des überlebenden Ehegatten)

Es wird hiemit bezeugt, daß *die Bauerswitwe Anna Huber in Strass* ....

(Vor- und Familienname des verstorbenen Ehegatten)

nach dem am *7ten Mai* .... 19*05* erfolgten Tode des *Bauern Josef Huber* ....

....

(Angabe, ob allgemeine oder Fahrnisgem.)

die kraft*) *des am 20. November 1900 in Neuburg geschlossenen Ehevertrags* bestehende *allgemeine* Gütergemeinschaft

(Vor- und Familienname, gegebenenfalls auch Beruf und Wohnort der anteilsberechtigten Abkömmlinge)

mit *ihren Kindern den Bauerssöhnen Anton und Josef Huber in Strass und der Wirtsehefrau Anna Maier in Burgheim* ....

....

....

fortgesetzt hat.

An die Stelle der am 1. Juni 1906 verstorbenen Anna Maier sind deren Kinder die Wirtskinder Christian und Heinrich Maier in Burgheim getreten.

Siegel. **K. Amtsgericht.**
Huber.

Neuburg, den *12. Mai* 19*08.*

Vorstehendes Zeugnis wird hiemit dahin berichtigt, dass der Wirtssohn Christian Maier gestorben und sein Anteil dem Wirtssohne Heinrich Maier in Burgheim angewachsen ist.

Siegel. **K. Amtsgericht.**
Huber.

---

*) Hier ist anzugeben, ob die Gütergemeinschaft auf Vertrag oder, was bei den vor dem Inkrafttreten des BGB. geschlossenen Ehen vorkommt, auf Gesetz beruht; der Ehevertrag ist nach Zeit und Ort der Errichtung zu bezeichnen.

Zeugnis über die Fortsetzung der Gütergemeinschaft (§ 1507 des BGB., § 60 der Nachl.O.).

Formular VIIIa.

K. Amtsgericht

N. R. . . . / . . .

................, den .... 19......

Zeugnis

über die Fortsetzung der Gütergemeinschaft.

(Genaue Bezeichnung der einzelnen Gegenstände.)

Es wird hiemit bezeugt, daß *das Grundstück Plan Nr. 46 der Steuergemeinde Hasselwöhr* ....

....

(Vor- und Familienname des verstorbenen Ehegatten.)

nach dem am *15ten Mai 1903* erfolgten Tode der *Bauersfrau Creszenz Ellinger* ....

in *Hasselwöhr* .... in das Gesamtgut der *allgemeinen* Gütergemeinschaft gefallen *ist*, welche der *Bauer Josef Ellinger* ....

(Angabe, ob allgemeine oder Fahrnisgemeinschaft.)

(Vor- und Familienname, Beruf, Wohnort des überlebenden Ehegatten.)

in *Hasselwöhr* kraft *des am 18. Oktober 1900 in München geschlossenen Ehevertrags* mit *seinem Sohne Ignaz Ellinger* ....

(Angabe, ob kraft Gesetzes oder Ehevertrags, Bezeichnung des Vertrags.)

(Vor- und Familienname, gegebenenfalls auch Beruf und Wohnort der anteilsberechtigten Abkömmlinge.)

....

....

....

....

fortgesetzt hat.

Zeugnis über die Fortsetzung der Gütergemeinschaft mit Beschränkung auf einzelne Gesamtgutsgegenstände (§ 60 der Nachl.O.).

Formular VIII b.

Muster

für ein Zeugnis über die Fortsetzung der Gütergemeinschaft in Verbindung mit einem Erbschein.

Es wird hiemit bezeugt,

I. daß der Bauer Christian Oesch in Felden nach dem am 14. Mai 1903 in Felden erfolgten Tode seiner Ehefrau Maria Oesch die kraft des Ehevertrags des Notars Huber in Felden vom 25. Dezember 1900 GR. Nr. 833 bestehende allgemeine Gütergemeinschaft mit den gemeinschaftlichen Abkömmlingen, nämlich den Bauernkindern Josef und Anna Oesch in Felden fortgesetzt hat;

II. daß die genannte Maria Oesch auf Grund Gesetzes von dem überlebenden Ehemann Christian Oesch in Felden zu ein Viertel und den Kindern Josef und Anna Oesch in Felden zu je drei Achtel beerbt worden ist.

Formular IX.

................................., den .... 19.....

K. Amtsgericht ....

Aktenzeichen: N. R. .... /19.....

Betreff:
Katasterumschreibung.

(Familien- und Vornamen, Beruf, Wohnort des Erblassers.)

Ich behandle den Nachlaß de..... am .... 19.....
hier/in .... verstorbenen ....

....

von ....

(Das Nichtzutreffende ist auszustreichen.)

Auf Grund des notariellen — gerichtlichen — Dorf — Testaments — Erbvertrags — Ehe- und Erbvertags — vom .... ist/sind Erbe..... geworden:

(Familien- und Vornamen, Beruf, Wohnort jedes Erben.)

....

....

....

....

....

....

....

....

....

....

Zum Nachlasse gehör........ Grundstück...., de en genaue Bezeichnung mir nicht möglich ist — folgende Grundstück............ :

(Möglichst genaue Bezeichnung der Grundstücke.)

....

....

....

....

....

....

Ich ersuche um Umschreibung im Grundsteuerkataster.

K. Amtsgericht.

An
das K. Rentamt
in

....

Mitteilung an das Rentamt zur Katasterumschreibung, wenn die Erbfolge auf einer in einer öffentlichen Urkunde enthaltenen Verfügung von Todes wegen beruht (§ 67).

Formular IXa.

.................................., den ....19.....

K. Amtsgericht.......................................

Aktenzeichen: N. R. ..../19.....

Betreff:
Katasterumschreibung.

Ich behandle den Nachlaß de... am 19...
hier / in .... verstorbenen ....
(Familien- und Vornamen, Beruf, Wohnort des Erblassers.)
....

von ....

Die Erbfolge findet auf Grund des Gesetzes — der nicht in einer öffentlichen Urkunde enthaltenen Verfügung von Todes wegen, nämlich de......................
(Das Nichtzutreffende ist auszustreichen.)
vom.................................. statt.

Ich ersuche um Umschreibung im Grundsteuerkataster und lege eine Abschrift des Erbscheins vom .... 19...... bei.

(Dieser Absatz wird nur ausgefüllt, wenn ein Erbschein **nicht** erteilt wird.)
(Familien- und Vornamen, Beruf und Wohnort jedes Erben.)

Als Erbe.... ist/sind ermittelt:

....
....
....
....
....
....
....

D...... Erbe... wurde... darüber belehrt, daß zur Umschreibung im Kataster ein Erbschein erforderlich ist. Die Stellung des Antrags auf Erteilung des Erbscheins wurde jedoch abgelehnt.

Zum Nachlasse gehör...... Grundstücke, de...en genaue Bezeichnung mir nicht möglich ist — folgende... Grundstück...
(Möglichst genaue Bezeichnung der Grundstücke.)
....
....
....

An
das K. Rentamt
in

....

K. Amtsgericht.

Mitteilung an das Rentamt zur Katasterumschreibung, wenn die Erbfolge auf Gesetz oder auf einer nicht in einer öffentlichen Urkunde enthaltenen Verfügung von Todes wegen beruht (§ 68).

Formular IXb.

.................., den .... 19..

K. Amtsgericht ....

Aktenzeichen: N. R. ..../19....

Betreff:
Katasterumschreibung.

Ich behandle den Nachlaß de am .... 19.....

(Familien- und Vornamen, Beruf, Wohnort.)

hier/in .... verstorbenen ....

....

von ....

(Familien- und Vornamen, Wohnort.)

D...... überlebende Witwe ....

....

setzt die Gütergemeinschaft fort.

Ich ersuche um Umschreibung im Grundsteuerkataster und lege eine Abschrift des Zeugnisses über die Fortsetzung der Gütergemeinschaft bei.

(Das Nichtzutreffende ist auszustreichen.)

Der überlebende Ehegatte wurde darüber belehrt, daß zur Umschreibung im Kataster das Zeugnis über die Fortsetzung der Gütergemeinschaft erforderlich ist, hat jedoch abgelehnt, den Antrag auf Erteilung des Zeugnisses zu stellen.

Zum Gesamtgute gehör Grundstück , de en genaue Bezeichnung mir nicht möglich ist — folgende

(Möglichst genaue Bezeichnung der Grundstücke.)

Grundstück ....

....

....

....

....

....

K. Amtsgericht.

An
das K. Rentamt
in

Mitteilung an das Rentamt zur Katasterumschreibung im Falle der fortgesetzten Gütergemeinschaft (§ 69).

Formular X (IX).

K. Amtsgericht ....

N. R. . . . / . . .

.................., den .... 19.....

Bestallung

für

(Vor- u. Familiennamen, Stand oder Gewerbe und Wohnort des Verwalters.) d ....

....

....

als Verwalter

des Nachlasses de ..... am .... ten ....

19.............. in .... verstorbenen

....

....

K. Amtsgericht.

Siegel.

Diese Bestallung ist nach Beendigung des Amtes des Nachlaßverwalters dem Nachlaßgerichte zurückzugeben.

Bestallung des Nachlaßverwalters (§§ 1975, 1981 ff. des BGB., § 83 der Nachl.O.).

Formular XI (X).

K. Amtsgericht

.............................., den 19

N. R. . . . / . . .

Verfügung.

Auf Antrag de ....
....
....

welche...... glaubhaft gemacht ha.........., daß ih.......... eine Forderung gegen den Nachlaß de..... am.......... ten ....
19.......... in .... verstorbenen ....
....
.... zusteht, wird
de ....
....
....

als Erben de...... Verstorbenen hiemit eine Frist

von ....

zur Errichtung eines Inventars über den Nachlaß de...... Verstorbenen bestimmt.

Der Erbe muß entweder innerhalb der Frist bei dem unterfertigten Amtsgerichte die Aufnahme des Inventars beantragen oder zu der Aufnahme des Inventars einen Notar zuziehen und das mit dessen Hilfe aufgenommene Inventar innerhalb der Frist bei dem unterfertigten Amtsgerichte einreichen. Der Errichtung des Inventars bedarf es auch dann, wenn der Nachlaß wertlos ist oder Nachlaßgegenstände überhaupt nicht vorhanden sind.

Wird die Inventarfrist versäumt, so haftet der Erbe für die Nachlaßverbindlichkeiten nicht nur mit dem ererbten, sondern auch mit dem eigenen Vermögen. Gleiches gilt, wenn der Erbe absichtlich eine erhebliche Unvollständigkeit der im Inventar enthaltenen Angaben der Nachlaßgegenstände herbeiführt oder in der Absicht, die Nachlaßgläubiger zu benachteiligen, die Aufnahme einer nicht bestehenden Nachlaßverbindlichkeit bewirkt.

K. Amtsgericht.

Bestimmung der Inventarfrist (§ 1994 des BGB., § 88 der Nachl.O.).

Formular XII (XI).

K. Amtsgericht ....

N. R. . . . / . . . ., den .... 19......

Auftrag.

D ....

....

....

ha .... die Aufnahme des Inventars über den Nachlaß de.... am ...... ten .... 19 ...... in .... verstorbenen ....

....

....

beantragt.

Die Aufnahme des Inventars wird hiemit Ihnen übertragen.

K. Amtsgericht.

Siegel.

An

....

....

Verständigung des Notars oder Gerichtsschreibers von der Übertragung der Aufnahme des Nachlaßinventars (§ 2003 des BGB., § 92 der Nachl.O.).

Formular XII a (XII).

K. Amtsgericht ....

N. R. . . . / . . . ., den .... 19.....

Betreff:

Nachlaß de........................

....

....

Die Aufnahme des Nachlaßinventars ist de........................

....

....

übertragen worden.

Der Erbe ist verpflichtet, dem Genannten die zur Aufnahme des Inventars erforderliche Auskunft zu erteilen. Wenn der Erbe die Erteilung der Auskunft verweigert oder absichtlich in erheblichem Maße verzögert, so haftet er für die Nachlaßverbindlichkeiten nicht nur mit dem ererbten, sondern auch mit dem eigenen Vermögen.

K. Amtsgericht.

Benachrichtigung des Erben von der Übertragung der Aufnahme des Nachlaßinventars an den Notar oder Gerichtsschreiber (§ 2003 des BGB., § 92 der Nachl.O.).

Formular XIII (XIII).

K. Amtsgericht ....

N. R. . . . / . . . ., den ....19.....

Betreff:

Nachlaß de..........................

....

....

D............ Nachlaßgläubiger ....

....

verlang............ die eidliche Bekräftigung des Nachlaßinventars. Zur Abnahme des Offenbarungseides ist Termin auf

...., den .... 19....

.............mittags ....Uhr

vor dem K. Amtsgerichte ....

.... bestimmt.

Hiezu werden Sie hiemit geladen.

Der Erbe kann vor der Leistung des Eides das Inventar vervollständigen. Verweigert der Erbe die Leistung des Eides, so haftet er dem Nachlaßgläubiger unbeschränkt. Gleiches gilt, wenn er weder in dem Termine noch in einem auf Antrag des Gläubigers bestimmten neuen Termin erscheint, sei es denn, daß ein Grund vorliegt, durch den das Nichterscheinen in diesem Termine genügend entschuldigt wird.

K. Amtsgericht.

An

....

....

Ladung des Erben zum Termin über den Offenbarungseid (§ 2006 des BGB., § 79 des FGG., § 98 der Nachl.O.).

Formular XIV (XIV).

K. Amtsgericht ....

N. R. . . . / . . . ., den ....19.....

Betreff:

Nachlaß de ....

....

....

Zur Leistung des Offenbarungseids über das Nachlaßinventar durch den Erben ist Termin

auf ...., den .... ten ....19.....

............mittags ....Uhr

vor dem K. Amtsgerichte ....

Zimmer Nr. ....

bestimmt.

Hiezu werden Sie mit dem Bemerken geladen, daß Ihre Anwesenheit nicht erforderlich ist.

K. Amtsgericht.

An

....

....

Ladung des Gläubigers zum Termin über den Offenbarungseid (§ 79 des FGG., § 98 der Nachl.O.).

Formular XV.

K. Amtsgericht ....

N. R. . . . / . . .

Ladung.

In Ansehung des Nachlasses de ..... am ....
.... 19............ in ....
verstorbenen ....
....
von .... ist die Auseinandersetzung unter den Erben zu vermitteln.

Die Beteiligten und die Teilungsmasse sind auf der Rückseite bezeichnet.

Zur Verhandlung über die Auseinandersetzung ist Termin

auf............ ten .... 19.......

..............mittags................ Uhr

vor dem unterfertigten K. Amtsgerichte, Zimmer Nr. .... anberaumt.

Sie werden als Beteiligter geladen, zu diesem Termine persönlich zu erscheinen oder sich durch einen Bevollmächtigten vertreten zu lassen.

Erscheinen Sie in dem Termine nicht, so wird gleichwohl über die Auseinandersetzung verhandelt werden; falls der Termin vertagt oder ein neuer Termin zur Fortsetzung der Verhandlung anberaumt werden sollte, kann Ihre Ladung zu dem neuen Termin unterbleiben.

Die bis jetzt vorhandenen Unterlagen für die Auseinandersetzung ....
....
....
....
können Sie auf der Gerichtsschreiberei einsehen.

K. Amtsgericht.

An

....

....

in

....

Erstmalige Ladung eines Beteiligten zum Termin im Auseinandersetzungsverfahren von Amts wegen (§ 89 des FGG., § 108 der Nachl.O.).

Formular XVI (XVI).

K. Amtsgericht ....

N. R. . . . / . . .

.................................., den .... 19.....

Betreff:
Nachlaß de .... am ......ten
.... 19...... in ....
verstorbenen ....
....

In d Verhandlungstermin ..... am ......ten .... 19....
sind zur Auseinandersetzung in Ansehung des Nachlasses des
....
von de erschienenen Beteiligten
— Vereinbarungen getroffen — Vorschläge gemacht — worden, deren Inhalt aus der anliegenden Abschrift des über die Verhandlung aufgenommenen Protokolls ersichtlich ist.

Beantragen Sie nicht innerhalb einer Frist von ....
....
von der Zustellung dieser Benachrichtigung an die Anberaumung des neuen Termins oder erscheinen Sie in dem neuen Termine nicht, so wird Ihr Einverständnis mit dem Inhalte des Protokolls angenommen werden.

K. Amtsgericht.

An
....
....
in
....

Benachrichtigung eines im Verhandlungstermin ausgebliebenen Beteiligten über die Vereinbarungen oder Vorschläge in Ansehung der vorbereitenden Maßregeln zu einer Auseinandersetzung (§ 91 des FGG., § 111 der Nachl.O.).

Formular XVII (XVII).

K. Amtsgericht ....

N. R. . . / . . . . , den .... 19 ....

Betreff:

Nachlaß de am .....ten..... 19

in .... verstorbenen ....

In dem Verhandlungstermine vom ....ten.......................... 19 ha sich d erschienene Beteiligte ...... mit dem Auseinandersetzungsplane, welchen das unterzeichnete Nachlaßgericht angefertigt hat, einverstanden erklärt.

Abschrift des Auseinandersetzungsplans und des Protokolls über den Verhandlungstermin liegen an.

Beantragen Sie nicht innerhalb einer Frist von .... von der Zustellung dieser Benachrichtigung an die Anberaumung eines neuen Termins oder erscheinen Sie in dem neuen Termine nicht, so wird Ihr Einverständnis mit dem Auseinandersetzungsplan angenommen werden.

K. Amtsgericht.

An

....

....

in

....

Benachrichtigung eines im Verhandlungstermin ausgebliebenen Beteiligten von dem Auseinandersetzungsplane (§ 93 des FGG., § 114 der Nachl.O.).

Formular XVIII (XV).

K. Amtsgericht ....

N. R. . . . / . . .

Ladung.

(Namen, Stand und Wohnort des Antragstellers.) Grund seiner Beteiligung.

Der ....

....

hat als ....

....

die Vermittelung der Auseinandersetzung in Ansehung des Nachlasses de am ....ten .... 19 in

.... verstorbenen ....

....

beantragt.

Die Beteiligten und die Teilungsmasse sind auf der Rückseite bezeichnet

(oder:)

sind aus dem in Abschrift anliegenden Antrage ersichtlich.

Zur Verhandlung über die Auseinandersetzung ist Termin

auf ......ten 19

.... mittags .... Uhr

vor dem unterfertigten K. Amtsgerichte, Zimmer Nr. .... anberaumt.

Sie werden als Beteiligter geladen, zu diesem Termine persönlich zu erscheinen oder sich durch einen Bevollmächtigten vertreten zu lassen.

Erscheinen Sie in dem Termine nicht, so wird gleichwohl über die Auseinandersetzung verhandelt werden; falls der Termin vertagt oder ein neuer Termin zur Fortsetzung der Verhandlung anberaumt werden sollte, kann Ihre Ladung zu dem neuen Termin unterbleiben.

Die bis jetzt vorhandenen Unterlagen für die Auseinandersetzung ....

....

....

können Sie auf der Gerichtsschreiberei einsehen.

An

....

....

in

....

K. Amtsgericht.

Erstmalige Ladung eines Beteiligten zum Termin im Auseinandersetzungsverfahren (§ 89 des FGG., § 130 der Nachl.O.).

Anlage XIX.

Verträge

des

vormaligen Zollvereins und des Reichs, in denen Bestimmungen über internationale Nachlaßbehandlung enthalten sind.

Vertragsland	Bezeichnung des Vertrags	Datum	Artikel	Bemerkungen
	A. Verträge des vormaligen Zollvereins.			
Argentinien	Freundschafts-, Handels- und Schiffahrtsvertrag	19. Sept. 1857	Art. 9	Regierungs-Bl. 1859 S. 899 (Landtags-Abschied vom 10. November 1861 § 22 lit. A Ziff. 1).
Chili	desgl.	1. Febr. 1862	Art. 10 bis 12	Regierungs-Bl. 1864 S. 121 (Landtags-Abschied v. 10. Juli 1865 § 12 lit. B Ziff. 5).
Siam	desgl.	7. Febr. 1862	Art. 15	Regierungs-Bl. 1864 S. 1625 (Landtags-Abschied vom 10. Juli 1865 § 12 lit. B Ziff. 7).

B. Verträge des Reichs.

Vertragsland	Bezeichnung des Vertrags.	Datum	Artikel	Bemerkungen
Brasilien	Vereinbarung über die Mitwirkung der Konsuln bei der Regelung von Nachlässen	30. Nov. 1897 / 15. Febr. 1898	—	RGBl. 1899 S. 547.
Bulgarien	s. Bemerkung zu Türkei			
Columbien	Freundschafts-, Handels- und Schiffahrtsvertrag	23. Juli 1892	Art. 21	RGBl. 1894 S. 471.
Griechenland	a) Konsularvertrag b) Handels- und Schiffahrtsvertrag	26. Nov. 1881 9. Juli 1884	Art. 15 ff. Art. 2	RGBl. 1882 S. 101. RGBl. 1885 S. 23.

Vertrags-land	Bezeichnung des Vertrags	Datum	Artikel	Bemerkungen
Guatemala	Freundschafts-, Handels-, Schiffahrts- und Konsularvertrag	20. Sept. 1887	Art. 25	RGBl. 1888 S. 238.
Honduras	desgl.	12. Dez. 1887	Art. 25	RGBl. 1888 S. 262.
Italien	I. a) Konsularvertrag (des Reichs)	7. Febr. 1872	—	RGBl. 1872 S. 134.
	b) Konsularvertrag des Norddeutschen Bundes	21. Dez. 1868	Art. 11, 12	Bundesgesetz-Bl. 1869 S. 113.
	II. Handels-, Zoll- und Schiffahrtsvertrag	6. Dez. 1891	Art. 2	RGBl. 1892 S. 97.
Japan	a) Handels- und Schiffahrtsvertrag	4. April 1896	Art. I	RGBl. 1896 S. 715.
	b) Konsularvertrag	4. April 1896	Art. X, XIV	RGBl. 1896 S. 732.
Mexiko	Freundschafts-, Handels- und Schiffahrtsvertrag	5. Dez. 1882	Art. 15	RGBl. 1883 S. 247.
Nicaragua	Freundschafts-, Handels-, Schiffahrts- und Konsularvertrag	4. Febr. 1896	Art. 9, 25	RGBl. 1897 S. 171.
Nieder-lande	Deklaration, betreffend die Ausdehnung der zwischen Preußen und Niederlanden am 16. Juni 1856 abgeschlossenen Konsularkonvention auf die Konsuln des Deutschen Reiches in den niederländischen Kolonien	11. Jan. 1872	—	RGBl. 1872 S. 67. vgl. Art. 11 der Konvention v. 16. Juni 1856.
Persien	Freundschafts-, Handels- und Schiffahrtsvertrag	11. Juni 1873	Art. 15	RGBl. 1873 S. 351.
Peru	Vereinbarung über die Stellung der deutschen Konsuln in Peru und den peruanischen Konsuln in Deutschland	28. Juni 1897	—	RGBl. 1899 S. 662.
Rumänien	s. Bemerkungen zu Türkei			
Rußland	a) Konvention über die Regulierung von Hinterlassenschaften	12. Nov. / 31. Okt. 1874	—	RGBl. 1875 S. 136.
	b) Konsularvertrag	8. Dez. / 26. Nov. 1874	Art. 9	RGBl. 1875. S. 145.
Serbien	a) Konsularvertrag	6. Jan. 1883	Art. 11 ff.	RGBl. 1883 S. 62.
	b) Handels- und Zollvertrag	21./9. August 1892	Art. 2	RGBl. 1893 S. 269.

Vertrags-land	Bezeichnung des Vertrags	Datum	Artikel	Bemerkungen
Spanien	a) Konsularkonvention des Reichs	12. Jan. 1872	Art. 1	RGBl. 1872 S. 211.
	b) Konsularkonvention des Norddeutschen Bundes	22. Febr. 1870	Art. 11 ff.	Bundesgesetz-Bl. 1870 S. 99. G.- u. VBl. 1877 S. 342.
Türkei	Freundschafts-, Handels- und Schiffahrtsvertrag	26. Aug. 1890	Art. 24	RGBl. 1891 S. 117. Durch Art. 24 wird der Vertrag vom 22. März 1761 (a. St.) zwischen Preußen u. der Türkei aufrecht erhalten. Vgl. Art. 6 dieses Vertrags. Dieser Vertrag gilt auch noch gegenüber Bulgarien und Rumänien zufolge Art. 8, 49, 50 des Berliner Vertrags vom 13. Juli 1878 (RGBl. 1878 S. 307) und Art. 1 des Handelsvertrags des Zollvereins mit der Türkei vom 20. März 1862 (Preußische Gesetz-Sammlung 1863 S. 169). Abgedruckt findet sich der Vertrag vom 22. März 1761 auf S. 158 der Sammlung deutscher Konsularverträge, die vom Auswärtigen Amte herausgegeben ist; ferner auf S. 134 der Drucksache Nr. 170 des Reichstags 1890/91 und auf S. 607 der Gesetz- und Verordnung-Sammlung von Weber Bd. V.
Vereinigte Staaten von Amerika	Konsularkonvention	11. Dez. 1871	Art. 10	RGBl. 1872 S. 95.

Formular XX.

Register

für Nachlaß- und Teilungssachen

des

K. Amtsgerichts ....

für

d .... Geschäftsjahr ....

Jährlich fortlaufende Nummer	Des Erblassers (bei Teilungssachen: des Ehemanns bzw. des überlebenden Ehegatten) Vor- und Familiennamen, Stand oder Gewerbe und Wohnort	Die Auseinandersetzung ist überwiesen			Bemerkungen, insbesondere Vormerkung darüber, wo die Akten sich befinden
		dem Notar	Tag der Abgabe der Akten	Tag der Rückgabe der Akten	
1	2	3	4	5	6

Formular XXI (XX).

Namensverzeichnis

zum

Register für Nachlaß- und Teilungssachen.

Des Erblassers (bei Teilungssachen des Ehemanns bzw. des überlebenden Ehegatten)			Nummer des Nachlaßregisters	Bemerkungen
Vor- und Familiennamen	Stand oder Gewerbe	Wohnort		
1	2	3	4	5

Nr. 48 864.

III.

Bekanntmachung vom 10. Dezember 1902, die von den Standesbeamten an die Amtsgerichte zu erstattenden Anzeigen von Todesfällen betr.

JMBl. 1903 S. 213

Königliches Staatsministerium des Königlichen Hauses und des Äußern,

Königliches Staatsministerium der Justiz

und

Königliches Staatsministerium des Innern.

Das Muster, das in der Bekanntmachung vom 18. Dezember 1899 (JMBl. S. 578, Min.=Amtsbl. S. 669) für die Formulare zu den von den Standesbeamten an die Amtsgerichte zu erstattenden Todesanzeigen vorgeschrieben ist, wird hiemit auf Grund des Art. 1 Abs. 1 Satz 2 des Gesetzes vom 9. August 1902, das Nachlaßwesen betreffend, durch das im Abdrucke folgende Muster ersetzt.

Noch vorhandene, nach dem früheren Muster hergestellte Formulare dürfen bis zum 1. April 1903 gebraucht werden.

München, den 10. Dezember 1902.

Dr. Graf v. Crailsheim. Dr. Frhr. v. Feilitzsch. Miltner.

Anlage.

Todesanzeige.

I. Der verstorbenen Person	
1. Familien- und Vornamen	Zu I 1 ....
2. Alter	Zu I 2 ....
3. Beruf	Zu I 3 ....
4. Familienstand (ob ledig, verheiratet oder verwitwet)	Zu I 4 ....
5. Todestag	Zu I 5 ....
6. Sterbeort (Straße oder Platz, Hausnummer, Stockwerk)	Zu I 6 ....
7. letzter Wohnsitz (ständiger Wohnort)	Zu I 7 ....
8. (bei Nichtdeutschen) Staatsangehörigkeit	Zu I 8 ....
II. Ob eine Verfügung von Todeswegen (Testament oder Erbvertrag oder Ehe- und Erbvertrag) vorhanden ist und wo sie sich befindet?	Zu II ....
III. 1. Ob die verstorbene Person ein Vermögen hinterließ?	Zu III 1 ....
2. Ob sich hierunter Grundstücke befinden?	Zu III 2 ....
IV. Hinterlassene Personen:	
1. Namen und Wohnort des überlebenden Ehegatten	Zu IV 1 ....
2. Kinder:	
a) Namen, Beruf und Wohnort der volljährigen Kinder	Zu IV 2a ....

b) Namen und Alter der minderjährigen Kinder	Zu IV 2b ....
c) Namen und Wohnort der Enkel, wenn eines der Kinder mit Hinterlassung von Kindern gestorben ist	Zu IV 2c ....
3. Namen, Beruf und Wohnort der Eltern und Geschwister, sofern Personen zu 2 nicht vorhanden sind.	Zu IV 3 ....
4. Namen, Beruf und Wohnort sonstiger nächster Verwandter, sofern Personen zu 2 und 3 nicht vorhanden sind.	Zu IV 4 ....
V. Ob die verstorbene Person zur Zeit des Todes das Amt eines Vormundes, Gegenvormundes, Pflegers oder Beistandes bekleidete und für wen?	Zu V ....
VI. Ob dem Standesbeamten Umstände bekannt sind, welche die Anlegung von Siegeln oder eine sonstige Fürsorge des Nachlaßgerichts rechtfertigen? (Kurze Angabe der Umstände.)	Zu VI ....

........................, den 19

Der Standesbeamte.

Bemerkungen.

Zu I 1: Bei unehelichen Kindern ist immer der Familiennamen der Mutter anzugeben.

Zu I 7: Eine besondere Angabe ist nur erforderlich, wenn der Erblasser außerhalb seines ständigen Wohnsitzes gestorben ist.

Zu III 2: Hier sind nicht nur die ehelichen Kinder, sondern, wenn eine (ledige, verheiratete oder verwitwete) Frau gestorben ist, auch deren uneheliche Kinder anzugeben.

Das Alter der minderjährigen Kinder ist womöglich durch Angabe der Geburtstage zu bezeichnen.

Zu VI: Die Sicherung des Nachlasses ist zulässig, wenn der Erbe die Erbschaft noch nicht angenommen hat, oder wenn der Erbe unbekannt oder wenn ungewiß ist, ob er die Erbschaft angenommen hat. Aber auch, wenn einer dieser Fälle vorliegt, ist die Sicherung des Nachlasses nur zulässig, soweit ein Bedürfnis vorhanden ist.

Der Bürgermeister einer Gemeinde, in der das Nachlaßgericht seinen Sitz nicht hat, ist verpflichtet, in dringenden Fällen auch ohne gerichtliche Anordnung für die Sicherung des Nachlasses durch Anlegung von Siegeln zu sorgen und die getroffenen Maßregeln dem Amtsgerichte sofort anzuzeigen. Ein dringender Fall ist namentlich dann gegeben, wenn zu befürchten ist, daß Nachlaßgegenstände verschleppt, verheimlicht oder sonstwie dem Berechtigten entzogen werden, ehe Sicherungsmaßregeln durch das Gericht angeordnet werden können.

Bezüglich der Anlegung von Siegeln wird auf die durch die Bekanntmachung vom 18. Dezember 1902 (Min.-Amtsbl. 1903 S. 4) veröffentlichte Anweisung für die Mitwirkung der Gemeindebehörden bei der Sicherung eines Nachlasses verwiesen.

Nr. 50077.

IV.

Bekanntmachung vom 18. Dezember 1902, die Mitwirkung der Gemeindebehörden bei der Sicherung eines Nachlasses betr.

JMBl. 1903 S. 216.

Königliches Staatsministerium der Justiz
und
Königliches Staatsministerium des Innern.

Eine Anweisung für die Mitwirkung der Gemeindebehörden bei der Sicherung eines Nachlasses wird hiemit bekannt gemacht.

Die Bezirksämter werden beauftragt, durch die Bezirksamtsblätter die Bürgermeister auf die Anweisung aufmerksam zu machen.

München, den 18. Dezember 1902.

Dr. **Frhr. v. Feilitzsch. Miltner.**

Anweisung
für die Mitwirkung der Gemeindebehörden bei der Sicherung eines Nachlasses.

---

§ 1.

Die Sicherung eines Nachlasses ist zulässig:
1. wenn der Erbe unbekannt ist;
2. wenn die Erbschaft noch nicht angenommen ist;
3. wenn ungewiß ist, ob der Erbe die Erbschaft angenommen hat.

Aber auch wenn einer dieser Fälle vorliegt, findet die Sicherung nur statt, wenn und soweit ein Bedürfnis besteht. Sie unterbleibt daher z. B. in der Regel dann, wenn ein überlebender Ehegatte und gemeinschaftliche Abkömmlinge als Erben berufen sind und die Verschleppung von Nachlaßsachen nicht zu befürchten ist.

§ 2.

Die Anlegung von Siegeln zur Sicherung eines Nachlasses, der sich nicht in der Gemeinde befindet, in welcher das zuständige Amtsgericht seinen Sitz hat, kann dem Bürgermeister übertragen werden.

Dem Bürgermeister kann auch die Abnahme der Siegel (Entsiegelung) übertragen werden.

§ 3.

In dringenden Fällen hat der Bürgermeister auch ohne Auftrag des Amtsgerichts für die Sicherung des Nachlasses vorläufig durch Anlegung von Siegeln zu sorgen. Die getroffene Maßregel ist sofort dem Amtsgerichte, in dessen Bezirke der Nachlaß sich befindet, anzuzeigen.

Ein dringender Fall liegt insbesondere dann vor, wenn zu befürchten ist, daß Nachlaßgegenstände verschleppt, verheimlicht oder sonstwie dem Berechtigten entzogen werden, bevor Sicherungsmaßregeln durch das Gericht angeordnet werden können.

§ 4.

Der Bürgermeister ist befugt, mit der Anlegung sowie mit der Abnahme der Siegel ein Mitglied des Magistrats oder der Gemeindeverwaltung, in der Pfalz des Gemeinderats, sowie einen Gemeindebeamten (z. B. den Gemeindeschreiber) zu beauftragen.

§ 5.

Für das Verfahren bei der Siegelung des Nachlasses sind die Vorschriften der §§ 6 bis 13 maßgebend.

§ 6.

Gegenstand der Anlegung von Siegeln sind die zum Nachlasse gehörenden leblosen beweglichen Sachen.

Ausgenommen bleiben die zum täglichen Gebrauche der Hausgenossen und zur Fortführung des Haushalts, des Geschäfts- oder Wirtschaftsbetriebs erforderlichen Gegenstände und Vorräte sowie diejenigen Sachen, welche sich zur Verwahrung in geschlossenen Behältnissen und Räumen oder sonst zur Versiegelung nicht eignen, z. B. Sachen, die dem Verderben ausgesetzt sind.

§ 7.

Die zu versiegelnden Sachen sind tunlichst in verschließbaren Räumen oder Behältnissen unterzubringen. Die Türen dieser Räume sowie die Behältnisse sind zu verschließen und unter Verwendung von Papierstreifen, Leinwandstreifen, Bindfaden oder in anderer Weise mit dem Gemeindesiegel so zu versiegeln, daß sie ohne Verletzung des Verschlusses nicht geöffnet werden können. Fenster sind zu schließen und nötigenfalls in gleicher Weise zu versiegeln.

Räume, deren Weiterbenutzung nicht entbehrt werden kann, sind offen zu halten.

Den Familienangehörigen des Erblassers, die zur Zeit des Todes des Erblassers zu dessen Hausstande gehört und von ihm Unterhalt bezogen haben, ist auf Verlangen die Benutzung der Wohnung und der Haushaltsgegenstände zu gestatten.

Wohnungsräume eines Verstorbenen sollen nicht versiegelt werden, bevor die aus Rücksichten der Reinlichkeit im einzelnen Falle unerläßlichen Maßnahmen getroffen und, wenn der Todesfall durch eine ansteckende Krankheit herbeigeführt worden ist, die nötigen Desinfektionsmaßregeln vollzogen sind.

§ 8.

Zur Anlegung der Siegel sind, soweit es möglich ist, eine oder mehrere Auskunftspersonen beizuziehen. Die Auskunftspersonen sind, wenn es tunlich ist, aus dem Kreise der am Orte anwesenden, leicht erreichbaren Erben oder Verwandten des Erblassers zu nehmen.

§ 9.

Die bei der Anlegung der Siegel Anwesenden sind auf die Unverletzlichkeit der Siegel sowie darauf aufmerksam zu machen, daß unbefugtes Erbrechen, Ablösen oder Beschädigen eines Siegels bestraft wird.

Die Beaufsichtigung der Siegel und der nicht unter Verschluß gebrachten Sachen ist einem im Hause wohnenden Beteiligten oder einer anderen Person mit der Weisung zu übertragen, für deren Sicherung zu sorgen.

Der Bürgermeister hat die Schlüssel zu den versiegelten Behältnissen und Räumen entweder der bestellten Aufsichtsperson zur Verwahrung einzuhändigen oder selbst in Verwahrung zu nehmen.

§ 10.

Zum Nachlasse gehörende Gelder, Wertpapiere oder Kostbarkeiten, die bei der Anlegung der Siegel vorgefunden werden, sind zu verzeichnen und an das Amtsgericht zu senden; im Falle der Übersendung durch die Post ist die Sendung mit der Bezeichnung „Einschreiben“ zu versehen.

Für die Fortführung des Haushalts, des Geschäfts- oder Wirtschaftsbetriebs sowie zur Erfüllung dringender Nachlaßverbindlichkeiten, namentlich zur Bestreitung der Beerdigungskosten, kann den Beteiligten eine bestimmte Geldsumme gegen ein schriftliches Empfangsbekenntnis mit der Verpflichtung überlassen werden, später mit dem Erben darüber abzurechnen.

§ 11.

Über die Anlegung der Siegel ist ein Protokoll aufzunehmen.

Das Protokoll hat insbesondere zu enthalten:

1. die Angabe des Ortes und des Tages der Handlung sowie des Namens des die Siegelung Vornehmenden;
2. die Angabe des Namens, Berufs und Wohnsitzes des Erblassers;
3. die Bezeichnung der anwesenden Personen, die Darstellung des Verlaufs der Handlung, die Bezeichnung der Behältnisse und Räume, die versiegelt wurden, und ihres hauptsächlichsten Inhalts;
4. die Bezeichnung des Namens der bestellten Aufsichtspersonen (§ 9 Abs. 2);
5. eine allgemeine Bezeichnung der nicht unter Siegel gelegten Sachen und der hiewegen getroffenen Maßregeln;
6. die Verzeichnung der vorgefundenen Gelder, Wertpapiere und Kostbarkeiten, die Angabe der den Beteiligten überlassenen Geldsumme und das Empfangsbekenntnis;
7. die Feststellung, daß die Anwesenden auf die Unverletzlichkeit der Siegel und die strafrechtlichen Folgen der Verletzung der Siegel aufmerksam gemacht worden sind.

§ 12.

Die bei der Siegelung anwesenden Personen sind zu befragen:

1. über Verfügungen von Todes wegen (Testament, Erbvertrag, Ehe- und Erbvertrag), die der Erblasser hinterlassen hat, und den Ort ihrer Verwahrung;
2. über die Familienverhältnisse des Erblassers;
3. über Vormundschaften, Gegenvormundschaften, Pflegschaften und Beistandschaften, die der Erblasser geführt hat.

Soweit die anwesenden Personen Auskunft erteilen können, ist sie in das Protokoll aufzunehmen.

Findet sich ein Testament, ein Erbvertrag, ein Ehe- und Erbvertrag oder ein Hinterlegungsschein über eine Verfügung von Todes wegen vor, so hat der Bürgermeister das Schriftstück an sich zu nehmen und unverzüglich an das Amtsgericht abzuliefern. In das Protokoll ist hierüber ein kurzer Vermerk aufzunehmen. Im Falle der Übersendung des Schriftstücks durch die Post ist die Sendung mit der Bezeichnung „Einschreiben“ zu versehen.

§. 13.

Das Protokoll ist vorzulesen und von den anwesenden Beteiligten, von der bestellten Aufsichtsperson sowie von dem die Siegelung Vornehmenden zu unterschreiben. Es ist unverzüglich an das Amtsgericht einzusenden.

§ 14.

Für das Verfahren bei der Abnahme der Siegel sind die Vorschriften der §§ 15, 16 maßgebend.

§ 15.

Von dem Termine der Abnahme der Siegel ist den Beteiligten sowie der bestellten Aufsichtsperson, soweit es tunlich ist, mit dem Bemerken Kenntnis zu geben, daß es ihnen frei stehe, der Abnahme beizuwohnen.

§ 16.

Über die Abnahme der Siegel ist ein Protokoll aufzunehmen.

Bei der Abnahme der Siegel ist zu untersuchen, ob die Siegel noch vorhanden und unverletzt sind. In dem Protokoll ist der Befund der Siegel und der versiegelten Sachen sowie das Vorhandensein der Sachen, die nicht versiegelt wurden, festzustellen.

Das Protokoll ist vorzulesen und von den anwesenden Beteiligten sowie von dem die Entsiegelung Vornehmenden zu unterschreiben. Es ist sodann an das Amtsgericht einzusenden.

§ 17.

Hat der Bürgermeister von der Anlegung von Siegeln Abstand genommen, bestehen aber Zweifel darüber, ob sie erforderlich ist, so hat er dem Amtsgericht unverzüglich den Sachverhalt anzuzeigen.

Anhang.

1.

Muster

für ein Protokoll über die Anlegung von Siegeln ohne Auftrag des Amtsgerichts (§ 3 der Anweisung).

Kiefer, den 2. März 1903.

Gegenwärtig:
Kramer, Bürgermeister.

Der Sattler Martin Stengel von hier ist heute vormittag hier gestorben. Da er verwitwet und kinderlos war und seine Erben nicht bekannt sind, beschloß ich, vorläufig die Siegel anzulegen.

Ich begab mich in das Haus des Verstorbenen und traf dort dessen mir bekannte Haushälterin Maria Kuhn.

I. Zunächst wurden die Räumlichkeiten besichtigt.

Es sind ein Wohnhaus und eine Werkstätte mit angebauter Waschküche vorhanden. Das einstöckige Wohnhaus enthält einen Laden, zwei Zimmer, eine Küche und eine Kammer. Das eine Zimmer diente als Wohn- und Schlafzimmer des Verstorbenen; in diesem Zimmer lag noch die Leiche. Das andere Zimmer bewohnt die Haushälterin. Vom Hausflur führt eine Treppe auf den Boden und eine Treppe in den Keller.

II. Ich ließ mir von der Haushälterin sämtliche Räume zeigen und alle Behältnisse vorweisen.

Gelder, Wertpapiere und Kostbarkeiten fanden sich nur in der im Schlafzimmer des Verstorbenen stehenden Kommode vor, nämlich

1. zwei 4%ige Pfandbriefe der Bayerischen Handelsbank zu 1000 M.; Serie 15 Lit. A. Nr. 847, 848 nebst den Erneuerungsscheinen und den Zinsscheinen seit dem 1. April 1903;

2. ein Sparkassebuch der Distriktssparkasse Felden Nr. 5387 über 840 M.

3. ein Schuldschein des Bauers Schröcker von hier über 300 M. Darlehen;

4. 150 M. bares Geld;

5. ein goldener Ehering und eine goldene Uhr.

Diese Gegenstände mit Ausnahme des Bargeldes nahm ich an mich. Ich werde sie sofort an das Amtsgericht Felden mit der Post senden. Das Geld ließ ich der Maria Kuhn, um die Beerdigungskosten und sonstige dringende Ausgaben zu bestreiten.

III. Ich schritt sodann zur Anlegung der Siegel.

1. Im Laden.

Die Türe und die Fenster wurden verschlossen. Die Fenster wurden von innen verriegelt. Die Ladentüre wurde versiegelt. Im Laden befinden sich einige Waren und Arbeitsvorräte.

2. Im Schlafzimmer des Verstorbenen.

Dieses wurde nicht versperrt. In dem Zimmer befinden sich ein vollständiges Bett, ein Tisch, drei Stühle, eine Kommode und ein

Schrank. An den Wänden hängen vier Bilder, ein schönes geschnitztes Kruzifix und ein zinnerner Weihwasserkessel.

Die Kommode und der Schrank wurden versperrt und versiegelt.

3. Das Schlafzimmer der Haushälterin wurde nicht versperrt. In diesem stehen ein vollständiges Bett, ein Tisch, zwei Stühle, ein Betschemel, ein Waschtisch, in dessen unterem Teile sich Schubladen befinden, und ein Schrank. An den Wänden hängen zwei Heiligenbilder und ein Weihwasserkessel aus Glas. Die Haushälterin erklärte mir, daß diese Möbel sowie die Kleidungs- und Wäschestücke, die in dem Waschtisch und in dem Schranke aufbewahrt sind, ihr Eigentum seien. Ich nahm deshalb von weiteren Maßregeln Abstand.

4. In der Küche sind ein Küchenkasten, ein Tisch, ein Stuhl und das notwendigste Küchengeräte vorhanden.

Da die Weiterbenutzung der Küche erforderlich ist, legte ich keine Siegel an.

5. In der Kammer befindet sich nur einiges alte, wertlose Gerümpel. Ich versperrte und versiegelte die Kammer.

6. Auf dem Boden sind nur einige leere Kisten. Ich nahm deshalb von einer Versiegelung des Bodens Abstand.

7. Im Keller befinden sich etwa ein Klafter Holz und zwei Scheffel Kartoffeln. Die Haushälterin nahm einen halben Sack Kartoffeln in die Küche zu ihrem Gebrauche. Sodann versperrte und versiegelte ich die zum Keller führende Türe.

8. Die Waschküche, in der sich zwei Waschfässer befinden, ließ ich offen.

9. Die Werkstätte, in der sich einige Arbeitsgeräte und Arbeitsvorräte befinden, versperrte und versiegelte ich.

Die Schlüssel zu den von mir versperrten und versiegelten Räumen und Behältnissen habe ich abgezogen und an mich genommen. Die Anlegung der Siegel geschah in der Weise, daß ich an jede Türe einen Papierstreifen über das Schlüsselloch mit dem einen Ende an den Türpfosten, mit dem anderen an die Türe ansiegelte. Die Kommode und den Kleiderschrank versiegelte ich in der Weise, daß ich über die Schlüssellöcher einen Papierstreifen klebte und an den Ecken der Streifen das Gemeindesiegel anbrachte. Im ganzen wurden zwölf Siegel angebracht.

Vieh ist außer einem Hahne und fünf Hühnern nicht vorhanden.

Die Maria Kuhn wurde darauf aufmerksam gemacht, daß sie sich jeder Beschädigung oder Ablösung der Siegel bei Vermeidung der gesetzlichen Strafen zu enthalten habe. Auch wurde ihr die Beaufsichtigung der Siegel und der nicht unter Verschluß gebrachten Sachen übertragen.

IV. Ich fragte dann die Maria Kuhn, ob der Verstorbene eine Verfügung von Todes wegen hinterlassen habe. Sie erklärte mir, der Verstorbene habe zwar einen Zettel hinterlassen, der „Mein letzter Wille" überschrieben sei; ob dies aber ein gültiges Testament ist, sei ihr unbekannt. Ich nahm das Schriftstück an mich und werde es sofort dem Amtsgericht einsenden.

Ich fragte sie ferner, ob sie über die Familienverhältnisse des Verstorbenen Auskunft geben könne. Sie verneinte diese Frage.

Auch die Frage, ob der Verstorbene Vormund, Pfleger oder Beistand war, verneinte sie.

Vorgelesen, genehmigt und unterschrieben

Maria Kuhn.

Joseph Kramer, Bürgermeister.

2.

Muster

für ein Protokoll über die Entsiegelung eines Nachlasses.

Kiefer, den 10. April 1903.

Gegenwärtig:
Ziegler, Gemeindeschreiber.

Der Bürgermeister ist durch Verfügung des Amtsgerichts Felden vom 7. April ds. Js. beauftragt worden, den am 2. März unter Siegel gelegten Nachlaß des Sattlers Martin Stengel von hier zu entsiegeln und dem Tapezierer Christian Stengel aus Steppberg auszuantworten. Er hat mich mit Ausführung des Auftrags betraut.

Christian Stengel war von dem heutigen Termin in Kenntnis gesetzt worden und ist anwesend.

Unter seiner Zuziehung und in Gegenwart der Haushälterin Maria Kuhn wurde festgestellt, daß die Siegel vorhanden und unverletzt sind. Hierauf wurden die Siegel abgenommen. Auch ergab sich, daß die nicht unter Siegel gelegten Sachen vorhanden sind.

Sodann wurde der Nachlaß dem Christian Stengel zur Verfügung gestellt.

Vorgelesen, genehmigt und unterzeichnet

Christian Stengel.

Maria Kuhn.

Ziegler, Gemeindeschreiber.

Nr. 29 621.

V.

Bekanntmachung vom 19. Dezember 1902, den Vollzug des Gesetzes über die Erbschaftssteuer betr.

JMBl. 1903 S. 226.

Königliches Staatsministerium der Justiz
und
Königliches Staatsministerium der Finanzen.

Die Bekanntmachung der K. Staatsministerien der Justiz und der Finanzen vom 27. Dezember 1899, den Vollzug des Gesetzes über die Erbschaftssteuer in der Fassung der Bekanntmachung vom 11. November 1899 betr. (JMBl. 1900 S. 467, FMBl. 1899 S. 341), wird aus Anlaß des Gesetzes vom 8. August 1902, das Nachlaßwesen betr., in nachstehender Weise abgeändert:

(Die Abänderungen betreffen § 4 Abs. 2 und § 8 obiger Bekanntmachung und sind in der S. 336 ff. abgedruckten Bekanntmachung, den Vollzug des Gesetzes über die Erbschaftssteuer betr., berücksichtigt, weshalb ein Abdruck der Abänderungen hier unterlassen wird.)

München, den 19. Dezember 1902.

Dr. **Frhr. v. Riedel.** J. V.: Staatsrat **v. Heller.**

Nr. 13222.

VI.

Bekanntmachung vom 25. März 1903, die Katasterumschreibung aus Anlaß von Todesfällen betr.

JMBl. 1903 S. 228.

Königliches Staatsministerium der Justiz.

Die Bekanntmachung des K. Staatsministeriums der Finanzen vom 24. März 1903, die Katasterumschreibung aus Anlaß von Todesfällen betreffend, wird hiemit zur Kenntnis der Justizbehörden gebracht. Im Anschluß an die §§ 6, 9, 15 der Bekanntmachung ergehen vorläufig folgende Anordnungen:

1.

Wenn in den Landesteilen rechts des Rheins der Erbe als Eigentümer eines Grundstücks in das Hypothekenbuch eingetragen wird, hat das Hypothekenamt dem Rentamte hievon sofort Mitteilung zu machen. Die Mitteilung unterbleibt, wenn das Hypothekenamt schon vor der Eintragung des Erben in das Hypothekenbuch von dem Rentamte benachrichtigt worden ist, daß die Umschreibung auf den Erben im Grundsteuerkataster vollzogen worden ist (§ 15 der Bekanntmachung).

Das gleiche gilt für den Fall, daß das Bestehen der fortgesetzten Gütergemeinschaft oder die Nachfolge in das Familiengut, das Lehen oder das Familienfideikommiß in das Hypothekenbuch eingetragen wird.

2.

Die Mitteilung des Hypothekenamts soll die genaue Bezeichnung des Grundstücks nach Steuergemeinde, Plannummer, Benennung, Kulturart und Flächeninhalt, ferner den Namen und Wohnort sowie die Haus- oder Besitznummer des bisherigen und des neuen Eigentümers enthalten und ersehen lassen, wodurch dem Hypothekenamte die Erbfolge oder das Bestehen der fortgesetzten Gütergemeinschaft oder die Nachfolge in das Familiengut, das Lehen oder das Familienfideikommiß nachgewiesen wurde.

3.

Die schriftlichen Mitteilungen über die Katasterumschreibung, die das Hypothekenamt nach § 15 der Bekanntmachung von dem Rentamt erhält, sind nach der Eintragung in das Tagebuch und nach der kurzen Registrierung ihres Inhalts im Hypothekenprotokolle dem Rentamt unverzüglich zurückzusenden.

Auf Grund der Mitteilungen des Rentamts hat das Hypothekenamt im Hinblick auf die ihm nach § 97 des Hypothekengesetzes obliegende Aufgabe die erforderlichen Einleitungen zu treffen, um die Berichtigung des unrichtig gewordenen Hypothekenbuchs und die Stellung der hiezu nötigen Anträge herbeizuführen. Von derartigen Einleitungen kann indessen abgesehen werden, wenn bei einer Mehrheit von Erben im Grundsteuerkataster auf die Erbengemeinschaft umgeschrieben worden ist und zur Zeit des Eintreffens der

Mitteilung des Rentamts die Auseinandersetzung unter den Erben schon im Gange ist. Die erforderlichen Aufschlüsse hierüber hat das Hypothekenamt von dem Nachlaßgerichte zu erholen.

4.

Die Anordnungen in den Nummern 1 bis 3 haben bei den Grundbuchämtern in der Pfalz entsprechende Anwendung zu finden. Die in den Nummern 1, 2 vorgeschriebene Mitteilung an das Rentamt erfolgt hier durch die Aufnahme der infolge des Erbfalles eingetretenen Veränderung im Eigentum in die durch die Entschließungen vom 13. Juli 1901 Nr. 19666 und vom 6. September 1902 Nr. 31679 vorgeschriebenen Verzeichnisse.

München, den 25. März 1903.

v. Miltner.

Nr. 7006.

VII.

Bekanntmachung vom 24. März 1903, die Katasterumschreibung aus Anlaß von Todesfällen betr.

JMBl. 1903 S. 230.

Königliches Staatsministerium der Finanzen.

Im Hinblick auf die nunmehrigen Vorschriften über das Nachlaßwesen wird hinsichtlich der Katasterumschreibung aus Anlaß von Todesfällen im Einvernehmen mit den K. Staatsministerien der Justiz und des Innern folgendes bestimmt:

I. Voraussetzung der Umschreibung.

§ 1.

Die Umschreibung eines Grundstücks auf den Erben des bisherigen Eigentümers setzt den Nachweis des Erbrechts voraus. Von der Eintragung des neuen Eigentümers in das Hypothekenbuch oder in das Grundbuch ist die Umschreibung nicht abhängig.

§ 2.

Findet die gesetzliche Erbfolge statt oder beruht die Erbfolge auf einer nicht in einer öffentlichen Urkunde enthaltenen Verfügung von Todes wegen, so kann der Nachweis der Erbfolge nur durch einen Erbschein geführt werden. Der Erbschein wird vom Nachlaßgericht erteilt (§§ 2353 ff. des BGB.).

Die Verfügung von Todes wegen ist nicht in einer öffentlichen Urkunde enthalten, wenn sie in einem nach § 2231 Nr. 2 des BGB. errichteten eigenhändigen Testament oder in einem nach § 2250 des BGB. vor drei Zeugen errichteten Testament oder — was bei den vor dem Inkrafttreten des BGB. errichteten Verfügungen von Todes wegen vorkommen kann — in einem sonstigen Privattestament, einem Privatkodizill oder formlosen Testamentszettel oder in einem Privaterbvertrag enthalten ist.

§ 3.

Beruht die Erbfolge auf einer in einer öffentlichen Urkunde enthaltenen Verfügung von Todes wegen, so genügt zum Nachweise der Erbfolge die Mitteilung des Nachlaßgerichts von dem Ergebnisse der Ermittelung des Erben oder die Vorlage einer beglaubigten Abschrift der öffentlichen Urkunde und des Protokolls über die Eröffnung der Verfügung oder die Bezugnahme auf die Nachlaßakten.

Die Verfügung von Todes wegen ist in einer öffentlichen Urkunde enthalten, wenn sie vor einem Notar oder einem nichtbayerischen Gerichte oder in den Fällen der §§ 2249, 2250 des BGB. vor einem Bürgermeister errichtet ist.

Enthält die Mitteilung des Nachlaßgerichts den Hinweis, daß ein Zweifel an der Gültigkeit der Verfügung von Todes wegen oder ein Streit über das Erbrecht besteht, so hat das Rentamt die Vorlegung eines Erbscheins zu verlangen.

Die Vorlage einer beglaubigten Abschrift der öffentlichen Urkunde und des Protokolls über die Eröffnung der Verfügung oder die Bezugnahme auf die Nachlaßakten kommt nur in Frage, wenn als Nachlaßgericht ein nichtbayerisches Amtsgericht zuständig ist, dem die Ermittelung des Erben nicht von Amts wegen obliegt. Im Falle der Bezugnahme auf die Nachlaßakten hat das Rentamt diese zu erholen. Erachtet es die Erbfolge nicht für nachgewiesen, so hat es die Vorlegung eines Erbscheins zu verlangen. Dieses Verlangen wird insbesondere zu stellen sein, wenn die Prüfung der Verfügung von Todes wegen Schwierigkeiten macht, namentlich wenn die Erbfolge nach ausländischem Rechte zu beurteilen oder der Wortlaut der Verfügung nicht unzweideutig ist, oder wenn sonstige Zweifel bestehen, z. B. wenn bei der Eröffnung ein Beteiligter die Echtheit oder Gültigkeit der Verfügung bestritten hat, oder wenn ein Rechtsstreit über das Erbrecht anhängig ist.

§ 4.

Die Umschreibung eines Grundstücks auf den überlebenden Ehegatten auf Grund des Eintritts der fortgesetzten Gütergemeinschaft setzt den Nachweis des Bestehens der fortgesetzten Gütergemeinschaft voraus. Das Bestehen der fortgesetzten Gütergemeinschaft ist nur auf Grund des Zeugnisses über die Fortsetzung der Gütergemeinschaft als nachgewiesen anzunehmen; das Zeugnis wird vom Nachlaßgericht erteilt (§ 1507 des BGB.).

§ 5.

Die von Todes wegen eingetretene Nachfolge ist bei dem Familiengut einer standesherrlichen Familie durch ein Zeugnis des Nachlaßgerichts oder der nach § 7 der IV. Beilage zur Verfassungsurkunde zuständigen standesherrlichen Kanzlei, bei einem Familienfideikommisse durch ein Zeugnis des Fideikommißgerichts, bei einem Lehen durch ein Zeugnis des Lehenhofs und bei einem allodifizierten Lehen durch ein Zeugnis des Nachlaßgerichts nachzuweisen (Art. 16 des AG. zur GBO.).

§ 6.

Ist nachgewiesen, daß der Erbe als Eigentümer in das Hypothekenbuch oder in das Grundbuch eingetragen ist, so ist die Umschreibung im Kataster an weitere Voraussetzungen nicht gebunden.

Das gleiche gilt, wenn nachgewiesen ist, daß die fortgesetzte Gütergemeinschaft oder die Nachfolge in das Familiengut, das Lehen- oder das Familienfideikommiß in das Hypothekenbuch oder in das Grundbuch eingetragen ist.

§ 7.

Auf Grund eines Vermächtnisses erwirbt der Bedachte, wenn der Erblasser nach dem Inkrafttreten des Bürgerlichen Gesetzbuches gestorben ist, das Eigentum an dem vermachten Grundstücke nicht unmittelbar, sondern das Eigentum geht zunächst auf den Erben über und dieser ist verpflichtet, es dem Bedachten zu übertragen. Für die Umschreibung des Grundstücks auf den Bedachten gelten daher die Vorschriften über die Umschreibung eines Grundstücks, das auf Grund eines Rechtsgeschäfts unter Lebenden erworben wird.

II. Anmeldung des Umschreibfalles.

§ 8.

Der Erbe ist verpflichtet, die durch die Erbfolge eingetretene Änderung bei dem Rentamte längstens binnen einer Frist von sechs Wochen seit dem Ablaufe der Ausschlagungsfrist (§ 1944 des BGB.) anzumelden. Die gleiche

Verpflichtung obliegt dem überlebenden Ehegatten im Falle des Eintritts der fortgesetzten Gütergemeinschaft, sowie dem Nachfolger in ein Familiengut, ein Lehen oder ein Fideikommiß, die Frist berechnet sich für den überlebenden Ehegatten von dem Ablaufe der Ablehnungsfrist (§ 1484 Abs. 2 mit § 1944 des BGB.), in den übrigen Fällen von dem Eintritte der Nachfolge an.

Die Anmeldung hat bei dem Rentamte zu erfolgen, in dessen Bezirk das Grundstück liegt. Befinden sich die Grundstücke in verschiedenen Rentamtsbezirken, so genügt die Anmeldung bei einem der beteiligten Rentämter; dieses hat die übrigen Rentämter zu verständigen.

Die Anmeldung kann mündlich oder schriftlich erfolgen. Der Anmeldung soll der Katasterauszug beigefügt werden; kann dies nicht geschehen, so ist das Grundstück möglichst genau zu bezeichnen. Liegen die urkundlichen Nachweise, die zur Katasterumschreibung erforderlich sind (§§ 1—7), im Zeitpunkte der Anmeldung vor, so sollen sie der Anmeldung beigefügt werden; andernfalls soll sich der Anmeldende darüber ausweisen, daß er die zur Beibringung des Nachweises nötigen Schritte unternommen hat.

Die Anmeldung kann durch Vermittlung der Gemeindebehörde erfolgen.

§ 9.

Der Erbe und der überlebende Ehegatte sind von der Anmeldepflicht beim Rentamte befreit, wenn das Nachlaßgericht für sie die Anmeldung besorgt hat (§§ 67, 68 und 69 der Nachl.O.).

Befreiung von der Anmeldepflicht tritt ferner ein, wenn das Gericht dem Rentamt von der Eintragung (§ 6) des Erben als Eigentümer, des Bestehens der fortgesetzten Gütergemeinschaft, der Nachfolge in das Familiengut, das Lehen oder das Fideikommiß Mitteilung gemacht hat (Bekanntmachung vom 25. März 1903, JMBl. S. 228).

§ 10.

Wird binnen drei Monaten seit dem Tode des Eigentümers des Grundstücks der Anmeldepflicht nicht genügt, so ist, wenn als Nachlaßgericht ein bayerisches Amtsgericht zuständig ist, dieses um Mitteilung des Ergebnisses der Ermittelung des Erben zu ersuchen. Ist als Nachlaßgericht ein nichtbayerisches Amtsgericht zuständig, dem die Ermittelung des Erben nicht von Amts wegen obliegt, so hat das Rentamt den Rechtsnachfolger des Eigentümers, soweit erforderlich unter Mitwirkung der Gemeindebehörden, zu ermitteln.

Der Rechtsnachfolger des Eigentümers ist entweder unmittelbar oder durch Vermittelung der Gemeindebehörde unter Bestimmung einer Frist, welche mindestens sechs Wochen betragen muß, und unter Androhung der im § 74 des Grundsteuergesetzes in der Fassung der Bekanntmachung vom 10. Juni 1881 festgesetzten Ordnungsstrafe aufzufordern, die Umschreibanmeldung unter Beibringung des zur Umschreibung erforderlichen Nachweises zu erstatten oder sich darüber auszuweisen, daß er die zur Ermöglichung der Katasterumschreibung erforderlichen Schritte getan hat. Ist für das Grundstück das Grundbuch als angelegt anzusehen, so hat die Aufforderung unter Vorsetzung einer Frist von mindestens zwei Wochen zu erfolgen und ist die Androhung der Ordnungsstrafe auf den Fall der Unterlassung der Anmeldung zu beschränken (Art. 136 Ziff. III des AG. z. BGB.). Der Nachweis der Aufforderung ist den rentamtlichen Akten einzuverleiben.

Erhält das Rentamt von dem Nachlaßgerichte die Mitteilung, daß der Erbe im Falle der gesetzlichen Erbfolge oder der Erbfolge auf Grund einer nicht in einer öffentlichen Urkunde enthaltenen Verfügung von Todes wegen oder daß der überlebende Ehegatte im Falle des Eintritts der fortgesetzten Gütergemeinschaft es unterlassen hat, sich einen Erbschein oder ein Zeugnis über die Fortsetzung der Gütergemeinschaft erteilen zu lassen, so finden die

Vorschriften des Abs. 2 Anwendung. Das gleiche gilt, wenn im Falle der Erbfolge auf Grund einer in einer öffentlichen Urkunde enthaltenen Verfügung von Todes wegen die Mitteilung des Nachlaßgerichts den Hinweis enthält, daß ein Zweifel an der Gültigkeit der Verfügung von Todes wegen oder ein Streit über das Erbrecht besteht.

III. Formelle Geschäftsbehandlung.

§ 11.

Die Rentämter haben bei der Eintragung jedes Todesfalls in das Sterbfallregister an der Hand der Kataster und Katasternebenbehelfe (Namensregister ꝛc.) zu prüfen, ob der Verstorbene Eigentümer eines Grundstücks gewesen ist. Trifft dies zu, so ist in Spalte 13 des Sterbfallregisters die einschlägige Seite des Grundsteuerkatasters unter Angabe der Steuergemeinde vorzumerken.

Sobald die zur Umschreibung erforderlichen Nachweise (§§ 1—7) in den Einlauf gelangt sind, hat das Rentamt die Eintragung in das Umschreibverzeichnis zu bewirken und die Vortragsnummer des Umschreibverzeichnisses in Spalte 16 des Sterbfallregisters anzuführen.

Wird der Eintritt der Rechtsnachfolge von Todes wegen binnen drei Monaten seit dem Todesfalle nicht nachgewiesen (§ 10), so ist in dem Vormerkungsbuche über die Umschreibhindernisse Eintragung zu machen und die Vortragsnummer des Vormerkungsbuches in Spalte 16 des Sterbfallregisters anzuführen.

Wenn nach Maßgabe des Gebührengesetzes eine Besitzveränderungsgebühr angefallen, jedoch noch nicht einbezahlt ist, hat auch bei Vorlage der zur Umschreibung erforderlichen Nachweise zunächst die Eintragung in dem Vormerkungsbuche über die Umschreibhindernisse und nicht in dem Umschreibverzeichnisse zu erfolgen.

§ 12.

Diejenigen Rentämter, welchen zwar die Verwaltung der Erbschaftssteuer, nicht aber die Katasterfortführung übertragen ist, haben die eingelaufenen Todesanzeigen in wöchentlichen Zwischenräumen den mit der Katasterfortführung betrauten Rentämtern gegen Rückgabe mitzuteilen. Diese mit der Katasterfortführung betrauten Ämter haben, soferne die Prüfung ergibt, daß ein Verstorbener Eigentümer eines Grundstücks gewesen ist und die Voraussetzungen für die Umschreibung noch nicht erfüllt sind, Eintragung in das Vormerkungsbuch über die Umschreibhindernisse zu machen.

§ 13.

Liegen Anhaltspunkte vor, daß eine verstorbene Person im Bezirk eines anderen Rentamts ein Grundstück besessen hat, so hat das Rentamt, bei welchem die Todesanzeige eingelaufen ist, das beteiligte Rentamt von dem Tode des Eigentümers unter Vormerkung in Spalte 16 des Sterbfallregisters zu verständigen.

Hat eine verstorbene Person in mehreren Rentamtsbezirken Grundstücke besessen, so hat das Rentamt, welchem der zur Umschreibung erforderliche Nachweis erbracht wird, den übrigen Rentämtern alsbald entsprechende Mitteilung zu machen.

§ 14.

Die Eintragung in dem Vormerkungsbuche über die Umschreibhindernisse und in dem Umschreibverzeichnisse, sowie die Umschreibung in dem Kataster sind nach den hiefür geltenden Vorschriften zu vollziehen. In der Katasterspalte „Erwerbstitel (Rechtstitel)“ ist insbesondere anzugeben, ob die Erbfolge auf Grund des Gesetzes oder auf Grund einer in einer öffentlichen Urkunde oder auf Grund einer nicht in einer öffentlichen Urkunde enthaltenen Verfügung von Todes wegen stattfindet und durch welche Urkunden der Eintritt der Rechtsnachfolge von Todes wegen nachgewiesen ist. Die urkundlichen Nachweise (Mitteilung des Nachlaßgerichts von dem Ergebnisse der Erbenermittelung, Erbschein, Zeugnis über die Fortsetzung der Gütergemeinschaft rc.) sind nach Zeit und Ort der Errichtung zu bezeichnen. Der Vortrag hat daher beispielsweise zu lauten:

„Erbe auf Grund des Gesetzes laut Erbschein des Amtsgerichts N. vom 23. April 1903 oder Erbe auf Grund des notariellen Testaments vom 1. März 1899 laut Mitteilung des Amtsgerichts N. vom 24. April 1903“ oder „Erbe auf Grund des nicht in einer öffentlichen Urkunde enthaltenen Testaments vom 31. Januar 1903 laut Erbschein des Amtsgerichts N. vom 25. April 1903“.

Sind mehrere Erben vorhanden, so muß die Umschreibung ohne Rücksicht darauf, ob eine Auseinandersetzung stattfindet oder bereits stattgefunden hat, zunächst auf die Erbengemeinschaft vollzogen werden. Hiebei ist das unter den mehreren Erben bestehende Miteigentumsverhältnis zur gesamten Hand ausdrücklich als Erbengemeinschaft zu bezeichnen: z. B. A, B, C in Erbengemeinschaft; die Größe der Erbteile ist nicht vorzutragen. Die im Falle der Auseinandersetzung veranlaßte weitere Umschreibung hat sich in den Bezirken, in welchen das Grundbuch als angelegt anzusehen ist, auf die Anmeldung des Grundbuchamts (Art. 136 Ziff. II Abs. 2 des AG. z. BGB.), in den Bezirken aber, in welchen das Grundbuch noch nicht als angelegt anzusehen ist, wie bisher auf die Anzeige des Notars zu gründen.

Die fortgesetzte Gütergemeinschaft ist im Kataster als solche vorzutragen: z. B. Witwe N in fortgesetzter Gütergemeinschaft. Hiebei ist die Namensangabe des überlebenden Ehegatten, nicht aber der gemeinschaftlichen Abkömmlinge erforderlich.

§ 15.

Von der Katasterumschreibung ist dem Amtsgericht in jedem einzelnen Falle Kenntnis zu geben, es sei denn, daß die Umschreibung auf Grund einer gerichtlichen Mitteilung nach § 9 Abs. 2 erfolgt ist.

Die Benachrichtigung des Amtsgerichts ist in der Weise zu bewirken, daß die urkundlichen Nachweise, auf Grund deren die Umschreibung vollzogen wurde, vom Rentamte mit der Bestätigung des Umschreibvollzugs versehen und gegen Rückgabe an das Amtsgericht (Hypothekenamt, Grundbuchamt) geleitet werden.

§ 16.

Die Umschreibanmeldungen und die zum Nachweise der Rechtsnachfolge eingelangten Schriftstücke sind gemeindeweise nach der Nummernfolge des Umschreibverzeichnisses geordnet in Streckbänden aufzubewahren.

Soweit dem Rentamt Erbscheine oder Zeugnisse über das Bestehen der fortgesetzten Gütergemeinschaft, über die Nachfolge in das Familiengut, das Lehen oder das Fideikommiß in Urschrift in Vorlage gebracht werden, sind diese Urkunden nach vollzogener Umschreibung und erfolgter Abschriftnahme den Beteiligten von Amts wegen zurückzugeben.

Wird die Erbfolge durch die Nachlaßakten nachgewiesen (§ 3 Abs. 1, 4), so hat das Rentamt von dem wesentlichen Akteninhalte, insbesondere von der maßgebenden Verfügung von Todes wegen und von dem Protokoll über die Eröffnung der Verfügung, Vormerkung zu den Umschreibbelegen zu fertigen.

IV. Schluß- und Übergangsbestimmung.

§ 17.

Die Vorschriften dieser Bekanntmachung, welche an die Stelle der Bekanntmachung vom 17. Juni 1901 (JMBl. S. 443, FMBl. S. 379) tritt, finden auf alle seit dem 1. Oktober 1902 von Todes wegen eingetretenen Besitzänderungen Anwendung, welche noch nicht zur katastermäßigen Umschreibung gelangt sind.

Ist der Erblasser vor dem Inkrafttreten des BGB. gestorben, so bleiben die vor diesem Zeitpunkt in Geltung gewesenen Vorschriften der Bekanntmachung vom 29. Januar 1882 (G.- u. VBl. S. 49) maßgebend.

Ist der Erblasser in der Zeit zwischen dem Inkrafttreten des BGB. und des Nachlaßgesetzes vom 9. August 1902 (G.- u. VBl. S. 463) gestorben, so bleiben die für diesen Zeitraum in Geltung gewesenen Vorschriften der Bekanntmachung vom 17. Juni 1901 maßgebend.

München, den 24. März 1903.

Dr. **Frhr. v. Riedel.**

Nr. 12496.

VIII.

Bekanntmachung vom 20. März 1903, die Statistik in den Angelegenheiten der freiwilligen Gerichtsbarkeit betr.

JMBl. 1903 S. 239.

Königliches Staatsministerium der Justiz.

Über die Führung der durch die Bekanntmachung vom 3. Februar 1900 (JMBl. S. 486) vorgeschriebenen Tabelle 3 zur Statistik in den Angelegenheiten der freiwilligen Gerichtsbarkeit wird folgendes bestimmt

1. Die Tabelle wird nach dem anliegenden Muster geführt.

Die noch vorhandenen nach dem bisherigen Muster hergestellten Formulare sind aufzubrauchen; die Überschrift der Spalte 2 ist nach Maßgabe des neuen Formulars handschriftlich zu ändern, die Spalte 6 bleibt leer.

2. In die Spalte 2 sind die Maßregeln zur Sicherung eines Nachlasses einzutragen. Ein Eintrag findet auch dann statt, wenn der Bürgermeister ohne gerichtlichen Auftrag vorläufig die Siegel angelegt hat. Werden in Ansehung eines Nachlasses mehrere Sicherungsmaßregeln angeordnet, z. B. die Anlegung von Siegeln und die Aufnahme eines Nachlaßverzeichnisses, so sind sie als ein Verfahren zu behandeln und nur einmal einzutragen; die Abnahme der Siegel wird deshalb nicht eingetragen.

3. In die Spalte 3 wird die Eröffnung einer Verfügung von Todes wegen nur eingetragen, wenn sie von dem Nachlaßgerichte vorgenommen worden ist; die von einem Notar oder einem anderen Gerichte vorgenommenen Eröffnungen werden nicht eingetragen. Sind mehrere Verfügungen eröffnet worden, so findet nur ein Eintrag statt.

4. In die Spalte 4 sind außer dem Verfahren behufs Erteilung eines Erbscheins auch die Fälle einzutragen, in denen die Erteilung ähnlicher Zeugnisse, z. B. über die Fortsetzung der Gütergemeinschaft, über die Befugnisse des Testamentsvollstreckers oder der in den §§ 37, 38 der Grundbuchordnung und im § 11 Abs. 2 des Gesetzes über das Reichsschuldbuch vom 31. Mai 1891, im Art. 51 Abs. 3 Satz 2, 3 des Ausführungsgesetzes zum Bürgerlichen Gesetzbuch oder im § 25 der Hinterlegungsordnung bezeichneten Zeugnisse beantragt wird. Die Kraftloserklärung eines dieser Zeugnisse oder eines Erbscheins wird als Fortsetzung des früheren Verfahrens erachtet und deshalb nicht besonders eingetragen. Das Verfahren, das die Feststellung bezweckt, daß ein anderer Erbe als der Fiskus nicht vorhanden ist (§ 1964 des BGB.), wird in die Spalte 4 nicht eingetragen; läßt sich der Fiskus auf Grund der Feststellung einen Erbschein erteilen, so wird die Erteilung in die Spalte 4 eingetragen.

5. In die Spalte 5 gehören die Vermittelungen von Auseinandersetzungen ohne Rücksicht darauf, ob die Vermittelung von Amts wegen oder auf Antrag stattfindet und ob die Durchführung der Auseinandersetzung dem Gericht oder nach Art. 6, 8 des Gesetzes über das Nachlaßwesen vom 9. August 1902 dem Notar obliegt.

6. Die Spalten 6—8 dienen zur Nachweisung der Dauer der in dem Geschäftsjahre beendigten Auseinandersetzungsverfahren, deren Durchführung dem Gericht obgelegen ist. Als beendigt ist das Auseinandersetzungsverfahren anzusehen, wenn die Auseinandersetzung bestätigt oder das Verfahren ein-

gestellt ist. Ruht das Verfahren oder ist es ausgesetzt, so findet ein Eintrag in die Spalten 6—8 nicht statt. Wird ein eingestelltes Verfahren, das wieder aufgenommen ist, beendigt, so ist seine Dauer von der Wiederaufnahme an zu berechnen.

7. Diese Vorschriften treten mit dem 1. April 1903 in Kraft. Sie finden auch auf die Verrichtungen des Nachlaßgerichts Anwendung, die dieses nach diesem Zeitpunkt in schon anhängigen Nachlaßsachen vornimmt.

Ist der Todesfall vor dem 1. Januar 1900 eingetreten, so werden die nach diesem Zeitpunkte vorgenommenen Verrichtungen des Nachlaßgerichts in der Tabelle nicht berücksichtigt.

8. Die Vorschriften in Ziff. IV 5—8 der Bekanntmachung vom 3. Februar 1900 werden aufgehoben.

München, den 20. März 1903.

Miltner.

K. Amtsgericht .... **Geschäftsjahr** ....

Tabellen

zur

Statistik in den Angelegenheiten der freiwilligen Gerichtsbarkeit.

Tabelle 3.

Nachlaß- und Teilungssachen.

Auszug aus den Vorschriften über die Führung der Tabelle (Bekanntmachungen des Staatsministeriums der Justiz vom 3. Februar 1900, JMBl. S. 486 vom 20. März 1903, JMBl. S. 239):

1. Die Spalte 1 hat den Hinweis auf das Register für Nachlaß- und Teilungssachen (Nachlaßverzeichnis) zu enthalten. Bei der Ausfüllung dieser Spalte wird das Geschäftsjahr nur dann beigesetzt, wenn es sich um das Register (Verzeichnis) eines früheren Geschäftsjahrs handelt. Das Geschäftsjahr wird nur mit den beiden letzten Ziffern der Jahreszahl bezeichnet.
2. In die Spalte 2 sind die Maßregeln zur Sicherung eines Nachlasses einzutragen. Ein Eintrag findet auch dann statt, wenn der Bürgermeister ohne gerichtlichen Auftrag vorläufig die Siegel angelegt hat. Werden in Ansehung eines Nachlasses mehrere Sicherungsmaßregeln angeordnet, z. B. die Anlegung von Siegeln und die Aufnahme eines Nachlaßverzeichnisses, so sind sie als ein Verfahren zu behandeln und nur einmal einzutragen; die Abnahme der Siegel wird deshalb nicht eingetragen.
3. In die Spalte 3 wird die Eröffnung einer Verfügung von Todes wegen nur eingetragen, wenn sie von dem Nachlaßgerichte vorgenommen worden ist; die von einem Notar oder einem anderen Gerichte vorgenommenen Eröffnungen werden nicht eingetragen. Sind mehrere Verfügungen eröffnet worden, so findet nur ein Eintrag statt.
4. In die Spalte 4 sind außer dem Verfahren behufs Ausstellung eines Erbscheins auch die Fälle einzutragen, in denen die Erteilung ähnlicher Zeugnisse, z. B. über die Fortsetzung der Gütergemeinschaft, über die Befugnisse des Testamentsvollstreckers oder der in den §§ 37, 38 der Grundbuchordnung und im § 11 Abs. 2 des Gesetzes über das Reichsschuldbuch vom 31. Mai 1891, im Art. 51 Abs. 3 Satz 2, 3 des Ausführungsgesetzes zum Bürgerlichen Gesetzbuch oder im § 25 der Hinterlegungsordnung bezeichneten Zeugnisse, beantragt wird. Die Kraftloserklärung eines dieser Zeugnisse oder eines Erbscheins wird als Fortsetzung des früheren Verfahrens betrachtet und deshalb nicht besonders eingetragen. Das Verfahren, welches die Feststellung bezweckt, daß ein anderer Erbe als der Fiskus nicht vorhanden ist (§ 1964 des BGB.), wird in die Spalte 4 nicht eingetragen; läßt sich der Fiskus auf Grund der Feststellung einen Erbschein erteilen, so wird die Erteilung in die Spalte 4 eingetragen.
5. In die Spalte 5 gehören die Vermittelungen von Auseinandersetzungen ohne Rücksicht darauf, ob die Vermittelung von Amts wegen oder auf Antrag stattfindet und ob die Durchführung der Auseinandersetzung dem Gerichte oder nach Art. 6, 8 des Gesetzes über das Nachlaßwesen vom 9. August 1902 dem Notar obliegt.
6. Die Spalten 6—8 dienen zur Nachweisung der Dauer der Auseinandersetzungsverfahren, deren Durchführung dem Gericht obliegt. Als beendigt ist das Auseinandersetzungsverfahren anzusehen, wenn die Auseinandersetzung bestätigt oder das Verfahren eingestellt ist. Ruht das Verfahren oder ist es ausgesetzt, so findet ein Eintrag in die Spalten 6—8 nicht statt. Wird ein eingestelltes Verfahren, das wieder aufgenommen ist, beendigt, so ist seine Dauer von der Wiederaufnahme an zu berechnen.

Nummer des Registers für Nachlaß- u. Teilungssachen (Nachlaßverzeichnis)	Fortlaufende Zahl der Sicherungen eines Nachlasses	Fortlaufende Zahl der Eröffnungen von Verfügungen von Todes wegen	Fortlaufende Zahl der Verfahren behufs Ausstellung eines Erbscheins und ähnlicher Zeugnisse	Fortlaufende Zahl der Vermittelungen von Auseinandersetzungen	Fortlaufende Zahl der in dem Geschäftsjahre von dem Gerichte beendigten Auseinandersetzungsverfahren, welche weniger als 3 Monate anhängig waren	Fortlaufende Zahl der in dem Geschäftsjahre von dem Gerichte beendigten Auseinandersetzungsverfahren, welche mehr als 3, aber weniger als 6 Monate anhängig waren	Fortlaufende Zahl der in dem Geschäftsjahre von dem Gerichte beendigten Auseinandersetzungsverfahren, welche mehr als 6 Monate anhängig waren
1	2	3	4	5	6	7	8

Nr. 10573.

IX.

Bekanntmachung vom 7. März 1903, den Verkehr der Justizbehörden mit den in Bayern zugelassenen fremden Konsularbehörden betr.

JMBl. 1903 S. 243.

Königliches Staatsministerium des Königlichen Hauses und des Äußern,
Königliches Staatsministerium der Justiz.

Die Justizbehörden werden darauf aufmerksam gemacht, daß sie mit den fremden Konsularbehörden, denen seitens der bayerischen Regierung das Exequatur erteilt ist, unmittelbar verkehren dürfen und, soweit nicht besondere Umstände entgegenstehen, unmittelbar verkehren sollen. In Fällen von besonderer Wichtigkeit haben die Justizbehörden an das Staatsministerium der Justiz zu berichten und bei allen Anfragen fremder Konsularbehörden, deren Beantwortung ein öffentliches Interesse berührt, die Entscheidung des Staatsministeriums der Justiz zu erholen. Die Abgabe von Akten an die fremden Konsularbehörden ist nur mit Genehmigung des Staatsministeriums der Justiz zulässig.

In der Anlage wird ein Verzeichnis der fremden Konsularbehörden, mit denen der unmittelbare Verkehr gestattet ist, zur Kenntnis der Justizbehörden gebracht. Ist der Amtsbezirk der Konsularbehörden örtlich nicht abgegrenzt, so haben sich die Justizbehörden jeweils an die nächstgelegene Konsularbehörde zu wenden.

Mit den bei dem Königlichen Hofe beglaubigten fremden Gesandtschaften, denen gleichzeitig der Charakter einer Konsularbehörde für Bayern beigelegt ist (Frankreich, Rußland), dürfen die Justizbehörden niemals unmittelbar, sondern nur auf dem diplomatischen Wege verkehren (Ziffer 5 der Bekanntmachung vom 28. November 1887, JMBl. S. 279).

Bezüglich des Verkehrs der Justizbehörden mit den deutschen Konsularbehörden bewendet es bei der Vorschrift in der Ziffer 12 der Bekanntmachung vom 28. November 1887.

München, den 7. März 1903.

Frhr. v. Podewils. **Miltner.**

Verzeichnis

der fremden Konsularbehörden, mit denen den bayerischen Justizbehörden der unmittelbare Verkehr gestattet ist.

Land	Amtssitz	Amtsbezirk
Amerika, Vereinigte Staaten von	München Augsburg Nürnberg Bamberg Neustadt a. H.	
Argentinische Republik	Hamburg München Nürnberg	
Belgien	München	Oberbayern; Niederbayern; Schwaben und Neuburg.
	Nürnberg	Oberpfalz und Regensburg; Oberfranken; Mittelfranken; Unterfranken u. Aschaffenburg.
	Köln	Pfalz.
	Mannheim	Pfalz
Bolivia	München	
Brasilien, Vereinigte Staaten von	Hamburg München	
Chile	München Nürnberg	
Columbien	Ludwigshafen a. Rh.	
Dänemark	München Nürnberg	
Frankreich	München (französische Gesandtschaft)*)	
	Nürnberg	Oberpfalz und Regensburg; Oberfranken; Mittelfranken; Unterfranken u. Aschaffenburg.
	Mannheim	Pfalz.

*) Siehe den vorletzten Absatz der Bekanntmachung.

Land	Amtssitz	Amtsbezirk
Griechenland	München	Oberbayern; Niederbayern; Schwaben und Neuburg.
	Nürnberg	Oberpfalz und Regensburg; Oberfranken; Mittelfranken.
	Würzburg	Unterfranken und Aschaffenburg; Pfalz.
Großbritannien	München	
	Nürnberg	
Italien	München	Oberbayern; Niederbayern; Oberpfalz und Regensburg; Schwaben und Neuburg;
	Ludwigshafen a. Rh.	
	Nürnberg	Pfalz; Oberfranken; Mittelfranken; Unterfranken und Aschaffenburg.
Mexiko, Vereinigte Staaten von	München	
Niederlande	München	Oberbayern; Niederbayern; Oberpfalz und Regensburg; Schwaben und Neuburg.
	Nürnberg	Pfalz; Oberfranken; Mittelfranken; Unterfranken und Aschaffenburg.
Österreich-Ungarn	München	Oberbayern; Niederbayern; Schwaben und Neuburg.
	Nürnberg	Oberpfalz und Regensburg; Oberfranken; Mittelfranken; Unterfranken und Aschaffenburg.
	Mannheim	Pfalz.
Paraguay	München	
	Frankfurt a. Main	
Peru	München	
Portugal	München	Bayern südlich der Donau.
	Nürnberg	Bayern nördlich der Donau mit Ausnahme der Pfalz.
Rumänien*)	München	das rechtsrheinische Bayern.
	Mannheim	die Pfalz.

*) Zu den fremden Konsularbehörden, mit denen den bayerischen Justizbehörden unmittelbar zu verkehren gestattet ist, gehört jetzt auch das kgl. Rumänische Konsulat in Regensburg. Der Amtsbezirk des Konsulats umfaßt Niederbayern und die Oberpfalz und Regensburg. JMBl. 1904 S. 92.

Land	Amtssitz	Amtsbezirk
Rußland	München (Kaiserlich russische Gesandtschaft)*) Nürnberg	
Sachsen	München	
Schweden und Norwegen	München	Oberbayern; Niederbayern; Schwaben und Neuburg.
	Nürnberg	Oberpfalz und Regensburg. Oberfranken; Mittelfranken; Unterfranken u. Aschaffenburg.
	Karlsruhe	die Pfalz.
Schweiz	München	das rechtsrheinische Bayern.
	Mannheim	die Pfalz.
Serbien	München Nürnberg Ludwigshafen a. Rh.	
Spanien	München	
	Nürnberg	Oberfranken; Mittelfranken; Unterfranken u. Aschaffenburg; Pfalz.
Türkei	München	
Venezuela, Vereinigte Staaten von	München	
Württemberg	München	

*) Siehe den vorletzten Absatz der Bekanntmachung.

Nr. 1868.

X.

Bekanntmachung vom 11. März 1903, die Gebühren in Nachlaßsachen betr.

JMBl. 1903 S. 247.

Königliches Staatsministerium der Justiz.

Königliches Staatsministerium der Finanzen.

Zum Vollzuge der Gebührenvorschriften des Gesetzes vom 9. August 1902, das Nachlaßwesen betreffend (G.- u. VBl. S. 463), werden nachstehende Anordnungen erlassen:

1. Nach Art. 94 Abs. 4 des Gebührengesetzes wird, wenn das gerichtliche Verfahren mit der Verweisung der Auseinandersetzung an einen Notar endigt, eine Gebühr für das gerichtliche Vermittelungsverfahren nicht erhoben, außer wenn die Auseinandersetzung nicht innerhalb eines Jahres seit der Verweisung an den Notar vor diesem erfolgt. Das Gericht kann die Frist auf Antrag oder von Amts wegen verlängern. Erfolgt die Auseinandersetzung nach Ablauf des Jahres oder, wenn das Gericht die Frist verlängert hat, nach Ablauf dieser Frist, so wird die für das gerichtliche Vermittelungsverfahren geschuldete Gebühr auf die für das notarielle Vermittelungsverfahren geschuldete Gebühr aus Art. 165 angerechnet. Hieraus folgt, daß das gerichtliche Vermittelungsverfahren zunächst gebührenfrei ist und daß deshalb der Wert des Nachlasses, soweit er nicht aus einem anderen Anlasse z. B. wegen Erteilung eines Erbscheins, zu ermitteln ist, zunächst nicht festgestellt wird. Erfolgt die Auseinandersetzung vor dem Notare nicht innerhalb der Frist, so hat die für das gerichtliche Vermittelungsverfahren im Abs. 4 bestimmte Gebühr von Amts wegen zum Ansatze zu gelangen. Dagegen bleibt es, wenn nach Ablauf der Frist nachträglich ein notarielles Auseinandersetzungsverfahren stattfindet, den Beteiligten überlassen, auf die für dieses geschuldete Gebühr die für das gerichtliche Vermittelungsverfahren bezahlte Gebühr zur Anrechnung zu bringen. Auf diese Anrechnungsbefugnis haben die Notare die Beteiligten ausdrücklich aufmerksam zu machen.

2. Aus dem klaren Wortlaute des Abs. 4, wonach die für das gerichtliche Vermittelungsverfahren bezahlte Gebühr unter den dort bestimmten Voraussetzungen auf die Gebühr des Art. 165 angerechnet wird, ergibt sich, daß unter „Auseinandersetzung" im Sinne dieser Gesetzesvorschrift nur die in den Formen des Vermittelungsverfahrens (§§ 86 ff. des Gesetzes über die Angelegenheiten der freiwilligen Gerichtsbarkeit) sich vollziehende Auseinandersetzung, nicht aber die Beurkundung eines Erbteilungsvertrags durch den Notar, für welche die Gebühr des Art. 146 Abs. 1 Nr. 1 b oder des Art. 145 des Gebührengesetzes zu erheben ist, verstanden werden kann. Ist sohin die Anrechnung der Gebühr für das gerichtliche Vermittelungsverfahren zweifellos nur zulässig, wenn nach Ablauf der gesetzlichen oder der vom Gerichte bestimmten erweiterten Frist die Auseinandersetzung vor dem Notar in den Formen des Vermittelungsverfahrens erfolgte, so fehlt es an einem inneren Grunde dafür, die Umgangnahme von einer Gebühr für das gerichtliche Verfahren in dem Falle, daß die Auseinandersetzung vor dem Notar innerhalb der Frist erfolgt, in einem weiteren Umfange zu gestatten. Es hat daher auch dann, wenn zwar die Auseinandersetzung vor dem Notar innerhalb der

Frist, jedoch nicht in den Formen des Vermittelungsverfahrens, sondern durch Beurkundung eines Erbteilungsvertrags erfolgt, die Gerichtsgebühr von $^1/_{10}$ der Sätze des § 8 des Reichs-Gerichtskostengesetzes zur Erhebung zu gelangen.

3. Behufs Sicherstellung der für den Fall nicht rechtzeitiger Auseinandersetzung geschuldeten Gerichtsgebühr hat der Gerichtsschreiber am 1. Januar und 1. Juli jeden Jahres — erstmals am 1. Januar 1904 — auf Grund des Nachlaßverzeichnisses die Nachlaßsachen zusammenzustellen, in denen seit der Überweisung an den Notar mehr als ein Jahr oder, sofern die Frist verlängert worden ist, die festgesetzte Frist verstrichen ist, ohne daß die Nachlaßakten vom Notare zurückgelangt sind. Diese Zusammenstellung ist dem Notar zur etwaigen Erinnerung, und sofern Anlaß besteht, die Frist von Amts wegen zu verlängern, zur Antragstellung mitzuteilen. Nachdem der Richter die in letzterer Hinsicht etwa veranlaßten Verfügungen getroffen hat, ist die Gebühr durch den Gerichtsschreiber in den zutreffenden Fällen zu Soll zu stellen.

Überdies hat der Gerichtsschreiber, wenn die Nachlaßakten vom Notar zurückgelangen, zu prüfen, ob etwa die Gebühr des Art. 94 Abs. 4 zu Soll zu stellen ist und veranlaßtenfalls sie zu Soll zu stellen.

4. Nach Art. 94 Abs. 3 Satz 2 wird ein Drittel und, wenn das Gericht bereits den Verteilungsplan aufgestellt hatte, die Hälfte der für die Auseinandersetzung geschuldeten Gebühr erhoben, wenn das Verfahren für beruhend erklärt wird, weil im Termine kein Beteiligter erschienen und das Verfahren seitdem mehr als sechs Monate lang nicht betrieben worden ist. Der entsprechende Vollzug dieser Vorschrift ist gelegentlich der Vornahme der örtlichen Gebührenrevision zu überwachen und gegebenenfalls die nachträgliche Sollstellung der Gebühr in Anregung zu bringen.

5. Die Vorschriften der Bekanntmachung der K. Staatsministerien der Justiz und der Finanzen vom 6. Dezember 1900, die Erhebung der Gebühren für die von den Notaren vorgenommenen Eröffnungen von Verfügungen von Todes wegen betr. (JMBl. S. 1256, FMBl. S. 468), bleiben unberührt.

München, den 11. März 1903.

Dr. Frhr. v. Riedel. Miltner.

Nr. 26150.

XI.

Königlich Allerhöchste Verordnung vom 4. Juli 1903, die Revision der Notariatsgebührenordnung betr.

JMBl. 1903 S. 333.

Wir finden Uns bewogen, auf Grund des Art. 5 des Gebührengesetzes zu verordnen, was folgt:

I. An die Stelle der Art. 25, 27, 40, 41, 49, 55, 56, 57, 58 der Notariatsgebührenordnung vom 28. Dezember 1899 treten folgende Vorschriften:

Artikel 25.

Für die Beurkundung von Eheverträgen wird die Hälfte der Wertgebühr nach dem Reinwerte des Gegenstandes erhoben, über den verfügt wird, jedoch nicht mehr als 40 Mark und nicht weniger als 4 Mark. Die Vermögensangabe kann unterbleiben, wenn die Beteiligten die Höchstgebühr entrichten. Zuwendungen von beweglichem Vermögen, die in Eheverträgen einem der Vertragsteile von seinen Eltern oder Stiefeltern gemacht werden, sind nicht als selbständige Rechtsgeschäfte zu betrachten.

Artikel 27.

Für die Beurkundung von Testamenten und Erbverträgen wird die Hälfte der Wertgebühr nach dem Reinwerte des Gegenstandes erhoben, über den verfügt ist, jedoch nicht mehr als 50 Mark und nicht weniger als 5 Mark. Die Wertangabe kann unterbleiben, wenn die Beteiligten die Höchstgebühr entrichten.

Die Gebühr des Abs. 1 wird auch dann erhoben, wenn ein Testament nach dem § 2238 des BGB. durch Übergabe einer Schrift errichtet wird, jedoch nicht dann, wenn ein nach dem § 2231 Nr. 2 des BGB. schon errichtetes Testament lediglich zur Übernahme in die amtliche Verwahrung übergeben wird.

Ist ein Ehevertrag mit einem Erbvertrage verbunden, so wird nur eine Gebühr, und zwar die höhere, erhoben.

Artikel 27a.

Für die Beurkundung eines Vertrags zwischen Verwandten oder Ehegatten, durch den lediglich auf das gesetzliche Erbrecht verzichtet wird (Erbverzicht), wird die Zeitgebühr, jedoch nicht weniger als 5 Mark, nicht mehr als 50 Mark erhoben.

Artikel 40.

Für die Beurkundung des Hergangs bei Verlosungen und Auslosungen wird die Wertgebühr nach dem Gesamtwerte der verlosten oder ausgelosten Gegenstände, jedoch nicht mehr als 300 Mark erhoben.

Werden Serien und Nummern in getrennten Verhandlungen gezogen, so steht, wenn beide Verhandlungen von demselben Notariate beurkundet werden, für die erste Beurkundung die Wertgebühr nach Abs. 1, für die zweite die Zeitgebühr zu.

Artikel 41.

Für die Aufnahme des Protokolls über die Sitzungen der Generalversammlungen oder der Aufsichtsräte von Aktiengesellschaften oder Kommanditgesellschaften auf Aktien, sowie für die Aufnahme des Protokolls über die Sitzungen der Mitgliederversammlungen sonstiger Gesellschaften und Vereinigungen oder ihrer Organe werden Gebühren nach den Vorschriften der Art. 41a und 41b erhoben.

Artikel 41a.

Betrifft die Beratung und die Beschlußfassung die Verteilung des Geschäftsgewinnes oder die Verteilung von Gesellschaftsvermögen, so wird nach dem Betrage der zur Verteilung gelangenden Werte, betrifft die Beratung und die Beschlußfassung die Erhöhung oder die Herabsetzung des Grund- oder Aktienkapitals, so wird nach dem Betrage der beschlossenen Erhöhung oder Herabsetzung die Wertgebühr, jedoch nicht mehr als 300 Mark und nicht weniger als 24 Mark erhoben.

Artikel 41b.

Betrifft die Beratung und Beschlußfassung Satzungsänderungen, Wahl von Gesellschaftsorganen, Abhör und Genehmigung von Rechnungen, Aufstellung von Voranschlägen oder sonstige im Art. 41a nicht erwähnte Gegenstände, so beträgt die Gebühr 24 Mark.

Treffen Gegenstände, die unter die Vorschrift des Abs. 1 fallen, in derselben Sitzung mit solchen Gegenständen zusammen, welche die Erhebung der Gebühr des Art. 41a rechtfertigen, so wird nur die letztere Gebühr erhoben.

Artikel 49.

Wird der Antrag auf Vermittelung zurückgenommen oder endigt das Verfahren, weil ein Beteiligter im Termine der Vermittelung widerspricht, so wird ein Drittel, wenn aber der Notar bereits den Verteilungsplan aufgestellt hatte, die Hälfte der im Art. 47 bestimmten Gebühr erhoben. Das gleiche gilt, wenn das Verfahren für beruhend erklärt wird, weil im Termine kein Beteiligter erschienen und das Verfahren seitdem mehr als sechs Monate lang nicht betrieben worden ist.

Wird innerhalb eines Monats nach der Zurücknahme des Antrags auf Vermittelung oder der Erledigung des Verfahrens durch Widerspruch eines Beteiligten im Termine von den sämtlichen Beteiligten zu Urkunde desjenigen Notariats, bei dem die Vermittelung anhängig war, eine freiwillige Vereinbarung über die Auseinandersetzung geschlossen, so ist im Abs. 1 bestimmte Gebühr auf die Gebühr für die Beurkundung der Vereinbarung anzurechnen.

Artikel 55.

Für die Übernahme eines Testaments in die besondere amtliche Verwahrung wird eine Gebühr von 5 Mark erhoben.

Die Gebühr umfaßt die Vergütung für die Übernahme, für deren Beurkundung, für die Erteilung der Hinterlegungsscheine und für die Verwahrung selbst.

Die Übernahme der von dem Notar selbst beurkundeten und im Anschlusse daran in die besondere amtliche Verwahrung übernommenen Testamente und Erbverträge erfolgt gebührenfrei. Ebenso die neuerliche Übernahme solcher gemeinschaftlicher Testamente und gegenseitiger Erbverträge, die nach dem Tode des einen Erblassers zum Zwecke der Eröffnung aus der besonderen amtlichen Verwahrung des Notariats genommen worden sind und nach der Eröffnung gemäß den §§ 2273, 2300 des Bürgerlichen Gesetzbuchs wieder dorthin zurückgebracht werden. Das gleiche gilt von der Übernahme und der neuerlichen Übernahme solcher eigenhändig errichteten Testamente, die von dem Notar gegen Entrichtung der in den Art. 27, 72 bestimmten Gebühr entworfen sind und alsbald demselben Notar in die besondere amtliche Verwahrung übergeben werden.

Die Übernahme der nach § 41 Abs. 2 der Nachl.O. eingehenden Mitteilungen erfolgt stets gebührenfrei.

Artikel 56.

Für die Zurückgabe eines in die besondere amtliche Verwahrung übernommenen Testaments und deren Beurkundung kommt dem Notare eine Gebühr von 3,50 Mark zu.

Für die Übersendung eines bei ihm errichteten oder verwahrten Testaments an eine andere Verwahrungsbehörde zum Zwecke der Übernahme in die besondere amtliche Verwahrung erhält der Notar eine Gebühr von 1 Mark.

Artikel 57.

Für die nach dem Tode des Erblassers erfolgende Ablieferung der Verfügungen von Todes wegen an das Nachlaßgericht erhält der Notar keine Gebühr. Auch hat er keinen Anspruch auf Schreibgebühren für die etwa zurückzubehaltende beglaubigte Abschrift und auf Ersatz der bei der Versendung erwachsenden Auslagen.

Artikel 58.

Für die Eröffnung eines Testaments oder Erbvertrags erhält der Notar eine Gebühr von 3,50 Mark.

Die Gebühr umfaßt die Vergütung für die Vorbereitung und die Anberaumung des Termins, die Ladungen, die Eröffnungsverhandlung und das darüber aufgenommene Protokoll.

Sind gleichzeitig mehrere Verfügungen desselben Erblassers von demselben Notar zu eröffnen, so steht die Gebühr nur einmal zu.

Für die Abgabe der Akten an das Nachlaßgericht erhält der Notar keine Gebühr; für die etwa erforderliche Zurückbehaltung einer Abschrift der Verfügung von Todes wegen erhält er die Schreibgebühr.

II. Dem Artikel 84 der Notariatsgebührenordnung wird folgender Absatz beigefügt:

„Für die Zuziehung von Gehilfen zum Niederschreiben der Urkunden dürfen Gebühren oder Auslagen nicht verrechnet werden."

III. Dem Art. 100 wird folgender Absatz beigefügt:

„Beträgt die hinterlegte Summe mehr als 400000 Mark, so ist für den Mehrbetrag nur ein Zehntel vom Tausend zu entrichten."

IV. Dem Art. 104 wird folgender Satz beigesetzt:

„Werden auf Wunsch der Beteiligten die Staatsgebühren und die gemeindlichen Besitzveränderungsabgaben vom Notar vorgeschossen, so haben die Beteiligten dafür eine Gebühr von einem Prozent der vorgeschossenen Summe zu entrichten; sonstige Vergütung oder Verzinsung der vorgeschossenen Summen darf nicht beansprucht werden."

V. Der Art. 110 soll lauten:

„Das Staatsministerium der Justiz ist mit der Ausführung dieser Verordnung beauftragt. Es ist ermächtigt, deren Vorschriften im Falle des Bedürfnisses durch Bestimmungen nicht grundsätzlicher Art zu ändern und zu ergänzen."

VI. Gegenwärtige Verordnung tritt am 1. Oktober 1903 in Kraft. Die Verordnung vom 28. Juli 1900 über die Gebühren der Notare in Grundbuchsachen bleibt unverändert.

München, den 4. Juli 1903.

Luitpold, Prinz von Bayern,
des Königreichs Bayern Verweser.

v. Miltner.

Auf Allerhöchsten Befehl:
Der General-Sekretär:
Statt dessen:
Ministerialrat Pohl.

Nr. 27446.

XII.

Bekanntmachung vom 5. Juli 1903, die Änderung der Geschäftsordnung für die Notariate betr.

JMBl. 1903 S. 338.

Königliches Staatsministerium der Justiz.

Die Änderungen, die das Nachlaßwesen durch das Gesetz vom 9. August 1902 und die zu seiner Ausführung erlassenen Vorschriften insbesondere durch die Nachlaßordnung vom 20. März 1903 erfahren hat, bedingen eine Änderung der Geschäftsordnung für die Notariate vom 24. Dezember 1899.

I. Testamentsregister.*)

Die §§ 45—47 der Geschäftsordnung sollen lauten:

§ 45.

Form. III. Neben dem Geschäftsregister hat der Notar ein Testamentsregister nach dem beiliegenden Formulare zu führen.

In dieses Testamentsregister sind, nach der Zeitfolge geordnet, alle Geschäfte aufzunehmen, welche die Errichtung von Testamenten und solchen Erbverträgen betreffen, die in besondere amtliche Verwahrung zu nehmen sind (§ 2277 Abs. 1 BGB.), ferner die Protokolle über den Widerruf und über die Zurückgabe von solchen Testamenten und Erbverträgen, die Aufnahme übergebener oder übersendeter Testamente oder Erbverträge in die besondere amtliche Verwahrung, die Übernahme der nach § 41 Abs. 2 der Nachlaßordnung eingehenden Anzeigen, endlich die Protokolle über die Gestattung der Einsicht in Testamente und Erbverträge, welche noch nicht eröffnet sind.

Die Protokolle über die Eröffnung von Testamenten, sowie die Protokolle über den Widerruf und die Zurückgabe solcher Testamente, die im Testamentsregister eingetragen sind, werden im Testamentsregister nicht unter eigener Nummer aufgeführt, sondern lediglich bei dem Eintrag über die Errichtung oder Übergabe des Testaments vermerkt.

§ 46.

Das Testamentsregister wird nicht für einzelne Geschäftsjahre geführt, wie das Geschäftsregister, sondern fortlaufend für die Dauer.

In dem Register sind die Geschäfte nach der Zeitfolge unter fortlaufenden Nummern zu verzeichnen.

In der dritten Spalte ist das Geschäft lediglich nach seiner Art als „Testament", „Erbvertrag", „Testamentszurücknahme", „Übergabe eines eigenhändigen Testaments" zu bezeichnen. Der Gegenstand, über den verfügt wird, und sein Wert sind nicht zu erwähnen.

In die vierte Spalte sind Name, Stand und Wohnort aller Personen, die in dem Testament oder Erbvertrag eine Verfügung von Todes wegen

*) Die Einteilung und die Überschriften der Geschäftsordnung vom 24. Dezember 1899 bleiben unverändert.

getroffen haben, einzeln aufzuführen, auch ist ihr Lebensalter nach ihrer eigenen Angabe oder in Ermangelung einer solchen nach der Schätzung des Notars einzutragen.

In die für Bemerkungen bestimmte letzte Spalte des Registers ist auf das Geschäftsregister und auf die etwaigen früheren oder späteren Vorträge des Testamentsregisters zu verweisen. Auch sind hier die Angaben der Erblasser darüber, wo nach ihrem Verbleib geforscht werden kann, die späteren Nachforschungen und deren Ergebnisse, endlich die Eröffnung der Testamente und Erbverträge zu vermerken.

§ 47.

Zu dem Testamentsregister ist ein alphabetisches Namenverzeichnis nach demselben Formulare zu führen wie zu dem Geschäftsregister. Dieses Verzeichnis ist nicht auf eine bestimmte Zahl von Jahren, sondern für die Dauer anzulegen.

In das Verzeichnis sind alle im Testamentsregister vorkommenden Namen aufzunehmen. Außerdem sind aber auch darin mit dem Hinweis auf Jahrgang und Nummer des Geschäftsregisters die Namen aller derjenigen Personen aufzunehmen, von denen Verfügungen von Todes wegen vorliegen, die nur ins Geschäftsregister nicht aber auch ins Testamentsregister eingetragen sind, weil ihre Aufnahme in die besondere amtliche Verwahrung — wie es bei Ehe- und Erbverträgen und bei Übergabsverträgen mit erbrechtlichen Bestimmungen üblich ist — nach dem Willen der Beteiligten unterblieb.

Das Namenverzeichnis zum Testamentsregister ist bei der Eröffnung der Testamente und Erbverträge, bei Widerruf und Aufhebung und dergl. durch Verweisungen und Zeichen (leichten Durchstreichungen und dergl.) auf dem Laufenden zu halten; es ist umzulegen, wenn es unübersichtlich wird.

II. Verwahrung der Verfügungen von Todes wegen.

Die zwei letzten Absätze des § 60 der Geschäftsordnung erhalten folgende Fassung:

§ 60 Abs. 2, 3.

Testamente sind samt den zugehörigen Protokollen bis zu ihrer Eröffnung in besonderen Behältnissen, am besten in den feuer- und einbruchsicheren Kassen, unter Verschluß zu halten. Ebenso sind die Protokolle über den Widerruf und die Zurücknahme von Testamenten und die nach § 41 Abs. 2 der Nachlaßordnung eingehenden Anzeigen zu behandeln. Das gleiche gilt für Erbverträge, soweit sie nach den gesetzlichen Vorschriften in die besondere amtliche Verwahrung zu nehmen sind.

Die Testamentsregister und die Namenverzeichnisse dazu sind stets bei den in besondere amtliche Verwahrung genommenen uneröffneten Verfügungen von Todes wegen aufzubewahren, solange sie nicht amtlich gebraucht werden. Der Notar hat die Schlüssel zu den Behältnissen persönlich in Gewahrsam zu behalten und hat das Öffnen und Schließen selbst zu besorgen. Die Duplikate der Schlüssel sollen in einem mit dem Amtssiegel verschlossenen und mit einer Aufschrift versehenen Umschlage bei dem Amtsgerichte hinterlegt werden.

III. Eröffnung der Verfügungen von Todes wegen.

Die §§ 242—253 der Geschäftsordnung haben zu lauten:

§ 242.

Da die Notare nach dem Ableben des Erblassers die bei ihnen verwahrten Testamente und sonstigen Verfügungen von Todes wegen teils zu eröffnen, teils zur Eröffnung abzugeben oder mitzuteilen haben, so ist es — unbeschadet der dem Nachlaßgericht und anderen Behörden zufallenden Obliegenheiten — auch ihre Pflicht, soweit möglich dahinzuwirken, daß ihnen die Kunde vom Ableben der Erblasser nicht verborgen bleibt.

Die Notare sollen deshalb nicht nur die ihnen hierüber von den Amtsgerichten zugehenden Mitteilungen genau mit den Namenverzeichnissen und Registern vergleichen, sondern auch von sich aus in den Fällen Nachforschung halten, in denen das Ableben des Erblassers nach Lage der Sache wahrscheinlich ist. Anhaltspunkte dafür können aus dem Inhalte des Testamentsregisters entnommen werden (vgl. § 234). Die Nachforschungen darüber, ob der Erblasser noch lebt, können durch Einsicht der bei dem Amtsgerichte hinterliegenden Todesanzeigen und standesamtlichen Nebenregister angestellt werden, ferner durch Anfrage bei den Nachlaßgerichten, den Ortspolizeibehörden, bei den Testamentszeugen, wenn diese dem Notar bekannt sind, oder bei denjenigen Personen, welche der Erblasser zu diesem Zwecke bezeichnet hat. Die Nachforschungen sind stets so anzustellen, daß das Testamentsgeheimnis gewahrt bleibt.

§ 243.

Erhält der Notar von dem Ableben des Erblassers Kenntnis, so hat er je nach dem letzten Wohnsitze des Erblassers und je nach dem Zeitpunkte des Erbfalls verschieden zu verfahren.

Ist der Erblasser vor dem 1. Januar 1900 verstorben, so hat der Notar nach den früheren Vorschriften zu verfahren. Vgl. für die Landesteile r. d. Rh. die Art. 27, 28 des Not.Ges. vom 10. November 1861 (auch JME. vom 2. Juni 1866, JMBl. S. 133), für die Pfalz die Bestimmungen des Art. 1007 des Code civil und die Art. 918, 920 des Code de procédure civile.

Ist der Erblasser nach dem 1. Dezember 1899 verstorben und ist nach den Vorschriften des Gesetzes über die Angelegenheiten der freiwilligen Gerichtsbarkeit die Zuständigkeit eines außerbayerischen deutschen Nachlaßgerichtes begründet, so hat der Notar die Verfügung von Todes wegen gemäß § 2259 Abs. 2 des BGB. in Urschrift an das Nachlaßgericht abzuliefern.

Ist der Erblasser nach dem 31. Dezember 1899, aber vor dem 1. Oktober 1902 gestorben und nach den Vorschriften des Gesetzes über die Angelegenheiten der freiwilligen Gerichtsbarkeit die Zuständigkeit eines bayerischen Nachlaßgerichs begründet, so hat der Notar die in seiner Verwahrung befindliche Verfügung von Todes wegen zu eröffnen.

Ist der Erblasser nach dem 30. September 1902 verstorben, und ist nach den Vorschriften des Gesetzes über die Angelegenheiten der freiwilligen Gerichtsbarkeit die Zuständigkeit eines bayerischen Nachlaßgerichts begründet, so hat der Notar die Verfügung von Todes wegen nur dann selbst zu eröffnen, wenn sie sich verschlossen in seiner Verwahrung befindet und das Nachlaßgericht an einem anderen Orte seinen Sitz hat als das Notariat; anderenfalls hat er die Verfügung an das zuständige Nachlaßgericht abzuliefern.

Zweifel über die Zuständigkeit des Nachlaßgerichts sind durch Anfrage vorher zu heben.

§ 244.

Bei der Ablieferung der Verfügungen von Todes wegen an das Nachlaßgericht ist mit Vorsicht zu verfahren.

Wird die Verfügung nach auswärts versendet, so ist die Sendung als Einschreibsendung zu bezeichnen. Der Postaufgabeschein ist bis zum Einlangen der Empfangsbestätigung zu verwahren, das Einlangen der Empfangsbestätigung ist durch Vormerkung eines Betriebstermins (§ 55) zu überwachen. War die Verfügung offen in der Verwahrung des Notariats und hat der

Erblasser davon noch keine Ausfertigung erhalten, so hat der Notar vor der Versendung eine beglaubigte Abschrift davon zu fertigen und an Stelle der Urschrift zu verwahren.

Ist die Verfügung dem Nachlaßgericht am Orte des Notariatssitzes abzuliefern, so hat dies durch den Notar persönlich oder unter der Verantwortlichkeit des Notars durch einen Notariatspraktikanten oder einen zur Einsicht des Grundbuchs befugten Gehilfen des Notars zu erfolgen; offene Verfügungen von Todes wegen sind vom Notar vor der Ablieferung in einen Umschlag zu verschließen.

§ 245.

Die Ablieferung erfolgt gegen Empfangsbestätigung an den nach § 39 Abs. 1 Satz 2 der Nachlaßordnung zur Entgegennahme befugten Beamten. Der Notar soll den Entwurf der Empfangsbestätigung zur Unterzeichnung mitgeben. Die Empfangsbestätigung ist an der nach der Geschäftsregisternummer der Urschrift gebührenden Stelle der allgemeinen Urkundensammlung zu verwahren.

Die Ablieferung ist im Testamentsregister und im Geschäftsregister bei dem Eintrag über die Errichtung oder die Übergabe der Verfügung von Todes wegen zu vermerken.

§ 246.

Ist beim Notariate nicht die Verfügung selbst, sondern nur die nach § 41 Abs. 2 der Nachlaßordnung eingegangene Mitteilung über die anderwärts erfolgte Errichtung oder Aufhebung eines Testaments verwahrt, so ist diese beim Tode des Erblassers dem Nachlaßgerichte gegen Empfangsbestätigung zu übermitteln. Bei der Versendung bedarf es nicht des Einschreibens; die Übermittelung an das am Orte des Notariatssitzes befindliche Nachlaßgericht kann außer durch die im § 244 Abs. 3 genannten Personen auch durch sonstige verlässige Boten oder durch die Post erfolgen.

Wegen der Vermerkung der Vorlage an das Nachlaßgericht und der Verwahrung der Empfangsbestätigung ist wie bei der Testamentsvorlage zu verfahren.

§ 247.

Liegt dem Notar die Eröffnung des Testaments oder des Erbvertrags ob, so hat er dabei nach den Vorschriften im § 31, § 32 Abs. 1 bis 3, § 33, § 35, § 36 Abs. 1 und 4 der Nachlaßordnung und den nachfolgenden Vorschriften zu verfahren.

§ 248.

Von der Bestimmung des Eröffnungstermins soll der Notar, wenn er nicht die Eröffnung auf Mitteilung und Ersuchen des Nachlaßgerichts vornimmt, das Nachlaßgericht unverzüglich in Kenntnis setzen.

Im Eröffnungstermine soll der Notar den Erschienenen auch bekannt geben, daß er die Akten alsbald nach der Eröffnung an das Nachlaßgericht abgeben wird, und welches dieses Gericht ist.

§ 249.

Bei der Eröffnung von gemeinschaftlichen Testamenten und zweiseitigen Erbverträgen darf der Notar die Verfügungen des Überlebenden, soweit sie sich sondern lassen, weder verkünden noch sonst zur Kenntnis der Beteiligten bringen (BGB. § 2273 Satz 1, § 2300).

Nach der Eröffnung eines solchen Testaments oder Erbvertrags hat der Notar von den Verfügungen des verstorbenen Erblassers eine beglaubigte Abschrift zu fertigen und dem Eröffnungsprotokolle beizufügen, soferne diese Verfügungen nicht schon wörtlich im Eröffnungsprotokoll aufgeführt sind.

Das Testament oder der Erbvertrag ist sodann wieder zu verschließen und in die besondere amtliche Verwahrung zu übernehmen.

§ 250.

In dem Protokoll über die Eröffnung des gemeinschaftlichen Testaments oder zweiseitigen Erbvertrags ist stets anzugeben, ob ein Teil und welcher Teil der Verfügung von Todes wegen geheimgehalten worden ist, ferner ob das Testament wieder verschlossen und wieder in die besondere amtliche Verwahrung übernommen worden ist.

Kann die Verschließung und die Übernahme in die besondere amtliche Verwahrung nicht im Eröffnungstermin erfolgen, so ist über sie in einem Nachtrage zum Eröffnungsprotokoll eine kurze Feststellung zu machen; der Nachtrag wird vom Notar allein von Amts wegen errichtet.

§ 251.

Nach der Abhaltung des Eröffnungstermins hat der Notar die Urschrift der Verfügung von Todes wegen sowie eine beglaubigte Abschrift des über die Eröffnung aufgenommenen Protokolls dem Nachlaßgerichte zu übersenden, von der Urschrift der Verfügung von Todes wegen jedoch vorher eine beglaubigte Abschrift anzufertigen.

Die Urschrift des Eröffnungsprotokolls hat der Notar samt der beglaubigten Abschrift der Verfügung von Todes wegen und der ihm vom Nachlaßgerichte zukommenden Empfangsbestätigung in der allgemeinen Urkundensammlung zu verwahren.

Kann die Urschrift der Verfügung von Todes wegen dem Nachlaßgerichte nicht übersendet werden, weil sie nach § 249 Abs. 2 in die besondere amtliche Verwahrung zu übernehmen ist, so hat der Notar dem Nachlaßgerichte mit der beglaubigten Abschrift des Eröffnungsprotokolls auch die beglaubigte Abschrift der Verfügungen des verstorbenen Erblassers und im Falle des § 250 Abs. 2 auch eine beglaubigte Abschrift des Nachtrags zum Eröffnungsprotokolle zu übersenden.

Die in den §§ 2262, 2300 des BGB. vorgeschriebenen Mitteilungen an die Beteiligten, welche bei der Eröffnung nicht zugegen gewesen sind, hat der Notar stets dem Nachlaßgerichte zu überlassen.

§ 252.

Befindet sich ein Testament oder ein Erbvertrag seit mehr als vierundfünfzig Jahren in amtlicher Verwahrung und haben die deshalb nochmals angestellten Nachforschungen eine Gewißheit darüber, ob der Erblasser noch lebt oder gestorben ist, nicht ergeben, so hat der Notar das Testament oder den Erbvertrag dem Amtsgerichte seines Amtssitzes zur Eröffnung abzuliefern.

§ 253.

Die Ablieferung und die Eröffnung der Verfügungen von Todes wegen und die Übersendung der Eröffnungsakten sind als vordringliche Geschäfte zu behandeln und so sehr zu beschleunigen, als es mit den Verhältnissen der Beteiligten vereinbar ist. Eine Verzögerung der Ablieferung oder Übersendung wegen mangelnder Kostendeckung darf nicht stattfinden.

IV. Teilungen und Auseinandersetzungen.

An die Stelle der §§ 254 bis 261 treten folgende Vorschriften:

§ 254.

Die Auseinandersetzung eines Nachlasses oder des Gesamtguts einer ehelichen oder fortgesetzten Gütergemeinschaft kann auf dem Wege des gewöhn=

lichen Vertrags — Teilungsvertrags — oder auf dem Wege der amtlichen Vermittelung durch die zuständige Behörde nach den Vorschriften der §§ 86 bis 99 des Gesetzes über die Angelegenheiten der freiwilligen Gerichtsbarkeit herbeigeführt werden.

Der Teilungsvertrag ist nur dann möglich, wenn die Beteiligten imstande und gewillt sind, die zur Vereinbarung notwendigen Erklärungen persönlich oder durch Vertreter abzugeben. Durch das Vermittelungsverfahren nach den §§ 86 ff. des FGG. kann die Auseinandersetzung auch dann herbeigeführt werden, wenn einzelne Beteiligte sich zur Abgabe der nötigen Erklärungen nicht herbeilassen, sondern in den zu diesem Zwecke nach den §§ 91, 93 des FGG. anberaumten Terminen nicht erscheinen; ihr Schweigen wird als Einverständnis angenommen, die Urkunde über die Auseinandersetzung ist auch ihnen gegenüber verbindlich und vollstreckbar. Das Vermittelungsverfahren kann aber auch, wenn alle Beteiligten zur Abgabe ihrer Erklärungen bereit sind, der Kostenersparung halber oder aus sonstigen Zweckmäßigkeitsgründen, insbesondere mit Rücksicht auf die Vollstreckbarkeit der bestätigten Auseinandersetzung von den Beteiligten an Stelle des gewöhnlichen Teilungsvertrages gewählt werden.

§ 254a.

Ob die Beteiligten die Auseinandersetzung durch Teilungsvertrag oder durch das Vermittelungsverfahren herbeiführen wollen, ist ihrem Ermessen anheim gegeben. Auch nach der Einleitung des Vermittelungsverfahrens können die Beteiligten zum Teilungsvertrag übergehen.

Der Notar, der wegen der Auseinandersetzung angegangen wird, hat stets unter Würdigung aller Umstände einschließlich des Kostenunterschieds zu prüfen, ob für die Beteiligten der Teilungsvertrag oder die Auseinandersetzung in den Formen des Vermittelungsverfahrens vorteilhafter ist, und hat hiernach die Beteiligten zu beraten. In gleicher Weise hat er zu verfahren, wenn sich im Laufe der Verhandlungen die Gelegenheit zum Übergehen von dem einen Wege auf den anderen bietet.

§ 255.

Bedürfen die Beteiligten zum Vollzuge der Auseinandersetzung oder sonst zu ihrer Legitimation eines Erbscheins und ist ein solcher noch nicht erteilt, so soll der Notar schon vor dem Eintreten in die Verhandlungen hierauf aufmerksam machen; er soll den Beteiligten zur Antragstellung durch seinen Rat behilflich sein und soll, wenn es für die Beteiligten vorteilhaft ist und von ihnen gewünscht wird, die Antragstellung durch Aufnahme des Antrags und Übersendung des Antrags und der Belege an das Nachlaßgericht vermitteln.

§ 255a.

Während beim Notar ein Teilungsvertrag beurkundet oder ein Vermittelungsverfahren anhängig gemacht wird, kann anderwärts schon ein solcher Vertrag abgeschlossen sein, ein Verfahren in Aussicht stehen, eingeleitet oder durchgeführt sein. Um dies rechtzeitig zu erfahren und Verwickelungen zu vermeiden, hat deshalb der Notar in jedem Falle, in dem er mit der Beurkundung einer Erbteilung betraut wird oder den Antrag auf Vermittelung der Auseinandersetzung eines Nachlasses entgegennehmen soll, sofort das Nachlaßgericht davon in Kenntnis zu setzen und um die Überlassung der Nachlaßakten zu ersuchen.

§ 256.

Zur Vermittelung der Auseinandersetzung eines Nachlasses auf Antrag eines Beteiligten sind die Notare neben den Amtsgerichten zuständig. Örtlich zuständig ist nur derjenige Notar, der am Sitze oder im Bezirke des Nachlaßgerichts aufgestellt ist. Ob hiernach das Nachlaßgericht oder der Notar und welcher von mehreren örtlich zuständigen Notaren den Vorzug hat, bestimmt sich nach der ersten amtlichen Tätigkeit in der Sache (§ 4 des FGG., § 126 Abs. 2 und § 127 Abs. 3 der Nachlaßordnung).

Durch Vereinbarung aller Beteiligten kann die Vermittelung der Auseinandersetzung auch einem nach Abs. 1 örtlich nicht zuständigen Notar übertragen werden.

§ 256a.

In den Fällen, in denen nach Art. 4 des Gesetzes über das Nachlaßwesen vom 9. August 1902 die Vermittelung der Auseinandersetzung eines Nachlasses ohne Antrag der Beteiligten von Amts wegen zu erfolgen hat, wird die Vermittelung ausschließlich vom Nachlaßgericht eingeleitet.

Die Überweisung der Durchführung einer bei dem Nachlaßgericht anhängig gewordenen Vermittelung an den Notar erfolgt nach Maßgabe der Vorschriften in den Artikeln 6 und 7 des Gesetzes über das Nachlaßwesen und der §§ 120 Abs. 1, 122, 130 Abs. 1 der Nachlaßordnung.

§ 257.

Die Durchführung der Vermittelung der Auseinandersetzung eines Nachlasses hat nach den Vorschriften in den §§ 86 ff. des FGG. und der §§ 121, 131 der Nachlaßordnung zu erfolgen.

§ 257a.

Ist anzunehmen, daß eine vom Nachlaßgerichte dem Notar überwiesene Auseinandersetzung innerhalb eines Jahres seit der Verweisung nicht erfolgt und daß deshalb die besondere Gebühr des Art. 94 Abs. 4 des Gebührengesetzes anfällt, so soll der Notar die Beteiligten hierauf rechtzeitig aufmerksam machen und ihnen zur Stellung des Antrags auf Verlängerung der Frist für die Auseinandersetzung behilflich sein. Der Notar soll sich zu diesem Zwecke in jedem Falle der Überweisung einer Vermittelung dieser Art eine Betriebsvormerkung im Terminskalender (§ 55) machen.

Ebenso soll der Notar, wenn nach Ablauf jener Frist die Auseinandersetzung bei ihm stattfindet, die Beteiligten auf die ihnen zustehende Anrechnungsbefugnis hinweisen.

(Vgl. die Bekanntmachung vom 11. März 1903 über die Gebühren in Nachlaßsachen JMBl. S. 247.)

§ 257b.

Hat der Notar einen Erbteilungsvertrag beurkundet, so hat er hievon dem Nachlaßgericht unter Angabe des Datums und der Geschäftsregisternummer der Urkunde Mitteilung zu machen; die Urkunde bleibt in der Verwahrung des Notars und ist in die allgemeine Urkundensammlung aufzunehmen. Dies gilt auch dann, wenn die Beteiligten bei dem Notar früher den Antrag auf Vermittelung der Auseinandersetzung gestellt hatten oder ihm die Durchführung der Vermittelung vom Gerichte überwiesen war, die Beteiligten aber von dem Vermittelungsverfahren abgestanden sind.

Hat der Notar die Auseinandersetzung vermittelt, so hat er nach dem Eintritte der Rechtskraft des die Auseinandersetzung bestätigenden Beschlusses die bei ihm erwachsenen Aktenstücke einschließlich der Auseinandersetzungsurkunde sowie die Akten des Nachlaßgerichts an dieses abzuliefern. Vor der Ablieferung hat er die von den Beteiligten verlangten Ausfertigungen und Abschriften zu fertigen.

Wird das Vermittelungsverfahren für beruhend erklärt oder eingestellt, so hat der Notar dem Nachlaßgerichte die auf die Vermittelung erwachsenen Akten samt den gerichtlichen Akten abzuliefern.

Wird der Antrag auf Vermittelung zurückgenommen, so hat der Notar, falls nicht innerhalb eines Monats vom Tage der Antragszurücknahme der Antrag erneuert oder um Beurkundung eines Teilungsvertrags ersucht worden ist, nach Ablauf dieses Monats nach der Vorschrift des Abs. 3 zu verfahren.

§ 258.

Hat der Notar nach Beendigung einer ehelichen oder einer fortgesetzten Gütergemeinschaft die Auseinandersetzung in Ansehung des Gesamtguts zu vermitteln, so finden die Vorschriften der §§ 256, 256a Abs. 2, 257, 257b entsprechende Anwendung.

Das gleiche gilt für die im Art. 24 Abs. 2 des Übergangsgesetzes zum Bürgerlichen Gesetzbuche zugelassene Vermittelung zum Zwecke der Ausgleichung des Ehegewinns nach Beendigung einer Gemeinschaft des Zugewinnstes.

§ 259.

Da die Vermittelung der Auseinandersetzung nach den Bestimmungen des Gesetzes über die Angelegenheiten der freiwilligen Gerichtsbarkeit eine rein amtliche Tätigkeit, also Amtsgeschäft des Notariats ist, so ist der zur Vermittelung berufene Notar nicht gehindert, auf Ersuchen auch solche Verfügungen der Beteiligten über die auseinanderzusetzende Masse oder deren Bestandteile, welche außerhalb des Rahmens des Vermittelungsverfahrens fallen (z. B. Verkäufe, Versteigerungen), zu beurkunden, die Masse oder deren Bestandteile in Verwahrung zu nehmen und die tatsächliche Teilung durchzuführen.

§ 260.

Als amtliche Verlassenschaftskommissäre im Sinne der Vorschriften des Notariatsgesetzes vom 10. November 1861 können die Notare künftig nur dann tätig sein, wenn der Erblasser vor dem 1. Januar 1900 gestorben und deshalb das bisherige Recht auf die Auseinandersetzung des Nachlasses anzuwenden ist.

§ 261.

Ist ein Notar in einem vor dem 1. Januar 1900 errichteten Testamente zum Verlassenschaftskommissär bestellt und der Erblasser nach dem 31. Dezember 1899 gestorben, so kann der Notar zwar nicht als Verlassenschaftskommissär tätig sein, die Bestellung bleibt jedoch soweit wirksam, als darin die Ernennung zum Testamentsvollstrecker liegt. Der Notar hat sich in diesem Falle bezüglich der Annahme oder Ablehnung des Amtes des Testamentsvollstreckers und bezüglich der Führung des Amtes nach den Bestimmungen des Bürgerlichen Gesetzbuches zu richten.

Die Testamentsvollstreckung ist nicht Amtsgeschäft des Notariats, sondern persönliches Privatamt des Notars.

V. Sicherung des Nachlasses. Nachlaßinventar.

Der § 274 wird durch folgende Vorschriften ersetzt:

§ 274.

Wird dem Notar vom Nachlaßgerichte die Vornahme einer Siegelung oder Entsiegelung übertragen, so hat er nach den Vorschriften in den §§ 7, 8, 10, 11, 14, 16, 21 der Nachlaßordnung und nach den besonderen Anordnungen des Nachlaßgerichts zu verfahren.

Für das Verfahren des Notars bei der Aufnahme von Nachlaßverzeichnissen sind die Vorschriften der §§ 15, 16, 23 der Nachlaßordnung maßgebend, auf das Verfahren der Notare bei der Errichtung von Nachlaßinventaren sind die Vorschriften in den §§ 94—97 der Nachlaßordnung entsprechend anzuwenden.

VI. Gebühren.

Dem ersten Absatze des § 158 der Geschäftsordnung wird folgender Satz angefügt:

Ist bei der Beurkundung von Testamenten, Eheverträgen und Erbverträgen aus dem Inhalte der Urkunde der Wert des Gegenstandes nicht ersichtlich, so soll die vom Notar ermittelte, der Gebührenrechnung zugrunde gelegte Gegenstandssumme im Gebührenvermerk angeführt werden; ist die Meistgebühr zu erheben, so genügt die Angabe „Meistgebühr".

VII. Schlußbestimmung.

Die Vorschriften dieser Bekanntmachung treten mit ihrer Verkündung in Kraft.

Die Vorschrift, daß das Namensverzeichnis zum Testamentsregister auch die Namen derjenigen Erblasser ersehen lassen soll, deren Verfügungen nur im Geschäftsregister eingetragen sind (§ 47 Abs. 2 Satz 2 n. F.), wirkt zurück auf die Zeit seit dem 1. Januar 1900.

München, den 5. Juli 1903.

v. Miltner.

XIII.

Bayerisches Gesetz über die Erbschaftssteuer, in der Fassung der Bekanntmachung vom 11. November 1899.

(G. u. VBl. 1899 S. 890.)

I. Abschnitt.

Von der Pflicht zur Entrichtung der Erbschaftssteuer.

Artikel 1.

Der Erbschaftssteuer unterliegen nach Maßgabe der Bestimmungen des gegenwärtigen Gesetzes Anfälle

a) von Erbschaften, Vermächtnissen und Schenkungen auf den Todesfall, aus Auflagen auf Zuwendungen dieser Art, die dem Empfänger der Leistung einen Vermögensvorteil zu verschaffen bezwecken, sowie aus Pflichtteilsrechten;

b) von Nutzungen aus Lehen, Familienfideikommissen, Majoraten, Stamm- und Erbgütern;

c) von Bezügen aus Familienstiftungen, welche auf den durch die Sukzessionsordnung Berufenen übergehen,

und zwar ohne Unterschied, ob dieselben einem Bayern oder Nichtbayern zukommen.

Den Schenkungen auf den Todesfall werden Schenkungen unter Lebenden gleichgeachtet, deren Vollzug bis zum Ableben des Schenkgebers aufgeschoben ist.

Artikel 2.

Die Steuer beträgt:

1. vier Pfennig von je 1 Mark des Betrags, wenn der Anfall gelangt an:
   a) Eltern vorbehaltlich der Bestimmung in Art. 3 Ziff. 1a;
   b) voll- oder halbbürtige Geschwister oder deren Abkömmlinge, Stiefeltern, Stiefverwandte in absteigender Linie, Schwiegerkinder;
2. sechs Pfennig von je 1 Mark des Betrags, wenn der Anfall gelangt an: Großeltern oder entferntere Verwandte in aufsteigender Linie oder an vorstehend nicht benannte Verwandte in der Seitenlinie des dritten oder vierten Grades (nach dem Civilrecht);
3. acht Pfennig von je 1 Mark des Betrags: in den übrigen Fällen.

Artikel 3.

Von der Erbschaftssteuer sind befreit:

1. Anfälle, welche gelangen an:
   a) Eltern bis zu dem Betrage von 1000 Mark einschließlich und, sofern der Anfall mehr beträgt, mit zwanzig Prozent des Mehrbetrags, und zwar ohne Unterschied, ob der Anfall von einem oder beiden Elternteilen erworben wird;
   b) Ehegatten und Verwandte in absteigender Linie;

c) Personen, welche des Erblassers Hausstand angehört und in demselben in einem Dienstverhältnisse gestanden haben, bis zum Betrage von 600 Mark einschließlich;
2. Anfälle, deren Wert den Betrag von 50 Mark nicht übersteigt;
3. milde, fromme und Unterrichts-Stiftungen;
4. alle Zuwendungen, welche ausschließlich einem milden, frommen, gemeinnützigen oder Unterrichts-Zwecke gewidmet sind, sofern die Verwendung derselben zu dem bestimmten Zwecke gesichert ist.

Nichtbayerische Gemeinden, Stiftungen, Vereine und Anstalten können die Befreiung von der Erbschaftssteuer auf Grund der Bestimmung in Ziff. 3 und 4 nur insoweit beanspruchen, als die Gegenseitigkeit verbürgt ist.

Artikel 4.

Für die Anwendung der Bestimmungen in Art. 2 und 3 gelten folgende Grundsätze:

1. Als Verwandtschaft gilt auch die durch Annahme an Kindesstatt begründete Verwandtschaft sowie das Verhältnis zwischen einem unehelichen Kinde und dessen Abkömmlingen einerseits und dem Vater und dessen Verwandten andererseits, sofern die Vaterschaft erweislich anerkannt ist.
2. Auf ein die Steuer minderndes oder ausschließendes Verhältnis, welches zufolge eines richterlichen Erkenntnisses oder eines Vertrags schon vor dem Tode des Erblassers zu bestehen aufgehört hat, darf nicht zurückgegangen werden. Die Aufhebung der ehelichen Gemeinschaft nach § 1575 des Bürgerlichen Gesetzbuchs steht der Scheidung gleich.

Artikel 5.

Die Erbschaftssteuer ist von dem Betrage zu entrichten, um welchen derjenige, dem der Anfall zukommt, reicher wird.

In die steuerpflichtige Masse sind alle zu dem Rücklasse gehörigen Forderungen einschließlich derjenigen Beträge, welche der Erwerber selbst zur Masse schuldet oder die ihm erst mit dem Anfalle erlassen werden, einzurechnen.

Dagegen kommen von der steuerpflichtigen Masse in Abzug alle Schulden und Lasten, welche mit derselben übernommen werden. Hiezu werden bei Erbschaften auch gerechnet die Kosten des Begräbnisses des Erblassers, die gerichtlichen und außergerichtlichen Kosten der Verlassenschaftsbehandlung und der im Interesse der Masse geführten Prozesse, nicht aber der Betrag der Erbschaftssteuer selbst und nicht die Kosten der zwischen den Erbinteressenten in deren besonderem Interesse geführten Prozesse.

Artikel 6.

Insoweit eine Zuwendung zur Vergeltung für Leistungen bestimmt ist, welche mit dem Anfalle übernommen werden, hat bei Berechnung der Steuer der Wert dieser Leistungen von der Zuwendung in Abzug zu kommen.

Artikel 7 (7 Abs. 1, 8 Abs. 1).

Auf Grundstücke und denselben gleichstehende Rechte, welche sich außerhalb Bayerns befinden, erstreckt sich die Steuerpflicht nicht.

Innerhalb Bayerns befindliche Grundstücke und denselben gleichstehende Rechte unterliegen der Erbschaftssteuer ohne Unterschied, ob der Erblasser Bayer oder Nichtbayer war und ob er seinen Wohnsitz in Bayern hatte oder nicht.

Artikel 8 (7 Abs. 2, 8 Abs. 2).

Anderes als das im Art. 7 bezeichnete Vermögen unterliegt der Erbschaftssteuer, wenn der Erblasser zur Zeit seines Todes, im Falle der Todeserklärung bei dem Beginne der Verschollenheit, seinen Wohnsitz in Bayern hatte.

Soweit hienach außerhalb Bayerns befindliches Vermögen der Besteuerung unterliegt, wird auf die Erbschaftssteuer die in dem Staate, in welchem sich das Vermögen befindet, von diesem Vermögen zu entrichtende Erbschaftsabgabe angerechnet.

Hatte der Erblasser zur Zeit seines Todes, im Falle der Todeserklärung bei dem Beginne der Verschollenheit, keinen Wohnsitz, so unterliegt das bewegliche Vermögen der Erbschaftssteuer soweit es zur Zeit des Todes des Erblassers, im Falle der Todeserklärung zur Zeit der Erlassung des die Todeserklärung aussprechenden Urteils, sich in Bayern befindet.

Artikel 9.

Für den Fall, daß der Erblasser seinen Wohnsitz in einem Staate gehabt hat, in dem die Erbschaftssteuer nach anderen als den im Art. 8 bestimmten Grundsätzen erhoben wird, oder Angehöriger eines solchen Staates gewesen ist, kann das Staatsministerium der Finanzen zum Zwecke der Ausgleichung und tunlichster Vermeidung einer Doppelbesteuerung anordnen, daß das bewegliche Vermögen

1. ohne Rücksicht auf den Wohnsitz des Erblassers der Erbschaftssteuer unterliegt, wenn der Erblasser bayerischer Staatsangehöriger gewesen ist;
2. ohne Rücksicht auf den Wohnsitz und die Staatsangehörigkeit des Erblassers der Erbschaftssteuer unterliegt, wenn das Vermögen sich in Bayern befindet.

Artikel 10 (9).

Bei Anwendung der Bestimmungen in Art. 8, 9 gelten die in Bayern angestellten Beamten eines anderen Staates nicht als in Bayern wohnhaft.

Die Staatsregierung ist befugt, auch außerdem bei Anwendung der erwähnten Bestimmungen Angehörige anderer Staaten, welche des Dienstes halber ihren Wohnsitz in Bayern haben, als nicht in Bayern wohnhaft zu behandeln.

Artikel 11 (10).

Schulden und Lasten, welche nur auf einem nach den Art. 7 bis 9 steuerfreien oder steuerpflichtigen Teile der Masse haften, kommen nur bei diesem Teile, Schulden und Lasten, welche vorzugsweise auf einem steuerfreien oder vorzugsweise auf einem steuerpflichtigen Teile der Masse haften, zunächst bei diesem Teile und erst, soweit sie hiedurch nicht gedeckt werden, bei der übrigen Masse in Abzug.

Sonstige Schulden und Lasten, welche sowohl auf dem steuerfreien als auch auf dem steuerpflichtigen Teile der Masse haften, kommen von letzterem nur nach dem Verhältnisse dieses Teiles zur gesamten Masse in Abzug.

Artikel 12 (11).

Für die Berechnung der Erbschaftssteuer ist der gemeine Wert der steuerpflichtigen Masse in dem Zeitpunkte des Todes des Erblassers maßgebend.

Artikel 13 (12).

Bei immerwährenden Nutzungen oder Leistungen wird das Fünfundzwanzigfache ihres einjährigen Betrags, bei Nutzungen oder Leistungen von unbestimmter Dauer, sofern nicht die Vorschriften der Art. 14, 15 Anwendung finden, das Zwölfundeinhalbfache des einjährigen Betrags als Kapitalwert angenommen.

Artikel 14 (13).

Der Kapitalwert von Leibrenten und anderen auf die Lebenszeit einer Person beschränkten Nutzungen oder Leistungen bestimmt sich nach dem zur Zeit des Anfalls erreichten Lebensalter der Person, mit deren Tod die Nutzung oder Leistung erlischt, und wird bei einem Lebensalter derselben

von	15 Jahren	oder	weniger		auf	das	18	fache,
über	15 Jahre	bis	zu	25 Jahren	auf	das	17	fache
„	25	„	„	35 „	„	„	16	„
„	35	„	„	45 „	„	„	14	„
„	45	„	„	55 „	„	„	12	„
„	55	„	„	65 „	„	„	8½	„
„	65	„	„	75 „	„	„	5	„
„	75	„	„	80 „	„	„	3	„
„	80	„			„	„	2	„

des Wertes der einjährigen Nutzung beziehungsweise Leistung angenommen.

Ist die Dauer der Nutzungen oder Leistungen von der Lebenszeit mehrerer Personen dergestalt abhängig, daß beim Tode der zuerst versterbenden die Nutzung oder Leistung erlischt, so ist für die Wertsermittelung das Lebensalter der ältesten Person maßgebend. Dauert dagegen die Nutzung oder Leistung bis zum Tode der letztversterbenden Person fort, so hat die Berechnung nach dem Lebensalter der jüngsten Person zu erfolgen.

Artikel 15 (14).

Bei Nutzungen und Leistungen auf bestimmte Zeit ist der Kapitalwert unter Zugrundelegung ihres einjährigen Betrags nach der beiliegenden Hilfs-
Tabelle. tabelle zu ermitteln. Ist jedoch die Dauer der Nutzung oder Leistung noch außerdem durch die Lebenszeit einer oder mehrerer Personen bedingt, so darf der sich nach Art. 14 berechnende Kapitalwert nicht überschritten werden.

Artikel 16 (15).

Der einjährige Betrag von Nutzungen eines Vermögens ist, wenn er nicht unzweifelhaft feststeht, auf vier vom Hundert und, soweit das Vermögen in Immobilien besteht, auf drei vom Hundert des Kapitalwerts anzunehmen.

Artikel 17 (16).

Vermögen, dessen Erwerb von dem Eintritte einer aufschiebenden Bedingung abhängt, unterliegt der Besteuerung erst beim Eintritte der Bedingung; die Steuerbehörde kann jedoch Sicherstellung der alsdann zu entrichtenden Steuer fordern.

Unter einer auflösenden Bedingung erworbenes Vermögen — mit Ausnahme der Nutzungen von unbestimmter Dauer, welche lediglich nach den Bestimmungen in Art. 13 bis 15 zu behandeln sind — ist wie unbedingt erworbenes zu versteuern. Beim Eintritte der Bedingung wird jedoch die gezahlte Steuer bis auf den der wirklichen Bereicherung entsprechenden Betrag erstattet.

Artikel 18 (17).

Lasten und Leistungen, welche den Wert der steuerpflichtigen Masse mindern, werden, wenn sie von einer aufschiebenden Bedingung abhängig sind, vorerst nicht berücksichtigt. Beim Eintritte der Bedingung ist jedoch das Zuvielgezahlte von der Steuerbehörde zu erstatten.

Lasten, deren Fortdauer von einer auflösenden Bedingung abhängt — mit Ausnahme der Leistungen von unbestimmter Dauer, deren abzuziehender Wert nach den Bestimmungen in Art. 13 bis 15 sich berechnet —, werden wie unbedingte in Abzug gebracht. Beim Eintritte der Bedingung ist jedoch derjenige Steuerbetrag nachzuerheben, welcher mehr zu entrichten gewesen sein würde, wenn der Zeitpunkt des Eintritts der Bedingung bei Berechnung der Steuer bekannt gewesen wäre.

Artikel 19 (18).

Die in Art. 17, 18 enthaltenen Bestimmungen sind gleichmäßig auch auf die von einem Ereignis, welches nur hinsichtlich des Zeitpunkts seines Eintrittes ungewiß ist, abhängigen Erwerbungen, Lasten und Leistungen anzuwenden.

Artikel 20 (19).

Unsichere Forderungen und andere zur sofortigen Wertsermittelung nicht geeignete Gegenstände kommen mit einem mutmaßlichen Werte in Rechnung, den der Steuerpflichtige in Vorschlag bringt. Findet keine Einigung statt, so kann die Steuerbehörde von dem vorgeschlagenen Werte die Steuer einziehen und die Berichtigung des Wertansatzes sowie die entsprechende Nachforderung oder Erstattung der Steuer bis zum Ausgang derjenigen Verhandlungen vorbehalten, von welchen die Bezahlung der Forderung beziehungsweise die Wertsermittelung abhängt.

Sind bei Berechnung der Steuer ungewisse oder noch unbekannte Ansprüche der Masse oder an die Masse außer Berücksichtigung geblieben, so wird, wenn dieselben später zur Verwirklichung gelangen, das Zuweniggezahlte nacherhoben und das Zuvielgezahlte zurückerstattet.

Für die etwaige Nachzahlung kann Sicherstellung der Steuer aus der Masse verlangt werden.

Artikel 21 (20).

Bei Lehen, Familienfideikommissen, Majoraten, Stamm- und Erbgütern, sowie bei Bezügen aus Familienstiftungen ist der Berechnung der Steuer der nach Vorschrift des Art. 14 zu ermittelnde Wert der anfallenden Nutzungen oder Bezüge zugrunde zu legen, der Steuersatz aber nach dem Verwandtschaftsverhältnis zwischen dem letzten Inhaber und dessen unmittelbarem Nachfolger zu bemessen.

Gleiches gilt für jene Güter, welche auf Grund des Gesetzes vom 4. Juni 1848, die Ablösung des Lehenverbandes betreffend, von dem Lehenverbande befreit wurden, insolange und insoweit für die Sukzession in dieselben die frühere Lehenfolge-Ordnung maßgebend bleibt.

Artikel 22 (21).

Ist einem Erbschaftssteuerpflichtigen Vermögen angefallen, dessen Nutzung einem Dritten zusteht, so ist dasselbe um den nach Vorschrift der Art. 13 bis 21 berechneten Wert der Nutzung geringer anzuschlagen, sofern von dem Erwerber der Substanz nicht die Aussetzung der Versteuerung der Substanz bis zu deren Vereinigung mit der Nutzung beantragt wird. Letzteren Falls erfolgt alsdann die Versteuerung ohne jenen Abzug aus dem vollen Werte zur Zeit der Beendigung der Nutznießung und, wenn inzwischen eine weitere Vererbung der Substanz eingetreten sein sollte, ohne Entrichtung einer Steuer für die dazwischen liegenden Anfälle dergestalt, als ob der in die Nutzung eintretende Erwerber der Substanz das unbeschränkte Eigentum unmittelbar von dem ursprünglichen Erblasser erworben hätte.

Wird die Versteuerung ausgesetzt, so kann Sicherstellung der Steuer aus der Masse verlangt werden.

Artikel 23 (22).

Bei einer Nacherbfolge oder einem Nachvermächtnisse wird der Vorerbe oder der erste Vermächtnisnehmer als Nießbraucher und der Nacherbe oder

der Nachvermächtnisnehmer als Erwerber der Substanz des an ihn herauszugebenden Vermögens behandelt.

Ist jedoch die Einsetzung des Nacherben oder das Nachvermächtnis auf dasjenige beschränkt, was bei dem Eintritte des Falles der Nacherbfolge oder des Nachvermächtnisses übrig sein wird, so haben sowohl der Vorerbe oder der erste Vermächtnisnehmer von dem vollen Betrage des ihm angefallenen als der Nacherbe oder der Nachvermächtnisnehmer von dem vollen Betrage des an ihn herausgegebenen Vermögens nach ihrem Verhältnisse zum Erblasser die Erbschaftssteuer zu entrichten. Die von dem Vorerben oder dem Vorvermächtnisnehmer entrichtete Steuer wird für den Betrag, für welchen der Nacherbe oder der Nachvermächtnisnehmer steuerpflichtig ist, insoweit zurückvergütet, als sie den Betrag übersteigt, den der Vorerbe oder der Vorvermächtnisnehmer als Nießbraucher schulden würde.

Artikel 24 (23).

Haben Ehegatten gemeinschaftlich Verwandte des einen oder beider Ehegatten als Erben eingesetzt oder mit anderen Zuwendungen von Todes wegen bedacht, so wird angenommen, daß der Anfall von dem dem Bedachten am nächsten verwandten Ehegatten herrühre, soweit dessen Nachlaß reicht, sofern sich nicht aus den Umständen ergibt, daß die Zuwendung von dem anderen Ehegatten ausgegangen ist. Kann der Betrag des Nachlasses des zuerst verstorbenen Ehegatten nicht ermittelt werden, so ist derselbe behufs Berechnung der Steuer auf die Hälfte des beim Tode des letztlebenden Ehegatten vorhandenen Vermögens anzunehmen. Bleibt jedoch nur in betreff einzelner Vermögensgegenstände zweifelhaft, zu welchem Nachlaß sie gehören, so wird angenommen, daß dieselben zum Nachlaß jedes Ehegatten zur Hälfte gehören.

Artikel 25 (24).

Die Erbschaftssteuer wird nach dem Anteile jedes einzelnen Erwerbers besonders berechnet.

Die bei der Berechnung der Steuer sich ergebenden Pfennigbeträge werden, wenn sie über 50 Pfennig betragen, mit 1 Mark, außerdem mit 50 Pfennig gerechnet.

Artikel 26 (25).

Die Erbschaftssteuer trifft den Erwerber des steuerpflichtigen Anfalls.

Für die Entrichtung der Steuer haftet die ganze steuerpflichtige Masse, aus welcher auch auf Erfordern für die Versteuerung bedingter oder strittiger Anfälle Sicherheit bestellt werden muß.

Erben und Miterben, welche in den Besitz der Erbschaft gelangt waren, sind bis zur Höhe des aus der Erbschaft Empfangenen für die Versteuerung derjenigen Anfälle haftbar, welche sie vor Entrichtung oder Sicherstellung der Steuer an die Berechtigten ausgeantwortet haben.

Artikel 27 (26).

Testamentsvollstrecker, gesetzliche Vertreter und Bevollmächtigte der Erbinteressenten, Nachlaßpfleger sowie die Verwalter von Familienstiftungen haften persönlich für die Steuer, wenn sie vor deren Entrichtung oder Sicherstellung die Erbschaft, einzelne Erbteile, Vermächtnisse, Schenkungen auf den Todesfall, Pflichtteile oder Bezüge aus Familienstiftungen ausantworten oder steuerpflichtige Auflagen erfüllen.

II. Abschnitt.

Zuständigkeit und Verfahren.

Artikel 28 (27).

Die Berechnung, Erhebung und Verwaltung der Erbschaftssteuer obliegt den Rentämtern unter der Leitung der Regierungsfinanzkammern und unter der Oberaufsicht des Staatsministeriums der Finanzen.

Artikel 29 (28).

Die Ortspolizeibehörden sind verpflichtet, von jedem in der Gemeinde erfolgten Todesfalle den Rentämtern Anzeige zu erstatten.

Desgleichen sind die Gerichte gehalten, die erlassenen Urteile auf Todeserklärung den Rentämtern in beglaubigter Abschrift bekannt zu geben.

Artikel 30 (29).

Jeder, dem ein steuerpflichtiger Anfall zukommt, ist verpflichtet, denselben binnen zwei Monaten, nachdem er davon Kenntnis erlangt hat, bei dem zuständigen Rentamte anzumelden, ohne Unterschied, ob die Erwerbung des Anfalls bereits stattgefunden hat oder nicht.

Teilnehmer an einer Erbschaft sowie die zu Bezügen aus Familienstiftungen Berufenen werden von der Anmeldungspflicht befreit, wenn die ihnen zukommenden Anfälle von einer der in Art. 27 bezeichneten Personen oder von einem Mitberechtigten rechtzeitig angemeldet werden.

Über die erfolgte Anmeldung ist auf Verlangen gebührenfreie Bescheinigung zu erteilen.

Artikel 31 (30).

Gerichte, Notare, Privatverlassenschaftskommissäre und Testamentsvollstrecker haben dem zuständigen Rentamte innerhalb einer von der Staatsregierung näher zu bestimmenden Frist von den Verlassenschaften, welche sie behandeln, und von dem etwaigen Vorhandensein einer Verfügung von Todes wegen unter Bekanntgabe der hierin mit Zuwendungen bedachten Personen Nachricht zu geben. Auch sind sie verpflichtet, der Steuerbehörde auf Verlangen die gepflogenen Verlassenschaftsverhandlungen und die Verfügungen von Todes wegen zur Einsicht mitzuteilen.

Artikel 32 (31).

Jeder Erwerber eines steuerpflichtigen Anfalls ist gehalten, auf ergangene Aufforderung bei dem einschlägigen Rentamte innerhalb einer von demselben zu bestimmenden und nach Darlegung erheblicher Gründe zu verlängernden Frist schriftlich oder zu Protokoll eine Erklärung über alle, die Feststellung der Steuer bedingenden Verhältnisse abzugeben und, insofern kein vorschriftsmäßig errichtetes Inventar über den Rücklaß vorliegt, zugleich ein mit den erforderlichen Wertangaben versehenes Verzeichnis über die steuerpflichtige Masse zu übergeben.

Diese Obliegenheit kann an Stelle der nach Abs. 1 verpflichteten Personen rücksichtlich aller den Nachlaß betreffenden steuerpflichtigen Anfälle auch von dem Verlassenschaftskommissär, Testamentsvollstrecker oder den Erben erfüllt werden, wenn auch letztere von den an sie gelangenden Anfällen selbst keine Erbschaftssteuer zu entrichten haben.

Artikel 33 (32).

Die Steuerbehörde ist berechtigt, von jedem, dem ein nach Art. 1 der Erbschaftssteuer unterworfener Anfall zukommt, die Erteilung der etwa weiter erforderlichen Aufschlüsse über die auf den Anfall bezüglichen, bei der Feststellung der Steuer in Betracht kommenden tatsächlichen Verhältnisse zu verlangen und die Vorlegung der den Anfall betreffenden Urkunden sowie die Beibringung von Beweismitteln über die von der Masse abzuziehenden Schulden und anderen Ansprüche, auf Grund deren Abzüge von der Masse gemacht oder Teile derselben ausgeschieden werden sollen, zu fordern.

Wird den Aufforderungen der Steuerbehörde nicht genügt, so kann dieselbe die Säumigen durch Androhung und Verhängung von Ungehorsamsstrafen bis zu dem Betrage von 50 Mark zur Befolgung ihrer Anordnungen anhalten, auch das zur Erledigung derselben Nötige auf Kosten der Säumigen beschaffen.

Artikel 34 (33).

Die Steuerbehörde ist ferner befugt, den in Art. 33 bezeichneten Personen über die Richtigkeit und Vollständigkeit der gemachten Angaben und des vorgelegten Verzeichnisses (Art. 32) in Ermangelung sonstiger genügender Beweisbehelfe eine Versicherung an Eidesstatt aufzuerlegen, welche nach näherer Bestimmung der Steuerbehörde schriftlich oder zu Protokoll abzugeben ist.

Artikel 35 (34).

Für Personen, die unter elterlicher Gewalt, unter Vormundschaft oder unter Pflegschaft stehen, sowie für juristische Personen sind die in den Art. 30, 32 bis 34 aufgestellten Verpflichtungen von den gesetzlichen Vertretern zu erfüllen.

Artikel 36 (35).

Wird den Verpflichtungen in Art. 32 bis 34 nicht genügt oder erachtet die Steuerbehörde die von den Beteiligten gemachten oder in dem Inventare enthaltenen Wertangaben dem wahren Zeitwerte nicht entsprechend, so erfolgt die Ermittelung des steuerpflichtigen Anfalls und beziehungsweise des Wertes desselben durch die Steuerbehörde von Amts wegen.

Hinsichtlich der Wertsermittelung finden die Bestimmungen im Art. 42 Abs. 1, 2, 3, 4 und 6 des Gesetzes über das Gebührenwesen entsprechende Anwendung.

Artikel 37 (36).

Das Finanzministerium ist ermächtigt, auf Antrag der Steuerpflichtigen ausnahmsweise von der Vorlage des Verzeichnisses (Art. 32) ganz oder zum Teil abzusehen und ein Aversionalquantum für die Erbschaftssteuer anzunehmen, auch die Aversionalversteuerung solcher Anfälle, deren Versteuerung sonst noch ausgesetzt bleiben müßte, zu gestatten.

Artikel 38 (37).

Erinnerungen gegen die Steuerpflicht oder die Größe der zu entrichtenden Steuer sowie Ansprüche auf Rückersatz bezahlter Steuern sind bei dem Rentamte schriftlich oder zu Protokoll zu erheben.

Über dieselben entscheiden in erster Instanz die Regierungsfinanzkammern in öffentlicher Sitzung durch Senate, welche mit Einschluß des Vorsitzenden aus drei Mitgliedern bestehen.

Außerdem hat den Sitzungen ein Vertreter des Aerars als Staatsanwalt beizuwohnen. Derselbe ist vor jeder Beschlußfassung mit seiner Erinnerung und seinem Antrage zu hören.

Die gefaßten Beschlüsse können für vorläufig vollstreckbar erklärt werden.

Gegen die Entscheidungen der Regierungsfinanzkammern steht sowohl dem Steuerpflichtigen als auch dem Staatsanwalte das Rechtsmittel der Beschwerde an den Verwaltungsgerichtshof zu.

Im übrigen finden hinsichtlich der Fristen und des Verfahrens in erster und zweiter Instanz die Bestimmungen des II. Abschnittes des Gesetzes vom 8. August 1878, betreffend die Errichtung eines Verwaltungsgerichtshofes und das Verfahren in Verwaltungsrechtssachen, entsprechende Anwendung.

Artikel 39 (38).

Die Beitreibung rückständiger Steuer- und Kostenbeträge erfolgt durch die Rentämter im Wege des administrativen Zwangsvollzugs. In den Fällen des Art. 38 Abs. 1 ist mit der Zwangsvollstreckung bis zur endgültigen Entscheidung inne zu halten, unbeschadet jedoch der Ergreifung von Sicherheitsmaßregeln und unter Vorbehalt der Bestimmung in Art. 38 Abs. 4.

Artikel 40 (39).

Die weiteren Vorschriften über die Zuständigkeit und das Verfahren in Erbschaftssteuersachen, insbesondere bezüglich des Inhalts, der Art und Zeit der in Art. 29 angeordneten Anzeigen und Mitteilungen, der Form der in Art. 30, 32 erwähnten Anmeldungen, Erklärungen und Verzeichnisse sowie hinsichtlich der Führung und Revision der Steuerregister, über die Aufnahme und Bescheidung der Prüfungsprotokolle, dann über die Erhebung und Verrechnung der Steuer erläßt die Staatsregierung.

III. Abschnitt.

Strafbestimmungen.

Artikel 41 (40).

Einer Hinterziehung der Erbschaftssteuer macht sich schuldig, wer

a) die rechtzeitige Anmeldung eines steuerpflichtigen Anfalls (Art. 30) unterläßt, oder

b) ungeachtet ergangener Aufforderung die Verbindlichkeit zu der in Art. 32 vorgeschriebenen Erklärungsabgabe oder Vorlage des Verzeichnisses innerhalb der vorgesetzten Frist nicht erfüllt, oder

c) über Tatsachen, welche die Steuerpflichtigkeit, die Höhe des Steuersatzes oder des Steuerbetrags bestimmen, wissentlich unrichtige Angaben macht, oder

d) zu einem steuerpflichtigen Anfalle gehörige Gegenstände, zu deren Angabe er verpflichtet ist, verschweigt, oder

e) den Wert solcher Gegenstände wissentlich zu gering angibt.

Die Hinterziehung der Erbschaftssteuer wird mit einer dem doppelten Betrage der hinterzogenen Steuer gleichkommenden Geldstrafe bestraft.

Kann der Betrag der Erbschaftssteuer nicht ermittelt werden, so tritt eine Geldstrafe von 100 bis 5000 Mark ein.

Ist jedoch in den Fällen unter a und b unter den obwaltenden Umständen anzunehmen, daß die rechtzeitige Erfüllung der Verpflichtung nicht in der Absicht, die Erbschaftssteuer zu hinterziehen, unterlassen worden ist, oder werden in den Fällen unter c, d und e die unrichtigen oder unvollständigen Angaben noch vor der Zahlungsaufforderung, oder im Falle der Einleitung einer amtlichen Schätzung (Art. 36 Abs. 2) noch vor deren Vornahme von dem Pflichtigen berichtigt oder vervollständigt, so tritt anstatt der obigen Geldstrafe nur eine Ordnungsstrafe bis zu 100 Mark ein.

Artikel 42 (41).

Wer der Verpflichtung zur Abgabe der eidesstattlichen Versicherung innerhalb der von der Steuerbehörde vorgesetzten Frist nicht genügt, wird mit einer Geldstrafe von 100 bis 5000 Mark bestraft.

Artikel 43 (42).

Privatpersonen, welche mit der Auseinandersetzung einer Verlassenschaft betraut sind, verfallen in eine Geldstrafe von 50 bis 500 Mark, wenn sie den ihnen nach Art. 31 obliegenden Verpflichtungen nicht rechtzeitig nachkommen.

Artikel 44 (43).

Jede Zuwiderhandlung gegen die Bestimmungen des gegenwärtigen Gesetzes und der Vollzugsvorschriften zu demselben, welche nicht mit einer besonderen Strafe bedroht ist, wird, wenn dieselbe begangen wurde

1. von dem Steuerpflichtigen beziehungsweise dessen Vertreter (Art. 35) oder den in Art. 43 bezeichneten Personen, mit einer Ordnungsstrafe bis zu 100 Mark,
2. von einem Notar, mit Ordnungsstrafen und bei fortgesetztem pflichtwidrigen Verhalten mit Disziplinarstrafen nach Maßgabe der einschlägigen gesetzlichen Bestimmungen

geahndet.

Artikel 45 (44).

Die Zuständigkeit und das Verfahren bei strafbaren Zuwiderhandlungen gegen die Bestimmungen des gegenwärtigen Gesetzes und der Vollzugsvorschriften zu demselben, mit Ausnahme der Fälle des Art. 44 Ziff. 2, richtet sich nach den allgemeinen Normen des Reichs-Gerichtsverfassungsgesetzes und der Reichs-Strafprozeßordnung.

Hinsichtlich des Verfahrens im Verwaltungswege finden die Vorschriften in Art. 86, 87 Abs. 1, Art. 88 Abs. 1, Art. 89 Abs. 1 bis 3, 5, Art. 90, 91, 92 Abs. 2 des Gesetzes zur Ausführung der Reichs-Strafprozeßordnung entsprechende Anwendung mit der Maßgabe, daß an Stelle der Zollbehörden hier die Rentämter zu treten haben.

Artikel 46 (46 Abs. 4).

Die Strafverfolgung von Zuwiderhandlungen gegen die Bestimmungen des gegenwärtigen Gesetzes und der Vollzugsvorschriften zu demselben verjährt in drei Jahren; die Vollstreckung der rechtskräftig ausgesprochenen Strafen verjährt in fünf Jahren.

IV. Abschnitt.

Allgemeine und Schlußbestimmungen.

Artikel 47 (45).

Die Einziehung der Steuer erfolgt unabhängig von der Bestrafung.

Artikel 48 (47).

Die Verhandlungen in Erbschaftssteuersachen, mit Ausnahme des Verfahrens vor dem Verwaltungsgerichtshofe und in Strafsachen (Art. 45) sind gebührenfrei.

Auslagen der Behörden, welche durch schuldhaftes Verhalten der Beteiligten oder durch unbegründete Reklamationen und Beschwerden veranlaßt wurden, fallen dem veranlassenden Teile zur Last.

Andere unvermeidliche Kosten des amtlichen Verfahrens trägt die Staatskasse.

Artikel 49 (48).

Gegenwärtiges Gesetz tritt gleichzeitig mit dem Gesetze über das Gebührenwesen in dem ganzen Umfange des Königreichs in Kraft.

Mit diesem Zeitpunkte erlöschen alle entgegenstehenden Vorschriften, insbesondere die Art. 3, 4 des Gesetzes vom 17. Februar 1878, betreffend die Abänderung der Taxgesetze in den Landesteilen rechts des Rheins.

Für jene Fälle, in welchen der Tod des Erblassers oder die provisorische Einweisung in den Besitz des Vermögens eines Abwesenden vor dem Tage des Inkrafttretens des gegenwärtigen Gesetzes erfolgt ist, bewendet es hinsichtlich der Steuerpflicht und des Steuersatzes bei den bisherigen gesetzlichen Bestimmungen, sofern dieselben dem Steuerpflichtigen günstiger sind.

Tabelle

über

den gegenwärtigen Kapitalwert einer Rente oder Nutzung im Werte von 1 Mk. auf eine bestimmte Anzahl von Jahren, behufs Berechnung der davon zu entrichtenden Erbschaftssteuer.

Anzahl der Jahre	Kapital-Wert		Anzahl der Jahre	Kapital-Wert		Anzahl der Jahre	Kapital-Wert		Anzahl der Jahre	Kapital-Wert		Bemerkungen
	M	Pf		M	Pf		M	Pf		M	Pf	
1	1	00,0	**22**	15	02,9	**43**	21	18,6	**64**	23	88,7	Pfennigbeträge der Rente oder des Nutzungswertes werden für 1 Mark gerechnet.
2	1	96,2	**23**	15	45,1	**44**	21	37,1	**65**	23	96,9	
3	2	88,6	**24**	15	85,7	**45**	21	54,9	**66**	24	04,7	
4	3	77,5	**25**	16	24,7	**46**	21	72,0	**67**	24	12,2	
5	4	63,0	**26**	16	62,2	**47**	21	88,5	**68**	24	19,4	
6	5	45,1	**27**	16	98,3	**48**	22	04,3	**69**	24	26,4	
7	6	24,2	**28**	17	33,0	**49**	22	19,5	**70**	24	33,0	
8	7	00,2	**29**	17	66,3	**50**	22	34,2	**71**	24	39,5	
9	7	73,3	**30**	17	98,4	**51**	22	48,2	**72**	24	45,6	
10	8	43,5	**31**	18	29,0	**52**	22	61,8	**73**	24	51,6	
11	9	11,1	**32**	18	58,9	**53**	22	74,8	**74**	24	57,3	
12	9	76,0	**33**	18	87,4	**54**	22	87,3	**75**	24	62,8	
13	10	38,5	**34**	19	14,8	**55**	22	99,3	**76**	24	68,0	
14	10	98,6	**35**	19	41,1	**56**	23	10,9	**77**	24	73,1	
15	11	56,3	**36**	19	66,5	**57**	23	22,0	**78**	24	78,0	
16	12	11,8	**37**	19	90,8	**58**	23	32,7	**79**	24	82,7	
17	12	65,2	**38**	20	14,3	**59**	23	43,0	**80**	24	87,2	
18	13	16,6	**39**	20	36,8	**60**	23	52,8	**81**	24	91,5	
19	13	65,9	**40**	20	58,5	**61**	23	62,4	**82**	24	95,7	
20	14	13,4	**41**	20	79,3	**62**	23	71,5	**83**	24	99,7	
21	14	59,0	**42**	20	99,3	**63**	23	80,3	**84** und mehr	25	00,0	

Nr. 2041 u. 29621.

XIV.

Bekanntmachung vom 27. Dezember 1899, den Vollzug des Gesetzes über die Erbschaftssteuer betr., in der Fassung der Bekanntmachung vom 19. Dezember 1902.

JMBl. 1900 S. 467, 1903 S. 226.

Königliches Staatsministerium der Justiz.

Aus der zum Vollzuge des Gesetzes vom 18. August 1879 über die Erbschaftssteuer in der Fassung der Bekanntmachung vom 11. November 1899 ergangenen Bekanntmachung der K. Staatsministerien der Justiz und der Finanzen vom 27. Dezember 1899 (Finanz=M.=Bl. S. 341) werden hiemit die für Nachlaßgerichte und die Notare in Betracht kommenden Vorschriften zur Kenntnis der genannten Behörden gebracht.

München, den 15. Januar 1900.

Dr. **Frhr. v. Leonrod.**

Den Vollzug des Erbschafts=
steuergesetzes betr.

Auszug aus der Bekanntmachung vom 27. Dezember 1899, den Vollzug des Erbschaftssteuergesetzes betr.

I. Zuständigkeit.

§ 1.

Nach Art. 28 des Gesetzes über die Erbschaftssteuer obliegt die Berechnung, Erhebung und Verwaltung der Erbschaftssteuer den Rentämtern unter der Leitung der Regierungsfinanzkammern und unter der Oberaufsicht des Staatsministeriums der Finanzen.

In rechtlich schwierigen und zweifelhaft gelagerten Fällen haben die Rentämter an die vorgesetzte Regierungsfinanzkammer zu berichten, welch' letztere denselben sodann, veranlaßten Falls nach vorheriger Einvernahme des Regierungsfiskalates, die erforderliche Weisung zugehen lassen wird.

§ 2.

Die Zuständigkeit der einzelnen Rentämter bemißt sich in der Regel nach dem Wohnsitz des Erblassers. Sie erstreckt sich unabhängig von dem Wohnsitz der Steuerpflichtigen auf alle zu ein und derselben Nachlaßsache gehörigen Anfälle.

Hatte der Erblasser mehrere Wohnsitze, so ist dasjenige Rentamt zuständig, in dessen Bezirk das Gericht sich befindet, welches mit dem Nachlasse befaßt ist.

Hatte der Erblasser bei seinem Ableben einen Wohnsitz in Bayern nicht, so richtet sich die Zuständigkeit nach dem Wohnsitze der Steuerpflichtigen.

Gründet die Steuerpflicht lediglich darauf, daß sich das angefallene Vermögen in Bayern befindet (Art. 7 Abs. 2, Art. 8 Abs. 3, Art. 9 Ziff. 2 des Ges.), so ist für die Zuständigkeit der Ort der belegenen Sache entscheidend. Befinden sich in einem solchen Falle die Vermögensteile in mehreren Rentamtsbezirken, so ist jedes Rentamt für den in seinem Bezirk belegenen Teil zuständig. Die Regierungsfinanzkammer ist jedoch befugt, auf Antrag der Steuerpflichtigen oder eines der beteiligten Rentämter nach Rücksichten der Zweckmäßigkeit das zur Behandlung des Gesamtanfalls zuständige Rentamt zu bestimmen. Sind die beteiligten Rentämter verschiedenen Regierungsfinanzkammern untergeordnet, so steht die Entscheidung über die gestellten Anträge dem Staatsministerium der Finanzen zu.

Die Vorschriften des vorstehenden Absatzes finden entsprechende Anwendung,

a) wenn im Falle des Abs. 2 das Nachlaßgericht nicht tätig geworden ist;
b) wenn im Falle des Abs. 3 die bei einer Nachlaßsache beteiligten Steuerpflichtigen in verschiedenen Rentamtsbezirken wohnen.

§ 3.

Bezüglich der Zuständigkeit des Stadtrentamtes München II und des Rentamts Nürnberg II zur Berechnung, Erhebung und Verwaltung der Erbschaftssteuer bleiben die Finanzministerialbekanntmachungen vom 5. Oktober 1879 und vom 5. November 1892 — Fin.-Min.-Blatt 1879 S. 400 und 1892 S. 247 — maßgebend.

II. Verfahren.

§ 4.

Die Tätigkeit der Rentämter wird in der Regel beginnen mit Entgegennahme der von den Ortspolizeibehörden, oder wenn es sich um Urteile auf Todeserklärung handelt, der von den Gerichten zu machenden Anzeigen und Mitteilungen (Art. 29 des Gesetzes).

Die Ortspolizeibehörden haben sich bei Erstattung der ihnen obliegenden Anzeigen des durch die Bekanntmachung der K. Staatsministerien des K. Hauses und des Äußern, der Justiz und des Innern vom 10. Dezember 1902 (JMBl. 1903 S. 214, Amtsbl. des Staatsmin. des Innern 1903 S. 14) vorgeschriebenen Musters zu bedienen.

Die dem Rentamt zukommenden Mitteilungen sind nach Vortrag im Einlaufjournal sofort in das Sterbfallregister (§ 5) einzutragen, mit der laufenden Nummer dieses Registers zu versehen und in einem, jedes Jahr neu anzulegenden Sammelakte zu vereinigen.

Folgt den Mitteilungen der Ortspolizeibehörde oder Gerichte (Art. 29 des Ges.) eine auf dieselbe Nachlaßsache bezügliche Benachrichtigung in Gemäßheit von Art. 31 des Gesetzes, so hat dieselbe die gleiche Nummer wie die entsprechende Mitteilung zu erhalten. Sie ist vorläufig dem Sammelakt einzureihen.

Hat der Sterbfall einen oder mehrere steuerbare Anfälle im Gefolge, so ist vom Rentamt über die betreffende Nachlaßsache ein Spezialakt anzulegen, dessen erste Produkte die aus dem Sammelakt zu entnehmenden Mitteilungen (Art. 29 und 31 des Ges.) bilden werden. Diesem Akt ist gleichfalls die Nummer zu geben, unter welcher der Sterbfall im Sterbfallregister vorgetragen erscheint.

. . . .

§ 6.

Alsbald nach Einlauf der Mitteilung der Ortspolizeibehörde, des Gerichts oder des Notars, spätestens aber drei Wochen, nachdem dem Rentamt

Kenntnis von dem Todesfall geworden ist, hat dasselbe den aus diesen Mitteilungen zu entnehmenden Erben, Vermächtnisnehmern u. s. w. eine Anleitung zur Steuerfallsanmeldung (Formular II) mit der darauf gedruckten Belehrung über die weitern Pflichten des Erwerbers eines steuerpflichtigen Anfalls als Dienstessache zu übersenden. Sendungen nach Orten außerhalb Bayerns sind zu frankieren.

Diese Zusendung kann unterbleiben, wenn inhaltlich der Mitteilungen nur steuerfreie Anfälle in Frage kommen würden, oder bei Todesfällen, welche wenigstens der Regel nach einen Erbfall überhaupt nicht im Gefolge haben, z. B. wenn die Sterbfallanzeige ein Kind betrifft, dessen beide Eltern sich noch am Leben befinden und keinerlei Anhaltspunkte gegeben sind, daß dasselbe eigenes Vermögen besessen hat.

Die Zusendung hat auch zu unterbleiben, wenn aus der in Gemäßheit von Art. 31 des Gesetzes von dem Gericht oder den dort weiter bezeichneten Personen gemachten Mitteilungen ersichtlich ist, daß den Beteiligten bei Gelegenheit einer in der Nachlaßsache gepflogenen Verhandlung die bezügliche Anleitung schon ausgehändigt wurde.

(Vergl. § 8 und das dazu gehörige Formular III.)

§ 7.

Die im Art. 30 des Gesetzes vorgeschriebene Anmeldung kann nicht nur durch den Anfallsberechtigten oder dessen gesetzlichen Vertreter (Art. 35 des Ges.), sondern auch durch einen Miterben, Vorerben, einen Mitvermächtnisnehmer u. s. w., sowie durch eine der in Art. 27 des Gesetzes bezeichneten Personen (Testamentsvollstrecker, gesetzliche Vertreter, Bevollmächtigte der Erbinteressenten, Nachlaßpfleger, Verwalter von Familienstiftungen) erfolgen (Art. 30 Abs. 2 des Ges.). In jedem Falle jedoch hat die Anmeldung innerhalb zweier Monate von dem Zeitpunkte an gerechnet zu geschehen, in welchem der Steuerpflichtige oder dessen gesetzlicher Vertreter von dem Anfall Kenntnis erhalten hat.

Über die erfolgte Anmeldung, welche sofort mit dem Präsentatum versehen werden muß, ist auf Verlangen gebührenfreie Bescheinigung zu erteilen (Art. 30 Abs. 3 des Ges.).

Bei welchem Rentamt die Anmeldung zu geschehen hat, bemißt sich nach den Vorschriften in den §§ 2 und 3. Anmeldungen, welche bei einem nicht zuständigen Rentamt einkommen, sind nach Beisetzung des Präsentatums sofort von kurzer Hand an das zuständige Rentamt abzugeben.

§ 8.

Bezüglich der im Art. 31 des Gesetzes vorgeschriebenen Mitteilungen wird folgendes bestimmt:

1. Die Amtsgerichte haben dem Rentamte mitzuteilen:

a) das Ergebnis der Ermittelung des Erben, sofern als Erbe eine erbschaftssteuerpflichtige Person ermittelt wird. Die Mitteilung hat den Vor- und Familiennamen, den Beruf und den Wohnort des Erben sowie die Größe des Erbteils anzugeben. Ergibt sich später, daß eine andere Person Erbe geworden ist, wird insbesondere ein Erbschein eingezogen, so ist hievon dem Rentamte Mitteilung zu machen, soferne der früher oder der jetzt als Erbe Ermittelte erbschaftssteuerpflichtig ist.

Die Mitteilung ist zu machen, sobald der Erbe ermittelt ist; sind die Ermittelungen nach dem Ablaufe von drei Monaten seit dem Erbfalle noch nicht abgeschlossen, so ist dem Rentamte hievon Kenntnis zu geben.

b) wenn der Erblasser ein Testament oder einen Erbvertrag hinterlassen hat, den Inhalt des Testaments oder des Erbvertrags durch Angabe der bedachten Personen und der Zuwendungen sowie der angeordneten Testamentsvollstreckungen; soweit nichterbschaftssteuerpflichtige Personen bedacht sind, braucht die Höhe der Zuwendungen nicht angegeben zu werden. Soweit der Inhalt eines gemeinschaftlichen Testaments oder eines Erbvertrags bei der Eröffnung geheimzuhalten ist, darf er auch dem Rentamte nicht mitgeteilt werden.

Die Mitteilung liegt dem Nachlaßgericht auch dann ob, wenn die Eröffnung durch ein anderes Gericht oder einen Notar erfolgt ist. Die Mitteilung hat binnen sechs Wochen zu erfolgen; die Frist beginnt mit der Eröffnung, wenn die Eröffnung nicht durch das Nachlaßgericht erfolgte, mit dem Eingange der eröffneten Verfügung bei dem Nachlaßgericht.

Ergeben die Eröffnungsverhandlungen, daß in der Person der Erben, der Vermächtnisnehmer, Auflagenempfänger oder Testamentsvollstrecker eine Änderung eingetreten, z. B. ein als Erbe Eingesetzter weggefallen ist, so ist dies bei der Mitteilung zu berücksichtigen. Soweit die Eröffnungsverhandlungen Umstände ergeben, die für die Beurteilung der Rechtsgültigkeit des Testaments oder Erbvertrags von Bedeutung sind, ist hievon in der Mitteilung Erwähnung zu tun.

Die unter a und b bezeichneten Mitteilungen werden sich übrigens regelmäßig vereinigen lassen.

2. Die Notare haben dem Rentamt

a) wenn sie die Auseinandersetzung in Ansehung eines Nachlasses, bei welchem eine erbschaftssteuerpflichtige Person als Erbe beteiligt ist, bestätigt haben, die Bestätigung,

b) wenn vor ihnen ein Erbteilungsvertrag geschlossen wird, bei welchem eine erbschaftssteuerpflichtige Person als Erbe beteiligt ist, den Abschluß des Vertrags mitzuteilen. Die Mitteilung hat den Vor- und Familiennamen, den Beruf und den Wohnort des Erbschaftssteuerpflichtigen und die Größe des ihn betreffenden Teiles sowie das Datum der Bestätigung oder des Vertragschlusses anzugeben.

Die Mitteilung ist binnen sechs Wochen seit der Bestätigung oder dem Vertragsschlusse zu machen.

3. Bei der Eröffnung einer Verfügung von Todes wegen oder wenn sonst im Laufe der Verhandlungen Gelegenheit hiezu besteht, sollen das Nachlaßgericht und der Notar den anwesenden erbschaftssteuerpflichtigen Personen die im § 6 bezeichnete Anleitung zur Steuerfallsanmeldung aushändigen.

Formular III*) gibt ein Muster für eine dem Rentamte zu machende Mitteilung.

4. Eine Frist von sechs Wochen wird auch für die Mitteilungen der übrigen im Art. 31 bezeichneten Personen festgesetzt. Die Frist beginnt mit dem Tage, an welchem sie mit dem Nachlasse befaßt werden.

. . . .

§ 10.

Erscheint es dem Rentamt oder der vorgesetzten Aufsichtsbehörde (Art. 28 des Ges.) geboten oder doch zweckdienlich, von den einschlägigen Nachlaßverhandlungen oder wenigstens von den für die Nachlaßverteilung maßgebenden Verfügungen von Todes wegen Einsicht zu nehmen, so sind die betreffenden Akten oder Aktenstücke im Requisitionswege zu erholen (Art. 31 des Ges.).

Inwieweit es geboten erscheint, von einzelnen Nachlaßverhandlungen Auszüge oder Abschriften zu den rentamtlichen Akten zu nehmen, bleibt dem Ermessen des Rentamts anheimgegeben, welchem auch die Fertigung der Abschriften obliegt.

Wird die Einsichtnahme von Urkunden nötig, welche sich nicht in den Nachlaßakten befinden, so sind die Beteiligten nach Art. 33 des Gesetzes ge-

---

*) Dieses Formular ist im JMBl. 1900 S. 479, im FMBl. 1899 S. 341 ff. abgedruckt (hier auf S. 345).

halten, diese Urkunden in Urschrift und, wenn dieses nicht tunlich, in beglaubigter Abschrift vorzulegen.

. . . .

§ 12.

Wird vom Rentamt Sicherheitsleistung aus der Masse verlangt (Art. 17, 20, 22 und 26 des Ges.), so sind die Beteiligten zur Erklärung aufzufordern, in welcher Weise sie die Sicherheit zu leisten gedenken. Findet das Rentamt die gemachten Vorschläge nicht annehmbar, so hat es mittelst förmlichen Beschlusses Entscheidung darüber zu treffen, mit welchen der im Nachlasse vorhandenen Vermögensbestandteilen die verlangte Sicherheit zu leisten ist.

Die in Art. 27 des Gesetzes bezeichneten Personen sind verpflichtet, die in ihren Händen befindlichen Nachlaßbestandteile, welche vom Rentamt zur Sicherheitsleistung bestimmt wurden, an dieses auszuhändigen.

Läßt der Verpflichtete den Auftrag des Rentamts unvollzogen, so hat dasselbe die Verwirklichung der verfügten Sicherstellung nötigenfalls im Wege der administrativen Zwangsvollstreckung zu betätigen.

Die zur Sicherheitsleistung erlegten Gelder oder Wertpapiere sind als rentamtliche Depositen nach Maßgabe der desfalls bestehenden Vorschriften zu behandeln.

. . . .

§ 26.

Von den Kosten für die nötigen Formularpapiere sind:

a) die Kosten für die Formulare VI und VII von den Rentamtmännern aus ihren Nebenbezügen zu bestreiten;

b) die Kosten für die Formulare I, II, IV und V aber auf Regiekosten der Erbschaftssteuer zu übernehmen.

Da die Aushändigung der Anleitung (Formular II) am zweckmäßigsten durch die mit der Behandlung der Verlassenschaft betrauten Behörden und Personen (Art. 31 des Ges.) gelegentlich der in der Sache gepflogenen ersten Behandlung geschieht, wie dies auch im § 8 Abs. 2 gegenwärtiger Instruktion vorgesehen ist (vergl. auch das in dem Formular III gegebene Beispiel), so haben die Rentämter Sorge zu tragen, daß die in ihrem Amtsbezirk befindlichen Amtsgerichte und Notare mit der erforderlichen Anzahl dieser Formularpapiere versehen werden und daß ihren spätern Ansuchen um Nachlieferung jederzeit schleunigst Rechnung getragen wird.

§ 27.

Die Änderungen des Gesetzes vom 18. August 1879 über die Erbschaftssteuer, welche durch das Ausführungsgesetz zum Bürgerlichen Gesetzbuch getroffen worden sind, treten gemäß Art. 176 dieses letzteren Gesetzes gleichzeitig mit dem Bürgerlichen Gesetzbuch in Kraft; soweit jedoch für einen nach dem Inkrafttreten des Bürgerlichen Gesetzbuchs eintretenden Anfall die Vorschriften des bisherigen bürgerlichen Rechtes maßgebend bleiben, gilt gemäß Art. 169 des erwähnten Ausführungsgesetzes das gleiche auch von den seitherigen Bestimmungen des Gesetzes über die Erbschaftssteuer.

Hienach haben im Hinblick auf Art. 158, 213 des Einführungsgesetzes zum Bürgerlichen Gesetzbuche die Vorschriften des Erbschaftssteuergesetzes in der bisherigen Fassung vom 18. August 1879 auch vom 1. Januar 1900 an noch in allen denjenigen Fällen zur Anwendung zu kommen, in welchen der Erblasser bereits vor dem Inkrafttreten des Bürgerlichen Gesetzbuchs gestorben oder für tot erklärt worden ist.

Die Vorschriften der Art. 7 bis 9 des Erbschaftssteuergesetzes in der Fassung vom 11. November l. Js. gelten jedoch gemäß Art. 169 des Ausführungsgesetzes zum Bürgerlichen Gesetzbuch vom 1. Januar 1900 an in allen Fällen und zwar auch dann, wenn für die erbrechtlichen Verhältnisse eines Anfalls die bisherigen Gesetze maßgebend sind

Die vor dem Inkrafttreten des Bürgerlichen Gesetzbuchs vereinkindschafteten Kinder stehen in Ansehung der Erbschaftssteuerpflicht den ehelichen Kindern gleich.

. . . .

Formular II.

Anleitung

zur Anmeldung von steuerpflichtigen Anfällen, sowie zur Erklärungsabgabe und Anfertigung von Verzeichnissen über die steuerpflichtige Masse in Gemäßheit des Gesetzes vom 18. August 1879 über die Erbschaftssteuer

(in der Textierung vom Jahre 1899).

A. Anmeldung.

Nach Art. 30 des Gesetzes vom 18. August 1879 über die Erbschaftssteuer in der Textierung vom Jahre 1899 ist jeder, welchem ein steuerpflichtiger Anfall zukommt, verpflichtet, denselben binnen 2 Monaten, nachdem er davon Kenntnis erlangt hat, bei dem zuständigen Rentamt (in der Regel das Rentamt, in dessen Bezirk der Erblasser seinen Wohnsitz hatte) anzumelden.

Beim Vorhandensein mehrerer Erben, Vermächtnisnehmer u. s. w. kann die Anmeldung von einem derselben für die übrigen mitbewirkt werden. Sie kann auch durch den Verlassenschaftskommissär oder Testamentsvollstrecker, von dem Bevollmächtigten der Erbinteressenten, wo ein solcher vorhanden, ebenso von dem Nachlaßpfleger geschehen, weshalb gegebenenfalls diese Personen um Vornahme der Anmeldung anzugehen sind, jedoch so zeitig, daß sie die auch für sie maßgebende zweimonatliche Frist einzuhalten vermögen. (Art. 30 Abs. 2.)

Für bevormundete, unter elterlicher Gewalt oder unter Pflegschaft stehende Personen und für juristische Personen haben deren gesetzliche Vertreter die Anmeldung zu bewirken. (Art. 35 des Gesetzes.)

Die Unterlassung der Anmeldung, ebenso die nicht rechtzeitig erfolgte Abgabe derselben werden nach Art. 41 des Gesetzes mit Geldstrafen (siehe Lit. C) geahndet, welche im Falle der Nichtbeibringung in Haft umgewandelt werden.

Beispiele zur Anwendung.

I. Beispiel.

Die am 1. Oktober 1900 dahier ohne Verfügung von Todes wegen verstorben Bauerswitwe Johanna Winkler, geb. Müller, hat als Erben hinterlassen:

1. den Unterzeichneten,
2. die Schullehrersgattin Maria Schmid, geb. Winkler, zu Aichach,
3. den Xaver Winkler, Krämer zu Geisenheim.

Diesen Erbfall melde ich für mich und meine Miterben hiemit an.

Ingolstadt, den 3. November 1900.

Michael Winkler, Gastwirt.

II. Beispiel.

Nach dem bei den Akten des K. Amtsgerichts Kempten liegenden Erbvertrage, welchen der am 5. Oktober 1900 dortselbst verstorbene Holzhändler Anton Kapf mit seiner Ehefrau Fanny Kapf, geb. Weiß, abgeschlossen hat, kommt mir aus dem Nachlasse des Anton Kapf ein Anfall im Betrage von 2000 ℳ zu.

Memmingen, am 1. November 1900.

Adolf Weiß, Spediteur.

III. Beispiel.

Die am 5. Oktober 1900 in Hersbruck verstorbene unverehelichte Mathilde Baumann hat in ihrem am Gestrigen beim Amtsgerichte Hersbruck eröffneten Testamente dem Unterzeichneten ein Kapital von 10000 ℳ, dann den lebenslänglichen Nießbrauch am Hause Nr. 82 in Hersbruck und endlich eine goldene Uhr mit Kette im Werte von 60 ℳ vermacht.

Nürnberg, am 3. Dezember 1900.

Anton Erb, Kaufmann.

IV. Beispiel.

Der am 5. Oktober 1900 in Kirchheimbolanden verstorbene Rentner Wilhelm Adolf Böttger hat in seinem bei dem Notar X. dortselbst hinterlegten Testamente jedem meiner drei Mündel

Emil Hoff,
Emma Hoff,
Theodor Hoff,

Kinder der verlebten Gastwirtseheleute Franz und Emma Hoff von Landstuhl, den Betrag von 300 ℳ vermacht.

Landstuhl, am 12. November 1900.

Anton Schmitt, K. Sekretär.

B. Erklärungsabgabe und Verzeichnis der steuerpflichtigen Masse.

Nach Art. 32 des Gesetzes ist jeder Erwerber eines steuerpflichtigen Anfalls gehalten, auf ergangene Aufforderung bei dem einschlägigen Rentamt innerhalb einer von diesem zu bestimmenden Frist schriftlich oder zu Protokoll eine Erklärung über alle die Feststellung der Steuer bedingenden Verhältnisse abzugeben und insoferne kein vorschriftsmäßig errichtetes Inventar über den Rücklaß vorliegt, zugleich ein mit den erforderlichen Wertsangaben versehenes Verzeichnis über die steuerpflichtige Masse zu übergeben.

Diese Erklärung hat insbesondere über die Verwandtschaftsverhältnisse zu dem Erblasser genauen Aufschluß zu geben.

Bei dem Vermächtnis einer Rente oder eines Nießbrauchs ist das Alter der Bedachten anzugeben, da dasselbe auf die Berechnung der Steuer von Einfluß ist.

Das bei dem Rentamte einzureichende Verzeichnis braucht keineswegs eine detaillierte Beschreibung sämtlicher Rücklaßgegenstände zu enthalten. Es genügt, wenn dieselben gruppenweise nach Anleitung des unten folgenden Formulars angeführt werden.

Bei Abgabe der Erklärung, sowie bei Aufstellung des Verzeichnisses ist auf das Gewissenhafteste zu verfahren, damit die Richtigkeit und Vollständigkeit der gemachten Angaben, wie des vorgelegten Verzeichnisses, sofern dies vom Rentamt auf Grund des Art. 34 des Gesetzes verlangt wird, an Eidesstatt versichert werden kann.

Wer eine solche Versicherung wissentlich falsch abgibt, wird mit Gefängnis von einem Monat bis zu drei Jahren bestraft (§ 156 des R.-Str.-G.-B.).

Zur Nachlaßsache des Kaufmanns Friedrich Rab von München.

Beispiel eines dem Rentamt zu übergebenden Verzeichnisses.

Verzeichnis

der bei Feststellung der Erbschaftssteuer in Betracht kommenden Masse.

Nr.	Gegenstände	Wertbetrag im Zeitpunkte des Todes des Erblassers ℳ	₰
	I. Aktiva.		
1.	Häuser, Grundstücke, Gerechtigkeiten:		
	a) das Haus Nr. 16 an der Feldstraße in München		
	b) der Wald Pl.-Nr. 46¹/₂ zu ...... in der Steuergemeinde Pullach		
	c) das Maiergütel Haus-Nr. 11 mit ...... Grundstücken in der Steuergemeinde Freimann		
	d) ein Fischwasser in der Gemeinde Pasing		
2.	Vieh: sechs Kühe, zwei Ökonomiepferde		
3.	Wagen und Geschirr		
4.	Bares Geld		
5.	Wertpapiere im Nominalbetrage von . . . . ℳ . . . ₰ beziffern nach dem Kurse des Todestages (4. September 1900) mit den bis dahin berechneten Zinsen einen Wert von		
6.	Ausstehende Forderungen:		
	a) Hypotheken, Grundschulden, Rentenschulden . . .		
	b) Kurrentforderungen		
	c) Miet- und Pachtzinse		
	d) unsichere Forderungen, Nominalwert . . . ℳ . . ₰ wirklicher Wert veranschlagt auf		
	e) rückständige Zinsen bis zum Todestage		
7.	Betten, Wäsche aller Art und Kleidungsstücke		
8.	Möbel-, Haus- und Kücheneinrichtung		
9.	Silber, Schmucksachen u. dergl.		
10.	Bilder und Kunstgegenstände		
11.	Bücher		
12.	Waren und landwirtschaftliche Vorräte:		
	a) ein Lederlager im Hause Nr. 106 an der Feldstraße		
	b) Futter- und Getreidevorräte im Maiergütel in Pullach		
	Summa		
	II. Passiva.		
1.	Hypothekschulden, Grundschulden, Rentenschulden . . .		
	Kurrentschulden		
	Wechselschulden		
2.	Rückständige Zinsen bis zum Todestage		
3.	Begräbniskosten, ärztliche Deserviten, Apothekerkosten laut Rechnungen		
	Summa		

Nr.	Gegenstände	Wertbetrag im Zeitpunkte des Todes des Erblassers	
	Abgleichung:		
	I. Aktiva		
	II. Passiva		
	steuerpflichtige Masse		
	München, am . . .		
	Georg Wilhelm Rab, Ingenieur, für sich und seine Miterben.		

C. Strafen.

Wer a) die rechtzeitige Anmeldung eines steuerpflichtigen Anfalls unterläßt oder
b) ungeachtet ergangener Aufforderung die Verbindlichkeit zu der vorgeschriebenen Erklärungsabgabe oder Vorlage des Verzeichnisses (lit. B) innerhalb der vorgesetzten Frist nicht erfüllt oder
c) über Tatsachen, welche die Steuerpflichtigkeit, die Höhe des Steuersatzes oder des Steuerbetrages bestimmen, wissentlich unrichtige Angaben macht, oder
d) zu einem steuerpflichtigen Anfall gehörige Gegenstände, zu deren Angabe er verpflichtet ist, verschweigt oder
e) den Wert solcher Gegenstände wissentlich zu gering angibt,

macht sich einer Hinterziehung der Erbschaftssteuer schuldig und wird mit einer dem doppelten Betrage der hinterzogenen Steuer gleichkommenden Geldstrafe bestraft.

Kann der Betrag der Erbschaftssteuer nicht ermittelt werden, so tritt eine Geldstrafe von 100 bis 5000 ℳ ein. (Art. 41 des Gesetzes.)

Die Einziehung der Steuer erfolgt unabhängig von der Bestrafung. (Art. 47 des Gesetzes.)

Formular III.

Königl. Amtsgericht ....

.................., den .... 19.....

Mitteilung gemäß Art. 31 des Erbschaftssteuergesetzes

in der Fassung der Bekanntmachung vom 11. November 1899.

Ich behandle die Verlassenschaft de am 19 dahier / in ....

verstorbenen ....

....

.... von ....

Verfügung von Todes wegen ist vorhanden, wurde am .... 19 eröffnet und von den Erben anerkannt.

	Im Falle letztw. Verfügung Erbschaftsquote
Als **Erbe** . sind aufgetreten: / ist eingesetzt:	
....	....
....	....
....	....
....	....
....	....
....	....
....	....
Mit **Vermächtnissen** sind bedacht:	Betrag od. Wertanschlag in Mark
....	....
....	....
....	....
Aus einer **Auflage** hat zu empfangen:	
....	....
....	....
....	....
Behändigt wurde gedruckte Anleitung zur Steuerfallanmeldung:	Zugleich für:
....	....
....	....
....	....
....	....

Amtsrichter:

An

das Kgl. Rentamt

Alphabetisches Sachregister.

(Die Zahlen bezeichnen die Seite.)

A.

B.

D.

E.

F.

G.

L.

M.

O.

P.

R.

S.

T.

U.

V.

W.

Z.

J. Schweitzer Verlag (Arthur Sellier) München

Kaisenberg, H., k. Justizrat und Notar in München.

Kommentar zum bayerischen Notariatsgesetze vom 9. Juni 1899. gr. 8°. 1./3. Lieferung. (15 Bogen) Mk. **4.50.**

Im Erscheinen begriffen.

Der Gesamtumfang wird etwa 25 Druckbogen, der Preis ca. Mk. 8.— betragen.

Kaisenberg, H., k. Justizrat und Notar in München.

Die Notariatsgebührenordnung für das Königreich Bayern, mit den einschlägigen Bestimmungen des Gebührengesetzes in der Fassung vom 11. November 1899, und einer Tabellarischen Berechnung der bei Notariatsgeschäften anfallenden Staats-, Gemeinde- und Notariatsgebühren. gr. 8°. (XII, 239 S.) 1900. Brosch. Mk. **10.—**; geb. in Halbfrz. Mk. **12.—.**

Empfohlen im Justizministerialblatt v. 13. XI. 1900, desgl. im Finanz-Ministerialblatt Nr. 25 v. 8. XI. 1900 und im Amtsblatt d. Ministeriums des Innern Nr. 49 v. 17. X. 1900.

Sammlung von das Notariat im Königreich Bayern betr. Gesetzen, Verordnungen und Ministerialbekanntmachungen. (Nach dem Stande vom 1. April 1901.) Textausgabe mit ausführlichem Sachregister. 8°. (IV, 294 S.) Kart. Mk. **3.50.**

Empfohlen im Justizministerialblatt Nr. XXI v. 19. VII. 1901, desgl. im Finanz-Ministerialblatt Nr. 11 vom 20. V. 1901, und im Amtsblatt des Ministeriums des Innern Nr. 19 vom 15. VII. 1901.

Wochinger, K., k. Amtsgerichts-Sekretär in Nürnberg.

Die Prozeßgebühren-Gesetze für das Deutsche Reich, in der Neutextierung vom 20. Mai 1898, umfassend: Das Gerichtskostengesetz, die Gebührenordnung für Zeugen und Sachverständige, die Gebührenordnung für Gerichtsvollzieher, die Gebührenordnung für Rechtsanwälte. Handausgabe mit Erläuterungen, Tabellen und ausführlichem Sachregister. 8°. (VIII, 295 S.) 1899. In Ganzleinen gebd. Mk. **4.20.**

Wochinger, K., k. Amtsgerichts-Sekretär in Nürnberg.

Bayerns Gebührengesetze, umfassend: Das Gebührengesetz, die Hinterlegungs-Gebührenordnung, die Gebührenvorschriften der Gerichtsvollzieher, die Gebührenordnung der Rechtsanwälte nebst einem Anhang mit den Texten der Gebührenordnungen für die Notare und pfälz. Hypothekenämter, sowie einer Zusammenstellung älterer noch geltender Gebührenvorschriften, Tabellen und ausführlichem Sachregister. Handausgabe mit Erläuterungen. 8°. (XVI u. 429 S.) 1904. In Ganzleinen gebd. Mk. **6.—.**

Kaisenberg, H., k. Justizrat u. Notar in München.

Gesetz, das Unschädlichkeitszeugnis betr., vom 15. Juni 1898. Handausgabe mit einleit. Text, Bemerkungen, Sachregister und Beispielen. 8°. (X, 146 S.) 1899. In Ganzleinen gebd. Mk. **3.—.**

Empfohlen im Justizministerialblatt Nr. IV vom 27. III. 1899.

Adelmann, Dr. Karl, k. Amtsrichter in München.

Die Kraftloserklärung abhanden gekommener oder vernichteter Urkunden im Aufgebotsverfahren nach Reichsrecht u. bayerischem Landesrecht. gr. 8°. (8½ Bog. und 2 Tabellen.) 1904. In Ganzleinen gebd. Mk. **3.50.**

J. Schweitzer Verlag (Arthur Sellier) München

J. v. Staudingers

Kommentar zum BGB. und dem Einführungsgesetze. 2. **vollständig umgearbeitete Auflage.**

Die bis Juli 1904 erschienenen 13 Lieferungen enthalten:

Band I. **Einleitung und Allgemeiner Teil** von Prof. Dr. Th. Loewenfeld und Prof. Dr. E. Riezler (XIV u. 624 S.). Brosch. Mk. **14.—**, geb. in Halbfr. Mk. **16.50.** (Band I besteht aus den Lieferungen 8, 9 und 10.)

Band III. **Sachenrecht** von Landgerichtsrat K. Kober (VIII u. 664 S.). Brosch. Mk. **15.—**, geb. in Halbfranz Mk. **17.50.** (Lieferungen 1, 3, 5 und 6.)

Band IV. **Familienrecht,** §§ 1297—1697 von Landgerichtsrat Dr. Th. Engelmann. (Lieferungen 2, 4, 7, 11 und 13.) Mk. **18.90.**

Band V. **Erbrecht,** §§ 1922—2015, von Rechtsanwalt Dr. F. Herzfelder. (Lfg. 12.) Mk. **5.50.**

Die binnen kurzem erscheinende 14. Lieferung wird die Fortsetzung von Bd. V Erbrecht von Dr. Herzfelder enthalten.

Demnächst wird vollständig:

Müller, Dr. G. und **Georg Meikel,** k. II. Staatsanwälte in München.

Das Bürgerliche Recht des Deutschen Reichs. Systematisch dargestellt und durch Beispiele erläutert. 2. **vollständig umgearbeitete Auflage.** gr. 8°. (ca. 120 Bogen.) 2 Bde. Brosch. ca. Mk. **18.—**, geb. ca. Mk. **20.—.**

Zeitschrift für Deutsches bürgerl. Recht u. franz. Civilrecht. B. XXXV H. 4:

Das Werk wendet sich . . . sowohl an die jüngere Juristenwelt . . . wie an die bereits in der juristischen Praxis stehenden Rechtsverständigen ... Die Sprache des Werkes ist klar und allgemein verständlich . . . Die äußere Anordnung erleichtert wesentlich den Gebrauch dieses seinen praktischen Zielen voll und ganz gerecht werdenden Werkes, dessen Anschaffung allen Beteiligten nur empfohlen werden kann.

Jaeger, Dr. E., ord. Professor in Würzburg.

Das Bürgerliche Gesetzbuch mit Nebengesetzen und einem Gesamtregister für den akademischen und praktischen Gebrauch. **Ausgabe für das Kgr. Bayern. Mit Nachtrag.** gr. 8°. (XIII, 1653 S.) 1900 u. 1903. In Halbfranz geb. Mk. **13.50.**

Meikel, Gg., k. II. Staatsanwalt in München.

Bayer. Ausführungsgesetze zum Bürg. Gesetzbuche, zur Civilprozeßordnung und zum Gerichtsverfassungsgesetz. Mit Wiedergabe der citierten Paragraphen, Anmerkungen 2c. 2. vermehrte u. verbesserte **Auflage.** 8°. (43 Bog.) 1902. Brosch. Mk. **6.50,** gebd. Mk. **7.50.**

Böhm, Ferd., weil. Rat a. k. Obersten Landesgericht in München und **Klein, Max,** Reichsgerichtsrat in Leipzig.

Das bayerische Ausführungsgesetz zum Bürgerlichen Gesetzbuche. gr. 8°. (28½ Bogen.) 1901. Brosch. Mk. **9.—**, in Halbfranz geb. Mk. **11.—.**

In Vorbereitung befinden sich:

Meikel, G., k. II. Staatsanwalt in München.

Kommentar zur **Grundbuchordnung für das Deutsche Reich mit besonderer Berücksichtigung Bayerns.** gr. 8°. ca. 30 Bogen. Preis etwa Mk. **10.—.**

Steiner, A., k. Amtsrichter in München.

Kommentar zum Reichsgesetz über die **Zwangsversteigerung und Zwangsverwaltung** nebst Einführungsgesetz **mit besonderer Berücksichtigung Bayerns.** gr. 8°. ca. 20 Bogen. Preis etwa Mk. **7.—.**

FSC
www.fsc.org
MIX
Papier | Fördert gute Waldnutzung
FSC® C083411

Kolibri 360 GmbH
Ferdinand-Jühlke-Straße 7
99095 Erfurt, Deutschland
produktsicherheit@kolibri360.de